AF742691

L'assurance responsabilité civile des armateurs
et la mutualisation des risques

L'activité et les mécanismes de couverture des P&I Clubs

Collection « **Affaires maritimes et Transports** »

Codirigée par les Pr Martin NDENDE et Isabelle BON-GARCIN

Le secteur des activités maritimes et des transports constitue non seulement un socle majeur de la vie économique (transport de passagers et de marchandises par terre, air, mer, pêches industrielles et artisanales, activités portuaires et aéroportuaires, exploitation des ressources pétrolières en mer, etc), mais encore le témoin privilégié des communications entre les peuples, et le baromètre des échanges commerciaux à la fois nationaux, internationaux et communautaires.
Il est parallèlement aussi, et à n'en point douter, un secteur de sinistralité sensible (accidents de la circulation, catastrophes maritimes, crashs aériens), ainsi que le cadre privilégié des activités de défense ou des politiques de sûreté à travers le monde (activités des flottes navales et aériennes, lutte contre la piraterie, le terrorisme, et les trafics illicites).
La collection envisagée se veut, de ce point de vue, à la fois :
- multidisciplinaire : publication de travaux en sciences juridiques, économiques, humaines et sociales autour des problématiques relatives aux domaines maritimes et des transports tous modes confondus (ce qui englobe donc les secteurs aériens, routiers, ferroviaires, fluviaux, maritimes et lacustres, et peut-être demain le secteur aérospatial) ;
- pragmatique : en faisant cohabiter, ou en créant des passerelles, entre les travaux purement académiques nécessaires aux milieux universitaires et scientifiques, avec des publications issues de milieux professionnels ou tenant compte des besoins des praticiens et des milieux économiques) ;
- et entièrement ouverte au monde : recherches en Langue française effectuées en France, en Europe, au Canada, en Afrique, dans l'ensemble des Pays en développement, et dans le reste du monde.

Déjà parus

Éric DIBAS-FRANCK, *Le droit maritime dans la zone CEMAC*, 2018.
Sous la direction d'Éric DIBAS-FRANCK, *Le code communautaire CEMAC de la marine marchande de 2012*, 2018.
Syrine ISMAILI, *Sécurité, sûreté maritime et facteur humain, Le cas de la Tunisie,* 2018.
Alvine Bélise HAPPI, *Les autoroutes de la mer, Aspects juridiques,* 2017.

Alain KONLAC

L'assurance responsabilité civile des armateurs et la mutualisation des risques

L'activité et les mécanismes de couverture des P&I Clubs

Avant-propos de M. Xavier de la Gorce
Préface du Pr Philippe DELEBECQUE
Postface de Me Michel QUIMBERT et du Pr Martin NDENDE

Prix de Thèse de l'Académie de Marine 2021

L'Harmattan

© L'Harmattan, 2022
5-7, rue de l'École-Polytechnique – 75005 Paris

www.editions-harmattan.fr

ISBN : 978-2-14-030051-6
EAN : 9782140300516

À la mémoire de mon père, M. NGOUFFO Jean.

À ma famille et à mes amis.

Cet ouvrage a été réalisé avec le concours
de la Fondation maritime Jean SAUVÉE
et du cabinet d'avocats QUIMBERT & associés.

REMERCIEMENTS

Je remercie mon directeur de thèse, M. le Professeur Martin NDENDE, pour avoir accepté de diriger mes travaux en me consacrant disponibilité et patience. J'aimerais vous dire, Professeur, que vous êtes pour moi ce qu'est Vénus pour le berger.

Je tiens à remercier vivement mon directeur de thèse, M. le Professeur José Manuel Martin OSANTE, qui a accepté la codirection aussitôt que le projet lui fut présenté. Ainsi, je salue sa disponibilité, sa rigueur et son implication personnelle pour mon accueil à l'Université du Pays basque (Espagne).

À ma mère, Mme LAPAH Helena, ma source d'inspiration, j'exprime à la fois reconnaissance, gratitude et remerciements.

À ma fratrie, je dis merci pour le soutien, l'accompagnement et le réconfort.

À Françoise FURIC, mon autre mère, je te dis merci et te dédie cette thèse.

À Bernard FURIC, je dis merci pour tout, spécialement pour ces nombreuses heures passées en ta compagnie à apprendre, entre autres, les méandres et détails de la réparation navale, de la construction navale et de la navigation en mer.

À toute la famille FURIC, ma deuxième famille, je dis merci.

J'exprime également ma gratitude à toute l'équipe de CORREDURIA GENERAL MARITIMA à Bilbao, pour m'avoir accueilli dans leurs locaux, me donnant ainsi une opportunité fort rare. Merci à Jon LACHIONDO, Pedro MENDOZA, Carmen, Ana-Maria. Un merci particulier à Eva CIORDIA, qui m'a quasiment tenu par la main.

Je remercie également Nick PLATT, Gard P&I Club Vice President, Head of Environmental Claims.

Merci à Mme NDENDE.

Merci à toute la grande équipe du CDMO, administration et chercheurs, pour avoir su créer un cadre comportant les conditions idéales pour la réalisation sereine de cette thèse.

À mon Senseï Ali RECHDAOUI, je te dis merci pour ton enseignement.

Enfin, je remercie toutes les personnes qui de près ou de loin, sous quelque forme que ce fut, ont contribué à la réalisation de mes travaux.

SOMMAIRE

AVANT-PROPOS

L'Académie de Marine, fondée à Brest en 1752, a un objet qui *« embrasse tout ce qui concerne la science de la Marine »*.

L'encyclopédie de Diderot et d'Alembert (T 1 p.12) rappelle qu'une lettre du Secrétaire d'État à la Marine M. de BOYNES du 13 mars 1774 *« prévient l'Académie qu'il avait rendu compte au roi du vœu formé par cette compagnie pour la création d'une classe d'académiciens étrangers...et que sa majesté a bien voulu approuver... »*.

La vocation de l'Académie de marine est donc depuis son origine de donner les avantages de la science et des techniques à la Marine et celle-ci s'affirme internationalement.

Depuis sa renaissance le 28 octobre 1921, elle poursuit ses travaux de société savante et distingue par ses prix des ouvrages qui concourent à la connaissance et à la promotion des sciences de la mer et des activités maritimes.

Le Prix de thèse de l'Académie de Marine a été décerné en 2021 à M. Alain KONLAC pour une étude de l'assurance de la responsabilité des armateurs et de sa couverture par les Protecting & Indemnity Clubs (ou P.&I. Clubs).

Pour reprendre la présentation de l'ouvrage par M. Jean-Louis FILLON, Président de la section Droit et Économie de notre Académie : *« C'est un travail à la fois utile et passionnant... utile parce qu'il intervient dans un champ assez peu investigué par la doctrine juridique... passionnant par sa largeur de vue... M. KONLAC ne tombe pas dans le jargon du juridisme, de l'hyper-conceptualisation, mais il est tout le temps à la recherche de l'effet utile »*.

La thèse de M. KONLAC, dirigée en France par le Professeur Martin NDENDE et travaillée dans les Universités de NANTES et de BILBAO, a été soutenue en Français et en Espagnol, avec nécessairement de larges références en langue anglaise, devant un jury de professeurs français et espagnols sous la présidence de M. le Professeur Philippe DELEBECQUE, membre de notre Académie, par un doctorant d'origine camerounaise.

Fidèle à son Histoire, l'Académie de Marine a donc honoré des travaux de recherche scientifique à caractère international.

Xavier de la GORCE
Président de l'Académie de Marine

PER HANC PROSUNT OMNIBUS ARTES

PRÉFACE

Monsieur Alain Konlac Ngouffo a soutenu le 23 octobre 2020 devant la Faculté de droit de Nantes sa thèse de doctorat en droit portant sur « l'assurance de responsabilité civile des armateurs et la mutualisation des risques : l'activité et les mécanismes de couverture des *P and I Clubs.* » Préparée en cotutelle internationale entre l'Université de Nantes et l'Université de Bilbao, Pays Basque Espagnol, sous la direction des Professeurs Martin Ndendé et Jose Manuel Martin Osante, cette thèse est une importante contribution au droit des assurances maritimes et plus généralement au droit maritime lui-même : elle rend parfaitement compte d'une institution essentielle du monde maritime et spécialement du monde des armateurs, mais paradoxalement peu connue et, à ce jour, très peu étudiée : celle des *P and I Clubs* encore appelés Clubs d'armateurs. L'ouvrage de Monsieur Konlac permet de mieux comprendre leurs activités et d'en saisir tous les enjeux, les Clubs étant, une fois encore, au cœur, du monde maritime.

La première partie est consacrée à la structure des Clubs et aux garanties qu'ils proposent. On apprend comment les armateurs peuvent entrer dans les Clubs et quels sont leur mécanismes et pratiques. L'admission dans ces mutuelles, dans ces « assurances aux risques des assurés », pour reprendre l'expression de l'auteur, est subordonnée à de nombreuses exigences formelles comme informelles, au-delà de la cotisation requise. Les Clubs attendent avant tout des armateurs de la transparence et une parfaite loyauté, sans parler d'un professionnalisme à toute épreuve , ce qui suppose, notamment le respect de toutes les normes de sécurité et de sûreté imposées par la navigation maritime. En quoi les Clubs sont un maillon de première importance dans la chaîne de prévention des risques maritimes inhérents aux mers et océans qui, quoiqu'on dise et quoiqu'on fasse, restera un milieu non naturel. Dans cette première partie, l'auteur présente également les différents risques que couvrent les Clubs, *i.e.*, en fait, tous ceux que ne couvrent pas les assureurs traditionnels. Entre les risques ordinaires tenant aux navires, aux navigants, aux cargaisons, aux événements de mer, lorsque les conséquences de tels événements ne sont pas prises en charge par les assureurs corps, et les risques dits additionnels, tel la piraterie, la guerre, certaines pertes financières et tout ce qui peut avoir trait à ce que l'on appellerait en France la « protection juridique » (clause « Fret, Surestaries, Défense »), on se persuade de l'importance des couvertures proposées. Chacune d'elles est exposée avec minutie, de même que les conditions et mécanismes accompagnant les garanties proposées. A cet égard, on retiendra les analyses sur la « l'omnibus rule (autorisant le Comité du Club à prendre en charge certaines réclamations qui ne sont pas prévues par la convention des parties, mais qui s'y rattachent), sur la fameuse, mais assez mystérieuse, clause « pay to be paid » ou encore sur les lettres de garantie que les Clubs peuvent offrir aux créanciers en contrepartie, notamment, de la mainlevée d'une saisie dont tel ou tel navire peut être l'objet.

La seconde partie de la thèse s'intéresse à la mise en œuvre des garanties : au suivi et à la gestion des contentieux, spécialement par voie d'arbitrage, aux prestations des Clubs, à la protection que les « anti suit injunctions », mesures redoutables, sanctionnées pénalement et donc brutalement (que l'auteur aurait peut-être dû dénoncer avec un peu plus de conviction), sont censées procurer, aux actions directes, toujours inefficaces à ce jour, aux actions collectives, … On retiendra spécialement les longs et rigoureux développements que l'auteur consacre aux « inter club agreements » *i.e.* aux aménagements convenus dans les chartes à temps et au voyage entre fréteurs et affréteurs sur la répartition définitive des charges financières des couvertures accordées, ainsi qu'aux incidences de la *Scopic clause*, dont la Cour de cassation nous a appris qu'elles pesaient précisément sur les Clubs et non sur les assureurs corps. Dans cette seconde partie, l'auteur met également en lumière les mécanismes ainsi que les instruments juridiques susceptibles d'être mobilisés pour la prévention et la lutte contre les diverses formes de pollution. Sont encore envisagées la question des garanties des divers sinistres pouvant affecter les (futurs) navires sans équipage ainsi que le thème de la cybercriminalité.

La thèse de Monsieur Konlac, complétée par de précieuses annexes, a été qualifiée d' « utile » et de pénétrante », notamment lors de la soutenance à laquelle nous avons eu le plaisir de participer. Inutile de dire combien nous partageons ces qualificatifs, en invitant désormais les étudiants, les praticiens, les avocats, et plus généralement toute la communauté maritime à prendre connaissance de l'œuvre – c'est le substantif approprié - de Monsieur Konlac.

En Espagne, cette thèse a obtenu la mention *"cum laude"* qui est la mention la plus élevée dans les Universités ibériques. En France, à l'unanimité des membres du jury – les Professeurs Osante, Zurimendi, Ndendé, Piette et le Directeur de France P and I, J.-F. Rebora, ainsi que le soussigné -, la thèse a obtenu la mention très honorable avec les félicitations du jury. On ne doute pas que les lecteurs se féliciteront eux aussi dans les mêmes termes de pouvoir lire et apprécier le bel ouvrage de Monsieur Konlac.

Philippe DELEBECQUE
Professeur à l'École de droit de la Sorbonne Université de Paris-I,
Président de l'Association Française du Droit Maritime,
Président de la Chambre Arbitrale Maritime de Paris

« La mer est ton miroir,
tu contemples ton âme dans le déroulement infini de sa lame… »
Charles Baudelaire

INTRODUCTION

S'il est une chose dont le droit maritime peut être fier, c'est d'avoir apporté à diverses branches du droit, privé ou public, mais surtout au droit commercial, un immense et fabuleux héritage. Le droit maritime a aussi légué à toutes les autres disciplines du droit, le pragmatisme juridique. À la loi rhodienne sur le jet (*lex Rhodia de jactu*) par exemple, l'on doit la règle des avaries communes, fondamentale au commerce maritime et qui s'est révélée être un magnifique instrument de partage des risques et surtout de gestion non contentieuse des litiges. La forme la plus aboutie en commerce international étant les MARD, entendus par « modes alternatifs de règlement des différends ». De même, au *prêt à la grosse aventure*, nous devons entre autres, l'élément essentiel à la constitution d'une société commerciale : l'*affectio societatis*[1]. Ensuite, nous lui devons la société en commandite simple d'aujourd'hui. Le *prêt à la grosse* a aussi été dès la Grèce antique, un magnifique laboratoire d'expérimentation de ce qui est connu aujourd'hui comme étant les sûretés réelles (le gage) et immobilières (les hypothèques). Enfin, cette forme de partage de risques se révèle être l'assurance de nos sociétés contemporaines[2]. Institution très ancienne, il est très difficile voire impossible, de remonter avec certitude aux origines du *prêt à la grosse aventure*. Si pour des jurisconsultes anglais cette pratique remonte à l'Inde ancienne[3] à travers les lois de Manou[4], l'antériorité de son usage est parfois mise au crédit des Phéniciens. Toutefois, à travers ses précieux vestiges légués à la postérité, Jean-Marie PARDESSUS nous enseigne que le prêt à la grosse aventure faisait déjà dans la Grèce antique[5], l'objet d'une réglementation bien établie. À titre d'illustration, et bien qu'impossible à dater avec exactitude, voici le texte de ce qui semble être le plus ancien contrat connu de *prêt à la grosse* :

« *Androclès de Sphette et Nausicrate de Caryste ont prêté à Artémon et à Appollodore de Phasélis trois mille drachmes d'argent, sur des effets à transporter d'Athènes à Mende ou à Scionne, et de là dans le Bosphore, et, s'ils le veulent, sur la côte à gauche jusqu'au Borysthène,*

[1] Il s'agit de l'élément intentionnel qui permet de déterminer la volonté des associés à constituer, ensemble, une société commerciale. Voir MAIROT Adrien, « *Affectio societatis* », JCL Sociétés, fasc. 20-10, 21 septembre 2016.

[2] BONASSIES Pierre et SCAPEL Christian, « *Traité de droit maritime* » 2e éd., 2010, LGDJ-Monchrestien, n°1280, p.883.

[3] GOLD Edgar, "*Gard Handbook on P&I Insurance*", 5th ed., 2002, n°1.1, p.60.

[4] DANJON Daniel, « *Traité de Droit maritime* », Tome 5e, éd. Librairie générale de droit et de jurisprudence, 1915-1916, n°1635, p.318.

[5] PARDESSUS Jean-Marie, « *Collections des Lois maritimes antérieures au XVIIIe siècle, dédiées au Roi* », Tome 1er, 1828, p.42.

et ensuite à Athènes. Ils ont prêté les trois mille drachmes à deux cent vingt-cinq par mille pour intérêt. Si les débiteurs ne passent du Pont au temple des Argonautes qu'après le coucher de l'arcture, ils paieront trois cents d'intérêt par mille. Ils engagent pour la somme prêtée trois mille brocs de vin de Mende, qu'ils transportent de Mende ou de Scione sur un vaisseau à vingt rames dont Hyblésius est l'armateur. Ils protestent qu'ils ne doivent et n'emprunteront rien à personne sur ce vin. Ils rapporteront du Pont à Athènes, sur le même vaisseau, les effets qu'ils auront échangés pour le vin ; et, lorsqu'ils seront arrivés avec ces effets, ils rendront, en vertu du présent acte, à leurs créanciers l'argent qui leur a été prêté, dans l'espace de vingt jours, à compter de celui où ils seront entrés dans le port d'Athènes ; ils rendront la somme en entier, et n'en déduiront que les pertes que les passagers auront faites dans le trajet d'un commun accord, ou celles qu'ils auraient essuyées de la part des ennemis ; la somme d'ailleurs doit être entière. Ils livreront, sans aucune charge, aux créanciers les effets engagés pour la somme, jusqu'à ce qu'ils aient rendu l'argent prêté, intérêts et principal, en vertu de l'acte. S'ils ne l'ont pas rendu dans un temps marqué, les créanciers pourront saisir les effets et les vendre au prix qu'ils valent. Si les créanciers n'en tirent pas la somme qui doit leur revenir en vertu de l'acte, ils pourront exiger le reste d'Artémon et d'Apollodore, ou de l'un des deux, ou de tous les deux en même temps, faire arrêt sur leurs biens de terre et de mer en quelque endroit qu'ils soient, comme s'ils eussent été condamnés et qu'ils n'eussent pas exécuté la sentence. S'ils ne passent point dans le Pont, et que, restant dans l'Hellespont dix jours après canicule, ils déchargent dans un pays où les Athéniens ne peuvent exercer le commerce, revenus à Athènes, ils paieront toujours l'intérêt marqué dans l'acte qui aura été fait l'année précédente. S'il arrive au vaisseau quelque accident considérable, on ne pourra toucher aux biens que les débiteurs auront donnés pour assurance ; les effets qui auront donné pour assurance ; les effets qui auront échappé seront partagés entre les créanciers et les débiteurs. Pour tous ces articles rien ne pourra infirmer l'acte. Noms des témoins : Phormion du Pirée, Céphisodote de Béotie, Héliodore de Pithe. »[6]. Ce contrat déboucha sur un contentieux, plaidé par Démosthène[7].

À la différence du contrat à la grosse[8], le *prêt à la grosse* s'entend comme étant « *la convention par laquelle une personne empruntait une somme pour servir à des opérations maritimes, et s'obligeait à la rendre avec un intérêt... La condition essentielle était que l'emprunteur ne serait obligé de payer le capital et l'intérêt maritime que si les objets affectés*

[6] La traduction en français de ce contrat serait l'œuvre de l'Abbé AUGER, en 1804.
[7] DEMOSTHENE, « *Plaidoyer contre Lacritos* », in Plaidoyers civils Tome 1 (Discours XXVII-XXXVIII), Paris 1954, pp.169 à 180. Texte établi et traduit par Louis GERNET.
[8] Le *contrat à la grosse* était la convention par laquelle l'armateur empruntait de l'argent pour acheter à l'étranger des marchandises qu'il ramènerait à Athènes. A la condition que lesdites marchandises étaient admises par la réglementation douanière, déjà très rigoureuse à l'époque, comme faisant partie des biens importables à Athènes.

arrivaient à bon port »[9]. Autrement dit, le prêt était destiné à financer une expédition maritime et ne devenait exigible qu'en cas d'heureuse fin, c'est-à-dire si bonne fortune. Cette assurance primitive avait un objet dual ou hybride, parce qu'elle garantissait soit le navire, soit sa cargaison, ou bien les deux à la fois. On parle aujourd'hui d'assurance maritime sur corps, et d'assurance maritime sur facultés. En cela, l'assurance maritime est techniquement précurseur de l'activité d'assurance *lato sensu*, car elle précéda les assurances terrestres et aériennes.

Ensuite, l'ère romaine développa amplement le *prêt à la grosse* sous une forme très particulière, à travers le *Nauticum foenus*, sorte de prêt à intérêts très usité à l'époque[10]. Le Moyen Âge à son tour, connut divers progrès et nombreuses améliorations en divers domaines. Ainsi, quasiment au crépuscule du XIIe siècle, le *prêt à la grosse aventure* gagna en réputation, parce qu'il était désormais très partagé par l'ensemble de la communauté maritime qui l'avait enrichi. À cette amélioration apportée par les praticiens, il faudrait ajouter l'intérêt que certaines couronnes européennes nourrirent pour les activités en mer. D'où les premiers textes relatifs à l'assurance maritime au milieu du XIVe siècle. Pour plus de clarté, nous dirons que ces lois s'inspiraient pour leur quasi-majorité du Consulat de la mer, du Droit maritime de Visby ou encore des Rôles d'Oléron. Seulement, ces textes ne pouvaient pas être considérés comme étant des lois ou textes juridiques, car ça n'était rien d'autre que des recueils d'usages, établis par les praticiens eux-mêmes sans intervention de l'autorité publique[11].

Cependant, et cela peut surprendre, l'assurance maritime, connue aujourd'hui en tant que la garantie contre les pertes causées par les périls de la mer, ne fut pas une œuvre des personnes de droit privé, mais plutôt celle de l'État. En effet, environ 215 av. J.-C., le gouvernement romain accepta de garantir le matériel militaire qu'il importait, si ledit matériel, était détérioré et/ou détruit en cas de grosses tempêtes ou bien à la suite d'une attaque du navire par des ennemis de la Nation[12]. En d'autres mots, l'assurance maritime était pratiquée pour un usage *pro imperio*. D'après EMERIGON, « *si les Romains n'ont assigné dans leurs lois aucune place distincte au contrat d'assurance, c'est parce que ce peuple guerrier abandonnait aux esclaves et aux affranchis le soin du commerce de mer et de terre* »[13].

---

[9] PARDESSUS Jean-Marie, « *Collections des Lois maritimes antérieures au XVIIIe siècle, dédiées au Roi* », Tome 1er, 1828, p.42.
[10] DANJON Daniel, « *Traité de Droit maritime* » Tome 5e, Librairie générale de droit et de jurisprudence, 1915-1916, n°1635, p.318.
[11] PARDESSUS Jean-Marie, « *Collections des Lois maritimes antérieures au XVIIIe siècle, dédiées au Roi* », Tome 1er, 1828, p.362.
[12] GOLD Edgar, "*Gard Handbook on P&I Insurance*" 5th ed., 2002, n°1.1, p.60.
[13] EMERIGON Balthazard-Marie, « *Traité des assurances et contrats à la grosse* » ; tome 1, 1783, p.2.

Pour ce qui est de l'assurance maritime pratiquée par la marine marchande, c'est-à-dire par les acteurs de droit privé, et réglementée comme telle, il faut remonter plutôt au XIIIe siècle. La plus ancienne[14] police d'assurance maritime daterait du 23 octobre 1347, et est l'œuvre des commerçants lombards, notamment de Florence. Cette police d'assurance garantissait le navire *Santa Clara*, au départ de Gènes pour Majorque[15]. Puis, la pratique s'étendit en Europe par les Hanséatiques (la ligue hanséatique), à la faveur des bonnes relations de commerce qu'ils partageaient avec les Lombards. D'ailleurs, Lombards, Génois, Hanséatiques et Flamands, établirent un quasi-monopole à travers toute l'Europe, même à Londres. Et cela généra une vive inimitié des commerçants londoniens qui fomentèrent un complot pour les faire expulser d'Angleterre, le but étant, de récupérer les parts de marché contrôlées par ces commerçants étrangers[16] et d'établir un monopole londonien ou bien anglais, de l'assurance et du commerce maritime. Ce monopole de l'assurance maritime, s'avère encore tout à fait vrai aujourd'hui.

Toutefois, outre l'effort des praticiens, et bien que cela semble impossible à dater avec exactitude, le premier texte – ou alors le plus ancien que l'on a pu découvrir – régissant l'assurance maritime est une loi du Roi FERDINAND 1er, encore appelé Ferdinand le Beau, roi de Portugal de 1367 à 1383. Cette loi créa une assurance mutuelle obligatoire, pour les armateurs portugais possédant des navires de plus de 500 tonnes. Et la mutuelle qui avait pour objet la garantie des sinistres maritimes que subiraient ces armateurs, était placée sous le contrôle direct de l'administration de la couronne[17]. Dans la même optique, les ordonnances de Barcelone de 1433, 1436, 1458, 1461 voire 1484, développèrent un droit des assurances maritimes plutôt sophistiqué[18]. En Angleterre, un projet de loi, préparé par Sir Francis BACON et voté par le parlement, fut la toute première loi anglaise portant assurance maritime. Il s'agit du *Elizabethan Act of 1601*, encore connue sous le titre *"Act Concerning Matters of Insurances Amongst Merchants"*. En France, c'est la célèbre ordonnance sur la marine de COLBERT, publiée en 1681 qui régit pour la première fois les assurances maritimes. Ce texte inspira fortement le législateur du Code de commerce de 1807. L'importance de l'assurance maritime conduira à l'adoption en France, de plusieurs textes ou réformes. Une des lois les plus célèbres, est certainement la Loi n°67-522 du 3 juillet 1967 sur les Assurances Maritimes élaborée dans le cadre de la grande réforme du Droit maritime français initiée sous l'autorité scientifique du

[14] NB : Une source que nous n'avons pu authentifier parle plutôt d'une police datée du 22 avril 1329, conservée aux archives diplomatiques de Florence.
[15] GOLD Edgar, *"Gard Handbook on P&I Insurance"* 5th ed., 2002, n°1.1, p.61.
[16] GOLD Edgar, *"Gard Handbook on P&I Insurance"* 5th ed., 2002, n°1.1, p.61.
[17] REATZ Charles Ferdinand, « *Ordonnances du duc d'Albe sur les assurances maritimes de 1569, 1570, 1571 avec un précis de l'histoire du droit maritime d'assurance maritime dans les Pays-Bas* », in Compte rendu des séances de la commission royale d'histoire. Deuxième série, Tome 5, 1878 p.43.
[18] *Idem.*

Doyen RODIÈRE. Cette loi, enrichie par plusieurs autres dispositions, notamment la loi de 1992[19], est désormais codifiée par le Code de commerce en son livre Ier titre VII.

Lorsque nous affirmons que l'assurance maritime est largement antérieure aux assurances terrestre et aérienne, c'est parce que celles-ci sont apparues bien plus tardivement. En effet, si la réglementation de l'assurance maritime est identifiable dès le Moyen Âge, il a fallu attendre le XVIIe siècle pour voir naître les prémices de l'assurance terrestre. Ce fut le cas à la faveur du terrible incendie de Londres. Le dimanche 2 septembre 1666, se déclara en effet à Londres, un gigantesque incendie au départ d'une boulangerie, et qui pendant sept jours détruisit tout le centre-ville londonien, qui se caractérisait par la beauté de son architecture médiévale. Le bilan était évalué à 13 200 maisons détruites (parmi lesquelles celles de Edward LLOYD), 87 églises parmi lesquelles la cathédrale St-Paul[20]. Ce triste bilan, outre la détresse et le désarroi des victimes directes, généra à bien de personnes, de la nostalgie. Parmi ces personnes, il y avait l'économiste anglais Nicholas BARBON qui, craignant de perdre lui aussi son patrimoine dans une circonstance similaire, fonda en 1680 *"The Insurance Office for Houses"*. Cette compagnie qui est la toute première à garantir le risque incendie, est l'ancêtre de l'assurance multirisque habitation que nous connaissons aujourd'hui. De même, pour une meilleure efficacité des prestations de cette compagnie, Nicholas BARBON recruta, forma et équipa des hommes qui avaient pour mission d'éteindre les incendies déclarés dans les maisons assurées par sa compagnie. Ces unités appelées *"fire brigades"*, et constituées de *"fire-fighters"* donnèrent naissance à ce qui est connu aujourd'hui comme étant le corps des sapeurs-pompiers. Plus tard au XIXe siècle, à la faveur de la responsabilité civile générée par une multiplicité des accidents dus aux chevaux et aux machines, naîtront les premières assurances responsabilité civile automobile[21]. De même il faut souligner que pendant très longtemps, les assurances terrestres et aériennes étaient réglementées par le droit commun des contrats. À titre d'illustration, il a fallu attendre l'ordonnance n°2011-839 du 15 juillet 2011 relative aux assurances en matière de transport, qui créa dans le Code des assurances, en son livre Ier titre VII, un chapitre V portant assurances sur corps et de responsabilité civile aérienne et aéronautique ; puis un chapitre VI portant assurance responsabilité civile à une opération spatiale. Toutefois, le constat d'évidence est qu'aujourd'hui, dans nos sociétés modernes, où

[19] Loi n°92-665 du 16 juillet 1992 portant adaptation au marché unique européen de la législation applicable en matière d'assurance.
[20] BEIGNIER Bernard & BEN HADJ YAHIA Sonia « *Droit des assurances* » 3e éd. LGDJ 2018, p.24.
[21] BONNAND Jérôme, « *Droit des assurances* » 5e éd., LexisNexis 2016, p.1.

l'on peut remarquer une multiplicité de contrats spéciaux ainsi que l'explosion du tout judiciaire, les pans qui ne font l'objet d'aucune couverture assurantielle sont devenus très rares.

De manière générique, l'assurance se définit comme étant *le contrat par lequel une partie, l'assuré, se fait remettre moyennant une rémunération (la prime), pour lui ou pour un tiers, en cas de réalisation d'un risque, une prestation par une autre partie, l'assureur, qui, prenant en charge un ensemble de risques, les compense conformément à la loi de la statistique*[22]. Cette définition permet sans doute de remarquer que l'assurance est identifiée ou bien qualifiée, à travers l'objet de la garantie. Ainsi, l'assurance maritime quant à elle, comme nous l'a enseigné EMERIGON à travers sa belle plume, est le « *contrat par lequel on promet indemnité des choses qui sont transportées par mer, moyennant un prix convenu entre l'assuré qui fait ou fait faire le transport, et l'assureur qui prend le péril sur soi, et se charge de l'événement* »[23]. Cette définition, aussi claire qu'elle est, s'interprète assurément au regard de son contexte historique car à cette époque, les armateurs étaient très souvent en même temps chargeurs. Raison pour laquelle aujourd'hui, l'assurance maritime se définit au regard de l'objet de la garantie. Dans un premier temps, il s'agit de celle qui garantit une chose : le navire ou bien sa cargaison. Lorsqu'elle porte sur le navire, on parle d'assurance sur corps de navire. L'assurance-corps est celle qui garantit le navire et ses accessoires contre les pertes, dommages, recours des tiers, dépenses résultant de fortunes de mer et accidents pouvant l'affecter[24]. Et lorsque l'assurance garantit la cargaison du navire, l'on parle d'assurance facultés. Dans un second temps, il existe une assurance maritime portant sur la responsabilité civile de l'armateur. Selon l'article L5411-1 du Code des transports, l'armateur est celui qui exploite le navire en son nom, qu'il en soit ou non propriétaire. Ainsi, l'assurance responsabilité civile de l'armateur s'entend comme étant celle qui a pour objet la réparation des dommages causés aux tiers par le navire[25].

L'ancienneté de l'assurance maritime ainsi que son impact quant aux échanges commerciaux, permet d'affirmer que « *l'assurance est la condition même du commerce maritime* »[26]. Ce constat, EMERIGON le fit lui aussi lorsqu'à la suite de POTHIER au sujet du contrat d'assurance maritime, il écrivit que : « *l'usage de ce contrat est de la plus grande utilité,*

[22] Lexique des termes juridiques, Dalloz 16e éd., 2007, sous la direction de GUINCHARD Serge et MONTAGNIER Gabriel.

[23] EMERIGON Balthazard-Marie, « *Traité des assurances et contrats à la grosse* » ; tome 1, 1783, p.3.

[24] LE BAYON Alain, « *Dictionnaire de droit maritime* », Collection « Didact Droit », Presse Universitaire de Rennes, 2004, p.33.

[25] C. assur., art. L173-25

[26] BONASSIES Pierre et SCAPEL Christian, « *Traité de droit maritime* », 2e éd., 2010, LGDJ-Monchrestien, n°1280, p.883.

et qu'il favorise le commerce de mer, qui sans ce contrat, ne se ferait que par un petit nombre de personnes assez riches ou assez téméraires pour oser courir eux seuls les risques maritimes »[27]. Cela témoigne de ce que le commerce mondial, dominé par la vente de marchandises, lesquelles marchandises sont transportées à travers le monde pour l'essentiel par mer, nécessite un système de protection approprié. Cette protection, trouve sa complétude grâce à la garantie de la responsabilité civile de l'armateur, qui vient s'additionner aux deux autres assurances maritimes (sur facultés et sur corps). Par ailleurs, la technicité de cette assurance responsabilité civile, révélée par la diversité des risques susceptibles d'être garantis, ainsi que par l'importance de la trésorerie nécessaire pour une telle activité, fait de l'assurance responsabilité civile des armateurs, le monopole d'une institution anglo-saxonne : les *Protecting & Indemnity Clubs*, ou encore Clubs de Protection et d'Indemnité.

L'origine des Clubs de Protection et d'Indemnité, à l'instar de la quasi-totalité des institutions maritimes, se fonde sur la volonté des praticiens de régler les problèmes auxquels ils sont confrontés au quotidien dans leurs différentes affaires respectives. À la moitié du XVIIe siècle, il était de coutume à Londres, que les négociants, armateurs et courtiers entre autres, se retrouvent dans des cafétérias *"coffee houses"* pour discuter de leurs business, et éventuellement pour signer des contrats. C'est alors que Edward LLOYD, tenancier d'un café à Londres, se rendit compte du besoin de ces opérateurs-là, d'avoir des informations fiables, et de « *dernier cri* ». Partant de ce constat, il fonda en 1662 la *Lloyd's news,* qui paraissait trois fois par semaine pour donner des informations relatives aux mouvements des navires à travers les ports les plus importants d'alors. Le problème, c'est que l'énorme succès de ce journal fut sur le point d'entraîner la faillite de son commerce principal. D'où la belle idée de cesser la publication du journal sous sa forme initiale, mais d'utiliser une craie pour écrire les informations sur un tableau non loin du comptoir. Ainsi, il recevait plus de clients, et son café devenait un lieu de rencontre entre traders, armateurs et courtiers en assurance à qui il fournissait papier, encre et plumes[28]. Et cela fut facilité grâce à une omission contenue dans les dispositions de la loi de juin 1720, le *Bubble Act.* Cette charte royale, à travers ses dispositions, créa un duopole de deux compagnies d'assurances, les seules autorisées à exercer au Royaume Uni. Il s'agissait du *Royal Exchange Assurance*, et le *Royal London Assurance*[29]. Ainsi, cette loi qui réglementa seulement l'activité des sociétés commerciales ne s'adressait pas aux personnes physiques. Ceci permit aux courtiers du Lloyd's de gagner en autorité et en

[27] EMERIGON Balthazard-Marie, « *Traité des assurances et contrats à la grosse* » ; tome 1, 1783, p.4.
[28] BEIGNIER Bernard & BEN HADJ YAHIA Sonia « *Droit des assurances* » 3e éd. LGDJ 2018, p.24.
[29] HAZELWOOD Steven J. & SEMARK David, "*P&I Clubs Law and Practice*" 4th ed., 2010, p.13.

réputation. Donc, le Lloyd's, qui se révélera plus tard être la première compagnie de courtage en assurance maritime, fut créé de fait.

Au regard de la structuration quasi monopolistique du marché, les armateurs seront très vite mécontents. Plusieurs griefs pouvaient expliquer cela. Tout d'abord, de nombreux armateurs britanniques ne vivaient pas à Londres, épicentre du négoce des marchandises et des assurances maritimes. En conséquence, ils n'avaient pas de rapports étroits avec les courtiers, qu'ils connaissaient d'ailleurs plutôt mal[30], et lesquels pratiquaient des primes très élevées malgré un nombre restreint de risques garantis. Ensuite, les armateurs reprochaient également aux courtiers leur absentéisme pendant les périodes de sinistralité, ou bien les clauses litigieuses qui figuraient dans les contrats d'assurance, et qui donnaient lieu à beaucoup de contentieux non sans retarder les indemnisations[31]. Se posait donc un problème de confiance. À cela, il faut rajouter de nombreuses faillites des courtiers d'assurance vers la fin du XVIIIe siècle, dont la conséquence directe était que les armateurs demeurèrent au final sans garantie. En effet, eu égard au contexte de belligérance entre les XVIIIe et XIXe siècles, avec entre autres, la guerre d'indépendance des États-Unis, les nombreuses batailles franco-anglaises, la guerre de Crimée, les batailles de la Prusse, beaucoup de navires furent sinistrés soit directement (par bombardement), soit indirectement à cause des heurts entre les navires et les épaves, ou bien à cause d'accidents liés à l'absence d'aides à la navigation dans les ports. Les retards ou dommages aux cargaisons étaient nombreux. Les armateurs payèrent donc un lourd tribut, notamment parce qu'ils étaient également pour majorité, propriétaires des cargaisons.

Comme le *Bubble Act* ne refusait pas formellement aux personnes physiques la capacité à effectuer des prestations d'assurances maritimes, ces armateurs décidèrent de se regrouper pour mieux protéger leurs navires. En effet, exposés à divers risques au regard du contexte de belligérance d'alors, ces navires ne bénéficiaient pratiquement plus d'une assurance sur corps de navires. Et c'est dans ces conditions que naquirent en 1810[32], les premières mutuelles d'armateurs, connues sous l'appellation anglaise *Mutual Hull Clubs*. Conçu pour l'assurance sur corps de navire, ce modèle connut un franc succès parce que les *Hull Clubs*, mutuelles d'armateurs, étaient constituées par des armateurs qui se connaissaient très bien, se faisaient réciproquement confiance, et leurs navires immatriculés dans les mêmes ports. Ainsi, naquirent

[30] NEPIA, "*Celebrating one hundred and fifty years of the North of England Protecting & Indemnity Association*", p.3.
[31] HAZELWOOD Steven J. & SEMARK David, "*P&I Clubs Law and Practice*" 4th ed., 2010, p.2.
[32] Se tint en 1810 une commission parlementaire pour enquêter sur les griefs portés par les armateurs. Au banc des accusés, le Lloyd's à qui étaient reprochées l'inefficience de ses prestations, l'inadéquation des garanties, mais surtout l'insolvabilité de nombreux courtiers.

de nombreux *Hull Clubs* engagés dans la garantie corps des navires, ou bien dans la garantie des risques non pris en charge par le marché traditionnel, ou encore lorsque ces risques étaient couverts à des taux prohibitifs[33]. En 1824, le *Bubble Act* sera abrogé et le monopole dont bénéficiaient le Lloyd's, le *Royal Exchange Assurance* et le *Royal London Assurance*, sera dilué par la multiplication des compagnies d'assurances créées sous la forme de sociétés commerciales à responsabilité limitée (SARL). Malgré la concurrence de celles-ci, les *Hull Clubs* demeuraient solides et résilients, car leur modèle basé sur la mutualité, répondait à des besoins précis des armateurs en plus du fait que ces mutuelles étaient gérées par d'anciens capitaines de navires. Leur connaissance technique de la mer était donc un réel atout quant aux engagements financiers de l'opération d'assurance maritime. Ancrés sur un tel pilier, les *Hull Clubs* vont très vite se répandre car dès 1830, soit six ans seulement après l'abrogation du *Bubble Act*, on en dénombrait douze sur la côte nord-est de l'Angleterre, treize au Nord, neuf au sud, cinq dans la seule ville de Newcastle[34]. Cependant, au regard du contexte d'alors, marqué par de nombreuses guerres dont le corollaire était la destruction des navires ou bien la multiplicité des navires en mauvais état, les risques de sinistres étaient très élevés. Une telle situation d'importante sinistralité, était incompatible avec le faible taux de primes pratiqué par les *Hull Clubs*. En conséquence, autour de la moitié du XIXe siècle, quasiment la totalité de ces *Hull Clubs* fit banqueroute, et seuls quelques-uns, sélectifs quant à l'état des navires qu'ils s'engagèrent à garantir, survécurent aux côtés des compagnies d'assurance sur corps du marché traditionnel.

Les choses évolueront grâce aux progrès scientifiques et techniques du XIXe siècle, qui ont significativement contribué à développer le commerce international. En effet, le développement des chemins de fer et du rail améliorera la mobilité des travailleurs. L'invention et la démocratisation des navires à vapeur et leur structure en acier, permettront d'aller plus vite, plus loin. De plus importantes capacités et une meilleure polyvalence des navires, permettront d'accroître les quantités de cargaison transportées ainsi que la diversification de la nature des marchandises transportées ou transportables. Mais comme on peut l'imaginer, cela ne se fit pas sans risque, et généra de nombreux défis que l'ingénierie juridique et le pragmatisme anglais permirent de surmonter. En effet, le développement du rail fut accompagné de nombreux accidents et en application de la *Common Law,* dont l'une des règles est qu'on ne plaide par procureur, seuls les blessés de ces accidents obtenaient indemnisations.

[33] HAZELWOOD Steven J. & SEMARK David, "*P&I Clubs Law and Practice*" 4th ed., 2010, p.5.
[34] NEPIA, "*Celebrating one hundred and fifty years of the North of England Protecting & Indemnity Association*", p.3.

Les responsables de la compagnie ferroviaire en cas d'accident pouvaient donc être punis pour cause de blessures mais pas pour cause de décès consécutif à l'accident, d'où une montée d'indignation. Se saisissant de ce problème en 1845, le député Lord CAMPBELL introduisit une proposition de loi. Grâce au concours du hasard, l'actualité voulut que l'examen de la proposition de loi, coïncidât avec la période d'émigration massive d'Irlandais vers les États-Unis, et son lot d'accidents tragiques. Ainsi, il ne s'agissait plus exclusivement des accidents ferroviaires. La loi sera votée en 1846 sous la dénomination officielle *The Fatal Accidents Act 1846* et plus couramment, le *Lord Campbell's Act.* Il s'agissait donc de la toute première fois au Royaume Uni, que les proches de personnes décédées dans un accident pouvaient obtenir une indemnisation, même si le droit d'action était réservé exclusivement soit à l'époux, ou au parent, ou alors à l'enfant du *de cujus*. En 1847, fut votée le *Harbours, Docks & Piers Clauses Act 1847* qui rendait les armateurs responsables pour les dommages – fautifs ou non – causés aux installations portuaires. En 1880, fut voté le *Employers Liability Act 1880*, première loi imposant aux employeurs, l'indemnisation des salariés en cas de blessures corporelles ou de décès à la suite d'un accident survenu pendant le temps de travail. Cette mesure affectait particulièrement les armateurs, car outre les périls de la mer *stricto sensu*, les navires à vapeur d'alors qui remplaçaient les voiliers, encouraient beaucoup plus d'accidents, notamment les explosions de chaudières. Toutefois, bien avant cette loi de 1880, les armateurs avaient déjà ressenti la nécessité de se protéger contre ces nouvelles donnes, à de meilleurs taux. Pour ce faire, ils décidèrent de constituer les *"Protecting Clubs"* ou *"Protection Clubs"*. Ceux-ci furent constitués selon le même modèle qui avait servi à la formation des *Hull Clubs,* à la différence que les *Protecting Clubs* garantissaient les armateurs contre les risques ou les débours qui n'étaient pas pris en charge par la garantie corps et machines. En d'autres mots, la quasi-disparition des *Hull Clubs* laissa le marché de l'assurance corps à des compagnies traditionnelles. Celles-ci excluaient de la garantie, les risques qui ne concernaient pas principalement la structure du navire. Même si une loi de 1854[35] institua la limitation de responsabilité, les coûts, débours et dépenses générés par la *Harbours, Dockers & Piers Clauses Act 1867* ainsi que par la *Employers Liability Act 1880* demeuraient potentiellement plus élevés que la valeur des navires. Les armateurs étaient alors confrontés à deux problèmes : d'une part la non-garantie par l'assureur corps et/ou la contrainte d'abandon du navire et d'autre part, la saisie des navires. Il fallait donc se protéger contre ces réclamations des tiers. C'est là la vocation des *Protecting Clubs,* le premier créé – en 1855 – étant le *Mutual Protection Society*[36].

[35] *British Merchant Shipping Act 1854.*

[36] Aujourd'hui connu comme *Britannia Steam Ship Association Limited, ou bien Britannia P&I Club.*

Dit autrement, la garantie assumée par les *Protecting Clubs* ne concernait que trois risques, à savoir : les blessures ou décès (*Employers Liability Act* pour les membres d'équipage ; le *Fatal Accidents Act* pour les passagers), la responsabilité pour les contraventions de grande voirie (*Harbours, Dockers & Piers Clauses Act*) et le quart de la valeur du navire que ne prenait pas en charge l'assureur corps pour cause d'abordage.

Comme cela peut transparaître, ce fut une période pendant laquelle les marchandises n'étaient pas une préoccupation pour les armateurs, car ils étaient bien plus influents que les chargeurs. Ceux-ci ne pouvant alors rien leur réclamer avec succès, parce que les connaissements étaient rédigés à l'avantage des transporteurs maritimes à qui profitaient nombreuses clauses de non-responsabilité. Lorsque les courtiers d'assurance étaient méticuleux quant aux stipulations du connaissement, les armateurs émettaient des connaissements comportant des clauses peu claires, et surtout très équivoques[37]. Alors, les chargeurs n'avaient que leur assurance sur facultés pour se protéger des dommages ou sinistres subis par leurs cargaisons. Deux événements, les navires *Western Hope* et *Emily*, rééquilibreront la balance.

En 1870, le navire *Western Hope* quitte l'Angleterre pour Cape Town en Afrique du Sud. Le transporteur fera une déviation à Port Elizabeth pour charger une autre cargaison, puis il fit naufrage pendant son trajet pour Cape Town. Assigné en justice par le premier chargeur, il invoqua devant le juge les clauses de non-responsabilité contenues dans le connaissement. Le juge retint que la déviation n'était pas prévue dans le contrat de transport et n'était pas justifiée selon les circonstances de l'espèce. L'armateur fut condamné à rembourser au chargeur, la valeur de la cargaison[38]. Même si pour soulager son armateur, le *North of England Protecting Club*[39] contribua symboliquement par un paiement *ex gratia*, cet armateur dut indemniser de ses fonds propres, parce que ce risque n'était pas pris en charge par son *Protection Club*[40].

Peu de temps après, à la suite d'un échouement, le navire *Emily* sombra avec sa cargaison. Le chargeur obtint du juge, le remboursement intégral de la valeur de sa cargaison. Selon le juge, l'échouement résultait d'une négligence de navigation – "*negligent navigation*". Là encore, l'armateur se libéra sur fonds propres, car la négligence de navigation ne figurait pas dans le connaissement, c'est-à-dire parmi la longue énumération des risques constitutifs des périls de la mer. Au regard de ces deux affaires, les armateurs ont vite compris que l'émergence

---

[37] NEPIA, "*Celebrating one hundred and fifty years of the North of England Protecting & Indemnity Association*", p.9.
[38] GOLD Edgar, "*Gard Handbook on P&I Insurance*" 5th ed., 2002, n°1.4.1, p.67.
[39] Pour tout savoir de l'histoire et de l'évolution de ce Club, voir NEPIA, "*Celebrating one hundred and fifty years of the North of England Protecting & Indemnity Association*".
[40] HAZELWOOD Steven J. & SEMARK David, "*P&I Clubs Law and Practice*" 4th ed., 2010, p.7.

de la responsabilité pour les dommages relatifs aux cargaisons, ébranlerait sérieusement l'avenir de leur activité. Ils jugèrent donc opportune, la création d'une nouvelle branche d'assurance, qui prendra en charge leur responsabilité à l'égard des tiers, et dont le transport de marchandises était la tête de proue : *Indemnity risk.* Ainsi naquit en 1874, le premier *Indemnity Club.* Puis pour des raisons d'efficacité, et face à la concurrence, certains *Protecting Clubs* décidèrent de créer en leur sein une branche qui garantira les *Indemnity risks* tandis que d'autres, fusionnèrent avec les *Indemnity Clubs.* C'était la naissance des *Protecting & Indemnity Clubs,* plus généralement connus par l'abréviation *P&I Clubs.* Si quelques fois les juristes français en traduisant cette abréviation parlent de Club de P&I, ce qui peut se concevoir, nous n'utiliserons dans cette thèse que l'expression anglaise *P&I Clubs.* De même, parlant des *P&I Clubs*, nous emploierons parfois les expressions Association[41] ou mutuelle[42], expressions consacrées par la pratique.

Aux termes du Code français des assurances 2020, l'assurance responsabilité est celle qui engage l'assureur seulement si, à la suite du fait dommageable prévu au contrat, une réclamation amiable ou judiciaire est faite à l'assuré par le tiers lésé[43]. De ce texte, l'on comprend d'emblée qu'il s'agit bien d'une assurance autonome, et non assimilable à une assurance de personnes, encore moins à une assurance de choses. Cette assurance garantit le tiers lésé pour un dommage qui lui est causé par l'assuré, auteur du fait dommageable. Dit autrement, dans le cadre de l'assurance responsabilité, l'assuré n'est pas la victime mais plutôt l'auteur du dommage[44]. Cela signifie en d'autres termes que le souscripteur ou le preneur d'assurance responsabilité est protégé dans son patrimoine parce que l'assureur prend en charge la dette de réparation du dommage qu'il causera à la victime, tierce partie au contrat. Cette dette de réparation, qui est la somme que doit l'assuré à la victime du fait du dommage, est quantifiable soit par transaction c'est-à-dire règlement amiable, soit par décision juridictionnelle.

Cette forme de protection du patrimoine de l'assuré consistera en la prise en charge par l'assureur, selon les termes de la police d'assurance, des frais nécessaires à la réparation du dommage, et/ou des frais de procédure. Au regard de ce qui précède, l'assurance responsabilité

[41] En parcourant les polices (les Rules books) des *P&I Clubs,* on peut observer que plusieurs P&I Clubs s'identifient eux-mêmes par l'expression *Association.*
[42] Il n'est pas rare de voir que les *P&I Clubs* se qualifient eux-mêmes *Mutual Association* (Association mutuelle).
[43] C. assur., art. L124-1.
[44] BEIGNIER Bernard & BEN HADJ YAHIA Sonia « *Droit des assurances* » 3e éd. LGDJ 2018, p.782.

peut se définir comme étant celle qui « *garantit l'assuré contre le risque d'une atteinte patrimoniale en raison de l'existence d'une dette de responsabilité établie envers un tiers* »[45].

L'expression responsabilité civile, s'entend quant à elle, par opposition à la responsabilité pénale mais il n'est pas nécessaire nous semble-t-il, de détailler davantage, car au nom de la personnalité des peines, la responsabilité pénale est par principe inassurable. Ainsi, nous noterons simplement que le fondement de la responsabilité civile peut être soit contractuel, soit extracontractuel. Contractuel, lorsque l'assuré auteur du dommage ou du fait dommageable et la victime, sont liés par un contrat. Extracontractuel, lorsqu'il n'existe aucune convention entre l'assuré et la victime du dommage. Toujours est-il, que la victime du dommage est un tiers au contrat d'assurance qui lie l'assuré et l'assureur responsabilité. Mais pour lever toute éventuelle équivoque, il nous semble opportun d'insister sur le concept d'assurance responsabilité civile contractuelle. En effet, le seul manquement par l'assuré à son obligation contractuelle, à savoir soit sa non-exécution soit une mauvaise exécution de son contrat, ne suffit pas pour mobiliser son assurance responsabilité civile contractuelle. L'élément nécessaire étant l'existence d'un dommage du fait de cette non-exécution ou mauvaise exécution[46]. La dette de réparation qui est l'objet de la garantie, n'existera donc que s'il existe au préalable, un dommage généré par l'inexécution ou la mauvaise exécution par l'assuré de son obligation contractuelle. Au cas contraire, l'on demeure dans le cadre de la responsabilité contractuelle, ce qui n'est pas du domaine de l'assurance responsabilité civile contractuelle.

Selon le Larousse, la mutualisation est le « *fait de mutualiser* », et mutualiser, se définit comme « *faire passer (un risque, une dépense) à la charge d'une mutualité, d'une collectivité* ». La mutualisation des risques s'entend donc comme étant une technique de partage entre plusieurs personnes ou entités, des risques que chacun pris individuellement, ne peut assumer seul sans conséquence financière importante. De manière concrète, il s'agit d'une forme de dispersion et de division[47] des risques, afin d'entraîner leur dilution à travers l'allègement de leurs coûts financiers. Cela dit, nous pensons que pour bien comprendre cette notion de mutualisation des risques, il est absolument nécessaire de l'appréhender à la fois par ses définitions juridique et technique. En effet, la définition juridique renferme cette notion dans son acception de contrat aléatoire, c'est-à-dire un pari. Et là, n'est mise en exergue que sa réalité économique, car l'assureur mise sur des primes versées par ses assurés, espérant la non-

[45] GROUTEL Hubert, LEDUC Fabrice, PIERRE Philippe et ASSELAIN Maud, « *Traité du contrat d'assurance terrestre* », Lexisnexis 2008, p.1081.
[46] Cass. civ. 1re, 1er février 2000 n°97-15.724.
[47] CHAGNY Muriel & PERDRIX Louis, « *Droit des assurances* » 3e éd., LGDJ Lextenso, 2014, n°28 p.27.

réalisation des risques. D'où l'importance de la prise en compte, de la définition technique de la mutualisation qui est une *véritable organisation collective de lutte contre la fatalité, l'aléa*[48]. C'est le rôle social, altruiste, de la mutualisation qui est ici exprimé. D'ailleurs, l'aspect altruiste de la mutualisation a précédé son aspect juridique tel que connu aujourd'hui à travers l'opération d'assurance. Les peuples de l'ère antique connaissaient déjà cette technique[49]. Les anciennes tribus d'Afrique notamment, pratiquaient déjà depuis fort longtemps cette technique de partage des risques. Ces populations développèrent la mutualisation au tout début, comme outil de solidarité de la collectivité à l'endroit de l'un des leurs, qui perdait un époux ou un parent. Puis cela s'étendit au bénéfice de celui du groupe, victime par exemple de la dégradation de ses plantations par des événements météorologiques (fortes pluies ou sécheresse de longue durée), ou de la destruction de sa maison par un incendie (on l'aidait à reconstruire). Maladroitement connue aujourd'hui sous l'appellation de tontine[50], la mutualisation comme pilier de l'organisation économique en Afrique, était ensuite pratiquée en tant qu'outil permettant de financer des investissements entrepris par un membre de la communauté, ou du village. D'ailleurs, cette dernière forme s'est adaptée à l'évolution, s'est modernisée, et aujourd'hui rivalise efficacement avec les banques et établissements financiers modernes, car elle s'est révélée être un solide instrument de financement des projets économiques en Afrique[51].

Si nous marquons un arrêt, et observons l'assurance d'un point de vue strictement technique, nous nous apercevrons qu'il s'agit d'une forme de mutualisation des risques. C'est l'esprit qui a gouverné le *prêt à la grosse aventure*. Il peut donc apparaître redondant de parler de mutualisation de l'assurance parce que chacun des deux vocables renvoie à la mise en commun des risques. Toutefois, à l'analyse, on observe au contraire, que mettre ces mots ensemble l'un près de l'autre, c'est dire de manière simple, « assurer l'assurance ». Donc, si

---

[48] CHAGNY Muriel & PERDRIX Louis, *op. cit.*, p.28.

[49] BEIGNIER Bernard & BEN HADJ YAHIA Sonia « *Droit des assurances* » 3ᵉ éd., LGDJ 2018, p.30.

[50] Du nom de Lorenzo TONTI, banquier italien du début du 17ᵉ siècle. Après que le Cardinal MAZARIN échoua à imposer au peuple un nouvel impôt, Lorenzo TONTI lui proposa (puis plus tard à LOUIS XIV) une sorte de collecte auprès du peuple, consistant en l'investissement régulier de chaque citoyen dans un fonds commun afin d'obtenir plus tard une rente. Et à la mort de l'un des contributeurs, sa part était partagée par les survivants, et au décès du dernier contributeur ou adhérent, le tout revenait au Royaume. Si ce système, ancêtre de l'assurance-vie était nouveau à cette date en France, il n'en demeure pas moins que sa pratique était déjà largement connue ailleurs, notamment en Afrique.

[51] Pour aller plus loin, voir : BOUMAN F. J. A., « *Indigenous savings and credit societies in the world, a message/ un enseignement : Les sociétés indigènes d'épargne et de crédit* », in « *Savings and Development* " vol.1 n°4, 1977, pp.181-219 ; HENRY Alain, TCHENTE Guy-Honoré & GUILLERME-DIEUMEGARD Philippe « *Tontines et banques au Cameroun : les principes de la société des amis* », 1991, éd. Paris Karthala, Vol 1 ; KAMWA Pierre, « *Monétarisation et tontine dans le processus de financement du développement économique : l'exemple du Cameroun* », Thèse de Doctorat en sciences économiques, soutenue en 1985, Université d'Orléans.

l'assurance est un moyen élémentaire de partage de risques, la mutualisation en est le moyen perfectionné.

Cela dit, en tant qu'opération d'assurance, la mutualisation des risques peut s'opérer de deux manières, c'est-à-dire à travers deux techniques : la coassurance et la réassurance. Selon le lexique des termes juridiques, la coassurance est la « *répartition d'un risque important, maritime, industriel, immobilier... entre plusieurs assureurs* ». Il s'agit donc d'une **répartition horizontale des risques** entre plusieurs assureurs, qui par une sorte de dépeçage virtuel d'une chose ou bien de sa valeur, s'engagent chacun à garantir une part. Cela, sans solidarité parce que chacun des assureurs demeure responsable pour la part du risque qui lui incombe. À titre d'illustration, dans l'hypothèse de l'assurance corps et machines d'un navire, un assureur peut s'engager pour les moteurs et engins de propulsion, un autre pour les soutes, un troisième pour la structure, tandis qu'un quatrième garantira les grues et autres engins de levage. En cas de sinistre, chacun des assureurs sera tenu pour ce qui correspond à son engagement initial. Il existe un lien contractuel entre l'assuré et chacun de ces assureurs, matérialisé par la jonction sur le contrat d'assurance, d'une feuille comportant les signatures des assureurs parties à l'opération, et avec indication des parts pour lesquelles chacun s'engage. Cependant, l'un d'eux, appelé l'apériteur, qui est généralement celui des assureurs ayant pris le plus gros risque, reçoit délégation de la centralisation et de la gestion du contrat[52].

La réassurance quant à elle, est reconnue et organisée par COLBERT dans son illustre ordonnance sur la marine de 1681. On peut en effet y lire qu'« *il sera loisible aux assureurs de faire réassurer par d'autres, les effets qu'ils auront assurés...* » et « *s'il arrive que les assureurs, ou aucun d'eux, après avoir signé la police d'assurance, se repentent, ou aient peur, ou ne voudraient plus que la police d'assurance subsistât à leur égard, il leur sera permis de faire réassurer les effets qu'ils avaient assurés, par d'autres personnes, soit à plus grand, ou à plus petit prix, sans cependant qu'ils soient pour cela déchargés et libérés envers les personnes dont ils avaient assuré les effets par la police d'assurance* »[53]. En d'autres termes, la réassurance est l'opération par laquelle l'assureur cède à un autre, le réassureur, tout ou partie des risques qu'il détient à l'égard de ses assurés. Concrètement, l'assureur initial, le cédant, transmet au réassureur, le cessionnaire, une partie ou l'entièreté de son engagement d'assurance, afin d'alléger son engagement financier d'une part, et d'autre part, de se protéger lui-même des contingences susceptibles de l'empêcher de respecter ses obligations. Une autre définition de la réassurance, nous est proposée par l'article L310-1-1 du Code des assurances

[52] Le Lamy assurances 2019 n°5467, p.2566 (n°5393 pour la version numérique éd. 2019).
[53] Ordonnance de la marine du mois d'août 1681, art. XX, p. 264 (version officielle).

qui transcrit en droit français, une directive européenne[54]. Selon cette disposition, *« la réassurance est l'activité d'un organisme, autre qu'un véhicule de titrisation mentionné à l'article L.310-1-2, qui consiste à accepter les risques cédés, soit par une entreprise d'assurance, une autre entreprise de réassurance ou un fonds de retraite professionnelle supplémentaire, soit par des mutuelles, leurs unions ou une mutuelle ou union de retraite professionnelle supplémentaire, régies par le livre II du Code de la mutualité, soit par des institutions de prévoyance, leurs unions ou une institution ou union de retraite professionnelle supplémentaire, régies par le titre 3 du livre 9 du Code de la Sécurité sociale soit par tout membre de l'association des souscripteurs dénommée "Lloyd's" ».* Cette définition, contrairement à celle que nous avons précédemment donnée, est peu claire. Cependant, nous pouvons noter qu'à l'inverse de la coassurance, il n'existe pas de lien contractuel entre réassureur cessionnaire et l'assuré, sauf accord exprès. De même, contrairement à la coassurance qui est une répartition horizontale des risques, **la réassurance est une répartition verticale**.

L'on pourrait, à ce niveau, se poser la question de savoir quelle est la nature juridique *des P&I Clubs*. S'agit-il d'une société commerciale dont l'activité est « la vente de l'assurance » ? Précédemment, lorsque nous parlions de l'histoire des *Hull Clubs* aux *P&I Clubs* en passant par les *Protecting Clubs* et les *Indemnity Clubs*, nous avons noté par la même occasion que ces groupements se constituaient sous la forme de la mutualité – constitués par des opérateurs d'un secteur d'activité (ici le transport maritime) qui décident de se mettre ensemble pour gérer les risques qu'ils ont en commun. Les *P&I Clubs* étant créés sur les mêmes bases que les *Hulls Clubs* dont ils sont héritiers, on peut *a priori* dire qu'ils ne sont pas des sociétés commerciales mais des mutuelles d'armateurs.

Premièrement, parce que sur le plan de leur constitution *stricto sensu*, l'analyse sémantique nous permet de noter qu'il s'agit de « *Clubs* », c'est-à-dire des personnes physiques et/ou morales[55], représentées à travers leur(s) navire(s) (élément fondateur de la garantie)[56], qui se mettent ensemble pour créer une association. Le caractère associatif des *P&I Clubs* peut s'observer au regard de leurs dénominations. En effet, la dénomination complète de 9 des 13

[54] Art.2 alinéa 1 a) directive 2005/68/CE du Parlement Européen et du Conseil, du 16 novembre 2005, relative à la réassurance et modifiant les directives 73/239/CEE et 92/49/CEE du Conseil ainsi que les directives 98/78/CE et 2002/83/CE.

[55] Il est fait référence ici des cas où les navires ou alors les armateurs sont des personnes morales, notamment les compagnies de transport maritime.

[56] Nous le verrons dans le tout premier chapitre de cette thèse, c'est l'inscription du navire qui confère à l'armateur, la qualité et le statut de sociétaire d'un *P&I Club*.

P&I Clubs leaders du marché[57] précise que ces clubs sont des « associations », tandis que la dénomination de sept d'entre les treize, précise qu'ils sont des « mutuelles ». Par ailleurs, le *Marine Insurance Act 1906*, en son article 85 (article permettant de déroger aux dispositions de la présente loi)[58], dispose à l'alinéa 1 que "*Where two or more persons mutually agree to insure each other against marine losses there is said to be a mutual insurance*" (ce que nous traduisons par : lorsque deux ou plusieurs personnes conviennent de s'assurer mutuellement contre les risques maritimes, il est dit qu'il existe une assurance mutuelle). Cela signifie que dans le principe, si l'un des armateurs sociétaires subit des sinistres maritimes, il sollicitera la participation indemnitaire non pas à l'association mais réclamera la contribution à chacun des membres pris individuellement[59]. Fondés au départ sur ce modèle, les *P&I Clubs* n'avaient pas de personnalité juridique propre, les sociétaires ayant à la fois les qualités d'assureur et d'assuré[60]. Bien que cela constitue l'esprit même de la mutualité, une telle organisation rendait la gestion des *P&I Clubs* très complexe et peu efficace.

Deuxièmement, sur le plan de leur structure, si les Clubs ainsi créés correspondent à l'idée de la mutualité, il n'en demeure pas moins que le modèle présente des limites, d'où la nécessité de constituer une entité bénéficiant de la personnalité juridique, c'est-à-dire une corporation. En résumé, lorsque les armateurs constituent leur association, à savoir le *P&I Club*, il n'y a pas de contrat entre l'un avec chacun des membres mais plutôt un contrat avec chacun des membres et la corporation, entité personne morale. Ainsi constituée, l'Association n'est pas une société commerciale. Ceci, pour au moins deux raisons. D'abord, parce qu'elle n'est pas constituée par des actionnaires à travers le système des parts sociales, lesquels actionnaires reçoivent des dividendes en contrepartie de leur investissement. Les charges et prestations de l'association étant assumées par l'ensemble des sociétaires à travers le paiement de cotisations[61] régulières. Ensuite, parce qu'à la différence des sociétés commerciales créées pour pratiquer du commerce, et donc générer des profits, les *P&I Clubs* ont une vocation non lucrative. Le principe étant qu'en leur qualité d'assuré, chacun des sociétaires contribue aux cotisations chaque fois que cela est nécessaire, afin de bénéficier en retour, toujours en tant qu'assuré, de l'indemnisation des risques garantis par le *Club*[62], l'assureur. L'objectif d'un tel procédé est l'atteinte en fin d'exercice, d'un équilibre recettes-dépenses.

---

[57] Ces 13 P&I Clubs, membres de l'IGP&I Clubs, représentant environ 90% du tonnage mondial.
[58] Cet article 85 s'intitule *"Modification of Act in case of mutual insurance"* (Dérogation à la présente loi en cas d'assurance mutuelle).
[59] HAZELWOOD Steven J. & SEMARK David, "*P&I Clubs Law and Practice*", 4th ed. 2010, p.9 n°2.5.
[60] GOLD Edgar, "*Gard Handbook on P&I Insurance*", 5th ed., 2002 p.98 n°4.1.
[61] V° infra, §2 : L'acquittement par l'armateur des cotisations : point de départ du contrat, p.61.
[62] GOLD Edgar, *Idem*, p.99 n°4.1.

Troisièmement, sur le plan de leur fonctionnement, notamment quant à leur administration et contrairement aux sociétés commerciales dont les dirigeants reçoivent des directives et objectifs à atteindre de la part des actionnaires à qui ils rendront compte, les *P&I Clubs* sont dirigés par un conseil d'administration dont les membres sont désignés parmi les armateurs sociétaires[63]. De même, la caractéristique principale de ces dirigeants est de disposer de pleins **pouvoirs discrétionnaires**. Cela leur permet d'agir de manière souveraine, sans être soumis aux besoins particuliers de tel ou tel armateur sociétaire. Seuls seront garantis par les dirigeants de *P&I Clubs*, les risques mutuels[64] c'est-à-dire les risques ayant été à l'origine de la mutualisation. En d'autres mots, il s'agit des risques identifiés comme étant communs à tous les sociétaires membres fondateurs et/ou membres à venir de l'Association. Il pourrait donc se poser un problème de cohésion de groupe, certains sociétaires pouvant être tentés de tirer un maximum d'avantages de l'association au détriment des autres. De même, la nature des cargaisons transportées, la distance et les saisons des passages (pour les transports maritimes de passagers) ainsi que les zones de navigation étant tous à la fois hétéroclites et hétérogènes, il peut s'avérer très difficile de pouvoir proposer des prestations de garantie qui satisfont les sociétaires. Les dirigeants du *P&I Club*, pour pérenniser l'activité de leur association devront alors faire preuve d'une extrême rigueur et vigilance, d'une organisation et adaptabilité extraordinaires ; mais en même temps d'une dose de souplesse et de flexibilité.

Pour terminer, il nous semble opportun de noter que depuis l'apparition des *P&I Clubs,* au regard de leur particularité, par le passé il se posait la question de leur légalité. Aujourd'hui le problème est résolu. En effet, le droit maritime à travers les différentes conventions internationales et/ou régionales, impose aux armateurs de disposer nécessairement d'une assurance maritime ou bien d'une sécurité financière susceptible de réparer les dommages qu'ils auront causés. L'interrogation a d'autant été alimentée par le fait que l'opinion la plus partagée assimile l'assurance comme étant un service ou une prestation uniquement proposé(e) par une entreprise commerciale – l'on parle souvent de marché traditionnel –. En Angleterre, les *P&I Clubs* en tant que corporations, rentrent dans le champ d'application de la *Companies Act 2006*[65]. De même, dans sa résolution A.898(21)[66] adoptée le 25 novembre 1999 portant directive sur les responsabilités des armateurs relatives aux litiges maritimes, l'OMI reconnaît explicitement les *P&I Clubs* en tant qu'organisations pouvant fournir des prestations

---

[63] https://www.shipownersclub.com/about-us/.
[64] Ce principe connaît des exceptions avec la *Omnibus Rule* (Règle Omnibus) que nous verrons plus loin.
[65] Companies Act 2006, art. 8(1)(b) entre autres.
[66] International Maritime Organization, RESOLUTION A.898(21) adopted on 25 November 1999. Guidelines on shipowners' responsibilities in respect of maritime claims.

d'assurances maritimes. Pour l'OMI, l'assurance "*means insurance with or without deductibles, and comprises, for examples, indemnity insurance of the type currently provided by members of the International Group of P&I Clubs, and other effective forms of insurance (including self-insurance) and financial security offering similar conditions of cover*" [67] (que nous nous proposons de traduire par : l'assurance signifie assurance avec ou sans franchises, et comprend, par exemple, l'assurance indemnitaire à l'image de l'assurance actuellement fournie par les membres du Groupe International des *P&I Clubs*, et toute autre forme d'assurance [y compris l'auto-assurance] et la sécurité financière offrant des conditions de garantie similaire). L'Union Européenne également, reconnaît les *P&I Clubs* et plus formellement depuis la Directive 2009/20/EC[68] lorsque, reprenant les dispositions de la résolution de l'OMI, elle définit l'assurance comme étant « *une assurance avec ou sans franchise, et comprenant par exemple une assurance-indemnisation du type actuellement offert par les membres de l'International Group of P&I Clubs et d'autres formes effectives d'assurance (y compris une assurance individuelle attestée) et de garantie financière offrant des conditions de couverture équivalentes* »[69].

De tout ce qui précède, il ressort que les *P&I Clubs* en tant qu'entité juridique sont des mutuelles d'armateurs[70], ce qui est révélateur de la double définition nécessaire pour appréhender la mutualisation à savoir les critères juridique et altruiste. Par ailleurs, le caractère altruiste de la mutualisation de l'assurance responsabilité civile des armateurs, est fortement révélé par la vocation non lucrative des *P&I Clubs*[71], à l'inverse des assurances du marché traditionnel, qui sont des sociétés commerciales. Faut-il peut-être le rappeler, les *P&I Clubs*, en tant que mutuelles d'armateurs, étaient constitués à l'origine par les armateurs qui opéraient dans le même secteur d'activité. Les transporteurs de vracs secs se mettaient ensemble, les transporteurs de passagers en faisaient de même, etc. Évidemment, cela ne pouvait pas être viable et fiable dans la durée eu égard à la nécessité des Clubs de posséder un équilibre financier susceptible d'assurer la pérennité du modèle. Est donc apparue l'urgence de procéder à l'élargissement et à la diversification du nombre des armateurs constituant la mutuelle. C'est ainsi qu'aujourd'hui, les *P&I Clubs* assurent chacun différents types de navires à la fois, à

[67] *Idem*, article 1.1(2).
[68] Directive 2009/20/CE du Parlement européen et du Conseil du 23 avril 2009 relative à l'assurance des propriétaires de navires pour les créances maritimes.
[69] *Idem*, art.3 (b).
[70] MARCHIAFAVA Giovanni, "*La natura giuridica dei Protecting & Indemnity Clubs inglesi*", Jovene editore, Napoli 2013, pp.171-241.
[71] BENNETT Paul, "*Mutual risk: P&I insurance clubs and marine safety & environmental performance*", Marine Policy 25, 2001, p.13.

savoir paquebots, méthaniers, vraquiers, chalutiers, porte-conteneurs, pétroliers entre autres. À titre d'illustration, pour l'année d'assurance 2019, Britannia *P&I Club* est constitué de 33% de vraquiers, 29% de porte-containers, 18% de pétroliers de fioul lourd, 13% pour les autres types de tankers et les 7% restant représentent les chalutiers. Ce procédé est généralement connu comme étant la théorie des grands ensembles ou la loi des grands nombres, qui veut que plus on est nombreux, moins on est vulnérable aux risques. L'avantage est que la sinistralité positive d'un secteur compense la sinistralité négative des autres. Si l'on observe le contexte du XIXe siècle, les transporteurs de fèves de cacao par exemple, connaissaient une forte sinistralité tandis que ceux transportant le charbon, beaucoup moins. Tout ceci nous permet d'observer, et c'est aussi ce qui apparaîtra au cours de nos développements, que la mutualisation des risques est à la fois une technique d'organisation (les armateurs qui se mettent ensemble pour fonder un *P&I Clubs*) et une technique de gestion des risques, en l'occurrence la garantie de la responsabilité civile des armateurs, à travers les notions de coassurance et de réassurance que nous avons déjà évoquées, et dont nous verrons la mise en œuvre par les *P&I Clubs*.

Rendus à ce niveau, il nous semble important de noter que ce mode d'organisation et/ou de fonctionnement n'a pas toujours emporté l'adhésion de tous les acteurs et des juristes. En effet, il s'est souvent posé la question de la libre concurrence entre les *P&I Clubs* au sein du Group International. Cette problématique fera l'objet d'un examen dans les pages à venir[72].

La question essentielle que pose le sujet, objet de notre analyse, est celle de savoir : comment l'assurance responsabilité civile des armateurs est pratiquée par les *P&I Clubs* ? Pour que la réponse à cette question principale prenne sens, il sera nécessaire de prendre en considération plusieurs autres interrogations, notamment celles relatives à la pertinence d'une telle garantie, celles de ses mécanismes, de son apport ou innovation quant au marché traditionnel de l'assurance entre autres. Mais avant, nous pouvons noter que notre sujet comporte au moins un triple intérêt, à savoir théorique, scientifique et pratique. Tout d'abord, l'intérêt théorique réside dans le fait que l'analyse à laquelle nous sommes invités, permettra de participer à l'extension, ainsi qu'à l'enrichissement du champ d'études dédiées à l'assurance, *lato sensu*. En effet, comme le fait observer une partie de la doctrine[73], il existe peu de facultés disposant et des finances et du personnel enseignant suffisant pour étudier l'assurance dans sa riche variété et sa complète envergure. Ces auteurs posent le constat selon lequel les contraintes des « maquettes » d'études poussent les facultés de droit à appréhender l'étude du droit des obligations, de telle manière qu'on ne tire pas toujours profit de sa richesse profonde.

[72] Cf. infra p.363 « L'*IGP&I Clubs* face aux règles de la libre concurrence : une adéquation non équivoque »
[73] BEIGNIER Bernard & BEN HADJ YAHIA Sonia, Droit des assurances, 3e éd., LGDJ 2018, p.19.

L'assurance semble alors être le parent pauvre de la grande famille constituée du droit des obligations, des contrats spéciaux, du droit de la responsabilité civile. Pourtant, c'est la proximité qui existe entre assurance et responsabilité civile qui donne à celle-ci les outils de son expression ainsi que ceux de son expansion, et qui constitue le baromètre de ses effets. De même, il ne pourrait être nié qu'en tant que contrat spécial parmi les contrats nommés, « *le contrat d'assurance apporte à la théorie générale du contrat, un terreau fécond* »[74]. Il s'agit donc d'une mine d'or qui ne semble pas, pour le moment, suffisamment explorée. Ce constat de la doctrine quant à la place du contrat d'assurance auprès des contrats nommés, est identique à celui que nous faisons quant à l'assurance responsabilité civile des armateurs, auprès des deux autres assurances maritimes (assurances sur facultés et sur corps). L'intérêt scientifique ensuite, réside d'une part dans la valeur didactique des développements que suscitera notre sujet de recherche. À titre d'exemple, notre recherche révélera la modernisation des normes juridiques, car nous nous apercevrons que le droit maritime à travers l'assurance responsabilité civile des armateurs, est un domaine où il existe une véritable symbiose entre *jus civile*, *jus cogens*, et *jus gentium*. D'autre part, nous souhaitons faire de notre analyse, modestement et humblement, un manuel au service des praticiens. Et pour les étudiants, nous souhaitons qu'il soit plus qu'une thèse, mais également un creuset dans lequel ils pourront trouver des sources d'inspiration pour leurs futurs thèmes de travaux de recherche, afin de continuer à enrichir notre discipline. L'intérêt pratique enfin, réside dans l'ambition que nous assignons à notre travail, celle de familiariser notre lecteur avec la pratique de l'assurance responsabilité civile des armateurs par les *P&I Clubs*. Cela, à travers ses différentes dimensions ; c'est-à-dire sur le plan de la technique opératoire, sur le plan de son importance, de sa valeur et de son apport au profit des armateurs en particulier et à celui des populations en général.

Ainsi présentée, la problématique de notre sujet, à laquelle nous sommes appelés à répondre, s'articule autour de quatre idées majeures qui constitueront les axes de notre analyse.

La première idée est celle relative à la disponibilité de la garantie proposée par les *P&I Clubs*. En effet, une fois que l'Association est constituée, dans quelles mesures les armateurs pourront bénéficier des prestations qu'elle offre ? Autrement dit, quelles conditions devra remplir un armateur pour obtenir d'un *P&I Club*, une assurance responsabilité civile ?

La deuxième idée est celle portant sur la garantie proposée par les *P&I Clubs*. Elle nous impose de nous intéresser à la nature des risques garantis par les *P&I Clubs*, de même qu'il sera pertinent d'identifier leur composition ainsi que leur étendue. Cela est particulièrement

[74] BEIGNIER Bernard & BEN HADJ YAHIA Sonia, *op. cit.*

important parce que nous aurons la possibilité de voir si les risques couverts sont disponibles en nombre suffisant, pour apporter aux armateurs la sérénité dont ils ont besoin pour leurs activités quotidiennes.

La troisième idée, quant à elle, est relative à la gestion des litiges. Il est clair, au regard de la société contemporaine, que nous traversons une ère propice au « tout judiciaire ». Les activités liées au commerce maritime, le transport maritime notamment, ne faisant pas exception, au contraire constituent un domaine qui est témoin au quotidien d'un abondant contentieux. Les enjeux étant importants et les litiges ou les différends devant être soldés au cas par cas pour le plus d'efficacité possible, il existe divers instruments permettant leur résolution. Ainsi il existe une option entre résolution contentieuse ou non contentieuse, juridictionnelle ou non juridictionnelle. Dans le cas de l'assurance responsabilité civile des armateurs par les *P&I Clubs*, il semble pertinent de voir comment les choses se passent concrètement.

La quatrième idée enfin, concerne les situations de crise. Ce n'est un secret pour personne, qu'il existe des événements ou des risques se démarquant des autres par leur caractère exceptionnel (une marée noire par exemple). Ces dommages ou sinistres sont exceptionnels soit par l'ampleur des dégâts qu'ils génèrent, soit – et ça n'est que logique il nous semble – par le caractère souvent prohibitif de la trésorerie nécessaire pour leur gestion, soit enfin parce qu'ils donnent l'occasion à des États ou organisations régionales de mettre en évidence leur particularisme et/ou leur unilatéralisme. Répondre à la problématique que pose notre sujet, reviendrait de voir comment les *P&I Clubs* en tant que mutuelles (quant à leur organisation) utilisent la mutualisation des risques (en tant que technique de la gestion des risques) pour assurer la responsabilité civile des armateurs.

Pour parvenir à répondre à l'ensemble de cette problématique, nous adopterons une démarche intégrante qui prendra en compte chaque fois que nous estimerons utile et pertinent, tel ou tel système juridique, telle ou telle législation. Mais il ne sera nullement question d'opérer une analyse comparative entre les différents systèmes juridiques[75]. C'est pour cela que la

[75] Parce que le transport maritime tel que l'entendent les armateurs, est une activité à la fois purement économique et transnationale par essence. Ce caractère transnational du transport maritime s'assimile ou bien se répercute naturellement, sur les prestations d'assurance offertes par les *P&I Clubs*, elles-mêmes transnationales, surtout lorsqu'il s'agit de la réassurance. A ce titre, on peut ici mesurer la pertinence ou bien l'importance de l'article L.310-1-1[75] du Code des assurances, parce qu'il confirme la création par la directive 2005/68, d'un marché européen de la réassurance. Cela est important parce que cela témoigne du caractère transnational de la réassurance. De même, les *P&I Clubs* en tant que personnes morales sont, certes soumis à un droit précis, généralement celui du pays dans lequel se trouve leur siège social, cependant, dans la fourniture de leurs prestations, l'option de législation ou de juridiction sera conditionnée, soit par le connaissement, soit par le contrat de passage, ou alors par le lieu du fait dommageable dans le cas par exemple d'un heurt de quai. En ce qui concerne la mutualisation des risques, nous avons également vu précédemment que la mutualité est à la racine de l'assurance maritime, et cela est encore plus vrai lorsqu'il s'agit de l'assurance responsabilité civile des armateurs

pédagogie que nous adopterons au fil de l'évolution de l'analyse, intégrera la mutualisation en tant qu'élément faisant partie de la technique de l'assurance, c'est-à-dire en tant qu'instrument de partage des risques, voire de mobilisation des ressources. En d'autres mots, lorsque nous serons dans une situation de coassurance, cela apparaîtra naturellement et le lecteur, s'en apercevra aisément. Et il en sera de même pour ce qui est de la réassurance. Dans le même ordre d'idée, si nous n'avons pas évoqué dans la présente introduction les différents caractères[76] du contrat d'assurance, c'est parce que chacun d'entre eux apparaîtra au fur et à mesure de l'évolution de nos analyses.

Il nous conviendra donc d'analyser dans un premier temps, les exigences nécessaires pour obtenir la garantie des *P&I Clubs*, ainsi que l'étendue des risques susceptibles d'être couverts par eux (**Partie 1**). Puis dans un second temps, nous verrons que les prestations de ces mutuelles sont de qualité et sont mobilisées à travers des mécanismes innovants (**Partie 2**).

[76] Le contrat d'assurance est un contrat synallagmatique, un contrat consensuel, un contrat écrit, sous seing privé, un contrat aléatoire, un contrat nommé, un contrat d'adhésion, un contrat à titre onéreux.

PARTIE 1 : L'assurance responsabilité civile de l'armateur : une couverture P&I basée sur des exigences strictes et sur un large éventail de risques susceptibles d'être couverts

Dans son activité professionnelle quotidienne, l'armateur pour être efficace dans l'accomplissement de ses engagements, doit avoir une certaine sérénité. Cette sérénité, il la trouve entre autres, à travers les garanties que lui fournit son Club de Protection et d'Indemnité, puisque le lien contractuel qui les unit émane d'un contrat synallagmatique qui impose à chacun d'eux des obligations réciproques. Ceci se constate par l'engagement du *P&I Club* à garantir, à l'égard des tiers, l'activité professionnelle de l'armateur et en échange du règlement par l'armateur d'une contribution conséquente (appelée ici non pas prime, mais « cotisation »). Cependant, l'effectivité de cette assurance responsabilité civile est conditionnée par des exigences strictes de fond et de forme (titre 1) dont l'observation ou le respect débouche sur un large éventail de risques susceptibles d'être garantis par le *P&I Club* (titre 2).

TITRE 1: LA COUVERTURE DES P&I CLUBS : UNE GARANTIE PRÉCÉDÉE PAR UN IMPORTANT PRÉALABLE ET UN FORMALISME RIGOUREUX

Le lien contractuel existant entre l'armateur et son Club de Protection et d'Indemnité bien qu'étant synallagmatique, est avant tout un contrat d'adhésion[77]. Il s'agit d'un contrat d'adhésion dans la mesure où l'armateur qui souhaite se faire assurer par un *P&I Club* adhère obligatoirement à un ensemble de règles et conditions contenues dans un corpus de règles constituant les conditions générales et que nous pouvons appeler police d'assurance, l'appellation ou expression anglaise étant *P&I Club RULES*. Ces règles sont de par leur contenu, identiques pour tous les Clubs, et basées sur un modèle type élaboré ou proposé par le Groupe International des *P&I Clubs*[78]. Toutefois, il peut y avoir une différence soit de formulation, soit d'organisation d'un club à un autre[79].

Cependant, le transporteur maritime en tant que professionnel indépendant et autonome n'est pas tenu dans l'absolu d'adhérer aux *Rules* (clauses) telles que présentées par les clubs. Ceci implique que compte tenu de ses besoins, et pour la réalisation optimale de ses activités, il peut négocier avec son potentiel futur assureur, des termes et conditions de la garantie[80]. Cette négociation aboutira à un échange de consentement, préalable nécessaire à la conclusion du contrat. La minutie et la tension liées à ce type de négociation s'expliquent aisément par le niveau d'engagement qui incombera à chacune des parties si le contrat vient à être conclu. Ainsi, avant de bénéficier des prestations de garantie du *P&I Club*, l'armateur doit préalablement et obligatoirement acquérir et conserver la qualité de sociétaire[81] du *P&I Club* (chapitre 1). Une fois devenu sociétaire du *P&I Club*, il bénéficie désormais d'une assurance de sa responsabilité civile qui, quant à elle, est le reflet d'un formalisme rigoureux des *P&I Clubs* (chapitre 2).

---

[77] Nous identifierons les autres caractères du contrat d'assurance de responsabilité civile de l'armateur au fil de nos développements.

[78] IGP&I Club: *International Group of P&I Clubs.*

[79] Cette différence peut se trouver à travers les clauses, ou "*Rules*" (règles). Exemple, le contenu de la 2e partie (articles 6 à 18) de Britannia P&I Club correspond à la 6e partie (articles 36 à 49) de The Shipowners P&I Clubs.

[80] Illustration du principe de l'autonomie de la volonté.

[81] L'expression équivalente en anglais est Membre. Nous invitons le lecteur à ne pas être surpris lorsque nous utiliserons l'une ou l'autre expression (soit sociétaire, soit Membre).

CHAPITRE 1: LA GARANTIE DES P&I CLUBS : UNE GARANTIE CONDITIONNÉE AU PRÉALABLE PAR L'ACQUISITION DE LA QUALITÉ DE SOCIÉTAIRE (MEMBRE) PAR L'ARMATEUR

Les armateurs dans leurs activités, qu'il s'agisse du transport maritime de marchandises ou celui du transport maritime de personnes, ont généralement des besoins et des obligations spécifiques. Mais quels qu'ils soient, quelle que soit la nature de leur activité, s'ils choisissent un *P&I Club* comme assureur, ils devront, pour bénéficier des prestations dudit Club de protection et d'indemnité, en devenir sociétaires. D'emblée à ce stade, il nous semble pertinent de procéder à une distinction entre la notion de Membre et celle d'adhérent. Ainsi, l'adhérent à une association fait partie de celle-ci dans l'unique but d'en tirer bénéfice, alors que le membre d'une association participe à la vie de celle-ci c'est-à-dire participe à son organisation, sa gestion et à ses activités[82]. Donc si l'adhérent peut être réduit à la seule qualité de client ou de bénéficiaire de l'association, le membre lui, quelle que soit sa fonction au sein de l'association (membre fondateur, membre de droit, membre actif, etc.) en est un véritable acteur[83], il en est sociétaire. A ce propos, aux termes de la règle 4(1) de la police de Britannia P&I Club[84] par exemple, nous pouvons lire que "*Every person whose application to enter the ship in this class of the Association for the insurance for his interest in that ship shall (if not yet member) be and shall become a member of the Association*". Il ressort de cette phrase que la qualité d'assuré de l'armateur accompagne nécessairement celle de Membre du *P&I Club* qui en est l'assureur. Ainsi, pour devenir Membre[85] d'un *P&I Club*, l'armateur sollicitant assurance doit au préalable respecter certaines conditions formelles (section 1) qui seront à leur tour accompagnées et consolidées par des conditions de fond (section 2).

[82] https://www.associatheque.fr/fr/guides/fonctionner/categories_membre.htm. Référence du 15 mai 2018.
[83] Notre lecteur se rendra compte de l'objectif de cette clarification dans la section 2 de ce chapitre au : « B/ Les suites du certificat d'inscription », V° infra p.78.
[84] La dénomination officielle est The Britannia Steam Ship Insurance Association Limited.
[85] Le lecteur remarque que nous utiliserons soit sociétaire, soit Membre, pour identifier l'armateur assuré par un *P&I Club*.

Section 1/ L'acquisition par l'armateur de la qualité de Membre : soumise au respect de conditions formelles préalables…

Les négociations entre un *P&I Club* et un armateur souhaitant s'assurer pour les dommages aux tiers liés et/ou résultant de son activité professionnelle, sont initiées par la fourniture de la part de l'armateur, de documents utiles à l'évaluation du risque auquel il est exposé, lesquels documents sont importants pour le calcul du montant de sa cotisation (§1). Pour produire les effets escomptés, ces informations doivent obligatoirement s'accompagner ou se fonder sur la bonne foi contractuelle (§2).

§ 1/ La fourniture des informations utiles au calcul du montant de la cotisation

Les contacts préalables à la conclusion du contrat d'assurance responsabilité civile de l'armateur telle que fournie par les Clubs de Protection et d'Indemnité, débouchent sur la communication d'informations qui sont nombreuses et diverses quant à leur nature. Cette exigence est pratiquement injonctive dans la mesure où elle est explicitement énoncée sous la forme d'une obligation non négociable. Cela, par l'usage du subjonctif futur « *SHALL* » dans les Règles des *P&I Club* à l'instar de la règle 6(1) du BRITANNIA P&I Club[86]. Ainsi dans un souci de clarté de notre analyse, nous les scinderons en deux groupes. Nous verrons donc d'une part les informations personnelles (A) ainsi que, d'autre part, les informations techniques et commerciales (B)[87].

A/ Les informations personnelles

Traiter des informations personnelles, nous amène à nous poser la question de savoir qui peut assurer un navire auprès d'un *P&I Club* ? Une réponse dirait-on directe, serait : celui qui y a intérêt. L'article 5 (1) du *Marine Insurance Act de 1906* dispose que Toute personne intéressée dans une expédition maritime possède l'intérêt assurable[88]. De l'alinéa (2) de cet article 5 qui énumère les trois conditions limitatives donnant droit à assurance, il ressort parmi ces trois conditions, qu'a droit à la garantie du *P&I Club* quiconque a intérêt que le navire et/ou

[86] "Any person who wishes to enter a ship for insurance in this class…shall furnish any particulars and information requested by the managers".
[87] Examen non exhaustif.
[88] Article 5 (1) *Marine Insurance Act 1906*, traduction libre.

les marchandises qu'il transporte termine le voyage en sécurité, également celui qui subirait un préjudice en cas de perte du navire ou de tout dommage affectant ce navire, ou enfin, en cas de saisie dudit navire. En d'autres termes donc, peut assurer un navire, toute personne physique ou morale, qui possède sur ledit navire, un **intérêt assurable**. Selon l'article 5 (1) du *Marine Insurance Act* 1906, possède un intérêt assurable toute personne concernée (ou intéressée) par une expédition[89] maritime. L'alinéa 2 qui est plus précis, dispose que : *In particular a person is interested in a Marine adventure where he stands in any legal or equitable relation to the adventure or to any insurance property at risk therein, in consequence of which he may benefit by the safety or due arrival of insurable property, or may be prejudiced by its loss, or by damage thereto, or by the detention thereof, or may incur liability in respect thereof.* Ainsi, nous pouvons considérer l'intérêt assurable comme étant l'élément qui donne ou qui procure, la capacité à bénéficier d'une assurance[90]. L'intérêt assurable est autrement dit, le critère nécessaire qui se suffit à lui-même, pour déterminer l'aptitude de quelque chose à être assurée ou d'une personne à souscrire une assurance. Cela implique qu'en l'absence de cet élément, l'assurance ne peut valablement naître et produire des effets. En conséquence, quiconque voudrait rentrer dans un Club de Protection et d'Indemnité doit posséder un intérêt assurable[91]. À cet effet, nous pouvons considérer l'intérêt assurable comme étant le lien qui existe entre une personne et le bien à assurer, car selon l'article L 121-6 du code des assurances « *Toute personne ayant intérêt à la conservation d'une chose peut la faire assurer. Tout intérêt direct ou indirect à la non-réalisation d'un risque peut faire l'objet d'une assurance.* ». En d'autres termes, l'intérêt assurable est le lien patrimonial existant entre un bien et quiconque a intérêt à sa conservation. Ça peut être un lien direct qui concerne le bien lui-même (incendie, destruction etc.), auquel cas sera souscrit une assurance dommage, c'est l'exemple de l'assurance corps et machines d'un navire. Ce lien peut également être indirect, et concernera alors les conséquences à l'égard de tiers dans la gestion du bien garanti, d'où la souscription d'une assurance responsabilité civile[92] par ladite personne[93]. Possède donc un intérêt assurable sur un navire, toute personne qui a un intérêt dans la sauvegarde de son actif, c'est-à-dire le navire lui-même, mais également toute personne qui a intérêt à être protégée du passif né de la gestion de l'actif, en d'autres termes, les dépenses engendrées pour réparer un dommage causé à autrui. De ce

[89] Nous utilisons l'expression Expédition maritime en traduction de *Marine adventure*.
[90] OSANTE José Manuel, "*El seguro de responsabilidad civil empresarial*", ed. Marcial Pons, 2018, p.127. Également GARRIGUES J., « *contrato de seguro terrestre* ", Madrid, 1973, p.158.
[91] CLAVERO TERNERO Manuel, « *Clubs de P&I* », IEEM Madrid, 1992, page 187.
[92] Lamy Assurance 2019 Partie 1 : Le contrat d'assurance. Titre 1 : Introduction générale. Chapitre 1 : Caractères généraux de l'opération d'assurance. Section 3 les personnes intéressées par l'assurance ; n°34 : notion économique.
[93] Nous remarquons ici que l'intérêt assurable peut faire l'objet de deux ou plusieurs assurances distinctes.

fait, dans le cadre de l'assurance responsabilité civile dans notre contexte, l'intérêt assurable est exclusivement économique et constitué des sommes et dépenses dont l'assuré devient redevable à l'égard des tiers, comme conséquence de l'exploitation professionnelle et commerciale du navire. Dit autrement, possède l'intérêt assurable celui qui a intérêt à protéger son passif c'est-à-dire à ne pas augmenter ledit passif [94]. Nous remarquons que l'article du Code des assurances susvisé ne précise pas d'élément temporel. Ceci implique selon nous, que cet intérêt assurable peut être permanent ou temporaire mais il suffit juste qu'il existe au moment de la souscription de l'assurance, c'est-à-dire de la conclusion effective du contrat d'assurance entre l'armateur et le *P&I Club*. En d'autres termes, pendant la phase de négociation dite phase précontractuelle, l'existence de l'intérêt assurable n'est pas obligatoire, et c'est généralement le cas des pourparlers qui commencent alors même que le navire est encore en construction dans le chantier naval. De ce fait nous sommes d'accord avec la doctrine selon laquelle l'intérêt assurable est un concept juridico-légal, mais basé sur une relation économico-patrimoniale qui fonde l'aptitude du sujet de droit à garantir un bien[95]. Telle est dans notre cas, la seule condition conférant l'aptitude à solliciter la couverture d'une assurance responsabilité civile auprès d'un *P&I Club*.

Dans le formulaire de renseignement[96] à remplir par tout armateur qui veut bénéficier des services d'un *P&I Club*, et dont la formulation peut varier d'un Club à un autre, diverses informations doivent être fournies et parmi lesquelles, certaines pour la grande majorité sont communes à tous les *P&I Clubs*. Ces informations ont pour but principal l'identification claire et efficiente du sollicitant de l'assurance. Tout d'abord, il s'agira fondamentalement de la raison sociale et la forme sociale de l'armateur. Ensuite, sa nationalité à travers le lieu de situation de son siège social. Enfin, les coordonnées et adresses de la compagnie ou société.

De ce qui précède, nous pouvons dire qu'il existe plusieurs catégories de personnes pouvant solliciter la garantie d'un *P&I Club* et selon la règle 4 (1)(b) du NEPIA[97], " *Any person who becomes a member warrants that he is, in relation with the entered ship: (i) The owner, owner in partnership, owner holding separate shares in severalty, part owner, trustee, or demise charterer of the entered ship, or a manager or operator having control of operation and employment of the entered ship (being such control as is customarily exercised by the*

[94] VEIGA COPO Abel B. « *Tratado del contracto de seguro"* Tomo 1; Tercera ed. 2014, p. 791.
[95] VEIGA COPO Abel B., op. cit., p.766.
[96] Connu sous l'expression anglaise de « *Vessel entry application form* ».
[97] North of England Protection & Indemnity Association limited.

shipowner, or any other person and possession or control of the entered ship) or, (ii) the charterer (other than by demise) of the entered ship".

Ainsi, lors de la prise de contact, des renseignements personnels sus-indiqués concerneront d'abord l'armateur propriétaire du navire. La notion de propriétaire du navire renvoie à celui au nom de qui le navire est enregistré et immatriculé. Il est celui qui peut exercer toutes les prérogatives dérivées du droit de la propriété à savoir l'*usus*, le *fructus* et l'*abusus*. Il n'est pas forcément celui qui exploite personnellement le navire et peut très bien en concéder la gestion, l'exploitation à une autre personne[98]. Cependant il demeure le premier intéressé par la sauvegarde du navire qu'il en ait la gestion ou non. Il s'agit donc là d'une obligation économique de s'assurer compte tenu de l'investissement que nécessite un navire. En outre, il est des cas où sa responsabilité civile délictuelle est automatiquement engagée dès qu'il est avéré que son navire est impliqué dans la réalisation d'un certain risque[99]. Ici, nous parlerons de l'obligation juridique[100] de souscrire une assurance. Sachant que le navire est, quelquefois, constitué sous la forme d'une société de quirataires[101], les informations sur chaque quirataire devront elles aussi être communiquées afin de savoir la part vénale qui revient à chacun d'entre eux. Cependant, contrairement aux États-Unis où chaque quirataire possède l'intérêt assurable, ce droit appartient sous d'autres législations à la compagnie maritime en tant qu'entité juridique, personne morale distincte des individus personnes physiques qui la constituent[102]. C'est ainsi qu'en France par exemple, le quirataire est un simple associé.

Le recours au prêt bancaire pour l'acquisition d'un navire est assez fréquent compte tenu du caractère exorbitant de son coût de construction. Il en découle que la banque prêteuse voudra des garanties pour sa créance, ce qui fait d'elle un créancier hypothécaire et lui octroie également le droit de pouvoir solliciter inscription du navire dans les livres d'un *P&I Club*. Ceci explique pourquoi le créancier hypothécaire fait partie des potentielles personnes devant être identifiées dans le formulaire. Ce renseignement s'avère particulièrement utile dans l'établissement éventuel de l'ordre des préférences dans un cas de saisie vente du navire car la banque prêteuse, créancier[103] hypothécaire du navire peut bénéficier selon la loi de l'État de

---

[98] CLAVERO TERNERO Manuel, "*Clubs de P&I*", IEEM Madrid, 1992, p.200

[99] C'est l'exemple de l'art 3 de la convention CLC, en cas de pollution par hydrocarbures.

[100] Cette obligation juridique se distingue de l'obligation légale (que nous verrons plus loin) qui est imposée par les textes et qui constitue une condition pour l'exploitation commerciale du navire.

[101] En Angleterre, les navires sont généralement constitués de 64 quirats tandis qu'au Libéria ils le sont de 100 quirats.

[102] Jurisprudence *Salomon Vs A. Salomon* Ltd. 1879 AC 22. Voir également GOLD Edgar : "*Gard Handbook on P&I Insurance*" 5th edition; 2002, p.85.

[103] Au sens de l'article 1 (s) de la Convention internationale de 1999 sur la saisie conservatoire des navires.

saisie[104] du navire, d'un droit de rétention pour réclamer le paiement de sa créance par l'armateur dudit navire. Cela se fera bien entendu en fonction du rang du privilège dont bénéficie la créance[105]. À ce titre, le créancier hypothécaire jouit d'un intérêt assurable à l'égard du navire, donc à la garantie de son crédit. Cet intérêt assurable est la conservation et/ou la reconstitution de la valeur patrimoniale égale à celle du navire[106] en cas de saisie vente. En d'autres termes, il s'agit de la garantie du montant de sa créance constituant une partie de la valeur numéraire du navire. Ce sera également le cas pour l'armateur gérant qui possède la gestion commerciale du navire, ainsi que le cas échéant, pour la société de Manning[107]. Si le navire est en cours de construction, le chantier naval de construction dudit navire doit également être renseigné dans le formulaire. Cette information dans la pratique n'est désormais sollicitée que par quelques *P&I Clubs* qui sont également présents dans le marché de l'assurance corps et machines[108]. Son utilité dans le calcul de la cotisation résulte du fait que la qualité de la construction d'un navire peut souvent varier d'un chantier à un autre et d'un pays à un autre[109]. Ainsi, à l'observation de ce critère, on comprendrait que la réputation d'un chantier naval constitue un gage de qualité et de solidité des navires qu'il construit et elle peut donc influencer le calcul du montant de la cotisation.

Lorsque le navire est affrété, les renseignements au sujet de l'affréteur sont requis dans les mêmes conditions. Cependant, il serait opportun de rappeler qu'il existe, à notre connaissance un seul *P&I Club* dont l'activité est uniquement dédiée aux affréteurs[110] et qui contrairement aux autres *P&I Clubs* au portefeuille plus étendu[111], n'intervient que dans les affrètements à temps ou au voyage. Ces deux types d'affrètement ayant en commun non seulement le caractère temporaire de l'engagement mais aussi et surtout, la conservation par le fréteur de l'exploitation nautique du navire. Le fondement de ceci à notre sens est que dans l'affrètement coque nue, l'affréteur possède une autonomie de gestion à la fois nautique et commerciale qui l'assimile à un véritable armateur *stricto sensu*.

[104] La banque peut saisir le navire selon l'article 3 §1-c) de la Convention internationale de 1999 sur la saisie conservatoire des navires.

[105] Nous invitons notre lecteur qui souhaite approfondir cette question portant sur les privilèges ou créances maritimes à consulter la Convention internationale de 1993 sur privilèges et hypothèques maritimes.

[106] CLAVERO TERNERO Manuel, "*Clubs de P&I*", IEEM Madrid, 1992, p.04.

[107] Pour en savoir plus au sujet de ces sociétés, voir SECK Mouhamadou Saliou, « *Les sociétés de manning* », mémoire de master 2 recherche, Droit et Sécurité des Activités Maritimes et Océaniques, faculté de Droit de Nantes, 2010.

[108] Exemple de Gard P&I Club.

[109] Information reçue du service *Claims & Environment* de Gard P&I Club.

[110] The Charterers P&I Club. Ce Club qui ne fait pas partie de l'IGP&I estime que la complexité de l'activité du commerce maritime implique que les affréteurs doivent être accompagnés par un partenaire qui a de l'expérience dans la garantie des risques qui en découlent. Cf. Page web www.exclusivelyforcharterers.com référence du 22 février 2015.

[111] Qui garantissent tous les affrètements.

B/ Les informations techniques et commerciales

En plus des informations sur la personne de l'armateur et assimilés sollicitant l'assurance du Club de Protection et d'Indemnité, des informations techniques et commerciales sont également requises dans le formulaire d'inscription. Par informations techniques, nous entendons celles relatives au navire lui-même, tandis que les informations commerciales sont quant à elles relatives à l'exploitation commerciale du navire.

Comme informations techniques, l'armateur fournira en premier lieu le nom du navire. Nous dirons que ceci va de soi, car le navire est un bien individualisé et identifié en premier par son nom. Ensuite, l'armateur communiquera la capacité nominale brute du navire et dans ce cas l'on parlera de jauge brute, généralement indiquée en anglais sous le sigle GT (*Gross Tonnage*). Le calcul de cette capacité est désormais harmonisé grâce à la Convention internationale de 1969 sur le jaugeage des navires, du 23 juin 1969[112] qui en son article 2 paragraphe 4, définit l'expression jauge brute comme étant les dimensions hors tout d'un navire. Les données sur le tonnage du navire fournies par l'armateur, émaneront donc des services compétents tels que la convention le prévoit, à savoir, l'administration elle-même ou toute entité agréée par elle[113]. Ces données sont contenues dans un certificat dit certificat international de jaugeage que l'armateur, qui dans la pratique le reçoit du chantier de construction du navire ayant fait les démarches de calcul de ce tonnage en amont, remettra au Club de Protection et d'Indemnité. L'année de construction du navire figure également dans le formulaire d'inscription parmi les informations requises par le *P&I Club*. Cette information trouve son fondement dans le fait qu'un navire neuf ou récent est d'une part, plus apte qu'un autre plus ancien, à affronter les difficultés et les contraintes que lui impose la mer, entre autres notamment le mouvement des grosses vagues, les chocs et torsions subis par la structure du navire ou encore l'effet de carène liquide, ainsi que des conditions naturelles et météorologiques d'une ampleur exceptionnelle connues généralement sous le vocable générique de périls de la mer. D'autre part, il est supposé être moins exposé durant son exploitation ou un voyage, à subir une panne mécanique ou électrique. Enfin, vu sa relative jeunesse, il est quasi certain qu'il ait été conçu et construit selon les exigences de la réglementation la plus récente, ainsi que selon les dernières avancées techniques et technologiques. De ce fait, dans le marché de l'assurance, un navire récent est considéré moins à risque qu'un autre plus ancien, ce qui influence le montant de la prime.

[112] Règle 3 de l'annexe 1.
[113] Article 6 de la Convention internationale de 1969 sur le jaugeage des navires.

Dans le même ordre, le formulaire de renseignement soumis à l'armateur doit également renseigner la côte ou « classe » du navire. Cet élément est un curseur primordial dans la détermination d'une part de l'aptitude technique – ou nautique – du navire à voyager, et d'autre part son aptitude commerciale à garantir l'efficacité de l'expédition. Comme c'est le cas pour les véhicules automobiles, tenus d'effectuer périodiquement des inspections dites contrôles techniques automobiles pour la vérification de l'état mécanique et de sécurité du véhicule, les navires sont eux aussi soumis à des inspections dont la périodicité est fonction entre autres, de l'âge ou de la nature de son exploitation commerciale, inspections dont le but est d'informer l'armateur ou le cas échéant son assureur, sur les conditions de construction et de navigabilité du navire au regard de la qualité de son entretien.

À l'origine soumise à la charge et sous la responsabilité exclusive des États, cette mission a été, eu égard à la spécificité des moyens techniques qu'elle requiert, progressivement déléguée à des entités privées spécialisées, chaque État gardant son droit de surveillance, de contrôle et de sanction le cas échéant. Face aux risques négatifs de la concurrence et ses conséquences telles que des inspections fantaisistes qui ne sont pas réalisées *segundum artem*, les acteurs du commerce maritime, responsables et avenants, confient cette tâche à des sociétés de classification[114] membres d'un groupement professionnel sélectif et rigoureux appelé IACS[115], reconnues pour leur sérieux et leur impartialité. Cette information portant sur la classe du navire au moment de son inscription est un instrument important et primordial, servant au calcul des risques, car il permet au *P&I Club* de se fonder sur des éléments probants et tangibles. L'information sur la classe du navire est accompagnée par la certification ISPS du navire et de son numéro d'immatriculation auprès de l'OMI[116], encore appelé numéro OMI. La certification ISPS est un certificat délivré par les gouvernements signataires du Code ISPS et à travers lequel ils attestent que le navire répond aux exigences de sûreté[117]. Cela signifie qu'il est apte à évaluer et prendre des mesures adéquates pour répondre efficacement en cas d'attaque terroriste ou mieux, s'adapter au niveau de risque que communiquera chaque administration maritime ou portuaire[118]. Le numéro OMI quant à lui est le numéro d'immatriculation du navire obtenu auprès du *Lloyd's*. Ce numéro est intangible durant toute la vie du navire en dépit des éventuels changements de nom, d'affectation, de spécialisation ou de propriétaire dudit navire. Il s'agit

---

114 NAVAS GARATEA Maximiliano, « *La navegabilidad del buque en el Derecho marítimo internacional* », ed. Julio 2003, p.190.
115 International Association of Classification Societies.
116 Organisation Maritime Internationale.
117 Chapitre XI-2 du Code ISPS.
118 Pour plus de renseignements sur les obligations qu'impose ce Code, voir Ph. BOISSON, « *La sûreté des navires et la prévention des actes de terrorisme dans le monde maritime* », DMF 2003, n°640, septembre 2003, p.723.

concrètement, d'un numéro de sept chiffres précédés du sigle IMO et qui doit être inscrit de manière visible (marquage par soudure) sur la coque du navire. À travers ce numéro IMO, les *P&I Clubs* peuvent obtenir auprès de l'Organisation Maritime Internationale, tous les renseignements concernant le navire.

Les informations susvisées en plus de leur objectif fondé sur l'individualisation du navire, ont une portée outrepassant les exigences purement techniques ou commerciales, car participent au devoir des armateurs de se conformer aux exigences internationales. Ainsi, dans le souci de lutter contre les pavillons de complaisance et l'inscription de navires sous-normes, l'information relative au pavillon du navire, dont l'inscription est sollicitée auprès du Club de Protection et d'Indemnité, peut être un outil de mesure et d'identification de la qualité de l'entretien apporté au navire, parce que les soins qu'un armateur apporte à son navire ou bien le mode de gestion de son personnel navigant, sont très souvent le reflet de la qualité de la législation du pays dont le pavillon est arboré par le navire.

Sur le plan commercial, le formulaire d'inscription du navire requiert également de l'armateur certaines informations. Parmi elles, la nationalité des marins. La pertinence de cette information tient de ce que d'une part, le pays de formation des officiers et des marins, est un curseur de leur aptitude à minimiser et/ou affronter les aléas de la navigation. Cela permet de garantir, la sécurité et la sûreté du navire dont ils ont la charge, car un pays ayant une forte tradition maritime et à la pointe de la technologie, a en principe une meilleure qualité de formation qu'un autre pays n'ayant pas une telle tradition, ou alors ne possédant pas les mêmes atouts technologiques. D'autre part, à travers cette information, les *P&I Clubs* peuvent avoir une idée de l'envergure de leur engagement en cas de blessures ou décès des marins engagés par l'amateur. En effet, plusieurs pays possèdent des systèmes de Sécurité sociale fiables et pérennes. Ce qui implique qu'en cas d'accidents de travail par exemple, une partie des frais y relatifs sera prise en charge dans le pays du marin concerné[119]. De ce fait, un *P&I Club* n'aura pas les mêmes engagements financiers face à des marins d'un même navire dont certains bénéficient d'une couverture maladie dans leur pays, tandis que les autres, sont citoyens de pays n'ayant pas une telle protection sociale. Pour ces derniers, les Clubs de Protection et d'Indemnité seront tenus pour la totalité des frais. En outre, il existe des pays où les syndicats des marins et des officiers ont une influence très forte, et imposent aux armateurs et à leurs assureurs, des conditions et coûts de traitements très élevés pour une bonne protection de leurs

[119] Exemple du système espagnol et français.

marins[120]. Également, l'armateur fournira des renseignements sur la nature de la cargaison principalement chargée à bord du navire. En effet, une cargaison de produits chimiques ou de produits manufacturés n'a pas le même prix qu'une cargaison de riz transportée en vrac. Ces différentes cargaisons ne sont pas non plus exposées aux mêmes risques non seulement pour les dommages qu'elles subissent elles-mêmes, mais encore pour les dommages qu'elles-mêmes pourraient engendrer. Une autre information corollaire de la précédente, est celle des zones de navigation. En d'autres termes, il s'agit des voies maritimes le plus souvent ou principalement empruntées par le navire. En effet, certaines voies ou zones de navigation sont plus dangereuses que d'autres, soit à cause de l'étroitesse de la voie, soit à cause de la densité du trafic et des activités qui s'y déroulent, ou alors à cause de leur exposition naturelle aux velléités de la météorologie. C'est l'exemple des côtes bretonnes françaises, réputées pour l'instabilité des conditions météorologiques et les vents violents qui s'y abattent fréquemment, menaçant ainsi la sécurité de la navigation en faisant de la pointe de la Bretagne, un lieu « *propice aux avaries et désarrimage de cargaisons* »[121]. Il en est de même de la Manche, zone de navigation étroite et très empruntée, le trafic qui s'y déroule étant multiforme. En effet, se mêlent quotidiennement dans la Manche, les transports de passagers, les transports de marchandises ordinaires ainsi que de marchandises dangereuses, sans oublier de nombreuses exploitations off-shore. Tout cela fait de la Manche, un lieu où transitent 20% du trafic maritime mondial la classant ainsi, selon les années, et à concurrence directe avec le détroit de Malacca, soit premier soit deuxième axe maritime le plus fréquenté au monde[122]. On y dénombre en moyenne sept accidents maritimes sérieux par an, de causes et de natures différentes, qui varient de la pollution à l'abordage, en passant par des heurts[123].

[120] C'est l'exemple du syndicat philippin PTGWO (Associated Marine Officers' and Seamen's Union of the Philippines) qui impose à tout armateur qui embauche un marin ou un officier philippin des conditions de prise en charge bien supérieures à celles conseillées par l'ITF (International Transport Federation).

[121] https://camis.arcmanche.eu/stock/files/user4/230_camis_securite_maquette_FR_BD_page8.pdf. Référence du 6 mars 2015.

[122] Source : https://atlas-transmanche.certic.unicaen.fr/fr/page-512.html référence du 15 mai 2018.

[123] CAMIS ; *Risque de pollution maritime en manche*, page 8. Voir dans la page web https://camis.arcmanche.eu/stock/files/user4/230_camis_securite_maquette.pdf référence du 6 mars 2015.

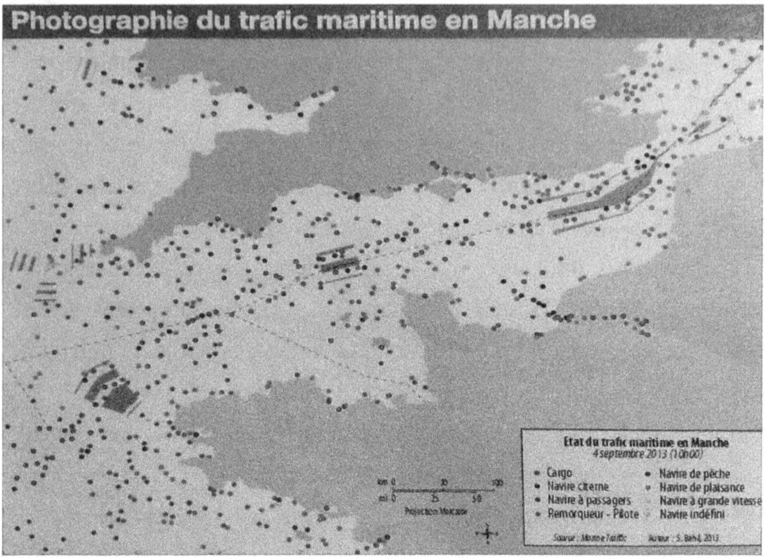

[124]

Également au rang des informations commerciales, l'armateur doit renseigner, selon le formulaire d'inscription, le port d'attache du navire. Le port d'attache, c'est-à-dire celui « *librement choisi par le propriétaire du navire, est le port où se trouve domicilié le navire. Il constitue l'un des éléments d'individualisation du navire...* »[125]. Cette information à l'égard du Club de Protection et d'Indemnité est une unité de mesure de la sécurité juridique à laquelle s'expose le Club qui garantit tel ou tel navire. Sur ce point, nous pouvons envisager plusieurs cas de figure concernant les ports d'attache. Tout d'abord, si le port d'attache du navire est situé dans un État sérieux, ayant ratifié les différentes conventions internationales (ou bon nombre d'entre elles) et les met en application, le *P&I Club* pourra déterminer plus aisément quelle peut être l'étendue de son engagement en cas de litige. Le sérieux de cet État, laissant supposer la qualité et la régularité des inspections du navire, participe de la garantie que le navire est potentiellement en bon état. En revanche, si le port d'attache est plutôt situé dans un État peu sérieux, qui non seulement ne ratifie pas les conventions internationales, ou qui est moins impliqué dans la sécurité de la navigation, le *P&I Club* étudiera les mesures à adopter pour s'assurer que l'armateur entretient correctement le navire. Cela peut passer par un taux de cotisation très élevé et/ou des contraintes spéciales selon chaque cas d'espèce. Enfin, si le port d'attache est plutôt situé dans un État unilatéraliste, c'est-à-dire peu motivé à ratifier les

---

[124] Le risque de Pollution maritime en Manche, page 10. Consultable sur le site internet https://camis.arcmanche.eu/stock/files/user4/230_camis_securite_maquette_FR_BD_page_page.pdf. Consulté pour la dernière fois le 16 mai 2018.

[125] LE BAYON Alain, « *Dictionnaire de droit maritime* », PUR 2004, p.200.

conventions internationales mais privilégiant ses lois nationales, le Club de Protection et d'Indemnité selon les cas, pourrait subir la sévérité de la justice nationale en étant tenu par exemple à de très fortes amendes, lorsque les dispositions légales de ce pays sont plus strictes et plus contraignantes que celles du droit international[126]. En tout état de cause, le port d'attache permet au *P&I Club* de savoir avec quel type d'armateur il s'engage, car un armateur sérieux, bien que s'immatriculant souvent dans un registre bis, essaie très souvent de respecter les standards internationaux. Au contraire, un armateur peu rigoureux s'immatriculera de préférence dans un registre de complaisance, pour éviter de faire par exemple les inspections et réparations nécessaires à la sécurité de la navigation et pour la protection de l'environnement, ou tout simplement, pour ne pas respecter les obligations qu'impose la législation sur le travail. Ceci implique à notre avis, pourquoi il est également demandé à l'armateur des renseignements sur l'origine de ses équipages (salariés de l'armement ou d'une société de recrutement), car il s'agit d'un indice du niveau de moralité de l'armateur et de l'attention qu'il porte vis-à-vis de l'équipage de son navire. En clair, une société de Manning[127] réputée sérieuse et respectueuse des réglementations ne collaborera de préférence qu'avec des marins et officiers bien formés, et à qui elle réservera un traitement qui respecte la législation.

Toujours au chapitre des informations commerciales, il existe une clause plutôt discrète, mais qui participe fortement à déterminer la nature et le niveau d'engagement des *P&I Clubs*, la *safe port clause* (clause de port sûr)[128]. Cette clause de port sûr figure dans la quasi totalité des chartes-parties des affrètements à temps ou coque nue. À travers cette clause, l'affréteur s'engage à faire rentrer le navire uniquement dans des ports sûrs. La sûreté du port à laquelle fait allusion cette clause, peut être temporaire ou permanente, mais revêt plusieurs caractères. Toujours selon cette clause, la sûreté du port peut concerner la sécurité, la sûreté et voire même l'aspect commercial ou son état sanitaire. Concernant la sécurité, l'affréteur doit s'assurer que le port tient à jour ses aides à la navigation, possède des équipements de sécurité adéquats, opère un dragage fréquent dans le cas d'un port fluvial. De même, l'accès au port ne doit pas être

[126] Le cas des USA qui bien que ne ratifiant pas assez souvent les conventions internationales, sont très impliqués dans la sécurité de la navigation dans leurs côtes et à la sauvegarde de l'environnement américain.

[127] Les sociétés de Manning, sont des agences spécialisées dans le recrutement des marins qu'elles mettent à disposition des armateurs qui recherchent de la main d'œuvre. Avant de recruter des marins, ces agences s'assurent du niveau et de la qualité de leur formation, de leur aptitude physique et psychologique.

[128] Sur la notion de Port sûr, voir l'arrêt de principe rendu par la *Queen's Bench Division*, 30 juillet 1958, navire "Eastern City", LLR 1959.2.17. Selon le juge anglais SELLERS, "A port will not be safe, unless, in the relevant period of time, the particular ship can reach it, use it and return from it without, in the absence of some abnormal occurrence, being exposed to danger which cannot be avoided by good navigation and seamanship". (En d'autres mots, un port est sûr lorsque le navire peut y pénétrer, y séjourné et en sortir sans être exposé sauf force majeure, à une contrainte ou un risque non surmontable par les bonnes pratiques). Toujours sur la notion de port sûr, voir BONASSIES Pierre & SCAPEL Christian, « *Droit maritime* » 2e éd., LGDJ 2010, n°841, pp.570 à 572. Également PIETTE Gaël, « *Affrètement maritime* », Répertoire de droit commercial, Dalloz, octobre 2014, n°122 et s.

entravé par des épaves, ou bien des éléments naturels tels des rochers ou récifs, la glace entre autres. Concernant la sûreté, le port ne doit pas être sous la menace terroriste, ou celle d'une guerre civile, encore moins celle d'émeutes par exemple. Quant à la sûreté au niveau commercial, l'affréteur doit éviter d'entrer dans un port lorsque les dockers sont en situation de grève ou lorsqu'il existe un préavis de grève. Il doit également privilégier les ports reconnus pour la qualité de leur personnel ainsi que pour la bonne célérité des prestations qui y sont fournies, ce qui se mesure par brièveté du séjour au port, au risque de subir par exemple des staries, surestaries, ou bien des retards susceptibles de générer un litige entre transporteur et affréteur. Dans la pratique, lorsque le navire est exploité par un fréteur-propriétaire, cette clause de *safe port* n'existe pas parce que son contenu est déjà présent dans les informations requises par le formulaire d'inscription, et fait l'objet d'un engagement de l'armateur à l'égard du *P&I Club*. À l'inverse, dans une situation d'affrètement à temps ou coque nue, la clause est insérée dans la charte-partie, les *P&I Clubs* veillant de plus en plus à leur existence, lorsque c'est l'affréteur qui sollicite leur garantie responsabilité civile. Cette clause est souvent formulée ou identifiée par *safe & convenient port* (port sûr et approprié) et permet par exemple que lorsque la marchandise ne peut être livrée dans le port initialement convenu, le transporteur doive la dérouter vers un port convenable. Il s'agit d'un port aussi sûr que possible que celui initialement convenu, mais qui est distant de celui-là par une distance raisonnable, acceptable[129]. Sur le plan sanitaire, si le pays du port ou bien le port lui-même est menacé par une épidémie, l'armateur peut en application de cette clause, refuser d'y aller et se rendre dans un port à la fois sûr au plan sanitaire, et géographiquement raisonnable, c'est-à-dire le plus près possible.

Toutes ces informations requises dans le formulaire d'inscription d'un navire dans un Club de Protection et d'Indemnité pour être valables doivent être fournies selon les exigences de la bonne foi.

§2/ La bonne foi, critère contractuel incontournable objet d'une large interprétation

Il est acquis, et également de notoriété, que les parties à un contrat doivent agir de bonne foi. Une telle affirmation, lapidaire semble-t-il, ne renseigne pas sur la riche évolution de la

[129] C.A Hambourg, 22 octobre 1992. Dans cette affaire, les juges condamnèrent le transporteur qui ne pouvant décharger la cargaison à Liverpool, se rendit au port de Hambourg. Les juges estimèrent que ce transporteur aurait pu privilégier le port de Belfast bien plus près, qui aurait évité au réceptionnaire d'engager des frais de réacheminement élevés.

notion de bonne foi, qui a connu l'ignorance, la reconnaissance et un succès[130] aujourd'hui retentissant. Initialement issue de la *bona fides,* concept strictement juridique du droit romain, la bonne foi s'entendait alors uniquement comme étant une norme d'interprétation stricte du contrat à travers les règles techniques, lesquelles ne s'embarrassent pas toujours de l'honnêteté, de la vertu, voire de l'équité. Ainsi, *l'interprète doit s'en tenir aux termes de l'engagement, même s'ils lui paraissent sévères*[131]. La conséquence logique fut la maxime *summum jus summa injuria,* dont l'esprit des juristes et du législateur français s'accommoda mal, d'où l'érection de *mécanismes tels le dol, la fraude, la faute, l'abus de droit etc. pour permettre au juge de sanctionner la mauvaise foi d'une partie*[132]. Il faudra attendre le Code civil en 1804 à travers son article 1134 al.3 (article 1104 depuis la réforme de 2016) pour ériger la bonne foi en une norme d'exécution du contrat, c'est-à-dire une norme de comportement. Cette fonction de l'alinéa 3 de notre article 1134 fut découverte seulement en 1975 par la jurisprudence, parce que pendant très longtemps, l'article 1134 était commenté et interprété sous le prisme de son alinéa 1er[133]. En conséquence, jusqu'en 1975, la doctrine considérait la bonne foi comme étant une directive d'interprétation[134].

Pour que la bonne foi, du moins dans sa fonction en tant que norme de comportement, puisse toujours remplir sa mission, il faudra que le juge puisse s'y référer quand cela semble nécessaire pour réguler les rapports entre contractants ou entre ceux qui n'ont pas déjà cette qualité. Pour ce faire, la bonne foi ne saurait être embrigadée dans une définition, mais plutôt, il faudra qu'elle demeure une notion ouverte susceptible de « *pouvoir embrasser les situations les plus variées et s'adapter au fil de l'évolution des mœurs et des conceptions* »[135].

Toutefois, aussi passionnant qu'est ce sujet[136], envisager de l'étudier ici outrepasserait et dénaturerait le cadre de notre analyse. Nous nous limiterons donc, pour des besoins de clarté de notre propos et de concision de notre analyse, à étudier dans un premier temps la bonne foi dans sa signification et ses implications sous le prisme des déclarations de l'armateur (A). Dans un second temps, nous envisagerons sa conception extensive à travers certaines exigences qu'elle impose à l'armateur pendant la phase d'exécution du contrat, voire après son extinction (B).

---

130 COUDIER-CUISINIER Anne-Sylvie, « *Le solidarisme contractuel* », année 2006, volume 27, éd. Litec n°459, p.290.

131 COUDIER-CUISINIER Anne-Sylvie, « *Le solidarisme contractuel* », année 2006, volume 27, éd. Litec n°462 p.291.

132 BENABENT Alain, « *La bonne foi* », in « Travaux de l'Association Henri CAPITANT », Journées louisianaises, Tome XLIII, année 1992, p.291.

133 BENABENT Alain, *op. cit.*, p.292.

134 VAN OMMESLAGHE, « *La bonne foi* », in « Travaux de l'association Henri CAPITANT », journées louisianaises ; Tome XLIII année 1992, n°5, p.28. BENABENT Alain, *op. cit.* p.292.

135 VAN OMMESLAGHE, *idem*, §4 p.28.

136 Au regard du nombre d'écrits et productions dédiés à la bonne foi.

A/ La notion de bonne foi et ses implications : la véracité des déclarations de l'armateur

L'appréhension de la notion de bonne foi, pour être efficace, nécessite, il nous semble, la prise en considération de plusieurs questions ou éléments. La première question est de savoir si la bonne foi est une obligation ou bien un devoir. Dans sa thèse de doctorat, à travers le brillant procédé d'analyse emprunté pour définir et distinguer les notions de devoir et d'obligation, Mme JABBOUR Rita démontre que la bonne foi est plus un devoir qu'une obligation[137]. L'un des très nombreux arguments que l'auteure développe, argument qui réside dans la dissociation des deux concepts, explique que l'obligation est spéciale car naît du rapport contractuel entre des parties tandis que le devoir lui, est général puisque provenant de la loi. À la suite de Mme JABBOUR, pour affirmer que la bonne foi est un devoir et non une obligation, nous invitons le lecteur à observer le vocabulaire juridique anglais. Dans son livre Gard Handbook on P&I Insurance[138] par exemple, M. GOLD Edgar parlant de la bonne foi utilise le mot *duty* que le dictionnaire anglais OXFORD définit par "*A moral or legal obligation*" que nous nous proposons de traduire par : Une obligation morale ou légale, c'est-à-dire qui provient de la morale ou de la loi, en opposition donc avec une obligation née des conventions. De même, à la lecture des documents anglais ou de la doctrine anglaise par exemple, l'on notera que le verbe qui accompagne le devoir est *must*[139] qui est lui-même défini par le dictionnaire OXFORD comme étant *Be obliged to ; should (expressing necessity)* et désignant une nécessité impérieuse.

Une autre interrogation serait posée concernant la conception morale de la notion de bonne foi. Si pendant très longtemps la doctrine anti-moraliste fut la plus dominante, le débat s'est estompé depuis un bon moment car il a été dès le milieu du XXe siècle, mis fin à l'opposition entre le droit et la morale. Ainsi depuis cette période, il est de manière constante admis que la bonne foi règle du droit naturel[140], est l'incorporation de la règle morale dans le droit positif[141]. Le Professeur JOURDAIN dira à ce propos que la bonne foi est une notion purement morale, qui est devenue règle juridique[142]. Pour développer leurs démonstrations, la quasi-totalité des moralistes utilisent des vocables tels que « loyauté », « vertu », « sincérité »,

---

[137] JABBOUR Rita, « *La bonne foi dans l'exécution du contrat* », 2016, LGDJ, pp. 105 à 114.
[138] 5th ed. 2002, n°7.2.1 p.127.
[139] *Must* tout comme *Have to, Ought to* expriment en anglais l'idée d'une obligation. A la différence que *"Must"* est utilisé pour exprimer des obligations impérieuses.
[140] Théorie que nous devons à DOMAT.
[141] RIPERT Georges, « *La règle morale dans les obligations civiles* », 4e éd., LGDJ 1949, p.144 §157.
[142] Cité par COURDIER-CUISINIER Anne-Sylvie, « *Le solidarisme contractuel* », année 2006, volume 27, éd. Litec, p.300.

« fidélité » etc. Ainsi au regard de ces différents concepts, nous pouvons en déduire que la morale, à travers la bonne foi, impose à chaque partie au contrat d'agir avec altruisme et éthique vis-à-vis de l'autre. L'absence de cette morale, c'est-à-dire de la bonne foi dans le rapport contractuel, lorsque cela émane du fait d'un comportement déloyal, abusif ou frauduleux par exemple de l'une des parties, libère de la force obligatoire du contrat[143] telle qu'anciennement posée par l'article 1134 alinéa 1, l'autre partie qui le subit. Tout ce qui précède permet donc de conclure que « *la bonne foi de l'article 1134*[144] *c'est la bonne volonté, la loyauté, le souci de se dépenser au profit de son co-contractant, de collaborer avec lui, de lui faciliter la tâche, en un mot de l'aimer comme un frère* »[145]. Enfin, à la lecture de l'alinéa 2 de l'article 1104 nouveau du Code civil[146], qui érige la bonne foi dans les contrats comme étant une disposition d'ordre public, nous pouvons donc affirmer que la bonne foi est désormais une norme juridique *erga omnes*, ce qui implique que le débat portant sur la morale et le droit est désormais définitivement clos.

Les conventions légalement formées doivent être exécutées de bonne foi. Cette formulation de l'article 1134 alinéa 3 était trop peu expressive, selon nous, à l'égard de la notion de bonne foi qu'elle n'englobait pas dans sa véritable réalité. En effet, ainsi formulé, ce texte ne régissait, ou ne consacrait la bonne foi, qu'au moment de l'exécution du contrat. Quid donc des pourparlers et de l'extinction du contrat ? Nous saluons à cet égard l'excellent travail accompli par la jurisprudence qui pour sanctionner la mauvaise foi au moment des négociations, se servait des divers instruments sanctionnant les vices du consentement à l'instar entre autres du dol, de même qu'elle a à maintes reprises sanctionné la mauvaise foi de l'une des parties qui mit fin au contrat de manière peu orthodoxe, en utilisant les instruments dédiés à la rupture abusive[147]. Plus tard, toujours dans un rôle avant-gardiste, la jurisprudence a érigé l'autonomie

---

[143] DARMAISIN Stéphane, « *Le contrat moral* », LGDJ, vol.1, 2000, pp. 101 à 103.

[144] Anciennement. Article 1104 du Code civil depuis la réforme de 2016.

[145] BENABENT Alain, journées louisianaises, p.293.

[146] Le Code civil français comble ainsi son très grand retard vis-à-vis de certaines législations comme le Code civil québécois de 1995 qui envisageait déjà en son livre 5e (Les obligations) article 1375 la bonne foi dès la naissance de l'obligation, de son exécution et de son extinction en ces termes : « *La bonne foi doit gouverner la conduite des parties tant au moment de la naissance de l'obligation qu'à celui de son exécution ou de son extinction* ». On remarque également que sur le plan sémantique, ce texte était déjà également en avance sur le nôtre car il pose le devoir de bonne foi sans équivoque à la charge des parties. Contrairement à l'article 1134 qui disait que contrat doit être exécuté de bonne foi. Le terme exécuter pouvant laisser planer une confusion en faisant penser qu'une partie au contrat le créancier notamment en était dispensé(e) car c'est le débiteur qui exécute.

[147] Cass. Com., 26 novembre 2003, n°00-10243 ; Bull. Civ. IV, n°186. Arrêt Manoukian. Voir le commentaire du Pr. DAIGRE Jean-Jacques, in BJS (Bulletin Joly Sociétés) du 1er juin 2004, n°6 p.849. Également commentaire de Denis MAZEAUD, in Revue des contrats du 1er avril 2004, n°2 p.257. Voir aussi CA. Lyon, 1re Ch., section B, 9 mai 2017, n°16/00694, affaire SCI Sine vs SELARL Bowling Star. (NB : bien que rendue en 2017, cette affaire n'était pas soumise à l'ordonnance du 10 février 2016). Dans le même sens, voir LE TOURNEAU Philippe, « *Bonne foi* », in (chapitre 2 : la bonne foi dans la formation du contrat) §54, Répertoire de droit civil, sous la direction de Éric SAVAUX, Dalloz janvier 2017.

de la bonne foi en la considérant comme étant une obligation précontractuelle de renseignement[148]. Les choses sont désormais claires, après le toilettage qu'a récemment subi le Code civil à travers l'ordonnance du 10 février 2016[149]. Ainsi, le nouvel article 1104 alinéa 1er du Code civil dispose que *Les contrats doivent être négociés, formés et exécutés de bonne foi.* En d'autres termes, la bonne foi gouverne le contrat dès l'initiation des négociations pour sa conclusion, jusqu'à son extinction en passant par son exécution c'est-à-dire la période pendant laquelle il produit ses effets. Cette disposition est confortée par l'article 1112 alinéa 1 qui prévoit que *l'initiative, le déroulement et la rupture des négociations précontractuelles sont libres, ils doivent impérativement satisfaire aux exigences de la bonne foi.*

Pour revenir donc au cœur de notre analyse, concernant l'armateur qui souhaite inscrire un navire au sein d'un *P&I Club* et d'en devenir lui-même membre, ce texte revêt une importance capitale même si en réalité, nous pouvons dire que pour ce qui est du contrat d'assurance, il s'agit de l'adaptation de la loi aux faits parce que la pratique du contrat d'assurance en général et celle de l'assurance responsabilité civile des armateurs en particulier ont de tout temps exigé la bonne foi du sollicitant d'assurance c'est-à-dire du souscripteur dès l'entrée en pourparlers. Toutefois, nous ne disons pas que l'obligation de bonne foi incombe dans un contrat d'assurance uniquement à l'assuré car l'assureur aussi y est naturellement tenu mais puisqu'il s'agit d'un contrat d'adhésion, c'est à l'assuré qu'il revient dans un premier temps d'en faire la preuve. La justice se chargera ultérieurement d'exiger de l'assureur qu'il agisse de bonne foi, en interprétant plus sévèrement le contrat contre celui qui l'a rédigé, c'est-à-dire contre l'assureur.

Mener les pourparlers de bonne foi consiste pour chaque partie de tout mettre en œuvre pour faciliter les négociations afin d'éclairer le consentement du cocontractant. Cette formule générique qui se matérialise par une infinité d'hypothèses peut s'articuler concrètement autour de trois obligations principales. Tout d'abord les négociations doivent être confidentielles[150] et aucune partie ne saurait se servir des renseignements obtenus de l'autre pour des besoins autres que la conclusion du contrat envisagé. Ensuite les négociations doivent s'accompagner de la loyauté qui impose à chaque partie d'agir en tenant compte de l'autre. Il s'agit par exemple de n'utiliser aucune ruse ou attitude susceptible de léser le cocontractant ni d'abuser de sa situation de faiblesse. Être loyal envers son cocontractant au moment des pourparlers implique donc de

[148] LE TOURNEAU Philippe, « *Bonne foi* », Répertoire de droit civil (chapitre 2 : la bonne foi dans la formation du contrat) §55, Dalloz janvier 2017, *op. cit.*
[149] Ordonnance du 10 février 2016, portant réforme des contrats, du régime de la preuve et des obligations.
[150] Art. 1112-2 c. civ.

ne pas créer des apparences susceptibles de l'induire en erreur[151]. Il s'agit en d'autres termes d'être « sincère » avec lui selon l'expression de DOMAT. Enfin, les négociations doivent être menées dans une réelle coopération, qui elle, se concrétise par le devoir d'information qui incombe à chacune des parties. Dans les pourparlers devant conduire à la conclusion d'un contrat d'assurance par exemple, il s'agit pour l'assureur de renseigner le potentiel futur assuré sur les conditions et modalités de la garantie ainsi que du montant de la prime. Et pour l'assuré potentiel, il s'agira de fournir les renseignements sollicités par l'assureur pour l'appréciation du risque[152]. Toutefois devons-nous rappeler ici que comme l'article 1112 du Code civil le prévoit, les pourparlers ne mènent pas automatiquement à la conclusion du contrat et peuvent être interrompus à tout moment dès lors qu'il n'y a pas de mauvaise foi ou de faute[153] imputable à celui qui exerce son droit d'interruption.

Le droit anglais aux termes du Marine Insurance Act 1906 tel qu'amendé[154] dispose au sujet de la bonne foi en son article 17 nouveau que "*The contract of Marine Insurance is a contract based upon a utmost good faith*"[155] et que nous traduisons par : Le contrat d'assurance maritime est un contrat basé sur la plus grande bonne foi. Les modifications de cet article contenu dans les codes (anglais) de la consommation de 2012 et celui des assurances de 2015 déterminent directement et clairement les conditions dans lesquelles chaque partie pourra se fonder sur l'absence de bonne foi du cocontractant pour dénoncer le contrat. En ce qui concerne l'armateur, lorsqu'il sollicite acquisition de la qualité de Membre d'un *P&I Club* à travers l'inscription d'un navire, les exigences consistent pour lui de garantir l'authenticité de chaque document qu'il produit ainsi que la véracité de l'information qu'il donne.

À parler spécifiquement de la pratique concernant l'assurance responsabilité civile de l'armateur, nous noterons en premier chef que le contrat d'assurance entre un armateur et un *P&I Club* est non seulement un contrat d'adhésion, mais mieux encore un **contrat d'admission**. Nous parlons d'admission en opposition à l'adhésion parce que la décision finale revient au *P&I Club* qui a tout loisir, toute discrétion pour accepter ou refuser et sans justification

[151] VAN OMMESLAGHE, « *La bonne foi* », in « Travaux association Henri CAPITANT », journées louisianaises, Tome XLIII, année 1992, n°16, p.41.
[152] BONNARD Jérôme, « *Droits des assurances* » 5e éd., 2016, Lexisnexis, p.52 (§156).
[153] CA. Lyon, 14 septembre 2010 ; n°07/07583 affaire SCEA Château au petit sonnailler c/ Banque populaire Loire et lyonnais.
[154] Cet article a été amendé par l'article 2 (5) du Consumer *Insurance Act 2012* (Code des assurances de la Consommation de 2012) lui-même amendé par l'article 15 du *Insurance Act 2015* (Code des Assurances de 2015).
[155] La version originelle disposait que *"A contract of marine insurance is a contract based upon the utmost good faith, and, if the utmost good faith be not observed by either party, the contract may be avoided by the other party"*, que nous traduisons par : Le contrat d'assurance maritime est un contrat basé sur la bonne foi, et si la bonne foi n'est pas observée par une partie, le contrat pourra être résilié par l'autre.

aucune[156] l'entrée d'un nouveau Membre, c'est-à-dire l'acceptation d'un nouvel armateur[157]. La phase précontractuelle ici n'est donc pas à proprement parler une phase de négociation dans la mesure où celui qui se mobilise c'est le souscripteur, en d'autres termes l'armateur, et quelques rares fois son courtier. Nous pouvons nous en convaincre en nous référant aux articles 3 et suivants de la *Insurance Act 2015* modifiant les articles 18, 19 et 20 du *Marine Insurance Act 1906* qui, traitant des obligations précontractuelles, ne s'adressent qu'à l'armateur. A l'observation de ces articles, nous constatons que le mutisme de cette loi vis-à-vis de l'assureur responsabilité civile pourrait laisser penser que la bonne foi dans cette phase précontractuelle est à la charge unilatérale de l'armateur souscripteur, c'est-à-dire sans réciprocité de la part de l'assureur[158]. Mais heureusement, la jurisprudence de la *Common Law* s'est à plusieurs fois prononcée sur la question en rappelant le principe de la réciprocité du devoir de bonne foi[159]. Toutefois, nous retiendrons que la négociation n'est ici que très implicite, puisque si l'armateur estime que les conditions et coûts pratiqués par le *P&I Club* sollicité sont prohibitifs, il pourra faire jouer sa liberté contractuelle en allant contacter un autre Club. Concrètement dans cette phase, l'armateur est simplement tenu d'apporter en toute bonne foi les informations[160] qu'attend de lui le *P&I Club* à travers les renseignements nécessaires contenus dans le formulaire d'inscription. En résumé, il doit fournir au *P&I Club* toute information connue de lui, susceptible d'influencer la décision de ce dernier. En l'espèce, la bonne foi se traduira à travers la sincérité de ses réponses et de la véracité des informations qu'il fournit. Nous pouvons nous en rendre compte en nous référant par exemple à la clause (règle) 36 A de The *Shipowners P&I Club* qui stipule que « *The applicant and any agent must make to the managers a fair presentation of the risk by providing the managers with all material particulars and information together with any additional particulars and information as the managers may require* »[161] et « *the applicant and any agent may ensure that every material*

[156] The Shipowners P&I Club, Rules 2018, règle 36 A (2).

[157] Nous tenons toutefois à rappeler qu'il s'agit d'une posture de principe car selon la théorie des grands nombres qui gouverne la mutualité, chaque Mutuelle (*P&I Club* par exemple) a intérêt de regrouper le plus grand nombre possible de membres. A condition bien entendu que chacun réponde aux diverses exigences de l'Association.

[158] Corriger ce déséquilibre était l'un des objectifs de ce code, selon le rapport parlementaire. Mais à l'arrivée, il en ressort que cet objectif a été manqué car les dispositions visées ont été reprises quasiment mot pour mot. Voir à ce propos CLARKE Malcom & SOYER Baris, "*The Insurance Act 2015 A New Regime for Commercial and Marine Insurance Law*", 1st ed. 2017, p.52.

[159] La *Supreme Cour*t a à plusieurs reprises rappelé que l'exigence de bonne foi pèse également sur l'assureur. Exemple aff. *Carter* Vs *Boehm* ou exigence confirmée par la House of Lords dans l'affaire *Banque Financière de la Cité SA* /c *Westgate Insurance Co.* NB : Voir précisions et commentaires de RHIDIAN Thomas, « *The Modern Law of Marine Insurance* » ; 1996, p.30. Cette exigence à l'égard de l'assureur n'est cependant manifeste que dans la phase d'exécution du contrat d'assurance. Nous n'avons pas trouvé de cas concernant la phase précontractuelle.

[160] Cf. supra §1 (La fourniture d'informations utiles au calcul du montant de la cotisation).

[161] *The Shipowners P&I Club, Rules 2018* clause 36 A (4) ; Britannia P&I Club, Rules 2018, règle 6(2)(i) ; North of England P&I Club (NEPIA), Rules 2018, Règle 7(1).

representation as to a matter of fact is substantially correct, and every material representation as to a matter of expectation or belief is made in good faith »[162]. Nous nous proposons de traduire ces deux alinéas par : « *Le sollicitant et tout agent devront fournir aux dirigeants une présentation fidèle du risque, ainsi que toutes précisions et informations additionnelles que ces dirigeants pourraient requérir* » ; et « *Le sollicitant et tout agent devront s'assurer que chaque document pouvant servir de preuve matérielle est produit de bonne foi* ».

À l'observation de ces deux textes, nous notons comme une gradation du devoir moral de l'armateur souhaitant assurer sa responsabilité civile auprès d'un *P&I Club* car dans le premier on parle de la fidélité – *fair* – et puis dans le second de bonne foi – *Good faith* –. À ce sujet, nous pouvons dire que le *Marine Insurance Act 1906,* en titrant son article 17 par *"Insurance is Uberrimae fidei"* (l'assurance est la plus grande bonne foi), annonçait déjà que la bonne foi est le standard même du contrat d'assurance maritime, c'est-à-dire l'idée du rôle incontournable de la bonne foi dans les contrats d'assurance maritime. Sans vouloir procéder à une comparaison avec d'autres systèmes, français notamment, nous pensons au moins pour trois raisons, que le droit anglais possède une conception amplifiée, voire plus coercitive de la notion de bonne foi. La première, est relative à l'observation du mot – *good faith* – bonne foi. En effet dans tous les documents anglais, à savoir le *Marine Insurance Act 1906*[163], ainsi que la jurisprudence et la doctrine britanniques par exemple, le groupe de mot *good faith* est toujours précédé par l'adjectif qualificatif *utmost* et le tout se lit donc *"utmost good faith"*. La version en ligne du dictionnaire anglais Oxford définit l'adjectif qualificatif *utmost* par : *Most extreme ; greatest,* ce que nous traduisons par : maximum, le/la plus grand(e), en d'autres termes le *maximum*. Le droit anglais parle donc de *utmost good faith* c'est-à-dire **le maximum de bonne foi**. La présence systématique de cet adjectif qualificatif n'est pas anodine et il doit être lu comme faisant partie du groupe de mots dans son entièreté. Soulignant l'impact et le sens majeur de cet adjectif, M. RHIDIAN Thomas écrit que *"the unqualified emphasis provided by the adjective "utmost" is not to be overlooked"*, ce que nous traduisons par : L'accent implicite apporté par l'adjectif *"utmost"* ne doit pas être négligé[164]. La deuxième raison réside elle aussi dans l'observation des dispositions du *Marine Insurance Act 1906* et des clauses contenues dans les polices des *P&I Clubs* qui traitent du devoir de contracter de bonne foi. Ces textes parlent

---

[162] The Shipowners P&I club, Rules 2018, art.36 A (5) ; Britannia P&I Clubs rules 2018, art.6(2)(ii) ; NEPIA, Rules 2018, art.7(2).

[163] La *Insurance Act 2015*, innove en parlant concernant l'assuré, de Duty of Fair Presentation bien que la substance des obligations n'ait pas changé. « La seule » véritable innovation de ce code est l'abolition des dispositions permettant à chacune des parties de rompre le contrat en cas de manquement à la bonne foi du cocontractant (art.8). Exclusivité est désormais en principe réservée au juge.

[164] RHIDIAN Thomas, *"The Modern Law of Marine Insurance"*, 1996, p.28.

quasi systématiquement en plus de la bonne foi, de *duty of disclosure*[165]. Il s'agit d'une obligation spéciale d'information qui pèse sur l'armateur. Véritable obligation de coopération et de collaboration, elle consiste pour lui à informer le Club de tout élément, indice, ou événement susceptible de quelque manière que ce soit d'éclairer l'engagement du *P&I Club* en lui donnant la possibilité de décider si oui, et dans quelles conditions il accepterait un nouveau Membre. Ceci semble une répétition de ce que nous avons déjà précédemment évoqué, mais la singularité ici réside en ce que cette obligation ne concerne plus l'armateur *intuitu personae* mais aussi toute personne qui participe à l'exploitation du navire. Il peut s'agir de l'agent maritime, du capitaine du navire, des membres de l'équipage, du courtier en assurances mandaté par l'armateur, et de toute personne délégataire d'une quelconque mission que lui a confiée l'armateur[166]. De ce fait, l'armateur est donc **comptable** à l'égard du *P&I Club* au nom de la bonne foi, de toute information que l'une quelconque des personnes susvisées posséderait et qui pourrait jouer un rôle dans le consentement du *P&I Club*. À ce propos, dans l'affaire *Proudfoot /c Montefiore* les juges anglais décidèrent que l'armateur était responsable du silence coupable de son agent maritime[167]. En l'espèce, l'agent concerné avait oublié d'informer son armateur avant la conclusion du contrat d'assurance entre l'armateur et son assureur, que le navire objet de cette assurance avait subi une avarie corps. Où le juge français se serait sans doute prononcé en invoquant la nullité du contrat pour absence de cause[168], le juge anglais s'est plutôt positionné sur le manquement au devoir d'information du cocontractant assuré vis-à-vis de l'assureur. Cela sous-entend que l'armateur ne peut prétendre que les informations nécessaires au *P&I Club* sont uniquement celles requises dans le formulaire d'information[169]. Il est donc également comptable des informations relatives à l'exercice quotidien de l'activité, potentiellement utiles mais dont disposent ses préposés ou mandataires et qu'il est supposé et présumé savoir[170].

La troisième raison qui nous permet de conclure à une conception amplifiée de la notion de bonne foi par le droit anglais, réside plus dans les polices des *P&I Clubs*. On peut y découvrir que les informations fournies lors de la phase précontractuelle, c'est-à-dire lors des pourparlers,

---

[165] Que nous traduisons par devoir de révélation.
[166] GOLD Edgar, "*Gard Handbook on P&I Insurance*", 5th ed., 2002, p.128.
[167] Proudfoot c/ Montefiore, (1867) L.R.2 Q.B. 511. Dans le même sens London General Insurance Company /c General Marine Underwriters' Association (1921) ; ou encore Inversiones Manria SA /c Sphere Drake Insurance Co (the Dora) (1989), 1 Lloyd's Report n°69 p.95.
[168] Cass. civ. 1re, 27 février 1990, n°88-14.364 Bull. civ. I n°52. Ou bien Cass. 1re civ., 4 novembre 2003, n°01-14.942, Bull. civ. I n°220. Dans ces affaires la Cour de cassation a annulé des contrats d'assurances pour absence de cause lorsque le souscripteur savait les risques réalisés.
[169] GOLD Edgar, "*Gard Handbook on P&I Insurance*", 5th ed., 2002, p.129.
[170] CLARKE Malcom & SOYER Baris, "*The Insurance Act 2015 A New Regime for Commercial and Marine Insurance Law*", 1st ed. 2017, p.56 (§ 2.2.2.)

font partie du contrat si celui-ci est conclu[171]. En d'autres termes, les renseignements et informations fournis par l'armateur seront comptabilisés au nombre des clauses contractuelles puisqu'ils sont considérés comme participant de l'économie du contrat.

De tout ce qui précède, nous remarquons que la bonne foi telle que conçue par le droit anglais, notamment dans la phase précontractuelle entre armateur et *P&I Club* constitue pour l'armateur une véritable obligation de résultat mieux un devoir.

Lorsque les négociations ont mené à la conclusion du contrat, la bonne foi demeure et les parties sont donc tenues de l'observer pendant la phase d'exécution de la convention et éventuellement après son extinction.

B/ Le concours de la bonne foi à l'exécution du contrat et sa survie après extinction du contrat d'assurance responsabilité civile de l'armateur

Lorsque le contrat d'assurance responsabilité civile de l'armateur est conclu, il peut maintenant produire ses effets à l'égard des parties, en attendant la date convenue pour son terme. Et pendant toute cette période, l'exigence de la bonne foi ne s'affaiblit pas au contraire, elle demeure encore plus renforcée.

Tout d'abord concernant la phase d'exécution, l'armateur reste astreint à observer son devoir de bonne foi en toutes circonstances, notamment parce que la qualité de Membre qu'il acquiert à l'inscription du navire n'est pas définitive et encore moins un droit acquis. Il peut donc la perdre en cas de manquement au devoir de bonne foi d'où l'obligation de tout faire dans le sens que dictera la bonne foi. Cela passe dans un premier temps par l'exercice de son activité professionnelle objet de la garantie selon les conditions promises et décrites dans le formulaire de renseignement qu'il a rempli lors de sa sollicitation de souscription. Il est par exemple tenu d'effectuer les voyages sous le pavillon réel du navire tel qu'indiqué dans la fiche de renseignement, de même qu'il est tenu de respecter la nationalité déclarée des marins[172]. En effet si l'armateur dans la fiche de renseignement avait déclaré confier son navire à un équipage français, il manque alors à son devoir de bonne foi s'il confie plutôt le navire à un équipage libérien. Une obligation similaire et désormais légale, se retrouve dans le Code des transports qui dispose que l'équipage d'un navire doit contenir une proportion minimale de ressortissants d'un État membre de l'UE ou de la CEE, de la Suisse ou de tout autre État partie à un accord

[171] North of England P&I Club, rules book 2018, art.7 (2).
[172] UK P&I Club, rules books 2018, rule 7(E).

international ayant des exigences similaires en matière de droit au séjour et au travail ; de même que le capitaine ou l'officier chargé de sa suppléance sont des ressortissants d'États membres de l'UE ou de la CEE, de la Suisse, ou de tout autre État ayant des exigences similaires en matière de droit au séjour et au travail[173]. En clair l'armateur est doublement soumis à la bonne foi c'est-à-dire tant à l'égard de son *P&I Club* qu'à celui de ses clients chargeurs ou passagers selon que l'on soit dans le cas de contrats de transports maritimes de marchandises ou de passagers. Ainsi, agir de bonne foi vis-à-vis de son *P&I Club* est la résultante directe et naturelle de l'exécution de bonne foi du contrat de transport bien que nous soyons ici en présence de deux contrats indépendants. C'est à notre sens l'interprétation extensive qu'on pourrait avoir à la lecture de la clause qui stipule que l'armateur bénéficie de l'assurance P&I en cas de dommages, survenus entre autres, *In connection with the operation of the Ship*[174].

Dans un deuxième temps, la bonne foi dans la phase de l'exécution du contrat contribue au maintien de l'équilibre contractuel et à la sauvegarde de l'économie du contrat[175]. Cela passe par la préservation de l'égalité des contractants devant le hasard ou l'aléa. En effet le contrat conditionnel et le contrat aléatoire se fondent sur l'incertitude qui les gouverne ; et s'il existe un déséquilibre dans l'intensité de cette incertitude, la cause du contrat s'en retrouvera corrompue, avec pour conséquence directe, la surexposition face au risque de la partie qui est la moins bien informée. Il est donc nécessaire que les contractants dans un contrat aléatoire aient *une incertitude de même étendue, d'égale intensité et donc* disposent *des mêmes éléments d'évaluation. C'est particulièrement net dans le contrat d'assurance où toute attitude de l'assuré de nature à modifier l'opinion du risque encouru dans l'esprit de l'assureur rend nulle la convention, indépendamment du point de savoir si c'est de la partie cachée du risque qu'a découlé le dommage*[176]. Ainsi, le contrat d'assurance en général et celui de l'assurance responsabilité civile de l'armateur par les *P&I Clubs* en particulier étant un contrat aléatoire, *cette règle de bonne foi conduit à exiger que les parties soient à égalité dans leur incertitude, c'est-à-dire disposent des mêmes éléments d'appréciation*[177]. Cette exigence se trouve renforcée en matière de garanties de *P&I Clubs,* dans la mesure où, premièrement nous sommes ici dans un contexte de contrat à but non lucratif ; deuxièmement, en tant que mutuelle, le *P&I Club* est un groupement d'armateurs et chacun d'entre eux s'oblige donc à tout faire, en ce qui

[173] C. transp., art. L5522-1.
[174] North of England P&I Club, Rules book 2018, Rule 3(1)(c).
[175] Sur la notion de l'économie du contrat, voir FOKOU Éric, « *La notion d'économie du contrat en droit français et québécois* », Revue générale de droit, n°46, 2016, pp.343-377.
[176] BENABENT Alain, « *La chance et le droit* », Thèse de doctorat en droit, soutenue le 25 février 1971, Paris, publiée à la Librairie générale de droit et de jurisprudence, LGDJ, Paris 1973, n°45, p.42.
[177] BENABENT Alain, *Idem*, n°40, p.40.

le concerne, pour contribuer à sauvegarder *l'affectio societatis*. Ceci ne se fait que par une franche coopération ou collaboration qui se matérialise effectivement par l'information que se doivent les contractants, c'est-à-dire ceux qui en l'espèce se mettent ensemble pour constituer l'Association. De ce qui précède, nous disons que le contrat, peut être aussi l'expression d'une convergence d'intérêts[178].

Il s'ensuit donc que la bonne foi impose à l'armateur à l'égard de son *P&I Club*, une obligation de promptitude. Celle-ci se matérialise par le fait que l'armateur est tenu d'informer son assureur le plus promptement possible, et avec la plus grande diligence, de tout élément ou événement nouveau susceptible de modifier la nature du risque[179]. C'est en substance le contenu des clauses des polices des *P&I Clubs* lorsqu'elles stipulent que *Where after the conclusion of the contract of insurance circumstances occur which result in an alteration of the risk, the Member shall disclose such circumstances to the Association without undue delay*[180]. Ainsi, lorsque l'altération du risque a été délibérément causée par l'armateur ou connue de lui, et que la connaissance de cette nouvelle situation par le *P&I Club* n'aurait pas donné lieu au contrat dans sa forme actuelle, le *P&I Club* n'est pas tenu des dommages inhérents à cette altération du risque. En d'autres termes, si l'altération du risque devait entraîner une reconsidération/réévaluation de la cotisation, le *P&I Club*, s'il le souhaite, ne garantira les dommages et avaries que dans les proportions conclues avec l'armateur, lequel armateur restera obligé pour le surplus occasionné par l'aggravation du risque qu'il était seul à connaître. Lorsque le *P&I Club* aurait pu accepter de garantir cette altération du risque pour le même montant de cotisation, mais dans des conditions différentes, il s'obligera en cas de réalisation de ce risque uniquement dans les conditions qu'il aurait accordé si l'armateur l'en avait tenu informé[181]. Généralement pour ne pas s'embarrasser avec de telles complexités, les *P&I Clubs* se réservent le droit, dans les polices d'assurance[182], de résilier unilatéralement le contrat

[178] Nous souhaitons marquer ici (mais très respectueusement), notre désaccord avec le Pr. Philippe DELEBECQUE qui affirme que, « *Le contrat est avant tout l'expression d'un antagonisme d'intérêts* » dans son éditorial Vues sur mer : l'exigence de bonne foi contractuelle : « in medio stat virtus » ? Gazette de la chambre, CAMP n°15, au sujet de l'arrêt Cass. com. 10 juillet 2007, n°06-14.768. Ou bien dans son commentaire de cet arrêt in Lamy Droit Civil, n°46 du 1er février 2008, *La bonne foi contractuelle : Quid novi quid sole ? (« ... le contrat est qu'on le veuille ou non l'expression d'un antagonisme d'intérêts ».*

[179] Pour ce qui concerne la théorie générale des assurances sur ce point, voir TURGNE Franck, « *Synthèse – Assurances diverses* », §5 du 2 octobre 2017 JCL Responsabilité civile et assurances, version électronique consultée le 4 mai 2018.

[180] GARD P&I Club, rules books 2018, rule 7 (1). Que nous nous proposons de traduire par Lorsque qu'après la conclusion du contrat d'assurance, apparaissent des circonstances qui altèrent le risque, le Membre devra porter ces circonstances à l'attention de l'Association sans aucun délai.

[181] GARD P&I Club, rules books 2018, rule 7 (2).

[182] Par exemple art.3 (5) 2018 de Britannia P&I Club ; et art.7 (D) 2018, The UK Club. Comme nous l'avons indiqué dans une précédente note de bas de page, la principale innovation de la Insurance Act 2015 est contenu dans son article 8, qui abroge l'article 17 du Marine Insurance Act de 1906 qui autorisait une partie au contrat à le résilier si l'autre manquait à son devoir de bonne foi. Cette disposition a été modifiée par l'article 8 de la Insurance

d'assurance lorsque l'armateur a manqué à son devoir de bonne foi, peu importe que ce manquement soit délibéré, innocent ou résultant de négligence[183]. Concrètement donc, le devoir de bonne foi commande à l'armateur de tenir informé son *P&I Club* aussitôt qu'il en a la connaissance, de toute circonstance ou élément pouvant influer sur l'évaluation du risque tel qu'effectuée initialement au moment de la souscription, c'est-à-dire de l'inscription du navire dans les livres du *P&I Club*. À titre d'illustration, l'armateur a l'obligation de s'assurer que le navire garanti conserve durant toute la période de couverture la première classe d'une société de classification[184]. Au risque de perdre le bénéfice de la garantie de son Club, cet armateur est donc tenu d'informer celui-là en cas de modification de sa cote par une société de classification. Mais aussi et surtout, il doit dans les meilleurs délais tout mettre en œuvre pour réaliser les travaux ou réparations recommandés par cette société de classification.

Quant à la bonne foi après extinction ou résiliation du contrat d'assurance liant un armateur et son *P&I Club*, il n'existe pas en notre connaissance d'exigences particulières outre celle relative au paiement de la cotisation. Concrètement, nous pouvons distinguer deux situations. La première concerne le cas où au moment de l'extinction d'un contrat, l'armateur reste débiteur à l'égard de l'Association d'une partie de la cotisation totale convenue lors de la conclusion du contrat. En ce point, il s'agit en réalité de l'obligation contractuelle qui incombe à l'armateur comme à tout assuré ; la bonne foi intervenant ici par l'attitude que l'armateur devra avoir à l'égard de son *P&I Club*. Ce qui implique qu'il devra donc tout mettre en œuvre, en bon père de famille pour se libérer de cette dette. La deuxième situation concerne les cas où au moment d'une extinction au terme convenu ou bien lors d'une résiliation, le *P&I Club* estime au regard de la sinistralité de l'année de police concernée, qu'une réévaluation générale des cotisations[185] de l'ensemble de ses Membres s'imposera a posteriori pour dispatcher les réparations et indemnisations. Bien que ne connaissant pas le montant exact qu'il sera amené à payer ultérieurement, le Club en fonction des données qu'il possède, fixera un montant que l'armateur sortant, peut-être même déjà assuré par un autre Club devra payer. Cette cotisation est connue sous l'appellation cotisation libératoire[186]. Au nom de la bonne foi, il devra tout faire pour payer cette cotisation libératoire dans les meilleurs délais et surtout dans les meilleures conditions en usant de bons soins et de bons offices.

Act 2015 qui donne désormais compétence au juge pour prononcer cette résiliation. Cependant, cette disposition n'étant pas d'ordre public, les *P&I Clubs* préfèrent se référer à l'ancienne disposition du Marine Insurance Act de 1906.

[183] UK P&I Club, rules books 2018, rule 7 (D).

[184] Swedish P&I Club, rules book 2018, rule 10 section 1, (1)(a).

[185] Connue en pratique sous la notion de Cotisation additionnelle ou cotisation supplémentaire.

[186] En anglais *Release Call*, et que nous verrons plus loin dans nos prochaines analyses dédiées au paiement par l'armateur de ses cotisations.

De ce qui précède, nous pourrons remarquer que la bonne foi telle que considérée par la pratique de l'assurance responsabilité civile des armateurs et également telle que désormais organisée par l'article 1104 du Code civil, est le pilier du contrat. Ainsi comme dans un orchestre, pour obtenir une parfaite harmonie des notes il faut un chef d'orchestre qui organise les partitions, la bonne foi est donc pour le contrat ce qu'est ce chef d'orchestre.

Lorsque tout se passe bien, l'inscription du navire est acceptée par le *P&I Club*. La qualité de Membre est alors partiellement acquise par l'armateur ; et pour être complète elle doit être consolidée sur le fond.

Section 2 : … Consolidée par des conditions de fond

Lorsque l'armateur a soumis sa sollicitation d'assurance auprès du Club de Protection et d'Indemnité, celui-ci peut rejeter cette demande sans en fournir explication ni même motiver ce rejet[187]. Cela relève de la discrétion des dirigeants telle que confirmée par la jurisprudence anglaise qui à plusieurs reprises, a rejeté les demandes introduites par des armateurs qui contestaient le refus d'un *P&I Club* de les accepter parmi ses Membres. Dans la pratique, pour rejeter une demande de garantie, les Clubs de Protection et d'Indemnité proposent un montant de cotisation de nature à dissuader le sollicitant parce que prohibitif[188]. Toutefois, il ne s'agit que d'une posture de principe ou encore, de cas d'école car le *P&I Club* étant une mutuelle, il tire l'essentiel de ses fonds à travers la contribution de ses Membres. Cela implique que le Club a plutôt intérêt à regrouper le plus grand nombre possible d'armateurs ou d'assurés, car chaque *P&I Club* a pour ambition de se composer d'un nombre illimité de Membres[189], et c'est là l'une des illustrations de la théorie des grands nombres, chère à l'assurance en général et à la mutuelle en particulier.

Ainsi, lorsque la demande d'assurance responsabilité civile trouve grâce auprès des managers du *P&I Club* concerné, il est établi et remis au sollicitant un certificat d'inscription qui est la preuve du contrat d'assurance (§1), lequel s'accompagne ou est suivi par l'acquittement de la cotisation par l'armateur (§2).

---

187 Rule 6(8) de Britannia P&I Club ; SKULD P&I, Rule 1.1.2 ; West P&I 2018, rule 31.
188 HAZELWOOD Steven J. & SEMARK David, "*P&I Clubs Law and Practice*", 4th ed., 2010, p.99 n°7.28. En pratique, les P&I Clubs le font à travers des cotisations initiales très élevées, en vue d'avoir des liquidités disponibles et suffisantes en cas de nécessité d'une éventuelle cotisation additionnelle.
189 Art.2 BYE-LAWS du UK P&I Club.

§1/ Le certificat d'inscription : preuve de l'admission de l'armateur au sein du Club aux effets concrets

Qu'il nous soit permis de faire d'emblée une précision terminologique, visant à distinguer les vocables adhésion et admission. Ainsi, adhésion provient du verbe adhérer et implique la volonté de celui qui adhère, d'intégrer et faire partie d'un groupe ou d'une organisation. Par contre, admission est dérivée du verbe admettre et signifie que c'est le groupe ou bien l'organisation qui accepte en son sein un nouveau membre ou adhérent selon les cas, après observation par celui-ci de certaines exigences. Donc si l'adhésion est de l'initiative de celui qui entreprend cette démarche, dans l'admission à l'inverse, son sort dépend de l'organisation. Puisque les *P&I Clubs* sont des Associations, on parlera alors de l'admission d'armateurs en qualité de sociétaire ou de Membre, à travers l'inscription d'un navire. Cette inscription de navire se matérialise par le certificat d'inscription qui en est la preuve matérielle (A) d'une part, et qui d'autre part, produit des effets concrets (B).

A/ Le certificat d'inscription : preuve matérielle du contrat d'assurance entre l'armateur et le P&I Club

Aussitôt que possible, lorsque la sollicitation d'assurance auprès d'un Club de Protection et d'Indemnité est acceptée, les dirigeants établissent un certificat d'inscription – *certificate of entry* – qui est la preuve de l'admission du navire dans les livres ou registres du Club de Protection et d'Indemnité, en tant que navire garanti. Nous pouvons nous en convaincre, par exemple grâce à la Règle 5 &I Club dont le paragraphe 2 énonce que chaque certificat d'inscription doit contenir la formulation que nous traduisons par « *... ce certificat d'inscription est seulement une preuve du contrat d'assurance d'indemnité entre le(s) membre(s) susvisé(s) et l'Association...* ». Dans une formulation moins équivoque, Br&I stipule que tout certificat d'inscription délivré comme sus-indiqué est une preuve du contrat d'assurance[190]. Ainsi comme nous le constatons, le certificat d'inscription n'est pas le contrat d'assurance entre l'armateur et le Club. Il constitue uniquement la preuve de l'existence d'un tel contrat. L'intérêt pratique de ce certificat d'inscription réside dans le fait qu'il s'agit d'un document simple[191] dans sa formulation et sa présentation et qui constitue la quintessence du contrat d'assurance tout en facilitant la compréhension à l'armateur et rendant ainsi également

---

[190] Britannia P&I, Rules book, rule 6(7) « *Every Certificate of Entry issued as foresaid shall be conclusive evidence of the contract of insurance* ». The Shipowners' P&I Club, Rules book, art.38(3).
[191] Environ 4 à 5 pages seulement.

inutile l'intervention de juristes ou d'un avocat. De ce qui précède, sachant que la police d'assurance est une condition de validité du contrat d'assurance, la non-émission par les Clubs de Protection et d'Indemnité de police d'assurance peut nous amener à nous interroger sur la validité et sur la nature même du contrat d'assurance liant l'armateur à son assureur responsabilité civile. S'agit-il d'un contrat formel ? Est-ce un contrat valable ? Les *P&I clubs* étant soumis aux lois de leurs pays, un tour s'impose dans ce sillage.

Tout d'abord pour ce qui est de l'Angleterre par exemple, la section (ou article) 22 de la *MIA 1906*[192] dispose que les stipulations d'un contrat d'assurance maritime sont inadmissibles comme élément de preuve dudit contrat si elles ne sont pas incorporées dans une police d'assurance. La police d'assurance paraît ainsi être l'instrument qui procure la solennité de l'accord des volontés et qui en conditionne la validité, car même si le contrat est selon l'article 21 de la *MIA 1906* supposé conclu dès l'échange de consentements, il ne devient valable au sens de ce texte qu'à travers sa formalisation dans une police d'assurance. Cependant, bien que la formulation de l'article 22 soit stricte et laisse à penser que cette disposition est indisponible[193] c'est-à-dire qu'il s'agit d'un article *a priori* d'ordre public, cette loi n'est pas d'application *erga omnes,* car en sa Section 85 (3) elle permet aux mutuelles et à leurs membres d'en modifier des dispositions à travers leurs statuts et leurs Règles[194]. Les *P&I Clubs* en tant que mutuelles sont donc, aux termes de la MIA 1906, admis à en modifier des dispositions. Nous pouvons de ce fait, en nous référant à la pratique, dire que les *Rules* à travers leur contenu sont un équivalent, ou bien un substitut de la police d'assurance, bien qu'ayant un caractère général et impersonnel, tout le contraire d'une police d'assurance.

Ensuite, comme le relève si bien M. CLAVERO TERNERO[195], la loi *MIA 1906* ne définit pas ce qu'est la police d'assurance et ne donne pas non plus d'indications sur sa forme mais exige seulement qu'elle soit conforme à la loi. À ce propos, de par sa formulation, la section 22 de la *MIA 1906* dispose que "*Subject to the provisions of any statutes, a contract of marine insurance is inadmissible in evidence unless it is embodied in a marine policy <u>in accordance with this Act</u>...*". Dit autrement, le contrat n'est valable que s'il est contenu dans une police d'assurance, rédigée selon les exigences de la présente loi. Pourtant et cela semble paradoxal, cette loi se limite à énumérer dans ses articles/sections 23, 24 et 26 les mentions obligatoires de la police d'assurance. Ce qui sous-entend que la police d'assurance maritime au

---

[192] *Marine Insurance Act 1906*. Pour plus de renseignements, voir le site internet officiel dédié à la législation en Angleterre http://www.legislation.gov.uk/ukpga/Edw7.
[193] Les parties ne peuvent la modifier et sont tenues de la respecter.
[194] http://www.legislation.gov.uk/ukpga/Edw7/6/41/section/85 référence du 3 Avril 2015.
[195] CLAVERO TERNERO Manuel, *"Clubs de P&I"*, IEEM Madrid 1992, p.220.

sens de la loi anglaise n'a pas de forme ou formulation spécifique claire et précise, mais qu'elle s'identifie grâce aux mentions obligatoires qu'elle doit contenir. Il s'agit du nom de l'assuré (art.23), de la signature de l'assureur (art.24) et l'objet assuré (art.26). Nous pensons donc que tout document écrit entre le *P&I Club* et l'armateur, qui respecte au moins ces trois exigences est ou peut être considéré comme étant une police d'assurance maritime au regard de cette loi britannique.

Enfin, puisque le certificat d'inscription répond à ces exigences et également à la lecture des termes de l'article 85 de la MIA 1906 sus-indiqué, nous pouvons affirmer que le contrat d'assurance responsabilité civile de l'armateur est bel et bien un contrat formalisé à travers le certificat d'inscription. Cependant la primauté ou la préférence par les *P&I Clubs* du certificat d'inscription en lieu et place de police d'assurance résiderait du fait qu'il répond à une nécessité pratique liée à la nature et à l'étendue des prestations des *P&I Clubs.*

Le certificat d'inscription du navire tel qu'établi par les *P&I Club* doit contenir obligatoirement certaines mentions pour pouvoir produire ses effets. Ainsi, selon la Règle 6(3) de Britannia P&I Club[196], il doit contenir entre autres le nom du « Membre » (Sociétaire)[197] c'est-à-dire celui au nom duquel le navire est inscrit dans le Club de Protection et d'Indemnité. Toutefois, bien qu'il existe plusieurs personnes pouvant solliciter assurance auprès d'un *P&I Club* du fait de leur intérêt assurable sur le navire, seules deux catégories de personnes peuvent avoir la qualité de Membre.

D'une part la couverture *P&I Club* étant conçue et élaborée au départ pour répondre aux besoins des armateurs, ceux-ci constituent donc naturellement la première catégorie de personnes concernées par la qualité de Membre. Cependant face à l'élasticité de cette notion, ou bien, compte tenu du grand nombre de personnes pouvant se prévaloir de la qualité d'armateur, il nous revient de préciser qui exactement, quel armateur[198] pourrait être qualifié de Membre. Comme nous l'avons précédemment mentionné, la vitalité du commerce et du transport maritimes est continuellement ébranlée par la pratique qui s'accompagne généralement soit de la mutation des activités, soit de la diversification des opérateurs[199]. Ceci

[196] Voir également Règle 1, Section 4 (6) de American Steamship Owners Mutual Protection & Indemnity Association.

[197] Nous utilisons les guillemets ici parce que la qualité de Membre/sociétaire est réellement acquise après le paiement de la cotisation.

[198] En prenant en compte ici les expressions anglaises "*shipowner*", "*managing owner*" "*operate owner*" "*disponant owner*" etc.

[199] Sur la mutation des entreprises du secteur maritime, voir NDENDE Martin, « *La mutations des entreprises du secteur des transports maritimes* », DMF septembre 1992 n°519, pp. 465-481 et octobre 1992, pp.547-563. Également « *Évolution des structures armatoriales et difficultés d'identification du transporteur maritime* », DMF n°668 mars 2006, pp.195-206. Enfin « *Fantomas rattrapé par les juges : Identification et action en responsabilité*

implique que si le propriétaire du navire hier était aussi l'exploitant dudit navire, ce n'est plus absolument vrai aujourd'hui car la propriété n'est plus le critère décisif d'acquisition de la qualité d'armateur. Ainsi, en présence d'un crédit-bail portant sur un navire, la Cour d'Appel de Paris affirme que le crédit bailleur propriétaire du navire n'est pas armateur[200]. Par contre toujours selon cet arrêt, est armateur celui qui arme, ou pour le compte de qui le navire est armé. Il en résulte que l'armateur effectif est celui qui réalise matériellement et économiquement l'affectation du navire c'est-à-dire, équipe ou fait équiper par une tierce personne le navire des éléments nécessaires et utiles pour la navigation, recrute le personnel navigant ainsi que le capitaine. Autrement dit, compte tenu de la multitude d'acteurs pouvant intervenir dans l'usage d'un navire, l'armateur est celui qui assure et assume personnellement au moins la gestion nautique du navire. L'absolu étant qu'il assumât cumulativement les gestions nautique et commerciale. Cette précision nous semble la plus pertinente, car elle permet de distinguer l'exploitant du navire (l'armateur) d'un simple utilisateur du navire (les autres opérateurs à l'exemple des affréteurs, des NVOCC entre autres).

D'autre part, la deuxième catégorie de personnes pouvant acquérir la qualité de membre d'un *P&I Club* est celle constituée par les affréteurs coque nue.

Le contrat d'assurance entre l'armateur et le Club de Protection et d'Indemnité étant un contrat nommé, le certificat d'inscription fait également mention du risque couvert et de la nature de la garantie pour laquelle le Club s'engage. Ce document renseigne également la date à partir de laquelle la garantie produira ses effets. En effet, cette date par principe court à partir du vingt février à midi de chaque année[201]. Cependant, pour une nouvelle inscription, la couverture est, sauf accord contraire, supposée commencée le jour mentionné dans le certificat d'inscription. Dans l'hypothèse d'une modification des termes ou annexes d'un contrat en cours, la garantie prend effet automatiquement dès midi du jour de ladite modification[202] pour cesser (sous réserve d'une résiliation) le 20 février de l'année suivante à midi. Quoi qu'il en soit, la garantie ne sera effective que si au jour susmentionné le risque ne s'est pas déjà réalisé, que l'intérêt assurable est toujours présent et la cotisation payée.

---

contre les transporteurs maritimes masqués et artificieux », DMF n°668 Mars 2006, pp.210, note arrêt Cour d'appel d'Aix-En-Provence (2e Ch. civ.), 25 avril 2005 affaire navire *Christian Maersk* ; et *« L'armement maritime »,* in « Droits maritimes » (Titre 33, chap. 331, 332, et 333), sous la dir. J.-P. BEURIER, Dalloz, collection Dalloz Action, 2015-2016 (édition 2020-2021 à paraître en juin 2020).

[200] Cour d'Appel Paris Pôle 5, CH.5, Arrêt du 3 juillet 2014, n° 12.17053 Navire « *The One* ». DMF n°762, octobre 2014, p.800, Obs. Gaël PIETTE.

[201] Gard P&I Club ; Rules book, Art.4.

[202] Rule 9(1) Britannia P&I Club. The Shipowners' P&I Club, Rule 39.

De même, le certificat d'inscription contient parmi ses mentions, lorsque les circonstances de la pratique l'exigent, des clauses spéciales adaptées à l'assurance souscrite et qui ne s'avèrent utiles ou pertinentes qu'à l'égard du navire pour lequel le certificat d'inscription est émis. Également, lorsqu'il existe des risques que le *P&I Club* ne garantit pas, le certificat d'inscription doit clairement faire mention de ces risques non couverts.

Dans le même sens, sachant que les Clubs assurent des navires de différentes nationalités et dont les armateurs peuvent être établis dans n'importe quel pays du globe, pour que le paiement de cotisation leur incombant se fasse sans difficulté, le certificat d'inscription doit déterminer la devise dans laquelle ce paiement sera effectué.

Une autre information contenue dans le certificat d'inscription du navire concerne la mention des tonnages du navire. En effet, la Convention de Londres de 1969[203] en son article 2§4 définit la jauge brute comme étant basée sur les dimensions hors tout d'un navire. Une autre définition proposée par le Professeur Alain LE BAYON[204], considère la jauge brute comme étant la capacité intérieure totale du navire, c'est-à-dire l'ensemble constitué de sa coque et ses superstructures. Il s'agit donc en d'autres mots du volume total du navire. La jauge nette est définie par l'article 2§5 de la Convention de 1969 comme étant la capacité d'utilisation d'un navire. Dit autrement, la jauge nette est la capacité, le volume ou encore l'espace du navire réellement destiné à son exploitation commerciale. À titre d'illustration, il peut s'agir, par exemple, de l'espace de charge utile pour des conteneurs dans le cas d'un navire cargo, de la capacité des cuves d'un méthanier etc. Naturellement, la détermination de la jauge nette se fait à travers la jauge brute et nous invitons le lecteur à se référer à l'article 3 annexe 1 de la Convention pour comprendre les modalités de détermination de ces jauges. Pour être valable, la détermination des jauges brute et nette doit être effectuée uniquement selon les modalités de la Convention de 1969[205], cette opération incombant en principe à l'État du pavillon, qui peut la déléguer à des personnes ou à des organismes qu'il a agréés[206] ou encore à un autre État lorsque l'État du pavillon l'a formellement sollicité pour ce faire[207]. Lorsque l'opération de calcul de ces jauges est terminée, l'État ou la personne ou l'organisme qui l'a effectuée délivre aux termes de l'article 7 de la Convention de 1969 un *certificat international de jaugeage (1969)*[208].

---

[203] Convention internationale de 1969 sur le jaugeage des navires, signée à Londres le 23 juin 1969.
[204] LE BAYON Alain, « *Dictionnaire de droit maritime* », Presses Universitaires de Rennes, p.149.
[205] Art. 2 §4 et §5.
[206] Convention internationale de Londres du 23 juin 1969, art.6.
[207] *Idem*, art.8.
[208] Voir annexe n°1, un exemplaire du certificat international de jaugeage (1969).

Face à la grande diversité des types de navires tant par leur destination – porte-conteneurs, vraquiers, méthaniers, chalutiers et pétroliers entre autres – que par leurs dimensions, la technicité de cette Convention au regard de son objet et la complexité des données à prendre en considération pour déterminer ces différentes jauges, rendent malaisée sa mise en œuvre dans la pratique de l'assurance responsabilité civile des armateurs. Pour y parvenir, les *P&I Clubs* utilisent la notion de **tonnage d'inscription**. Le tonnage d'inscription s'entend comme étant le tonnage sur la base duquel un navire est inscrit chez un *P&I Club* et à travers lequel la contribution aux ressources de l'Association est calculée[209]. Dans la pratique, la jauge nette de la Convention de 1969 n'a pas de réelle valeur aux yeux des *P&I Clubs* qui à l'instar des autres Conventions relatives par exemple à la responsabilité de l'armateur comme c'est le cas avec la CLC (*Civil Liability Convention*), se fondent uniquement sur la jauge brute. Donc pour déterminer les contributions que l'armateur sera appelé à payer, le Club se fonde sur la jauge d'inscription qui elle-même est déterminée grâce à la jauge brute contenue sur le certificat international de jaugeage, lequel certificat fait naturellement partie des renseignements ou documents que doit produire l'armateur à travers le formulaire d'inscription lors de la phase de pourparlers. Dans la pratique, si le navire à garantir est inférieur à 1500 GT, la plupart des *P&I Clubs*, pour une meilleure répartition des charges contributives à soumettre aux armateurs, déterminent la jauge d'inscription à travers des barèmes prédéterminés. À titre d'illustration, pour l'année de police 2017-2018 et comme c'est le cas depuis de nombreuses années, Britannia P&I Club procède ainsi qu'il suit :

Tonnage brut du navire (exprimé en GT)	**Détermination du tonnage d'inscription**
Navires entre 301 GT et 600 GT	1000 GT
Navires entre 601 GT et 800 GT	1200 GT
Navires entre 801 GT et 1000 GT	1400 GT
Navires entre 1001 GT et 1500 GT	1500 GT

209 Britannia P&I Club, Rule 2 definitions. « Entered tonnage : The tonnage for which a ship is entered and upon which contribution to the funds of the Association is calculated ».

Dans la pratique, à côté du tonnage d'inscription, il existe un tonnage de substitution que nous qualifions de tonnage contributif. En effet chaque *P&I Club* possède un tonnage seuil qui varie d'un Club à un autre, à partir duquel un navire peut être inscrit dans ses livres et en deçà duquel une inscription est a priori inadmissible. Pour pallier cette situation éventuelle, le navire dont la jauge brute est inférieure à ce seuil se verra attribuer d'office une capacité minimale fixée par le Club comme étant le tonnage d'inscription du navire concerné. Ce tonnage, généralement identique au tonnage seuil, est qualifié de **tonnage contributif**. **Exemple** : Un *P&I Club* a pour seuil minimal un tonnage d'inscription fixé à 600 tonneaux, ce qui implique qu'en principe, le plus petit navire qu'il acceptera de garantir doit avoir une jauge brute 600 GT. Un Navire N dont la jauge brute est de 250 GT ne sera inscrit dans le P&I Club que si son armateur accepte de payer une cotisation calculée sur la base de 600 tonnes. Auquel cas, on parlera de tonnage contributif.

Une fois émis, le certificat d'inscription produit des effets pertinents qui révèlent la nature de la relation liant chacune des parties concernées par la garantie responsabilité civile proposée par le *P&I Club*.

B/ Les suites du certificat d'inscription

L'un des premiers effets du certificat d'inscription est qu'il permet l'identification claire et précise de la garantie elle-même, du navire qui en est l'objet, de son étendue, de ses contours, de ses limites, mais aussi et surtout des obligations de chaque partie et le niveau d'engagement de chacun. En outre, l'inscription d'un navire dans les livres d'un *P&I Club* débouchant automatiquement sur la qualité de Membre[210] au bénéfice du preneur d'assurance, le certificat d'inscription à travers ses mentions permettra tout d'abord d'identifier ledit Membre, et ensuite de le distinguer des autres opérateurs intéressés dans le navire. En clair, selon la règle 6 (3)(B) de *Britannia P&I Club* par exemple, le certificat d'inscription doit également mentionner l'identité de tous ceux aux noms desquels un navire a été inscrit. Cette précision n'est pas fortuite car à l'analyse, elle nous permet de distinguer le Membre qui est le véritable assuré du *P&I Club* des autres opérateurs qui sont eux, de simples bénéficiaires de l'assurance souscrite par le Membre et qui peuvent également être qualifiés de co-assurés[211].

[210] Gard P&I Club, Gard statutes, Art. 3.

[211] Gard P&I, Règles 78 et 79. Comme nous le verrons plus loin, la conception pratique (ou bien celle des P&I Club) de la notion de coassurance est complexe et distincte de la conception théorique, générale.

Premièrement, il n'existe en principe qu'un seul Membre du Club de Protection et d'Indemnité, les autres opérateurs bénéficiaires de l'assurance le sont par corollaire non seulement de par la nature du contrat qui les lie au membre, mais aussi de par leurs activités professionnelles, qui peuvent influencer ou affecter la responsabilité du Membre. Une telle distinction entre Membres et bénéficiaires de l'assurance trouve tout son sens et sa pertinence dans la mesure où le Membre du *P&I Club* jouit d'un véritable statut qui lui confère des droits dont ne peuvent se prévaloir les bénéficiaires de l'assurance. À l'exemple de Gard P&I Club, chaque Membre bénéficie de la possibilité de faire partie des organes de décision de l'Association, car en tant que Membre et surtout armateur, il détient un droit absolu de contrôle de la gestion de l'Association[212]. Ainsi, tout Membre de Gard P&I Club ou alors le représentant d'une compagnie maritime Membre de Gard est éligible au conseil d'administration[213] du comité de surveillance[214]. De même, chaque Membre dont le contrat d'assurance avec l'Association a une durée d'au moins un an bénéficie également d'un droit de vote à l'Assemblée Générale qui est la plus haute autorité d'un *P&I Club*[215]. Ce droit se traduit en fonction du tonnage brut total du ou des navire(s) inscrit(s) par un même Membre. De ce fait, un armateur ayant inscrit une capacité totale de 20.000 tonnes brutes dispose d'une voix. Celui ayant inscrit entre 20.001 et 50.000 tonnes brutes jouit de deux voix. Trois voix pour celui qui a inscrit entre 50.001 et 100.000 tonnes brutes et enfin quatre voix pour l'armateur qui a inscrit entre 100.001 et 200.000 tonnes brutes. À cela s'ajoute une voix à chaque tranche de 200.000 tonnes brutes supplémentaires[216].

Également, à travers le certificat d'inscription, il est possible de savoir la nature de l'inscription du navire c'est-à-dire s'il s'agit d'une inscription individuelle (faite par un seul armateur ou une seule compagnie) ou d'une inscription conjointe. Une inscription conjointe ou collective s'entend par une inscription sollicitée et obtenue par un groupe d'au moins deux personnes possédant chacune des parts sur le navire. Auquel cas on parle dans la pratique de – *Joint entry* – [217]. Les conditions et modalités d'inscription conjointe doivent pour rendre celle-ci valide, être approuvées par écrit par les dirigeants du *P&I Club*. Ces dirigeants ne sont cependant pas tenus d'établir un certificat d'inscription à chacun des co-adhérents, car un certificat d'inscription correspond à un navire. En d'autres termes, un navire est égal à une

---

[212] GOLD Edgar, "*Gard Handbook on P&I Insurance*" 5th ed., 2002, p.102.
[213] Gard P&I Club, Gard statutes, Art.7.1.
http://www.gard.no/ikbViewer/web/publications/document/610830/gard-statutes référence du 21 avril 2015.
[214] Gard P&I Club, Gard statutes, Art.11.
[215] Gard Statutes, Art.12.
[216] Gard Statutes, Art.12.7.
[217] The Shipowners Rules 2018. Règle 41.

inscription et une inscription correspond à un certificat d'inscription. De ce fait, dans une hypothèse d'inscription conjointe, le certificat d'inscription établi par l'Association vaut pour l'ensemble des co-adhérents[218]. Donc dans une telle inscription conjointe, les Membres co-adhérents sont tenus à l'égard de l'Association par une obligation conjointe et solidaire.

Quelle que soit la situation, les dirigeants de l'Association peuvent décider à leur seule discrétion si oui ou non, aucun, un, ou plusieurs co-adhérents peut (ou peuvent) acquérir la qualité de Membre[219]. Cette qualité de membre dans un cas d'inscription collective est généralement dévolue à celui du groupe qui a effectué les démarches d'inscription du navire ou alors à celui qui aura reçu mandat c'est-à-dire désigné par écrit par les autres co-adhérents pour les représenter. Ainsi, de par ce mandat, le co-adhérent Membre dispose de pleins pouvoirs pour agir au nom et pour le compte de ses mandants. Cela implique que le *P&I Club* à travers ses organes d'administration ne peut être tenu à l'égard des autres co-adhérents pour des faits de cet adhérent apériteur soit surpassant ses attributions, soit parce qu'il n'aurait pas non plus obtenu réellement une telle mission de représentation[220]. De la même manière, chaque acte posé par un co-adhérent est réputé posé par l'ensemble du groupe, de même que tout manquement qui est imputable à l'un l'est aussi vis-à-vis de l'ensemble du groupe[221]. Toutefois, il nous semble opportun de noter que les affréteurs à temps ou au voyage ne peuvent participer ou être impliqués dans une inscription conjointe et par conséquent, ils ne peuvent être considérés comme étant co-adhérents, car ils sont assurés seulement en tant qu'affiliés ou co-assurés[222].

Deuxièmement, comme nous l'avons évoqué ci-dessus, grâce au certificat d'inscription on identifie les bénéficiaires de l'assurance que la pratique considère comme étant des co-assurés et identifiés sur le certificat d'inscription comme "*insured*" c'est-à-dire assurés. En clair, compte tenu du dynamisme de la pratique, il est acquis que l'armateur Membre du *P&I Club,* n'est pas le seul exposé aux risques objet de la garantie. Cette garantie, pour être efficace, est étendue ou bien profite à un certain nombre d'opérateurs liés à l'armateur par des contrats spécifiques participant d'une part à l'existence du navire, et d'autre part, contribuant à son exploitation. Ces opérateurs co-assurés, sont généralement au nombre de quatre[223] mais nous pouvons les séparer en trois catégories. La première catégorie est celle de l'/des opérateur(s) n'ayant avec l'armateur/Membre qu'un rapport strictement financier sans aucune implication

[218] The Shipowners Rules 2018. Règle 41 (1)(a).
[219] NEPIA P&I Club, Rules 2018. Règle 9 (1)(a).
[220] NEPIA Rules 2019. Rule 9 (1)(b)
[221] Shipowners Rules 2019. Règle 41 (3)
[222] Gard Rules 2019. Règle 1 portant définitions. Voir définition charterer's entry.
[223] GOLD Edgar, "*Gard Handbook on P&I Insurance*" 5th ed., 2002, p.145.

dans la gestion ou l'exploitation du navire. Il s'agit généralement du créancier qui a financé la construction du navire, et plus connu sous l'appellation anglaise – *Mortgagee* –. La deuxième catégorie est celle des exploitants de paquebots (sans en être propriétaires), tandis que la troisième catégorie, regroupe les opérateurs liés à l'armateur/Membre par un contrat dont l'exécution contribue à l'exploitation du navire inscrit (assuré). Dans ce dernier cas, il s'agit des partenaires cocontractants de l'armateur/Membre qui assurent la gestion au moins nautique du navire quand ce ne sont les gestions nautique et commerciale cumulées. Est fait référence ici d'une part à la société de Manning qui recrute et manage le personnel et d'autre part, au gestionnaire du navire (ship manager).

Les co-assurés ne bénéficiant de la garantie du *P&I Club* qu'en fonction de celle souscrite par le Membre, ou les membres co-adhérents selon le cas, il en résulte que leur garantie se heurte à deux limitations principales. Tout d'abord, ils bénéficient d'une garantie se fondant uniquement sur les activités déclarées par le ou les membre(s). Autrement dit, ils bénéficient d'une garantie de risques liés aux opérations relevant de la responsabilité de l'armateur. Ceci dit, si les opérateurs co-assurés ne réalisent que certaines desdites activités, ils bénéficieront d'une garantie elle aussi partielle. Ensuite, l'assurance dont bénéficient les co-assurés est limitée aux risques pour lesquels le Membre est lui aussi couvert[224]. Donc, s'il existe des exclusions de garanties au moment de l'inscription du navire, les mêmes exclusions seront opposables aux co-assurés. Enfin, en cas d'insolvabilité de l'un des co-assurés, les autres seront tenus solidairement pour la part qui lui incombe.

§2/ L'acquittement par l'armateur de la cotisation : point de départ du contrat

La contrepartie de la prestation d'assurance est pour l'assuré le paiement du prix de cette prestation. Connu sous l'appellation de prime d'assurance dans le marché traditionnel des assurances maritimes, ce prix est qualifié pour le cas des *P&I Clubs* de cotisations ou en anglais – *Calls* –. Cette différence terminologique, bien que reflétant la spécificité de la pratique[225], trouve aussi son fondement dans la loi qui autorise les mutuelles comme les *P&I Clubs* à pratiquer des prix répondant à leurs besoins et différents de la prime d'assurance[226]. En ce qui nous concerne, nous verrons d'abord que le paiement de la cotisation par l'armateur est

[224] UK P&I Club rule 11(B)(i).
[225] Que nous verrons ci-dessous en (B).
[226] C'est l'exemple de l'art.85 de la MIA de 1906.

nécessaire pour que le contrat produise ses effets (A) et analyserons par la suite les mécanismes de paiement de la cotisation (B).

A/ Le paiement de la cotisation : nécessaire pour la production d'effets du contrat

Le contrat d'assurance responsabilité civile liant l'armateur et son Club de protection et d'indemnité est de toute évidence un contrat synallagmatique. La réciprocité d'exécution qui en découle n'est/ou ne sera parfaite que si un certain protocole est respecté. Ainsi, à l'observation par exemple de la police d'assurance ou – *P&I Rules book* – de tous les *P&I Clubs*, on peut constater que les articles relatifs à la contribution des armateurs viennent loin derrière ceux consacrés à l'inscription du navire et ceux relatifs au certificat d'inscription.

Sans chercher quelle fut l'intention des rédacteurs de ces textes, on peut pour le moins comprendre d'une part que l'obligation de payer la prestation d'assurance naît après la conclusion du contrat et l'établissement du certificat d'inscription. Il ne s'agit donc pas d'une condition d'existence du contrat. D'autre part, on comprendrait également qu'entre le Club et l'armateur, c'est à ce dernier de s'exécuter en premier. Autrement dit, l'un, c'est-à-dire le *P&I Club,* n'est tenu de s'exécuter que si l'autre, c'est-à-dire l'armateur, s'est préalablement libéré de sa dette de payer le prix de l'assurance. En d'autres termes, dès l'émission du certificat d'inscription le Membre est obligé de payer sa cotisation[227]. Le rappel de cette obligation peut sembler incongru car si le contrat a été conclu c'est qu'il y a eu accord de volontés et que l'armateur s'est engagé à payer ses cotisations telles que calculées par les dirigeants du Club de protection et d'indemnité[228]. Cependant sa pertinence réside à notre avis dans le fait qu'elle révèle une distinction entre l'existence du contrat d'assurance responsabilité civile et son début d'exécution.

De ce qui précède, nous pouvons donc noter que le contrat peut exister antérieurement à son effectivité, qui naît de l'exécution par l'armateur de son obligation de payer la cotisation et/ou les frais connexes quand il y a lieu. Ainsi, bien qu'existant, ce contrat en attendant que l'armateur s'exécute est inopérant et sans valeur ni juridique ni commerciale car le *P&I Club* ne fournira pas les documents et pièces nécessaires pour l'exploitation du navire. Cette situation résulte donc sur la non-responsabilité légale et contractuelle du Club de Protection et

[227] GOLD Edgar, Gard Handbook on P&I Insurance, 5th ed. 2002, p.135
[228] UK P&I Club. UK P&I Rules 2015. Règle 8, Version électronique, référence du 14 mai 2015. Voir www.ukpandi.com

d'Indemnité puisque « *sans préjudice de toute autre stipulation des présentes règles, en ce qui concerne des responsabilités, coûts et frais, il est posé comme condition préalable au droit de recouvrement d'un Membre de l'Association, à partir des fonds de celle-ci, que ce Membre ait intégralement réglé toutes les cotisations et autres sommes quelconques qui sont payables par le Membre à l'Association, sans en effectuer aucune compensation ou déduction* »[229]. De même toute omission par l'armateur de payer sa cotisation a pour corollaire la cessation du contrat. Donc, le paiement de la cotisation est l'acte qui sur un plan au moins matériel, donne vie au contrat en ce sens qu'il constitue le début de l'exécution dudit contrat qui peut être résilié sans subir les effets de la résolution en cas d'indolence de l'armateur.

Pour le cas des Membres déjà inscrits, la situation est quasi identique et ils sont informés du futur montant de la cotisation quelques mois avant le début de la nouvelle année d'assurance. De ce fait, qu'ils approuvent ou non ce montant de cotisation décidée par la direction du *P&I Club*, ils peuvent à la fin de l'exercice en cours soit renouveler le contrat, soit le dénoncer et aller contracter avec une autre Association. Cette fixation du montant de la cotisation bien que discrétionnaire et unilatérale, est fondée d'une part sur des critères objectifs issus de la déclaration des risques préalablement effectuée par l'armateur. D'autre part, le montant de la cotisation se base également sur les résultats comptables de l'exercice antérieur c'est-à-dire la sinistralité du marché.

Nous pouvons malgré tout à la suite des analyses précédentes, dire que l'hypothèse de non-paiement de la cotisation ou de son report, peut s'apparenter à un simple cas d'école parce que compte tenu des responsabilités financières auxquelles il fait face, l'armateur a tout intérêt à s'acquitter de sa cotisation le plus tôt possible.

B/ La matérialisation du paiement de la cotisation par l'armateur : une opération complexe mais pertinente

Dans le marché traditionnel des assurances maritimes le coût total et annuel de la prime d'assurance est connu, fixe et intangible une fois fixé par l'assureur. Cela implique que si les risques se réalisent ou que les dépenses sont plus élevées que les prévisions, l'assureur verra sa marge de bénéfice se réduire ou selon les cas subira des pertes. À l'inverse si les risques ne se

[229] The Shipowners P&I Club. Règles 2015. Règle 17. Consultable sur la page web http://www.shipownersclub.com/media/2015/02/RULES_Club-Rules-2015_FRENCH_v1.pdf.

réalisent pas ou que les dépenses s'avèrent plutôt inférieures aux estimations, l'assureur réalisera des bénéfices. De ce qui précède, nous pouvons à ce stade affirmer que l'assurance traditionnelle est une *assurance aux risques de l'assureur*[230]. *A contrario*, l'une des nombreuses spécificités de l'activité des *P&I Clubs* est la non-prétention ou ambition lucrative. Ainsi, pour des besoins de fonctionnement et d'efficacité, le Club de Protection et d'Indemnité doit disposer d'une bourse suffisante pour financer ses diverses dépenses. Ces fonds payés par les armateurs sous une forme mutualiste, sont constitués à travers les sociétaires de l'Association, par le biais des cotisations[231] et sont calculés pour pouvoir couvrir les frais de fonctionnement et d'administration du Club, ainsi que les frais de leur activité d'assurance *stricto sensu*. Le calcul de cette cotisation se fonde sur la **ETC** – ***Estimated Total Call*** – que nous traduisons par Cotisation Totale Estimée (CTE). Mais pour une meilleure traduction, ou bien pour une meilleure compréhension, il nous semble plus pertinent de parler de « Cotisation Totale Prévisionnelle ». En d'autres termes, il s'agit de l'ensemble des charges et dépenses auxquelles un *P&I Club* pense devoir faire face pour chaque future année de police[232]. Donc, la CTE constitue la somme des cotisations dont le montant total est supposé refléter l'ensemble des cotisations que chaque armateur à l'issue de l'année aura payé. En d'autres termes, il s'agit de la Cotisation prévisionnelle susceptible de répondre aux besoins d'un *P&I Club* pour une année d'assurance. Pour se donner une marge suffisante et pour limiter les erreurs éventuelles, le calcul ou l'évaluation de la CTE se réfère à la sinistralité des exercices précédents non seulement du marché dans son ensemble, mais aussi en tenant compte de la sinistralité individuelle de chaque Membre. Il s'agit également, sous une autre forme, de la matérialisation du caractère mutualiste des contributions et cotisations que chaque armateur/Membre doit payer à son Association sachant que le montant, le pourcentage et l'initiative sont du seul ressort des dirigeants du *P&I Club* qui jugent de l'opportunité[233]. Mais pour des besoins d'équité, un armateur inscrivant un navire au sein du Club en cours d'année financière ou de police, s'acquittera d'une cotisation calculée au prorata du temps restant[234], de même que pour celui dont le contrat a cessé avant le terme de la durée annale initialement convenue.

Avant de poursuivre, il nous semble opportun de rappeler que cette méthode de prévision ou de sollicitation des cotisations diffère de l'ancien système des *HULL*

[230] CLAVERO TERNERO Manuel, "*Clubs de P&I*", IEEM Madrid, 1992, p.250.
[231] Certains *P&I Clubs* utilisent l'expression *"premiums"* qui se traduit littéralement en français par primes. Même si cette terminologie peut prêter à équivoque, il n'en est rien car ici l'esprit de la lettre domine. Donc il est fait référence à la cotisation et non à la prime qui est caractéristique du marché traditionnel.
[232] SKULD P&I Club. SKULD P&I Rules 2015; Rule 4.2.1.
[233] UK P&I. UK P&I Rules 2015; Rule 19(A); NEPIA. NEPIA Rules 2015; Rule 13(1); The SHIPOWNERS P&I Club. Shipowners Rules 2015; Rule 51.
[234] SWEDISH P&I Club, Rules Book 2018, clause 22 al.3 ; SKULD P&I Club, Rules 2017, clause 4.2.2.

PROTECTING CLUBS. En effet, ce système était qualifié de "*Pay-as-you-go*" car les cotisations n'étaient calculées et exigées qu'à la suite de la survenance d'un sinistre ou d'un dommage[235]. Précision faite, nous verrons que la cotisation dans sa formule actuelle, à travers la ETC pour sa mise en œuvre, se réalise à travers ce que nous qualifions de double principe de la fragmentation et de l'annualité de la cotisation.

1/ Le sens des principes de fragmentation et d'annualité de la cotisation

a) **S'agissant dans un premier temps** du principe de la fragmentation de la cotisation, nous pouvons le définir comme étant la division de la cotisation en plusieurs tranches ou acomptes. Dans sa mise en œuvre pratique, nous observerons que la fragmentation obéit à l'existence d'une diversité de cotisations et dans sa composition traditionnelle ou de base, elle est constituée généralement de la – *Advance call* – ou cotisation initiale (**CI**)[236], puis éventuellement de la cotisation différée – *Deferred call* – (**CD**) et enfin, de la cotisation additionnelle (cotisation supplémentaire) – *Additional call* – (*Supplementary Call*)[237].

Il y a d'abord **la cotisation initiale**, qui est la cotisation de base que chaque armateur doit payer par navire inscrit et qui représente la cotisation de l'année d'assurance. Contrairement au système du *pay-as-you-go*, la cotisation initiale est payée par anticipation c'est-à-dire qu'on n'attend pas qu'un dommage ou sinistre se produise. On parlera alors, selon l'expression de HAZELWOOD Steven J., d'«*assurance à crédit*». Le montant de cette cotisation est fixé plusieurs mois avant le début de chaque année de police[238] et procède d'une technique habile. En effet, après avoir estimé le montant total prévisionnel qu'il lui faudrait pour la nouvelle année, le *P&I Club* en déduit une proportion sous forme de pourcentage de ladite somme qui constituera la cotisation initiale. En pratique donc, généralement, la cotisation totale estimée (ou prévisionnelle) est représentée par un montant défini par 100% d'une certaine somme, le montant de la cotisation initiale de cette somme-là étant de 75%[239], elle-même payable en plusieurs tranches. Ce montant sera appliqué par le *P&I Club* à chaque navire toujours en fonction de sa condition individuelle[240] c'est-à-dire, après avoir recensé le nombre de ses Membres, ainsi qu'après avoir fait les estimations des dépenses futures basées sur la

[235] HAZELWOOD Steven J. "*P&I Clubs Laws and Practice*" 3rd ed., 2000, p.122.
[236] Cf. "application numérique" ci-dessous.
[237] Peuvent également en faire partie la *Overspill Call* et les réserves. Mais pour plus de clarté, nous les analyserons dans les chapitres dédiés.
[238] NEPIA 2015, Règle 13 (1) ou Règle 11 (A) de BRITANNIA P&I entre autres.
[239] HAZELWOOD Steven J. & SEMARK David "*P&I Clubs Laws and Practice*" 4th ed.2010, p.104. Il n'est toutefois pas à exclure, l'éventualité pour certains clubs d'appliquer un pourcentage différent. C'est par exemple le cas de Britannia P&I Club qui applique un pourcentage différent qui depuis plusieurs années est de 55% - 45%.
[240] GARD P&I Club. Rules 2015, Règle 12.1 ou BRITANNIA P&I 2015, Règle 11(1)(A) entre autres.

sinistralité des exercices antérieurs de chacun de ses armateurs. Ce qui implique donc qu'ici encore, demeure la probabilité d'un changement du pourcentage d'une année à l'autre[241]. Le montant de cette partie de la cotisation mutuelle est notifié à l'armateur par son *P&I Club* au plus tard le 20 janvier (pour la nouvelle année de police qui débute le 20 février suivant). En l'absence de cette notification et sous réserve d'une cessation d'assurance préalablement notifiée par l'un (le Club) ou par l'autre (l'armateur Membre), la cotisation initiale – ***advance call*** – de l'année de police en cours sera reconduite pour la nouvelle année d'assurance[242]. L'importance de la cotisation initiale est qu'elle fournit au *P&I Club* un intéressant fonds de roulement qui lui permet de faire face à ses dépenses courantes et à des obligations nées et actuelles.

Il y a ensuite **la cotisation différée** – *deferred call* – qui n'est pas, quant à elle, l'apanage de tous les *P&I Clubs* car elle n'est prévue et pratiquée que par certains Clubs, non par tous[243]. Ainsi lorsque les Clubs ont fixé le quantum de ce que sera la cotisation initiale (*Advanced Call*), ils fixent quelle portion de cette somme sera payée au cours de **l'année civile**, et celle qui pourra l'être les années suivantes. C'est cette portion de la cotisation initiale qui est appelée cotisation différée[244] et qui représente les 25% restant de la CTE sus-évoquée. Elle a pour seul but de ne pas asphyxier financièrement les armateurs Membres en leur imposant de payer la totalité de la cotisation initiale au cours de l'année d'assurance.

Nous souhaitons à ce niveau attirer l'attention du lecteur sur le fait que souvent la pratique utilise l'expression **cotisation mutuelle,** correspondant à la somme de la cotisation initiale plus la cotisation différée lorsqu'elle est prévue ; sinon, la cotisation mutuelle sera simplement synonyme de cotisation initiale.

Il y a enfin la **cotisation supplémentaire** ou **additionnelle** – *Supplementary Call* – qui est inconnue à l'avance c'est-à-dire non chiffrée en amont et qui devient payable lorsque les cotisations initiale et différée se seront avérées bien insuffisantes pour régler les coûts et frais liés aux dépenses ou sinistres survenus durant l'exercice concerné. Autrement dit, il peut arriver qu'à la clôture d'un exercice, les provisions du montant prévisionnel, estimées pour une année d'assurance se révèlent insuffisantes pour couvrir les dépenses et charges liées à cette année ou alors, que les sinistres nés ne sont pas complètement dispatchés. Ainsi, en fonction du cas d'espèce, les *P&I Clubs* font un ratio entre les fonds disponibles et les coûts totaux des sinistres

[241] Britannia P&I Club, Rules 2018, Rule 11(1)(A) "*Before the start of a Policy Year the Board shall decide the percentage by which there is to be a general change in the Call Rates of all Members which are to be levied upon their Ships... and which are to be paid by way of an Advance Call in respect of such Policy Year*".

[242] Britannia P&I Club; Rules 2018, art. 9(2) ou Règle 12.2 de GARD P&I.

[243] Elle est par exemple utilisée par Britannia et Gard P&I entre autres.

[244] Britannia P&I Club 2018, Règle 11(2)(A) et (B).

nés, actuels et/ou futurs. Lorsque ces coûts sont particulièrement élevés chaque *P&I Club* peut en tenant compte de la balance entre fonds disponibles et dépenses futures, réclamer à ses Membres une cotisation supplémentaire ou additionnelle dont le montant correspond à un pourcentage calculé à partir de la Cotisation Initiale. Généralement, puisque selon la gravité du ou des sinistres de l'année concernée la somme exigible au solde de la cotisation supplémentaire peut être à nouveau supérieure à celle initialement prévue ; d'où un nouvel appel à contribution à la cotisation supplémentaire jusqu'à apurement du passif concerné c'est-à-dire la réparation totale du dommage ou sinistre. Nous devons noter que la référence à un pourcentage n'est pas fortuite et c'est grâce à ce pourcentage fondé sur la cotisation initiale et évalué en fonction des dépenses à venir du club que le montant réel incombant à chaque armateur au titre de la cotisation supplémentaire est précisé[245].

Dans un souci de clarté des précédents développements, nous dirons qu'il existe officiellement deux pourcentages : 75% représentant comme précédemment indiqué la cotisation initiale de base c'est-à-dire celle exigible au cours de l'année d'assurance, et 25% représentant la cotisation différée. Ces deux pourcentages constituent en principe la CTE (Cotisation Totale Estimée), car lorsque les Clubs fixent les montants de cette cotisation totale estimée, ils se basent sur le postulat qu'il n'y aura pas de surprise, c'est-à-dire pas de surcoût et donc pas de nécessité de solliciter une cotisation supplémentaire.

Pour que tout ce qui précède soit plus compréhensible pour le lecteur, même si les *P&I Clubs* qui en parlent utilisent l'expression CTE[246], nous préférerons parler dans cette première phase non pas de CTE (cotisation totale estimée/prévisionnelle) mais plutôt de **CE** (cotisation estimée). Ensuite pour la deuxième phase, si d'aventure il arrivait que la sinistralité de l'année d'assurance soit telle que la cotisation estimée c'est-à-dire la cotisation mutuelle sus-évoquée s'avère insuffisante pour mobiliser l'ensemble des garanties P&I, le Club fera alors appel dans les conditions précédemment énoncées, à la cotisation supplémentaire. Ce n'est qu'ici, selon nous, qu'on pourra parler de CTE/cotisation totale estimée parce que ce n'est qu'à ce stade que l'expression *totale* trouve son sens. En d'autres termes, puisque désormais toutes les sommes sont disponibles et suffisantes pour gérer numériquement tous les sinistres dans leur totalité financière et qu'il n'est plus besoin de solliciter, de nouvelles contributions, l'estimation de la cotisation, en plus d'être définitive parce que désormais close, est aussi totale parce qu'elle garantit l'entièreté des réclamations, et auquel cas, l'on parlera de **Cotisation Totale Définitive**.

[245] West of England P&I Club Rule 45(2)(i); UK P&I Rule 21(A) entre autres.
[246] C'est le cas de SKULD P&I Club (rule 4.2 Estimated Total Calls).

Schématiquement, nous pouvons affirmer que **CTE = CE + cotisation supplémentaire** (CE cotisation estimée valant cotisation mutuelle). Nous pouvons donc et en définitive, poser que : soit **M** le **montant** de la cotisation supplémentaire, la CTE sera donc la somme obtenue en additionnant la cotisation initiale à la cotisation différée (lorsqu'elle est admise) et à la cotisation supplémentaire. En application numérique, on obtiendra :

CTE = CE + M, avec :

CE = CI + CD, donc **CTE = CI + CD + M**, ce qui équivaut à :

CTE= cotisation initiale + cotisation différée + M[247]-[248].

En finale, nous avons :

CTE = Cotisation initiale + cotisation différée + cotisation supplémentaire.

Cotisation initiale	cotisation différée	cotisation supplémentaire
↓	↓	↓
Payée l'année N	payée l'année N+1	payée l'année N+1 ou plus tard

La cotisation deviendra définitive (**CTD**) lorsque le pourcentage exact (X%) à appliquer à CE sera connu et suffisant pour couvrir la sinistralité concernée. On aura :

CTD = (75% x CE) + (25% x CE) + (X% x CE)

En outre, sachant que l'exigence de la cotisation additionnelle relève de la discrétion des dirigeants du *P&I Club,* à chaque fois qu'ils jugent de son opportunité[249], nous pouvons nous poser la question de son réel fondement. Nous pouvons nous demander s'il ne s'agit pas d'un moyen pour le Club d'exiger de ses Membres une « surprime » déguisée. En apparence on pourrait le penser car à travers la cotisation additionnelle, le Club exige souvent de ses Membres des sommes finalement bien plus élevées que celles prévues lors des estimations initiales. Nous répondrons à cette interrogation par la négative, car selon le mode de fonctionnement des *P&I Clubs*, chaque Membre s'engage en connaissance de cause c'est-à-dire l'éventualité permanente soit d'une contribution additionnelle à celle initialement prévue

[247] Deux précisions : la première, tous les Clubs ne prévoient pas de cotisation différée. Donc la CTE sera, dans un tel cas, égale à la cotisation initiale stricto sensu + la cotisation supplémentaire. Concernant la deuxième précision, nous appelons le lecteur à une extrême vigilance s'il se réfère au livre (4th éd. p.104 op. cit.) de M. HAZELWOOD, référence doctrinale incontestable en la matière. Car l'éminent auteur (v° p.104, §8.5) dit que la CTE est constituée par 75% de la cotisation initiale et 25% de la cotisation supplémentaire. En réalité il s'agit ici selon nous d'un lapsus car la pratique est unanime pour dire qu'on ne prévoit pas en avance la cotisation supplémentaire (qui n'est pas comme nous l'avons déjà souligné une somme précise, mais obtenue par un pourcentage après réalisation de risques outrepassant la cotisation prévisionnelle). D'ailleurs l'auteur corrige implicitement ce lapsus lorsqu'il dit (en p.104-§8.7) que : "*The Club Rules allow the board to levy supplementary, or additional calls. The directors also decide upon the percentage to be applied to the advance call*".

[248] Source, Alain KONLAC, Travaux et calculs personnels, inédits.

[249] NEPIA. Rule 13(2); UK P&I. Rule 21(A).

Ce tableau vaut pour les Clubs qui admettent la cotisation différée. Dans le cas contraire, on aurait eu une CTE uniquement constituée par une cotisation initiale exigible dans l'année.

- Dans le **tableau 2**, qui reflète mieux la réalité de la pratique, la CTE s'est avérée insuffisante pour indemniser et réparer tous les sinistres d'une année d'assurance marquée par une sinistralité significative. D'où un appel à cotisation supplémentaire. Lorsque le surplus nécessaire pour la clôture de l'exercice sera atteint, nous parlerons alors de « Cotisation Totale Définitive » et non plus Cotisation Totale Estimée.

b) Dans un second temps, du **principe de l'annualité de la cotisation**, nous pouvons dire qu'il s'agit du principe selon lequel la cotisation incombant à chaque Membre d'un *P&I Club* doit avoir été entièrement payée à l'issue de l'année de police. À première vue, parler du principe de l'annualité de la cotisation peut s'apparenter à un pléonasme car la durée de la garantie du *P&I Club* se fonde en principe comme nous l'avons vu ci-dessus sur une durée annale. Il est donc logique que le paiement de la cotisation se fasse sur la même base *rationae temporis*. Pour ce faire, les Clubs de protection et d'indemnité ont élaboré des outils permettant aux armateurs de s'acquitter sans trop de peine de leurs cotisations. Ainsi dans la pratique, les Clubs ont organisé un système de paiement échelonné de la cotisation. Généralement, le premier acompte est versé au début de l'année d'assurance, et deux autres acomptes à six mois d'intervalle chacun ou bien quatre acomptes payables par intervalles de trois mois[253]. Pour le cas de Gard P&I Club par exemple, la cotisation initiale est payable en trois acomptes. Le premier couvrant la période du 20 février jusqu'au 20 juin est payable au plus tard le 20 mars. Le deuxième, couvrant la période du 20 juin au 20 octobre doit être payé au plus tard le 5 juillet et enfin la troisième tranche qui part du 20 octobre au 20 février (de l'année suivante) est payable au plus tard le 5 novembre[254]. Comme nous le remarquons les délais ou dates prévu(e)s sont contenu(e)s dans l'année civile et non pas dans l'année d'assurance. Ceci se justifie par le fait que le mois de novembre est généralement celui au cours duquel les armateurs sont informés des charges de la prochaine année d'assurance telles que décidées par le comité des dirigeants au cours de l'assemblée générale tenue quasiment et généralement dans la période – fin octobre mi-novembre. En effet, pour estimer le plus efficacement possible lesdites charges et dépenses, le Club a besoin d'avoir perçu la totalité de la cotisation afin de pouvoir faire la moyenne entre cotisations perçues et sinistralité de l'année en cours d'achèvement.

[253] HAZELWOOD Steven J. "*P&I Clubs Laws and Practice*" 3rd ed.2000, P.122.
[254] GARD P&I. Rules 2015, art.20.1.

2/ Les aménagements des principes de fragmentation et d'annualité de la cotisation

La fragmentation et l'annualité de la cotisation bien que faisant partie des principes qui régissent l'activité d'assurance des *P&I Clubs*, admettent des aménagements quant à leur mise en œuvre concrète.

a) Concernant d'une part la fragmentation de la cotisation, nous pouvons relever au moins deux exceptions. La première est relative à certaines garanties spéciales caractérisées soit par la brièveté de la durée de l'exploitation et par conséquent, de l'assurance. C'est l'exemple de l'affrètement à temps ou de l'affrètement au voyage. La seconde exception est celle qui concerne des petits navires qui, de par leur destination et/ou affectation, sont faiblement exposés aux risques de la mer et dont la sinistralité s'est révélée négligeable au fil du temps. Ainsi, pour des raisons d'équité caractéristiques du bon sens des gens de mer, les *P&I Clubs* ont décidé de leur appliquer un régime adapté. À titre d'exemple nous pouvons citer les remorqueurs présents dans les ports de même que les navires spécialisés dans le sauvetage en mer qui sont moins confrontés aux risques de la navigation étant donné tout d'abord, l'intermittence de la sollicitation dont ils sont l'objet et ensuite leur rayon d'intervention réduit qui oscille généralement jusque dans la ZEE au maximum, lorsque ce n'est dans les eaux intérieures ou tout simplement dans le port. Donc pour les affrètements à temps ou les affrètements au voyage et les petites unités comme les remorqueurs, la garantie des *P&I Clubs* s'obtient en contrepartie du paiement d'une prime fixe[255]. Quoi qu'il en soit l'inscription d'un navire sur la base de la prime fixe est de la seule discrétion des dirigeants du Club qui en fixent les conditions[256] et le montant, en accord avec les Membres[257]. Il nous paraît également opportun de rappeler que si cette prime est fixe[258], son paiement peut aussi, selon les cas, être échelonné dans l'année d'assurance[259].

b) Concernant d'autre part l'annualité de la cotisation, elle admet des aménagements en ce sens que dans la pratique il est récurrent qu'à la clôture de l'année civile et à celle de l'année de police, la cotisation initiale n'a pas été entièrement payée par les armateurs Membres et c'est là l'objet du recours à la cotisation différée. À ce propos donc, nous

---

[255] UK P&I. Rules 2015, art.9; Britannia P&I. Rules 2015, art.7 et London P&I, Rules 2015, art.1.5 entre autres.

[256] Parmi ces conditions, plusieurs de celles relatives à la garantie P&I standard ne seront pas applicables afin que la garantie soit adaptée à chaque situation.

[257] Gard P&I. Rules 2015, art.10 ou également Steamship Mutual P&I, Rules 2015, art.4.

[258] Les armateurs régis par la police de la prime fixe, ne sont pas soumis à la cotisation supplémentaire, ni à la cotisation libératoire, ni à la contribution *Overspill*. Cf. art.24.2.1 police 2018 du Skuld Owners' Fixed P&I.

[259] Pour un approfondissement nous invitons le lecteur qui le souhaite à parcourir les publications des *P&I Clubs* relatives aux garanties à primes fixes qui sont régies par une police distincte de la police P&I standard.

pouvons affirmer que la cotisation différée dans les cas où elle est prévue, constitue en soi une exception au principe de l'annualité de la cotisation.

De même, la cotisation supplémentaire dans sa mise en œuvre est une exception à l'annualité de la cotisation puisqu'elle est généralement payée hors délai de l'exercice de l'année de police. Cette exception ou ce dépassement de l'année n'est évident(e) ou constaté(e) que sur le plan temporel *stricto sensu* mais pas sur le plan comptable. Parce qu'en effet, lorsque des frais ou cotisations continuent d'être exigibles, les Clubs de Protection et Indemnité entament la nouvelle année d'assurance sans clore sur le plan comptable et financier l'année concernée jusqu'à paiement par les armateurs concernés par le retard de cotisation ; ou alors plus rarement, jusqu'au prononcé de la décision de justice qui pourrait avoir une influence sur la Cotisation Totale Estimée. Donc, la clôture d'une année de police au sens des Clubs se fait par un état financier de synthèse c'est-à-dire sur le plan comptable et financier raison pour laquelle par mesure de sécurité financière et juridique, tous les *P&I Clubs* dans les articles relatifs à la cotisation supplémentaire précisent que celle-ci peut être exigée à tout moment, pendant, ou après l'année de police, mais « *pas après que cette année de police ait été close* ».

Étude de cas :

Prenons l'exemple de Britannia P&I Club pour l'année d'assurance 2012-2013, année d'assurance où les prévisions assurantielles se sont avérées justes, c'est-à-dire conformes aux estimations en début d'année de police, et n'ont pas donné lieu à une sollicitation de cotisation supplémentaire. Sachant que Britannia P&I Club applique depuis plusieurs années maintenant un taux de 55% pour la cotisation initiale et 45% pour la cotisation différée, on obtient :

Pour un navire **N** inscrit au sein de ce Club, jaugeant 5 100 GT, pour un taux de cotisation évalué à 11,4045 €/GT. Pour ce navire,

ETC = CI + CD = 55% + 45%
(*Estimated Total Calls* (cotisation initiale) (cotisation différée)
/Cotisations Totales Estimées)

Application numérique :

CI = 11,4045 x 5 100 = 58 163 €

CD = 45% de 58 163 € = 26 173% ce qui implique que

ETC (ou CTE) = 58 163 + 26 173 = 84 336 €.

Donc le navire **N** paiera pour l'année d'assurance 2012-2013 une Cotisation Totale de **84 336 €.**

Le calendrier de paiement de sa cotisation mutuelle était échelonné ainsi qu'il suit :

- **1re année** = Cotisation initiale, donc 58 163 € payable en deux tranches : la première tranche de **29 081,50 €** est payée en février 2012 et la seconde, **29 081,50 €** sera payée au plus tard en février 2013.
- **2e année** 2013-2014 = **25% de CI** soit un peu plus de la moitié de CD = **14 540,75 €** payée en octobre 2013.
- **3e année** 2014-2015 = la somme restante, équivalant à **20% de CI** soit **11 633 €** sera payée en octobre 2014.

Remarque : Au regard de ce cas concret, nous noterons tout d'abord que l'année d'assurance 2012-2013 a été close au bout de trois années civiles (2012 – 2013 – 2014). Ensuite, nous remarquons que seule la cotisation initiale est payée au cours de l'année d'assurance. Enfin, comme nous l'avons vu précédemment, la cotisation différée bien que faisant partie de la cotisation mutuelle qui est en principe payable dans l'année, est en elle-même une exception au principe de l'annualité de la cotisation.

Au-delà de ce qui précède, nous pouvons également identifier deux cotisations qui sont également des exceptions aux principes de l'annualité et de la fragmentation de la cotisation. Ces cotisations qui font partie des diverses techniques de financement des *P&I Clubs*, nous les qualifions d'exceptions hybrides au regard de leur spécificité qui nous impose pour bien les comprendre, de les étudier en dehors du cadre « annualité-fragmentation ». Mais avant toute chose, et au risque de nous répéter, nous disons qu'il faut les considérer comme étant des cotisations exceptionnelles. Exceptionnelles, ces cotisations le sont car leurs caractéristiques et les circonstances de leur exigibilité les excluent de la composition à la fois de la Cotisation Totale Estimée et de celle de la Cotisation Totale Définitive. Ce qui implique qu'elles ne sauraient non plus se confondre avec la cotisation supplémentaire. Pour bien nous faire comprendre, nous disons que la cotisation supplémentaire concerne un dépassement du budget dont l'estimation a été faite en début d'année d'assurance. Ce dépassement de budget doit lui aussi résulter des sinistres non exceptionnels nés et actuels, soit dont on sait déjà qu'ils outrepassent la Cotisation Estimée (encore appelée cotisation mutuelle), soit dont les éléments laissent présager d'un tel dépassement. Quelles sont donc ces cotisations ?

La première est la **cotisation libératoire** ou – ***Release call*** – ou encore cotisation de départ. Elle représente celle qui est exigible lorsqu'un armateur Membre d'un *P&I Club* souhaite changer d'assurance responsabilité civile c'est-à-dire veut quitter son *P&I Club* actuel pour un autre[260]. Spéciale, entre autres parce qu'elle s'adresse à un armateur précis c'est-à-dire qu'elle est individualisée, cette cotisation libératoire se fonde sur les éventuels frais à mobiliser pour satisfaire et réparer des éventuels dommages futurs, c'est-à-dire qui ne se sont pas encore produits et auxquels l'armateur sortant aurait été tenu de contribuer s'il était resté Membre de son actuel Club. En d'autres termes, la caractéristique de la cotisation libératoire réside dans le fait que la volonté de changement de Club peut intervenir à tout moment[261], raison pour laquelle de notre point de vue, on peut la traiter comme étant une véritable exception du principe de l'annualité, notamment si le changement s'opère en cours d'année d'assurance. Nous insistons sur la postériorité de la réalisation du risque vis-à-vis du changement de Club par l'armateur, car si le risque se réalise pendant qu'il est toujours Membre de son Club, on ne parlera pas de cotisation libératoire. Dans ce sens donc, la cotisation libératoire pourra être considérée comme étant une exception du principe de la fragmentation puisqu'elle ne repose pas sur un sinistre ou dommage factuel et concret, mais repose sur une probabilité. La troisième spécificité de la cotisation de départ est qu'elle est exigible même plusieurs années après le départ de l'armateur membre, à la condition que l'année d'assurance concernée par sa résiliation ne soit pas déjà close. Ainsi, dans sa discrétion, le Club libérant peut fixer en fonction des circonstances les conditions et montants de cette cotisation libératoire.

La seconde cotisation est la ***Overspill Call*** qui, bien que répondant aux conditions pouvant la confondre avec la cotisation supplémentaire, s'en sépare parce que conçue pour faire partie du mécanisme exceptionnel de la mutualisation à travers la technique de la réassurance. Autrement dit, lorsque les *P&I Clubs* font appel à la « cotisation » *Overspill*, ce n'est pas pour les besoins de leur propre trésorerie, mais c'est plutôt pour répondre à leur engagement vis-à-vis du Groupe International des *P&I Clubs*. Nous pouvons nous rendre compte de cette distinction en lisant par exemple la police du Skuld P&I qui à l'article relatif à la cotisation additionnelle précise que "*The Association may for each policy year determine supplementary calls to cover the liabilities of the Association (excluding any liability for overspill calls as defined in appendix 3), ...* "[262]. Généralement, la *Overspill call* est exigée en cas de survenance

[260] Britannia P&I Club, Rules 2018 clause 14(1); North of England P&I, Rules 2018 clause 16.

[261] Même si dans la pratique, la manifestation de la volonté de partir se fait en cours d'année et le retrait effectif en fin d'année d'assurance (soit le 19 février). Il arrive aussi des changements qui interviennent au milieu de l'année d'assurance.

[262] SKULD P&I Club, Rules book 2018, art.4.3.

d'un sinistre d'envergure à l'instar des pollutions, nécessitant au regard des coûts exorbitants à mobiliser, la mise en œuvre du programme de réassurance[263] entre les Clubs membres du Groupe International des *P& I Clubs*. Cependant, même si le mot utilisé par les *P&I Clubs* est *Call*, il nous semble plus logique de parler ici non pas de cotisation, mais plutôt de **contribution**. En effet, comme nous le verrons dans nos prochains développements[264], la matérialisation de la *Overspill call* est fondée sur un système de contribution de l'ensemble des *P&I Clubs* membres de l'IGP&I qui cotisent tous pour alléger la responsabilité financière individuelle de celui des leurs qui est tenu de réparer le sinistre exceptionnel du fait de l'un de ses sociétaires. Ainsi, bien que ce soit l'ensemble des Clubs qui contribuent au profit de l'un, c'est en réalité les armateurs Membres – mutualité oblige –qui payent. C'est peut-être pour cela que l'on pourrait parler de cotisation. Donc pour éviter toute équivoque possible, nous dirons que les armateurs cotisent en vue de la *Overspill call* qui sera provisionnée à travers la contribution de chaque *P&I Club* en tant qu'entité.

[263] Cf. infra nos développements sur la réassurance au sein de l'IGP&I Clubs, p.335.
[264] *Idem.*

CHAPITRE 2 : L'ASSURANCE RESPONSABILITÉ CIVILE DE L'ARMATEUR : UNE COUVERTURE REFLET D'UN FORMALISME RIGOUREUX DES P&I CLUBS

La disponibilité des garanties proposées par un *P&I Club* au profit des armateurs qui en sont devenus Membres, est accessible lorsque ceux-ci remplissent des formalités rigoureuses prédéterminées ou prédéfinies par l'Association. Ainsi, les Membres d'un *P&I Club* bénéficieront de ces garanties, dans un premier temps, s'ils ont respecté avant la réalisation du risque, des obligations générales qui leur sont imposées la plupart du temps par la loi ou les Conventions (section 1). Dans un second temps la disponibilité de ces garanties sera soumise au respect de diverses contraintes strictes, inhérentes au particularisme du fonctionnement des *P&I Clubs* (section 2).

Section 1 : Une garantie en contrepartie d'engagements imposés à l'armateur

Le bénéfice des garanties que les *P&I Clubs* mettent à la disposition des armateurs leur est accessible lorsqu'ils ont dans un premier temps observé certaines obligations précédant le transport (§1). Dans un second temps ils doivent également avoir rempli certaines obligations pendant et après le transport (§2).

§1 : L'armateur débiteur d'obligations précédant le transport

Nous verrons dans ce paragraphe, dans un premier temps, l'obligation non négociable du bon état de navigabilité du navire (A). Puis dans un deuxième temps nous verrons les obligations administratives et documentaires qu'un bon armateur se doit d'observer (B). Enfin dans un troisième temps, ses obligations opérationnelles avant le voyage (C).

A/ La navigabilité du navire, une obligation désormais impérieuse

L'article 3 de la convention de Bruxelles de 1924 dans sa formulation pose l'obligation pour le transporteur maritime d'exercer avant et au début du voyage, une diligence raisonnable pour mettre le navire en bon état de navigabilité[265]. De cette formulation, il en découle que l'armateur concerné par ladite obligation doit « *convenablement armer, équiper, approvisionner le navire...* ». Il doit s'assurer entre autres du bon état des cales, chambres froides, et toutes les parties où sera chargée la cargaison. Dans tous les cas il s'agit pour le transporteur maritime de fournir un navire convenablement armé c'est-à-dire qui possède les qualités optimales pour le transport envisagé. Par aptitudes optimales nous entendons un bon état de navigabilité à la fois nautique et commerciale, ce qui implique que le navire doit être suffisamment apte, et pour le voyage auquel il se destine, et pour les marchandises qu'il doit transporter.

Succinctement, nous pourrons dire que la navigabilité nautique concerne le navire dans sa structure physique notamment sa coque, l'étanchéité des cales ainsi que ses moyens de propulsion. La navigabilité commerciale quant à elle est relative aux emménagements intérieurs du navire[266]. En d'autres termes, l'armateur doit s'assurer que le navire possède les équipements suffisants et adéquats pour recevoir les marchandises pour lesquelles il est affecté. À ce propos la Cour d'Appel de Versailles a condamné un transporteur maritime pour manquement à son obligation de navigabilité du navire à la suite d'avarie cargaison constatée à destination[267]. En l'espèce, fut chargée au port d'Abidjan sur le navire *« Rakke »* une cargaison de fèves de cacao à destination de Tallin en ESTONIE. Lors du déchargement, il sera constaté une importante avarie par mouille ainsi que des pertes ayant entraîné une vente en sauvetage sur place des fèves restantes.

Après cassation de l'arrêt de la Cour d'Appel de Paris (qui confirmait la décision du tribunal de commerce de Paris du 25/11/1998) du 23 mars 2001, l'affaire va être renvoyée devant la Cour d'Appel de Versailles. Celle-ci constatera qu'eu égard aux conditions météorologiques très difficiles mais prévisibles[268] et surtout ordinaires, la ventilation naturelle du navire a été interrompue sans que la ventilation mécanique ne prît le relais. La Cour a condamné le transporteur (la Société ESCO ESTONIAN SHIPPING), en se référant à la Convention de Bruxelles de 1924, pour avoir manqué à son obligation de diligence raisonnable à convenablement armer le navire, en expliquant que la compagnie de transport aurait dû « *refuser la prise en charge de la cargaison si elle ne disposait pas d'un système de ventilation*

[265] Sur la notion du bon état de navigabilité, voir Lamy transport tome 2, p.350, n°614 ; également, BONASSIES Pierre & SCAPEL Christian « Droit maritime », 2e éd., LGDJ, 2010, p.677 n°1002.
[266] Lamy transport tome 2, éd. 2018, Partie 4 : « *Transports maritimes* », Chapitre 3 : Préparation et exécution du transport maritime, n°614 : mise en état de navigabilité du navire, p.350.
[267] Cour d'Appel Versailles, chambres commerciales réunies, n° 03/02198 du 8 mars 2005.
[268] Vue la différence de température entre la Côte d'Ivoire et l'Estonie à cette période de l'année.

naturelle ou mécanique de nature à assurer son acheminement dans des conditions de sécurité suffisantes… »[269].

Telle que présentée par la Convention de Bruxelles de 1924, l'obligation de mise en bon état de navigabilité peut paraître comme étant une simple obligation de moyens puisque l'armateur n'est tenu, d'après ce texte, que d'une diligence raisonnable avant et au début du transport. Il s'agit aussi d'un cas excepté déraisonnable au profit de l'armateur qui peut l'invoquer s'il prouve qu'il a accompli les diligences raisonnables pour mettre son navire en état de navigabilité[270]. Cependant, les Règles de Hambourg et les Règles de Rotterdam (article 14) semblent redonner au bon état de navigabilité du navire, la place qui était sienne dans la *Common Law*, consacrée par la sévérité de l'interprétation que la jurisprudence anglo-saxonne faisait de la notion de *due diligence and seaworthiness*[271]. Il s'agit donc désormais, d'une obligation essentielle pour le transporteur, voire de résultat, parce que dans ces deux conventions l'obligation de mise en état de navigabilité du navire ne s'arrête plus au début de l'expédition mais doit être garantie durant toute la durée du voyage. L'obligation de mettre le navire en bon état de navigabilité passe donc en notre sens du statut de diligence raisonnable à celui de diligence nécessaire, puisque l'armateur répondra de sa négligence ou diligence insuffisante même pendant le voyage. Ce qui par extension de l'observation constitue un cas excepté (une cause d'exonération) en moins pour l'armateur-transporteur. Il s'agit d'autant plus d'une diligence nécessaire que la Convention de Rotterdam a supprimé le cas excepté de faute nautique qui englobait implicitement défaut de navigabilité du navire.

De tout ce qui précède, il convient de voir concrètement en quoi la navigabilité du navire est utile pour les *P&I Clubs* assureurs des armateurs.

Pour ce faire, il nous faudrait noter avant toute chose que les *P&I Clubs* conditionnent leur garantie au maintien du navire par l'armateur, dans un bon état de navigabilité pendant toute la durée de l'assurance à travers la *due diligence* (obligation de suivre les règles de l'art) qu'il se doit d'observer. Cette obligation se matérialise par l'injonction pour le navire d'être certifié pendant toute la durée de la couverture par une société de classification approuvée ou choisie par le *P&I Club* et dont il possède également la première classe (côte)[272]. En cas de changement de société de classification, information par écrit doit être faite au *P&I Club* sous

---

269 Dans le même d'idée, voir : Cour d'Appel Montpellier 2e Ch., 26 juin 2001 n°00/02446 navire. TENEA /c SOLVAY et associés.
270 Article 4 convention de Bruxelles de 1924.
271 Voir par exemple affaire Muncaster Castle, chambre des Lords, du 7 décembre 1961, in DMF 1963 p.245, obs. de P. BONASSIES.
272 GARD P&I, Rules 2016, art.8 ou LONDON P&I, Rules 2016 Art 8, SHIPOWNERS P&I Club, Rules 2016, Art. 33, BRITANNIA P&I Club, Rules 2016, Art.28.

bref délai. Il s'agit, à notre sens, d'une transposition adaptée à la pratique de l'article 3 de la Convention de Bruxelles que font les Clubs de Protection et d'Indemnité et du moyen indiqué pour eux de s'assurer que les armateurs respecteront cette disposition. En effet, la navigabilité du navire n'est pas clairement définie par des critères standards mais constitue plutôt, l'ensemble des réparations et mesures que doit entreprendre un armateur soigneux, prudent et raisonnable[273]. Cela implique que, si une avarie ou un dommage survient durant un laps de temps ou une période au cours de laquelle le navire avait perdu la première classe (de la société de classification) ou n'avait pas effectué les réparations y relatives, ou encore si l'armateur avait omis d'observer des recommandations de l'État dont son navire bat pavillon, ou s'il ne possède pas de certificats valides, alors le Club non seulement ne l'indemnisera pas[274] mais ne le protégera pas non plus. Parce que le contrat d'assurance, comme le prévoient les articles 1104 (alinéa 2) et 1964 du Code civil, est un contrat aléatoire. Nous disons même que le contrat d'assurance est le prototype du contrat aléatoire puisqu'il tire son essence, de l'existence de l'aléa qui en conditionne la formation et la validité ; car la contrepartie pour chacune des parties à donner ou à recevoir, à faire ou à ne pas faire, demeure dans la réalisation de l'aléa événement futur mais surtout incertain à savoir le risque[275]. Exigée en toutes circonstances, l'existence du risque s'impose aux parties contractantes et échappe aussi à leur volonté[276]. En d'autres termes, les parties ne pourraient, par leur attitude ou position, influencer celui-ci. De même que l'événement, bien que futur, doit demeurer incertain c'est-à-dire qu'il soit impossible pour les parties de déterminer non seulement s'il va se produire ou non, mais encore moins quand. La chance de perte ou de gain doit être la même, tant pour l'assuré que pour l'assureur, et surtout demeurer une probabilité. C'est en cela que l'aléa ou le risque peut être envisagé en tant qu'objet[277] même du contrat, puisqu'il détermine l'engagement de l'assureur et l'étendue de cet engagement.

Le bon état de navigabilité du navire, répond parfaitement à cette double exigence légale et économique du contrat. D'une part, parce qu'il joue un rôle déterminant auprès du *P&I Club* quant à la cotisation et à la garantie. Dit autrement, la détermination du risque à travers le bon état de navigabilité contribue également, à la détermination du montant de la cotisation alors que la réalisation du risque couvert met en jeu la garantie promise[278]. D'autre part,

[273] GOLD Edgar, "*Gard Handbook on P&I Insurance*", 5th ed., 2002, p.364.
[274] GOLD Edgar, idem., p.132.
[275] Pour plus amples renseignements sur la notion de risques et ses diverses formes, voir entre autres LAMBERT-FAIVRE Yvonne et LEVENEUR Laurent, « *Droit des assurances* », 13e éd. Précis Dalloz 2011, pp.265 et suivants.
[276] BEIGNIER Bernard, « *Droit des assurances* », Montchrestien-lextenso éditions 2011, p.150.
[277] LAMBERT-FAIVRE Yvonne et LEVENEUR Laurent, *op.cit.*, p.266.
[278] CHAGNY Muriel et PERDRIX Louis, « *Droit des assurances* », LGDJ Lextenso-éditions, 2014, p.126.

l'innavigabilité altère l'aléa, exclut le risque, parce que dans une telle situation l'aléa disparaît et cède la place à la « certitude » de la réalisation du dommage. Ainsi, s'il est innavigable, le navire perd sa capacité à résister aux difficultés ordinaires et courantes de la navigation et devient en cela vulnérable. Cette vulnérabilité crée un déséquilibre inacceptable tant par la loi que pour le *P&I Club*, parce qu'elle accroît la probabilité et la certitude que l'événement va se réaliser. Cette certitude est caractérisée par le fait que le navire, ne pourra pas assurer le voyage dans toutes les conditions satisfaisantes. Car son état d'armement ne lui garantit plus l'aptitude à faire face aux périls de la mer, qui pourtant est l'un des critères de définition du navire. Même s'il demeure difficile ou impossible de déterminer à quel moment le sinistre ou le dommage se réalisera, tout n'est qu'une question de temps puisqu'ici, l'on est dans une situation similaire à un compte à rebours enclenché mais dont on ignore la durée du décompte[279].

Le bon état de navigabilité du navire se révèle donc être un élément important pour les *P&I Clubs* parce qu'il constitue pour eux une preuve que le navire peut naviguer, voyager en toute sécurité[280] à la fois physique (ou structurelle) et économique. En effet, un navire en tant qu'outil économique ou de commerce, doit pouvoir rendre un service précis, en d'autres termes le service pour lequel il est affecté, destiné. Il devient donc « *innavigable lorsqu'il ne peut pas rendre le service pour lequel il est destiné* » selon les propos mêmes de la jurisprudence[281]. Dans une affaire très intéressante, il a été reproché à l'armateur, en l'espèce la société NAVIPESA, l'état d'innavigabilité nautique et commerciale du navire (le *Navipesa-Dos*). Dans cette affaire, le *Navipesa-Dos*, navire conçu spécifiquement pour le transport de cargaisons lourdes et encombrantes, devait effectuer selon les stipulations de la charte-partie deux voyages distincts à des dates distinctes et à convenance de l'affréteur. Les deux voyages consistaient pour le navire, à acheminer à son bord, à chaque fois de Saint-Nazaire à Hambourg, un réacteur d'hydrocracking[282] pesant 460 tonnes, long de 32,50 m, d'un diamètre de 2,95 m avec deux crawlers[283] pesant chacun 80 tonnes. Quelques minutes seulement après le départ du deuxième

[279] À titre d'illustration, nous pouvons nous référer au pétrolier le *« Prestige »*, qui après 26 ans de navigation sombra et pollua fortement les côtes espagnoles et françaises. Hormis les causes directes de cette catastrophe, le rapport d'expertise fera constater l'existence de milliers de micro-fissures pour certaines d'une dimension de 5 cm. Selon M. FURIC Bernard, directeur général du chantier naval SOBRENA à cette époque, la simple coque de ce navire n'était pas le problème fondamental, mais l'on devait plutôt questionner l'entretien du *« Prestige »* en particulier, et des navires en général, car de ses dires, de par ces fissures la perte du navire tôt ou tard était inéluctable. www.afcan.org/dossiers_techniques/double_coque.html.

[280] LALLEMENT Charlotte, « *La navigabilité du navire* », Thèse de Droit, Université de Nantes, soutenue le 18 Octobre 2004, p.262.

[281] Sentence arbitrale Cie Naviera de Cargas Pesadas (NAVIPESA) et Capitaine du NAVIPESA-DOS contre Sté BABCOCK-ATLANTIQUE décision du18 mai 1973 à Paris. DMF n° 301, Janvier 1974, p.29 et suiv.

[282] L'hydrocracking, opération réalisée à l'aide d'un hydrocraqueur est une technique de raffinerie du pétrole Brut par la technique du craquage c'est-à-dire combinant la forte température, la pression et souvent un catalyseur.

[283] Tracteur à chenilles. Pour plus d'informations sur ces deux notions, voir le lexique des termes pétroliers.

voyage du navire à 18h20 le 27 juillet 1971 par *mer très belle et vent très faible*, le navire a commencé à s'incliner jusqu'au moment où le réacteur est passé par-dessus bord à 20h05 pendant qu'une opération de remorquage était en cours. Selon la clause 9 de la charte-partie, l'armateur fréteur était responsable des dommages résultant – soit d'un arrimage impropre ou négligent (sauf si celui-ci est effectué par l'affréteur ou ses préposés) ; soit d'un manque de diligence de l'armateur, ou de ses préposés, à mettre le navire en tout point en bon état de navigabilité ; soit encore du défaut de vérification que le navire soit convenablement armé, équipé et approvisionné. Après expertise contradictoire, les arbitres qui ont condamné l'armateur lui ont reproché d'abord la non-étanchéité de la porte arrière du navire par où sont entrées 170 tonnes d'eau de mer, ensuite, l'absence d'un nombre important de ridoirs permettant sa fermeture, ainsi que le mauvais entretien de ceux présents puisque ceux-ci étaient non graissés et mal vissés. Enfin, il lui a été reproché le mauvais amarrage ainsi que le saisissage insuffisant du réacteur.

De tout ce qui précède, il appert que le bon état de navigabilité du navire est une obligation essentielle et insusceptible de délégation, incombant à l'armateur, personnellement tenu pour responsable, en cas d'innavigabilité du navire destiné à une expédition maritime. En conséquence, s'il est innavigable, le navire n'est pas non plus assurable et à ce titre, ne pourra pas voyager puisqu'on est alors en présence d'un vice propre et inhérent au navire lui-même, pouvant affecter sa propre sécurité ou celle de la navigation. Ceci a fait écrire à Pierre LUREAU que l'innavigabilité du navire n'est pas un risque car dès lors, son sort est scellé et sa perte est certaine un jour ou l'autre, ce n'est qu'une question de temps[284].

B/ Obligations administratives et documentaires de l'armateur

Avant le début de chaque voyage, l'armateur propriétaire ou gérant le navire doit s'assurer que celui-ci, en plus de remplir les conditions techniques relatives à son état et à sa structure, doit être, sur le plan administratif, en accord avec la réglementation de l'État du pavillon ainsi qu'avec la réglementation internationale selon son affectation. À ce titre le navire doit être aisément identifiable, même à distance et cela passe par ses marques extérieures d'identification qui devront être clairement reconnaissables à savoir son nom, sa nationalité[285], son pavillon par exemple ; le manquement à ce devoir est passible, en France, d'une amende de 3 750 €[286].

[284] LUREAU Pierre, in DMF 1975, p.263 article inspiré par les arrêts de la Cour de cassation du 20 novembre 1974, affaire du chalutier *Adrien-Pla*. Voir aussi l'affaire *The good friend*, 1984, 2 Lloyd's report n°586.
[285] C. transp., art. L5111-1.
[286] C. transp., art. L5111-2.

Au-delà de ses outils d'identifications, le navire qui s'apprête à prendre le large doit disposer de tous ses documents de bord c'est-à-dire *les titres de navigation et de sécurité... ainsi que les autres documents nécessaires à sa conduite et à son exploitation dont la liste est fixée par voie réglementaire*[287]. À ce titre, nous distinguons trois catégories de documents de bord à savoir :

Premièrement, sont concernés les documents purement administratifs tels que le certificat d'immatriculation du navire, qui doit être impérativement présent à bord lorsque celui-ci prend la mer[288]. De même, au rang des documents administratifs pour le cas de la France par exemple, tout navire qui prend la mer doit avoir à son bord son acte de francisation[289] c'est-à-dire le document qui prouve que ce navire a obtenu le droit d'arborer le pavillon français avec les avantages qui en découlent[290]. L'une des fonctions que jouent ces deux documents est la détermination de la compétence sur le navire concerné, par exemple en haute mer, de même qu'en matière de contrôles et inspections.

Deuxièmement, le navire qui prend la mer doit avoir à son bord des documents techniques, notamment en premier lieu son certificat de jaugeage (1969) à jour, lequel certificat renseigne sur le tonnage du navire tel que déterminé selon les dispositions de la Convention de Londres du 23 juin 1969 sur le jaugeage de navires. Dans le même sens, les navires qui s'éloignent de plus de 20 milles de la terre la plus proche comme c'est le cas de la grande majorité des navires de commerce doivent posséder à bord : un plan d'ensemble du navire, un plan ou un schéma des capacités, une échelle de charge, les tableaux usuels de déplacement et de stabilité, un plan de la machine, un plan ou un schéma des tuyautages d'assèchement, un plan ou schéma des tuyautages de vapeur et de combustible, un plan ou schéma des installations électriques et un plan ou un schéma des dispositifs de défense contre l'incendie[291]. Le navire doit aussi avoir à son bord la fiche d'effectif minimal, document par lequel l'autorité maritime compétente atteste que le navire est confié à un effectif qui satisfait, par son nombre et les compétences de ses marins, les exigences des conventions internationales et qui est capable de garantir la sûreté et la sécurité du navire lui-même ainsi que des personnes à bord[292]. Ces documents sont nécessairement accompagnés par un certificat international de franc-bord[293],

---

[287] C. transp., art. L5221-1.

[288] Art.12 loi n°2016-816 du 20 juin 2016 pour l'économie bleue (1), inséré dans le code des transports à l'article L 5112-1-2.

[289] C. douanes, art.218.

[290] C. douanes, art.217.

[291] Art.226-1.04 arrêté du 13 mars 2012 portant modification de l'arrêté du 30 novembre 1987 relatif à la sécurité des navires.

[292] C. transp., art. L5522-2.

[293] Art. 3 Convention internationale de 1966 sur les lignes de charge, conclue à Londres le 5 avril 1966. Il existe des exemptions à ce certificat telles que le prévoit l'article 6 § 2 et 4 de cette Convention.

document constatant la navigabilité du navire qui est délivré soit par l'État, soit par la société de classification qui a inspecté ledit navire. Tel que nous pouvons l'observer, les documents techniques exigés à bord du navire contribuent à la garantie du bon état de navigabilité du navire en ce sens que les démarches en vue de leur obtention sont la preuve que l'armateur a pris en amont, toutes les mesures pour assurer le bon état de navigabilité du navire concerné.

Troisièmement, le navire doit avoir des documents commerciaux à l'exemple entre autres des certificats d'assurance et/ou de responsabilité financière[294] couvrant la responsabilité civile générale de l'armateur à laquelle peut s'ajouter selon chaque navire une attestation d'assurance spéciale à l'instar de celle prévue par la *Civil Liability Convention* sur les pollutions par hydrocarbures.

C/ Des obligations opérationnelles de l'armateur avant le transport

En matière de transport maritime de marchandises, le transporteur, avant le début du voyage, est responsable de la cargaison dès qu'il la reçoit des mains du chargeur ou de toute personne mandatée à cet effet[295]. Il doit l'inspecter et émettre s'il y a lieu des réserves et en prendre soin à travers une garde soignée c'est-à-dire conserver la cargaison dans les conditions normales et en lui apportant les soins appropriés tels que par exemple la fourniture de l'énergie électrique pour la conservation de la chaîne du froid pour le cas d'un transport frigorifique. Il devra également procéder de manière soigneuse au chargement et à l'arrimage des marchandises sur le navire[296]. Bien que les textes ne le disent pas expressément, la jurisprudence a de manière constante considéré ces obligations de chargement et d'arrimage des marchandises comme étant des obligations essentielles du transporteur maritime et donc, non-délégataires[297]. Cette posture qui nous semble de pur bon sens est malheureusement destinée à évoluer au regard de l'article 13§2 des Règles de Rotterdam selon lequel cette obligation peut par convention être dévolue au chargeur, au chargeur documentaire ou au destinataire.

En matière de transport maritime de passagers, l'obligation légale principale relative aux passagers est l'obligation de sécurité de résultat qui pèse sur le transporteur. Il est aussi débiteur des obligations commerciales et des prestations promises au moment de la conclusion

---

294 C. transp. art. L5123-1 al.3.
295 Règles de Hambourg, art.4 §2.a. ; Règles de Rotterdam, art.12§1.
296 Règles de Rotterdam, art.13.
297 CA. Papeete, ch. com., 2 avril 2009 ; RDT n°1, janvier 2010, comm.14, obs. M. NDENDE. Également Cass. com., n°09-14.892 du 16 septembre 2010 navire *« Khaipur »* ; RDT n°2 février 2011, comm.24, obs. M. NDENDE, DMF 2011, p.261, obs. Ph. DELEBECQUE.

du contrat et contenues sur le billet de passage. Avant le début du passage donc, l'armateur doit convenablement accueillir les passagers dans les conditions de sécurité et également de confort que la nature du voyage concerné impose de même que leurs bagages enregistrés, c'est-à-dire ceux qui seront rangés en soute, et qui doivent bénéficier des soins identiques à ceux que doit le transporteur maritime de marchandises[298].

§ 2 : L'armateur débiteur d'obligations pendant et après le transport

Dès le début effectif du transport jusqu'à son terme, les obligations de l'armateur demeurent vis-à-vis de la cargaison ou des passagers (A), en cas de survenance d'une avarie ou d'un dommage durant le transport (B) et enfin lorsque l'issue est heureuse, au moment du déchargement et de la livraison (C).

A- Vis-à-vis de la cargaison et/ou des passagers

S'il est acquis que le contrat de transport maritime commence dès la réception de la marchandise par le transporteur ou ses préposés, en ses magasins ou ceux convenus dans le contrat, le transport ou le passage proprement dit commence dès la levée de l'ancre et le début de la prise effective de la mer. Ainsi dans le cas du transport maritime de marchandises, l'armateur selon qu'il soit fréteur, transporteur etc. est tenu d'observer plusieurs obligations.

Tout d'abord, il est tenu d'une obligation de soin qui lui est imposée par l'article 3 alinéa 2 de la convention de Bruxelles de 1924[299]. Par le vocable soins à la marchandise nous entendons toutes les mesures que prend le transporteur pour entretenir la marchandise, permettant sa conservation et la prévention de toute dégradation susceptible de la déprécier tant sur son intégrité physique que sur sa valeur pécuniaire. Cet entretien dont est chargé l'armateur doit donc aboutir à la livraison de la cargaison dans un état conforme à celui dans lequel on peut légitimement s'attendre après le transport. Il s'agit en effet pour lui d'administrer aux marchandises des soins ordinaires en respect du contrat de transport[300] et au regard des usages[301]. Concrètement l'obligation de soin à la cargaison ou d'effectuer le transport de

[298] CRESCENZO-D'AURIAC Marie-Béatrix, « *Responsabilité du transporteur maritime de passagers et des organisateurs de croisières* », JCL fasc.465-30.
[299] Art. 13.1 des Règles de Rotterdam.
[300] BONASSIES Pierre, « *Le Droit positif français* », DMF n°558 mars 1996, p.243 (en particulier jurisprudence n°75, p.252).
[301] Art. 38 décret n°66-1078 du 31 décembre 1966 sur les contrats d'affrètement et de transports maritimes, ou encore Code des transports, art. R.5422-6 (depuis la modification par le décret n°2016-1893 du 28 décembre 2016).

manière soigneuse selon la formulation des textes, consiste par exemple à veiller au maintien du conditionnement, de la température de la cargaison telle qu'indiquée sur le connaissement. Il répondra donc en l'absence de preuve d'une cause extérieure, de l'avarie par mouille consécutive d'un défaut d'aération dans le cas d'un transport conteneurisé sous température dirigée[302]. À ce propos, et sauf stipulation particulière, l'armateur ou transporteur n'est pas tenu de soins extraordinaires[303], c'est-à-dire ceux qui s'imposent comme nécessaires du fait de la nature particulière d'une cargaison donnée. Il n'est donc pas tenu par exemple aux obligations matériellement impossibles, à l'instar de l'ouverture des portes d'un conteneur chargé en cale avec des milliers d'autres à bord d'un porte-conteneurs. Dans ce cas comme le recommande la jurisprudence, il doit donc refuser de transporter des marchandises dont il ne peut assurer les soins[304].

Ensuite, pendant le transport, l'armateur est aussi tenu par l'obligation de procéder toujours de manière soigneuse à la garde de la marchandise[305]. La garde se présente donc comme étant le corollaire ou complément naturel de l'obligation de soin. Par obligation de garde nous entendons le devoir qu'a l'armateur d'assurer la sécurité de la cargaison, veiller sur elle de manière à prévenir sa perte soit par chute dans la mer, soit par vol, soit par destruction ou alors par sabotage du fait ou de l'équipage, ou de toute personne étrangère à l'équipage. Concrètement il s'agit pour lui de surveiller la marchandise durant le transport puisqu'il en a la pleine possession et la parfaite maîtrise. Cette surveillance devra, selon chaque cas d'espèce, être soit totale ou partielle, continue ou ponctuelle, et pourra consister par exemple à vérifier après une grosse vague que le saisissage de la cargaison chargée en pontée reste correct et solide, auquel cas il prendra les mesures utiles. Il est également fréquent que le transporteur réponde du vol de la cargaison, ou d'une partie de celle-ci, quand il n'est pas capable de prouver que le forfait s'est produit en dehors de la période de sa responsabilité[306].

En ce qui concerne le transport maritime de passagers, outre les prestations commerciales qui s'y rattachent et contenues sur le titre de transport, le transporteur est principalement soumis durant la traversée, à une obligation de faire toute diligence pour assurer la sécurité des passagers[307] qu'il transporte. Il est par exemple tenu de les alerter et de les

[302] CA. Rouen du 21 septembre 2011sté Mitsui Osk Lines contre Belmarine ; BTL du 7 novembre 2011, p.639, ou BTL novembre 2011, n°3385 pour la version électronique.
[303] Lamy n°634 Transport Tome 2, éd. 2018, Partie 4 : « *Transports maritimes* ». Section 3 : « *Prise en charge et chargement* », Soins à la marchandise et respect des instructions de voyage, p.363.
[304] Voir supra par exemple affaire navire « *Rakke* ».
[305] Art. 3 convention de Bruxelles de 1924 et Art. 12 Règles de Rotterdam
[306] CA. Paris 5e ch., section B 18 janvier 2007 société CALTRAM /c société Atlantique export.
[307] C. transp., art. L5421-2.

informer de la dégradation des conditions météo, ce qui implique qu'il doit vivement leur recommander de rester assis et leur interdire l'accès à des parties du navire que la situation rend dangereuse notamment le pont avant du navire. L'inobservation de ces mesures constitue une faute inexcusable privant ainsi le transporteur incriminé de son droit à la limitation de réparation[308].

B- À la suite de la survenance d'un dommage

Le transport maritime dans sa phase opérationnelle peut se trouver perturbé par la survenance d'incidents ou accidents, avec des conséquences plus ou moins importantes selon la nature de l'événement. Quand une telle situation se produit, le transporteur maritime est tenu de prendre des mesures urgentes destinées à sauver le voyage pour les unes, et à l'attention de son *P&I Club* pour les autres.

Tout d'abord, lorsqu'un dommage se produit ou est constaté durant le transport, l'armateur se doit de prendre toutes les mesures conservatoires qui s'imposent, en faisant si nécessaire des sacrifices. Nous entendons par mesures conservatoires ou mesures de sauvegarde, toutes les dispositions prises par le capitaine qui concourent à la garantie d'une issue heureuse de l'expédition maritime, ou alors qui s'avèrent nécessaires pour une telle fin. Chaque mesure de sauvegarde s'imposera de soi et s'identifiera en fonction de l'espèce, de la nature de la menace et du danger à conjurer. Parmi les mesures de sauvegarde, existe le déroutement qui *est un changement de la route ordinaire du navire pour se rendre d'un port à un autre*[309]. Le déroutement qui doit être clairement distingué d'une simple déviation, d'un transbordement, est admis comme étant un cas excepté parce que témoignant d'une diligence du capitaine lorsqu'il l'a réalisé pour sauver ou tenter de sauver d'un péril grave soit les vies humaines, soit le navire, soit la cargaison qu'il transporte[310]. Pour produire ses effets, le déroutement doit être raisonnable c'est-à-dire adapté à la situation, et c'est le cas lorsqu'au cours d'un transport, informé d'importants troubles et de violentes manifestations à Lomé et dans son port, un capitaine décida de dérouter son navire vers Cotonou[311]. Quelques fois, lorsque les circonstances l'exigent, souvent parce qu'il y a déjà un début de sinistre, le transporteur maritime devra effectuer des sacrifices. C'est le cas par exemple lorsque par temps très défavorable et sous la menace de grosses tempêtes, ou à cause d'un début d'incendie, il

[308] Cass. civ. 1re, 18 juin 2014, n°13-11.898, RDT n°3, juillet 2004 comm. 43, obs. M. NDENDE.
[309] LE BAYON Alain, « *Dictionnaire de droit maritime* », Presses Universitaires de Rennes, 2004, p93.
[310] Conv. Bruxelles 1924, art. 4.4 ; C. Transp., art. L5422-12, 8°.
[311] CA Paris, 5e ch., 6 décembre 1996, affaire Delmas Vieljeux Vs Groupe Concorde et associés.

décide soit de jeter à la mer une partie de la cargaison pour alléger son navire, soit de pomper de l'eau de mer pour éteindre le feu afin de circonscrire l'incendie, avec la conséquence d'avarie par mouille des marchandises voisines. Ce sacrifice pourra conduire à la mise en application des règles sur les avaries communes, des Règles d'York et d'Anvers selon lesquelles « *il y a acte d'avarie commune quand et seulement quand, intentionnellement et raisonnablement, un sacrifice extraordinaire est fait ou une dépense extraordinaire encourue pour le salut commun, dans le but de préserver d'un péril les propriétés engagées dans une aventure maritime commune* »[312].

Ensuite, l'armateur est également tenu d'informer par écrit le plus promptement possible son *P&I Club*, de tout incident survenu durant un transport et pouvant donner lieu à réclamation contentieuse devant une juridiction classique ou devant un tribunal arbitral[313]. Si une telle action est déjà engagée, il doit dans les mêmes conditions informer son Association et mettre à la disposition de celle-ci tous les documents qui s'avéreront utiles dans la gestion du sinistre concerné aussitôt que lui ou ses agents en auront connaissance[314]. Toutes les mesures péremptoires – les mesures conservatoires et la prompte information de son Association – que l'armateur est tenu de prendre en cas de survenance d'un incident, ont pour objectif commun de minimiser les conséquences ou les dommages, ainsi que de réduire les dépenses qui en résulteraient[315]. En règle générale, l'armateur dispose d'un délai de douze mois, soit un an à compter de la date de l'incident, ou de la connaissance d'un sinistre, ou encore à compter de la date à laquelle il a été saisi d'une réclamation par un tiers. En cas de manquement à cette obligation, ou en cas d'inobservation de ce délai, il perd sa faculté à bénéficier de la garantie de son *P&I Club*. C'est le sort qui fut réservé à l'armateur du navire « *Vainqueur José* »[316]. Le navire avait fait en septembre 1969, l'objet d'un affrètement pour transporter une cargaison à partir des États-Unis pour le Venezuela. Pendant le trajet, il subit une avarie structure au sud des Bermudes. Le navire fut donc immobilisé et l'affréteur dut recourir à un nouvel affrètement

[312] Règles d'York et d'Anvers 1994, Règle A. NB : nous nous référons à ce texte parce que la pratique dans sa quasi majorité continue de s'y référer malgré le toilettage opéré à travers les modifications contenues dans les Règles d'York et d'Anvers de 2004. Pour aller plus loin, voir DELEBECQUE Philippe, « *Doit maritime* », 14e éd., Dalloz 2020, pp.830-857 ; BONASSIES Pierre et SCAPEL Christian, « *Droit maritime* », 3e éd., LGDJ-Lextenso éditions, 2016 ; VIALARD Antoine, « *Droit maritime* », Presses Universitaires de France, 1997 ; Martin NDENDE, « *Pratique des avaries communes et protection des intérêts liés dans l'expédition maritime* », *Mémoire DESS Droit des Activités maritimes, Université de Brest, 1985.*

[313] Britannia P&I Club, Rules book 2018, règle 30(1).

[314] *Idem*, règle 30(3); The Shipowners P&I Club, rules books 2018, règle 8.

[315] The Shipowners P&I Club, rules books 2018, règle 7 (1).

[316] *C.V.G. Siderúrgica del Orinoco S.A.* vs *London Steamship Owners' Mutual Insurance Association Ltd. (The Vainqueur José), Queen's Bench Division (Commercial Court) 20 November 1978. (1979) Lloyd's Rep. Vol.1 part 6, p.557.* Voir également HAZELWOOD Steven J. & SEMARK David, "*P&I Clubs Law and Practice*" 4th ed., pp.315 à 317 et pp. 23 à 26.

pour substituer le *« Vainqueur José »*. Évidemment, cela lui généra des dépenses supplémentaires relatives au sauvetage du navire en dérive, au transbordement de la cargaison, aux surestaries et au nouvel affrètement pour le navire de substitution. Il assigna donc l'armateur fréteur du *« Vainqueur José »* devant un tribunal arbitral comme le prévoyait la charte-partie. Ce fréteur fut assigné en novembre 1970 mais du fait de sa négligence, son *P&I Club* fut informé de la procédure en juillet 1975 à la suite d'une assignation par action directe. Parmi les questions posées dans cette affaire, il y avait celle du refus du *P&I Club* de garantir son armateur du fait de retard de notification. Donnant raison au *P&I Club* sur ce point notamment, le juge J. MOCATTA dira que le délai de douze mois accordés à l'armateur par son *P&I Club* pour notification des sinistres ou litiges, est un délai *"fairly generous"*. Comme pour dire qu'avec un tel délai, l'armateur n'a pas d'excuses en cas de forclusion. Cette décision rendue par la *Queen's Bench Division*, juridiction d'instance, acquit autorité de la chose jugée parce que l'armateur n'interjeta pas appel.

C- Le déchargement, la livraison ou la fin du passage

Lorsque le transport maritime de marchandises a eu une fin heureuse et que le navire est accosté à quai au port de déchargement indiqué dans le connaissement ou dans le port de substitution, il revient maintenant au transporteur de décharger la cargaison. Les différentes conventions ainsi que le droit interne sont unanimes et disposent que le déchargement incombe au transporteur maritime et constitue une obligation personnelle c'est-à-dire non délégatoire. La cour d'appel d'Aix-en-Provence en a donné une définition, à notre sens claire et concise, en disant que « le *déchargement s'entend de l'opération qui consiste à enlever la marchandise du navire pour la mettre à quai. Il prend fin lorsque celle-ci se termine et que la chose transportée peut être transportée de manière terrestre* »[317]. Pour y parvenir, le transporteur doit procéder au déchargement de façon appropriée et soigneuse c'est-à-dire s'assurer de la conformité de la manœuvre quant à la nature de la cargaison à décharger. Sachant que c'est durant cette phase que le plus grand nombre de sinistres se produisent, il est à notre avis justifié que la responsabilité de l'armateur soit engagée pour les dommages ou avaries causé(e)s au cours de cette phase particulièrement délicate du transport maritime. Nous rejoignons en cela la position de P. BONASSIES et Ch. SCAPEL qui estiment que même si le déchargement de la cargaison

[317] CA. Aix-en-Provence, 24 novembre 1994, BTL 1995, p.411.

d'un navire est pris en charge par une entreprise monopolistique et malgré une clause de remise sous palan, le transporteur reste responsable des *avaries antérieures à la remise sous palan*[318].

Cependant, lorsque le port de déchargement est contrôlé par une société de manutention monopolistique qui s'impose de *facto* à l'armateur, l'opération de déchargement n'est plus du fait du transporteur maritime[319]. De ce fait, puisque l'armateur n'a plus la maîtrise de la chose – la cargaison –, il pourra invoquer un cas excepté en cas de dommage à ladite marchandise[320]. Toutefois, cette solution semble contraire aux textes qui rendent le transporteur responsable de la cargaison jusqu'à sa livraison. Ainsi au regard de la maxime de l'*Equity* des juridictions de Common Law selon laquelle « *He who comes to Equity must come with clean hands* », nous pensons que l'armateur dans un tel cas d'espèce doit être exempt de tout reproche et ne pas se désintéresser de la marchandise pendant le déchargement par l'entreprise monopolistique, il devra donc superviser l'opération. Il en va de la sécurité aussi bien des marchandises en cours de déchargement que celles à bord, mais également et surtout de la stabilité et de la sécurité du navire. Les Règles de Rotterdam en leur article 12 § 3 (b) et les Règles de Hambourg à l'article 4 §2(b) le rappellent implicitement en disposant que les marchandises restent sous la responsabilité du transporteur durant le déchargement et s'achèvent à la livraison. Il doit donc mettre tout en œuvre pour que cette opération se réalise dans les conditions minimales de sécurité. À ce propos, la jurisprudence a récemment condamné un armateur pour le manquement à ce devoir. En l'espèce[321], un navire transportant du matériel militaire est parti d'Ukraine pour Alger où l'aconier a un statut monopolistique. Pendant le déchargement, un conteneur resté accroché en dessous de celui saisi par la grue est tombé à la mer entraînant ainsi une avarie par mouille. L'assureur cargaison va être débouté en instance de son action intentée contre le transporteur au motif que les obligations du bord cessent dès la remise des marchandises à l'aconier. Cette décision sera infirmée par les juges du fond qui argumenteront qu'il revient à l'équipage de déverrouiller les twist-locks[322] permettant l'arrimage et le saisissage des conteneurs entre eux. Donc le défaut de déverrouillage des supports ou l'absence de vérification de l'état de manœuvrabilité des conteneurs est imputable à l'armateur[323]. Cette décision est à notre sens à la fois *pragmatique* et *juridique*[324], parce qu'elle met en exergue dans

[318] BONASSIES Pierre et SCAPEL Christian, *op. cit.*, p.706 §1033.
[319] Art 4 §2 b) (ii), Règles de Hambourg ; ou art.13 §2 Règles de Rotterdam.
[320] Cass. Com. 7 décembre 1999, n°97-19.301, ou Cass com 7 décembre 1992, ou encore CA Aix-en-Provence, 15 février 2007.
[321] CA. Aix-en-Provence 2e ch., 5 juin 2014, Armeec Insurance JSC c/ entreprise portuaire d'Alger.
[322] Pièces en métal permettant d'unir entre eux deux ou plusieurs conteneurs et généralement fixées au moins sur les quatre coins.
[323] BTL, juin 2014, n°3510. Version électronique, consultée le 6 juillet 2016.
[324] *Idem.*

un tel cas, l'obligation fondamentale et personnelle de l'armateur durant cette phase. De même, elle rappelle que le déchargement par l'acconier consiste en une prise en charge physique de la cargaison, qui à son tour doit préalablement être mise par l'armateur en état d'être déchargée, puisque ce dernier reste seul maître à bord de son navire. En d'autres termes, même si l'opération de déchargement peut être effectuée par quelqu'un d'autre que lui, le transporteur reste soumis à l'obligation de garde tant que la marchandise demeure à bord du navire[325].

Une fois le déchargement effectué, le transporteur doit informer le destinataire et procéder à la livraison de la marchandise. Cette obligation de livraison au regard des textes incombe au transporteur, et constitue donc à son encontre à l'instar du chargement et du déchargement, une obligation non délégatoire. Sans rentrer dans les détails de cette notion, nous pouvons noter qu'après la longue et rude controverse doctrinale opposant livraison matérielle et livraison juridique (ou documentaire), la jurisprudence a pris position pour la conception de la livraison matérielle dans l'arrêt navire "*Rolline*"[326]. Cela s'entend, comme l'explique le Professeur BONASSIES, par la mise du destinataire ou personne mandatée, « *en mesure* » de prendre possession de la marchandise. Le Professeur explique d'ailleurs que l'on parlera de livraison à l'unique condition que « *le destinataire, nécessairement avisé de l'arrivée de la marchandise, ait eu à la fois le temps et les moyens de constater la présence physique de la marchandise à quai ou en magasin, et "d'en vérifier l'état"* ». Ceci implique donc que la livraison, acte qui marque la fin du contrat de transport, n'est acquise que si le destinataire ou son mandataire, jouit de la possibilité d'effectuer le retirement effectif de la cargaison c'est-à-dire de son appréhension matérielle. De telle sorte que si ce destinataire ne s'exécute pas avec diligence, il ne saurait plaider un défaut de livraison. Cette transmission de la détention a pour rôle de permettre au destinataire, de vérifier l'état de la marchandise qu'il reçoit et de pouvoir éventuellement le cas échéant, formuler des réserves[327]. C'est du moins ce que nous retenons d'un arrêt de la Cour de cassation qui apporte une définition désormais claire, concise et complète de la notion de livraison. Selon cet arrêt, la livraison est « *l'opération matérielle par laquelle le transporteur remet la marchandise à l'ayant droit, celui-ci étant en mesure d'en prendre possession et d'en vérifier l'état* »[328].

Si cette conception de la livraison semble désormais faire l'unanimité, il existe des clauses qui pourraient à première lecture, la vider de son sens et dans certains cas être en conflit

[325] BONASSIES P. et SCAPEL Chr., « *Traité de droit maritime* », *op. cit.*, p.707 (§1034).
[326] Cass. com, 17 novembre 1992, navire « *Rolline* », DMF 1993, n°531, p.563, obs. P. BONASSIES.
[327] Cass. com, 5 juillet 1994, n°92-17.385 ; ou Cass. com, 30 juin 2004, n°03-10.751.
[328] Cass. com, 19 juin 2012, n°11-18.490.

avec elle. C'est le cas par exemple de la clause « *sous palan* ». La clause de remise sous palan est une clause qui met fin à la responsabilité du transporteur sur la cargaison dès que s'achève le déchargement. Elle permet de stipuler que la responsabilité du transporteur s'éteint et la livraison réputée effectuée, dès que la marchandise est déchargée et déposée à quai. On parle alors de livraison sous palan. Bien que pouvant paraître curieuse, la clause de remise sous palan est juridiquement valable selon la jurisprudence qui déclare qu'elle participe de l'économie du contrat et est opposable au destinataire[329], puisqu'elle n'a pour effet que de circonscrire la période de responsabilité du transporteur maritime sans être contraire ni à la loi interne, ni aux conventions.

Cependant cette validité est tributaire de plusieurs éléments. Tout d'abord, la clause de remise sous palan ne se présume pas et doit être expressément stipulée et insérée dans le connaissement[330]. Ensuite, il faut que le chargeur l'ait acceptée[331]. À ce propos, nous saluons la position des juges qui tendent à déclarer cette clause inopposable au chargeur lorsque l'acceptation est le fait du destinataire qui n'est pas avec le chargeur en relation d'affaires suivies[332]. Enfin, le transporteur doit l'invoquer de bonne foi. En d'autres termes, il ne doit pas se désintéresser de la marchandise à la suite du déchargement et est tenu de veiller à ce qu'elle continue d'être soignée et le chargeur informé du déchargement. La Cour de cassation, dans une posture désormais constante, a rappelé cette obligation dans une affaire, en condamnant l'armateur pour une avarie cargaison survenue à quai après le déchargement. En l'espèce, un conteneur réfrigéré déchargé et déposé à quai, n'a pas été réalimenté en électricité. La rupture de la chaîne du froid entraîna la péremption des aliments dans lesdits conteneurs. Le transporteur qui estimait que cette responsabilité ne lui incombait pas mais incombait plutôt au réceptionnaire, sera contredit par les juges qui arguèrent qu'il ne doit pas se contenter d'adresser un avis d'arrivée et de mise de la marchandise à quai[333]. En plus d'être informé, le destinataire doit être mis en mesure de réceptionner la marchandise c'est-à-dire d'en prendre possession. Ceci nous permet de distinguer la simple mise à disposition de la livraison. Par mise à disposition, nous entendons l'acte par lequel le destinataire est informé de la disponibilité de la cargaison. Cette disponibilité à son tour, n'est parfaite que si l'ayant droit à la marchandise est en mesure d'appréhender matériellement la chose et auquel cas, nous parlerons de délivrance

[329] Cass. com 10 janvier 1996, navire "*Monte Cervantes*", DMF 1996, n°561, p.627 obs. P. DELEBECQUE.
[330] CA. Aix-en-Provence, 28 novembre 2005 navire « *Kumasi* ».
[331] CA. Aix-en-Provence 2e ch., 18 juillet 2013 ; n°11/07902, CMA-CGM c/ SAS Turner et associés. BTL 2013, n°3472 du 16 septembre 2013, version électronique consultée le 13 juillet 2016.
[332] Exemple arrêt ci-dessus entre autres.
[333] Cass. com 22 mai 2007, n°06.14070, navire « *Fort-Fleur d'Épée* », DMF n°685 d'octobre 2007, p.811, obs. de Ph. DELEBECQUE.

puisqu'il doit conserver la possibilité d'inspecter la cargaison avant sa prise en main[334]. Cela conditionne le moment du transfert des risques, l'émission des réserves, le départ du délai de prescription et renforce implicitement à notre avis la conception matérielle de la livraison.

Section 2 : Une garantie innovante quant à ses principes et outils de mise en œuvre

La mise en œuvre de la garantie proposée par les *P&I Clubs* revêt un caractère atypique qui singularise nettement la pratique des *P&I Clubs* d'avec celle du marché traditionnel de l'assurance. Pour nous en rendre compte, nous verrons dans cette section que la garantie des *P&I Clubs* est opérationnelle à travers certaines contraintes inédites (§1), qu'elle est également facilitée par des engagements à payer que ces Associations prennent par écrit (§2) et qu'enfin, elle est par principe potentiellement extensible (§3).

§1 : Une couverture mise en œuvre à travers des contraintes inédites

La mise en œuvre des prestations de garantie des *P&I Clubs* dans sa phase opérationnelle est conditionnée par des règles et engagements exclusifs auxquels adhère l'armateur qui accepte de s'y soumettre. Il s'agit de la règle innovante du *"Pay to be paid"* (A) ainsi que le recours quasi systématique à la franchise (B).

A/ La règle *"Pay to be paid"*, contrainte inédite conditionnant la prestation d'assurance du P&I Club

L'armateur, avant de bénéficier de la prestation promise par un Club de Protection et d'Indemnité est tenu de respecter un certain nombre de contraintes qui lui sont imposées. Il en est ainsi par exemple de la clause *"Pay to be paid"* encore appelée *"Payment first by the Member"* qui sans être une spécificité ou une invention des *P&I Clubs* en constitue l'une des règles socles. Elle est systématiquement présente, car insérée d'office dans les conditions générales des polices P&I. Nous pouvons traduire cette clause en français comme « payer avant

[334] Lamy transport tome 2, éd. 2018, Partie 4 : « *Transport maritime* », Chap.5 : Livraison en transport maritime. Section 2 : Clauses relatives aux modalités de livraison, n°702 : *Clause de livraison sous palan*, p.408.

d'être payé » ou « Paiement préalable par le Membre » et nous pouvons également en traduire[335] la formulation généralement retenue par les Associations ainsi qu'il suit : « *À moins que les administrateurs dans leur discrétion n'en décident autrement, c'est une condition précédant le droit du Membre à être indemnisé par les fonds de l'Association au regard de tous les coûts, débours, responsabilités, ou dépenses qu'il ait préalablement payés ou acquittés* »[336]. Selon cette clause l'armateur Membre d'un *P&I Club* est tenu en cas de sinistre ou litige l'impliquant, d'indemniser préalablement la victime dudit sinistre avant de se retourner vers le Club pour ensuite être indemnisé à son tour[337]. Pour cela, il faudra d'abord que l'armateur soit reconnu responsable du dommage et que le montant de la dette de réparation soit fixé par une décision de justice devenue exécutoire et non susceptible de recours ou également par une sentence arbitrale dont la constitution du tribunal arbitral doit avoir été effectuée avec l'accord du *P&I Club* [338]. Comme la décision de justice, la sentence arbitrale doit bénéficier de son exequatur et n'être pas susceptible de recours. Ensuite, l'armateur doit satisfaire à cette obligation de paiement préalable avant de solliciter tout remboursement de la somme engagée. Pour ce faire il doit avoir entièrement désintéressé la victime du dommage par le paiement total du montant déterminé. Cette règle qui est non disponible pour l'armateur puisqu'il ne peut ni la négocier ni y déroger, représente d'une certaine manière la manifestation du caractère (ou aspect) indemnisation de la garantie du *P&I Club* car comme nous l'avons évoqué lors de l'introduction de cette thèse, la prestation des *P&I Clubs* se divise en deux : « l'assurance protection » et « l'assurance indemnité ». En tant que contrat d'assurance indemnité, l'armateur n'est remboursé ou indemnisé qu'après s'être libéré auprès du tiers victime du dommage. En clair les *P&I Clubs* ont opté depuis leur création pour les polices "indemnisation" puisque leur objectif originaire n'est de garantir ni la responsabilité, ni le patrimoine des armateurs, mais plutôt de réparer le dommage patrimonial que ces armateurs ont subi du fait de la dépense qu'ils ont effectuée pour réparer un dommage qu'ils auront occasionné à un tiers durant l'exercice de leur activité professionnelle. Activité professionnelle elle-même garantie par le *P&I Club*, c'est-à-dire le dommage patrimonial subi en tant que conséquence de leur responsabilité[339]. Il s'agit donc d'une garantie *a posteriori* au dommage causé puisque fondée sur le mécanisme de la réparation[340] que doit effectuer l'armateur vis-à-vis du tiers, victime d'un dommage, et

[335] Traduction libre.
[336] Shipowners Club rules 2016, règle 16, ou North of England P&I Rules 2016, règle 20.1 ou encore Gard P&I Club Rules 2016, règle 87.
[337] MARCHIAFAVA Giovanni, « *La nature juridique des Protecting & Indemnity Clubs anglais* », DMF 2014, n°758 de mai 2014, p.399.
[338] GOLD Edgar, "*Gard Handbook on P&I Insurance*", 5th ed., 2002, p.119.
[339] CLAVERO TERNERO Manuel, "*Clubs de P&I*", IEEM Madrid 1992, P.387.
[340] *Idem.*

laquelle réparation est elle-même la condition nécessaire pour que naisse l'obligation d'indemnisation du Club de Protection et d'Indemnité.

Dans l'affaire *Rogers & Co. /c The Shipowners' Mutual P&I Club*, les juges ont admis la validité de cette règle. En l'espèce, un armateur Membre dudit Club de Protection et d'Indemnité était couvert contre « *tout litige ou réclamation pour lequel il sera reconnu responsable et condamné à payer au regard des risques variés incluant la maladie de quiconque ainsi que les coûts et dépenses ayant un lien avec la maladie* »[341]. Après avoir rapatrié un membre de l'équipage pour cause de maladie et engagé des frais de soins, l'armateur réclama à son assureur le remboursement desdites sommes ainsi que celles engagées pour recruter un personnel de substitution. Le *P&I Club* accepta de rembourser tous les frais directement liés à la maladie et rejeta la demande concernant la dépense engagée pour le recrutement du personnel de substitution[342]. Les juges débouteront l'armateur de sa demande au motif que les frais engagés pour recruter du personnel de substitution ne satisfaisaient pas à la condition « *reconnu responsable et condamné à payer…* » tel qu'indiqué dans le contrat[343].

À plusieurs reprises, la question s'est posée de savoir si une réparation effectuée par une tierce personne pouvait valoir application de la clause *"pay to be paid"* c'est-à-dire pouvait constituer du point de vue des *P&I Clubs*, le paiement préalable auquel est tenu l'armateur. Pendant très longtemps les Clubs de Protection et d'Indemnité considéraient que non. Mais la jurisprudence a pris position en décidant que la réparation du dommage causé à autrui par l'armateur ne doit pas être faite nécessairement ou alors exclusivement par ses fonds propres mais peut être valable lorsque quelqu'un d'autre s'engage pour le compte de l'armateur à réparer le dommage querellé. C'est en substance ce qui ressort d'une décision de la cour de district des États Unis[344]. Dans cette affaire, l'armateur insolvable et incapable de réparer les dommages dont il fut reconnu responsable sollicita les services d'un courtier en banqueroute et insolvabilité qui s'exécuta pour le compte de l'armateur *solvens*. Face à la contestation de l'assureur, les juges validèrent la transaction et décidèrent que l'armateur a satisfait à son obligation de paiement préalable même si la réparation fut effectuée par les fonds d'un tiers en l'espèce le courtier en banqueroute et insolvabilité, et peu importe le mode de remboursement convenu entre l'armateur et son courtier qui peut être un crédit ou un don en nature[345].

[341] Traduction libre.
[342] Qui est désormais couverte par une clause spécifique.
[343] Pour plus de détails concernant cette jurisprudence, voir HAZELWOOD Steven, *"P.& I. Clubs, Law and Practice"* 3rd ed., 2000, p.351.
[344] Arthur L. Liman and others vs American Steamship Owners Mutual P&I Clubs, A.M.C 1969.
[345] Arthur L. Liman and others vs American Steamship Owners Mutual P&I Clubs, A.M.C 1969, p.1673.

Cependant, malgré cette position de la jurisprudence, la grande majorité des *P&I Clubs* continuent de contester le paiement fait par un tiers autre que l'armateur lui-même car ils estiment que cela dénature et vide de son sens la règle « *pay to be paid* ». En effet, de leur point de vue, cela peut contribuer à masquer les insolvabilités et les problèmes de trésorerie des armateurs et ainsi, mettre à mal l'équilibre financier de la Mutuelle dont ils sont Membres et donc, sociétaires. Pour renforcer la portée de cette règle, certains clubs vont expressément et catégoriquement déclarer que la réparation pour être parfaite doit être faite exclusivement par l'armateur lui-même et à travers ses finances propres[346].

Cette position plutôt rigoureuse des *P&I Clubs* a fait dire à une bonne partie de la doctrine que c'est un moyen pour eux de se protéger eux-mêmes, aux dépens des armateurs Membres et surtout d'éviter les actions directes en ce sens que la règle les met à l'abri de toute obligation légale ou contractuelle du moins jusqu'à ce que l'armateur se soit exécuté. En d'autres termes selon cette doctrine, il s'agit d'un moyen déguisé à travers lequel les Clubs se déchargent de leur responsabilité en faisant de l'armateur l'élément central du processus de réparation ou indemnisation des dommages auxquels son navire est impliqué. À notre avis, il n'en est rien et aussi contraignante que paraît cette règle *pay to be paid*, nous pensons au regard des principes organisant l'activité des *P&I Clubs* qu'il s'agit d'un moyen pour eux, à travers les administrateurs, de s'assurer d'une part de la solvabilité des armateurs Membres de l'Association parce qu'une mutuelle fonctionne principalement grâce aux fonds générés par les cotisations apportées par l'ensemble de ses sociétaires – armateurs – ce qui d'autre part garantit par ricochet la pérennité de la bonne santé de ses finances. En effet, comme il peut en découler de nos précédents propos, les *P&I Clubs* ne couvrent pas ou ne garantissent pas l'insolvabilité de leurs Membres. Ce qui implique par exemple que si un armateur insolvable est responsable d'un dommage dont le montant de la réparation excède l'ensemble de ses biens, le *P&I Club* en principe, ne l'indemnisera qu'à la hauteur de ce qu'il sera capable de payer et rien de plus. Cela du point de vue des Clubs n'est que justice pour les autres Membres qui ne doivent pas subir ou supporter l'insolvabilité d'un armateur en faillite. Cela concourt également à protéger le Club et les autres armateurs contre les *single ship companies* parfois tentées d'accepter des responsabilités dont la conséquence pécuniaire peut largement outrepasser les actifs de la compagnie c'est-à-dire du navire unique. D'autre part la règle *pay to be paid* permet aux *P&I Clubs* de responsabiliser les armateurs en ce sens qu'ils sont contraints de mener leurs activités en respectant autant que faire se peut tous les critères du bon professionnel. Autrement dit, il

[346] HAZELWOOD Steven, "*P&I Clubs, Laws and Practices*", 3rd ed., 2000, p. 354.

s'agit d'une méthode subtile mais surtout très habile contribuant à obliger les armateurs à respecter les conventions internationales, les lois, ainsi que les us et coutumes qui régissent le maritime. Même s'il est impossible de prévenir totalement les accidents ou les dommages, cette règle permet entre autres soit d'en réduire les risques, soit d'en minimiser les effets car l'armateur, sachant qu'il lui reviendra de réparer les dommages causés par lui, fera tout pour les prévenir puisque s'il contracte par exemple un crédit pour effectuer la réparation d'un dommage, son *P&I Club* l'indemnisera uniquement à la hauteur des réparations mais n'indemnisera pas les éventuelles commissions bancaires liées au crédit contracté qui seront donc à la charge de l'armateur grevant ainsi ses finances.

Selon M. CLAVERO TERNERO dont nous partageons le point de vue, en considérant les cas les plus fréquents dans la pratique, c'est-à-dire ceux concernant les navires ou armateurs solvables mais n'ayant pas de liquidités immédiates pouvant permettre de satisfaire à la dette de réparation, l'application de la règle *"pay to be paid"* conduit fatalement à un « *résultat excessivement dur et absurde* ». Toutefois il existe une alternative, une parade possible face à cette situation. En effet, lorsque l'armateur Membre d'un *P&I Club* ne possède qu'une partie des sommes nécessaires pour réparer un dommage ou sinistre, c'est-à-dire lorsque son actif est inférieur à la somme exigée, il peut déjà réparer partiellement le dommage à hauteur de ses possibilités et dès qu'il sera indemnisé à hauteur de la somme déboursée, il pourra utiliser les sommes de cette indemnisation pour réparer la part restante puis réclamer à nouveau auprès de son Club, l'indemnisation de ladite somme. L'opération peut se répéter autant que nécessaire[347].

Cependant, la clause *"pay to be paid"* n'est pas absolue et admet des exceptions qui sont pour la majorité des cas unilatérales et dépendent principalement du bon vouloir, de la discrétion des Clubs de Protection et d'Indemnité. C'est ce qui ressort du contenu même de la clause telle que rédigée par les Associations et commençant par la formule « *à moins que les Administrateurs dans leur discrétion n'en décident autrement…* » à travers laquelle les Clubs de Protection et d'Indemnité posent explicitement que lorsque le service de gestion des sinistres et des réclamations l'estimera opportun, l'éventualité d'un paiement anticipé effectué par le Club sans qu'il y ait eu au préalable réparation par l'armateur Membre sera possible. Sans que ce soit automatique, il en est ainsi tout d'abord pour les paiements effectués à la suite d'arrangements amiables, en dehors de toute procédure. Ensuite, les *P&I Clubs* interviennent directement dans certaines situations où le montant de la réclamation s'avère extraordinairement élevé pour l'armateur. De même les *P&I Clubs* peuvent intervenir

[347] CLAVERO TERNERO Manuel, « *Clubs de P&I* », IEEM 1992, p.395, reprenant les développements de CALZADA CONDE M.A, « El seguro voluntario ».

directement lorsqu'ils se constituent caution au profit de l'armateur pour éviter une immobilisation ou la saisie du navire par exemple[348]. Il peut arriver – et c'est le cas le plus fréquent – que le *P&I Club* par le jeu de la subrogation, prenne en charge le litige dès sa naissance et traite directement avec le chargeur ou la personne victime du dommage causé par le navire inscrit[349]. Une autre flexion de la règle *"Pay to be paid"* plutôt moins évidente à repérer, vient de la définition que certains *P&I Clubs* ont du mot *Liability* (responsabilité). Pour certains, la responsabilité naît de l'obligation faite par décision de justice ou sentence arbitrale, de payer une somme en vue de réparation du dommage. Pour d'autres (infirme minorité), c'est la somme que le Membre pourrait raisonnablement s'attendre à payer[350]. À l'analyse ou à l'interprétation de cette seconde définition, on peut naturellement déduire que la décision de justice n'est plus la condition absolue pour que les Clubs indemnisent leurs armateurs mais par contre, cette décision de justice contre l'armateur crée plutôt l'obligation ou la responsabilité du *P&I Club* de l'indemniser[351]. En d'autres termes, la première acception crée la possibilité d'indemniser l'armateur en garantissant sa responsabilité et la seconde elle, oblige l'Association à l'indemniser lorsqu'il s'est lui-même libéré auprès de la tierce victime. Enfin, il existe une entorse non discrétionnaire des *P&I Clubs* mais plutôt légale parce qu'imposée par la loi et confirmée par la jurisprudence : le cas de l'action directe[352].

B/ Les franchises, une contrainte faisant partie dans son principe de la couverture des P&I Clubs

Généralement lors de la conclusion des contrats, il est des aspects que les juristes qualifient de disponibles c'est-à-dire qui relèvent de la volonté des parties comportant pour elles la possibilité d'inclure ce qui leur semble pertinent, utile, et nécessaire à l'économie du contrat. À la condition évidente de rester dans le cadre légal notamment le respect du caractère indemnitaire de l'assurance qui veut et impose que le montant de l'indemnité ne dépasse pas celui de la réparation du dommage[353] avec pour base de calcul la valeur du bien endommagé avant la date (ou au moment) de réalisation du risque[354]. Sans rentrer dans d'autres détails nous

---

[348] CLAVERO TERNERO Manuel, *op.cit.*, p.391.
[349] C'est l'exemple de l'affaire *Court Line LTD /c Canadian Transport Company ltd.* 1939, n°64 Lloyds Rep., p.57.
[350] HAZELWOOD Steven, *"P&I Clubs, Laws and Practices", 3rd ed., 2000*, p.352.
[351] HAZELWOOD Steven, idem.
[352] Voir infra.
[353] C. Ass. article L 121-1 al.1.
[354] Pour plus d'informations sur la limitation légale conventionnelle, voir CHAGNY Muriel et PERDRIX Louis « *Droit des assurances* », 3e éd. LGDJ, n°509, p.264.

pouvons remarquer qu'il s'agit d'une illustration de la vocation indemnitaire de l'assurance en général et en particulier des *P&I Clubs*[355] précédemment étudiée.

Ainsi lors de la conclusion d'un contrat d'assurance les parties peuvent décider de l'aménager afin d'en limiter le contenu au strict nécessaire. À ce titre le code des assurances en son article L 121-1 pose les modalités de l'indemnité due à l'assuré par l'assureur. Il dispose aussi en son alinéa 2 qu'« *il peut être stipulé que l'assuré reste obligatoirement son propre assureur pour une somme, ou une quotité déterminée, ou qu'il supporte une déduction fixée d'avance sur l'indemnité du sinistre* ». Dit autrement, il est permis aux parties de limiter conventionnellement[356] l'engagement financier de l'assureur en mettant une partie dudit engagement à la charge de l'assuré. Ce qui signifie qu'en cas de réalisation du dommage garanti, l'assuré doit assumer personnellement une partie des dépenses générées pour la réparation du dommage. La franchise peut alors être présentée comme étant une limitation conventionnelle du montant de l'indemnisation que l'assureur sera amené à payer en cas de sinistre ou de dommage. Vu sous cet angle, il s'agit **d'une limite au principe indemnitaire**.

En droit français existent deux notions : la franchise ou le découvert obligatoire, certes souvent assimilées et confondues en pratique, mais qui en réalité méritent d'être distinguées. Le découvert obligatoire a plus une vocation morale en ce sens qu'il permet à l'assureur de limiter sa participation financière en laissant une partie de celle-ci à la charge de l'assuré pour l'obliger par la même occasion à demeurer vigilant et soigneux dans la mesure où une prise totale en charge par l'assureur pourrait entraîner de sa part une négligence qui aura pour conséquence d'anesthésier l'assurance[357]. Matériellement, le découvert obligatoire correspond soit à un pourcentage du dommage, soit à une somme forfaitaire, soit une combinaison de ces deux techniques, auquel cas le découvert est constitué par un montant proportionnel à la réparation du dommage ; et ce, dans la limite d'un forfait maximum[358] préalablement et clairement convenu et inscrit dans la police. Le qualificatif obligatoire implique qu'il est interdit à l'assuré de souscrire auprès d'un autre assureur une assurance du découvert obligatoire[359]

[355] Vue l'antériorité de la pratique des P&I Clubs quant à la naissance du code des assurances on serait tenté de penser que les celui-ci s'en est inspiré.
[356] Qui dit restrictions conventionnelles, dit aussi et d'abord restrictions légales que nous n'étudierons pas ici. Mais pour plus de détails, voir par exemple Bernard BEIGNIER « *Droit des assurances* », éd. Montchrestien, 2011, ou encore CHAGNY Muriel et PERDRIX Louis, « *Droit des assurances* », 3e éd. LGDJ, 2014.
[357] BEIGNIER Bernard, « *Droit des assurances* », éd. Montchrestien 2011, n°432, p.496.
[358] CHAGNY Muriel et PERDRIX Louis, « *Droit des assurances* », 3e éd. LGDJ, 2014, n°562, P.282.
[359] CA. Montpellier, 12 mars 1912.

auquel cas il court entre autres sanctions la résiliation de son contrat d'assurance avec le premier assureur. En d'autres termes, le découvert obligatoire n'est pas ***rachetable***[360].

Contrairement au découvert qui est obligatoire et qui a une vocation morale, la franchise a plutôt une vocation de gestion des sinistres et est quant à elle, non obligatoire. Elle permet donc pour l'assureur d'une part de réduire au maximum la prise en charge des petits sinistres[361] peu coûteux en soi en termes de prix mais dont la multiplicité grossit et démultiplie très rapidement le pôle des dépenses des assureurs à travers notamment les frais d'ouverture de dossiers. La franchise peut alors consister à exclure de la prise en charge par l'assureur des sommes inférieures à un plafond fixé dans le contrat ou alors à constituer un pourcentage qui représentera la quotité incombant à l'assuré en cas de réalisation du risque[362]. D'autre part, pour l'assuré, elle comporte l'attrait d'une prime peu chère ; ce qui implique que l'assuré qui souscrit une assurance avec une ou plusieurs franchises paye une prime ou une cotisation « *peu onéreuse* »[363]. En revanche, l'assuré qui ne souhaite pas que lui soit appliquée une franchise payera alors une prime plus élevée. On distingue ainsi la franchise simple de la franchise absolue. Par franchise simple, on entend celle qui neutralise la garantie de l'assureur si le montant de réparation du sinistre ou du dommage n'a pas atteint un certain montant initialement fixé. En d'autres termes l'assureur n'intervient pas et le sinistre reste aux frais de l'assuré si le montant de la réparation est inférieur à celui convenu et fixé dans la police[364]. La franchise absolue contrairement à la franchise simple n'affecte pas la garantie du risque mais plutôt l'indemnité de la prestation d'assurance. Donc en cas de franchise absolue, l'assureur intervient quel qu'en soit le montant. Mais la mise en œuvre de cette franchise consiste pour l'assureur de ne garantir et de n'indemniser que le seuil supérieur à la part constitutive de la franchise[365].

En ce qui concerne spécifiquement les *P&I Clubs*, il nous semble intéressant de remarquer premièrement que vu l'antériorité de la pratique des *P&I Clubs*, nous pouvons déduire que la pratique dans l'assurance traditionnelle s'en est inspirée. Inspiration accrue et généralisée au lendemain des attentats du Wall Trade Center de septembre 2001 puisqu'à partir de cette période les assureurs et surtout les réassureurs vont désormais aménager des plafonnements de leurs prestations futures, spécifiquement en matière d'assurance responsa-

[360] Lamy associations 2016, n°274-315, Découvert obligatoire. Version électronique, consultée le 7 septembre 2016.
[361] TAURAN Thierry, « *Les franchises incluses dans le contrat d'assurance* ». In « *Revue de la Recherche Juridique, Droit prospectif* » ; Presses Universitaires d'Aix-Marseille, 2015-2XL-157, p.588.
[362] Pour plus de détails voir entre autres CHAGNY Muriel et PERDRIX Louis, *op.cit.*
[363] TAURAN Thierry, « *Les franchises incluses dans le contrat d'assurance* ». In « *Revue de la Recherche Juridique, Droit prospectif* » ; Presses Universitaires d'Aix-Marseille, 2015-2XL-157, p.588.
[364] Voir Cass. Civ. 2e, 30 juin 2005, 04-11.168
[365] Lamy assurance 2019, Partie 1, Titre 2, sous-titre 3, chapitre 2, section 1, sous-section 1, §1, B Franchises, n°819 Type franchises.

bilité civile. Deuxièmement nous pouvons aussi remarquer que les règles – clauses – relatives aux franchises – *deductibles* (en anglais) – sont les rares dont la formulation est différente d'un *P&I Club* à un autre, même si comme c'est presque toujours le cas, la signification, les contours, restent identiques. Ainsi, à titre d'illustration[366] pour le *Shipowners P&I Club*[367] le droit du Membre de recevoir indemnisation de la part de l'Association (*P&I Club*) au regard de toute réclamation devra être sujet à la franchise telle que convenue par écrit par les dirigeants. Pour le NEPIA[368] l'indemnisation du Membre par l'Association au regard d'une responsabilité contre laquelle celui-ci est assuré devra faire l'objet des franchises incluses dans le certificat d'adhésion. Enfin pour le *P&I Club* suédois[369], les franchises pour l'année de police à venir sont décidées annuellement par l'Association (notamment le comité des dirigeants).

Certains *P&I Clubs* ne prévoient pas dans leur police des articles dédiés aux franchises[370] mais y font référence dans les annexes de leurs polices (*Rules Books*) ou alors, dans la partie explicative de certaines clauses et dans laquelle on peut lire que les franchises seront appliquées dans les conditions telles que prévues dans le certificat d'inscription[371]. En somme, il ressort de l'ensemble que les franchises sont toujours présentes dans les certificats d'inscription et les Associations y font systématiquement référence, lorsqu'elles parlent de l'indemnisation du Membre. Tel que ceci est formulé dans l'ensemble de ces divers documents, on doit comprendre que les Clubs de Protection et d'Indemnité ne conçoivent pas leurs garanties sans y inclure les franchises, lesquelles franchises forment, ou sont un élément constitutif de l'indemnisation du *P&I Club*. Autrement dit, il n'y a en principe pas de prestation d'assurance du Club de Protection et d'Indemnité qui n'inclut pas dans sa substance une partie des sommes laissées à la charge de l'armateur Membre, ce qui se traduit schématiquement du moins dans l'esprit des Clubs par :

Indemnisation par le P&I Club = Somme payée par l'armateur - franchise. Ou formulé différemment, on obtient :

Indemnisation de l'armateur = remboursement* par le P&I Club (coût de gestion du sinistre - franchise).

* La notion de remboursement ici fait référence à la réparation qu'aura en principe effectuée en amont l'armateur, en vertu de la règle *"Pay to be paid"*[372].

---

366 Traductions libres.
367 Shipowner P&I Club, Rules 2016, Rule 20.
368 NEPIA (North of England Protecting & Indemnity Association), Rules 2016, Rule 21.
369 The Swedish Club, Rules 2016, Rule 22.
370 Exemple Britannia P&I, Gard etc.
371 London P&I club, Clauses.
372 Cf. supra, p.93.

Dans la pratique, à la différence du marché de l'assurance traditionnelle où les critères ou modes de calcul des franchises sont quasi identiques, chaque *P&I Club* procède selon les règles qui lui sont propres. Nous pouvons illustrer cette disparité en nous basant sur les trois *P&I Clubs* précédemment cités. Ainsi les Membres du Swedish P&I Club sont assujettis à une franchise par sinistre ou événement, sauf si un même événement (sinistre) donne lieu à plusieurs dommages (responsabilités) auquel cas chaque dommage ou responsabilité comportera une franchise propre. Les armateurs Membres du NEPIA, quant à eux, sont soumis à des franchises dont le mécanisme est estimé par un pourcentage de 25% de la valeur totale du sinistre. Enfin, les armateurs Membres du Shipowners P&I Club quant à eux, sont tenus à une franchise par sinistre. Toutefois si un événement ou sinistre donne lieu à plusieurs dommages, réclamations ou encore responsabilités, sera appliquée à l'ensemble des réclamations la franchise la plus élevée. Autrement dit, admettons :

Un accident A. En principe l'accident A doit comporter une franchise F qui peut être prévue dans le contrat, soit en pourcentage, soit par un montant en dollar.

- Mais si l'accident A génère plusieurs avaries distinctes A1, A2, A3, A4 et A5 et qu'après calcul l'on obtient les franchises en numéraires suivantes :
- F1*=1000$; F2=1500$; F3=1000$; F4=750$ et F5=1250$
  **F1 = franchise applicable à l'avarie A1 etc.*
- Alors, *The Shipowner P&I Club* appliquera la franchise la plus élevée soit F2 à tous les dommages (en d'autres termes, à chacune de ces avaries).

En outre, il est également possible de déterminer les franchises en prenant comme base d'évaluation le tonnage du navire inscrit dans le Club de Protection et d'Indemnité[373].

La franchise telle que conçue ou appliquée par les *P&I Clubs* comporte à la fois chacun des objectifs partagés par le découvert obligatoire du marché traditionnel et la franchise stricto sensu à savoir : pour les *P&I Clubs*, la franchise joue un double rôle de moralisation des armateurs en plus de constituer pour eux (les *P&I Clubs*) une facilité de gestion en ce sens qu'elle leur épargne les « petits » sinistres qui de par leur récurrence et les frais d'ouverture de dossiers ainsi multipliés, entraînent des contraintes dont les Associations ne veulent s'encombrer.

Cependant, même si la franchise dans la pratique P&I est une règle apparemment sacro-sainte, il peut arriver que les *P&I Clubs* y dérogent en leur substituant une surprime

[373] C'est l'exemple du SKULD P&I dont le tonnage fait partie des modes d'évaluation du montant de la franchise.

conséquente, qui généralement est de nature à décourager les armateurs qui ne souhaiteraient pas de franchise. Quand cette substitution est admise, elle est autorisée en général pour des affrètements à temps ou au voyage, ou encore pour des petites unités telles que les remorqueurs entre autres. L'une des formules, du moins la plus répandue, indiquant que les Clubs de Protection et d'Indemnité peuvent déroger à la règle des franchises est : *« sauf accord contraire, l'indemnisation sera l'objet des franchises suivantes... »*[374]. Une autre exception est celle concernant les pétroliers qui eux, ne sont pas sujets à la franchise en cas de pollution par hydrocarbures. Il s'agit d'une pratique ancienne qui s'est vue consolidée à la suite de la signature de la Convention internationale de 1969 sur la responsabilité civile pour les dommages dus à la pollution par hydrocarbures, dite CLC 1969. En effet, pendant très longtemps les compagnies pétrolières étaient propriétaires de leurs propres navires pétroliers qu'elles assuraient auprès de *P&I Clubs* qui à leur tour en raison de la règle *"pay-to-be-paid"*, ne traitaient qu'avec ces armateurs Membres et non avec les tiers. Situation qui va évoluer avec la Convention CLC, qui est à notre connaissance la première Convention internationale à prévoir l'action directe contre les assureurs responsabilité civile des armateurs. Face au risque qu'un armateur de pétrolier qui serait amené à se défendre tout seul le fasse de manière inefficace, ce qui aura pour conséquence par exemple d'alourdir la facture, les *P&I Clubs* assurant les pétroliers décidèrent donc lorsque ces navires sont impliqués dans des pollutions par hydrocarbures au sens de la Convention CLC, de prendre en charge la gestion du dossier dès son initiation.

Si la garantie des *P&I Clubs* est soumise à des contraintes rigoureuses, il n'en demeure pas moins que les armateurs en bénéficient rapidement grâce à l'implication des Clubs qui se portent souvent caution afin d'en faciliter la mise en œuvre.

§2 : Une garantie facilitée par « l'engagement à payer » émis par les P&I Clubs

Il est souvent des cas où les *P&I Clubs*, lorsque les conditions l'exigent, et même s'ils n'y sont ni contractuellement ni légalement tenus, mettent en œuvre leur couverture dans son aspect « Protection ». Cela, en s'engageant au profit de leurs armateurs sociétaires, auprès du

[374] Traduction libre de *"Unless otherwise agreed, compensation shall be subject to the following deductibles..."*. Voir à titre d'exemple l'appendice 4 de la police du SKULD P&I Club en plus du détail des différentes franchises.

ou des créanciers de la dette de réparation d'un dommage quelconque, à travers la technique que nous qualifions de « l'engagement à payer », généralement connue sous le terme générique de *Lettres de garantie*. Nous en étudierons la nature juridique et la forme d'une part (A), ainsi que sa mise en œuvre et sa portée d'autre part (B). Mais auparavant, nous souhaitons préciser, que même si le terme lettre de garantie est celui utilisé par les juristes français pour traduire l'équivalent anglais, cela ne témoigne pas de l'envergure totale de l'esprit que s'en font les juristes anglo-saxons. C'est la raison pour laquelle nous parlerons de l'engagement à payer, et le lecteur s'apercevra de la subtile nuance, au sortir du présent paragraphe 2.

A/ La nature juridique et la forme de l'engagement à payer émis par les P&I Clubs

L'engagement à payer est la technique ou le fait par lequel, un Club de Protection et d'Indemnité s'engage auprès du créancier d'une dette de réparation, c'est-à-dire le tiers ayant subi un dommage causé par un armateur Membre dudit Club, à le désintéresser si l'armateur ne le fait pas lui-même.

Nous observons d'emblée qu'il s'agit d'une sûreté personnelle. Reste à savoir à quelle famille elle appartient : est-ce un cautionnement ou seulement une opération voisine ? Ou alors est-ce une garantie autonome ? Enfin s'agit-il d'une lettre d'intention ?

Tout d'abord, le cautionnement est l'opération selon laquelle celui qui se rend caution d'une obligation envers un créancier, s'oblige à la satisfaire si le débiteur n'y satisfait pas lui-même[375]. En d'autres termes, c'est une opération triangulaire caractérisée par un contrat entre la caution et le créancier, qui vient se greffer à un premier contrat existant (auquel il est accessoire) entre un débiteur et le créancier. En réalité, pour être parfait, le contrat de cautionnement obéit à une chronologie de faits : premièrement, une obligation née ou future, entre un créancier et un débiteur prévoyant une caution, deuxièmement, l'accord entre le débiteur principal et la personne qui promet de se constituer caution, et troisièmement, l'engagement de la caution auprès du créancier pour le compte du débiteur principal[376]. Le contrat de cautionnement est atypique puisqu'il est à la fois autonome, car se suffit à lui-même, mais en même temps accessoire à un contrat principal. Ce qui implique que la prestation due

[375] Art. 2288 C. civ. Tel que modifié par l'ordonnance du 23 mars 2006 relative aux sûretés.
[376] SIMLER Philippe, « *Cautionnement garanties autonomes garanties indemnitaires* », 5e éd., 2015, LexisNexis, p.16, n°11.

par la caution est de nature juridique, et porte sur la dette d'autrui[377] c'est-à-dire sur la capacité de ce dernier à se libérer auprès du créancier ou pas. En réalité, et contrairement à ce que peut laisser penser la formulation du Code civil « ... *si le débiteur n'y satisfait pas lui-même* », le cautionnement n'a pas un caractère conditionnel. Il est plutôt purement accessoire au contrat principal. Il se distingue par l'importance de la considération de la personne, notamment de sa parole[378], qui est au cœur de l'ensemble des deux contrats de l'espèce. Le point focal ici étant la dette qui doit être remboursée[379], sans que soit négligée l'*intuitu personae* de chaque partie aux deux contrats, c'est-à-dire le débiteur, la caution et le créancier. En effet, chacun s'engage dans ce contexte selon le degré de confiance vis-à-vis de l'autre, de même qu'en fonction de sa fiabilité, sa notoriété ou en fonction des relations d'affaires pouvant avoir existé antérieurement entre eux[380]. La caution devient débitrice de la somme d'argent en cas de défaillance du débiteur, puisqu'elle ne le remplace pas. Pour ce faire, elle est seulement tenue de payer au créancier un montant équivalent à celui que devait le débiteur défaillant[381]. Puisque le cautionnement est un contrat unilatéral matérialisé par l'engagement de la caution envers le créancier, il doit donc être exprès et non pas tacite[382], découler d'un acte positif constituant la preuve de l'engagement de la caution. Ceci impose un écrit à travers lequel la caution s'engage auprès du créancier pour le compte du débiteur pour un montant bien déterminé ou déterminable, partiellement ou totalement. En effet, il ne peut y avoir de cautionnement pour une somme supérieure à celle que doit le débiteur au créancier. Si c'est le cas, selon le Code civil, le contrat reste valable mais sanctionné par la réduction du surplus.

Ensuite, la garantie autonome, telle que désormais traitée par le Code civil après les aménagements et précisions contenus dans l'ordonnance du 23 mars 2006, est « *l'engagement par lequel le garant s'oblige, en considération d'une obligation souscrite par un tiers, à verser une somme soit à première demande, soit suivant des modalités convenues* »[383]. À l'instar du cautionnement, le garant ici ne prête pas directement de l'argent au débiteur pour le compte de qui il s'engage, mais à la différence de la caution, le garant prête en particulier et avant tout son

[377] BOURASSIN Manuella, BREMOND Vincent Juriste, JOBARD-BACHELLIER Marie-Noëlle, « *Droit des sûretés* », 4e éd. 2014, p.46, n°103.
[378] Du débiteur vis-à-vis de la caution et de la caution vis-à-vis du créancier ainsi que du choix du créancier selon l'espèce.
[379] Bien que dans la majorité des cas, le cautionnement porte sur une somme d'argent, on peut aussi valablement se porter caution d'une obligation de faire.
[380] Pour plus de renseignement sur la place de l'intuitu personae dans un cautionnement, voir BARTHEZ Anne-Sophie et HOUTCIEFF Dimitri, « *Les sûretés personnelles* », LGDJ Lextenso éditions 2010, p.82 n°97.
[381] BOURASSIN Manuella, BREMOND Vincent, JOBARD-BACHELLIER Marie-Noëlle, « *Droit des sûretés* », 4e éd. 2014, p.46, n°103.
[382] Art. 2292 C. civ.
[383] Art. 2321 al.1 C. civ.

image, son crédit[384]. Ainsi, contrairement au cautionnement dont il se distingue, son engagement est beaucoup plus important, voire risqué, car il n'est pas accessoire au contrat initial ou contrat de base à l'égard duquel il est autonome, indépendant[385]. Le garant ne se substitue pas au débiteur en cas de défaillance, mais s'engage envers le créancier à payer une somme d'argent non identifiée mais librement convenue[386], et fixée dans le contrat de garantie. À ce titre, le caractère autonome de l'engagement entraîne deux conséquences : tout d'abord l'engagement du garant donne naissance à une dette nouvelle, ensuite, cette dette est elle-même indépendante de celle qu'elle est destinée à garantir[387]. Ceci implique que cet engagement peut porter sur une dette dont le montant est distinct et peut être plus élevé que celui que doit le débiteur au créancier. À l'observation, l'article 2290 du Code civil qui interdit un cautionnement pour une somme plus élevée que celle incombant au débiteur ne s'applique pas ici. En plus de cette inconnue, le garant ne peut opposer au créancier, aucune exception tenant à l'obligation garantie[388]. C'est-à-dire que, contrairement à la caution, le garant ne peut opposer au créancier les exceptions qu'aurait pu opposer au créancier le débiteur principal dans le cadre d'un cautionnement. La conséquence pouvant être soit l'abus de droit du créancier, soit le détournement de l'objet de la garantie etc.

Bien que la garantie autonome puisse, de prime abord, faire peur, notamment au juriste français habitué à un parallélisme et à un équilibre dans les relations contractuelles ou dans les obligations, à l'instar des contextes de chaînes de contrats ou assimilés, de même qu'elle peut aussi laisser craindre une certaine insécurité juridique au regard de l'apparente disproportion des obligations, il n'en demeure pas moins qu'il s'agit d'une forme de garantie qui s'est révélée foncièrement efficace au point de sortir de son terrain de prédilection que sont les contrats internationaux pour se généraliser et se démocratiser sur le plan interne, sauf en matière de crédit à la consommation ou de crédit immobilier, ou même pour des charges locatives en matière de bail d'habitation[389]. Toutefois, la garantie autonome n'est pas du domaine exclusif des établissements bancaires et/ou des personnes morales comme l'avait souhaité une partie de la doctrine et de la jurisprudence. Ce succès ou cette réputation a sûrement motivé le législateur

[384] Lamy Droit des sûretés 2019, Partie 1 : « *Sûretés personnelles* » ; n°135-25 Sûreté personnelle et crédit par signature.
[385] Art. 2321 al.4 C. civ.
[386] SIMLER Philippe, « *Cautionnement, garanties autonomes garanties indemnitaires* », 5e éd. 2015, Lexisnexis, n°894, p.913.
[387] SIMLER Philip, « *Cautionnement, garanties autonomes garanties indemnitaires* », 5e éd. 2015, Lexisnexis, p.933, n°915.
[388] Art. 2321 al.3 C. civ.
[389] Lamy Sûretés 2019, Partie : Les sûretés personnelles, n°135-23 : les limites de l'utilisation de la garantie autonome en droit interne.

à y consacrer un réel développement à l'occasion de l'ordonnance du 23 mars 2006 portant droit des sûretés. Même si les dispositions consacrées à la garantie autonome dans ce texte sont d'un nombre réduit et dont on ne pourrait se satisfaire, il nous semble que c'est une bonne idée, car essayer de codifier et encadrer trop rigoureusement une notion ou un outil né et développé par la pratique, risque de lui faire perdre en efficacité.

Enfin, en plus du cautionnement et de la garantie autonome, le Code civil, depuis les modifications de l'ordonnance du 23 mars 2006 a consacré et érigé au rang des sûretés personnelles, la lettre d'intention. Développée par la pratique bancaire anglaise au début des années 1960 avant de se généraliser dans toute l'Europe, et utilisée parfois comme substitut du cautionnement, la lettre d'intention s'est révélée un peu trop instable et ne répond pas toujours aux besoins des praticiens. D'expression originaire *"comfort letters"* ou *"letter of awareness"*, la lettre d'intention est également connue sous l'appellation de lettre de patronage, ou bien lettre d'apaisement, lettre de confort, ou encore lettre de parrainage. Selon l'article 2322 du Code civil « *la lettre d'intention est l'engagement de faire ou de ne pas faire ayant pour objet le soutien apporté à un débiteur dans l'exécution de son obligation envers son créancier* ». Au regard de cette définition, on peut noter que la lettre d'intention s'oppose au cautionnement et à la garantie autonome. L'émetteur de la lettre ne s'engage pas juridiquement auprès du créancier à payer la dette du débiteur si celui-ci se révèle défaillant, ou insolvable. Il promet juste un soutien[390]. Il s'engage uniquement à soutenir le débiteur[391], c'est-à-dire à l'aider dans l'exécution de son obligation vis-à-vis du créancier. Ce soutien, consiste généralement pour l'émetteur à fournir au débiteur, les fonds dont il aurait besoin, ou bien, l'aide qui consisterait à lui apporter le savoir-faire du groupe pour les cas de réalisations d'ouvrages d'envergure, ou encore, cela peut consister en des conseils et en une assistance technique. En effet, par la lettre d'intention, l'émetteur essaie d'éviter un engagement juridique mais souhaite plutôt montrer au créancier que le bénéficiaire de la créance (c'est-à-dire son débiteur), jouit d'un véritable soutien moral[392] de la part d'une société, d'un établissement dont la réputation ne souffre pas sur le plan économique et financier. Ce soutien a pour objectif, de contribuer à une fin heureuse du crédit, notamment la réalisation de l'engagement du débiteur, telle que souhaitée ou convenue initialement.

[390] LE CANNU Paul, « *Les Lettres d'intention conquises par le code civil* », RTD Com. 2006, p.421 ; version électronique consultée le 20 Septembre 2016.
[391] CABRILLAC Michel, MOULY Christian, CABRILLAC Séverine, PETEL Philip « *Droit des sûretés* », Lexisnexis ; 10e éd., 2015, n°569, p.410.
[392] CABRILLAC Michel, MOULY Christian, CABRILLAC Séverine, PETEL Philip op.cit., p.414.

Dans la pratique, le recours à la lettre d'intention est généralement le fait des sociétés mères, qui engagent leur image et leur honneur, auprès d'un établissement financier au profit de leur filiale qui, elle, essaie de conclure un engagement auprès dudit établissement. Se posera alors la question de savoir si la lettre d'intention est plus qu'un simple soutien ou alors une véritable garantie. Si nous partons du postulat qu'une sûreté est une garantie, on dira oui, et si nous analysons l'article 2322 du Code civil, notamment les obligations de faire ou de ne pas faire, nous pourrons sous-entendre que l'émetteur de la lettre d'intention qui a manqué selon le cas, soit à son obligation de faire, soit à celle de ne pas faire, engagera sa responsabilité si ce manquement s'est avéré injustifié et a mis le débiteur dans l'incapacité d'honorer son propre engagement. L'émetteur n'aura donc pas apporté le soutien promis, et cela aura pour conséquence, la mise en œuvre des mécanismes du droit des obligations notamment la responsabilité civile délictuelle et/ou contractuelle[393].

Quoi qu'il en soit, nous répondrons par l'affirmative et dirons que la lettre de patronage, la lettre de confort est une réelle garantie dans la mesure où c'est elle qui détermine le consentement du créancier à accorder ou non le crédit. S'il y consent, c'est parce qu'il est certain ou « garanti » d'être payé. Même si cette garantie n'est pas tout à fait juridique, il s'agit d'une garantie morale car résidant sur la bonne foi présumée de l'émetteur de la lettre d'intention. C'est cette bonne foi qui fonde et qui consolide en quelque sorte, la confiance du créancier tout en dissipant ses craintes. Mais selon sa formulation et son contenu, et au regard de la jurisprudence désormais abondante depuis une dizaine d'années, la lettre d'intention peut en fonction des mentions qu'elle contient, être requalifiée selon chaque cas d'espèce, de cautionnement ou de promesse de porte-fort, même si pour une partie de la doctrine dont nous corroborons le point de vue, la promesse de porte-fort est un mort-né de la famille des sûretés personnelles et n'est en réalité *rien d'autre qu'une lettre d'intention déguisée*[394].

Au regard des précédents développements, nous pouvons au sujet de l'engagement à payer des *P&I Clubs*, dire qu'il a en commun avec toutes ces sûretés personnelles, la considération de la personne du garant[395] (ou caution pour le cautionnement) ou bien de celle de l'émetteur de la lettre, au profit d'un débiteur souscripteur d'une obligation. Cela s'observe

[393] Parler de responsabilité contractuelle dans le cas de la lettre d'intention peut paraître contradictoire au regard des développements précédents. Mais est fait référence ici aux hypothèses de requalification de la lettre de parrainage en cautionnement ou garantie autonome.

[394] BARTHEZ Anne-Sophie, « *l'avenir des sûretés personnelles alternatives* », Revue de droit bancaire et financier, n°1, janvier 2016, Dossier 4, Version électronique.

[395] Dans l'affaire Esso Singapore Pte. Ltd vs « *Arcadia Spirit* » de 1988, la justice singapourienne a accordé la mainlevée du navire *Arcadia Spirit* parce qu'il était prouvé, selon les juges, que le P&I Club bien que n'ayant pas d'établissement à Singapour avait une réputation mondiale et donc digne de confiance.

dans la grande majorité des cas, à l'occasion de la souscription d'un crédit. Cependant, dans le cas d'un armateur peut-on parler de dette dans le même esprit que sus-évoqué ? Autrement dit l'armateur souscrit-il une dette ? Selon le lexique des termes juridiques[396], le vocable dette en droit civil notamment, fait référence à une obligation d'accomplir une prestation de donner, de faire ou de ne pas faire. En droit des obligations, elle constitue l'envers de la créance, et enfin dans le sens le plus couramment utilisé, elle constitue la prestation d'une somme d'argent[397]. À la lumière de cette définition, nous pouvons noter que la dette ne se qualifie pas en fonction de sa création ou sa naissance, mais plutôt par sa nature. Ceci signifie que le débiteur d'une obligation volontairement souscrite par le moyen d'un contrat (de crédit par exemple), et celui d'une obligation non souhaitée parce que subie (par exemple à cause de la réparation qu'il doit, pour avoir causé à autrui un dommage), ont tous les deux une dette envers le créancier de l'obligation. Une dette c'est une dette, serions-nous tentés de dire.

Précision étant faite, nous pouvons sereinement affirmer en procédant par élimination, que l'engagement à payer émis par un *P&I Club*, n'est pas une lettre d'intention. En effet, à la différence de celle-ci, il contient dans sa formulation un engagement juridique à travers lequel le *P&I Club*, promet explicitement et formellement de faire quelque chose : payer une somme pour le compte de l'armateur. L'engagement à payer peut comporter divers intitulés et chaque intitulé répond à un besoin précis que l'on peut aussi identifier en fonction de ses effets. Il existe en effet deux catégories d'engagement à payer émis par un *P&I Club*.

La première catégorie, concerne la lettre de garantie qui relève du contrat d'assurance liant le Club et son Membre, et dont le modèle le plus courant est la LOU – *Letter Of Undertaking*[398] –. À travers cette lettre, à la suite de la réalisation d'un risque, le *P&I Club* promet de payer à la place de son Membre, une somme d'argent en vue de la réparation du dommage que celui-là aura causé. Ici, nul besoin de préciser « s'il (l'armateur) ne le fait lui-même » comme le fait le Code civil, car si le Club de Protection et d'Indemnité émet une lettre de garantie, c'est parce que l'armateur ne peut pas payer pour le moment. Auquel cas c'est la règle *pay to be paid* qui se serait appliquée directement. Comme son nom l'indique, la *Letter Of Undertaking* est un écrit par lequel le *P&I Club* s'engage auprès du créancier de l'armateur.

Toutefois, en pratique, l'engagement à payer dans sa mise en œuvre et quant à sa forme traditionnelle (la LOU ou lettre de garantie) n'est pas l'apanage de tous, d'où le recours

---

[396] Nous utilisons le Lexique des Termes Juridiques, 22ᵉ éd. 2014/2015.

[397] Pour plus de détail, voir GEORGES Pierre-François, « *La notion de dette de valeur en droit civil, essai d'une théorie* », avec la préface de RAYNAUD Pierre, Thèse de droit Paris 2, Librairie générale de droit et de jurisprudence 1975.

[398] Que nous pouvons également traduire par lettre d'engagement.

quelques fois par les *P&I Clubs* à l'aval bancaire[399], parce qu'ils n'ont pas d'autre choix du fait d'une contrainte administrative, car certains pays comme le Maroc ou l'Espagne par exemple, n'admettent pas la lettre de garantie des Clubs de Protection et d'Indemnité. En effet, les autorités de ces pays estiment que la lettre de garantie est une sûreté insuffisante, notamment venant des personnes morales ayant leur siège social dans d'autres pays et sans réelle implantation locale. À ce titre, ces pays admettent comme seules sûretés valables, les avals bancaires venant de banques réputées, et qui ont leur siège social ou une forte implantation sur leurs territoires. La technique de la caution ou de l'aval bancaire en l'espèce, répond à un mécanisme dans lequel rentrent en scène deux banques, un armateur responsable d'un dommage, son assureur responsabilité civile et l'État créancier de la dette de réparation. Dit autrement, lorsque dans certaines situations les *P&I Clubs* sont confrontés à des Administrations qui n'admettent pas la lettre de garantie comme sûreté, ils contactent donc une banque locale, qui à son tour après avoir reçu elle-même une garantie ou sûreté de la banque du *P&I Club*, s'engagera auprès de l'État ou de l'Administration concernée à payer les réparations au nom et pour le compte de l'armateur. En l'espèce, bien que ce soit la banque nationale qui se porte caution auprès de l'administration pour le compte du *P&I Club* (qui en son tour agit au nom et pour le compte de son armateur Membre), les mentions du document faisant référence à cet aval bancaire sont identiques à celles de la lettre de garantie émise par le *P&I Club*, à la seule différence que c'est la banque qui s'engage auprès du créancier. En d'autres termes, la banque s'engage dans les mêmes termes et conditions que l'aurait fait le *P&I Club* si sa lettre de garantie était acceptée par l'administration concernée[400]. Lorsque les *P&I Clubs* ont recours à cette technique de l'aval bancaire, ce n'est pas de gaieté de cœur, car il ne s'agit pas d'un service gratuit que leur offre la banque. Les banques en contrepartie des prestations, facturent toujours aux *P&I Clubs* diverses commissions.

La *LOU – Letter Of Undertaking* – a récemment connu une évolution, une belle reconnaissance à la faveur d'une décision de justice, relative à l'affaire *Kairos Shipping Ltd vs ENKA Co.*, à propos du navire *M/V "Atlantik Confidence"*[401]. La question était de savoir si la constitution d'un fonds de limitation de responsabilité comme le prévoit la Convention de

[399] Venant de la pratique anglaise de *« Bail-bond »*, l'aval bancaire a pendant très longtemps été la seule garantie acceptée par les armateurs. Il a fallu attendre plusieurs jurisprudences pour consacrer la valeur de la lettre de garantie des P&I Clubs. Voir par exemple l'affaire *"Vessel Elloba"* de 1982 dans laquelle la cour de district de Rotterdam a débouté un demandeur qui exigeait une *« Bail-bond »* en précisant que l'engagement à payer du P&I Club était une garantie suffisante.

[400] Voir en annexe n° 13, aval bancaire BMCE BANK

[401] Court of Appeal (civil division), 6 march 2014, Neutral Citation Number: (2014) EWCA civ 217, case n°A3/2013/1927.

1976[402] par un armateur ou bien son assureur, était exclusivement possible par versement d'une consignation en numéraire au séquestre du tribunal, ou bien si elle pouvait l'être également par une lettre d'engagement telle que la *LOU* du *P&I Club*. En l'espèce, pendant qu'il naviguait au large de la Turquie, un incendie se déclara le 30 mars 2013 à bord du *M/V "Atlantik Confidence"* vraquier construit en 1996. Ne pouvant éteindre les gigantesques flammes, le capitaine ordonna à l'équipage d'abandonner le navire, ce qui se fit sans victime, mais malgré les efforts des secours et des sauveteurs, le naufrage fut insurmontable. Le *P&I Club*, en l'espèce The Standard P&I Club, émit pour le compte de son armateur une *LOU* pour constitution du fonds de limitation. Face à la contestation des intérêts cargaison, le juge SIMON J. de la *High Court of Justice* rejeta une telle garantie, parce que, dit-il, la loi anglaise n'admet pas les *LOU* au titre de fonds de limitation, et il exigea, un dépôt en numéraire au tribunal. Fait inédit, le juge SIMON, lui-même, encouragea l'armateur et son *P&I Club* à interjeter appel parce que peu satisfait de sa propre décision, ayant un doute quant à la solidité des arguments de la doctrine sur lesquels il s'était fondé pour trancher la question. Cette décision sera infirmée en appel par la *Court of Appeal*. Pour la juge GLOSTER, il fallait opter pour une interprétation téléologique de la Convention de 1976. Ce faisant, et en interprétant l'article 11.2 qui dispose qu'« *un fonds peut être constitué, soit en consignant la somme, soit en fournissant une garantie acceptable en vertu de la législation de l'État partie dans lequel le fonds est constitué, et considérée comme adéquate par le tribunal ou par toute autre autorité compétente* », la juge conclut que la convention laissait une possibilité d'option. Cela se justifie par l'usage du « soit » qui identifie deux possibilités, soit la consignation du numéraire, soit la fourniture d'une garantie acceptable. Arguant que la convention, étant rédigée par des juristes de divers pays, elle ne devait pas être interprétée sous le prisme du droit anglais[403]. Désormais donc, la LOU selon l'accueil que lui réservent les juridictions ou autorités publiques des États parties de la convention de 1976, peut aussi servir de fonds de limitation et ne pas être cantonnée dans sa fonction assurantielle. L'un des arguments du Groupe International des *P&I Clubs* (l'*IGP&I Clubs*) qui militait également pour une telle reconnaissance, était que la LOU est flexible, moins contraignante en termes de procédure, mais surtout moins chère – plutôt gratuite – à établir. Cela épargne donc de potentielles commissions à verser aux banques pour obtenir des avals bancaires.

---

402 Convention de 1976 sur la limitation de responsabilité en matière de créances maritimes, conclue à Londres le 19 novembre 1976.

403 Pour lire la décision complète, voir http://www.bailii.org/ew/cases/EWCA/Civ/2014/217.html ; et pour un commentaire de la décision, voir publication de Gard P&I Club sur la page web : http://www.gard.no/web/updates/content/20739645/flaw-in-the-law-no-more-limitation-fund-can-be-constituted-by-club-letter-of-undertaking.

La deuxième catégorie de l'engagement à payer est particulière en ce sens qu'elle répond à une contrainte légale. En effet, aux côtés de la lettre de garantie ou de la caution bancaire, existent des sûretés légales et d'anticipation, qui sont imposées aux armateurs par diverses conventions, et exigées avant la réalisation d'un dommage. Trois exemples : dans un premier cas, la Convention d'Athènes de 1974[404] telle que reprise et incorporée dans le droit de l'Union Européenne par le Règlement CE 392/2009 [405]. En son article 4 bis, cette convention dispose que tout navire assurant de manière effective en partie ou en totalité le transport de plus de douze passagers, est tenu de souscrire à une assurance ou à une garantie financière, tel le cautionnement *d'une banque ou d'une institution financière similaire en vue de couvrir sa responsabilité eu égard à la mort ou aux lésions corporelles des passagers.* Pour ce faire, l'armateur devra présenter une attestation d'assurance, ou bien une attestation de garantie financière, en cours de validité, couvrant les conséquences liées aux risques de son activité, prouvant ainsi que cette activité est assurée. À ce titre, un certificat d'assurance est délivré par l'administration compétente de l'État du pavillon partie à la convention. Si cet État du pavillon n'est pas un État partie, le certificat d'assurance sera délivré par tout État ayant ratifié la convention et la durée de validité de ce certificat ne pourra excéder celle de l'attestation d'assurance[406]. Dans un deuxième cas, et dans une formulation similaire, la convention CLC impose elle aussi à chaque armateur transportant une cargaison de plus de deux mille tonnes de fuel comme cargaison, de produire une attestation d'assurance ou autre garantie financière[407] (dans les mêmes termes que la convention d'Athènes). Elle doit pour être valide, respecter les mentions prévues par ces textes, afin de pouvoir obtenir son certificat d'assurance. Dans un troisième cas enfin et également dans les mêmes termes, la convention BUNKER [408] exige elle aussi une assurance obligatoire en son article 7.

Dès lors, sans le certificat d'assurance délivré par les autorités compétentes, le navire concerné ne pourra pas naviguer dans les eaux des États parties à ces différentes conventions. En outre, nous devons noter premièrement que ces assurances obligatoires imposées par les conventions sus-indiquées, sont distinctes de l'assurance que souscrit un armateur auprès d'un *P&I Club* pour assurer sa responsabilité civile. Cette assurance, ou ces assurances obligatoires, sont plutôt le quitus qui permet à l'armateur de pouvoir naviguer dans les eaux des États

---

[404] Relative au transport par mer de passagers et de leurs bagages, modifiée par le protocole de 2002.
[405] Voir sur http://eur-lex.europa.eu/legal-content/FR/TXT/?uri=celex%3A32009R0392.
[406] Art. 4 bis.2 Protocole de 2002, convention d'Athènes de 1974 relative au transport par mer des passagers et de leurs bagages.
[407] Art.7 CLC.
[408] Convention portant sur la responsabilité civile des dommages dus à la pollution par les hydrocarbures de soute adoptée le 23 Mars 2001 et entrée en vigueur le 21 novembre 2008.

signataires, en fonction de l'affectation du navire. De même, ces assurances obligatoires constituent une preuve que l'armateur est solvable en cas de réalisation du risque visé dans chacune de ces conventions. Deuxièmement, nous relèverons que la durée de validité de l'assurance obligatoire, ne doit pas être inférieure à une durée bien déterminée par chaque convention. Dans la pratique, cette durée est calquée sur celle de l'assurance responsabilité civile entre l'armateur et son assureur responsabilité. Cela signifie que dans la pratique, les *P&I Clubs* fournissent des attestations d'assurance, allant du 20 février d'une année au 20 février de l'année suivante.

La garantie ou le recours au *P&I Club* n'est pas obligatoire, encore moins pour ces assurances dites obligatoires car comme l'indiquent toutes les conventions ci-dessus, il peut s'agir d'un cautionnement bancaire ou de tout autre établissement financier similaire. Ce qui signifie, que ces conventions n'exigent pas une simple assurance, mais en réalité une véritable sûreté personnelle, parce que le recours aux termes « cautionnement bancaire » ou « institution financière » n'est pas anodin et renvoie à l'*intuitu personae*, à la confiance qui réside dans la personne du garant. Pour ce faire, les armateurs sollicitent systématiquement, du moins le plus souvent, les services de leurs *P&I Clubs*, parce que ceux-ci le font gratuitement, contrairement à une banque ou autre institution financière, qui exigera des commissions en contrepartie. Pour répondre à ce besoin d'assurance obligatoire des armateurs, les *P&I Clubs* ne fournissent pas une LOU, mais plutôt une *"Blue Card"*, en guise d'attestation d'assurance. La *Blue Card* est une attestation, une confirmation écrite que l'armateur possède bien l'assurance telle qu'exigée par les conventions soit PLR (*Passenger Liability Regulation*), soit CLC (*Civil Liability Convention for oil pollution*) soit BUNKER (*International Convention on Civil Liability for Bunker Oil Pollution Damage)*[409]. Pour plus de clarté dans notre propos, nous pourrons schématiser ainsi qu'il suit à titre d'illustration :

Comme assurance obligatoire,

- Un Paquebot devra présenter : **1 PLR + 1 BUNKER**
- Un tanker/Pétrolier = **1 CLC + 1 BUNKER**
- Un cargo = **1 BUNKER**

Ce qui signifie que le *P&I Club* émettra deux *Blue Cards* distinctes selon qu'il s'agit ou d'un paquebot ou d'un pétrolier et une *Blue Card* pour un porte-conteneurs[410].

---

409 Les États-Unis n'ayant ratifié aucune de ces conventions, exigent plutôt depuis l'OPA une COFR (Certificate Of Financial Responsibility).

410 Voir annexe n°2 pour exemplaires de BLUE CARD.

Nous pouvons donc observer de tout ce qui précède, que l'engagement à payer émis par un Club de Protection et d'indemnité qu'il s'agisse de la lettre de garantie ou de l'aval bancaire, ou encore de la *Blue Card*, répond aux critères du cautionnement. Nous affirmons donc que l'engagement à payer ou la lettre de garantie des *P&I Clubs* est un cautionnement. Dans l'affaire navire *Antigoni*[411], le juge du tribunal de commerce de Marseille, fait de manière implicite ce constat en parlant de caution, lorsqu'il s'exprimait au sujet de la lettre de garantie du *P&I Club* de l'armateur.

B/ La mise en œuvre et la portée de l'engagement à payer

La mise en œuvre, c'est-à-dire l'émission ou la délivrance de l'engagement à payer par les *P&I Clubs*, se fait comme nous l'avons vu, en respectant une certaine forme et doit contenir des mentions bien précises, qui en conditionnent non seulement la validité mais aussi les effets. Cependant, il convient de rappeler, avant toute chose, que l'engagement à payer des *P&I Clubs* n'est pas automatique et relève essentiellement d'un acte discrétionnaire de leur part[412] car rien ne les y oblige[413]. Aussi curieux que cela puisse paraître, il faut garder en esprit que la règle *"Pay to be paid"* est l'une des règles socles de l'activité des *P&I Clubs*. Ce qui implique qu'en cas de dommage mettant en œuvre la responsabilité civile d'un armateur, son Club n'a pas à intervenir en amont dans la mesure où celui-ci est supposé réparer d'abord le dommage avant de se faire indemniser. Donc s'il répare, ni son navire, ni les soutes, ni sa cargaison ne feront l'objet d'une saisie à moins que celle-ci soit illégale ce qui déplace le débat. En effet, l'émission d'engagements à payer ou lettre de sécurité ne fait pas partie de la garantie des *P&I Clubs,* raison pour laquelle un tel acte est souvent qualifié *d'acte d'amitié*[414] ou service d'amitié de la part du Club de Protection et Indemnité et c'est de notre point de vue, pour cette raison qu'aucun article ou clause des polices des *P&I Clubs* ne fait aucune référence à la lettre de garantie ou à l'aval bancaire. De même, l'autre condition exigée par les *P&I Clubs* pour émettre un engagement à payer est que le navire demeure inscrit c'est-à-dire assuré au moment de la réalisation du dommage. En effet, l'assurance responsabilité civile dont bénéficie l'armateur est sujette, certes aux conséquences pour autrui de son activité, mais le dénominateur commun en est le navire exploité. Ce qui signifie que l'armateur bénéficie de la garantie P&I en fonction

[411] T. com. Marseille, 13 novembre 2006, n°2005F02757, navire *Antigoni*, Sté Fortis Corporate Insurance NV et ass. /c Sté Sea Beam Maritime Co LTD et ass.
[412] HAZELWOOD Steven. J., *op. cit.*, p.294. ou HAZELWOOD Steven J. & SEMARK David, *op. cit.*, p.255 n°14.35.
[413] Entre autres, GARD P&I, Rules 2018, Art.88.
[414] The Zuhal K & Selin ; 1987. 1re Partie, Lloyd's Report, p.151.

du navire inscrit. Cela implique que si un armateur possède par exemple deux *sister-ships*, le *P&I Club* garantira son activité, sa responsabilité à travers le navire inscrit dans ses livres. Si donc, le dommage appelant la mise en œuvre de la responsabilité de l'armateur concerne l'autre navire non inscrit, c'est-à-dire non assuré, le Club ne pourra couvrir et par ricochet n'émettra aucune lettre d'engagement, car il n'existe en réalité ici aucun contrat. Cette condition a pour corollaire direct une autre condition qui est l'adéquation entre l'affectation ou l'exploitation réelle *ratione materiae* et *loci* du navire et la promesse ou les informations fournies au moment de l'inscription du navire. La formule généralement utilisée par les Associations est *"... in connection with the insured vessel*[415]*" "... in connection with the operation of the ship"*[416], ou dans d'autres polices *"in connection with the entered vessel"* et que nous pouvons traduire par : « ... en lien avec le navire assuré » ; « ... en lien avec l'activité du navire », ou enfin « ... en lien avec le navire inscrit ». Si la responsabilité de l'armateur doit provenir d'un dommage lié à l'exploitation du navire comme sus-indiqué, encore faut-il que cela rentre dans les risques couverts par le Club de Protection et d'Indemnité. Pour ce faire, les dirigeants de l'Association, notamment le comité de gestion des sinistres, se réfèrent rigoureusement au certificat d'inscription pour vérification des garanties auxquelles l'armateur a souscrit. Cependant, quelques fois et selon les cas d'espèces, il arrive que les Clubs émettent, toujours discrétionnairement et cela pour rendre service, des lettres d'engagement pour des cas non couverts[417]. En plus de ces conditions, le dommage ou sinistre doit se réaliser durant la période de couverture. Une autre condition relève de ce que l'armateur au moment de la réalisation du risque doit être à jour de ses cotisations[418] et il s'agit ici de l'une des rares stipulations avec lesquelles les Associations ne transigent pas, la solvabilité de l'armateur étant la condition de conservation de sa garantie. Cette solvabilité se prouve par la capacité de l'armateur à observer la règle *pay to be paid* et le maintien de ses cotisations à jour. *A contrario*, si l'armateur devient insolvable de ses obligations financières envers le Club ultérieurement à la réalisation du risque, celui-ci peut décider, selon sa discrétion à intervenir. Enfin, la dernière condition exigée par le club pour émettre une lettre de garantie, ou un aval bancaire, est une contre-garantie. Celle-ci réside dans la promesse, l'engagement soit du chargeur, soit de l'autorité portuaire, bref de la personne réclamante, de cesser toute poursuite contre le navire ou autre bien contre l'armateur relatif au même incident dès réception de l'engagement du *P&I Club*.

---

[415] West P&I Club, Rules 2016, Part 1 art.2.
[416] NEPIA, Rules 2016; Art. 3.
[417] Voir par exemple GARD P&I, Rules 2018 ; Art.2(5).
[418] WESTPANDI, Rules 2018, Art.11 ; NEPIA, Rules 2018, Art.17.

Dès que ces conditions sont réunies, le Club de Protection et d'Indemnité émet un engagement à payer qui contient des mentions bien précises. Tout d'abord l'intitulé de la lettre portant l'engagement doit à lui seul renseigner sur son affectation. Ce qui veut dire que pour les attestations d'assurances obligatoires, la lettre est identifiée par son titre *Blue Card* qui vaut aussi son objet. Elle doit identifier le Club, l'autorité qui en est destinataire[419] ainsi que ses coordonnées. Ensuite les nom et adresse du navire bénéficiaire ainsi que son numéro IMO, sans oublier les nom et adresse de l'armateur qui y seront mentionnés. Pour produire son effet, l'attestation doit préciser pour quelle convention elle tend à répondre à l'exigence, ainsi que sa durée de validité qui court du 20 février d'une année au 20 février de l'année suivante. Cependant, par mesure de prudence, les Clubs précisent aussi aux mêmes autorités qu'ils peuvent mettre fin à cette garantie moyennant préavis d'un minimum de trois mois. Leur engagement cessera donc à la date d'expiration de ce préavis. La procédure d'émission de la *Blue Card,* comme celles des autres lettres de garantie, est assez simple. De manière concrète en pratique, l'armateur qui en a besoin pour être en règle avec les conditions d'exploitation du navire – un pétrolier par exemple – en fait la demande, généralement par e-mail, auprès du service des souscriptions d'assurance de son *P&I Club* et en précisant qu'il sollicite une *Blue Card.* Cette *Blue Card* sera donc la preuve pour quiconque est en droit de l'exiger, que cet armateur possède la garantie financière nécessaire pour son activité[420].

Pour ce qui est de la lettre de garantie, les mentions reposent sur des bases et notions communes, sans être forcément identiques, car ces mentions varieront selon que la lettre de garantie vise soit un cas d'immobilisation du navire pour des dommages aux installations portuaires, soit une livraison de la marchandise par un transporteur maritime non seulement dans un port autre que celui convenu dans le connaissement et sans connaissement original, soit encore la livraison de la cargaison au port convenu mais sans production du connaissement original, soit enfin une livraison dans un port autre que celui stipulé. Toutefois, pour essayer d'harmoniser le contenu de ces lettres l'IGP&I a élaboré et proposé un modèle standard. Pour les cas de livraison sans connaissement original et/ou dans un port autre que celui indiqué sur le connaissement tel que précédemment relevé, les *P&I Clubs* dans la première partie de la lettre requièrent du chargeur qu'il accepte de faire libérer le navire d'une part et qu'il accepte aussi d'autre part, que le navire soit redirigé et que la livraison se fasse même sans original du connaissement (mais au destinataire légitime).

[419] La Direction Générale de la Marine Marchande pour le cas de l'Espagne.
[420] HAZELWOOD Steven J. & SEMARK David, "*P&I Clubs Law and Practice*", *4th ed.*, n°27.23 p.398.

En contrepartie, le Club s'engage à payer à première demande, passé un certain délai, toutes les sommes relatives à ce dommage. De manière générale, on peut noter en analysant la lettre de garantie standard ou dite « de base », que l'Association s'engage d'après son contenu auprès du créancier de la dette de réparation de l'armateur, à payer à première demande une somme **X** soit convenue à l'amiable, soit imposée par une décision de justice ou par un arbitrage. Et cela, après épuisement de toutes les voies de recours, relatives au dommage causé par un incident **I** si le créancier promet après le dépôt de la caution de cesser toute poursuite contre l'armateur ou l'un quelconque de ses navires pour la même dette et ce, à condition que la somme à payer ne dépasse pas un montant **Y** intérêts et frais inclus. La dernière phrase de chaque lettre de garantie est toujours relative à la juridiction compétente pour connaître du contentieux relatif à la présente lettre pour la mise en œuvre de son contenu. Cette phrase désigne toujours comme compétents, du moins à notre connaissance, le droit anglais et les tribunaux anglais. La raison s'explique de notre point de vue du fait que Londres s'est révélée être l'épicentre de l'arbitrage ainsi que du contentieux maritime commercial. La formule généralement retenue est « *cet accord sera régi par le droit anglais et les tribunaux anglais seront compétents pour connaître et déterminer chaque action engagée par vous pour le respect des stipulations de la présente lettre* »[421]. Bien que cette ultime phrase puisse laisser planer un quelconque doute quant à la sincérité de l'engagement du Club de Protection et d'Indemnité, en réalité il n'en est rien. En effet comme nous pouvons nous en rendre compte au regard de nos précédents développements, les *P&I Clubs* sont soucieux de leur crédibilité et la pratique nous démontre qu'ils s'évertuent toujours à remplir l'engagement pris dans leurs lettres de garantie.

Enfin pour ce qui est de l'aval bancaire, comme nous l'avons noté précédemment, les mentions sont identiques à celle de la lettre de garantie standard à la seule différence que c'est la banque qui s'engage auprès du créancier de la dette de réparation pour le compte du *P&I Club* qui agit lui aussi au profit de son Membre.

De tout ce qui précède il ressort que le *P&I Club* en réalité s'engage ou bien se porte caution deux fois. La première fois par anticipation au travers de la *Blue Card* pour l'assurance obligatoire, et la seconde, au travers de la lettre de garantie, *a posteriori* en cas de réalisation du risque couvert relevant de la responsabilité civile de l'armateur. Donc, la première donne à l'armateur la possibilité d'exercer son activité commerciale, et la seconde permet de réparer les dommages découlant comme la conséquence de cet exercice de son activité en évitant par la

[421] Traduction libre de *"This agreement shall be governed by English Law and the English Hight Court shall have jurisdiction to hear and determine any action brought by you to enforce the provisions hereof"*.

même occasion une saisie ou immobilisation du navire qui entraînerait des conséquences financières importantes pour l'armateur. Ce qui implique qu'on aura en pratique :

- Pour un Paquebot : **(1 PLR + 1 BUNKER) + Lettre de garantie ou aval bancaire**[422]
- Pour un tanker : **(1CLC + 1 BUNKER) + Lettre de garantie ou aval bancaire**
- Pour un cargo : **1 BUNKER + Lettre de garantie ou aval bancaire**

Les avantages de la lettre de garantie sont donc nombreux tant pour le demandeur que pour l'armateur responsable. Comme l'a indiqué THIMOTHY Walker J.[423], il s'agit : a) d'une sûreté au montant négocié et rapidement exécutable, car selon les mentions mêmes de la lettre de garantie, le *P&I Club* s'exécute à première demande, b) qui elle, ne nécessite pas une avance de cash[424] ou de provision bancaire, c) cette sûreté admet le choix consensuel de la juridiction, d) elle permet de prévoir la durée, le coût et les autres dépenses inévitables de la saisie et enfin, e) c'est une sûreté continuelle et sans risque pour le demandeur qui n'aura pas besoin d'exiger d'autres garanties et pourra sans crainte acquiescer à la levée de la saisie.

Au-delà des avantages sus-évoqués de la lettre de garantie, nous pensons qu'il existe un autre effet dont l'importance ou l'impact ne réside pas tant dans la sûreté *stricto sensu* qu'elle constitue, mais aussi de notre point de vue dans le déroulement de la procédure. En effet, à travers son engagement, l'objectif du *P&I Club* est d'éviter l'immobilisation du navire par une saisie. Or la saisie elle-même, relève de la procédure *actio in rem* développée par les tribunaux d'amirauté de Common Law. Ainsi, le fait par lequel le *P&I Club* se porte caution à travers la lettre de garantie, entraîne un basculement de la procédure et on passe alors de l'*actio in rem* à l'*actio in personam*. Ceci implique que désormais, le demandeur possède une sûreté plus importante, car il peut arriver que le montant de la réparation soit supérieur à la valeur du navire au moment de la réclamation. Lorsque ce montant est inférieur ou égal au plafond de réparation, alors le problème est vite résolu. De même, l'avantage de l'*actio in personam* est que le demandeur bénéficie d'une sûreté fiable et solide puisqu'il n'est pas en concurrence avec d'éventuels créanciers privilégiés.

---

[422] NB : aval bancaire si on est dans un contexte où la lettre de garantie n'est pas admise.
[423] Commentaires dans l'affaire The "Oakwell" ; 1 Lloyd's Report, 1999, n°249, p.253, cité par HAZELWOOD Steven J., *op. cit.*, p.287.
[424] NEPIA, Rule 45 (5) (a).

§3 : La garantie proposée par les P&I Clubs, une garantie extensible mais limitée

L'une des nombreuses spécificités des mécanismes de garanties des *P&I Clubs* est le caractère extensible des risques assurables. En d'autres mots, même si l'assurance responsabilité civile des armateurs par les *P&I Clubs* se fait à travers l'énumération claire et précise des risques garantis, il n'en demeure pas moins que certaines situations non identifiées par la police d'assurance peuvent faire l'objet d'une couverture assurantielle. Cela est possible grâce à une clause, la *Omnibus rule* – ou la règle Omnibus – (A). Cependant, la couverture proposée par ces mutuelles n'est pas une garantie *ad vitam aeternam* et peut donc s'éteindre (B).

A/ La OMNIBUS Rule et la Loss Prevention program, de fabuleux outils d'extension des risques couverts par les P&I Clubs

En contrepartie de la bonne attitude de l'armateur qui exploite convenablement son navire et paye régulièrement ses cotisations, les *P&I Clubs* proposent des garanties qui non seulement sont fondées sur un large éventail de risques couverts, mais aussi qui sont extensibles. Cela pose le principe du caractère potentiellement « illimité » des risques garantis par ces Associations, témoignant ainsi de la flexibilité ou de l'adaptabilité des *P&I Clubs*. C'est la vocation même de la *Omnibus rule*. En effet, l'activité des *P&I Clubs* jusqu'ici se révèle être un savant mélange entre rigueur et souplesse. Cette souplesse se matérialise aussi par la règle Omnibus ou *Omnibus rule*, car en principe, les polices ou les *Rules Books* énumèrent les risques couverts et les risques exclus. Ce qui sous-entend que les événements d'infortune qui sont de la famille des risques exclus ou qui ne figurent pas non plus dans celles des risques garantis ne pourront pas être assurés. Cependant, à travers la règle *omnibus rule* les *P&I Clubs* tempèrent toute cette rigueur. Cette règle peut être formulée en ces termes : « *l'Association possède l'absolue discrétion d'indemniser le Membre pour les responsabilités, coûts ou débours tels que visés au second alinéa de l'article 2 même lorsque cette indemnisation n'est pas prévue dans ces articles* (règles) »[425]. Ou encore, et c'est la formulation la plus courante : « *nonobstant toute stipulation contraire contenue dans ces articles, le comité de direction pourra décider que l'Association devra payer au Membre un certain montant, en partie ou en totalité, ou devra assurer ce Membre au regard des responsabilités, coûts et débours relatifs à la propriété, l'exploitation ou la gestion des navires qui surviennent en respect des alinéas (a)(i) à (iii) du*

[425] Traduction libre de l'art.19 de la police du The SWEDISH P&I Club.

préambule de l'article 2 et qui selon l'opinion du comité de direction rentre dans le champ d'activité de l'Association »[426]. Autrement dit, même si un risque n'est pas inscrit dans la police comme étant un risque assuré, c'est-à-dire ne figure pas parmi les risques contenus dans le certificat d'inscription, le *P&I Club* peut tout de même le garantir.

Pour qu'un incident ou événement bénéficie de cette règle, il faut dans un premier temps que soient respectées l'exigence générale qu'est l'inscription du navire, l'adéquation de son exploitation-affectation et la solvabilité de l'armateur au moment du sinistre. Dans un second temps, doit aussi être observée l'exigence spécifique de l'exclusion du risque concerné de la liste des risques garantis. Toutefois rien n'est automatique car les dirigeants de *P&I Club* étudient chaque cas d'espèce isolément et individuellement vis-à-vis de l'armateur qui l'a soumis sans pour autant en constituer une jurisprudence. Cela vise à éviter d'éventuels abus en excluant par exemple les fautes de l'armateur, que celui-ci pourrait essayer de camoufler, de déguiser en les faisant inscrire dans le domaine de la règle *omnibus*. La liberté de choix du comité des dirigeants tient donc ici tout son sens.

Le procédé de validation ou d'incorporation d'un incident dans le champ de la règle *omnibus* se fait en deux étapes. La première est l'unanimité des dirigeants de *P&I Club* [427]. Cette unanimité est absolue, lorsque tous ces dirigeants ont siégé et donné leur accord, et relative, soit lorsqu'elle est obtenue à l'unanimité de ceux ayant participé à la réunion de prise de la décision soit à la majorité absolue des votants selon les règles de chaque Association. La deuxième modalité repose sur l'étendue de l'indemnisation qui peut (toujours à la discrétion des dirigeants) être totale ou partielle, les dirigeants n'ayant pas à motiver leur décision. Cependant, le caractère discrétionnaire de la *Omnibus rule* peut être discuté, remis en cause devant les tribunaux ou soumis à arbitrage, par les armateurs ayant essuyé un refus. Cela semble curieux au point d'interpeller la doctrine indiquée en matière d'assurance des *P&I Clubs*[428] qui se sont posé la question de savoir comment on peut considérer la règle *omnibus* qui relève du pouvoir discrétionnaire comme faisant partie d'un élément substantiel du contrat d'assurance entre un Membre et son *P&I Club* [429]. Nous pensons que ceci est rendu possible ou bien se justifie par la notion d'abus de droit. Ainsi de notre point de vue, si un armateur estime que la décision de rejet du sinistre qu'il a soumis au bénéfice de la règle *omnibus* est infondée et non objective ou alors manifestement discriminatoire, il peut saisir les tribunaux ou l'arbitrage sur

[426] Traduction libre art. 5 du WEST P&I Club ; ou article 5 SHIPOWNER P&I.
[427] SHIPWONER P&I Club, Rules 2016 5(A). WEST P&I Club, Rules 2016; Art.5(i).
[428] HAZELWOOD Steven J. & SEMARK David, "*P&I Clubs rules & practices*" 4th ed., 2010, p.193. Et p.230 pour la 3e édition (2000).
[429] Idem.

le fondement d'abus de droit ou sur celui de manquement à une obligation contractuelle. En effet, nous pensons que même si l'acceptation d'inclusion d'un sinistre dans le champ de la *Omnibus rule* est de la discrétion des dirigeants, ceux-ci sont tenus d'examiner objectivement c'est-à-dire de bonne foi le cas à eux soumis. Sachant que la bonne foi est un pilier du contrat d'assurance en général et du fonctionnement des *P&I Clubs* en particulier, tout manquement à cette valeur fonde donc l'armateur à ester en justice.

L'avantage principal de cette règle est qu'elle permet de bénéficier d'une meilleure assurance, car à travers elle, les *P&I Clubs* adaptent et réévaluent leur prestation en fonction des contraintes des armateurs par la prise en compte des situations non prévues dans le certificat d'admission et/ou la police. L'avantage secondaire, mais non moins important, est la non-limitation en nombre de l'offre de garantie des *P&I Clubs*. Cette possibilité est envisageable à travers l'inclusion dans la liste des risques standards, de ceux qui ne l'étaient pas auparavant.

Illustrations

Parmi les incidents ou accidents admis à bénéficier de la règle OMNIBUS, et qui ont par la suite été incorporés dans la panoplie de risques faisant partie de la garantie proposée par les *P&I Clubs*, nous pouvons citer la clause BIO-CHEMICAL RISKS[430] de 2004. Cette clause qui a été proposée par l'IGP&I lors d'une réunion de 2003 et entrée en vigueur en mars 2004, est désormais acceptée par les treize *P&I Clubs* qui en sont membres. En effet, dans un premier temps, cette clause vise à indemniser l'armateur des dommages subis par le navire et/ou sa cargaison. Dans un deuxième temps il faut que les dommages soient causés par l'usage d'arme chimique, d'arme biologique, biochimique ou électromagnétique. Le navire ou la cargaison ne sont pas forcément victimes, et la clause produit également ses effets lorsque c'est le navire ou sa cargaison qui a été utilisé(e) ou contrôlé(e) pour perpétrer l'attaque.

En réalité il s'agit d'un risque en principe exclu de la garantie *P&I Club,* car la couverture dudit risque incombe à l'assurance corps et machines qui relève du marché traditionnel, ou alors, lorsqu'on a à faire à un *P&I Club* généraliste, elle relève d'une police distincte. Face à la multiplicité de la menace, certains *P&I Clubs* ont accepté de garantir ce risque à travers la règle *omnibus*. Puis à la suite de la proposition de l'*IGP&I Clubs*, les *P&I Clubs* ont décidé d'incorporer une partie du montant nécessaire à la garantie de ce risque dans leur offre de couverture standard. Pour ce faire, le risque de la clause BIO-CHEM est couvert et plafonné à 30 millions $. Ainsi, lorsque l'armateur est tenu de réparer les blessures des marins, les dommages causés à la cargaison ou bien doit engager des frais de justice et toutes

[430] Ou encore formulée par Bio-chem risks.

les sommes nécessaires pour prévenir ou pour minimiser le risque BIO-CHEM, le *P&I Club* garantit jusqu'à hauteur de 5 millions $ tandis que l'excédent jusqu'à hauteur des 30 millions $ est pris en charge par le POOL[431].

Un autre exemple est celui des "*Vietnamese boat people*". Durant la guerre du Vietnam et la crise d'Indochine, un nombre impressionnant de Vietnamiens ont quitté leur pays pour fuir les affrontements. Certains par voie terrestre et d'autres par mer d'où l'expression "*boat people*". Bon nombre d'entre eux naviguaient à vue à bord de petites embarcations, très souvent de fortune, sans savoir où ils allaient. Le pire se produisit : de milliers de morts, d'où une grande indignation internationale notamment en France où un grand mouvement de solidarité, sous l'impulsion d'hommes politiques et de lettres (J. P. SARTRE, Raymond ARON…) mettant de côté leurs divergences, a appelé à la solidarité pour le sauvetage de ces personnes en détresse puis leur accueil en France[432]. Dans cette vague de solidarité, les *P&I Clubs* à travers leur *omnibus rule,* ont autorisé les armateurs à accueillir ces personnes en détresse à bord de leurs navires. C'est ce qui a permis que désormais les *P&I Clubs* inscrivent dans leur police standard la garantie et la prise en charge des dépenses qu'engageraient les armateurs pour secourir des personnes en détresse en mer. Il s'agit notamment de déserteurs, de passagers clandestins ou de réfugiés lorsque cette garantie n'est pas prise en charge par l'assurance sur corps de navire[433]. Mais cela, à la condition que l'armateur y soit légalement tenu[434].

Par ailleurs, au-delà de tout ce qui vient d'être dit, il convient d'ajouter que les *P&I Clubs* ne limitent pas leurs mécanismes de garantie des risques à la seule activité d'indemnisation. Ils participent également à la prévention, élément pertinent quant à la sauvegarde de l'équilibre financier nécessaire à la survie de la mutuelle. À ce titre, ces Associations peuvent être présentés comme étant des **acteurs décisifs dans la prévention des sinistres**.

En effet, au-delà de leur fonction et de leur engagement en tant qu'assureurs des armateurs, les *P&I Clubs*, dans leurs activités quotidiennes, assistent les armateurs quant à l'élaboration et la mise en œuvre de règles pratiques et/ou de bonne conduite, dont l'objectif est la prévention des risques. Pour ce faire, les *P&I Clubs* ont mis sur pied tout un arsenal ou programme, dénommé ***Loss Prevention***. Bien que ne figurant pas dans la liste constitutive des

---

[431] Pour plus d'informations voir : http://www.nepia.com/news/circulars/bio-chem-risks/
ou bien http://www.gard.no/web/publications/content?p_document_id=62974.
[432] Voir journaux télévisés France 2 du 20H d'alors, avec interview de Jean Paul SARTRE
http://rue89.nouvelobs.com/2015/04/24/quand-france-ouvrait-les-bras-a-120-000-refugies-sauves-mer-258841.
[433] SHIPOWNERS *P&I Club, Rules* 2019, Règle 2, section 5 et 6.
[434] GARD *P&I Clubs, Rules 2019*, Règle 32.

risques garantis, ce programme fait partie intégrante de l'activité des Clubs au profit des armateurs. À travers le programme *Loss Prevention*, les Associations font des statistiques des accidents ou incidents qui se sont réalisés les années antérieures, en étudient les causes et les circonstances, font un examen de l'attitude du bord au regard de la pratique ou de la législation afin de bien comprendre chaque situation. Par la suite, ils élaborent des mesures visant à éviter à l'avenir de tels incidents ou accidents, et accompagnent les armateurs pour leur assimilation et implémentation. À travers le programme *Loss Prevention*, les *P&I Clubs* élaborent entre autres, des systèmes de veille à la fois juridique et sécuritaire afin de permettre aux armateurs de naviguer en toute légalité et en toute sécurité. En effet, par la veille juridique, les *P&I Clubs* informent et sensibilisent les armateurs sur les modifications législatives ou réglementaires pouvant les concerner et affecter leur activité. Concrètement, ils analysent, interprètent, et parfois même, font des traductions de textes qu'ils envoient par la suite aux armateurs en ayant pris soin dans la quasi-majorité des cas, d'en faire des synthèses afin de permettre à ceux-là de gagner du temps d'une part et d'évincer toute éventuelle équivoque d'autre part. Au nombre des exemples, outre les cas de modifications législatives *stricto sensu* pouvant intervenir soit du fait des institutions internationales, ou de celui des conventions et des États, nous pouvons citer le cas des régimes d'embargo prononcés à l'encontre de certains États. Quand un embargo est prononcé contre un État, les *P&I Clubs* analysent leur objet et leur incidence, ensuite ils sensibilisent les armateurs des restrictions y relatives afin qu'ils ne fassent pas à leur tour l'objet de sanctions résultant de la méconnaissance ou de la violation de l'embargo en commerçant avec le pays soumis à embargo. C'est le cas par exemple du durcissement par l'UE[435] et les USA de l'embargo et du régime de sanctions prononcées à l'encontre du la Corée du Nord pour ses tests de missiles effectués en début d'année 2016. Dès la publication de cette décision, les *P&I Clubs* après assemblée de l'*IGP&I Clubs* ont informé les armateurs par circulaire interne, en leur fournissant la liste des opérations pour lesquelles ils étaient concernés afin que nul ne les ignore[436]. Par veille sécuritaire, nous entendons le fait par lequel les Associations informent les armateurs après avoir identifié les zones dangereuses parce que marquées par la piraterie ou par des conflits sérieux, puis leur proposent des voies de contournement plus adaptées tout en s'engageant à participer à la prise en charge des frais occasionnés par ce contournement.

À titre d'illustration également, nous pouvons noter l'accroissement depuis quelques années des mesures de prévention concernant la sauvegarde des vies humaines, notamment

[435] Règlement UE du Conseil n°2016/841 du 27 mai 2016.
[436] https://www.skuld.com/topics/voyage--port-risks/sanctions/insight/insight-north-korea sanctions/north-korea-sanctions/

celles des marins. En effet, il a été constaté une multiplication d'accidents graves et assez souvent mortels que ceux-ci subissaient en plus de la recrudescence des maladies à bord durant les voyages. Il a été remarqué que les maladies les plus courantes chez les marins, mais aussi les plus coûteuses, sont les maladies cardiovasculaires. Elles sont causées par l'obésité, le manque d'activité physique et sportive à bord du navire, le tabac, ainsi qu'un régime alimentaire de mauvaise qualité[437]. Ce triste constat est de notre point de vue le reflet ou alors, la conséquence de l'organisation originaire des navires en rapport à leur affectation, c'est-à-dire que les navires sont des bâtiments conçus pour des activités bien précises et en l'occurrence commerciales, ayant pour corollaire une organisation sommaire et limitée du mode de vie à bord, organisation orientée vers la satisfaction de cette affectation commerciale ciblée, sans prise en compte des conditions ou de la qualité de vie à bord. Pour y remédier, les *P&I Clubs* suggèrent donc aux armateurs d'équiper leurs navires d'appareils de sport, de sensibiliser les marins sur les dangers du tabac et parfois de la drogue ainsi que la consommation de l'alcool à bord, de s'assurer de la bonne santé des marins avant leur recrutement ou embarquement par le biais de la PEME[438], et enfin d'inciter les marins au respect d'une bonne diététique. Pour cette dernière recommandation, BRITANNIA P&I Club, à titre d'exemple, édite et diffuse à tous ses armateurs sociétaires, un guide ou une brochure dénommé(e) ***Health Watch*** dans laquelle sont rappelées les bonnes règles d'hygiène à observer au quotidien durant la navigation, les conditions du bon régime alimentaire à adopter, et des recommandations quant à l'attitude à avoir en cas d'infection ou de maladie[439].

En outre, les *P&I Clubs* assistent également les armateurs dans le transport matériel des marchandises qui leur sont confiées. En clair, à travers leur programme *Loss Prevention*, les Associations informent les armateurs sur les caractéristiques et la composition physique et chimique des produits dont ils ont reçu la charge par contrat de transport. À cela s'ajoutent des conseils et prescriptions quant au mode de chargement desdites marchandises, et quant aux conditions idéales de leur conservation. Une illustration peut nous être fournie pour le cas du transport maritime du coton qui comme chaque cargaison nécessite une attention particulière dès le chargement jusqu'à la livraison. En effet, le coton qui constitue environ 40% de la matière utilisée pour la fabrication du textile, requiert une vigilance particulièrement stricte, parce que sa composition chimique complexe fait de lui un produit délicat et capricieux. Le coton est

[437] http://www.swedishclub.com/media_upload/files/Publications/P%26I%20Claims%20Analysis%20web.pdf.
[438] Pre Employment Medical Examination.
[439] Pour plus de renseignements : https://www.britanniapandi.com/assets/Uploads/documents/Health-Watch-Vol-4-Iss-1.pdf.

classé par l'IMDG[440] dans la catégorie des produits dont le symbole correspond au code 4.1 c'est-à-dire produit inflammable, mais aussi dans celui du code 4.2, c'est-à-dire celui appliqué aux produits spontanément combustibles. En plus de sa propension à l'auto-combustion, c'est aussi un produit hygroscopique qui prend donc très facilement de la moisissure alors même qu'il demeure très difficile d'identifier sa teneur en eau qui pourtant représente à peu près 20% de sa composition[441]. Il est donc formellement interdit de fumer à côté de ce produit, et le transporteur doit l'inspecter rigoureusement avant le chargement, de même qu'il doit scrupuleusement respecter des règles d'arrimage et de saisissage, ainsi que de ventilation. En effet, en plus de l'humidité qui le décolore et de la moisissure qui en découle, la chaleur effrite les fibres et peut occasionner un embrasement subit. Selon que le lieu de chargement est un pays chaud ou froid, dont la température diffère de celle du pays de livraison, une attention particulière est donc également requise. Pour un transport efficace donc, les *P&I Clubs* érigent des protocoles et sensibilisent les transporteurs sur les bonnes attitudes à avoir de l'amont à l'aval du transport afin de prévenir tout risque de dommage auquel le coton est naturellement prédisposé.

Malgré la disposition des *P&I Clubs* à être généreux dans leur offre de garantie, si l'armateur se comporte de manière irresponsable ou bien lorsque certaines conditions sont réunies, la garantie prendra fin.

B/ La fin, la cessation et la déchéance de la garantie proposée par les P&I Clubs

À l'instar de nombreux contrats, l'assurance responsabilité civile de l'armateur est conclue avec la stipulation d'un **terme échéant** (plus connu sous l'expression terme extinctif) dont l'atteinte marquera la fin du contrat d'assurance. Ainsi, cette assurance conclue dans la quasi-majorité des cas pour une durée annale, est donc supposée s'éteindre à la date prévue à cet effet, laquelle date dans la pratique est le 20 février à midi. Et même si le renouvellement, toujours par **reconduction expresse** est la règle, il peut arriver qu'un armateur sociétaire d'un *P&I Club* veuille ne pas reconduire l'assurance avec son Club pour l'année d'assurance à venir. Alors, il dispose de la faculté de ne pas renouveler ledit contrat, à condition de le notifier aux

440 IMDG : International Maritime Dangerous Goods.
441 http://www.tis-gdv.de/tis_e/ware/fasern/baumwoll/baumwoll.htm.

dirigeants du Club par un préavis écrit sous trente jours minimum précédant le 20 février midi. Donc au plus tard le 20 janvier à 11h59min.

Cependant, la fin de la garantie par extinction de l'échéance conventionnelle n'est pas exclusive. La garantie peut également cesser en cours d'année de police, avant l'arrivée du terme contractuel. On parlera de la **cessation du contrat d'assurance**, ce qui est l'effet de deux causes : celles incombant à l'armateur ou celles inhérentes au navire assuré. Tout d'abord, les dirigeants des *P&I Clubs* peuvent mettre fin à la garantie lorsque certains griefs sont reprochés à l'armateur. Il s'agit dans un premier temps, du non-paiement de ses cotisations ou de toute somme d'argent à sa charge[442]. En effet, lorsque l'armateur omet de payer une cotisation ou une prime d'assurance selon les cas, ou encore une quelconque contribution financière due au Club, les administrateurs de celui-ci lui notifient par écrit cet état de fait, et proposent une nouvelle échéance pour lui permettre de se libérer. Si cet armateur *solvens* ne s'exécute pas à l'expiration de cette nouvelle échéance, un terme est mis à la garantie dont il bénéficiait jusqu'alors. Dans un deuxième temps, lorsque l'armateur est une personne physique, en cas de décès ou perte de ses facultés mentales, ou encore en cas d'insolvabilité avérée, la garantie cesse à compter de la date de ce décès ou de cette perte. La formule généralement utilisée par les *P&I Clubs* est la suivante : "*If, being an individual, he shall die, or becomes of unsound mind, or otherwise mentally unfit, becomes bankrupt or makes any arrangements or composition with his creditors generally*". Dans un troisième temps, lorsque l'armateur du navire garanti est une société commerciale, alors la garantie cesse automatiquement dès la survenance de l'une des situations suivantes : a) adoption d'une résolution de liquidation de la société (excepté celle visant à sa réorganisation), b) à la suite de l'initiative d'une procédure de redressement judiciaire, c) si la dissolution de la société est constatée, d) à la suite d'une décision de justice prononçant sa liquidation judiciaire, e) en cas de nomination d'un administrateur ou liquidateur judiciaire pour s'occuper de ses actifs et passifs[443].

Ensuite, certaines situations inhérentes au navire assuré peuvent elles aussi entraîner la cessation de la garantie du *P&I Club*. Tout d'abord, en cas de perte totale du navire, la garantie cessera automatiquement, et cela est d'évidence car nous sommes ici dans une situation de perte de l'objet même de la garantie. Si la perte totale du navire dans certaines conditions ne fait aucun doute, par exemple en cas d'explosion ou de naufrage constaté, dans d'autres cas par contre, elle est présumée, ce qui permet donc de distinguer la perte totale effective de la perte réputée totale. Ainsi, du point de vue des *P&I Clubs*, il y a perte totale à l'expiration de dix

---

[442] *North of England P&I Rules 2019, rule 37; Britannia P&I Club, Rules book 2019, rule 33(1).*
[443] *The Shipowners Rules 2019, rule 46(1)(B); Britannia rules 2019, rule 33(3).*

jours suivant la date de ses dernières nouvelles, ou bien lorsqu'il est considéré perdu par le *Lloyd's*[444]. C'est aussi le cas à la suite d'une décision d'abandon du navire par son propriétaire, ou bien lorsque les assureurs corps décident de le classer en tant que perte réputée totale, par exemple lorsque le montant des réparations atteint au moins 80% de la valeur agréée du navire[445]. De même, lorsque l'armateur perd le droit de propriété sur le navire à travers la vente par exemple, ou bien lorsqu'il perd l'intérêt juridique de gestion[446] et/ou de contrôle, c'est l'exemple d'un affrètement coque nue, de la réquisition par un gouvernement. Alors, la garantie dont il bénéficie auprès de son *P&I Club* cesse automatiquement, parce que dans une telle situation, il perd son intérêt assurable. Or comme nous l'avons précédemment vu dans le tout premier chapitre de cette thèse, l'intérêt assurable est une condition nécessaire que doit posséder celui qui veut souscrire une assurance pour garantir la chose qu'il veut protéger. Ensuite, en cas d'hypothèque du navire[447], la garantie cessera également, sauf si le *P&I Club* s'engage à garantir les fonds ayant donné lieu à la constitution de ladite hypothèque[448]. Enfin, lorsque le navire perd la première cote (ou bien que celle-ci est suspendue) d'une société de classification approuvée par le *P&I Club*, la garantie du Club cessera dès la perte de cette cote ou de sa suspension[449].

Il existe une cause de cessation de garantie plutôt accessoire et qui ne constitue qu'un cas d'école parce que très rare. Il s'agit de ce que les *P&I Clubs* appellent <u>*sanction*</u>. C'est l'hypothèse selon laquelle le *P&I Club* peut être sanctionné s'il conserve sa garantie au profit d'un navire ou bien d'un armateur. La clause qui y fait référence est généralement formulée comme suit : "*If by virtue of any sanction, prohibition or any adverse action by a state, international organisation or other competent authority, the Association is prohibited from insuring the Entered Ship*". Il peut en être ainsi en cas d'embargo imposé contre un pays avec qui il est interdit de commercer. Mais ce type mesure est doublement exceptionnel car d'une part, n'est pris que par un nombre restreint d'États, qualifiés de *"Major Powers"* à savoir : le Royaume-Uni, les États-Unis d'Amérique, la France, la Fédération de Russie, et la République populaire de Chine[450]. En réalité, seuls les États-Unis, le Royaume-Uni et l'Union Européenne sont les plus adeptes de cette mesure. D'autre part, quand elles sont prises, ces mesures doivent concerner les transporteurs maritimes, à qui interdiction est faite de transporter des

444 *The Shipowners Rules 2019, rule 46(3)(A, B,C,D).*
445 *Gard Rules P&I 2019, rule 25 (2)(d).*
446 *Britannia P&I Rules 2019, rule 34(1).*
447 *Gard P&I Rules 2019, rule 25 (2)(g).*
448 *Britannia P&I rules 2019, rule 34(5).*
449 *Nepia P&I rules 2019, rule 38(f); Gard P&I Rules 2019, rule 25 (2)(h); Britannia P&I rules 2019, rule 34(5).*
450 *Gard P&I Rules 2019, rule 25 (4).*

marchandises en provenance ou à destination des États cibles de l'embargo. Cela n'exclut donc pas la possibilité de sanction contre les assureurs desdits transporteurs, et c'est justement de ces sanctions, que les *P&I Clubs* veulent se prémunir à travers une telle clause. Bien souvent, il faut le regretter, lorsque des navires sont saisis dans un tel contexte, c'est moins pour des raisons absolument juridiques que pour des raisons marquées au fer de la géopolitique. En effet, les navires ou leurs armateurs sont souvent victimes des conséquences d'un embargo imposé à un État. Les conséquences sont nombreuses, parmi lesquelles des dommages collatéraux à l'encontre des armateurs, et des tierces parties, généralement des personnes privées à l'instar des chargeurs ou vendeurs internationaux qui non seulement subissent des dommages, mais également perdent l'assurance à laquelle elles auraient eu droit en temps normal. C'est une situation que déplore le Groupe International des *P&I Clubs* qui, eu égard par exemple à la frustration découlant du contexte géopolitique entre les États-Unis et l'Iran depuis les années 2015, entreprit de nombreuses missions de sensibilisation des autorités américaines, européennes et britanniques quant aux effets pervers desdites sanctions sur des personnes qui ne sont nullement impliquées[451]. En effet, les armateurs et leurs clients chargeurs sur le plan *stricto sensu* ne font pas du commerce prohibé parce que leur activité n'est pas illégale. Elle le devient seulement à cause d'une décision politique, qu'ils subissent sans en être les destinataires.

Hormis les cas de perte et de cessation de la garantie des *P&I Clubs*, il existe une troisième situation que nous qualifions de **déchéance de garantie**. Ainsi, l'armateur perd la garantie de son *P&I Club*, s'il s'est rendu coupable de transport dangereux ou imprudent. Il peut s'agir de sa participation à un commerce illicite, au transport de cargaisons avec la conscience qu'elles proviennent de la contrebande, lorsqu'il contrevient à un blocus ou un embargo, en cas de voyage dangereux c'est-à-dire lorsqu'il navigue dans des zones crisogènes sans accord préalable des dirigeants du Club[452]. Il en sera également de même, en cas de non-respect par l'armateur des consignes de sécurité émises par les *P&I Clubs* à travers leurs différentes alertes.

À l'instar du marché traditionnel de l'assurance, les polices des *P&I Clubs* peuvent contenir des clauses d'**exclusions de garantie**. Cependant, le lecteur s'en apercevra lorsque nous analyserons la garantie du risque de guerre par exemple, ces exclusions de garantie peuvent être levées dans certaines conditions avec paiement d'une surprime. C'est pourquoi il ne nous semble pas pertinent d'étudier les exclusions de garantie car, d'une part, elles ne sont

[451] IGP&I Clubs Annual review 2017/2018, pp.14-15.
[452] *Britannia rules 2019, rule 22.*

pas toujours communes à tous les *P&I Clubs*, de même que selon qu'il s'agisse d'un *P&I Club* généraliste ou standard, certains risques peuvent être garantis d'office par l'un et exclu par l'autre, d'autre part, le risque qui est aujourd'hui exclu ne le sera pas obligatoirement demain. Cela démontre la flexibilité des *P&I Clubs* qui est consacrée en pratique par la *Omnibus rule* que nous avons précédemment analysée.

Au-delà de tous nos précédents développements, nous pourrons dire qu'afin de pouvoir bénéficier de la garantie de son *P&I Club*, l'armateur doit être assuré contre le risque dont il sollicite indemnisation. Quelles sont donc ces garanties offertes par le *P&I Club* ?

Titre 2 : L'assurance responsabilité civile de l'armateur : une couverture fondée sur un large éventail de risques susceptibles d'être couverts par les P&I Clubs

La diversité des transports (passagers, marchandises) réalisables par mer, la multitude des activités (pêche, forage off-shore entre autres) menées en mer, la profusion quant au nombre de navires[453], ainsi que les nombreuses différences existant entre les uns et les autres (cargo, méthaniers, pétroliers, paquebots, vraquiers etc.), voire les caprices des phénomènes de la météorologie, sont autant d'éléments qui soumettent les armateurs à des risques importants et variés, et que les *P&I Clubs* s'engagent à garantir lorsque ces risques relèvent de la responsabilité civile des armateurs. Les autres risques, notamment l'assurance dommage comme l'assurance corps et machines par exemple, ou celle sur facultés, sont pris en charge en principe par le marché traditionnel. Mais quels que soient les événements ou situations, la couverture apportée par les *P&I Clubs* porte en principe uniquement sur des risques nommés c'est-à-dire expressément identifiés et prévus par écrit dans la police, notamment le certificat d'inscription.

Avant d'aller plus loin, il nous semble primordial de poser ici une petite clarification de terminologie, apparemment anodine, mais revêtant selon nous une importance cruciale. Il s'agit des notions *garantie P&I* et *garantie de P&I Club*. La **garantie de P&I Club** est constitutive de l'ensemble des prestations et garanties qu'offre un *P&I Club* et qui répondent à des besoins qui ne sont pas exclusivement dédiés aux armateurs mais qui visent le plus grand nombre possible d'activités menées en mer ou en lien avec la mer. À titre d'illustration, des Associations généralistes, comme c'est le cas de Gard P&I Club, au-delà des prestations destinées aux armateurs garantissent également l'exploration et l'exploitation offshore, la construction navale, et fournissent également des solutions à l'endroit des compagnies exploitantes de pétrole ou de gaz. La **garantie P&I** quant à elle est exclusivement dédiée à l'assurance responsabilité civile des armateurs pris dans leur conception stricte (en tant que propriétaires ou gérants de navire). Cette garantie est identifiée au regard des *Rules books* des *P&I Clubs* qui pour certains d'entre eux la rangent dans une classe précise. Chez Britannia P&I Club par exemple, la garantie P&I appartient à la classe 3 ; chez Steamship P&I Club elle est référencée par la classe 1 et enfin à la classe 5 chez The London P&I Club. Les Clubs qui ne l'identifient

[453] A titre d'exemple pour l'année 2017, Britannia P&I Club garantissait à lui seul environ 3100 navires représentés par : vraquiers 36%, pétroliers 17%, méthaniers et autres 14%, porte-conteneurs 27%, navires cargo polyvalents 5% et autres 1%. Source: Britannia P&I annual report 2017.

pas à travers le procédé de classe, le font dans leurs *Rules books* à travers l'intitulé *Protection & Indemnity cover*. De tels classements ou intitulés, permettent d'identifier la catégorie de la garantie à laquelle il est fait allusion. Autrement dit, ceci permet par exemple, de distinguer les différentes garanties des *P&I Clubs* ainsi que les garanties P&I entre elles. En effet, nous devons noter, par exemple, qu'il existe une garantie P&I dédiée aux armateurs (propriétaires et/ou fréteurs selon les cas), une autre réservée aux affréteurs. Certains Clubs[454] distinguent même la garantie P&I dans sa forme mutuelle de celle dans sa forme dédiée à la prime fixe.

De la distinction ainsi posée, il ressort que pour la suite de nos développements, c'est la garantie P&I qui nous intéresse. Si notre observation ou comptage s'est avérée juste, nous dirons que la garantie P&I couvre environ vingt-cinq risques divers et variés. Les uns relatifs aux navires, certains portant sur les cargaisons, d'autres relatifs aux personnes, ou encore quelques-uns portant sur la contravention de grande voirie, aux atteintes à l'environnement, ou encore concernent les pertes financières. Il est évident que l'étude complète de l'ensemble des risques couverts par les *P&I Clubs* est impossible dans le cadre cette thèse, de même qu'essayer d'envisager la garantie P&I dans son entièreté ne nous semble pas pertinent. D'abord, l'évolution ou le dynamisme du marché peut entraîner à l'avenir soit une augmentation des risques garantis, soit éventuellement l'exclusion de certains autres. Aussi, essayer d'analyser tous les risques génèrerait de nombreuses répétitions et doublons inutiles, potentiellement gênants. Ainsi, nous avons dans un souci de clarté, opté de manière subjective pour une séparation des risques garantis par les *P&I Clubs* en deux grands groupes. Pour y voir plus clair donc, nous étudierons dans un premier temps les risques ordinaires que garantissent les *P&I Clubs* (chapitre 1), puis dans un second temps, nous exposerons les risques additionnels (chapitre 2). Mais auparavant, précisons que risques ordinaires et risques additionnels sont tous disponibles, lorsqu'ils naissent en lien avec le navire inscrit.

[454] Le cas de STEAMSHIP P&I.

Chapitre 1 : Les risques ordinaires pris en charge par les P&I clubs : garantie standard proposée par les Clubs et fondée sur une assiette étoffée

Par risques ordinaires, nous entendons les garanties P&I standard qui, exceptés quelques détails marginaux, sont communes à tous les *P&I Clubs*. Pour mieux comprendre ce qu'il en ressort, nous étudierons dans un premier temps les risques ordinaires de base (section 1) puis dans un second temps les risques ordinaires complexes (section 2) généralement accessoires et complémentaires des premiers.

Section 1 : Les risques ordinaires de base : garantie générique proposée par les P&I Clubs

En nous positionnant sur le terrain du transport maritime, nous serons amenés à voir d'une part les risques relatifs aux personnes (§1), et d'autre part, ceux relatifs à la cargaison (§2).

§1 : La garantie P&I des risques relatifs aux personnes

Au chapitre des risques relatifs aux personnes, toujours basés sur un ordre subjectif nous verrons tour à tour les risques relatifs à l'équipage (A), aux passagers (B) et enfin aux autres personnes se trouvant à bord autres que ceux susvisés (C).

A/ Les risques quant à l'équipage

L'armateur étant un commerçant c'est-à-dire un professionnel, de même qu'être marin est un véritable métier, il est donc logique voire obligatoire que l'armateur et les membres de l'équipage de son navire soient tous liés par un contrat de travail. Pourtant, même s'il est banal de rencontrer sur un même navire des marins provenant de près d'une dizaine de nationalités différentes, il n'existe en la matière ni de loi, ni de convention internationale harmonisant *stricto sensu* la pratique. De ce fait, le recrutement des marins peut se fonder sur une multitude de textes eux-mêmes issus de sources très variées. C'est ainsi qu'on pourrait avoir des contrats de travail purement sous seing privé, d'autres négociés entre l'armateur et l'association des marins ; certains encore proviennent de l'application des conventions collectives[455] nationales

[455] En anglais CBAs : Collective Bargaining Agreements.

impliquant des armateurs qui, pour la plupart sont membres de l'ITF[456]. Dans d'autres contextes, certaines clauses desdits contrats bien que négociées entre employés et employeurs sont d'ordre public parce qu'émanant de dispositions péremptoires des lois ou de la constitution de l'État du pavillon[457], des conventions internationales telles que l'OIT, qui a élaboré et fait adopter une convention spécialement dédiée au travail maritime appelée convention du travail maritime, en Anglais *"Maritime Labour Convention"* et en abrégé MLC 2006[458]. Enfin, le contrat de travail du marin trouve aussi un de ses fondements dans la Common Law qui dans certains pays comme l'Angleterre ou plus particulièrement les USA, oblige l'armateur qui a payé une indemnisation contractuelle à un marin, à payer également une autre indemnité additionnelle dite indemnité Common Law[459]. En effet il s'agit d'un système de double sanction à l'encontre d'un armateur lorsque, par exemple, un membre de l'équipage de son navire est blessé ou décédé à cause de l'innavigabilité du navire. Dans un tel cas par exemple, cet armateur sera tenu, sur la base du contrat, d'indemniser le marin blessé ou bien de verser à sa famille des dommages et intérêts. Et en plus de cette sanction, il devra payer auprès des juridictions une *"Common Law compensation"*[460].

Peu importe la source du contrat de travail d'un marin, celui-ci peut, comme tout contrat classique, être à durée déterminée ou à durée indéterminée. Cependant, il revient à chaque armateur de tout mettre en œuvre, pour garantir la paix sociale[461] entre les marins qui constituent l'équipage de son navire, en prévenant les tensions susceptibles de naître du fait de l'hétérogénéité des conventions, lois ou textes réglementaires ou encore de la protection dont bénéficie chaque marin : il en va de la sécurité et de la sûreté à bord. En d'autres termes, certaines administrations, comme c'est le cas par exemple des Philippines à travers le POEA[462], élaborent à travers des contrats-types, des conditions et traitements minima auxquels à droit tout marin national. Si ces conditions sont très strictes, certaines administrations telles que celles du Liberia ou de Panama se révèlent beaucoup moins exigeantes.

Les *P&I Clubs* dans leurs polices parlent soit de *crew* ou de *seamen* pour identifier les marins tout en donnant une définition dont les termes sont quasi identiques. À ce propos, et

---

[456] ITF : International Transport Federation.
[457] GOLD Edgar, *"Gard Handbook on P&I Insurance"*, 5th ed., 2002, p.240. L'auteur met par exemple en exergue la Constitution norvégienne dont l'article 110 impose au gouvernement norvégien de tout mettre en œuvre pour permettre à toute personne en mesure de travailler de trouver un emploi décent ainsi qu'un traitement salarial et une couverture sociale adapté(e).
[458] Cette convention a été récemment amendée à l'issue d'une réunion tripartite tenue à Genève du 23 au 27 avril 2018.
[459] GOLD Edgar, *op.cit.*, pp.241 à 250.
[460] Que nous traduisons par : indemnité (ou dédommagement) Common Law.
[461] MLC 2006, art. IV.2., du préambule, « *Tous les gens de mer ont droit à des conditions d'emploi équitables* ».
[462] Philippines Overseas Employment Administration.

selon GARD P&I[463] par exemple, "*crew corresponds to officers, including the master and seamen contractually obliged to serve on board the ship, including substitutes and including such persons while proceeding to or from the ship*". Pour le NEPIA[464], "*Seaman is a person (including the Master) engaged under articles of agreement or otherwise contractually obliged to serve on board an entered ship (except persons engaged only for nominal pay) including a substitute for such person and also including such persons while proceeding to or from such ship*"... Une définition similaire nous est proposée par le Professeur Alain LE BAYON qui définit l'équipage comme étant l'ensemble des marins professionnels salariés à bord d'un navire de commerce, de pêche ou de plaisance[465]. Des différentes définitions qui précèdent, nous pouvons observer que pour bénéficier de la garantie P&I dédiée aux marins, laquelle répond aux exigences des dispositions de la MLC 2006 relative aux gens de mer, l'armateur devra prouver que ceux-ci et lui sont liés par un véritable contrat de travail quel que soit le texte ou la loi qui l'organise, que la prestation ou le travail que fournissent ces marins est conforme à l'affectation du navire, mais également que ce navire demeure inscrit au moment de la réclamation. De plus, et cela est primordial, les termes et accords protégeant le marin lorsqu'ils sont inclus dans le contrat de travail, alors qu'ils ne sont pas prévus dans les textes susvisés, devront préalablement être approuvés par les dirigeants du *P&I Club* [466]. Et lorsque ces conditions sont réunies, l'armateur bénéficie alors entre autres prestations de son Association, d'une assurance responsabilité civile qui prend en charge les marins employés sur le navire inscrit en cas de blessure, maladie ou décès[467]. Concrètement, les *P&I Club* garantissent au profit des armateurs, au regard de leurs obligations légales et/ou contractuelles, les frais médicaux pour soigner les marins blessés ou malades, de même qu'ils prennent en charge les frais d'évacuation lorsque cela s'impose, notamment à cause du fait de la gravité de la blessure ou de la maladie, ou encore parce qu'à cause d'une avarie subie par le navire il devient impossible de le soigner sur place. Donc tous les frais annexes au traitement *stricto sensu,* tels que ceux occasionnés par le transfert aérien via hélicoptère par exemple, sont également garantis et quelle que soit la structure hospitalière c'est-à-dire publique ou privée dans laquelle le marin est pris en charge. Bien que les *P&I Clubs* ne refuseront pas de prendre en charge tous ces frais mêmes lorsqu'ils s'avèrent particulièrement élevés, les armateurs sont tout de même tenus de suivre les recommandations que ces mutuelles émettront quant au choix de l'hôpital

---

[463] Gard Rules, art.1.1.
[464] NEPIA, Rule 2(1).
[465] LE BAYON Alain, « *Dictionnaire de droit maritime* », Presse Universitaire de Rennes, 2004, p.110.
[466] GARD P&I Club, Rules 2018, rule 27 §1(f)(i) ; HAZELWOOD J. Steven & SEMARK David, *op. cit.*, n°10.152, p.165.
[467] Entre autres, The Shipowner P&I Club, rule 2 (1).

ou de la clinique[468]. En outre en cas de décès, seront pris en charge les frais de rapatriement de la dépouille ainsi que les frais d'inhumation et des funérailles qui en principe sont à la charge de l'armateur selon les termes de la norme A4.2.1 de la MLC 2006. Dans certaines conditions telles qu'entre autres la saisie du navire, ou bien la rupture conventionnelle du contrat de travail, ou encore en cas de vente du navire inscrit, l'Association prend en charge le rapatriement du marin[469].

Si par extraordinaire, le contrat de travail du marin est rompu en conséquence de la perte totale du navire inscrit à la suite d'un accident, ou encore à cause d'une saisie vente, au-delà des frais de rapatriement précédemment évoqués, le salaire de ce marin sera également pris en charge par le *P&I Club* de son armateur. Ce salaire pour le cas de Gard P&I Club sera équivalent à un mois de salaire[470], pendant que chez Britannia P&I Club, une telle indemnité salariale ne dépassera pas deux mois de salaire[471]. Pour les mois suivants, cette prestation devra être garantie par le système de sécurité sociale du pays du droit de travail du marin. À ce sujet, il existe de nombreuses disparités car si dans certains pays – ceux de Common Law en général et scandinaves en particulier –, il existe des lois spéciales relatives à l'emploi des marins, dans d'autres pays cela ressort du cadre légal général[472]. À titre d'illustration, lorsque pour les raisons sus-évoquées la durée du voyage est plus courte qu'initialement prévu, le marin norvégien au regard du *Norwegian seamen's Act* bénéficiera de son salaire pour le restant de la durée du contrat[473]. Au Danemark, la solution est identique[474] et si en outre pour quelque raison que ce soit l'effectif des marins est réduit par rapport à celui initialement convenu, le salaire du ou des marins non remplacé(s) sera divisé proportionnellement au profit des marins ayant réalisé le voyage, sauf s'il est démontré par l'armateur qu'ils n'ont pas réalisé individuellement un surplus de tâches malgré la réduction des effectifs[475].

Par extension, certaines personnes sont assimilables au marin, notamment lorsqu'elles se trouvent à bord du navire pour réaliser une tâche ou mission qui incombe *a priori* à l'armateur. C'est le cas par exemple des dockers recrutés pour la manutention de la cargaison dans les cales du navire ou quelquefois de l'aconier, qui peuvent selon les cas bénéficier d'une

---

[468] GOLD Edgar, "*Gard Handbook on P&I Insurance*", 5th ed., 2002, n°15.7.2 p.257.
[469] NEPIA, Rules 2019, rule 19 (d)(i) & (ii).
[470] GOLD Edgar, *op.cit.*, p.260.
[471] Britannia P&I Club, Rules 2019, règle 19 (1)(B).
[472] Ce sera à notre avis l'exemple de la France où il n'existe pas en notre connaissance de texte spécial sur l'emploi des marins.
[473] Norwegian Seamen's Act of 30 May 1975 no.18, Chapter 2 "*The employment agreement*", §21.
[474] Chapter 2, section 22 (3) *Danish Seamen's Act*, dont la version actuellement en vigueur est celle amendée le 12 mai 2010.
[475] Idem, section 23.

prise en charge assimilable à celle qui bénéficie aux marins[476]. De même, lorsque le marin est hospitalisé dans une ville ou un pays autre que son lieu de résidence habituelle, les frais de visite de son conjoint ou de sa conjointe son également pris en charge par le *P&I Club* sous réserve d'avis médical qu'une telle visite est de nature à participer, à favoriser un prompt rétablissement[477]. En contrepartie, et après consultation du *P&I Club*, le visiteur devra jouer un rôle d'escorte du malade durant l'opération de rapatriement au lieu d'un accompagnement réalisé par un professionnel de santé qui est forcément plus coûteux[478].

Les bagages du marin sont également pris en charge, excepté certains objets qui, sauf avis contraire par écrit du *P&I Club*, sont exclus de la garantie. Il s'agit des grosses sommes d'argent liquide dont le montant est prédéterminé, des métaux rares et/ou précieux comme l'or, le diamant, ou tout objet de change[479]. Le montant garanti par les *P&I Clubs* peut sur accord du directoire, s'élever jusqu'à hauteur de $5000[480].

B/ Les risques quant aux passagers

Le transport de passagers par mer selon qu'il s'agit d'un transport international, national, ou bien régional trouve ses sources soit dans les conventions internationales, soit dans la législation nationale[481], soit selon les cas à travers des dispositifs réglementaires régionaux[482] ou encore selon les règles de Common Law[483]. Ainsi, pour que ce transport puisse bénéficier de la protection juridique qui convient, il existe une condition fondamentale selon laquelle l'opération de transport doit reposer sur un contrat : le contrat de transport ou de passage. Ce contrat de transport de passagers par mer est constaté par un titre de transport qui dans la très grande majorité des cas comporte les mentions des obligations dudit contrat à la charge du transporteur et au profit du passager. A ce propos est passager maritime (a) « *toute personne transportée sur un navire, en vertu d'un contrat de transport, (b) ou qui, avec le consentement du transporteur, accompagne un véhicule ou des animaux vivants faisant l'objet d'un contrat de transport de marchandises non régi par la présente convention*[484] ». Aux termes des

[476] LONDON P&I Club, Rules 2018, rule 9.2.2.
[477] GOLD Edgar, "*Gard Handbook on P&I Insurance*", 5th ed., 2002, n°15.7.3, p.257.
[478] Idem.
[479] UKP&I Club, Rules 2018, rule 2 section 5 B(a).
[480] The Shipowners Club, Rules 2019, règle 2(1)(D).
[481] Exemple du code des transports, ou du règlement européen du 23 avril 2009, art.2.
[482] Exemple du règlement CE n°392/2009 du Parlement Européen et du Conseil, du 23 avril 2009, relatif à la responsabilité des transporteurs de passagers par mer en cas d'accident.
[483] GOLD Edgar, *op. cit.*, n°16.1, p.268.
[484] Art. 1.4 Convention d'Athènes de 2002 relative au transport par mer de passagers et de leurs bagages.

dispositions de ce texte, il ressort clairement que le passager client peut être face à deux opérateurs c'est-à-dire celui avec qui il conclut le transport d'une part, et celui qui réalise le passage d'autre part. On distinguera donc le transporteur contractuel du transporteur substitué qui est donc celui qui réalise effectivement tout ou partie du voyage[485]. Il s'agit d'une situation très courante qui s'observe en pratique au regard du développement ainsi que de la démocratisation de la croisière, de l'agence de voyages, du *tour operator,* entre autres, qui ont tous en commun d'avoir comme activité de vendre des prestations de voyage dans certains cas et dans d'autres, de vendre cumulativement au voyage un ensemble de prestations qu'ils ne réalisent pas eux-mêmes matériellement. Quoi qu'il en soit, il est acquis que le transporteur contractuel lorsqu'il n'est pas lui-même celui qui réalise le passage demeure responsable à l'égard du passager en vertu du contrat de transport qui les lie[486] et sans préjudice de son droit à exercer une action récursoire[487] contre son partenaire régulier ou occasionnel : le transporteur substitué. Même si le transporteur effectif/substitué est assujetti par les dispositions de la Convention d'Athènes, il peut également s'en prévaloir pour la phase du transport qu'il effectue lui-même[488]. En d'autres termes, autant le transporteur maritime est face à des contraintes qu'il doit assumer, autant il bénéficie également des dispositifs de cette même Convention qui pour certaines sont de l'essence même du droit maritime notamment le droit à limitation de responsabilité.

Si à l'égard du passager, le transporteur maritime est débiteur d'une obligation de sécurité de résultat[489], il demeure également responsable des dommages ou pertes relatives aux bagages de celui-là bien que cette responsabilité soit établie au cas par cas. En effet, lorsque le dommage ou sinistre résulte d'un événement maritime tel que défini à l'article 3 §5(a) de la Convention d'Athènes la responsabilité de l'armateur est objective et de plein droit, à charge pour lui de démontrer la cause externe du dommage. Par contre, pour les dommages nés d'un événement non maritime, le transporteur est responsable si le passager démontre sa responsabilité[490].

Concrètement, la Convention d'Athènes rend l'armateur responsable en cas de préjudice résultant de la mort, de blessures du passager, ainsi que des dommages ou pertes subis par ses

[485] Art. 1.1 c) Convention d'Athènes, *op. cit.*
[486] Art. 4 Convention d'Athènes.
[487] CA. Nancy, 2e ch. civ. 20 janvier 2011, affaire navire *Sea Diamond*, N° 08.3327, obs. Stéphanie SCHWEITZER, DMF, n°738, 1er juillet 2012.
[488] Art.4.1 Convention d'Athènes.
[489] Cass., civ. 1re, 18 juin 2014, vedette *Le cristal*, n°13.11898, DMF n°761, 1er septembre 2014, obs. P. BONASSIES p.755.
[490] Convention Athènes, art.3§2.

bagages, de même qu'en cas de retard[491] occasionnant un préjudice au passager. En réponse à cette responsabilité, et pour lui permettre de surmonter de telles difficultés, le *P&I Club* garantit pour le compte de ses armateurs Membres les risques sus-indiqués. Ainsi, en cas de blessures personnelles ou de maladie d'un passager, le *P&I Club* garantira donc tous les frais médicaux, d'évacuation et éventuellement d'hospitalisation. De ce fait si décès s'ensuit, les frais funéraires ainsi que ceux de rapatriement de la dépouille en cas de besoin seront eux aussi pris en charge par le Club[492]. Dans le même ordre d'idées, lorsque le passage ne peut être poursuivi pour les raisons sus-indiquées, ou bien à la suite d'un abordage, d'un incendie par exemple, seront aussi garantis par l'Association les frais relatifs au retour du passager à son port d'embarquement ou bien son transfert pour le transporter jusqu'au port de destination[493]. Dans le même sens, en réponse à la responsabilité du transporteur maritime, les frais relatifs aux bagages des passagers en cas de perte ou de détérioration seront assurés par le *P&I Club* [494].

Le bénéfice de cette garantie *P&I* au profit du passager n'est disponible que si certaines conditions spécifiques sont observées. Tout d'abord, l'incident ou l'événement générateur du risque doit se produire durant la phase de responsabilité de l'armateur à savoir en ce qui concerne le passager et ses bagages de cabine, si lui et son bagage sont déjà à bord du navire, ou bien dès le début de l'embarquement jusqu'au débarquement au port de destination[495]. En ce qui concerne les bagages de cabine ou les autres bagages, dès qu'ils sont pris en charge par l'armateur ou ses préposés[496] jusqu'à leur livraison à destination. Ce qui implique que dans un contexte de chaîne de contrats tel un contrat de croisière ou touristique par exemple, l'armateur ne répondra que des risques réalisés durant le passage et non pas de la mort, des blessures ou maladie survenues durant une excursion[497]. De même il n'y aura pas de garantie si ces dommages surviennent durant un transport aérien, sauf si un tel transport est effectué en vue d'une évacuation d'un passager maritime[498] dont la maladie, la blessure ou bien de manière générale la cause de l'évacuation s'est produite durant la phase de transport. De même, si l'armateur démontre son absence de faute c'est-à-dire en cas de fait du prince ou de faute d'un tiers[499], ou que les risques résultent en tout ou partie de la faute du passager[500], il pourra

[491] Art. L 5421-2 c. transp. ; voir aussi T. commerce de Marseille, 9 novembre 2004 navire *ENTMV Tipasa*. DMF n°668, mars 2006, p.234 suiv. Obs. François-Xavier PIERRONNET.
[492] UK P&I Club, rules 2018 rule 2, Section 1 C (i)(ii). The SWEDISH P&I Club, rules 2018, rule 3 section 5.
[493] NEPIA, rules 2018 rule 19(3) (c)(i) ; GARD P&I, rules 2018, rule 28 (b).
[494] GARD P&I, rules 2018, rule 28 (c).
[495] Conv. Athènes, art. 1.8 (a).
[496] Conv. Athènes, art. 1.8 (b) et (c).
[497] UK P&I, rules 2018, rule 2 section 1 (C) (c).
[498] NEPIA, rules 19(3) A(i) (ii) ; SWEDISH P&I rule 3 section 5 (b).
[499] Art.3 a et b Convention Athènes ; art. L5421-4 Code des Transports.
[500] Art.6 Convention Athènes.

s'exonérer et cette garantie P&I ne sera pas invocable. Dans le même ordre d'idée, les bijoux et objets précieux ne sont pas assurés dans cette police[501] *P&I* et pourraient l'être sous une clause spéciale après approbation du directoire de l'Association. Enfin, l'armateur ne doit pas contracter une quelconque responsabilité qui outrepasserait les plafonds légaux, étant donné que les *P&I Clubs* sauf acceptation expresse de leurs dirigeants ne garantissent ces risques qu'à hauteur des limites légales. Ceci implique que si un transporteur maritime de passagers souhaite faire bénéficier à ses clients d'un acte commercial qui pourrait alourdir sa responsabilité, il devra non seulement aviser son *P&I Club* mais aussi obtenir son autorisation. De même lorsqu'il a un doute sur l'étendue de sa responsabilité civile ou sur l'interprétation des textes ou encore sur les mentions à insérer sur le billet de passage[502], il devra se renseigner à ce sujet auprès de son *P&I Club* qui pourra mettre à sa disposition non seulement son expérience mais aussi ses juristes et/ou avocats. Enfin, les blessures, maladie ou décès de personnes à bord d'un autre navire que celui inscrit par l'armateur Membre, ne sont pas garanties si cela résulte d'un abordage ou d'un événement auquel celui-ci n'est pas impliqué et sa responsabilité pas engagée[503].

C/ Les risques quant aux autres personnes se trouvant à bord

À bord d'un navire, peuvent se trouver plusieurs catégories de personnes en dehors de celles qui sont à bord parce que liées à l'armateur par un contrat de travail à l'instar des membres de l'équipage, ou celles possédant un billet de passage comme c'est le cas des passagers.

Tout d'abord, il n'y aura en principe pas d'assurance au profit de personnes se trouvant à bord d'un navire en raison d'un contrat de travail avec une entité autre que l'armateur assuré. C'est le cas souvent des réparateurs navals à bord d'un navire pour réaliser des travaux de maintenance ou de réparation. Ceux-ci ne bénéficieront d'une garantie *P&I* que s'il y a eu par contrat écrit, et validé par l'Association, un transfert de responsabilité entre l'armateur et le chantier naval[504].

Ensuite certaines personnes à bord d'un navire pour des raisons commerciales ou non, avec ou sans lien avec l'armateur, peuvent malgré la brièveté de leur présence sur le navire bénéficier de prestations du *P&I Club* lorsque l'armateur ou ses préposés ont failli à leur

[501] NEPIA, rules 2018, rule 19 (3) b.
[502] UK P&I, rules 2018, rule 2 section 1 C (a).
[503] UK P&I, rules 2018, rule 2 section 1 B (c).
[504] The London P&I Club, rules 2018, rule 9.2.1.1.

obligation de sécurité. À condition que cette présence soit dûment autorisée par le *P&I Club*[505], il est par exemple ici fait référence aux visiteurs du navire, aux inspecteurs, aux avocats de l'armateur dudit navire, aux acheteurs du navire inscrit, qui bien que la présence à bord ne soit gouvernée par aucun contrat doivent pouvoir bénéficier d'une protection de la part de l'armateur, laquelle trouvera ses fondements dans la règle générale des obligations[506]. Aussi, seront également concernés les passagers clandestins, les réfugiés et migrants[507] lorsque l'armateur sera légalement tenu de supporter de telles dépenses ou s'il a reçu l'accord de l'Association[508] hormis les pertes de profits d'une telle opération qui ne seront pas prises en compte.

Enfin, à travers la clause ***Life salvage***, les *P&I Clubs* garantissent à leur armateur Membre les sommes qu'il aura dépensées au profit des tiers qui ont sauvé ou tenté de sauver la vie de personnes se trouvant à bord du navire inscrit à condition que cette dépense ne soit pas déjà indemnisable par la police corps et machines[509] de l'armateur Membre. La raison tout évidente est de prévenir une double indemnisation qui entraînerait un enrichissement de l'assuré, ce qui est contraire à l'objet de l'assurance.

Il serait pertinent, pour terminer ce paragraphe, de nous intéresser à l'actualité liée à la pandémie du Covid-19. Son caractère inopiné, sa méconnaissance par la communauté des scientifiques du monde entier, l'ampleur de son impact à la fois sanitaire (au regard de la morbidité et de la létalité) et économique (au regard de la paralysie et/ou destruction de l'activité économique) ont fortement ébranlé l'ensemble de la planète. À titre d'illustration, le transport maritime, en tant que moyen d'acheminement de près de 95% des marchandises à travers le monde, a subi de lourdes pertes économiques et financières ainsi que de nombreux désagréments administratifs. Il en a été de même pour le transport maritime de passagers. Pour se protéger contre ce qu'elles ont qualifié comme étant une éventuelle source de contamination, plusieurs autorités portuaires ont interdit aux navires, l'accès à leurs ports pendant plusieurs semaines. Au regard de toutes ces restrictions et contraintes, les armateurs ont noté, pour le décrier, que certaines autorités ont refusé d'accorder une permission d'entrée dans leur territoire à des marins qui étaient blessés ou bien qui étaient malades mais souffrant de pathologies autres que celle de la covid-19[510]. Face à la frustration à ne pas pouvoir soulager les souffrances de

---

505 Gard P&I, rule 29 1(i).
506 HAZELWOOD Steven J. & SEMARK David, "*P&I Clubs Law and Practice*", 4th ed., 2010, n°10.172 p.169.
507 Cf. supra OMNIBUS RULES p.119.
508 Britannia P&I, rule 19 (5) ; GARD P&I Club rule 32.
509 Britannia P&I Club, rules 2018, rule 19(8).
510 https://www.nepia.com/industry-news/covid-19-and-crew-changes/

leurs marins, les armateurs et les *P&I Clubs* ont évalué l'impact d'une telle situation à l'égard des marins. Et d'après le "*Seafarers Happiness Index*", unité de mesure de la satisfaction des marins quant à leurs conditions de travail, il ressort, de ce branle-bas anti-Covid-19, que les marins en mer ont déclaré se sentir physiquement très épuisés, mentalement perturbés, nostalgiques et anxieux[511]. Nul besoin de rappeler ici ce qu'un tel état des équipages de navires peut avoir comme conséquence pour la sécurité de la navigation.

La réponse des *P&I Clubs* s'est faite de deux façons. **La première**, rentrant dans leur fonction protection (**P** de *P&I*), a bénéficié de l'expérience que ces mutuelles ont engrangée à l'occasion de la gestion de l'épidémie de l'EBOLA[512]. Dans cette phase dite phase de prévention, il a été édicté un ensemble de mesures[513] plus généralement connues aujourd'hui sous l'expression « mesures barrières ». Dans le cas de l'EBOLA, cela consistait entre autres, de maintenir les visiteurs (officiels, agents, dockers, aconiers etc.) le moins de temps possible sur les navires, d'installer le nécessaire pour un lavage régulier des mains, d'interdire aux visiteurs l'accès aux espaces de vie (cantine, chambres, salle de détente etc.), de systématiser de la désinfection des lieux après une visite de personnes externes, de signaler promptement au capitaine tout cas suspect etc[514]. Concernant la pandémie de Covid-19, en plus des « mesures barrières », la prévention ou la protection a consisté en la mise sur pied un tableau de bord (*dashboard*) numérique. Initiée par le *North of England P&I Club* à travers sa plateforme de collecte d'informations, le *Globeview platform*, et avec le concours de *Geocollect* (agence spécialisée dans l'analyse du renseignement géo-spatial), cette réponse a rapidement été adoptée par l'ensemble des treize Associations membres de l'IGP&I Clubs. Pour que le tout soit harmonisé, le Groupe International des *P&I Clubs* a mis sur pied un tableau de bord digital, le "*Covid-19 (coronavirus) Restrictions-Online Tracker*", qui permet de centraliser toutes les informations. Concrètement, cette page web interactive ou alors ce système de collecte des données mis sur pied par l'IGP&I Clubs, est alimenté(e), entre autres, par l'ensemble des *P&I Clubs* membres de l'IGP&I Clubs, eux-mêmes recevant chacun des informations grâce à leur vaste réseau de représentants à travers le monde, ainsi que par les informations fournies par l'OMI et enfin par celles publiées par l'OMS. Toutes ces informations pour l'essentiel, concernent d'une part, la situation et l'évolution de la pandémie au jour le jour dans tous les pays, et d'autre part, elles concernent l'ensemble des mesures et restrictions édictées par chaque

[511] Idem.
[512] Pour en savoir plus sur un résumé de l'évolution de la gestion de cette épidémie par les *P&I Club*, consulter : https://www.nepia.com/industry-news/west-africa-ebola-virus-update/
[513] https://www.nepia.com/our-news/press-release/north-pi-club-advises-shipowners-to-take-safety-and-commercial-measures/
[514] https://www.nepia.com/industry-news/west-africa-ebola-virus-update/

État côtier. Le but étant de permettre aux armateurs, d'avoir des outils fiables et à jour, susceptibles de leur permettre d'identifier clairement et efficacement les risques commerciaux et les menaces quant à la santé physique du personnel navigant[515]. **La deuxième réponse des *P&I Clubs*** (**I** de P&I Club) face à la pandémie de Covid-19, repose sur la prise en charge des personnes contaminées et/ou présentant les symptômes de la maladie. Lorsque les membres de l'équipage sont contaminés à bord ou bien présentent les symptômes durant le voyage, ils sont pris en charge par les *P&I Club*s au titre de la couverture du personnel navigant que nous avons précédemment analysée. À titre d'illustration, la règle 19(1)[516] de Britannia P&I Club est celle qui traite de la question relative à la prise en charge des marins pour cause d'accident professionnel, de blessure ou maladie de travail, ou encore de décès survenu pendant ou ayant pour cause l'exercice professionnel. À la lecture de cet article, l'on s'aperçoit que seront assurés par l'Association, entre autres, les frais médicaux, les frais d'hospitalisation, les frais d'examens pour les autres membres de l'équipage, les frais funéraires en cas de décès. En complément, seront également pris en charge – selon les conditions légales ou statutaires –, les salaires et/ou allocations perdu(e)s du fait de cette rupture du travail générée par l'indisponibilité pour cause de blessure ou maladie professionnel. Ne seront pas en reste, les frais de rapatriement et de substitution du personnel navigant lorsque cela est nécessaire[517].

Une autre problématique susceptible d'être posée par la pandémie du Covid-19 est celle relative au navire affrété. En effet, nous pensons que les mesures prises par les gouvernements ou les autorités portuaires peuvent générer, en matière d'affrètement, un contentieux potentiellement important. Si nous prenons l'exemple d'un navire affrété à temps, sommé de respecter une quarantaine avant de décharger sa cargaison, nous pouvons déceler au moins deux sources de litiges potentiels : à l'égard du/des chargeur(s) – le retard de livraison – et à l'égard du fréteur – le retard de la restitution du navire –. Dans l'hypothèse où ce même navire, en plus de la quarantaine est contraint d'effectuer une désinfection, qui du fréteur ou de l'affréteur paiera les frais ? Les différentes questions que nous venons de poser pourront, nous semble-t-il, facilement obtenir réponse si les parties anticipent en insérant dans leurs chartes-parties des clauses y relatives.

Enfin, il se pose aussi désormais le problème de la vie humaine en mer. Est donc interpellé le Droit de la mer voire la responsabilité des États côtiers quant à la sauvegarde de la

515 https://www.igpandi.org/covid-19.

516 Règle 27(1) Gard P&I Club ; Règle 2(1) de Shipowner P&I Club ; Règle 19(1) North of England P&I Club.

517 V° infra garantie spécifique de trésorerie, p.239.

vie humaine en mer. En effet, l'on se souvient des navires de croisière[518] en totale vadrouille parce que l'accès au port leur était interdit par des autorités. Celles-ci estimant que de telles interdictions étaient une réponse contre la propagation de la pandémie de coronavirus. Pourtant, il est observé que ce confinement aurait contribué à accélérer la propagation et la contamination des personnes à bord (712 contaminations dans l'exemple du *Diamond Princess*). Nous pouvons, à ce niveau, nous poser la question de savoir si agissant ainsi, l'État côtier n'est-il pas coupable de non-assistance à personnes en danger. N'est-on pas ici dans une situation de violation du Droit International Humanitaire ? Les malades, pires encore les personnes seulement suspectées d'être malades de la Covid-19 ont-elles moins de droit à l'accès aux soins que les passagers clandestins ? Que dire de la vocation même des ports qui est d'accueillir les navires, surtout lorsque ceux-ci sont en détresse. Si l'expression « port de refuge » est employée quant à l'accueil de navires en détresse physique, dont la structure affaiblie risque de rompre et créer des pollutions, il nous semble que cette expression ne saurait être limitée ou alors être exclusive à une situation d'accident ou de pollution potentiel(le). Nous pensons donc qu'un navire ayant à son bord de nombreux passagers et membres de l'équipage atteints – ou présentant de signes suspects – de Covid-19 peut être considéré comme étant un navire en détresse à cause de l'urgence sanitaire qu'une telle situation génère. Ainsi, de telles mesures refusant l'accès aux ports à des navires de croisières pour cause de Covid-19 sont aussi problématiques, au-delà des questions de Droit que nous venons de poser, sur au moins deux aspects. Premièrement, parce que les navires, malgré leur taille, ne sont pas équipés pour gérer au plan médical un nombre aussi élevé de personnes. Deuxièmement, parce que les *P&I Clubs* ne garantissent pas de tels risques car l'interdiction d'accès au port ou l'interdiction de débarquer sont ce qu'on peut appeler le fait du prince. Il s'agit donc d'une décision qui s'impose à l'armateur parce que venant d'une autorité souveraine. Même si l'armateur transporteur maritime de passagers est tenu à l'égard de ceux-ci d'une obligation de sécurité de résultat, il n'en demeure pas moins que sa responsabilité se mesure à l'égard des pouvoirs dont il dispose, des responsabilités que la loi lui impose et qu'il peut matériellement assumer. Or les interdictions d'accès au port outrepassent les compétences des armateurs, créant potentiellement à leur charge des obligations exceptionnelles ne rentrant pas dans le champ de leurs engagements contractuels à l'égard des passagers.

---

[518] Nous pouvons citer entre autres, le cas du *Diamond Princess* mise en quarantaine pendant plusieurs semaines dans les eaux japonaises, avec à son bord 3711 personnes. C'est aussi le cas du navire *Zaandam* ayant erré pendant une quinzaine de jours en Amérique du Sud, avec ses 1243 passagers en dehors des membres d'équipage, après avoir été rejeté par le Chili et le Pérou. On peut aussi citer le cas du *Costa Deliziosa* interdit d'accoster à Marseille le 20 février 2020, etc.

§2 : La garantie P&I des risques relatifs à la cargaison

Au regard du volume des marchandises transportées par mer, il semble évident de constater qu'un certain nombre de ces marchandises n'arrivent pas toujours à destination, et quand elles arrivent, cela n'est pas toujours selon les termes du connaissement. La conséquence logique en est que les litiges liés à la cargaison contre le transporteur maritime de marchandises sont de loin les plus importants tant par leur nombre qu'aux sommes conséquentes générées pour leur gestion[519], et nous pouvons nous rendre compte de cette importance au regard de la place occupée par cette clause dans les polices P&I. Nous avons regroupé en deux catégories les différents risques que peuvent subir les cargaisons. Ainsi nous nous proposons d'analyser dans un premier temps la garantie P&I quant aux pertes ou dommages à la cargaison (A) et dans un second, celle dédiée au retard à la livraison et en cas d'avarie commune (B).

A/ L'assurance pour perte ou dommages à la cargaison

L'outil principal gouvernant le transport maritime de marchandises, vu la préférence que les acteurs du transport maritime lui portent, est le connaissement[520] bien qu'il existe d'autres outils que nous qualifierons d'accessoires tels que la charte-partie ou bien la LTM[521], l'opportunité d'option pour chacun d'entre eux revenant aux protagonistes c'est-à-dire de l'accord entre le transporteur maritime de marchandises et le chargeur donneur d'ordre, chacun en fonction de ses intérêts. En matière de transport maritime de marchandises, il existe plusieurs dispositions légales notamment les lois nationales[522], des dispositifs régionaux ou communautaires[523], et des conventions internationales[524]. Toutefois, bien que les *P&I Clubs* assistent et accompagnent leurs armateurs lorsque ceux-ci sont susceptibles d'être obligés à observer et à appliquer des lois nationales ou bien des textes réglementaires régionaux, il convient de remarquer que les garanties P&I dédiées aux marchandises sont fondées sur les conventions internationales en vigueur au moment de la conclusion du contrat de transport de marchandises par mer. Ainsi, en attendant l'entrée en vigueur des Règles de Rotterdam, cette assurance est régie eu égard à l'option des parties telle qu'insérée dans le connaissement, par

519 GOLD Edgar, "*Gard Handbook on P&I Insurance*", *op.cit.*, p.358.

520 Les Règles de Hambourg lui consacrent pas moins de 5 articles (art. 14 à 18 inclus).

521 Lettre de Transport Maritime.

522 L'exemple entre autres du COGSA aux USA ; du Marine Insurance Act en Angleterre ; du Code des transports en France dans sa Ve Partie (Livre IV) consacrée au transport maritime, etc.

523 Exemple entre autres du Code CEMAC 2012 de la marine marchande.

524 La Convention de Bruxelles 1924 et ses protocoles d'amendement, les Règles de Hambourg et celles de Rotterdam.

les Règles de La Haye, celles de La Haye-Visby et par les Règles de Hambourg. En réalité toutefois, nous observons qu'en pratique les *P&I Clubs* ont une nette préférence pour la convention de Bruxelles 1924 et éventuellement[525] les Règles de La Haye-Visby auxquelles ils font expressément référence dans leurs polices et ils imposent aux armateurs – au risque de ne pas les couvrir, – de requérir l'accord des dirigeants du *P&I Club* auxquels ils appartiennent lorsqu'ils prévoient d'émettre des connaissements régis par des textes contenant à l'endroit de l'armateur Membre, des dispositions moins favorables que ne sont les règles de La Haye-Visby[526]. À l'observation donc, nous noterons que les *P&I Clubs* sont favorables à la Convention de Bruxelles de 1924 qui, bien qu'amendée, prévoit une pléthore de cas exceptés au bénéfice de l'armateur contrairement aux Règles de Hambourg qui réduisent un tel privilège. Faut-il s'en étonner quand nous savons que Les *P&I Clubs* ne sont rien d'autre que des associations d'armateurs qui se réunissent pour défendre leurs intérêts ?

La notion de marchandise à la lecture de l'article 1.c) des Règles de La Haye Visby ou de l'article 1.5 des Règles de Hambourg, s'entend comme étant tout objet ou tout bien[527] fourni par le chargeur en vue d'un transport par mer sur la base d'un titre de transport émis par le transporteur maritime. Il revient donc au transporteur de livrer la marchandise dans le même état qu'il l'a reçue avant le début du transport. En d'autres termes, hormis les cas objectifs de freinte de route, il ne saurait livrer une marchandise dans un état de qualité moindre que lors de la prise en charge de celle-là, c'est-à-dire qu'en principe la marchandise doit conserver sa valeur vénale si elle est destinée à la vente, ou bien conserver ses propriétés pour un usage optimum. Au regard de l'ensemble des textes qui régissent la matière ainsi que de la jurisprudence, le transporteur maritime, à moins de prouver que la perte ou les dommages à la cargaison qu'il s'est engagé par contrat à transporter résultent de faits ou de circonstances extérieurs à sa responsabilité, sera présumé responsable des pertes ou avaries[528] intervenues pendant que la cargaison était sous sa garde. Par exemple, lorsque des dommages sont constatés à l'arrivée alors qu'au départ l'armateur n'a pas émis de réserves sur l'état de la marchandise, il est réputé responsable[529].

Dans une affaire relativement récente, la Cour d'Appel de Rouen, par un procédé didactique fort intéressant et appréciable, a retenu la responsabilité du transporteur maritime à

[525] Lorsque les États ayant ratifié la Convention originaire la dénoncent en ratifiant ses protocoles.
[526] SKULD P&I Club, rules 2018, rule 5.2.6 ; Britannia P&I Club, rules 2018, rule 19(17) (G) Hague Visby Rules.
[527] A la différence des Règles de Visby, les Règles de Hambourg intègrent dans la définition de marchandises les animaux vivants et implicitement les marchandises en pontée.
[528] Art.4§1 Règles de La Haye Visby, art. L5422-12 Code des transports, art.5§1 Règles de Hambourg.
[529] CA. Paris, 5e ch., 12 novembre 2003 affaire Axa et ass. c/ Cosco.

la suite d'une avarie par rupture de la chaîne du froid constatée à la livraison. En l'espèce, le transporteur maritime n'a pas émis de réserves à la réception de la cargaison qu'il devait transporter au départ de Thaïlande pour le port du Havre par -18° de température. Ayant constaté un problème de ventilation durant le transport, il va décider de transborder la cargaison du conteneur initial vers deux autres conteneurs affectés en substitution du premier. À la suite d'une belle analyse, les juges du fond de Rouen ont constaté : que le transporteur n'avait pas émis de réserves à la réception de la marchandise au port de départ, présumant donc de la réception d'une marchandise sans défaut, que le destinataire n'avait pas émis de réserves, ni dans les délais, ni dans la forme adéquate, présumant également une livraison conforme de la part du transporteur, que l'expert avait démontré l'antériorité de l'avarie à la livraison, que l'armateur ne pouvait pas prouver la faute du chargeur, ni l'existence des cas exceptés qu'il invoquait. D'où la condamnation du transporteur à réparer le dommage[530].

Lorsqu'une telle responsabilité de l'armateur est ainsi engagée ou susceptible de l'être, à la suite soit d'une avarie soit d'une perte totale ou partielle de la cargaison, il pourra bénéficier de la garantie P&I de son Association. Cette garantie hormis les dommages *stricto sensu* de la cargaison, s'étend également à toutes les dépenses connexes effectuées soit pour liquider le dommage, soit pour le minimiser. Il en est ainsi, par exemple, des dépenses générées par un déroutement du navire, ou encore pour un transbordement de cette cargaison sur un autre navire lorsque le navire inscrit, objet de la garantie, devient inapte à assurer le voyage ou encore, s'il existe un contrat écrit indiquant que le navire assuré effectuera seulement une partie du transport avant de transborder la marchandise sur un autre[531]. Dans le même sens la garantie P&I s'étend aux coûts supplémentaires générés par la manutention et la destruction ou l'écoulement d'une marchandise dépréciée par une avarie, lorsque ces frais sont nécessairement et uniquement engagés en conséquence directe de dommages à la marchandise transportée à bord du navire assuré, ou encore en cas de refus de réception de celle-ci par le destinataire[532] et que l'armateur ne dispose d'aucun moyen de recours pour se faire rembourser. Cette dernière garantie qui peut paraître comme étant anodine ou bien comme étant une garantie de seconde zone, se révèle très pertinente en matière de litige relatif au paiement du fret maritime lorsque ce fret est par exemple stipulé dans le connaissement « payable à destination ». En principe, et cela est d'évidence, le paiement du fret incombe au chargeur du fait de sa responsabilité contractuelle à l'égard du transporteur maritime de marchandises. Mais cette obligation de payer le fret

---

530 CA. Rouen, 23 avril 2015 Sté. HANJIN Shipping c/ SAS DAVIGEL et ass. DMF n°776, janvier 2016, p.49 obs. Claire HUMANN.
531 The Shipowners P&I Club, rules 2018 rule 14(D).
532 SKULD P&I Club, rules 2018, rule 6.

convenu « payable à destination » peut aussi reposer sur le destinataire lorsque celui-ci accepte la livraison de la marchandise. Or dans la pratique, il n'est pas rare que naissent des litiges parce que le destinataire, souvent le transitaire ou le consignataire selon les cas, refuse de prendre livraison de la cargaison, soit refuse de payer le fret et/ou les dépenses connexes notamment le gardiennage, le branchement sur un réseau électrique pour la conservation de la chaîne du froid etc. La jurisprudence, en plus d'être désormais constante est aussi unanime dans sa démarche et ses solutions, réussit également selon chaque espèce qui lui est présentée, à trancher de manière objective sur la détermination du débiteur de la dette du fret[533]. Généralement selon chaque espèce, les juges décident de condamner soit le chargeur, soit le destinataire qui prend livraison de la cargaison sur le fondement des engagements que ce dernier a pris pour la conservation de la marchandise lorsque ceux-là ne font pas partie du prix du fret[534]. Mais quoi qu'il en soit, si par extraordinaire l'armateur ayant transporté par mer une cargaison se trouve dans une situation d'impossibilité de rentrer dans ses fonds – le fret et ses frais accessoires comme les surestaries, le gardiennage entre autres –, alors cette garantie P&I sera pour lui une magnifique bouée de sauvetage. Afin de minimiser les risques liés à certains transports en particulier, du fait de la spécificité des soins à porter aux marchandises, les *P&I Clubs* bien que les garantissant peuvent souvent influencer l'acceptation ou non de l'armateur de transporter de telles marchandises à travers un veto. En effet, à l'instar du transport de marchandises sous température dirigée, les *P&I Clubs*, d'une part, exigent très souvent d'être informés sur les conditions et exigences particulières du chargeur à l'égard de la cargaison durant le transport, d'autre part, ils exigent à l'armateur de les renseigner sur son aptitude à satisfaire à ces exigences à travers par exemple la démonstration par l'armateur qu'il dispose des installations et de l'espace appropriés pour la réception de la cargaison, du système électrique dont la continuité et la puissance peuvent satisfaire les exigences du transport. Ainsi, selon que les gérants du *P&I Club* seront satisfaits ou non, ils donneront ou pas leur accord au transporteur maritime d'accepter une telle cargaison[535]. En cas de désapprobation, l'armateur qui accepte malgré tout de transporter cette marchandise le fait à ses risques et périls, car il ne bénéficiera pas de la garantie de son Club en cas d'avarie ou de perte. Dans la même optique, les objets de valeur, les métaux précieux, les instruments négociables, les instruments et données bancaires

---

[533] Cass. com., 3 juin 1997 Sté KARUKERA c/ Sté PETRELLUZZI ; DMF n°576, 1er novembre 1997 p.1007, obs. P. DELEBECQUE. Également Chronique du droit maritime italien, « *Paiement du fret* » par ACHARD Raymond, DMF n°594, 1er juin 1999, p.547.

[534] Tel était le cas dans l'arrêt Cass. com du 3 juin 1997 susvisé.

[535] BRITANNIA P&I Club, Police 2018 clause 19(17)(G) *"Refrigerated cargo"*.

ne peuvent être transportés par mer sur un navire et bénéficier de la garantie P&I que si le Club a donné par écrit son accord.

Le transport maritime de marchandises au regard du nombre de réclamations et du montant des sommes nécessaires pour gérer celles-ci, constitue pour les *P&I Clubs* l'un des principaux pôles de dépense[536] dans le cadre de leur activité de protection ou d'indemnisation. Si traditionnellement le transport maritime peut s'entendre comme étant réalisé par l'armateur en tant que propriétaire du navire, il n'en demeure pas moins que cette réalité peut masquer une autre, à savoir la pratique de l'affrètement. L'affrètement se définit comme étant le contrat par lequel une personne, le fréteur, s'engage moyennant rémunération à mettre un navire à la disposition d'une autre personne, l'affréteur[537]. Dans le contexte maritime donc, le transport de marchandise peut être réalisé soit par un affréteur soit par l'armateur mais la similitude de la finalité entre contrat de transport maritime et contrat d'affrètement s'arrête là. En effet, tout les oppose car par exemple, le contrat de transport a pour objet une marchandise tandis que le contrat d'affrètement porte sur un bien[538], le navire, qui est mis à disposition par une partie au profit de l'autre ; l'un est très réglementé et l'autre (l'affrètement) relève de la liberté contractuelle ; l'un est gouverné par un connaissement et l'autre par une charte-partie. Nous n'envisageons pas d'analyser ici, ni le régime juridique, ni la pratique de l'affrètement, car outre le fait d'élargir le présent chapitre, cela serait de nature à apporter un ensemble d'informations pas nécessairement utiles pour la compréhension du rôle ou de l'activité des *P&I Clubs* en matière de garanties quant aux marchandises[539]. Mais si nous parlons de l'affrètement[540] c'est au regard de l'ampleur qu'il a pris au fil des années au point d'avoir de nos jours une place centrale en matière de transport de marchandises par mer malgré la force des lignes maritimes. C'est le cas par exemple de l'affrètement au voyage qui est plébiscité par les praticiens, notamment les négociants pour le transport maritime en vrac des hydrocarbures, des minerais tels le charbon, l'aluminium, le fer ou bien des grains à l'instar du blé, du maïs[541]. L'affrètement à temps est également motivé pour le transport en vrac des marchandises susvisées pour

[536] GOLD Edgar, "*Gard Handbook on P&I Insurance*", 5th ed., 2002, n°21.1 p.358.

[537] C. Transp., art. L5423-1.

[538] MONTAS Arnaud, « *Droit commun des affrètements* », in « *Droits maritimes* », 3e éd., sous la dir. de Jean-Pierre BEURIER, n°341.11, p.449.

[539] Nous invitons le lecteur qui souhaite en savoir plus sur l'affrètement, à consulter par exemple : MONTAS Arnaud, *op. cit.* ; BONASSIES Pierre et SCAPEL Christian, « *Traité de Droit maritime* », 3e éd. 2016, pp.593 et suiv. (Titre 1 Les contrats d'affrètement). SOW Mamadou, « *Impact des surestaries sur les chartes parties au voyage : de l'effet des clauses de temps sur l'équilibre contractuel dans les affrètements* », Thèse Droit Nantes, 2013.

[540] Il est fait référence à l'affrètement au voyage et à l'affrètement à temps ; l'affrètement coque-nue n'est pas concerné pour les raisons que nous avons déjà précédemment invoquées.

[541] BONASSIES Pierre & SCAPEL Christian, *op.cit.*, n°758, p.599. Ou encore MONTAS Arnaud, *op.cit.*, n°341.13, p.450.

l'affrètement au voyage, avec pour particularité qu'ici, l'affréteur le plus souvent est un armateur qui est tenu par une urgente conjoncture. Il peut donc, en effet, être amené à affréter à temps un navire, soit pour assurer un accroissement d'activité, soit pour pallier l'absence d'un navire devenu inexploitable ou en construction mais dont la date de disponibilité commerciale est différée, soit enfin pour l'exploration en guise d'essai d'une nouvelle ligne dont il ignore encore le potentiel de rentabilité[542].

Bien que généralement considérée par les Associations comme étant spéciale, la garantie P&I dédiée aux marchandises transportées par mer sous charte-partie est disponible quasiment dans les mêmes conditions qu'elle l'est pour les cargaisons transportées sous connaissement[543] avec éventuellement en plus, et ce, au cas par cas, des garanties complémentaires inhérentes à la charte-partie. Dans la pratique, il s'agit d'une garantie partiale que les *P&I Clubs* accordent de manière limitative et sélective. En effet deux conditions majeures gouvernent la garantie P&I en cas de transport de marchandises sous charte-partie : la première est que l'affréteur doit nécessairement être un armateur Membre du *P&I Club* dont il sollicite la couverture ; la deuxième, concerne le navire affrété qui doit être un navire inscrit au sein de ce même *P&I Club*. La considération de l'*intuitu personae* étant un pilier de la garantie apportée par les *P&I Clubs*, ces deux conditions qui peuvent paraître sévères s'expliquent au regard de la conservation dans un tel contexte de la gestion nautique par le fréteur, alors que le P&I qui offre sa garantie a besoin de s'assurer du sérieux de ce fréteur (ou cet armateur) en matière d'entretien du navire, de respect des diverses réglementations tant sur le traitement de l'équipage que des règles de sécurité et de sûreté de la navigation. Cette qualité du bon armateur, chaque Association s'en rend effectivement et efficacement compte à travers les divers(es) contrôles ou inspections qu'elle peut faire effectuer sur les navires faisant partie de la flotte de navires qu'elle a inscrits dans ses livres, c'est-à-dire qu'elle garantit. En d'autres mots, si un affréteur n'est pas déjà Membre d'un *P&I Club* comme c'est le cas des négociants et ou courtiers de matières premières par exemple, et/ou si le navire n'est pas déjà au moment de la charte-partie inscrit dans un *P&I Club*, il ne saurait bénéficier de la garantie P&I de cette Mutuelle et sera donc contraint de souscrire une assurance auprès du marché traditionnel ou auprès du Lloyd's.

---

[542] BONASSIES Pierre & SCAPEL Christian, *op.cit.*, n°820, p.643.

[543] Britannia P&I Club, police 2018 clause 19(24) ; The Shipowners P&I Club, police 2018 clause 4(2).

B/ La garantie P&I pour retard et pour les frais d'avarie commune

La responsabilité du transporteur maritime pour retard à la livraison est relativement nouvelle car instituée pour la première fois par l'article 5§1 des Règles de Hambourg. Selon le §2 de cet article 5, *il y a retard à la livraison lorsque les marchandises n'ont pas été livrées au port de déchargement prévu par le contrat de transport par mer, dans le délai expressément convenu, ou à défaut d'un tel accord, dans le délai qu'il serait raisonnable d'exiger d'un transporteur diligent compte tenu des circonstances de fait.* Les Règles de Rotterdam, elles aussi, prévoient la responsabilité du transporteur maritime en cas de retard à la livraison, mais elles ont une conception restrictive du retard par rapport à celles de Hambourg, car selon l'article 21, *il y a retard de livraison lorsque les marchandises ne sont pas livrées au lieu de destination prévue dans le contrat de transport dans le délai convenu.* Donc, seule une stipulation contractuelle en ce sens pourra fonder la responsabilité de l'armement pour retard, la notion de délai raisonnable à défaut de convention au regard de ce texte devenant inopérante.

En réalité, le retard est une notion subtile et nécessite une considération casuistique par la jurisprudence des délais applicables à chaque transport[544], et cela est particulièrement vrai en matière de transport par mer où même *le destinataire ne peut ignorer que les contraintes inhérentes au transport maritime ne permettent pas de garantir une parfaite ponctualité*[545]. Ainsi il y a retard lorsqu'un délai de livraison est stipulé dans le connaissement ou bien par écrit notamment par télex[546] si la date convenue est de nature à fonder chez le destinataire l'attente de sa cargaison pour une date précise. Cependant, les juges précisent que le délai convenu doit être impératif c'est-à-dire résulter d'une réelle promesse, d'un réel engagement de l'armateur car un simple délai probable, purement indicatif ne lie pas le transporteur maritime en l'absence de faute à lui imputable. Il en est ainsi en cas de *retard d'une semaine voire dix jours pour un transport maritime de marchandises entre les États-Unis d'Amérique et la France qui doit être considéré comme normal*[547]. De cet arrêt émerge la notion de délai raisonnable qui en l'absence de stipulation contractuelle permet au juge de déterminer en fonction des faits de l'espèce l'existence ou non d'un retard imputable à l'armement du navire. Par extension la notion de délai raisonnable peut également être appliquée en considération de la distance de trajet séparant les ports d'embarquement et de débarquement. En d'autres termes, un retard de

[544] Lamy transport, tome 2, éd. 2018, n°772 Responsabilité du transporteur maritime pour retard, p.448.
[545] CA. Paris Pôle 5, 4e ch., arrêt du 28 mars 2012 n°09/22569 SA Alma service /c SAS Deugro France, BTL n°3426, 17 septembre 2012.
[546] CA. Versailles, 2e ch., 2 avril 1998 n°5016/96.
[547] CA. Chambéry, ch. comm., arrêt du 16 mai 2006, répertoire général n°05/00441.

quelques jours seulement sur un trajet USA-France n'est pas constitutif d'un retard. À ce propos, les Règles de Hambourg considèrent comme étant déraisonnable un retard de plus de soixante jours au-delà de la date convenue ou de la date qu'on peut espérer de la part d'un transporteur diligent[548]. Comme nous pouvons nous en douter, la question se pose majoritairement en l'absence de convention entre les parties d'un délai de livraison. Lorsqu'un cas lui est soumis, le juge vérifie si le transporteur n'a pas commis de faute ayant entraîné le retard et déterminera si retard il y a, selon le cas d'espèce, au regard de la date d'arrivée effective en comparaison avec la durée moyenne qu'on peut, pour le même trajet, attendre de la part d'un transporteur diligent.

La Cour d'appel de Paris a retenu dans une affaire la responsabilité du transporteur maritime pour retard à la livraison, se fondant sur la durée déraisonnable du transport. En l'espèce, la société ALMA SERVICES avait obtenu la construction d'un hôpital en Polynésie française, et pour ce faire, acheta du matériel de construction en France métropolitaine qu'elle chargea la société DEUGRO France d'acheminer jusqu'à Papeete. Sur la note de chargement fournie par cette dernière, il était indiqué que la date d'arrivée prévue à Papeete était le 5 juillet 2003, date sur laquelle la société ALMA Services s'est fondée pour considérer qu'il existait un accord sur le délai de livraison. Argumentation que les juges ont rejetée en expliquant que la date du 5 juillet 2003 portée sur la note de chargement ne l'était pas sur les autres documents ce qui implique que le transporteur n'avait pas promis un délai, qu'il n'y avait pas de délai impératif auquel il devait se soumettre. Il revenait donc au chargeur d'insister auprès du transporteur, sur l'urgence et la nécessité de respecter cette date-là. Toutefois, les juges se sont basés sur ce délai indicatif pour déterminer au regard du 8 août 2003, la date de livraison effective, qu'il y avait eu retard déraisonnable puisque la marchandise avait été livrée plus d'un mois après la date estimative annoncée par le transporteur, et ce, en l'absence de toute explication de sa part sur les motifs d'un tel retard[549]. Cet arrêt, comme bien d'autres[550], nous enseigne également que pour être sanctionné, le retard, et ce fut le cas ici, doit causer un préjudice certain et direct au destinataire. Préjudice facilement constatable lors des transports maritimes de denrées alimentaires périssables.

Si le retard est établi et ses conséquences certaines et directes à l'égard du destinataire avérées, et que le juge établit la responsabilité de l'armateur, ce délai n'est pas forcément assuré

[548] Règles Hambourg, art.5§3.
[549] CA. Paris, Pôle 5, 4e ch., arrêt du 28 mars 2012 n°09/22569, *op. cit.*
[550] CA. Lyon, 31 octobre 1980, BTL 1981 p.12 ; CA. Paris 5e ch., sect. A, arrêt du 15 janvier 1997 Sté UNISHIPPING c/ CITT, BTL 1997, n°2697, p.200.

par le *P&I Club*. En effet, comme nous l'avons précédemment énoncé les *P&I Clubs* privilégient la Convention de Bruxelles 1924 ou éventuellement les Règles de La Haye-Visby. Ceci est marqué à travers la clause on ne peut plus claire que l'on retrouve dans la quasi-majorité des polices d'assurance P&I, et selon laquelle le Club garantit le retard de livraison de la marchandise uniquement lorsque la loi qui gouverne le contrat prévoit une telle responsabilité à l'encontre du transporteur maritime[551]. Ni la Convention de Bruxelles originelle ni la version amendée ne prévoient une telle responsabilité ce qui implique que si le transport de marchandises par mer est régi par un de ces textes et que malgré cela le transporteur accepte ou s'engage à convenir d'un délai de livraison, son *P&I Club* ne le garantira pas puisque cette responsabilité n'a pas de base légale lui donnant une force coercitive[552], et considère plutôt qu'il s'agit là d'un geste ou obligation commercial(e) qui engage un risque commercial et non légal que l'armateur devra lui-même assumer. Donc, les *P&I Clubs*, pour ceux qui ne l'excluent pas des risques assurés, garantissent le retard à la livraison seulement lorsque cela est prévu par la Convention ou la loi qui régit le contrat de transport maritime de marchandises.

Lorsque, par mésaventure au cours du transport maritime, se réalise un risque qui affecte les diverses personnes intéressées par l'expédition maritime, et que des sacrifices s'imposent pour sauver ce qui peut l'être, il est très généralement constitué un fonds ou une contribution à l'avarie commune. Ainsi lorsque l'événement qui a donné lieu au sacrifice ou à la dépense aura été la conséquence d'une faute commise par l'une des parties engagées par l'aventure, chacune d'elles est concernée par la contribution à l'avarie commune, sans préjudice éventuel à son droit de recours, à l'encontre de la partie responsable de la faute[553]. À titre d'illustration, prenons le cas d'un quelconque transport maritime de marchandises dans lequel on a trois parties intéressées par l'expédition à savoir l'armateur fréteur, le chargeur propriétaire de la cargaison transportée et un tiers, propriétaire des soutes. À la suite d'un événement qui impose un sacrifice pour sauver l'expédition, chacun des trois opérateurs sera tenu en principe d'y contribuer. Cependant, le chargeur refuse de participer au sacrifice car il estime que l'avarie est le résultat d'un problème moteur, conséquence du mauvais état de navigabilité du navire. Plus tard, cette prétention est avérée et confirmée. En principe, les *P&I Clubs* ne garantissent pas les contributions aux avaries communes car il s'agit en partie d'une garantie de l'assureur corps et machines. Cependant lorsque certaines sommes dues pour la contribution à l'avarie commune ne peuvent, après épuisement des moyens légaux et judiciaires, être récupérées par

---

551 GARD P&I Club, police 2018 clause 34(2).
552 GOLD Edgar, Gard Handbook on P&I Insurance, 5th ed., 2002, n°21.3.7.14, p.400.
553 Règles d'York et d'Anvers de 2016, règle D.

l'armateur[554], alors son *P&I Club* peut, malgré son tort dans la réalisation du risque, l'indemniser pour la partie P&I c'est-à-dire celle relative à sa responsabilité civile ou encore la part qui aurait été celle de la partie à l'expédition qui a refusé de contribuer. Si nous faisons référence à notre cas d'école susmentionné, nous dirons que dans un tel cas, le *P&I Club* indemnisera son armateur Membre[555], en dépit de son manquement de fournir un navire en bon état de navigabilité, de la partie de la contribution à l'avarie commune qui incombait au chargeur qui a démontré la faute de l'armateur. Toutefois, il nous semble utile de préciser avec insistance que la garantie P&I relative à l'avarie commune ne s'étend pas aux dommages propres subis par le navire assuré car cela est du ressort de l'assurance corps et machine[556].

Section 2 : Les risques ordinaires complexes

Parmi la multitude des risques ordinaires garantis par les *P&I Clubs*, figure une catégorie constituée de risques susceptibles de se réaliser assez souvent, mais dont la gestion *a priori* aisée peut s'avérer plus délicate en comparaison des risques ordinaires simples que nous avons précédemment analysés. En effet, contrairement au règlement des litiges nés de la réalisation des risques ordinaires simples qui se fait sans contrainte particulière et n'oppose que les parties personnes privées entre elles, la gestion des risques ordinaires complexes, nécessite parfois des considérations plus importantes ainsi que la mise en œuvre de mécanismes plus complexes. De même, la réalisation des risques ordinaires complexes met souvent aux prises l'armateur responsable du dommage avec les autorités publiques soucieuses de la protection de leurs infrastructures, de la sauvegarde de leurs côtes et ceci parfois sous la pression et/ou la surveillance d'organismes ou associations de protection de l'environnement, très vigilent(e)s. Pour mieux les appréhender, il nous semble judicieux d'analyser tour à tour les risques de pollution (§1) ainsi que les dommages affectant la propriété (§2).

§1 Les risques de pollution garantis par les *P&I Clubs*

À travers le double objectif du souci de clarté et de l'éviction d'amalgames, les risques de pollution que nous traiterons dans ce paragraphe se distingueront des marées noires qui

554 NEPIA, règle 19(18) (b) ; Britannia P&I Club règle 19(18) (B) ; Standard Club rule 3.14.

555 Si les conditions de sa responsabilité ne sont pas plus contraignantes que les Règles de La Haye Visby.

556 Standard Club rules 2018, rule 3.15 ; NEPIA, règles 2018, règle 19(18) (a) ; Britannia P&I, règles 2018, règle 19(18) (A).

feront l'objet d'une analyse à part[557], et se consacreront aux pollutions que nous qualifierons de courantes au regard de leur fréquence et de leur gestion plutôt aisée et relativement discrète. Étant donné que l'ensemble des risques de pollutions imputables à un navire inscrit ne présentent pas de différences majeures les uns par rapport aux autres, et qu'ils sont référencés par la même clause ou règle des polices de *P&I Clubs,* nous ne les analyserons donc pas tous afin d'éviter une éventuelle répétition inopportune, et nous nous focaliserons donc sur deux d'entre eux qui se distinguent de par leur nature respective. Ainsi pour y voir plus clair, nous nous proposons donc dans un premier temps d'étudier la pollution par déversement d'eaux de ballast (A), puis dans un deuxième temps la pollution atmosphérique (B).

A/ La pollution par déversement d'eaux de ballast

Dans son lexique des termes usuels dans le transport maritime et liens utiles[558], le Comité sectoriel de main-d'œuvre de l'industrie maritime du Québec définit le ballast comme étant « *soit un compartiment ou réservoir destiné à transporter de l'eau douce ou de l'eau salée servant de lest (ballast tank) ou du lest liquide chargé dans la cale d'un navire pour en assurer la stabilité (water ballast)* »[559]. De même, Georges FIGUIERE nous apprend que le ballast est « *le lest qui permet au navire vide de conserver une stabilité convenable ainsi que des qualités manœuvrières acceptables. Autrefois constitué de gueuses de fonte, maintenant en général, d'eau de mer* ». Nous retiendrons donc de ce qui précède, que lorsqu'un navire est à vide ou partiellement chargé, l'absence de chargement doit être compensée par l'acquisition de poids additionnel pour en assurer la stabilité et la sécurité pendant la navigation. De manière concrète, cette opération possède au moins deux avantages majeurs. Sur le plan opérationnel, elle permet au navire d'être suffisamment immergé au regard de sa stabilité, de même qu'elle lui procure une bonne immersion de son/ses hélice(s) pour une meilleure propulsion[560]. Sur le plan physique, c'est-à-dire quant à l'intégrité du navire, le ballastage participe de la réduction du stress[561], c'est-à-dire de la pression que subirait la structure du navire en limitant notamment la flexion de la coque du fait du mouvement des vagues, de l'effet carène liquide, et prévient par la même occasion l'apparition prématurée de microfissures qui à terme, se transformeront en

[557] Cf. infra, §2 la pollution par hydrocarbures, dommage de masse de nature écologique.
[558] Edition de novembre 2011, consultable sur :
http://www.csmoim.qc.ca/public_upload/files/travailleurs/etudes-documentation/lexique-et-liens-utiles.pdf
[559] En anglais *"Water ballast"* désigne le compartiment du navire destiné à recevoir l'eau de lest des navires. Cette eau de ballastage est désignée en anglais par *"Ballast water"*.
[560] http://archive.iwlearn.net/globallast.imo.org/ballast-water-as-a-vector/index.html
[561] Idem.

véritables fissures engendrant elles-mêmes l'affaiblissement de la coque pouvant aller jusqu'à sa rupture. Si autrefois le ballastage se faisait au moyen des pierres ou du sable, désormais, et ce depuis l'introduction du fer et de l'acier comme matériaux principaux de la construction navale au milieu du XIXe siècle, le ballastage se fait à travers le remplissage des citernes à ballast par de l'eau douce ou de l'eau de mer, ou encore de l'eau saumâtre. À ces deux principaux avantages du ballastage, il peut y être ajouté un troisième, qui relève de l'importance économique car la modulation ou la modularité du volume, de la quantité de l'eau de ballast contenue dans un navire peut générer des bénéfices économiques non négligeables. En effet, lorsque la mer est clémente et les conditions météorologiques excellentes, le capitaine peut partiellement réduire la quantité d'eau de ballast pour alléger le navire et réaliser ainsi, une économie de carburant[562].

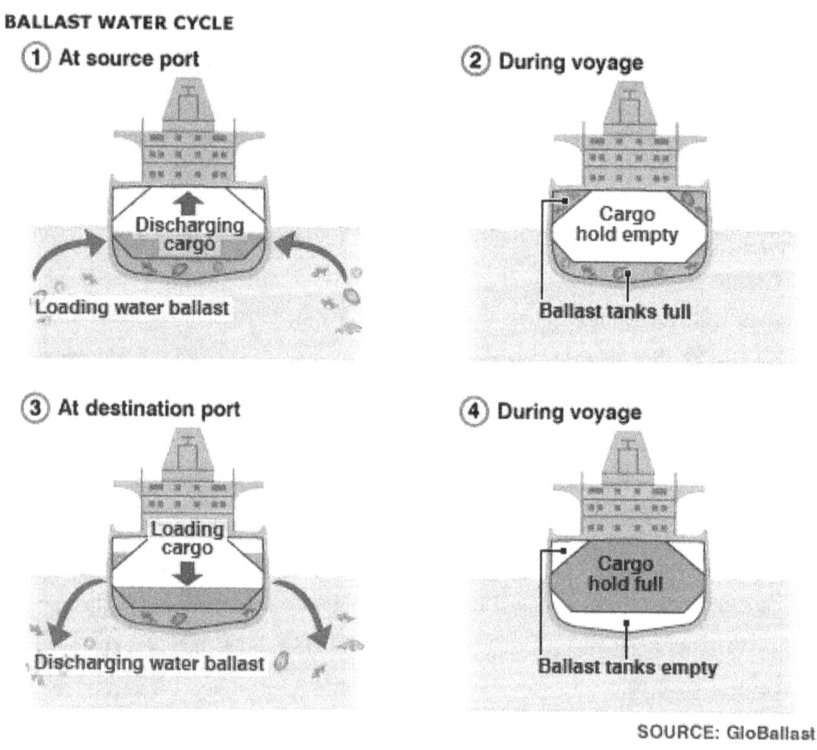

SOURCE: GloBallast [563]

[562] MATEJ David & GOLLASH Stephan, "*Global maritime transport and ballast water management: issues and solution*", Springer ed., 2015, p.14.

[563] http://www.imo.org/fr/MediaCentre/HotTopics/BWM/Pages/default.aspx. Ou encore, GUILBAUD Julie, « *Étude des procédés membranaires pour le traitement des eaux de ballast : microfiltration ou ultrafiltration pour la rétention de microalgues invasives et/ou toxiques* », Thèse Doctorat en Science pour l'ingénieur, spécialité Génie des Procédés Université de Nantes, soutenue le 26 octobre 2012, p.6.

À travers ce schéma illustratif du procédé de ballastage, et en prenant comme référence un pétrolier, nous constatons bien que durant le déchargement de la cargaison des hydrocarbures dans un port, le remplissage des citernes à ballast par de l'eau prend le relais. Durant son voyage vers le port d'approvisionnement, les cales citernes sont vides mais les compartiments à ballast quant à eux sont remplis d'eau. Pendant le chargement du pétrolier en hydrocarbures, on procède au déballastage c'est-à-dire qu'on vide les compartiments à ballast de l'eau précédemment chargée en vue de lester le navire. Ainsi, le tanker voyagera les citernes pleines d'hydrocarbures et les compartiments à ballast vides.

L'opération de ballastage/déballastage, pratique courante et ordinaire du transport maritime dans toutes ses formes – tanker, cargo, paquebot, vraquier, méthanier etc. –, revêt une importance non négligeable au regard des quantités d'eau chargées et rejetées à cet effet et surtout comme précédemment relevé au regard de son objectif. Toutefois, elle peut entraîner d'importantes conséquences, pourtant insoupçonnées de prime abord. En effet, toutes les données disent qu'environ 90% des échanges commerciaux internationaux passent par la mer, et sont effectués par près de 50 000 navires marchands, c'est-à-dire quasiment 600 millions de Tonnes de jauge brute. Ainsi, en fonction de la capacité et des dimensions du navire, « *It is estimated that some 3-5 billions tones of ballast water are transferred throughout the world each year with an individual ship carrying anything from several hundred liters to more than 130 000 tones of ballast water* »[564] (Il est estimé qu'environ 3-5 milliards de tonnes d'eau de ballast transitent à travers le monde chaque année, sachant qu'un un seul navire peut transporter entre plusieurs centaines de litres à environ 130 000 tonnes d'eau de ballast).

De ce fait, au regard de l'énorme quantité d'eau utilisée par la flotte maritime mondiale pour le ballastage, soit environ 3.1 milliards de tonnes pour l'année 2013[565] par exemple, les eaux de ballast sont potentiellement et intrinsèquement constitutives d'une véritable source de **pollution biologique** des eaux côtières, laquelle pollution biologique entraîne à son tour, des dommages graves quant à l'environnement ainsi que des préjudices économiques non négligeables. En clair, les eaux de ballast sont porteuses et vectrices d'une pléthore de micro-organismes vivants très souvent pathogènes, toxiques, voire toxinogènes à l'égard de la biodiversité et du biotope des eaux côtières, de la santé des populations riveraines, et de leur impact néfaste sur les activités économiques. C'est d'ailleurs fort de ce constat que l'OMI à

[564] http://archive.iwlearn.net/globallast.imo.org/ballast-water-as-a-vector/index.html

[565] MATEJ David & GOLLASH Stephan, "*Global maritime transport and ballast water management: issues and solution*", Springer ed., 2015, p.3. NB : nous n'avons pu obtenir des données plus récentes.

travers son programme GLOBALLAST, affirme que "*Invasive aquatic species are one of the four greatest threats to the world's oceans, and can cause extremely severe environmental, economic and public health impact*[566]" ; que nous nous proposons de traduire par : les espèces aquatiques invasives, sont l'une des quatre plus grandes menaces pour les océans du monde et peuvent générer des conséquences extrêmement graves pour l'environnement, l'économie ainsi que des problèmes de santé publique.

En clair, une eau prélevée dans un port ou une côte, contient des micro-organismes vivants qui, lorsque cette eau de ballast sera déversée dans les eaux côtières ou portuaires d'un autre pays, survivront dans ce nouvel environnement et, en l'absence de prédateurs, se multiplieront. Par la suite, ils envahiront les espèces autochtones, modifieront la biodiversité, et selon leur nature pollueront également ce nouveau biotope, voire l'environnement. C'est l'exemple de la crépidule introduite en rade de Brest par les eaux de ballast des navires provenant des États-Unis pendant les années d'après Deuxième Guerre mondiale. À titre illustratif, 1 m3 d'eau de ballast peut contenir jusqu'à 50 000 espèces différentes de zooplanctons, 10 millions de cellules de phytoplanctons[567] ainsi que des centaines d'espèces microbiologiques différentes dont quelques exemples sont le *Vibrio cholerae*, le Goémon asiatique, le crabe vert d'Europe, l'Etoile de mer du Pacifique Nord[568], entre autres.

Une telle pollution biologique qui semble anodine peut se révéler désastreuse comme nous l'avons précédemment indiqué, parce qu'au-delà de l'introduction et de la propagation de nouvelles espèces micro-organiques ainsi que de la disparition des espèces autochtones, il s'ensuit généralement diverses conséquences : d'une part, un préjudice pour la faune aquatique à travers une contamination des poissons, de certains invertébrés, crustacés et fruits de mer qui lorsqu'ils n'ont pas été complètement éliminés, sont pour le moins rendus impropres à la consommation ; d'autre part, le corollaire en est un préjudice économique important caractérisé par des pertes financières pour les emplois des secteurs d'activités concernés notamment la pêche, la restauration et le tourisme. Cela a été démontré de fort belle manière par Mme GUILBAUD Julie dans sa thèse de doctorat grâce à une étude de terrain chiffrée, menée quant à l'impact d'une potentielle invasion de micro-algues toxiques au large des côtes de Saint-Nazaire, notamment dans le secteur touristique de la baie de La Baule, le secteur conchylicole

---

566 http://archive.iwlearn.net/globallast.imo.org/index.html

567 http://archive.iwlearn.net/globallast.imo.org/ballast-water-as-a-vector/index.html. Pour une étude biologique plus détaillée, nous invitons notre lecteur à parcourir la thèse de Mme GUILBAUD.

568 www.imo.org/fr/MediaCentre/HotTopics/BWM/Pages/default.aspx

du Croisic et ostréicole de la baie de Bourgneuf[569]. À cela il faudra rajouter le problème de santé publique que ces micro-organismes introduits par les eaux de ballast pourront générer, car ils peuvent parfois occasionner des épidémies telles que le choléra dont la propagation par les IAS[570] est désormais démontrée par les épidémiologistes[571] et autres spécialistes.

Il nous semble que cette question paraissait déjà résolue par la Convention de Montego Bay de 1982 sur le Droit de la mer, qui dispose en son article 196 alinéa 1 que « *Les États prennent toutes les mesures pour prévenir, réduire et maîtriser la pollution du milieu marin résultant de l'utilisation de techniques dans le cadre de leur juridiction ou de leur contrôle, ou l'introduction intentionnelle ou accidentelle en une partie du milieu marin d'espèces étrangères ou nouvelles pouvant y provoquer des changements considérables et nuisibles* ». Pourtant, les premières études dédiées aux micro-organismes contenus dans les eaux de ballast ainsi que leur nocivité seront menées vers la fin des années 1980 et le début des années 1990, après le constat alarmant de l'explosion dans certaines régions côtières du monde, de pathologies similaires, pathologies caractérisées par des intoxications paralysantes, avec en moyenne un taux de mortalité de 15% des personnes affectées. Ces pathologies comme il sera démontré ultérieurement, résultaient de la consommation de fruits de mer contaminés par les toxines alcaloïdes provenant de 11 espèces différentes de plancton dinoflagellés[572] introduites dans les ports ou sur les côtes contaminé(e)s par le déversement d'eau de ballast.

En plus des agents pathogènes que les eaux de ballast peuvent véhiculer, les sédiments s'accumulant dans les citernes à ballast avec le temps, peuvent être pour le moins aussi nocifs. Fort de ce constat, la communauté internationale sous l'égide de l'OMI a signé le 13 février 2004 la Convention sur le contrôle et la gestion des eaux de ballast et sédiments des navires[573]. Entrée en vigueur depuis le 8 septembre 2017, cette Convention définit les eaux de ballast comme étant *les eaux et les matières en suspensions prises à bord d'un navire pour contrôler l'assiette, la gîte, le tirant d'eau, la stabilité ou les contraintes*[574]. La Convention impose aux

[569] GUILBAUD Julie, « *Étude des procédés membranaires pour le traitement des eaux de ballast : microfiltration ou ultrafiltration pour la rétention de microalgues invasives et/ou toxiques* », *op.cit.*, pp.22 à 27.
[570] IAS : Invasive Aquatic Species (Espèces Aquatiques Invasives).
[571] http://archive.iwlearn.net/globallast.imo.org/the-invasive-aquatic-species-2/index.html
[572] HALLEGRAEFF Gustaaf "*Transport of toxic dinoflagellates via ships' ballast water: bioeconomic risk assessment and efficacity of possible ballast water management strategies*", in Marine Ecology Progress Series, vol.168, 297-309, 1998 July 9 ; p.297.
[573] Ou BWM Convention (*Ballast Water Management*).
[574] BWM Convention, art.1§2. Nous souhaitons ici attirer l'attention du lecteur afin d'éviter le sentiment d'une redondance, d'une répétition, sur le fait que nous avons précédemment défini le ballast et non l'eau de ballast. Bien qu'il n'y ait entre ces termes une franche distinction, il nous a semblé opportun et nécessaire de rappeler la définition que donne la BWM Convention de l'eau de ballast en tant que texte de référence, mais aussi parce qu'elle ne définit pas le « ballast ».

États partis « *de donner pleinement effet aux dispositions de la présente Convention et de son Annexe afin de prévenir, de réduire au minimum et, en dernier ressort, d'éliminer le transfert d'organismes aquatiques nuisibles et d'agents pathogènes grâce au contrôle et à la gestion des eaux de ballast et sédiments de navires* »[575]. Cependant l'étude de cette convention n'étant pas l'objet du présent chapitre de notre thèse, nous dirons simplement que grâce à ses dispositions, d'une part les États membres s'engagent à mettre en place dans les ports, des installations destinées au nettoyage et à la réparation si besoin des compartiments à ballast, ainsi qu'à recevoir les sédiments[576]. D'autre part, la section B des Annexes de cette Convention met à la charge des navires c'est-à-dire des armateurs, la nécessaire obtention du certificat international de gestion des eaux de ballast auprès et sous la surveillance des États de pavillon ou des États de contrôle[577]. L'obtention et la conservation de ce certificat de conformité, sont tributaires du respect par l'armateur des obligations claires et rigoureuses, quant à la gestion de ses eaux de ballast. Ces obligations-là, nous pouvons les résumer en trois points : l'établissement d'un plan de gestion des eaux de ballast approuvé par l'autorité administrative, la mise en place d'un système de gestion technique et opérationnelle des eaux de ballast, ainsi que l'élaboration et la conservation à bord d'un registre de gestion de celles-là[578].

Si malgré toutes ces mesures de traitement et de gestion des eaux de ballast, et au-delà du fait que les conséquences négatives précédemment évoquées ne sont connues que longtemps après le rejet des eaux de ballast ou des sédiments d'un navire (souvent même après que le navire soupçonné ait déjà levé l'ancre), le navire reconnu responsable d'un déversement d'eaux de ballast ayant provoqué cette pollution biologique et ses préjudices connexes, pourra bénéficier de l'assurance responsabilité civile de son Club de Protection et Indemnité. À ce propos, nous noterons que la garantie du *P&I Club* en l'espèce s'apprécie comme c'est généralement le cas pour d'autres risques, en deux étapes. D'abord, les *P&I Clubs* en matière de gestion des eaux de ballast agissent à titre préventif. Ceci se fait à travers des circulaires et notes d'information visant à sensibiliser et informer les armateurs[579] premièrement sur la nécessité de respecter les règles internationales de l'OMI ainsi que les lois nationales, notamment celles des États non-signataires à l'instar des États Unis d'Amérique. Deuxièmement grâce à ces circulaires les *P&I Clubs* assistent les armateurs qui en font la

[575] BWM Convention, art.2§1.

[576] LE BIHAN-GUENOLE Martine, « *La gestion des eaux de ballast : l'adaptation du droit interne aux dispositions de la convention dite BWM* », DMF n°778, mars 2016, p.197.

[577] Annexes B1 à B6 de la BWM Convention.

[578] http://www.nepia.com/insights/ballast-water-management/impact-on-shipowner

[579] http://www.nepia.com/news/circulars/international-convention-for-the-control-and-management-of-ships-ballast-water-and-sediments-and-us-ballast-water-management-regulations

demandent lorsqu'ils s'estiment incapables d'observer eux-mêmes lesdites dispositions, ou bien lorsqu'ils veulent s'assurer de la pertinence des mesures qu'ils ont prises à cet effet. Troisièmement, à travers ces circulaires et notes d'information, les *P&I Clubs* opèrent la veille juridique au profit des armateurs. C'est l'exemple de la résolution de la 71e session du MEPC[580], portant entre autres sur le traitement des eaux de ballast en prélude à l'entrée en vigueur de la BWM Convention, que les *P&I Clubs* membres du Groupe International se sont appropriés et en ont fait écho auprès des armateurs[581]. La seconde étape de l'activité des P&I Clubs concerne l'assurance *stricto sensu* de la responsabilité civile des armateurs, à la suite de pollution par déversement des eaux de ballast. Ainsi, ils garantissent et couvrent les frais et débours générés par la réparation de la pollution par déversement des eaux de ballast ou du fait de la défectuosité du système de traitement de ces eaux. Pour ce faire, les polices d'assurance des *P&I Clubs* stipulent généralement que : « *Unless otherwise agreed by the managers in writing, a member is covered against the risk set out in section ... in respect of any insured vessel of :...* (**Pollution**)[582] : *subject to Rule [...], the liabilities, losses, damages, costs and expenses set out in paragraphs [...] below when and to the extent that they are caused or incurred in consequence of the discharge or escape from the insured vessel of oil or any other substance, or the threat of such discharge or escape* »[583]. Cette clause, nous nous proposons de la traduire par : sauf accord écrit du Club, le Membre est assuré contre les risques stipulés dans le présent chapitre, à l'égard de tout navire assuré de :... (**Pollution**) : Sous réserve de l'article [...], les responsabilités, pertes, dommages, coûts et dépenses, énumérés dans les alinéas [...] ci-après, dans la mesure où ils sont causés ou encourus en conséquence du déversement ou de la fuite d'hydrocarbures ou de toute autre substance provenant du navire assuré ou du fait de la menace d'un tel déversement ou d'une telle fuite.

À l'observation, l'interprétation de cette clause contenue dans les polices de tous les Clubs de Protection et d'Indemnité membres de l'*IGP&I*, permet de considérer que les eaux de ballast font partie des risques de pollution, à laquelle font référence les clauses concernées dans ces différentes polices d'assurance. Cela s'entend ainsi, à travers les expressions ou bien la formulation : ... *déversement ou de la fuite d'hydrocarbures ou de toute autre substance provenant du navire assuré*. Si nous procédons à une analyse lexicale du texte, et sans tenir

580 MEPC : *Marine Environment Protection Committee* (Comité de Protection de l'Environnement Marin), organe spécialisé de l'OMI en charge de l'environnement.

581 Pour de plus amples informations, nous invitons le lecteur au sujet de cette résolution, à consulter la page web http://www.imo.org/en/mediacentre/imomediaaccreditation/pages/mepc71preview.aspx

582 NB rajouté pour ne pas égarer notre lecteur.

583 The Shipowners P&I Club, Rules 2018, Rule 2§9 ; Britannia P&I Club, art. 19(12) ; Skuld P&I Club, Rules 2018, art.14.

compte des hydrocarbures puisque les eaux de ballast n'en sont pas, nous mettrons l'emphase sur les mots : déversement, fuite, de même que le groupe de mots : toute autre substance. *Déversement* ici nous renvoie à un rejet volontaire effectué ou ordonné par le capitaine, indépendamment de l'intention de polluer. L'expression *fuite* quant à elle renvoie à un rejet accidentel du fait par exemple d'un problème survenu sur le navire assuré et/ou d'une défaillance ou avarie quelconque. Enfin, *toute autre substance* s'assimile aisément à l'eau de ballast de même qu'aux sédiments du navire.

Il nous semble pertinent de noter par ailleurs que le risque « *pollution par les eaux de ballast* » est un risque très récent, car comme nous l'avons précédemment noté, la découverte de la nocivité de certains organismes invasifs et nocifs contenus dans les eaux de ballast ainsi que la signature de la BWM Convention sont des événements qui ne datent pas d'il y a longtemps. C'est la raison pour laquelle les *P&I Clubs* ne lui ont pas encore au jour où nous écrivons ce chapitre, consacré une règle (c'est-à-dire un article) autonome dans leurs différentes polices[584].

Dans la pratique, le rôle des *P&I Clubs* quant à la garantie de la pollution par les eaux de ballast, se révèle du plus grand intérêt en ce qu'elle permet, de libérer l'armateur de sa dette de réparation du préjudice occasionné. Cependant, une telle garantie n'est pas des plus aisées, parce que rendue complexe par les sanctions prévues par la *BWM Convention* en cas de pollution par le déversement ou le rejet des eaux de ballast. En effet, selon l'article 8 de cette convention, en ses alinéas 1 et 2 la réalisation du risque est susceptible d'être connue à la fois par l'État du pavillon et par l'État du lieu du déballastage litigieux. Les sanctions relèvent du droit interne de chaque État et *doivent être, par leur rigueur, de nature à décourager les infractions à la présente Convention où qu'elles soient commises*[585]. À ce propos et à titre d'illustration donc, le droit américain par exemple prévoit une sanction de 35 000 $ maximum par jour de pollution[586] en plus des poursuites pénales qui peuvent s'en suivre à titre additionnel.

C'est l'exemple de l'affaire du navire M/V THEOTOKOS[587]. En France, le déversement ou le rejet coupable d'eau de ballast polluée, peut entraîner une amende dont le montant pourra

[584] Précision obtenue auprès d'un responsable de P&I Club.
[585] BWM Convention, art.8 al.3.
[586] http://www.nepia.com/insights/ballast-water-management/impact-on-shipowner
[587] Pour plus de details, nous invitons le lecteur à consulter Gard News, n°197 février/avril 2010, « *Criminal liabilities in the US – The Coast Guard & the Justice Department widen the net* » sur la page web de Guard P&I Club http://www.gard.no/web/updates/content/1342958/criminal-liabilities-in-the-us-the-coast-guard-and-justice-department-widen-the-net

atteindre 300 000 €[588]. Dans l'affaire navire *Nova Hollandia*, la cour d'appel de Rennes[589] a condamné le capitaine du navire, outre les frais de procédures et autres amendes, à une amende de 250 000 € pour le fait de pollution. En l'espèce, le capitaine ordonna un déballastage dans la ZEE française, lequel en plus d'être proscrit, sera accompagné par un rejet d'hydrocarbures, présents dans les eaux de ballast. Le juge qualifia l'élément matériel de la pollution en se basant d'une part sur les photographies effectuées depuis un avion de la marine nationale par son pilote, d'autre part, il détermina cet élément matériel à travers l'aveu du capitaine qui reconnaissait avoir ordonné le déballastage, et qui argua que la pollution par contamination par hydrocarbures était accidentelle. Pour déterminer l'élément moral de l'infraction, le juge se fonda sur l'absence d'un événement ou d'un incident ayant généré le rejet. Également, il reprocha au capitaine sa témérité, parce que celui-ci n'avait pas procédé à l'inspection du navire avant le début de la navigation, alors qu'il savait que le ballast n°3 (d'où était partie la pollution) avait déjà présenté des signes de défectuosité. Autrement dit, il n'ignorait pas qu'un dommage nouveau en résulterait probablement. En outre de la disparité des lois nationales quant à la répression des pollutions accidentelles par déballastage, les *P&I Clubs* sont potentiellement aussi confrontés à la qualification juridique de chaque espèce, ou bien en fonction de la nature de l'infraction.

L'affaire du navire *Nova Hollandia* était une affaire pénale, parce que la troisième chambre de la cour d'appel de Rennes avant d'être aujourd'hui une chambre commerciale, était au moment de l'affaire, une chambre correctionnelle. Ainsi, selon qu'un déballastage litigieux relève du civil ou du pénal, le rôle des *P&I Clubs* varie. Soit ils interviennent dans leur fonction P&I (Protection et Indemnité), soit dans leur fonction Protection seulement. L'intervention sera P&I lorsque le litige est exclusivement de la responsabilité civile, ou bien pour partie principalement pénal et accessoirement avec des responsabilités civiles. À titre d'illustration, si nous reprenons l'affaire *Nova Hollandia*, nous verrons que le juge d'appel de Rennes condamna le capitaine au pénal à une amende de 250 000 €, et au civil, il jugea fondées les actions des associations de défense de l'environnement. Ainsi, il condamna le capitaine à payer au syndicat mixte de protection du littoral breton (Vigipol), la somme de 10 000 € au titre de dommages-intérêts, à l'association France Nature Environnement, il accorda 3 000 € de dommages-intérêts, et à l'association Bretagne Vivante SMPLB la somme de 3 000 €.

---

588 PEIGNON Charlotte et LOOTGIETER Sébastien, « *L'entrée en vigueur de la convention internationale pour le contrôle et la gestion des eaux de ballast et sédiments des navires du 13 février 2004* », JCL, Énergie-Environnement-Infrastructure n°12 décembre 2016, comm. 85.

589 CA. Rennes 3e ch., 23 juin 2005, affaire Yurchenko GENNADIY c/ France Nature Environnement et associés. Obs. LE BIHAN-GUENOLE Martine, DMF n°670 1er mai 2006, p.408.

Ces sanctions indemnitaires et civiles, généralement destinées à couvrir les frais engagés par ces associations pour limiter la pollution et pour les opérations de nettoyage, seront garanties par les *P&I Clubs*. C'est par exemple la substance de la 19(12)(B) de la Police de Britannia P&I Club qui stipule que seront assurables *"The costs of any measures reasonably taken for the purpose of preventing, minimizing or cleaning up an escape or discharge of oil or any other substance from the Entered Ship or from other property together with any liability for losses or damages arising from any measures so taken"*[590]. Enfin, l'intervention du *P&I Club* sera dans son aspect Protection seulement, lorsque l'on est dans une affaire exclusivement pénale (NB : ceci n'est qu'un cas d'école parce que la sanction s'accompagne presque systématique de sanctions civiles). La sanction pénale étant non assurable, les *P&I Clubs* se borneront à accompagner techniquement et juridiquement l'armateur pendant le déroulé de la procédure.

B/ La pollution atmosphérique

L'année 1997 a marqué le début d'une ère nouvelle de la réglementation de la pollution à l'égard des armateurs, avec en vedette, la pollution de l'air. Après plusieurs années de travaux, un amendement à la convention MARPOL a été adopté. Quand il entrera en vigueur, il augmentera les coûts d'exploitation des navires et exposera certainement les armateurs à un nouveau type de responsabilité[591]. C'est en ces termes que par circulaire d'information, les armateurs Membres de Gard P&I Club étaient informés de l'adoption de l'amendement de l'annexe VI à MARPOL[592]. Le texte de cette note d'information était déjà très clair quant à son objectif d'alors, qui était d'informer la communauté des armateurs, de l'évolution future de leurs obligations et responsabilités, en matière de protection de l'environnement avec l'adoption de cette annexe VI portant pollution de l'air. Cela parachevait ainsi un travail précédemment initié par l'OMI, plusieurs années auparavant à travers la lutte contre la pollution marine et côtière. En effet, il peut paraître curieux que la convention MARPOL régisse également la pollution atmosphérique, car l'on est habitué à traiter de MARPOL pour les cas

[590] Que nous nous proposons de traduire par « *les coûts de toutes mesures raisonnablement prises en vue de prévenir, réduire ou nettoyer une fuite ou bien un déversement d'hydrocarbures ou de toute autre substance provenant du navire assuré ou de toute autre propriété ainsi que toute responsabilité pour perte ou dommage résultant de mesures ainsi prises* »

[591] Traduction libre de « *The year 1997 marked the beginning of a new era in pollution regulation for shipowners with air pollution coming into the spotlight. After being in the works for a number of years, an amendment to MARPOL was adopted. When it comes into force, it will increase vessel operating costs and certainly expose shipowners to a new area of liability* ».

[592] Consultable sur http://www.gard.no/web/updates/content/52982/pollution-by-air

de pollutions marines. C'est parce que bien des gens ignorent que lors des premières sessions de l'OMI, préparatoires de cette convention dans les années 1960[593], la pollution de l'air était également évoquée. Cependant, l'ampleur et la récurrence des marées noires captèrent et focalisèrent l'attention des signataires de MARPOL[594]. En d'autres termes donc, la convention MARPOL est conçue et destinée à régir, puis prévenir toutes formes de pollutions imputables aux navires, qu'elles soient volontaires, accidentelles ou découlant tout simplement d'opération de routine[595]. Bien qu'indétectable à l'œil nu, en comparaison de sa cousine générée par le déversement accidentel ou non d'hydrocarbures, ou bien de toute autre substance liquide, il n'en demeure pas moins que la pollution atmosphérique est très sournoise et constitue une réelle menace pour l'environnement, en plus du problème de santé publique qu'elle est susceptible de générer. D'ailleurs, l'actualité récente en matière de lutte pour la qualité de l'air, menée contre l'industrie automobile et ses motorisations thermiques, le diesel en particulier, vient renforcer cette dynamique.

À nous intéresser sur ses dispositions à l'encontre des armateurs, nous observerons que l'annexe VI de MARPOL au-delà de la technicité de son contenu, révèle un caractère contraignant très marqué grâce au caractère obligatoire de ses dispositions. Elle s'impose à tous les navires d'une jauge brute égale ou supérieure à 400 tonnes. Ces navires doivent faire l'objet de visites et inspections dont l'objectif est de s'assurer que les équipements, les systèmes, les installations, les aménagements et les matériaux satisfont aux exigences de l'annexe VI[596]. Lorsque ces visites et inspections sont concluantes, le navire reçoit de l'État du pavillon, ou de celui du port ayant réalisé lesdites visites et inspections, un certificat international de prévention de pollution de l'atmosphère[597] dont la validité est de cinq ans maximum[598]. À travers ces visites et l'acquisition du certificat qui en résulte, l'armateur s'engage à respecter scrupuleusement les prescriptions relatives aux émissions provenant de son navire.

Concrètement, il met tout en œuvre pour éviter toute émission délibérée ou non de substances qui appauvrissent la couche d'ozone[599], afin de respecter l'émission minimale de monoxyde d'azote (NOx) et d'oxyde de soufre (SOx). C'est également le cas des composés organiques volatils (COV), dont la réglementation des seuils relève de la compétence des États

593 http://www.imo.org/fr/MediaCentre
594 FEDI Laurent, « *Le transport maritime international face à la pollution atmosphérique : enjeux stratégiques du 21e siècle* », DMF n°737, juin 2012, p.494.
595 http://www.imo.org/fr/about/conventions/listofconventions/pages/international-convention-for-the-prevention-of-pollution-from-ships-(marpol).aspx
596 Annexe VI MARPOL, règle 5 a).
597 Annexe VI MARPOL, règles 6 et 7.
598 Annexe VI MARPOL, règle 9.
599 Annexe VI MARPOL, règle 12.

membres[600] et cela, conformément aux dispositions de la présente annexe. Le navire doit également être équipé d'un incinérateur de bord approuvé par l'État du pavillon au regard des spécificités exigées par l'OMI[601]. Cet incinérateur de bord, permet la destruction de certains résidus de combustibles à l'exemple des boues d'hydrocarbures ou des boues d'épuration, qui s'ils (les combustibles) sont diffusés volontairement ou accidentellement peuvent eux aussi s'avérer très polluants pour l'environnement, en plus d'être nocifs pour la santé humaine.

Bien qu'il existe comme nous venons de voir une multitude de substances volatiles dont l'émission dans l'air, à travers les gaz d'échappement du navire, est rigoureusement réglementée, l'emphase peut être mise sur les monoxydes d'azote NO*x* et les oxydes de soufre SO*x* car il s'agit de microparticules extrêmement volatiles et hautement nocives, contenues à très forte densité dans les gaz d'échappement. À ce sujet donc, l'annexe VI de MARPOL prévoit un calendrier draconien visant à réduire au strict minimum leur rejet lorsque cela n'est pas tout simplement prohibé. En d'autres termes, le texte interdit formellement l'émission de substances qui appauvrissent la couche d'ozone, avec par exemple un délai moratoire pour les installations contenant des hydrochlorofluorocarbures (HCFC), autorisées jusqu'au 1er janvier 2020[602]. De même, depuis le 1er janvier 2020, les navires auront obligation de s'avitailler en fuel-oil dont les propriétés chimiques sont énoncées et encadrées par la règle 18 de l'annexe VI. Ce fuel doit avoir une teneur en soufre inférieure à 0,50% m/m[603] contrairement à la teneur actuellement en vigueur qui est de 1,50% m/m depuis 2012, et qui était avant cette date en moyenne de 4,5% m/m. Lorsqu'ils le souhaiteront, les armateurs pourront dans le cadre de la prévention de la pollution atmosphérique, opter pour des mesures alternatives. C'est l'exemple de l'utilisation du gaz (GNL) comme combustible, puisque son inflammation produit très peu de monoxyde de soufre[604].

La vitalité et le dynamisme que suscite cette annexe VI au regard premièrement de la technicité et des détails de ses dispositions, deuxièmement au regard de sa révision en 2008 (pourtant entrée en vigueur en 2005), et troisièmement quant à la célérité des étapes de sa mise en œuvre, témoignent tout simplement de l'urgence et de l'opportunité qu'il y a à protéger l'atmosphère, contre les polluants de l'air en général, et contre les gaz d'échappement des navires en particulier. À ce propos, la Direction de Gard P&I avait vu juste lorsque le 1er juin

[600] Annexe VI MARPOL, règle 15.
[601] Annexe VI MARPOL, règle 16.
[602] Annexe VI MARPOL, règle 12.
[603] m/m : microgrammes par mètre cube.
[604] http://www.imo.org/fr/MediaCentre/HotTopics/GHG/Documents/FAQ%20%202020%20Global%20Sulphur%20Limit%20-%20FRENCH.pdf

1998, dans sa note d'information que nous avons précédemment indiquée, elle déclarait sans ambages que « *the annex may be part of our lives sooner than expected* » (L'annexe fera partie de notre vie plus tôt qu'on ne le pense). Cela tranche nettement avec le délai généralement assez long, existant entre la date de signature d'une convention internationale et celle de son entrée en vigueur. Nous pouvons nous en convaincre en remarquant que plusieurs États n'ont pas attendu la date fatidique du 1er janvier 2020 pour mettre en application les dispositions de l'annexe VI, certains à titre expérimental et d'autres de manière définitive. C'est l'exemple de la Chine qui depuis 2016, a érigé plusieurs de ses ports[605] en Zone de Contrôle des Émissions[606] où la teneur en Oxyde de soufre (SO_x) du fuel-oil utilisé par les navires qui entrent dans les eaux des ports concernés ne doit pas dépasser 0,5%m/m. Le gouvernement chinois fera une évaluation de l'efficacité d'une telle mesure et décidera dès le 1er janvier 2020 s'il faut maintenir le seuil légal de 0,5%m/m pour l'ensemble de ses ports ou bien s'il faudra plutôt la rabaisser à 0,1%m/m[607].

De tout ce qui précède, nous pouvons définir la pollution atmosphérique comme étant toute émission dans l'atmosphère par les navires, soit de polluants prohibés par l'annexe VI, soit pour ceux qui sont réglementés, leur libération à des seuils supérieurs à ceux prévus par l'annexe VI. Cela implique que sera considéré comme ayant pollué l'atmosphère, le navire qui aura libéré dans les airs soit des polluants interdits par l'annexe VI de MARPOL, soit qui aura libéré des polluants réglementés mais dont la teneur en particules nocives est supérieure aux seuils prévus par ce texte. Et lorsqu'une telle pollution résulte de l'utilisation commerciale normale du navire tel qu'indiqué dans le certificat d'inscription émis par le *P&I Club*, l'armateur est fondé à voir sa responsabilité civile garantie par l'assurance que son *P&I Club* lui a promise.

L'observation de la pratique nous permet de constater que l'assurance du risque de pollution atmosphérique par les *P&I Clubs* au profit des armateurs est aujourd'hui une réalité. Ce risque étant lui aussi, à l'instar du risque de pollution par les eaux de ballast, un risque récent, et eu égard pour le moment à la rareté des cas avérés de pollutions atmosphériques coupables, il n'existe pas encore de clause autonome dédiée à ce risque. C'est donc la même clause que nous avons précédemment identifiée et étudiée traitant de la pollution des eaux de ballast qui sera invoquée. Cette clause à titre de rappel, stipule que la responsabilité pour pollution est

605 Parmi lesquels les ports de Shanghai, de Zhou shan-Ningbo, de Suzhou et Nantong.
606 ECA : *Emission Control Areas.*
607 Pour plus de détails dans la mise en œuvre progressive de cette expérimentation, nous proposons à notre lecteur de consulter : https://www.swedishclub.com/news-circulars/member-alert/ic1553-air-pollution-control-regulation-in-hong-kong-and-mainland-china?query=AIR+POLLUTION

garantie pour les *"Liabilities which a Member may incur, together with costs and expenses incidental thereto, as the result of an escape or discharge or threatened escape or discharge of oil or any other substance from the Entered Ship"*[608] que nous traduisons par : Responsabilités incombant au Membre, ainsi que les frais, dépenses et débours, résultant d'une fuite ou d'un rejet, ou le risque de fuite ou de rejet de combustible ou toute autre substance à partir du navire assuré. En d'autres mots, les *P&I Clubs* garantissent les pollutions occasionnées à la suite de l'émission par le navire assuré, de toute substance qui génère une pollution. Dans le cas de la pollution atmosphérique par les navires, ces substances dites polluantes, sont toutes celles énumérées par les articles 12 et suivants de l'annexe XI de la convention MARPOL. En attendant les premières catastrophes atmosphériques, qui nous l'espérons ne se produiront pas[609], l'action des *P&I Clubs* se résume en l'accompagnement des armateurs à prendre toutes les mesures utiles.

Cela passe d'une part, à travers une action proactive des *P&I Clubs* qui grâce aux circulaires et lettres d'information informent leurs armateurs des mesures urgentes ou nécessaires à prendre. L'exemple récent[610] en est la circulaire par laquelle, le UK P&I[611] informe ses armateurs sociétaires que les États membres du MOU de Paris, du MOU de Tokyo, du MOU de l'Océan Indien et du MOU de la Mer noire, se sont tous accordés à lancer une campagne commune d'inspection[612] du 1er septembre 2018 au 30 novembre 2018. Cette campagne menée dans le cadre du contrôle par l'État du port, a mis un accent particulier sur la prévention de la pollution de l'air par les navires qui accosteraient dans les différents ports concernés par ces Memoranda d'entente. De même, les armateurs sont par exemple invités à entrer en contact avec les ports où ils se rendront, pour savoir quels sont les seuils ou mesures spéciales appliquées dans ces ports. Cela leur permettra par exemple, de savoir s'il existe dans ces ports, des régimes de restriction, d'interdiction ou d'exigence supplémentaire relative à l'utilisation d'épurateurs à boucle ouverte, ou encore quant au traitement des eaux usées ayant servi au nettoyage de ces épurateurs[613].

D'autre part, le rôle des *P&I Clubs*, sera la prestation d'assurance *stricto sensu*. Nous souhaitons cependant préciser, que la garantie du *P&I Club* sera conditionnée par le respect

[608] Britannia P&I Club, règle 19(2), London P&I Club, police 2018 règle 9.15.1.
[609] Bien que ceci reste une hypothèse d'école, l'on a encore en mémoire les émanations méphitiques des déchets du Probo-Koala ayant provoqué à Abidjan-Côte d'Ivoire, environ 43 000 intoxications et 17 décès.
[610] Récent compte tenu de la date du 26 octobre 2018, à laquelle nous écrivons ces lignes de notre thèse.
[611] Information à retrouver dans la LOSS PREVENTION program du 1er août 2018.
[612] CIC : *Concentrated Inspection Campaign*.
[613] IGP&I, *IG Circular: The 2020 Global Sulphur cap*, du 24 juin 2019. Voir également sur la page web de the Shipowners P&I Club https://www.shipownersclub.com/ig-circular-the-2020-global-sulphur-cap/

préalable par l'armateur, des recommandations du Comité pour la Protection du Milieu Marin (MEPC) de l'OMI. En effet, la pollution atmosphérique contrairement aux autres pollutions, est rarement une pollution opérationnelle. En d'autres mots, il ne s'agit pas d'une pollution tributaire des aléas ou contrainte de la navigation, mais c'est plutôt une pollution liée à la qualité du combustible utilisé par l'armateur. Pour prévenir la pollution atmosphérique, l'armateur doit s'assurer que son navire respecte les seuils standards d'émission de *Nox* ou de *Sox*. Pour cela, il pourra au choix,

- Installer un système d'auto-épuration, qui empêchera l'échappement de certaines particules (il peut aussi s'agir d'un incinérateur de particules fines),
- Passer au carburant à faible teneur en soufre. C'est l'exemple du diesel de synthèse *IOF* (*Intermediate Fuel Oil*) ou du diesel – mazout – lourd *HFO* (Heavy Fuel Oil), qui peut être traité pour en réduire la teneur en soufre,
- Utiliser du carburant distillé, à l'instar du diesel marin (*MDO, Marine Diesel Oil*) ou du gazole marin (*MGO, Marine Gas Oil*),
- Ou enfin, utiliser un carburant alternatif à l'instar du gaz naturel liquéfié (*LNG, Liquefied Natural Gas*), le méthanol ou l'hydrogène.

Pour pouvoir bénéficier de la garantie *P&I*, l'armateur est censé avoir préalablement agi en bon père de famille. Autrement dit, il doit avoir pris l'une et/ou l'autre de ces mesures, et que malgré sa prudence, la pollution est survenue malgré tout. Par exemple, il a installé un incinérateur et/ou un épurateur qui se sont avérés défectueux par la suite. Les *P&I Clubs*, étant très attachés au respect de la convention MARPOL par les armateurs, ne garantiront la pollution atmosphérique que dans de telles situations. Toutefois, sachant que les dispositions de l'annexe VI de MARPOL sont très techniques, et créent des contraintes nouvelles, pas encore maîtrisées par les opérateurs, il peut arriver que les armateurs commettent des erreurs[614], bien qu'étant de bonne foi. De même, il est avéré que le non-respect de ces dispositions pourra entraîner des conséquences graves, notamment des amendes pour non-conformité, des détentions et immobilisations du navire entre autres. Dans de telles circonstances, les *P&I Clubs* pourront au cas par cas, et de manière purement discrétionnaire, décider s'ils garantissent ou non la réalisation d'un risque de pollution atmosphérique[615]. Notons tout de même que la volonté ou bien l'engagement des *P&I Clubs* à garantir de manière discrétionnaire ces cas de pollution,

[614] Ceci nous permet de distinguer « erreur » et « faute ».
[615] IGP&I, IG Circular: The 2020 Global Sulphur cap, du 24 juin 2019. Voir également sur la page web de the Shipowners P&I Club https://www.shipownersclub.com/ig-circular-the-2020-global-sulphur-cap/

l'est purement à titre de protection « P » de leurs armateurs, parce que du point de vue des *P&I Clubs* contredisant le MEPC, le manquement à ces dispositions de l'annexe VI n'est pas une cause d'innavigabilité du navire. Mais encore une fois, pour ne pas donner un blanc-seing à de potentiels armateurs indélicats, les Clubs se positionneront au cas par cas.

Les dispositions prises par l'OMI à travers l'annexe VI de MARPOL ont été bien accueillies par le législateur européen bien que jugées insuffisantes pour lutter contre l'émission par les navires, de gaz à effets de serre (GES). Pour compléter cet arsenal « législatif », l'Union Européenne adopta le 25 avril 2015, le règlement 2015/757 [616]. Ce règlement qui s'applique à tous les navires marchands de plus de 5 000 tonnes au départ ou à destination d'un port européen, a pour but la réduction d'émission de CO2 par les navires. Ce texte complète donc celui de l'annexe VI eu égard à l'accent qui est mis sur le CO2 et comme son cousin de l'OMI, il élabore un plan précis et exhaustif de surveillance d'émission de monoxyde de carbone. Il met également sur pied une procédure d'identification des sources de l'émission, ainsi que des méthodes de quantification des émissions[617]. Tout cela permettra d'avoir des données claires, précises et fiables pour une lutte efficace au moyen d'objectifs concrets de réduction des émissions de CO2. Ainsi, les contraintes techniques créées par ce règlement à la charge des armateurs étant quasiment de même nature que celles de l'annexe VI MARPOL, ils doivent les observer dans les mêmes conditions, avec la même rigueur et exigence, pour espérer bénéficier de la garantie RC de leurs *P&I Clubs*.

Aux côtés des pollutions, il existe d'autres risques ordinaires complexes, parmi lesquels ceux qui sont relatifs aux dommages à la propriété.

§2 : Les dommages affectant la propriété garantis par les *P&I Clubs*

À la différence de certains biens tels que les marchandises et les bagages qui font l'objet d'une garantie P&I fondée sur un contrat de transport[618], d'autres biens font l'objet de garantie de manière autonome au regard des dommages qu'ils subissent ou qu'ils sont susceptibles de subir. C'est le cas par exemple des navires qui sont eux-mêmes exposés à une catégorie de

[616] Règlement (UE) 2015/757 du Parlement européen et du Conseil, concernant la surveillance, la déclaration et la vérification des émissions de dioxyde de carbone du secteur du transport maritime et modifiant la directive 2009/16/CE

[617] Pour approfondissement, voir FEDI Laurent, « *La surveillance, la déclaration et la vérification des émissions de CO2 du transport maritime* ». DMF n°787, 1er janvier 2017, pp.7 à 19.

[618] Indépendamment du fait que les bagages font aussi l'objet d'une assurance dommage souscrite par leur propriétaire.

risques dont la particularité réside en ce qu'ils subissent en partie les conséquences de ces risques et dont ils sont pourtant, dans la grande majorité des cas, la cause. Il nous incombe donc, dans le cadre de la garantie P&I parlant de risques affectant la propriété, de nous intéresser d'une part à l'abordage (A) et aux dommages aux installations portuaires d'autre part (B).

A/ L'abordage, un risque ordinaire complexe garanti par les *P&I Clubs*

– « *Ayaaah !... À l'abordage !!!...* » ! Qui ne se souvient de ce cri d'attaque que lança souvent le flibustier Rackham Le Rouge lorsqu'il décidait d'engager l'assaut contre certains navires soit pour les piller, les couler et/ou pour en capturer les occupants. L'une de ses victimes fut l'impétueux François, chevalier de HADOQUE, capitaine de la marine du roi et commandant de *La Licorne*[619] mais également aïeul du célèbre capitaine HADDOCK. Bien que violente[620], cette conception romanesque de l'abordage, chargée d'une petite dose de nostalgie ou d'émotion dans les mémoires, et qui est révélatrice de la technique de combat des corsaires d'hier[621], de la stratégie d'agression des pirates d'autrefois, voire d'aujourd'hui, a cependant nettement évolué, car distincte de celle que le juriste maritimiste d'aujourd'hui se fait de l'abordage. Au regard de l'accroissement de la flotte mondiale, du développement exponentiel de la technologie embarquée à bord des navires et compte tenu du facteur humain, l'abordage est l'accident maritime le plus courant quant à sa fréquence et surtout celui qui entraîne le plus de dommages[622] tant en gravité qu'en pluralité. En effet, outre les conséquences physiques que subissent les navires, l'abordage entraîne assez souvent des blessures et/ou pertes en vies humaines, des dommages matériels, des dommages économiques en plus de générer des avaries communes ainsi que plusieurs actions en justice[623], et parfois aussi un rejet d'importantes quantités d'hydrocarbures. L'exemple le plus récent au jour où nous écrivons ces lignes est l'abordage survenu le 7 octobre 2018, entre le roulier tunisien *Ulysse* et le porte-conteneurs chypriote *CLS Virginia* au large du Cap Corse au sud de la France entraînant au passage un rejet d'environ 600 tonnes de fuel[624].

---

[619] HERGÉ, « *Le secret de la Licorne* » in Les aventures de Tintin, pp.14 à 21.

[620] L'histoire des aventures du célèbre Barberousse témoigne également d'une telle violence des attaques de pirates.

[621] BOURBONNAIS-JAQUARD Ingrid, « *L'abordage maritime* », PUAM (Presses Universitaires d'Aix-Marseille), 2013, p 17.

[622] OSANTE José Manuel, *"La responsabilidad civil del naviero por abordaje"*, ed. Servicio Central de Publicaciones del Gobierno Vasco, 1 febrero 2001, p.19.

[623] NDENDE Martin, « *L'abordage* » in « Droits maritimes » 3e éd. 2014, Dalloz, sous la direction de BEURIER Jean-Pierre, p.642, §361.11.

[624] https://www.ouest-france.fr/corse/collision-au-large-de-la-corse-les-deux-navires-separes-6013278

De même, dans ses rapports annuels de décembre 2014 et de décembre 2015[625] Britannia P&I Club identifie l'abordage comme étant un événement majeur de mer, car il a été répertorié comme étant au cours des deux années citées l'événement de mer qui s'est le plus réalisé, avec des conséquences financières qui ont dépassé le seuil de rétention[626] incombant à chaque P&I Club Membre de l'IGP&I Clubs et dont la gestion a même nécessité la mutualisation au sein du POOL[627]. À ce niveau, le lecteur pourrait pressentir une confusion, car nous avons précédemment indiqué que les litiges liés à la cargaison sont les plus nombreux que traitent les *P&I Clubs* et maintenant nous montrons que l'abordage est le risque le plus courant. Il s'agit en réalité d'une question de sémantique et la nuance s'y trouve. En effet l'abordage est un accident dans son sens strict, alors que les dommages aux cargaisons résultent d'une pléthore de facteurs distincts les uns des autres parmi lesquels le retard à la livraison, la livraison dans un port distinct de celui prévu dans le connaissement, la perte de la cargaison, une avarie etc. Mais alors qu'est-ce que l'abordage ?

La définition de l'abordage est de notre point de vue malaisée, car ni la loi nationale, et ni les textes internationaux, n'en donnent de définition claire. La doctrine non plus ne s'accorde pas véritablement. La jurisprudence quant à elle, dans sa remarquable habileté, propose plusieurs définitions à travers les éléments factuels qui lui sont soumis ; l'enjeu ici étant il nous semble, de déterminer si le cas d'espèce selon les circonstances tombe dans le champ du droit commun de la responsabilité civile ou bien dépend *ipso facto* du droit spécial c'est-à-dire du droit maritime, en d'autres mots du droit de l'abordage. Sans avoir vocation à rentrer dans les détails de cette notion dans le cadre limité de cette Thèse, portons-y tout de même une petite attention.

Tout d'abord, sur le plan international nous pouvons, parlant de l'abordage, invoquer deux textes. D'une part la convention internationale pour l'unification de certaines règles en matière d'abordage[628] signée à Bruxelles le 23 septembre 1910. Selon ce texte, ses dispositions s'appliquent en cas d'abordage survenu entre navires de mer ou entre navires de mer et bateaux de navigation interne, les indemnités dues à raison des dommages causés aux navires, aux choses ou aux personnes se trouvant à bord sont réglées conformément aux dispositions suivantes, sans qu'il y ait besoin de tenir compte des eaux où l'accident s'est produit[629].

[625] À ce jour il s'agit des dernières publications de ce *P&I Club* en la matière.
[626] Pour mieux comprendre la notion de seuil de rétention, *v° infra*, Partie chapitre 2 portant la mutualisation des risques.
[627] Britannia P&I Club, *NEWS*, issue 46 December 2014, p.5. Ou encore Britannia P&I Club, *NEWS*, issue 47 December 2015, et page 5 également.
[628] Ci-après convention de 1910.
[629] Art.1 Convention de 1910.

À l'observation, la convention ne définit pas l'abordage mais encadre juste les conditions de fait qui en sont constitutives, c'est-à-dire le choc entre navires ou bien entre navire et bateau de navigation intérieure, et ce, indépendamment du lieu de réalisation. En d'autres termes, selon la convention de 1910, il peut y avoir abordage en haute mer, en ZEE, dans une rade, ou dans un fleuve. Cependant et toujours à l'analyse de cet article 1, on peut dire que la convention ne règle pas le cas d'abordage entre bateaux de navigation intérieure[630]. Par ailleurs, le Règlement International pour la Prévention des Abordages en Mer[631], plus connu sous son abréviation anglaise COLREG[632] ne donne pas de définition du mot abordage, elle tire son initiative du constat que la grande majorité des abordages sont le fait de l'homme. Cela explique sans doute son ossature, constituée par un ensemble de règles techniques notamment les règles de barres et de route, ainsi que les signaux dont l'observation et le respect constituent en réalité une obligation de résultat[633] permettant de prévenir les abordages.

Deuxièmement, sur un plan national, alors que l'abordage est régi en Espagne par l'article 339 du code du commerce[634], en France le code des transports[635] s'applique à l'abordage survenu entre navires de mer, y compris les navires de guerre, ou entre de tels navires et des bateaux[636]. Ces législations nationales non plus ne définissent pas clairement l'abordage. Au regard de l'ensemble des textes, il ressort que l'abordage se définit en considération du navire, notion centrale du droit maritime, nécessitant précision également. Selon la plume la plus autorisée, celle du Doyen RODIÈRE, le navire est *tout bâtiment exposé aux risques particuliers que comportent les voyages en mer* [637]. Ainsi, bien que cela ne nous paraisse pas suffisamment clair, peuvent être considérés comme navires toutes les embarcations quelles qu'en soient la taille, l'appartenance ou même la qualité[638]. Troisièmement puisque ni l'abordage ni le navire ne s'identifient par des critères précis et unanimement partagés, la tâche incombe donc à la jurisprudence qui s'est à plusieurs reprises prononcée et dont les différentes positions qui génèrent souvent une conception extensive du droit de l'abordage, ont très souvent

---

630 Régi selon l'article L4132 du code des transports par la convention de Genève du 15 mars 1960 portant unification de certaines règles en matière d'abordage en navigation intérieure.

631 RIPAM.

632 Collision Regulations.

633 En effet à la lecture de cette convention, voire même la constance des juges dans leur rigueur, nous pensons que le respect des règles du RIPAM constitue une obligation de résultat hormis les cas de force majeur ou cas fortuits.

634 Qui codifie la loi 14/2014 du 24 juillet 2014, publié au bulletin officiel n°180, du 25 juillet 2014 [RCL 2014, 1045]. Voir également GARCIA LUENGO Ramon, GARCIA MARRERO et autres, "*Código de comercio y otras normas mercantiles*", 21a ed. 2014, p.2016.

635 Qui a codifié la loi n°67-545 du 7 juillet 1967, relative aux événements de mer.

636 C. Trans., art. L5131-1.

637 RODIERE René & DU PONTAVICE Emmanuel, « *Droit maritime* » Précis Dalloz, 11e éd., DELEBECQUE Philippe, « Doit maritime », Précis Dalloz 14e éd., 2020, p.67 et suiv.

638 BOURBONNAIS-JAQUARD *L'abordage maritime,* Presses Universitaires d'Aix-Marseille 2013, p.35.

subi la critique vigoureuse de la doctrine. En effet selon la jurisprudence il peut y avoir abordage lorsque sont impliquées des embarcations légères[639] notamment des planches à voile[640], des jets ski[641], des zodiacs[642], des kitesurfs[643].

Avant de poursuivre, il nous paraît nécessaire de constater que la doctrine et les juges en traitant de l'abordage, parlent parfois indifféremment soit de collision soit de heurt. Pourtant une distinction de ces termes s'impose : d'une part pour aider à qualifier ou appréhender la notion d'abordage et d'autre part pour une meilleure identification du régime de responsabilité. Le lecteur s'en rendra compte à la lecture des paragraphes suivants de ce chapitre. Ainsi, le mot collision vient du latin *collisio* qui selon le dictionnaire[644] est la rencontre plus ou moins rude entre deux corps en mouvement tandis que le mot heurt est le choc entre un corps en mouvement un autre fixe, que l'on peut qualifier d'obstacle, c'est-à-dire le contact entre un objet mobile et un autre immobile.

Au-delà de tout ce qui précède, nous pouvons donc dire qu'il existe deux types d'abordages. **L'abordage matériel** causé par le choc entre navires c'est-à-dire résultant soit d'une collision soit d'un heurt, et **l'abordage incident** qui est la conséquence accessoire d'un fait principal préalable. Généralement, il est qualifié d'abordage sans contact ou « abordage sans heurt »[645], et c'est le cas par exemple d'un navire qui, passant assez près d'un autre navire amarré, ne réduit pas sa vitesse, générant alors un remous qui va entraîner le vacillement, le balancement de celui-ci avec pour conséquence, un choc entre le bateau qui était amarré et un autre bateau amarré, ou encore avec un ponton ou un quai[646], voire carrément un naufrage.

Dans la pratique, l'assurance des dommages résultant d'un abordage sera tributaire du régime de responsabilité qui, en matière d'abordage est soumise à la responsabilité pour faute prouvée[647]. Tout cela résulte en pratique de la distinction de trois situations à savoir si l'abordage est fortuit c'est-à-dire résulte de la force majeure ou d'origine douteuse, si l'abordage résulte de la faute de l'un des navires et enfin s'il est imputable à la communauté de

---

639 REMOND-GUOILLOUD Martine, « Le navire : une aventure juridique contemporaine », DMF n°591, mars 1999.
640 Cass. crim., 2 février 2016 n°15-80.927 ; DMF n°779, avril 2016, obs. Stéphane MIRIBEL.
641 Cass. com., 3 juillet 2012 n°11-22.429 ; DMF n°741 novembre 2012, obs. MIRIBEL Stéphane p.945.
642 DMF, n°7 1er Juin 2003 – Supplément.
643 CA. Montpellier 1re ch., sect. D, 15 janvier 2013 n°11/00865 ; RD Transport 2013 n°46 p.28, obs. NDENDE Martin.
644 *Le Petit Larousse* 2001.
645 CA. Aix-En-Provence 10e ch., 31 mars 2016 n°15-03516 ; navires *Gipsy 9* et *Abeille Flandres*. DMF n°782, juillet 2016, obs. MONTAS Arnaud, p.585.
646 T. com. Dunkerque, 25 janvier 1960.
647 Art.13 convention de 1910.

fautes des navires. Lorsque l'abordage est fortuit parce que résultant de la force majeure[648] ou d'une cause douteuse[649] chaque navire assume les dommages qu'il a subis[650] ; lorsqu'il résulte de la faute de l'un des navires, sa responsabilité exclusive est engagée ; et lorsque enfin cela est causé par la faute partagée des navires, chacun est responsable des dommages qu'il cause et si cette proportion ne peut être établie, la responsabilité est répartie par parts égales[651]. À considérer de nouveau la distinction précédemment effectuée entre collision et heurt, nous pouvons au regard des cas concrets d'abordages, remarquer que tous les abordages répertoriés par collisions sont toujours la conséquence de fautes communes des navires[652]. Quoi qu'il en soit, imputable au tort exclusif de l'un des navires ou émanant d'une faute commune, la collision ou le heurt, indépendamment du poids du/des navire(s) et de la surface abordée, influence la gravité de l'accident. En effet, nous pouvons noter sans entrer dans les détails, qu'à travers des calculs de la science physique il est possible de déterminer en considération de la masse, de l'inertie et de la vitesse des navires, quelle peut être la proportion de faute imputable. Cela s'avère utile pour le juge quand il doit statuer notamment sur les montants d'indemnité.

Lorsque le risque d'abordage se réalise, alors la responsabilité est recherchée, et lorsque la faute est établie, ou pas, les assureurs entrent en scène[653]. Puisqu'en matière d'abordage la structure du navire ou ses accessoires sont les éléments directement exposés à ce risque, est donc concernée en premier ressort l'assurance corps, aussi connue sous l'appellation assurance sur corps de navires. Cette assurance garantit le navire assuré des pertes totale ou partielle et des dommages matériels qu'il subirait du fait des événements de mer en l'occurrence donc, l'abordage. La matière que nous traitons étant commerciale, deux polices retiendront notre attention. D'une part, la police française d'assurance maritime sur corps de tous navires tous risques, à l'exception des navires de pêche, de plaisance et des navires en construction[654] dont la version actuellement en vigueur date du 1er janvier 2012 et d'autre part, la police française d'assurance maritime sur corps de navires de pêche dont l'imprimé actuellement en vigueur

---

648 Cass. com, 12 juin 2001 n°99-11.716. DMF n°624 mars 2002, obs. DELEBECQUE Philippe.

649 OSANTE José Manuel, *"La responsabilidad civil del naviero por abordaje"*, ed. Servicio Central de Publicaciones del Gobierno Vasco, 2001, §1, p.63.

650 Idem, p.65.

651 NDENDE Martin, « *L'abordage* », in « *Droits maritimes* », sous la direction de Jean-Pierre BEURIER, Dalloz 3e éd., 2015/2016, n°361.31 pp.648-649.

652 Information obtenue auprès d'un service gestion de sinistres de P&I Club.

653 Pour des raisons qui nous semblent évidentes, nous n'avons pas évoqué les privilèges maritimes. Nous proposons au lecteur s'il le souhaite de consulter l'article 31 de la loi du 3 janvier 1967 portant statut des navires qui garantit par un privilège de 1er rang sur le navire les indemnités pour abordage ; ou encore l'art. L-4122-16 du code des transports et enfin la convention de Bruxelles du 10 avril 1926 portant unification de certaines règles relatives aux privilèges et hypothèques maritimes.

654 Ci-après police corps Tous risques sauf pêche.

date du 1er janvier 2002[655]. Faisant partie de la famille des assurances dommage, mais contrairement aux autres types d'assurances maritimes, l'assurance maritime sur corps de navires est une assurance fondée sur la valeur agréée du navire assuré, laquelle valeur agréée qui lie les parties, sauf cas de fraude, est fixée forfaitairement entre l'assuré et l'assureur au moment de la prise d'effet du contrat et telle que spécifiée dans les conditions particulières[656].

Contrairement à la doctrine et à la jurisprudence, les polices d'assurance maritime sur corps de navires ont une conception restrictive de l'abordage car elles n'admettent pas la notion d'abordage sans contact[657]. Dans cette condition comme précédemment observé, trois situations sont à considérer. Tout d'abord lorsque l'abordage résulte d'une force majeure ou est fortuit ou encore douteux c'est-à-dire lorsque la cause ne peut être établie, l'assurance corps prend en charge les réparations du navire assuré à la limite de la valeur agréée. Ceci est le corollaire logique de la nature même de l'assurance sur corps de navires qui est une assurance de chose. Ensuite lorsque l'abordage résulte de la faute commune des navires, la pratique est unanime pour faire supporter à chaque navire le dommage qu'il aura subi et dans ce cas l'assurance corps garantira uniquement le navire assuré. Nous noterons que lorsque les réparations sont chiffrées, le montant de l'indemnité d'assurance est aisé à identifier car elle correspondra généralement au coût de réparation. Mais sachant que ce coût de réparation peut outrepasser la valeur agréée, l'assureur corps pour éviter un enrichissement de l'armateur, car contraire à l'objectif de l'assurance, compensera par une augmentation de la prime d'assurance, ou alors l'armateur prendra à sa charge l'excédent. Enfin, lorsque l'abordage résulte de la faute exclusive de l'un des navires, son assureur corps garantit les dommages subis par le navire assuré et ceux subis par le navire abordé y compris ses accessoires notamment ses aussières, ancres, chaînes et ses embarcations annexes tant qu'elles demeurent reliées au navire assuré ou en cours de manœuvre ou d'utilisation à son service[658], ainsi que les marchandises transportées par le navire abordé si les dommages subis par ces marchandises sont des dommages directs de la collision ou du heurt.

Si l'assurance sur corps de navires est fondamentalement dans son principe une assurance dommage, on peut toutefois observer que l'évolution du marché et de l'activité a entraîné sa mutation au point qu'aujourd'hui elle a tout d'une assurance hybride car elle garantit

---

655 « Actuellement en vigueur » se réfèrent (pour les deux polices) au 1er novembre 2018 date à laquelle nous avons consulté ces polices.

656 Art. 1.3.1 police FAP sauf ; art. 7§1 police corps de navire de pêches (sous réserve des stipulations des articles 22 et 25).

657 WILHELMSEN Trine-Les & BULL Hans Jacob "*Handbook on hull insurance*", Gyldendal juridisk Edition, 2nd ed. 2017, n°11.2.1 p.325. Voir également art. 1.1.2 police corps Tous risques sauf pêche ; 2 art. 1er A – 2°) police corps navires de pêche.

658 Art. 1.1.2 b) police corps Tous risques sauf pêche ; art. 1er A – 2° police corps navires de pêche.

désormais quelques risques additionnels. En bref, c'est aussi dans une modeste mesure d'une part, une assurance responsabilité, ne prenant en charge que les dommages matériels et directs causés par le navire assuré abordeur et c'est l'exemple de la responsabilité de réparer le navire abordé (toujours dans la limite de la valeur agréée)[659] et d'autre part, l'assurance corps est également une assurance financière, car elle participe à la prise en charge de l'assistance, contribue aux avaries communes et aux frais de procédure[660]. L'hybridation de l'assurance corps et machines s'arrête là, car comme nous l'avons noté, l'extension de garantie est vraiment embryonnaire[661] d'où l'intervention des *P&I Clubs.*

Avant de voir la garantie P&I pour abordage, il nous semble utile de revenir sur deux points précédemment évoqués. D'abord le coût de la réparation qu'assume l'assureur corps est toujours plafonné à la valeur agréée du navire, considérée par événement. Cela signifie, en prenant l'exemple d'un abordage au tort exclusif d'un navire, que son assureur corps garantira uniquement les dommages directs que subissent les deux navires à hauteur de la valeur agréée du navire abordeur.

En d'autres termes : soit un navire **A** dont la valeur a été agréée c'est-à-dire convenue entre l'armateur et l'assureur corps à 100 000 € qui percute de manière fautive un navire **B** ; supposons qu'en plus des dommages sur les deux structures dont les coûts de réparations pour les deux sont évalués à 150 000 €, une partie de la cargaison des deux navires est détruite. Alors l'assureur corps du navire **A** (l'abordeur), n'indemnisera pas la cargaison du navire **A** mais uniquement les dommages subis par les deux navires et la cargaison de **B**, le tout à hauteur de 100 000 €. Ensuite dans les hypothèses d'abordage fortuit, de force majeure, douteux et d'abordage aux torts partagés la garantie de l'assurance sur corps de navire ne bénéficie qu'exclusivement au navire assuré et non aux dommages connexes.

De ce qui précède, nous comprenons aisément que les *P&I Clubs* à travers une coassurance furtive et informelle, interviennent soit en complément de la prestation d'assurance offerte par l'assureur corps, soit de manière alternative pour les dommages liés à l'abordage que l'assurance corps exclut de son assiette. Cela se mesure ou s'apprécie concrètement, au regard de la longue liste des risques exclus par les polices d'assurance sur corps de navires. Nous pouvons regrouper en quatre grandes catégories ces risques exclus par la police corps et machines. Le premier groupe est relatif aux personnes et concerne entre autres les marins, les

---

[659] Art. 1.1.2 police corps Tous risques sauf pêche ; art. 1er A – 2° police corps de navires de pêche.
[660] Art. 1.1.3 police corps Tous risques sauf pêche ; art. 1er A – 3° police corps de navires de pêche. Voir également BONASSIES Pierre et SCAPEL Christian, « *Traité de Droit maritime* » 2e éd., 2010, L.G.D.J, p.893, §1299.
[661] Toutefois dans certaines mesures l'assureur corps peut accorder des extensions de garantie contre surprime.

passagers à bord de l'un ou des deux navires ou d'autres tiers qui à la suite de l'abordage subissent des dommages corporels et donc sont soit blessés ou bien décèdent[662]. Le deuxième groupe concerne les marchandises transportées par les navires abordeur et abordé, y compris les bagages des passagers. La nuance ici concerne les marchandises ou bagages transporté(e)s par le navire abordeur qui sont exclus de la garantie de l'assurance corps[663] contrairement aux marchandises transportées par le navire abordé si leur perte ou destruction est un dommage direct de l'abordage. Le troisième groupe renvoie aux dommages à l'environnement notamment une pollution de la faune ou de la flore qui font l'objet d'exclusion de la police corps[664]. En effet un abordage n'est presque jamais un risque isolé car il s'accompagne généralement par un rejet d'hydrocarbures ou autres substances polluantes. Nous devons ici nuancer notre propos car cette exclusion ne vaut que pour le navire assuré abordeur, et ne concerne pas le navire abordé[665]. Le quatrième groupe enfin concerne les exclusions relatives aux frais. Il s'agit entre autres des frais d'un retard éventuel consécutif à l'abordage, des frais de remorquage qui n'ont pas un caractère d'assistance maritime, des frais de sauvetage du navire assuré lorsque le sauvetage n'a pas été concluant. À ces quatre cas de figure, nous pouvons ajouter que, puisque les dommages indirects ainsi que l'abordage sans contact ne sont pas garantis par la police corps, ils sont donc pris en charge par le *P&I Club*. Pour résumer nos précédents propos nous dirons que ce que ne garantit pas la police corps et machines à l'égard des tiers, les *P&I Clubs* le prennent en charge.

Comment se fait donc de manière concrète la garantie P&I pour abordage ? Avant de répondre à cette question nous implorons l'indulgence de notre lecteur quant aux éventuelles répétitions au regard de nos précédents développements. Dans un souci de clarté, nous prendrons pour référence la police de The Shipowners P&I Club de 2018.

La règle 7 de The Shipowners P&I Club[666] est la clause organisant la garantie P&I pour abordage et elle est intitulée *"Collision with other vessels"* que nous traduisons par : abordage avec d'autres navires. Cet intitulé à lui seul est révélateur de la conception elle aussi restrictive de la notion d'abordage par les *P&I Clubs* qui ne conçoivent pas la notion d'abordage sans contact. Le préambule de cette règle précise que la garantie P&I pour abordage n'est prévue que si et seulement si cette responsabilité n'est pas garantie par la police corps. La règle 7 A

[662] Art. 1.2.1 B/ 6° police corps Tous risques sauf pêche ; art. 3 1°) police corps navires de pêche.
[663] Art. 1.2.1 B/ 4° police corps Tous risques sauf pêche ; art. 3 3° police corps navires de pêche.
[664] Art. 1.2.1 B/ 5° police corps Tous risques sauf pêche.
[665] Art. 1.2.1 B/ 2° police corps Tous risques sauf pêche ; art. 3 3° police corps navires de pêche.
[666] Pour les autres P&I Clubs, voir par exemple The SWEDISH P&I Club, Règle 7 section 2 ; GARD P&I Club, règle 36 ; The UK P&I Club, règle 2 section 10 ; BRITANNIA P&I Club, règle 19(9).

prévoit que la garantie sera proportionnelle au ¼ ou à toute autre proportion agréée par écrit par les dirigeants du Club, en cas d'abordage responsable du navire inscrit. En effet cette proportion de ¼ viendra en complément des ¾ pris en charge par la police corps et machines pour les dommages directs du choc constitutif de l'abordage dont est responsable le navire assuré. Il faut remonter en 1836 à la suite de la décision des juges anglais dans l'affaire *The « La valeur »*[667] qui condamnèrent dans le cas d'espèce des assureurs corps à garantir un abordage parce qu'avant cette décision, les assurances corps de navires ne garantissaient pas l'abordage qui alors, n'était pas considéré comme étant un événement de mer. Après cette décision dont ils prirent acte, ces assureurs se sont engagés désormais à ne garantir que les ¾ des réparations relatives à un abordage après calcul de la limitation de responsabilité, l'armateur prenant à sa charge le ¼ restant. Le but selon ces assureurs corps était de laisser cette proportion à la charge des armateurs afin de les obliger à être soigneux, et les amener à agir toujours au possible *segundum artem*. Intervenant dans l'aspect protection – P– de leur activité d'assurance, les *P&I Clubs* décidèrent donc de prendre en charge cette proportion incombant à l'armateur[668]. Ceci a été si bien accueilli par l'ensemble de la pratique d'alors, que la proportion ¾ a été introduite de manière claire dans la *ITTC - Hulls*[669] qui est la police anglaise d'assurance maritime sur corps de navires. La règle 7 B organise la garantie P&I pour tous les dommages connexes ou indirects de l'abordage non pris en charge par l'assureur corps et machines notamment les dommages corporels, les risques de pollution, le remorquage, l'enlèvement d'épaves, les dommages à la cargaison entre autres. De même, étant donné que la garantie corps et machines est limitée au montant de la valeur agréée du navire, *The Shipowners' P&I Club* aux termes de la règle 7C prend en charge l'excédent des coûts de réparation du navire. En d'autres termes, cette règle 7C concerne le navire lui-même et non les conséquences connexes de l'abordage (qui sont déjà garanties par les règles 7A et 7B sus-indiqués) et signifie que la prestation de garantie P&I pour les réparations du navire abordeur, lui-même ou ses accessoires, n'est admise que lorsque cela est supérieur à la valeur agréée incombant en totalité à l'assureur sur corps de navires.

À l'analyse de tout ce qui précède, nous pourrons faire trois remarques majeures.

---

[667] De veaux /c Salvador navire The « *La valeur* », Adolphus & Ellis 420, 1836.

[668] WILHELMSEN Trine-Les & BULL Hans Jacob, "*Handbook on hull insurance*", Gyldendal juridisk edition, 2nd ed. 2017, pp.324-325, § 11.2.1.

[669] Institute Time Clauses – Hulls. Art. 8 : (3/4ths Collision Liability) ; 8.1 *The Underwriters agree to Indemnify the Assured for three-fourths of any sum or sums paid by the Assured to any other person or persons by reason of the Assured becoming legally liable by way of damages for ... where such payment by the Assure dis in consequence of the Vessel hereby insured coming into collision with any other vessel.*

La première remarque est que l'assurance maritime française sur corps de navire n'est pas une garantie indemnitaire et donc l'armateur n'a pas besoin de payer d'abord et se faire rembourser ensuite. Par contre à la lecture de la police anglaise, on observe qu'elle fonctionne par principe dirons-nous sur une base indemnitaire et l'armateur doit donc payer et se faire rembourser ensuite[670].

La deuxième remarque est que l'étendue de la garantie P&I pour abordage est tributaire de l'étendue de la garantie corps et machines dont bénéficie le navire assuré en matière d'abordage. Dit autrement, la part des dommages générés par un abordage ou un heurt que les P&I seront amenés à garantir peut varier, et être plus ou moins élevée pour un même événement, selon que le navire assuré abordeur ou qui heurte, est garanti pour ses corps et machines soit par la police française d'assurance maritime sur corps de navires soit selon qu'il dépend de la *ITTC-Hulls* anglaise. En effet la police française d'assurance maritime sur corps de navires semble bien plus généreuse, car elle garantit en outre des abordages, les dommages directs des heurts d'objets fixes ou flottants qui ne sont pas des navires ou assimilés, alors que la *ITTC-Hulls* ne garantit que les abordages entre le navire assuré et un autre navire ou assimilé.

La troisième remarque enfin est que la police *ITTC-Hulls* garantit les dommages directs des abordages systématiquement aux ¾ de ce qui incombe au navire assuré tandis que le ¼ restant l'est par le *P&I Club*. Pourtant la police française d'assurance maritime sur corps de navires n'a pour plafond que la valeur agréée du navire assuré.

Enfin nous devons également retenir que, puisque les garanties corps et machines n'assurent pas les abordages sans contact, cela est garanti par la majorité des *P&I Clubs* sous condition de décision de justice à travers les clauses traitant de l'abordage. En d'autres termes, lorsque les juges retiennent la responsabilité d'un navire pour abordage sans contact, celui-ci bénéficiera de la garantie P&I comme s'il s'agissait d'un abordage traditionnel c'est-à-dire avec contact. Toutefois, quelques-uns seulement des *P&I Clubs* proposent dans leurs polices des garanties spécifiques en cas d'abordage sans contact, et c'est le cas de *Britannia P&I Club*[671].

---

[670] Par principe, car de plus en plus dans la pratique, si les sommes à payer sont importantes, les assureurs corps anglais font des avances, ou règlent directement les factures.
[671] BRITANNIA P&I Club, Règle 19(11).

B/ La garantie P&I de dommages aux installations et infrastructures portuaires

Il est de notoriété que le port est dans sa fonction principale un lieu d'accueil *stricto sensu* du navire. Cependant on ne s'en rend pas toujours compte mais la relation existant entre le navire et le port est des plus intimes et pluri-forme, car à la fois économique (chargement et déchargement des navires), technique (construction et réparation navale) et enfin administrative (immatriculation du navire, mesures de sécurité/sûreté et contrôles douaniers)[672]. À ce titre et par conséquent, le navire durant toute sa vie aura pour partenaire clé le port dont la fréquentation n'est pas toujours ou n'a pas toujours une issue pacifique et cette fréquentation peut donc quelques fois s'avérer conflictuelle, notamment lorsque l'un subit un dommage imputable à l'autre. En clair, s'il n'est pas rare qu'un navire subisse un dommage sur sa structure imputable à l'administration portuaire[673], l'inverse est plus fréquent d'où l'abondance de litiges portant dommage aux infrastructures portuaires imputables ou imputés au navire. Nous devons observer ici que les dommages aux installations portuaires sont presque systématiquement orientés vers la responsabilité de l'armateur au point où, même lorsque se pose la question du rôle fautif de l'autorité gestionnaire du port, cela n'a pas une incidence pratique majeure[674] et l'armateur s'en sort au mieux avec une responsabilité partagée[675]. Il s'agit donc d'un litige ordinaire mais complexe, et dont le premier élément de complexité est la juridiction censée connaître en principe de ce type d'affaires. En effet, et même s'ils sont de plus en plus régulièrement soumis au juge civil, les dommages aux ouvrages portuaires rentrant dans la famille des contraventions de grande voirie sont en principe du ressort de la juridiction administrative, dont la procédure est plus sévère que celle du droit de la responsabilité civile[676] car l'autorité portuaire, en plus d'une amende financière infligée au navire, bénéficie également de la réparation de l'ouvrage endommagé[677]. Cette sévérité est atténuée lorsque l'affaire est portée devant le juge civil. De même, l'une des difficultés principales du dommage d'une

672 VAN CAUWENBERGHE Patrick & REZENTHEL Robert, « *Le port, le navire et ses assureurs de responsabilité* », DMF n°722, février 2011, p.187.

673 CE 3e et 5e sous sections réunies, n°22215 du 11 juin 1982.

674 GOLD Edgar, "*Gard Handbook on P&I Insurance*", 5th ed., 2002, p.173. Également, Tribunal administratif de Rouen, 3e ch., 28 mars 2019, n°1404388, Navire *Norman Arrow* SAS Louis Dreyfus Lines et autres /c Grand port maritime du Havre. Obs. BORDEREAUX Laurent « Accostage périlleux d'un « duc d'Albe » : la responsabilité du fait des ouvrages publics portuaires n'est pas automatique », DMF 816, septembre 2019.

675 T.A. Poitiers 1re ch., 8 mars 2001, n°99273, *Navire Saint Roch*. Obs. REZENTHEL Robert, DMF n°616, juin 2001.

676 REZENTHEL Robert, « *Responsabilité civile du propriétaire d'un navire pour dommages à un ouvrage portuaire* », DMF n°677 janvier 2007 p.15.

677 Idem. L'auteur rappelle à juste titre la sévérité de la juridiction administrative à l'inverse de la juridiction civile qui a pour principe la réparation du dommage « *sans perte ni profit pour la victime* » (Cass.com civ. 2e, arrêt n°78 du 13 janvier 2005 pourvoi n°03-16492).

installation portuaire est qu'il ne s'agit pas d'un événement de mer et échappe donc à la règle maritime qu'est la limitation de responsabilité. Cela se manifeste aussi par le fait qu'en cette matière il n'existe pas de convention internationale, d'où la soumission de tels litiges à la loi interne[678] du pays du port où l'infrastructure a été endommagée par le navire.

Les dommages aux infrastructures portuaires sont nombreux et peuvent concerner soit l'embarcadère, le quai ou même l'écluse entre autres, et résulter de plusieurs causes dont la principale est l'erreur humaine. Toujours est-il que le caractère crucial de l'importance d'un port pour l'économie nationale n'étant plus à démontrer, chaque dommage à une installation portuaire, selon les circonstances, peut entraîner au-delà de sa dégradation physique, d'autres préjudices notamment des pertes financières liées à la mise hors d'état d'exploitation de l'ouvrage ; la communauté maritime n'étant pas épargnée subit, elle aussi, des conséquences économiques notamment le retard dans les opérations de chargement ou de déchargement selon les cas, à cause de la congestion (sans compter les surestaries que subiraient alors les affréteurs) des navires qui ne peuvent soit accéder au port, soit en sortir[679]. À cela s'ajoute un risque pour la navigation notamment le risque d'abordage, par exemple au regard de la concentration des navires du fait de la congestion. À l'observation donc, à la suite d'une atteinte à un ouvrage portuaire, l'autorité gestionnaire du port a intérêt que tout rentre dans l'ordre sous bref délai et dispose pour ce faire du bénéfice de l'impérium étatique ; et c'est là le deuxième élément de complexité de la gestion des dommages aux installations portuaires. Cet impérium de l'État se manifeste, outre à travers la sévérité de la juridiction administrative, par la facilité avec laquelle l'État peut obtenir une saisie ou une immobilisation forcée du navire responsable du dommage. Il est des cas où l'on peut avoir affaire à des armateurs peu scrupuleux qui, parce que conscients de la vétusté de leur navire, tant sur le plan nautique que sur le plan économique voire social (mauvaises conditions de vie et de travail à bord, insuffisance numérique et non qualification de l'équipage), abandonnent le navire ainsi responsable du dommage. Si ces cas de figure sont courants, ils ne rentrent pas dans l'objet de notre analyse, car nous traitons de l'assurance responsabilité civile des armateurs proposée par les *P&I Clubs* ce qui suppose que les armateurs, qui y souscrivent au regard des exigences strictes que cela suppose, sont des armateurs soigneux qui administrent leurs navires en bons professionnels.

Puisque l'administration portuaire veut que le dommage de son ouvrage soit réparé au plus vite, elle n'hésitera pas pour cela à exercer la contrainte que représente la saisie du navire,

---

678 GOLD Edgar, "*Gard Handbook on P&I Insurance*", 5th ed., 2002, n°9.4, p.172.
679 VAN CAUWENBERGHE Patrick & REZENTHEL Robert, « *Le port, le navire et ses assureurs de responsabilité* », DMF n°722, février 2011, p.188.

et parce qu'une telle saisie peut avoir elle aussi des répercussions néfastes pour les armateurs, notamment ceux exploitant les lignes régulières, il est donc urgent, à défaut de pouvoir réparer immédiatement le dommage, de trouver une solution acceptable par l'administration portuaire. Ici rejaillit la pertinence du rôle de l'assurance responsabilité civile.

La garantie des dommages occasionnés aux infrastructures portuaires par les navires relève de l'assurance responsabilité civile certes, donc des *P&I Clubs* en principe, mais deux situations majeures sont à relever. D'abord si le navire auteur du dommage est garanti corps et machines par une police française sur corps de navires. Cette assurance outre la garantie de la chose – le navire – dont elle est l'objet principal, contient par extension une garantie responsabilité en cas de heurt de tout objet ou installation fixe par le navire assuré corps et machines. Les ouvrages portuaires étant des objets ou structures fixes, ils rentrent donc dans le champ de la garantie de la police française d'assurance maritime sur corps de navires, et ce à hauteur de la valeur agréée du navire assuré[680]. Ceci implique donc qu'au regard de la valeur agréée d'un navire, généralement déterminée par considération de son prix à neuf ou bien sur la base de sa valeur dans le marché argus de l'occasion, et des coûts de réparation de l'installation portuaire, on peut affirmer qu'un *P&I Club* dont un navire inscrit est assuré corps et machines par une police française peut ne pas avoir à intervenir en cas de contravention de grande voirie car cela est pris en charge probablement dans sa totalité par l'assureur corps. La deuxième situation, est celle relative au navire assuré corps et machines par la *ITTC-Hulls* anglaise qui elle, ne garantit pas le heurt des objets ou installations fixes. C'est ici par exemple que rentre en scène le *P&I Club*. La règle de la police des *P&I Clubs* qui garantit les dommages aux installations portuaires, il nous semble, est très claire, car selon ses propres termes, au titre des dommages à la propriété, sont couverts par la police P&I la *Liability arising out of any loss or damage to any harbour, dock, pier, jetty, land or anything whatsoever moveable or immoveable (not being another ship or cargo or other property therein or cargo or other property carried in the Entered Ship) by reason of contact between the Entered Ship and such harbour, dock, pier, jetty land or moveable or immoveable object*[681].

En principe la règle *pay to be paid* est supposée s'appliquer d'abord, l'armateur étant ensuite indemnisé par son Association. Cependant la mutuelle peut être amenée à agir directement ; et lorsque c'est le cas elle le fait par le biais des lettres de garantie comme

[680] Police corps tous risques sauf pêche, art. 1.1.2 ; et police corps navires de pêche art.2.

[681] Britannia P&I Club 2018, règle 19 (10) (A). Traduction libre : est garantie en autres : *« la responsabilité résultant de toute perte ou dommage de tout port, quai, jetée, terminal ou tout bien mobile ou immobile (à l'exception de tout autre navire ou autre propriété à son bord notamment sa cargaison ainsi que celle transportée dans le navire assuré) sur la base d'un contrat entre le navire assuré le port concerné ».*

précédemment analysé. En pratique tout n'est pas aussi simple car contrairement aux cas de sinistres ou de dommages impliquant l'armateur et d'autres personnes privées où il peut avoir négociations et arrangements entre les *P&I Clubs* et ces acteurs, il n'y a pas d'arrangement avec l'administration portuaire. Et c'est là le troisième élément de complexité de la garantie P&I des dommages aux installations portuaires. En effet pour éviter toute immobilisation du navire, l'armateur se doit d'agir vite ; et ce ne peut être qu'avec l'appui de son *P&I Club*. Toutefois, comme nous l'avons précédemment indiqué, tous les États n'acceptent pas la lettre de garantie des *P&I Clubs* comme garantie malgré leur bonne réputation internationale, d'où le recours contraint à la technique de l'aval bancaire[682] lorsqu'un paiement immédiat ne peut être fait parce que l'évaluation du coût total des réparations n'est pas achevée ou que toutes les responsabilités ne sont pas définitivement établies. De toute évidence, les *P&I Clubs* ne garantiront pas uniquement le dommage direct c'est-à-dire la dégradation liée au heurt, mais également tous préjudices qui en découlent lorsqu'ils sont imputables au navire par décision de justice.

À côté des risques ordinaires garantis par les *P&I Clubs*, il existe des risques additionnels et qu'il convient donc d'examiner à présent.

[682] Confer supra (§2 : Une garantie facilitée par « l'engagement à payer » émis par les P&I Clubs).

Chapitre 2 : La prestation de couverture des risques additionnels : une garantie complémentaire proposée par les P&I Clubs

Les événements, les sinistres, les préjudices et autres faits quelconques pouvant appeler la mise en œuvre de la responsabilité civile de l'armateur étant nombreux et variés, il peut se produire que les risques ordinaires garantis par les *P&I Clubs* se trouvent largement dépassés. Il convient de distinguer ici les risques ou événements directement imputables à l'armateur, soit parce qu'il s'agit d'événements de la navigation *stricto sensu* ou *lato sensu*, soit parce qu'il s'agit d'événements qui se produisent certes pendant la navigation, mais dont le fait générateur ou bien l'auteur sont des personnes autres que l'armateur et/ou ses préposés. Cela peut laisser penser que l'assiette des prestations des Clubs de Protection et d'Indemnité est inapte à couvrir l'étendue en nature et en nombre, des événements ou risques susceptibles de perturber le cours serein d'une expédition maritime. Fort heureusement il n'en est rien, car lorsque l'offre de garantie des risques ordinaires est épuisée, les *P&I Clubs* proposent des prestations de garanties additionnelles. Au nombre des risques additionnels ainsi garantis par les *P&I Clubs*, deux familles se distinguent : l'une relative aux risques de sûreté (section 1) et l'autre, que nous qualifions de « garantie frais » (section 2).

Section 1 : La garantie des risques de sûreté : une garantie rendue opportune par l'actualité contemporaine

Lorsque le vocable sûreté est employé pour désigner l'absence de danger, elle se définit par opposition à la sécurité. Ainsi, si la sécurité renvoie aux événements fortuits ou accidentels, la sûreté quant à elle, fait référence aux atteintes du fait volontaire de l'homme. Partant de cette posture, et au regard de l'actualité contemporaine dont l'écho atteignit son paroxysme à l'aube de l'actuel millénaire, deux risques majeurs se dégagent : la piraterie (§1) et les risques de guerre (§2).

§1 : La piraterie maritime

Le Code des assurances dispose en son article L 172-16 que *sauf convention contraire, l'assureur ne couvre pas les dommages et pertes subis par les biens assurés résultant... 2° De piraterie*. De par cette formulation « *sauf convention contraire...* », le législateur semble clairement laisser la possibilité aux parties qui le souhaitent de souscrire dans leur contrat d'assurance une clause garantissant un tel risque. Il s'agit donc d'une exclusion de principe à laquelle les parties peuvent déroger de commun accord et selon des modalités et conditions qui leur semblent les plus pertinentes. C'est la raison fondamentale pour laquelle nous parlons de garantie additionnelle, car comme cela semble aisément se dégager, cette garantie n'est pas souscrite dans la liste des garanties ordinaires que propose l'assureur. Pour en savoir davantage, nous étudierons tout d'abord dans ce paragraphe la notion de piraterie (A) ; et puis, nous verrons ensuite qu'il s'agit d'un risque conjointement assuré dans la pratique (B).

A/ La notion de piraterie maritime

Activité illicite connue et redoutée par les acteurs du transport maritime de même que par les États parce qu'étant une pratique très ancienne, la piraterie maritime a d'abord été définie par la Convention de Genève du 29 avril 1958[683]. Reprenant quasiment *mutatis mutandis* cette définition, la Convention de Montego Bay de 1982 sur le Droit de la mer définit la piraterie en son article 101. Selon ce texte, la piraterie s'entend comme étant : *« a) tout acte illicite de violence ou de détention ou toute déprédation commise par l'équipage ou des passagers d'un navire ou d'un aéronef privé, agissant à des fins privés et dirigé : i) contre un autre navire ou aéronef, ou contre des personnes ou des biens à leur bord en haute mer ; ii) contre un navire ou aéronef, des personnes ou des biens, dans un lieu ne relevant de la juridiction d'aucun État ; b) tout acte de participation volontaire à l'utilisation d'un navire ou aéronef, lorsque son auteur a connaissance des faits dont il découle que ce navire ou aéronef, est un navire ou aéronef pirate ; c) tout acte ayant pour but d'inciter à commettre des actes définis aux lettres a) ou b) ou commis dans l'intention de les faciliter ».*

À l'observation de ce texte de la convention des Nations Unies sur le droit de la mer, on remarque que la piraterie s'identifie par la jonction de quatre critères principaux et éventuellement d'un cinquième critère accessoire. Ainsi au rang des critères principaux constitutifs de l'acte de piraterie nous identifions le nombre de navires, la nature de l'acte, le lieu de sa réalisation et son mobile. Le cinquième critère, l'accessoire, est l'élément intentionnel engendrant la complicité.

[683] Convention sur la haute mer signée à Genève le 29 avril 1958 (entrée en vigueur le 30 septembre 1962), article 15.

Tout d'abord, pour que l'on parle de piraterie il faut que soient concernés au moins deux navires dont l'un est le navire pirate et l'autre victime. Le navire pirate au regard du texte est un navire civil, appartenant à des personnes privées et utilisé pour commettre l'infraction[684]. Cela exclut les navires militaires et/ou ceux affectés à un service public. Cependant, ces navires d'État ou de guerre deviennent des navires pirates lorsqu'ils passent sous le contrôle exclusif d'une partie de son équipage mutiné, qui l'utilise pour commettre les actes de piraterie de l'article 101[685]. Puisqu'il n'existe pas d'unanimité dans la définition de ce qu'est un navire, nous estimons au regard de la jurisprudence française telle que précédemment étudiée en traitant de l'abordage, et surtout au regard des faits, que pourra être qualifié de navire pirate un aéroglisseur, une embarcation pneumatique si elle est utilisée pour perpétrer l'acte constitutif de piraterie. À titre d'illustration nous pouvons citer les skiffs, embarcations légères et très rapides souvent utilisées par les pirates[686]. Ensuite, la nature de l'acte est l'agression qu'il constitue à l'égard d'un navire ou aéronef et/ou des personnes à son bord, c'est-à-dire passagers et/ou équipage, d'où son caractère illégitime et illicite. De même, le lieu de la réalisation de l'acte de piraterie fait référence au critère de la territorialité, en d'autres termes le critère géographique. Ainsi, pour être qualifiée de piraterie maritime, l'agression doit avoir lieu dans une *terra nullius* que l'article 101 sus-évoqué identifie comme se référant à la haute mer et à tout lieu ne relevant de la juridiction d'aucun État. Aux termes de l'article 87 de la convention de Montego Bay, la haute mer se révèle être un espace ouvert *lato sensu* à tous les États avec ou sans littoral. C'est également un espace de libertés.

En plus de la haute mer, la convention renvoie également à la zone économique exclusive[687] et à la zone contiguë[688] qui sont certes des espaces sur lesquels l'État côtier dispose de droits exclusifs mais sans y disposer de souveraineté. Toutefois, et c'est le sens de la position du droit international de la mer, l'absence ou l'inexistence de souveraineté[689] dans ces différents espaces ne saurait s'accommoder de l'impunité de la piraterie. Le silence du législateur international ferait de la haute mer ou bien des espaces non soumis à la souveraineté des États

[684] CMB, art. 103.
[685] CMB, art.102.
[686] A titre d'exemple, voir acte de piraterie commis sur le, navire citerne *Aris 13* au large de la Somalie en date du 13 mars 2017. Pour plus de renseignement, voir : https://splash247.com/putting-somali-piracy-perspective/. Également International Maritime Organization, Maritime Knowledge Centre : Current awareness bulletin de mars 2017.
http://www.imo.org/en/KnowledgeCentre/CurrentAwarenessBulletin/Documents/CAB%20244%20March%202017.pdf
[687] CMB, art.58§2. Pour définition et statut de la ZEE, voir les articles 55 à 58.
[688] CMB, art.33.
[689] CMB, art.89 « *Aucun État ne peut légitimement prétendre soumettre une partie quelconque de la haute mer à sa souveraineté* ».

« *une espèce de paradis criminels, comme on parle aujourd'hui de paradis fiscaux ou de paradis sociaux* »[690]. En aurait-il pu être autrement puisque la piraterie semble être considérée de manière unanime comme étant un crime contre la paix et la sécurité publique. D'ailleurs bien avant la Convention de Montego Bay, ÉMÉRIGON disait des pirates qu'ils sont des voleurs et assassins, des ennemis de toutes les nations qui sont admises à les pourchasser et les exterminer sans déclaration de guerre. Les pirates selon lui n'appartiennent à aucune nation, ils sont le ramassis de toutes[691]. Donc la compétence *rationae loci* de l'État qui se fonde sur le droit international pour qualifier et réprimer un acte de piraterie doit tenir compte de ce critère de territorialité. Cela implique également que si l'infraction se produit dans les eaux placées sous la souveraineté d'un État, c'est son droit interne qui est supposé s'appliquer eu égard à la qualification et la sanction régissant une telle infraction. Le droit international n'a pas vocation à s'y appliquer selon la formulation même de l'article 101 de la convention de Montego Bay. Concernant son mobile, on parlera de piraterie lorsque l'agression ainsi perpétrée l'est uniquement pour des fins privées, bénéficiant à ses auteurs. Les fins privées auxquelles le texte se réfère sont absolument et nécessairement privées c'est-à-dire que le mobile est personnel et lucratif. En d'autres mots la CMB se réfère à la conception étymologique du vocable pirate qui vient du latin *pirata*[692], lui-même dérivé du grec *peiran* qui désigne celui qui tente fortune sur mer[693]. Cela renvoie donc au but économique de la piraterie, en distinction de la piraterie pour mobile politique, auquel cas on ne parlera plus de piraterie mais peut-être de terrorisme[694] selon chaque cas d'espèce que les faits concrets permettront d'identifier. Enfin, le cinquième critère que nous avons identifié comme étant en principe accessoire, est l'infraction connexe que constitue la complicité, et qui concerne celui qui participe à l'acte de piraterie ou bien qui en facilite de manière consciente et en connaissance de cause la réalisation.

À l'observation, on remarque que la définition de la piraterie maritime telle qu'établie par le droit international de la mer est très restrictive. À cette définition, le reproche le plus courant a été d'ignorer une pléthore d'autres actes de violence, de nature et de mobile similaires. Cela pourrait donc conduire à se poser la question de savoir si une telle conception restrictive ne conduit pas à la quasi-impunité des pirates[695]. En réalité nous pensons que la prospérité des

[690] VIALARD Antoine, « *La piraterie dans les assurances maritimes françaises* » in *"Marine Insurance at the turn of the Millennium"*, vol.1, Antwerp 1999, p.102.
[691] EMERIGON Balthazard-Marie, « *Traité des assurances et contrats à la grosse* », 1783, t. II p.73.
[692] Dictionnaire LAROUSSE.
[693] VIALARD Antoine, « *La piraterie dans les assurances maritimes françaises* », In *"Marine Insurance at the turn of the Millennium"*, vol.1, Antwerp 1999, p.99.
[694] Colloque, « Journées méditerranéennes sur la piraterie maritime », synthèse des travaux par WECKEL Philippe, DMF 2010, n°710 1er janvier 2010, pp.69-74.
[695] MARGUET Bernard, « *La piraterie maritime* », DMF N°590, février 1999, p.99.

actes de piraterie ou bien l'efficacité de la lutte contre ce phénomène n'est pas tributaire de la définition que le droit international de la mer lui donne. Mais cela réside plutôt, il nous semble, dans la qualité de la coopération entre les États[696] et aussi dans leurs législations internes[697], parce que les États jouissent d'une compétence universelle en matière de poursuite et d'interpellation des présumés pirates[698]. De même, lorsque les actes prévus par l'article 101 de la convention de Montego Bay sont perpétrés dans leurs eaux internes, les États concernés disposent de diverses qualifications possibles. Dans un tel cas de figure par exemple, on parlera selon les termes mêmes du droit international de « vols à main armée contre des navires » lorsque de tels actes illicites sont perpétrés dans les eaux sous souveraineté d'un État côtier[699]. Ainsi, cet État a tous les pouvoirs pour sanctionner de telles agressions et peut lorsqu'il s'estime incapable de surveiller toutes ses eaux territoriales, faire appel à l'assistance technique, opérationnelle voire militaire d'un autre État[700]. On peut à ce propos, et à titre d'illustration se référer entre autres, à la requête du gouvernement somalien qui, dépassé par la situation dans ses eaux territoriales sollicita l'appui du Conseil de sécurité des Nations Unies. Celui-ci accueillit favorablement cette sollicitation par la résolution 1816 (2008)[701] en invitant les États engagés dans la lutte contre la piraterie à travers leurs forces navales dans cet espace maritime, à coopérer, à prêter main-forte aux navires vulnérables, menacés et/ou attaqués par les pirates ou voleurs à main armée, et de poursuivre ces délinquants jusque dans les eaux somaliennes s'il le faut[702].

De notre point de vue donc, les critères posés pour la notion de piraterie sont clairs et il revient donc aux États de prendre leurs responsabilités.

Cependant, l'actualité contemporaine nous amène à nous poser la question de savoir si un aménagement de cette conception de la piraterie ne serait pas devenu opportun ? En effet, l'histoire et les événements récents nous montrent une évolution du *modus operandi* de ces délinquants. Leurs actes ne sont plus forcément perpétrés en haute mer (critère géographique),

---

[696] CMB, art.100.
[697] CMB, art.105. Voir sur ce point la loi française n°2011-13 du 5 janvier 2011, relative à la lutte contre la piraterie et à l'exercice des pouvoirs de l'État en mer.
[698] GDP, n°20, du 20 janvier 2011, p.8.
[699] Art. 1(4) Résolution de l'OMI A1025(26), adoptée lors de la 26e session ordinaire. Cette résolution porte sur le « *code de conduite relatif à la prévention et à la répression des actes de piraterie, de vols à main armée à l'encontre des navires et des activités maritimes illicites en Afrique de l'Ouest et du Centre* ». À consulter sur : http://www.imo.org/en/OurWork/Security/WestAfrica/Documents/Code%20de%20conduitc.pdf
[700] NOGUERO Eliseo Sierra, "*Régimen jurídico de la prevención y enjuiciamiento de la piratería marítima*" Revista de Derecho del transporte, n°4 2010, p.45 §3.
[701] Résolution adoptée par le Conseil de sécurité à sa 5092e séance, le 2 juin 2008. Le lecteur qui le souhaite pourra trouver le texte de cette résolution dans le site : https://undocs.org/fr/S/RES/1816%20(2008).
[702] NOGUERO Eliseo Sierra, "*Régimen jurídico de la prevención y enjuiciamiento de la piratería marítima*" Revista de Derecho del transporte, n°4 2010, p.48 §3.1.

le détournement et le pillage des navires ne semblent plus être l'objectif principal mais plutôt la prise d'otages pour une demande de rançon qui semble plus lucrative[703]. Parfois, il y a des revendications politiques. À titre illustratif, référons-nous à un rapport de Jake LONGWORTH, analyste de risques pour EOS RISK Group[704]. Dans l'un de ses rapports[705], relatif à la piraterie dans le golfe de Guinée, M. LONGWORTH nous dévoile que l'année 2016 au Nigeria fut marquée par une cinquantaine d'attaques contre des navires-citernes, perpétrées par des bandes armées constituées de plusieurs groupes militants parmi lesquels les *Avengers of Niger Delta*, le *Bakassi Strike Force*. Ces groupes accusaient les grandes compagnies pétrolières de pillage, et ils reprochaient au Gouvernement central du Nigeria la répartition non équitable des revenus de la manne pétrolière. De même, l'observation desdites attaques permettra de remarquer que les délinquants avaient agi principalement dans les eaux sous souveraineté de l'État Fédéral du Nigeria, à 130 milles nautiques au large du Delta du Niger et à moins de 40 milles nautiques des côtes de l'East River. La quasi-totalité de ces attaques se solda par des prises d'otages, avec une nette préférence pour les marins et les officiers, certainement parce que ce sont eux qui étaient le plus exposés de par leur présence sur les ponts des navires, et aussi parce qu'ils ont une « valeur marchande » plus intéressante.

Alors, face à l'évolution du mode opératoire des délinquants, le législateur international doit-il revoir la définition de la notion de piraterie ? Il nous semble que non ! Cela ne nous paraît pas être l'urgence, du moins en ce qui concerne la piraterie, telle que comprise par l'imagerie populaire, perpétrée par un acte d'agression physique[706]. L'urgence réside plutôt dans la bonne foi des États, de la communauté internationale en matière de lutte contre de telles menaces sur la sûreté de la navigation maritime. L'article 100 de la Convention de Montego Bay nous paraît clair et précis lorsqu'il dispose que « *Tous les États coopèrent dans toute la mesure du possible à la répression de la piraterie en haute mer ou en tout autre lieu ne relevant de la juridiction d'aucun État* ». Cela n'exclut pas la rigueur à laquelle humblement, nous invitons notre lecteur à qualifier de piraterie, ou de vols à main armée contre des navires, ou de terrorisme chaque fait qui correspond aux critères d'identification de tels actes. Trop souvent en effet, dans les médias et parfois même, et nous le déplorons, par des juristes et par des

[703] C'est le cas du navire Ro-ro *Super Shuttle Roro 9* attaqué par des hommes armés, à bords de trois vedettes ultra rapides le 23 mars 2017 alors qu'il se dirigeait vers l'île de Mindanao, archipel des Philippines. https://www.maritimeherald.com/2017/four-seamen-of-cargo-ferry-super-shuttle-roro-9-kidnapped-by-aby-sayaf-militants/

[704] https://www.eosrisk.com/about

[705] L'essentiel dudit rapport est consultable sur : https://splash247.com/piracy-gulf-guinea-analysed/

[706] Nous verrons plus loin, traitant de l'avenir de la garantie P&I quant à l'exploitation des navires sans équipage, qu'une nouvelle forme de piraterie maritime, dont le navire autonome pourrait être « vecteur », contribuera ou encouragera un plaidoyer pour l'évolution de la notion de piraterie maritime.

hommes politiques, le mot piraterie est utilisé pour des faits ou actes certes graves, mais qui n'en sont pas constitutifs.

De toute évidence enfin, que ce soit la piraterie maritime, le grand banditisme en mer, ou encore le vol à main armée contre des navires, rien ne change pour les acteurs du transport maritime. Sont ici concernés les armateurs, les chargeurs, les passagers voire les assureurs maritimes[707] qui à regarder de près, n'ont que faire de la définition juridique de telles agressions. Les conséquences de tels actes à leur égard seront les mêmes indépendamment de leur qualification juridique[708]. C'est là que la question de l'assurabilité des conséquences se pose à l'égard soit du chargeur, soit de l'armateur, soit enfin à l'égard des assureurs.

B/ La piraterie maritime, objet d'une garantie atypique

Lors d'un transport maritime de marchandises par exemple, au moins trois[709] assurances peuvent exister. L'assurance sur corps de navire, l'assurance sur facultés et celle de la responsabilité civile du transporteur.

À l'instar de la piraterie maritime dont la fréquence et l'intensité ont souvent varié en passant par des périodes d'accalmie un certain temps, puis par des périodes critiques, et vice versa[710], l'offre d'assurance de ce risque a elle aussi fluctué depuis l'ordonnance de COLBERT de 1681 à nos jours. En effet, la piraterie a pendant un temps été considérée par les assureurs comme étant un risque ordinaire de la navigation maritime, avant d'être exclue de ce champ.

Tout d'abord à la lecture de l'article 7[711] de la police française d'assurance maritime sur facultés « *F.A.P Sauf* » actuellement en vigueur, on note que la piraterie n'y est pas garantie. Par contre la police « *TOUS RISQUES* » garantit la piraterie telle que reconnue par l'article 101 de la Convention de Montego Bay. En d'autres termes, elle couvre uniquement la piraterie dont le mobile est économique, c'est-à-dire qui vise l'enrichissement individuel du pirate. Exclusion est faite de la *piraterie ayant un caractère politique ou se rattachant à la guerre*[712]. Ensuite en matière d'assurance corps, la police française d'assurance maritime sur corps de tous navires

[707] Nous étayerons davantage cette affirmation ci-après dans le sous-titre suivant : B/ La piraterie maritime, un risque conjointement garanti dans la pratique.
[708] *COSCO Bulk Carrier Co. Ltd vs Team-Up Owning Co. Ltd* (2010). Dans cette affaire, la Haute cour de justice de Londres a affirmé que la définition de la piraterie est sans incidence sur l'interprétation de la police d'assurance.
[709] Liste non exhaustive.
[710] Depuis 2000 à nos jours, la piraterie est d'une particulière actualité. Selon le rapport annuel de 2018 du Bureau Maritime International, en 2014 l'on a enregistré 245 actes de pirateries, 246 en 2015. 191 en 2016, 181 pour 2017 et 201 cas en 2018.
[711] Art.7.7d) imprimé du 1er juillet 2009.
[712] Art.7.7d) imprimé du 1er juillet 2009.

tous risques[713] exclut formellement de son offre de garantie standard la piraterie[714]. Cependant, cela peut être fait par souscription d'une police additionnelle, s'appliquant exclusivement à la police sur corps de navire tous risques sauf navire de pêche, de plaisance et navire en construction. C'est donc l'objet de la police portant *Conventions spéciales d'assurance maritime corps de navire de mer contre les risques de guerre, de piraterie, de terrorisme et risques assimilés*[715]. En d'autres termes, cette police n'est pas une police autonome, et ne couvre donc pas des risques généraux. Elle vient plutôt compléter l'offre de garantie de la police sur corps tous risques en apportant à l'armateur assuré corps et machines, la garantie des risques additionnels spéciaux ne figurant pas parmi les prestations offertes par la police principale. Enfin, selon l'article 3 de la police d'assurance maritime sur corps de navire de pêche, on peut lire que *sont exclus de la garantie* [...] *la piraterie ayant un caractère politique ou se rattachant à la guerre*. Au regard de cette formulation nous concluons donc que la police sur corps de navire de pêche garantit la piraterie maritime *stricto sensu*, c'est-à-dire celle reconnue par la Convention des Nations Unies sur le droit de la mer.

Nous pouvons à ce niveau observer que les assureurs maritimes traditionnels semblent avoir une conception plutôt ambiguë de la notion de piraterie. Parfois leur conception semble fidèle à celle de la CMB et parfois elle paraît plus large, plus généreuse. En effet, si l'on se réfère à la terminologie et à la sémantique, l'on notera que les assureurs distinguent parfois la piraterie ayant un objectif lucratif de celle portant motivation politique ou s'assimilant à la guerre ; et d'autres fois ne les distinguent pas. Cette inconstance dans la conception de ce risque ne relève pas, il nous semble, d'une quelconque controverse quant à la définition restrictive de la piraterie comme élaborée par la CMB. Cela témoigne plutôt de notre point de vue d'une part, du souci des assureurs de proposer des garanties qui s'adaptent à la conjoncture de la navigation et répondant au mieux aux besoins et craintes des transporteurs maritimes, et d'autre part, cela dénote la volonté non affirmée ou bien implicitement affirmée par ces assureurs, de distinguer la piraterie maritime des autres risques assimilés tels que le risques de guerre, de terrorisme, ou encore du grand banditisme perpétré par le vol à main armée contre des navires.

Qu'en est-il de l'assurance responsabilité civile ? Bien que cela ne rentre pas véritablement dans l'objet de notre analyse consacrée à la garantie des *P&I Clubs*, continuons dans la logique comparative amorcée dans le présent paragraphe pour mieux comprendre ce qu'il en ressort. Ainsi, à la lecture de la *police française d'assurance maritime couvrant la*

[713] Cette police ne s'applique pas aux navires de pêche, de plaisance aux navires en construction.
[714] Imprimé du 1er janvier 2012, art.1.2.3 6°)
[715] Imprimé du 1er janvier 2012.

responsabilité du propriétaire de navire de mer (à l'exclusion des navires de pêche et de plaisance)[716], on peut faire deux observations. La première, est le nombre très réduit des risques couverts par cette police RC, la seconde est que la piraterie n'est pas formellement garantie à la lecture de l'article 1 portant risques couverts. Toutefois, aux termes de l'article 7 portant risques exclus, nous en déduisons que la piraterie telle que définie par la convention internationale est garantie par la police française d'assurance responsabilité de l'armateur, parce que selon les termes de cet article, sont exclues de la garantie les réclamations résultant de la *piraterie ayant un caractère politique ou se rattachant à la guerre*[717]. Autrement dit, est garantie la piraterie ayant un caractère purement économique, lucratif.

Quel est en la matière la position des *Protecting & Indemnity Clubs* ?

Si l'armateur peut être responsable du fait d'autrui, notamment de ses préposés, il peut sembler curieux de parler de responsabilité civile de l'armateur à la suite d'un acte de piraterie, car il s'agit là en réalité d'une agression qu'il aura subie. Mais avant de voir l'offre de garantie que les *P&I Clubs* proposent de manière concrète en cas de piraterie, voyons d'abord ce que disent les conventions internationales régissant le transport de marchandises par mer. À la lecture de la Convention de Bruxelles de 1924 telle qu'amendée par ses différents protocoles, le transporteur maritime est responsable des cargaisons lorsqu'elles sont sous sa maîtrise, c'est-à-dire de la prise en charge pour le chargement jusqu'au déchargement[718]. Ce texte ne parle pas explicitement de la piraterie mais nous pouvons par la technique de déduction juridique, la piraterie étant un crime contre la paix et la sécurité publique, assimiler le pirate à l'ennemi public[719] de l'article 4. Ainsi à l'analyse de cette convention, nous concluons que le transporteur n'est pas responsable des dommages subis par les ayants droit aux marchandises transportées si cela résulte de la piraterie. Les Règles de Hambourg dans la même optique établissent la responsabilité de l'armateur sur les marchandises durant la période pendant laquelle celles-ci sont sous sa garde, dès leur réception au port de chargement jusqu'au moment de leur livraison[720]. Cette Convention ne fait pas non plus allusion à la piraterie maritime et laisse à l'armateur la charge de prouver qu'il n'est pas responsable de l'attaque ou que son comportement n'y a pas contribué. C'est du moins ce qui ressort en filigrane de l'article 5 qui

[716] Imprimé du 20 décembre 1990.
[717] Art. 7.9°) police assurance maritime couvrant la responsabilité du propriétaire de navire de mer (à l'exclusion des navires de pêches ou de plaisance).
[718] Art.2 Convention de Bruxelles du 24 août 1924 portant unification de certaines règles en matière de connaissement, telle que modifiée par les protocoles du 23 février 1968 et par celui du 21 décembre 1979.
[719] Cass. com., 14 février 1989, affaire navire *Sunny-Arabella*, DMF 1989 n°485, p.419, obs. P BONASSIES. Selon les propos des juges dans cette affaire, l'ennemi public est celui, à l'instar du pirate, qui a commis son forfait en haute mer ou bien dans une eau qui n'est pas soumise à la souveraineté d'un État.
[720] Art.4 Règles de Hambourg.

a supprimé la quasi-totalité des cas exceptés prévus par la Convention de Bruxelles. Autrement dit, en cas de piraterie, si l'armateur ne prouve pas que ni lui ni ses préposés n'y a/ont contribué par quelque attitude que ce soit, sa responsabilité civile pourra selon les circonstances d'espèce être engagée. Enfin, et de leur côté, les Règles de Rotterdam prévoient que la responsabilité du transporteur maritime de marchandises par mer court dès leur prise en charge par lui-même ou bien par une partie exécutante jusqu'à leur livraison[721]. Se démarquant des Règles de Hambourg et en faisant un retour inopportun de notre point de vue, aux sources de Bruxelles de 1924, les Règles de Rotterdam exonèrent d'office l'armateur de toute responsabilité en cas de piraterie. Il n'a pas à prouver une quelconque absence de faute, mais seulement que les dommages et préjudices ont été causés par la piraterie[722]. Plusieurs critiques ayant déjà à maintes reprises été formulées contre cette Convention, sur les aspects relatifs aux cas exceptés notamment, nous n'y reviendrons pas, bien que les partageant, en matière de piraterie en l'occurrence. En érigeant la piraterie au rang des causes d'exonération, et ce d'autorité comme leur formulation le laisse percevoir, ces Règles en plus de laisser penser que l'armateur ne peut être responsable en cas de piraterie subie par son navire, peuvent aussi contribuer à des comportements téméraires, à la prise de risques démesurés et irresponsables aux seuls préjudices des intérêts cargaison.

La gravité de la piraterie a entraîné une prise de conscience certaine, qui elle-même a généré plusieurs politiques et instruments de lutte contre ce type de risque. Au nombre de ces outils, nous pouvons identifier des instruments de politiques publiques notamment la lutte armée menée par les États soit de manière unilatérale pour quelques-uns tels les États-Unis, ou la Russie par exemple, ou de manière multilatérale tel que c'est le cas des opérations EURO NAVFOR, ATALANTA, entre autres. Nous nous limiterons en ce qui concerne notre étude aux programmes civils et commerciaux. Ainsi pour mieux lutter et prévenir efficacement les actes de piraterie et/ou de vol à main armée contre des navires, l'industrie maritime a créé plusieurs instruments dont elle tente de mutualiser les fonctions et actions à travers une coopération plutôt inédite. L'exemple le plus patent de notre point de vue est la coopération entre le Bureau Maritime International (IMB), la Chambre Internationale de Commerce (ICC), le *Financial Investigation Bureau*, le centre de veille dédiée à la piraterie de l'IMB, le *Commercial Crime Services* et *Fraudnet*[723]. Toutes ces institutions, généralement avec le concours des forces navales répertorient et mettent à jour en temps réel les actes de piraterie, les lieux de commission

[721] Art.12.1 Règles de Rotterdam.
[722] Art.17.3.c Règles de Rotterdam.
[723] Nous invitons le lecteur qui souhaite approfondir à consulter la page https://www.icc-ccs.org/

du forfait[724], analysent et enquêtent sur les circonstances, puis font des propositions et recommandations quant aux dispositions à prendre pour prévenir la piraterie. Ces informations sont rendues publiques et accessibles à tous. Les armateurs sont donc invités à en tenir compte pour l'élaboration de leurs routes et trajets maritimes.

Les *P&I Clubs* dans leur mission préventive et à travers l'aspect *Protection* (**P** de P&I) de leur activité, contribuent d'une part en participant activement à ces travaux, et d'autre part en les mettant à la disposition des armateurs. Cela se fait par exemple grâce aux bulletins d'information et circulaires à travers lesquels les armateurs, sociétaires de ces mutuelles sont avertis de la nature des risques, des zones à risques et surtout des dispositifs et mesures à observer ou à appliquer. À titre d'illustration nous pouvons citer le *Global Counter Piracy Guidance for Companies, Masters & Seafarers*. De même, a été publié en juin 2018 le BEP5 (5e édition du *Best Management Practices to Deter Piracy & Enhance Maritime Security in the Red Sea, Gulf of Aden, Indian Ocean and Arabian Sea*) co-rédigé par des institutions majeures du commerce maritime à savoir le BIMCO, l'ICS, l'IGP&I Clubs, INTERTANKO et l'OCIMF[725]. Dans ce guide l'armateur trouvera toutes les informations concrètes concernant les mesures nécessaires à observer pour prévenir les actes de piraterie, et ou les minimiser en cas de commencement d'une attaque[726]. Eu égard à l'imagination fertile des pirates quant à leurs modes opératoires, ce guide contient les sites internet des organisations que nous avons préalablement citées, dans lesquels les armateurs trouveront les informations les plus récentes, car les incidents y sont mis à jour comme nous l'avons déjà dit, en temps réel. Donc l'armateur qui méconnaît toutes ces recommandations et codes de conduite est responsable si son attitude désinvolte ou négligente expose le navire à une attaque de pirates ou un vol à main armée entraînant soit un dommage à la cargaison, soit un préjudice aux intérêts marchandises et/ou à l'égard de l'équipage qui peut être blessé ou pris en otage et au pire des cas, y perdre la vie.

À considérer l'exemple de la piraterie au large de la Somalie, l'une des plus célèbres, nous pouvons remarquer selon les différents rapports de la Chambre de Commerce Internationale et des organisations associées, que les mesures édictées et contenues dans les différents guides que nous avons cités ont montré leur efficacité. Efficacité renforcée si le navire

[724] Voir ICC International Maritime Bureau "Piracy & Armed Robbery Against Ships", Report for the period of 1 january-30 June 2018, pages 6 à 9.

[725] BIMCO (Baltic and International Maritime Conference), l'IGP&I Clubs (International Group of P&I Clubs), INTERTANKO (International Association of Independent Tanker) et l'OCIMF (Oil Companies International Marine Forum).

[726] Ce guide faisant 77 pages, nous ne le mettrons pas en annexe de cette thèse. Mais nous invitons le lecteur qui souhaite en prendre connaissance à consulter la page web de l'IGP&I Clubs ou bien directement le site : https://static.mycoracle.com/igpi_website/media/adminfiles/BMP5_small.pdf

applique les règles du code ISPS[727]. En effet après les cimes atteintes au début des années 2000, aucun acte de piraterie n'a été enregistré au large de la Somalie entre 2012 et début 2017. C'est le 13 mars 2017[728] qu'une attaque réussie contre un navire de commerce au large de la Somalie fut enregistrée. Le navire *Aris 13* pétrolier de taille moyenne, effectuait une navette entre Djibouti et Mogadiscio lorsqu'il a été capturé par une bande de pirates arrivant à bord de deux skiffs. La capture du pétrolier réussie, et son signal AIS[729] coupé (pour éviter son repérage par d'autres navires, notamment les navires militaires patrouillant dans la zone) les pirates l'ont dérouté vers Alula avec en otages les huit membres de l'équipage[730]. Selon les investigations de *Oceans Beyond Piracy*, cette attaque est la conséquence de la témérité de l'armateur n'ayant pas respecté les recommandations, car le navire emprunta une route déconseillée tout simplement parce qu'il espérait gagner du temps et de l'argent[731]. Contrairement à ce que laisse penser les Règles de Rotterdam, ce cas nous montre qu'un armateur pourra être, à cause de son attitude ou de sa faute inexcusable, responsable de la piraterie dont son navire sera victime et des préjudices qui en ressortent.

Au sujet de la garantie P&I, et après avoir parcouru plusieurs polices – *Rules book* – de *P&I Clubs*, nous faisons le constat qu'il n'existe pas d'article ou de clause dédiée à la piraterie, ni parmi les risques garantis, ni parmi ceux qui sont exclus de la garantie. Cela signifie-t-il que ces mutuelles ne garantissent pas la piraterie ? Avant toute chose, et cela semble surprenant au regard de l'inconstance des assureurs traditionnels, nous observons que les *P&I Clubs* ont la même définition de la piraterie que celle proposée par la Convention de Montego Bay. Ainsi l'absence de clause dédiée à la piraterie dans les polices ne signifie pas que ce risque n'est pas couvert. En réalité les *P&I Clubs* dans leur fonction indemnitaire (le **I** de P&I) garantissent non pas la piraterie *stricto sensu* en tant qu'événement de mer, mais plutôt ses effets c'est-à-dire le préjudice que l'attaque cause au tiers, et dont l'armateur sera reconnu responsable par décision de justice ou d'arbitrage. Dit autrement, si un navire **N** subit une attaque de pirates qui entraîne un retard et/ou une perte de la cargaison appartenant à un chargeur **C**, des blessures à l'endroit de l'équipage, alors le *P&I Club* du navire **N** indemnisera les préjudices subis par le chargeur **C** ainsi que les blessures subies par les membres de l'équipage. Pour ce faire, le *P&I Club* se référera aux clauses garantissant de tels risques c'est-à-dire celles relatives à la cargaison

[727] BTL n°3232, 14 juillet 2008, p.460.
[728] https://www.icc-ccs.org/index.php/904-somali-pirate-clampdown-caused-drop-in-global-piracy-imb-reveals ; voir également https://www.bbc.com/news/world-africa-39849352
[729] AIS : *Automatic Identification System* (Système d'Identification Automatique). Pour en apprendre davantage sur ce système, voir : http://actualites-nautiques.com/lais-pour-les-nuls/
[730] *Le Marin*, édition du 14 mars 2017.
[731] http://oceansbeyondpiracy.org/update-crew-released-first-merchant-vessel-hijacked-somali-coast-2012

transportée par le navire pour les dommages subis par le Chargeur et celles relatives aux membres de l'équipage pour les blessures consécutives de la piraterie[732]. Il faudra donc se référer aux clauses relatives à la garantie P&I quant aux marchandises ou aux personnes à bord du navire, telles qu'aménagées dans les *rules books* au chapitre des risques (ordinaires) couverts[733].

Aussi, il est important de noter que l'offre de garantie P&I relative à la piraterie est en réalité conditionnée par les clauses des polices corps et machines souscrites par l'armateur. En France, au regard de la police française sur corps de navire, la piraterie est un risque exclu de la garantie ordinaire et assimilé au risque de guerre[734]. C'est aussi le cas en Norvège par exemple. En Angleterre il s'agit d'un événement de mer[735] ordinaire bien que dans la pratique plusieurs assureurs corps et machines la considèrent comme étant un risque de guerre. À cette situation, les *P&I Clubs* s'adaptent et lorsque la police corps et machines considère la piraterie comme étant un risque maritime, ils la garantissent dans les conditions que nous avons préalablement évoquées dans leur couverture P&I ordinaire. Lorsque les polices corps et machines l'assimilent à un risque de guerre, alors les *P&I Clubs* excluent eux aussi la piraterie de la garantie P&I[736].

Il convient également de noter une autre précision qui nous semble très importante au regard du fonctionnement des *P&I Clubs*. En effet lorsqu'il est attaqué, l'armateur doit s'assurer de la motivation de l'agresseur pour déterminer si l'acte est gouverné par un mobile purement lucratif tel qu'indiqué par la CMB. Auquel cas, pour les *P&I Clubs* il ne s'agira pas de piraterie si l'attaque est menée sous des motivations politiques par exemple. De même l'attaque ne doit pas être menée par l'usage d'armes assimilées à des armes de guerre, auquel cas pour les *P&I Clubs* il ne s'agira pas d'un acte de piraterie, mais plutôt d'un risque de guerre[737]. Au nombre des armes de guerre ainsi identifiées et sans que leur liste ne soit exhaustive, les *P&I Clubs* citent les mines, les bombes, les torpilles, les roquettes. Que dire donc de la Kalachnikov ? L'AK-47 est bien une arme de guerre conçue pour équiper des armées d'États. Mais c'est une arme tolérée par les *P&I Clubs* d'une part, en considération du *modus operandi* des pirates au

---

[732] *Gard News 195, August/October 2009, "Piracy & Insurance" published September 1st 2009.*

[733] Cf. également nos développements du chapitre 1 du présent titre 2.

[734] Cf. imprimé du 1er janvier 2012 de la police française d'assurance maritime sur corps de tous navires tous risques sauf navire de pêche, de plaisance et navire en construction. Et sa clause additionnelle portant « conventions spéciales pour l'assurance maritime des corps de navires de mer contre les risques de guerre, de piraterie, de terrorisme et risques assimilés ». Voir aussi l'*Argus de l'assurance* édition du 28 novembre 2018 https://www.argusdelassurance.com/social/en-france-la-piraterie-s-assimile-a-un-acte-de-guerre.26697

[735] *ITC-Hulls (Institute Time Clauses-Hulls)* du 1er novembre 1995, art.6.1.5.

[736] https://www.igpandi.org/article/piracy-faqs-revised-august-2013

[737] *Gard News 195, August/October 2009, "Piracy & Insurance" published September 1st 2009.* Voir aussi Britannia P&I Club, Règle 25 (1) (C) ; Gard P&I Club, Règle 58.1 ; North of England P&I Club, Règle 24 (1) (c).

cas par cas, en tenant compte de la zone concernée par l'acte de piraterie. D'autre part, elle est tolérée à cause de son prix très abordable, et de la facilité avec laquelle n'importe quel malfaisant qui le souhaite pourrait s'en procurer. C'est l'exemple même des pirates somaliens, généralement plutôt pauvres, mais qui pourtant possèdent des kalachnikovs. Étant donné que ni les *P&I Clubs* ni l'*IGP&I Clubs* ne définissent la notion « autres *armes similaires* », nous pensons donc qu'exceptées la Kalachnikov et des armes de poing très légères telles que certains types de grenades assourdissantes, l'attaque qui est menée avec l'usage d'armes à feu et/ou explosifs ne sera pas considérée par les *P&I Clubs* comme étant un acte de piraterie, même si le critère géographique de la haute mer et des eaux non soumises à la souveraineté d'un État est respecté. Il s'agira donc plutôt du risque de guerre. Même si rappelons-le, dans la pratique, tout est géré au cas par cas.

Enfin, comme c'est désormais fréquent chez certains pirates, lorsque l'attaque du navire s'accompagne d'une prise d'otages qu'en est-il du paiement de la rançon ? La prise d'otages consécutive à la piraterie n'est pas récente, mais il semble que le pirate d'aujourd'hui n'est plus ce simple agresseur qui veut juste piller un navire et ses occupants. L'appât du gain l'a plutôt conduit à développer un autre type de violence contre la personne des marins ou des passagers qu'il détient en otage car c'est manifestement plus lucratif. L'intervention des miliaires pour la libération des otages se solde généralement par des pertes en vies humaines, y compris celles des otages que l'on voulait libérer[738]. D'où l'acceptation par les entrepreneurs de la navigation maritime de payer à contrecœur les rançons exigées par les ravisseurs. Le paiement des rançons ne paraît pas contraire à l'ordre public interne ou international dans la mesure où son objectif unique et principal vise à la libération des personnes saines et sauves, retenues comme otages et la libération du navire saisi par les pirates. Sa vocation n'est que l'enrichissement du pirate et non pas le financement d'un projet ou activité terroriste[739]. De même le paiement de la rançon pour la libération des otages retenus par des pirates n'est pas en soi *contra legem,* car selon le Code pénal : *n'est pas pénalement responsable la personne qui, face à un danger actuel ou imminent qui menace elle-même, autrui ou un bien, accomplit un acte nécessaire à la sauvegarde de la personne ou du bien, sauf s'il y a disproportion entre les moyens employés et la gravité de la menace*[740]. De même, le paiement de la rançon ressort du domaine d'activité d'une catégorie d'assureurs spécialisés qui proposent une garantie dite

[738] CLIFT Rhys & CORDONNIER Sophie, « *La piraterie somalienne : le prix d'une vie* », DMF n°736, mai 2012, p.410.
[739] Idem. V° également RAJOT Bénédicte, « *L'impact de la piraterie maritime sur les polices d'assurance* », Revue Responsabilité civile et assurances, n°2 février 2011, alerte 4.
[740] C. pénal, art.122-7.

"*kidnap & ransom insurance*". Ceux-ci travaillant en étroite collaboration avec des agences spécialisées dans la gestion des crises qui mènent les négociations, assurent la logistique nécessaire quant au lieu et à la modalité de paiement ainsi qu'à la récupération des otages[741].

L'assurance Kidnapping & Rançon (K&R) qui s'apparente à une assurance dommage[742] n'est pas proposée par les *P&I Clubs*. Ainsi, les armateurs qui sont susceptibles de traverser des zones à risque de piraterie, en sus des mesures de sécurité à prendre, sont invités par leurs *P&I Clubs* à souscrire une telle assurance auprès des assureurs spécialisés. Dans la pratique lorsqu'un armateur n'y a pas souscrit, et est victime d'un acte de piraterie avec prise d'otages, soit il paye la rançon sur ses propres fonds ce qui est rare, soit et c'est la majorité des cas, il engage la procédure de contribution aux avaries communes. Alors tous les acteurs concernés par l'expédition maritime en question participeront, entre autres, assureurs corps et machines, assureurs sur facultés, chargeurs et *P&I Clubs*. Toutefois l'emphase doit être mise ici sur la contribution des *P&I Clubs*. Afin que toute équivoque soit dissipée, nous rappelons que les *P&I Clubs* ne paient pas les rançons. Leur contribution aux avaries communes dans un tel contexte ne concerne que la responsabilité civile de l'armateur à l'égard des marins ou bien des personnes se trouvant à bord du navire au moment de l'attaque des pirates et qui seront par la suite prises en otage. En d'autres mots, la participation des *P&I Clubs* n'est pas à proprement parler participative de la contribution aux avaries communes mais c'est tout simplement l'exécution de sa garantie P&I à l'égard de ces personnes, et en considération des clauses y relatives dans leurs polices d'assurance.

Nous notons à ce niveau que la piraterie fait l'objet d'une garantie conjointe par différents assureurs. Cette couverture conjointe est *de facto* et non *de jure* puisqu'il n'existe pas de convention en la matière entre ces différents assureurs, chacun assurant ce qui rentre dans son champ de garantie. En cela, il s'agit d'une sorte de coassurance informelle.

Pour sortir de ce paragraphe dédié à la garantie contre les actes de piraterie, il nous paraît important de voir la position des *P&I Clubs* quant à la question de la présence de gardes armés[743] à bord des navires. À ce propos, nous pouvons noter que les *P&I Clubs* sont favorables à l'embarquement à bord des navires, de gardes armés pour assurer la protection du bâtiment, de ses occupants ainsi que de sa cargaison. Seulement, l'initiative revient à l'armateur juge de

---

[741] Le Lamy assurances n°2715, aout 2018, *La garantie Kidnapping-Rançon (aussi appelée K&R)*. Version électronique, consultée le 6 février 2019.

[742] https://www.argusdelassurance.com/risk-management/risque-transport-repondre-aux-actes-de-piraterie-maritime.56679

[743] Sur la question de gardes armés, voir : PROUTIERE-MAULION Gwenaëlle & LEBOEUF Cédric « *Internationalisation et privatisation de la lutte contre la piraterie maritime : approche comparative de la Corne de l'Afrique et du Golfe de Guinée* », DMF n°771, juillet 2015.

l'opportunité d'une telle présence sur ses navires. En d'autres termes, la présence des agents de sécurité armés à bord du navire doit être justifiée par la réalité de la menace et l'absence d'alternative rendant nécessaire la navigation dans la zone à risque concernée. Pour ce faire, l'armateur doit conclure, à ses frais, un contrat avec une société spécialisée dans la sécurité des navires, laquelle société mettra au service dudit armateur, ses agents de sécurité qu'elle armera et équipera. Afin que cela se fasse dans de bonnes conditions, le BIMCO (Baltic and International Maritime Conference) a édité au printemps 2012, un contrat type appelé BIMCO GUARDCON[744], rapidement devenu le contrat standard relatif à l'emploi du personnel de sécurité privé à bord des navires. Le GUARDCON organise les conditions de conclusion du contrat, ses conditions, lieux et modalités d'exécution. Si le GUARDCON fut initialement conçu pour lutter contre la piraterie dans la corne de l'Afrique, la pratique a rapidement pensé à généraliser la présence de gardes armés à bord des navires. Toutefois, ce contrat ne saurait être généralisé, parce que la présence de gardes armés à bord des navires est formellement interdite par des États du Golfe de Guinée[745] dans les eaux sous leur souveraineté. En effet, ces États mobilisent déjà leurs marines nationales pour sécuriser leurs eaux afin de lutter contre la piraterie et de garantir aux navires la sûreté nécessaire. C'est la raison pour laquelle le BIMCO, sous l'influence de l'IGP&I Clubs, a amendé le GUARDCON 2012, pour s'adapter à cette interdiction de la présence de gardes armés à bord des navires dans ces espaces. Ainsi, a été publié au printemps 2014, le GUARDCON West Africa-IG recommended wording[746].

Sur un plan plus global et mondial, pour bénéficier de la garantie des *P&I Clubs*, les armateurs qui requièrent la présence à bord de gardes armés, au regard des zones de navigation, devront nécessairement engager un tel personnel uniquement sous le modèle contractuel GUARDCON et surtout en respecter scrupuleusement les clauses. Par ailleurs, puisqu'il s'agit d'une dépense propre à l'activité, les coûts liés au recrutement et à l'entretien des gardes armés (au minimum quatre) à bord des navires ne seront pas pris en charge par les *P&I Clubs*. Seuls seront garantis, les coûts, frais et débours occasionnés par un accident, une blessure ou un décès lorsque cela est imputable à l'armateur. Une telle garantie est fondée sur les clauses des polices d'assurance P&I relatives aux personnes à bord des navires, autres que l'équipage et les passagers c'est-à-dire la responsabilité à l'égard des tiers[747]. En effet, les gardes armés n'étant pas les employés de l'armateur mais plutôt employés par des agences ou des sociétés qui les

[744] De son appellation complète BIMCO GUARDCON contract for the employment of Private Maritime security Companies (PMSCs).
[745] C'est aussi les cas de certains États comme Singapour, la Malaisie ou l'Indonésie.
[746] Pour aller plus loin au sujet des GUARDDCON (la version originelle et celle amendée pour l'Afrique de l'Ouest) voir https://www.shipownersclub.com/media/2014/09/circular-GUARDCON-West-Africa.pdf
[747] North of England P&I Club, rule 19(4) ; Gard P&I Club, rule 29 ; Britannia P&I Club, rule 19(4) ; etc.

mettent à la disposition des armateurs, il revient donc en principe à ces sociétés ou agences de les prendre en charge en cas de blessures ou accidents professionnels, ainsi qu'en cas de décès pendant l'exercice de leur mission.

À ce propos, pour sortir de ce paragraphe, nous pouvons au passage saluer l'excellente mobilisation et les efforts importants engagés par les pays du continent africain en matière de lutte contre la piraterie. À ce sujet, nous pouvons évoquer la Charte de Lomé au niveau continental[748], le Code de conduite de Djibouti/Djeddah pour le Golfe d'Aden et l'Océan indien[749], et enfin le Code de conduite de Yaoundé en ce qui concerne le Golfe de Guinée[750]. Chacun de ces instruments, se matérialise par un nombre important d'adoptions et de ratifications, ainsi que des efforts croissants de mise à disposition des ressources nécessaires à l'atteinte des objectifs énoncés. Cela marque la volonté des États africains ainsi engagés, à lutter efficacement et durablement contre les actes de piraterie, contre des agressions diverses et contre les trafics illicites.

§2 : Le risque de guerre, un risque spécifique quant à son fondement

Dans ce paragraphe, nous nous attellerons à analyser la notion de risque de guerre (A) et la garantie de P&I (B) lorsqu'un armateur sociétaire est concerné par la réalisation d'un tel risque.

A/ L'ambiguïté de la notion de risque de guerre

Aux termes de l'article L 172-16 du code des assurances, *sauf convention contraire l'assureur ne couvre pas les dommages et pertes subis par les biens assurés et résultant de guerre civile ou étrangère, de mines et tous engins de guerre.* La notion de guerre civile semble floue, difficile à définir de manière définitive car ni le code des assurances, ni les polices d'assurance n'en donnent une définition. Même la doctrine, semble ne pas s'accorder sur ses critères de définition. Selon le Lexique des termes juridiques, *la guerre civile est un conflit armé ayant éclaté au sein d'un État et dépassant, par son extension et sa prolongation, une*

[748] Charte Africaine sur la Sûreté et la Sécurité Maritimes et le Développement en Afrique (Charte de Lomé), adoptée par la session extraordinaire de la conférence de l'Union Africaine tenue à Lomé, le 15 octobre 2016.
[749] Code de conduite de Djibouti adopté le 29 janvier 2009.
[750] Code de conduite relatif à la prévention et à la répression des actes de piraterie, des vols à main armée à l'encontre des navires et les activités maritimes illicites en Afrique de l'Ouest et du Centre, adopté à Yaoundé le 25 juin 2013.

simple rébellion. Selon un arrêt relativement récent, la guerre civile « *est un soulèvement d'une population armée, fut-ce de façon rudimentaire, accompagné d'opérations collectives de destruction de biens publics et privés sur tout le territoire national destinés à renverser le pouvoir en place* »[751]. La guerre civile, généralement précédée et préparée par une insurrection[752], s'entend donc comme la confrontation armée interne au sein d'un État pendant un temps relativement long, et dans un espace donné, entre les forces de défense et de sécurité dudit État et un ou plusieurs groupes de sa population. Il peut aussi s'agir de la confrontation entre des fractions de populations d'un même État, constituées en groupes armés[753]. L'une des difficultés que nous percevons dans cette définition, est relative à la notion de prolongation de la guerre dans le temps. En d'autres termes, au bout de combien de temps une confrontation revêt le costume de guerre civile ? Dit autrement, quelle est la durée minimale nécessaire pour qu'un État bascule de simple belligérance à une guerre civile ? En l'état actuel de nos recherches, nous n'avons pas d'éléments concrets susceptibles d'établir le rapport *rationae temporis* qui fait basculer une confrontation d'un simple état de querelles ou de simple belligérance, à la guerre civile. Les tribunaux apprécieront donc.

La guerre étrangère, elle non plus, n'est pas définie par les textes, mais la jurisprudence en a précisé des critères d'identification. Dans un arrêt rendu le 10 mars 1954[754], la Cour de cassation laisse entendre que la guerre étrangère est celle qui oppose les forces armées de deux États souverains. Dans cette affaire dont les faits se sont produits les 7 et 8 juin 1948 à Saïgon en pleine guerre d'Indochine, la Haute juridiction estima qu'un incendie provoqué par un groupe d'autodéfense – le *Viet-Minh* –, était un acte de guerre porté par un groupe armé d'un État, contre les intérêts d'une société – *Tabacs Bastos* – d'un autre État (la France) ; État contre lequel leur propre pays et une fraction de la population étaient en guerre. Les juges, observant que la police d'assurance de la manufacture de tabac excluait les risques de guerre conformément à la loi française d'alors[755], considérant que l'Indochine étant en situation de guerre étrangère, et que l'incendie cause du sinistre, était un fait de guerre, ils retinrent donc que le rejet par l'assureur de la demande de garantie de son assuré était bien fondé.

De même, la guerre étrangère peut aussi résulter de la confrontation armée entre des populations de deux État étrangers[756]. Cependant, l'état de guerre ne se suffit pas à lui-même

[751] Cass. civ. 1re, arrêt n°504 du 28 novembre 2004, pourvoi n°02-13.719.
[752] JCL Civil Annexes. Responsabilité Civile et Assurance, Fasc.20-10, §87.
[753] Répertoire de droit civil, Dalloz, §53.
[754] Cass. civ. 1re, 10 mars 1954 *société indochinoise de Tabacs Bastos /c L'Abeille*. RGAT Tome 25 1954, p.296.
[755] Loi du 13 juillet 1930, art.34.
[756] JCL Civil Annexes. Responsabilité Civile et Assurance, Fasc. 20-10, §87.

pour justifier l'exclusion d'une garantie au motif de la guerre. En effet, l'état de guerre est très souvent un état de fait, une situation, qui ne pose pas de difficulté particulière pour être identifié(e), eu égard soit à la confrontation armée en lieu et place d'instruments diplomatiques, soit à l'acte déclaratif de la guerre qui constitue le point de départ officiel de la bataille armée[757]. Mais puisque toutes les guerres ne sont pas conventionnelles, ne font pas toujours l'objet d'un *casus belli*[758], seule est nécessaire, l'existence d'un fait de guerre constitutif du lien de causalité avec le dommage. Outre l'état de guerre donc, pour justifier l'exclusion ou bien la non-garantie, il faut un fait de guerre qui est un acte en lien avec la guerre et également générateur du sinistre[759]. L'emphase mise sur le fait de guerre, l'est parce que le droit international soumet l'entrée en guerre par les États à une déclaration préalable : la déclaration de guerre. Cependant, il ne s'agit là que d'une faculté, car la non-déclaration de guerre n'entraîne pas de sanction contre l'État concerné[760] et n'enlève pas à l'agression, ou aux hostilités, ou encore à la confrontation armée, sa nature de guerre. En d'autres termes, pour qu'un dommage soit exclu au motif de la guerre, trois conditions majeures doivent être remplies. Tout d'abord, il faut que l'on soit dans une situation d'état de guerre c'est-à-dire selon les propos de Pierre LUREAU, une *situation générale de belligérance*.

Ensuite, il faut un fait de guerre c'est-à-dire l'acte générateur du dommage, qui peut être une agression perpétrée durant l'état de guerre contre une personne et/ou un bien. À ce propos, certains actes sont par définition et donc par nature des faits de guerre, parce qu'ils constituent en eux-mêmes des agressions propres, débouchant sur un conflit armé ou bien en sont la conséquence. C'est le cas, par exemple, du torpillage d'un navire par une armée ou une rébellion, acte suffisamment grave et extraordinaire en soi, car ne faisant pas partie des risques que l'armateur rencontrera en l'absence de situation particulière. Mais dans d'autres circonstances, et c'est l'exemple des arrêts que nous avons précédemment cités en référence, il faudra trouver le rattachement entre l'état de guerre et l'acte querellé pour déterminer s'il s'agit d'un fait de guerre.

Cela correspond à la distinction qu'effectua M. PORÉE Marcel dans sa thèse de doctorat, lorsqu'il distinguait d'une part *les événements faits de guerre* et d'autre part

---

757 LUREAU Pierre, « *L'assurance des risques maritimes de guerre et les polices françaises* », Librairie générale de droit et de jurisprudence 1941, p.35.

758 Agression de la Pologne et de l'URSS en 1939 ; guerre sino-japonaise en 1894.

759 Cass. civ. 1re, 2 mars 1954 *FILLOUX c/ La FORTUNE*. Également Civ. 2 février 1948, RGAT 1948, p.135. Également Haute cour de justice 21 juin 1901, *Revue internationale du droit maritime*, t. XVII, p171. A propos d'une saisie d'or…

760 EDORH-KOMAHE Patrice, « *La détermination de la cause des sinistres dans l'assurance maritime des risques de guerre* », p.27. Mémoire de Master 2, soutenu à l'Université de Nantes, année 2015/2016.

les *risques de la guerre maritime*[761]. Dans la première catégorie, il regroupe la guerre civile, les représailles, la guerre non déclarée et la piraterie. Comme faits de guerre, il identifie la prise, le blocus, l'arrêt, la contrebande de guerre. Enfin, pour que l'assurabilité du risque de guerre soit opérante, le fait de guerre doit être perpétré intentionnellement, selon les motivations de la guerre. En d'autres termes, le fait de guerre doit se rattacher à l'état de guerre, c'est-à-dire que l'acte doit être posé soit en offensive, soit en défensive par une partie belligérante vis-à-vis de l'ennemi. Dans le cas d'un transport maritime, il y aura risque de guerre si le fait dont se plaint le navire est le résultat des opérations d'attaque ou de défense, utilisées par un pays en état de guerre[762]. Pour ce troisième critère, la jurisprudence exerce son droit de contrôle et de qualification au cas par cas, pour déterminer si, oui ou non, le dommage qui oppose l'assuré et l'assureur est un risque de guerre exclu, ou pas, par la police d'assurance. La raison qui nous semble d'évidence, est qu'en pratique tout n'est pas aussi clair, ni aussi conventionnel que les critères de définition peuvent laisser penser.

De tout ce qui précède, il appert que la notion de risque de guerre « *périlleuse à définir* »[763], renvoie à la double réalité état de guerre d'une part et fait de guerre d'autre part. Cela signifie donc que l'expression guerre civile ou étrangère utilisée par le code des assurances est très vague et ne rend pas vraiment fidèle témoignage des faits concrets. En effet, à la lecture de l'article L 172-16, on peut penser que le risque de guerre se résume à la seule situation d'état de guerre. Or nous l'avons vu, ce n'est pas suffisant ; il faut y joindre les faits de guerre.

Les Règles – *Rules* – des polices des *P&I Clubs* semblent tenir compte de cette dualité état de guerre/fait de guerre, sans exclure pour autant le lien de rattachement que nous avons identifié comme étant le troisième critère. On peut s'en convaincre, à la lecture des clauses excluant le risque de guerre de la garantie P&I. Ainsi la Règle 25 de Britannia P&I Club par exemple, stipule que :

"*Unless otherwise agreed in writing there shall be no recovery from the Association against any liabilities, costs or expenses incurred as a result of:*

A. *An incident caused by war, civil war, revolution, rebellion, insurrection or civil strife arising therefrom or any hostile act by or against a belligerent power or any act of*

[761] POREE Marcel, « *Le risque de guerre et l'assurance maritime* ». Thèse de doctorat, 7 novembre 1905 à Paris, pp.34 et suivantes.
[762] LUREAU Pierre, « *L'assurance des risques maritimes de guerre et les polices françaises* », Librairie générale de droit et de jurisprudence 1941, p.36.
[763] RIPERT Georges, cité par Pierre LUREAU, op.cit., p.1.

terrorism; Provided always that in the event of any dispute as to whether or not any act constituted an act of terrorism the decision of the Board shall be final.

B. *Capture, seizure, arrest, restraint or detainment, (barratry, and piracy excepted), and the consequences thereof or any attempt thereat;*

C. *An incident caused by mines, torpedoes, bombs, rockets, shells, explosives, or any other similar weapons of war (save for liabilities, costs or expenses which arise solely by reason of the transport of any such weapons, whether on board the entered ship or not). Provided always that this exclusion shall not apply to the use of such weapons, whether as a result of government order or with the agreement of the Managers or the Board, where the reason for such use is the avoidance or mitigation of liability, costs or expenses which would otherwise fall within the cover given by the Association*"[764].

Nous nous proposons de traduire cette clause par : « Sauf accord contraire par écrit, il n'y aura pas de recouvrement auprès de l'Association pour des responsabilités, coûts ou débours/dépenses résultant de :

A. Tout incident causé par la guerre, la guerre civile, la révolution, la rébellion, l'insurrection, un conflit civil ou par tout acte d'hostilité commis par ou contre un pouvoir belligérant, ou par tout acte de terrorisme. De même, en cas de désaccord quant à déterminer si un acte constitue ou non un acte de terrorisme, la décision du directoire fera autorité.

B. Capture, saisie, contrainte ou détention (à l'exclusion de la baraterie et de la piraterie) et leurs conséquences, ou bien toute tentative à cet effet.

C. Tout incident causé par des mines, torpilles, bombes, fusées, obus, explosifs ou autres armes assimilables aux armes de guerre, (à l'exception des responsabilités ou dépenses survenant uniquement en raison du transport de telles armes, que ce soit ou non à bord du navire assuré). Cependant, la présente exclusion ne s'applique pas en cas d'utilisation de ces armes lorsqu'elle résulte de l'ordre d'un gouvernement ou du respect d'une directive écrite provenant des dirigeants du Club, lorsque cette utilisation visait à réduire ou à limiter les responsabilités, coûts ou débours qui autrement, augmenteraient l'assiette de la garantie fournie par l'Association ».

Avant toute observation de fond, remarquons l'expression "*An incident caused by*". Cette formulation toute seule, met en exergue un fait (l'incident) perpétré dans un contexte

[764] GARD P&I Club, Règle 58 ; The Shipowners P&I Club, Règle 25 ; North of England P&I Club, Règle 24.

précis (la guerre). À l'observation donc de cette clause, similaire dans sa formulation à tous les *P&I Clubs*, on remarque la conception concrète, dirons-nous complète, du risque de guerre qui se démarque nettement de l'énoncé de l'article L 172-16 du code des assurances. Du point de vue des *P&I Clubs*, pour parler de risque de guerre, il faut tout d'abord un état de guerre (le (A) de la Règle 25 sus-indiquée) dont les circonstances semblent plus nombreuses que celles de notre code des assurances. En effet, si le code des assurances ne parle que de guerre civile et de guerre étrangère, les *P&I Clubs* eux considèrent comme constitutifs d'état de guerre, l'insurrection, la rébellion ainsi que tout acte d'hostilité, et même de simples conflits civils. C'est l'exemple de certaines grèves ayant entraîné le blocus, la paralysie du port. Ceci illustre la conception extensive qu'ont les *P&I Clubs* de l'état de guerre. C'est aussi la manifestation de leur origine et de leur influence anglo-saxonne car en France depuis très longtemps, la jurisprudence[765] et la doctrine[766] ne considèrent pas les cas d'insurrection, d'émeutes, de rébellion comme assimilables à un état de guerre bien qu'elles puissent en être le prélude, notamment d'une guerre civile. Ensuite, outre l'état de guerre, les *P&I Clubs* identifient les faits de guerre à travers l'expression *An incident* (un incident). De par l'énumération des faits de guerre aux (B) et (C) de cette Règle 25, les *P&I Clubs* distinguent explicitement deux catégories de faits de guerre : d'une part les faits de guerre par dépossession, temporaire ou définitive du navire assuré (B). Nous parlons de dépossession car l'armateur est dépossédé, privé de la maîtrise qu'il peut exercer sur le navire assuré. En témoignent les expressions capture, saisie, contrainte ou détention. D'autre part les faits de guerre perpétrés par l'usage d'armes ou engins de guerre (C)[767] dont le résultat comparé aux précédents n'est pas la détention ou la possession du navire assuré, mais sa destruction – totale ou partielle –. À ce propos, la nature des armes citées ne fait pas de doute puisque le texte parle de l'usage de torpilles, mines, explosifs et terrorisme entre autres.

Revenons un instant sur les risques de dépossession du navire indiquée par notre exemple, la clause 25(B) ou au 3° de l'article L172-16 du code des assurances qui parle de capture, prise ou détention par tous gouvernements ou autorités quelconques. Ces risques, sont ceux que le doyen RODIÈRE qualifiait de risques assimilés[768]. Leur caractère hybride fut jadis, source de controverse eu égard à leur véritable nature[769]. Il est désormais clair que ces risques

[765] Sentence arbitrale 31 juillet 1919. Revue Internationale de Droit maritime, tome XXXI, p.433.
[766] JCL Civil Annexes, fasc. 20-10, *op. cit.* ; Répertoire de droit civil, Dalloz, *op. cit.*, n°53 et suivants.
[767] Pour des exemples concrets, voir LUREAU Pierre, « *L'assurance des risques maritimes de guerre et les polices françaises* », *op. cit.*, pp.40-41.
[768] RODIERE René, « *Assurances maritimes* », in « *Traité Général de Droit maritime* », Dalloz 1983, n°336, p.325.
[769] Idem.

ne sont pas des risques maritimes, car ils sont la conséquence d'une décision politique, mais pas inhérents aux aléas de la mer. Parce que ce ne sont pas des risques liés à la navigation maritime, ils sont naturellement exclus de la police ordinaire. De même, parce qu'ils interviennent en l'absence de situation de guerre, civile ou étrangère, ce ne sont pas tout à fait des risques de guerre. Seulement, les décisions qui entraînent capture, prise ou détention par tous gouvernements ou autorités quelconques, sont généralement prises en temps de guerre. Raison pour laquelle la loi ou les conventions spéciales les énumèrent toujours quasi systématiquement à la suite de l'alinéa référant aux risques de guerre *stricto sensu*. Cependant, il faut noter qu'ils seront assimilés à des risques de guerre si et seulement si la décision qui les entraîne est prise en temps de guerre, sous forme de fait de guerre. En d'autres mots, ces risques deviennent assimilés aux actes de guerre, et assurables comme tels, à l'unique condition qu'il existe un lien étroit avec le fait de guerre[770].

Tout cela peut permettre de comprendre l'exclusion du risque de guerre de la garantie *P&I* standard, car ni la capture ni la saisie en l'espèce ne sont véritablement en lien avec l'opération maritime. Or le principe même de fonctionnement des *P&I Clubs*, est de garantir les risques en lien avec l'usage maritime du navire. De même, la saisie en temps (ou état) de guerre ne saurait donc être assimilée à la saisie du navire du fait d'une créance maritime. L'une est un fait de guerre et quelques fois un fait du prince, tandis que l'autre est un risque maritime. Cette nuance qui paraît anodine, est pourtant de notre point de vue d'une grande pertinence, car elle vient contribuer à mettre en exergue le caractère extraordinaire du risque de guerre. En effet, le risque de guerre n'est pas un risque maritime, car il échappe par sa nature, au calcul des probabilités auquel sont soumis les risques maritimes[771] pour la détermination du montant de la prime d'assurance ou de la cotisation. En d'autres mots, ce n'est pas une fortune de mer. Celle-ci est un événement aléatoire et ordinaire de la navigation maritime ou d'opération maritime, dont la cause est intrinsèque à l'exploitation commerciale du navire. *A contrario*, la cause du risque de guerre est étrangère à l'expédition maritime, car sa genèse se trouve généralement à terre loin de la mer, et du fait de personnes étrangères à l'expédition maritime.

Au regard de ce qui précède, même si les critères du risque de guerre semblent clairs, il n'en demeure pas moins que subsistent quelques zones d'ombre. À titre d'illustration, qu'il nous soit permis de revenir sur la piraterie précédemment étudiée. Comme nous l'avons vu, la

[770] EDORH-KOMAHE Patrice, « *La détermination de la cause des sinistres dans l'assurance maritime des risques de guerre* », *op. cit.*, p.39.
[771] POREE Marcel, « *Le risque de guerre et l'assurance maritime* », Thèse de doctorat présentée le 7 novembre 1905 à Paris, p.10.

piraterie est désormais assimilée dans les polices corps et machines françaises à un risque de guerre. C'est aussi le cas des *P&I Clubs* quant aux « actes de piraterie » qui ne répondent pas aux critères de la convention de Montego Bay. La zone d'ombre vient donc, il nous semble, du fait que les agressions en mer sont désormais perpétrées dans plusieurs parties du globe par l'usage d'armes de guerre, sans que l'on soit pour autant dans un état de guerre, ou que l'acte n'est pas vraiment un acte de piraterie. Néanmoins, il suffit qu'une telle agression soit seulement accompagnée par une quelconque revendication politique pour que le basculement s'opère, la frontière est donc très ténue[772]. Lorsque par coïncidence, on est dans une situation de quasi état de guerre, l'agression contre le navire n'est pas forcément un fait de guerre selon les critères que nous avons sus-indiqués. Mais les assureurs, en de tels cas, parlent quand même de risques de guerre alors que le triptyque état de guerre, fait de guerre et lien de causalité entre le fait de guerre et le dommage n'est pas observé. C'est là le rôle déterminant du juge dans la qualification des faits. Toutefois, cela permet tout de même de distinguer le risque de guerre *stricto sensu* comme nous venons de voir, du risque de guerre *lato sensu*. Le risque de guerre *lato sensu* n'est pas nécessairement lié à la guerre et peut provenir soit d'événements et/ou mesures politiques ou sociales, eux-mêmes étrangers à la fortune de mer[773]. On parlera donc de risques de guerre assimilés, qui sont traités par les assureurs lorsqu'ils le prévoient dans l'offre de garantie, comme étant un risque de guerre. C'est le cas de la capture, de la saisie, de la détention du navire ou bien de mouvements de grèves et de certaines crises sociales. À titre d'illustration, les blocages des ports du fait de la grève des dockers, de lock-out des ouvriers du port, certains actes de sabotages, et les troubles sociaux sont dans certaines conditions assimilés par des *P&I Clubs* à des risques de guerre[774]. Ceci explique l'existence de certaines polices dites *War risks & strike* (Risques de guerre et de grève).

Le risque de guerre étant particulier par nature, sa garantie est elle aussi particulière.

---

[772] Propos de M. LE MOINE Franck, directeur des risques à la CCR. Propos recueillis par DUFRÊNE Catherine dans son article de presse « *En France, la piraterie s'assimile à un acte de guerre* », (concernant affaire navire *Sirius Star*) in *l'Argus de L'assurance* du 28 novembre 2008, version électronique, consultable sur la page web : https://www.argusdelassurance.com/social/en-france-la-piraterie-s-assimile-a-un-acte-de-guerre.26697

[773] NB : RODIERE René, « *Assurances maritimes* », éd. Dalloz, Paris 1983, p.316.

[774] Voir règle 2 *The UK War Risks Mutual*.

B/ La garantie risques de guerre, une assurance spéciale

Jusqu'à la fin du XIXe siècle, la garantie risques de guerre qui était selon le droit anglais une fortune de mer[775], c'est-à-dire un risque ordinaire de la navigation, n'était pas proposée par les *P&I Clubs*. Ce risque était assuré soit par des assureurs spécialisés, soit par la célèbre institution des assurances maritimes, le Lloyd's, à travers la police *F.S..C* (*Free of Seizure and Capture*). Même s'il est établi que le climat politique d'alors n'était ni des plus sereins ni des plus paisibles, les coûts pratiqués par ces assureurs étaient excessivement élevés même en temps de paix. En effet, à cette époque, les surprimes inhérentes à une telle garantie atteignaient facilement 10%[776] de la prime d'assurance. Accédant favorablement à la requête de ses armateurs qui se plaignaient de l'excessivité des coûts ainsi pratiqués sur le marché traditionnel de l'assurance, le *North of England P&I Club,* pionnier en la matière, fut le premier *P&I Club* à proposer une garantie risques de guerre. Cette garantie fut élaborée et proposée dès avril 1898 en raison du déclenchement de la guerre entre Cuba, l'Espagne et les États-Unis. Son aboutissement sera la publication le 20 décembre 1898 de la police *Hull Machinery War Risks Class*[777]. En réponse au besoin des armateurs, les coûts pratiqués par les *P&I Clubs* offrant une couverture risques de guerre sont très abordables, en comparaison de ceux du marché traditionnel. La raison en est le caractère mutualiste de cette assurance, sans but lucratif. C'est d'ailleurs l'argument que mettent en avant les *P&I Clubs* proposant cette garantie, car on peut lire dans leurs différentes circulaires ou notices d'informations que "*this cover is to ensure a comprehensive insurance aimed at reducing costs for Members*" (cette assurance vise à garantir une assurance complète et destinée à réduire les coûts pour les – armateurs – Membres). Avant de poursuivre, nous invitons le lecteur à noter que l'énumération des risques dits risques de guerre exclus dans la police P&I standard, est faite en sens inverse dans la police risques de guerre. Dit autrement, les risques de guerre exclus dans la police P&I standard sont ceux garantis par la *War Risks class*.

---

775 *Marine Insurance Act 1906* art.3(2) "*Maritime perils means the perils, consequent on, or incidental to, the navigation of the sea, that is to say, perils of the seas, fire, war perils, pirates, rovers, thieves, captures, seizures, restraints and detainments of princes and peoples, jettisons, barratry and other perils, either the like kind or which may be designated by the policy*".

776 HILLS Prados Concepción, "Los Clubs de Protección e Indemnización en el campo del seguro marítimo". JM BOSCH ed., 1992, p.160.

777 "Celebrating one hundred and fifty years of the North of England Protecting & Indemnity Association", p.24. Nous pouvons traduire cette *Hull & Machinery War Risks Class* par Police d'assurance Risques de guerre des corps et machines.

Si la garantie risques de guerre s'est un peu démocratisée[778] dès 1913 à la veille de la Première Guerre mondiale, elle reste encore aujourd'hui une assurance spéciale quant à sa disponibilité telle que proposée par les *P&I Clubs*. Tout d'abord, notons que tous les *P&I Clubs* – y compris ceux appartenant au Groupe International – ne proposent pas une telle garantie, c'est le cas de *Britannia P&I Club* dont les armateurs sociétaires, souhaitant souscrire cette garantie, doivent recourir au marché traditionnel[779]. Ensuite certains *P&I Clubs* ont carrément créé une mutuelle exclusivement dédiée aux risques de guerre, indépendante du *P&I Club* « société mère » et dont l'organisation et le fonctionnement sont identiques à l'Association-mère, avec son propre conseil d'administration. C'est l'exemple de *United Kingdom P&I Association*, qui a créé une entité autonome et spécialisée appelée *UK War Risks,* plus important assureur maritime anglais garantissant les risques de guerre, et dirigée par le Cabinet Thomas MULLER. Enfin, d'autres *P&I Clubs* proposent une telle garantie dans leur organisation traditionnelle à travers une classe (police) distincte de celle de la couverture PI. C'est le cas de *North of England P&I Club* qui propose une clause additionnelle dédiée à l'assurance risques de guerre à travers une police spéciale, la Classe III[780]. Dans un tel cas, lorsque la garantie risques de guerre est l'objet d'une clause additionnelle, elle s'obtient après paiement par l'armateur d'une cotisation[781] elle-même additionnelle à la cotisation préalablement payée pour la garantie PI. Cependant dans l'autre hypothèse, elle s'obtient par la souscription d'un contrat d'assurance autonome, lorsqu'elle est proposée par une entité distincte du *P&I Club.*

De la même manière, la garantie risques de guerre est spéciale en ce sens qu'elle est toujours accessoire à la garantie P&I standard à laquelle elle sert de complément[782], d'où l'expression anglaise *"additional cover"* utilisée par les *P&I Clubs*. Autrement dit, l'armateur qui sollicite d'un *P&I Club* une garantie risques de guerre doit préalablement être sociétaire dudit *P&I Club*, c'est-à-dire doit posséder au moins un navire objet de la garantie P&I de ce Club. S'il possède plusieurs navires, chacun doit faire l'objet d'une garantie risques de guerre

[778] Il s'agit d'une démocratisation très timide, car le nombre de *P&I Clubs* et même d'assureurs spécialisés qui offrent cette garantie est très restreint, au regard du marché et des besoins des armateurs. Les mutuelles influentes sont *Hellenic Mutual war risks Association* (Bermudes) regroupant des armateurs dont les navires battent pavillon Grec, le *Den Norske Krigsforsikring* regroupant les armateurs dont les navires sont immatriculés en Norvège, et le Lloyd's. Le marché londonien demeure la place centrale de cette assurance.
[779] C'est également le cas de GARD P&I Club, qui précise dans son site internet que "*War perils are usually excluded under the standard Hull & Machinery conditions, so it is necessary for an assured to buy cover separately against war risks*".
[780] C'est également le cas, par exemple, de la classe 7 de London P&I Club, de Standard P&I Club ; ou du Swedish P&I Club entre autres.
[781] UK War Risks 2019, Règle 24; NORTH War Risks 2019, Règle 24; STANDARD Club War Risks 2019, Règle 24.
[782] HILLS Prados Concepción, "*Los Clubs de Protección e Indemnización en el campo del seguro marítimo*". JM BOSCH, ed., 1992., p.163.

distincte. En d'autres termes, **1 navire = 1 garantie P&I = 1 clause risques de guerre**. Cependant, lorsqu'elle est souscrite dans le marché traditionnel, auprès d'un assureur indépendant, elle sera une assurance indépendante.

Une autre particularité de l'assurance dite risques de guerre par les *P&I Clubs* réside dans l'étendue de sa garantie. Il est essentiel de bien rappeler que la vocation des *P&I Clubs* est l'assurance responsabilité civile des armateurs. Pourtant à travers leur offre de garantie risques de guerre, ces mutuelles, en considération de la loi nationale à laquelle elles sont soumises, vont largement au-delà[783]. En Norvège par exemple, la garantie risques de guerre est susceptible de couvrir les corps et machines, la perte d'exploitation, les lésions corporelles et maladies professionnelles ainsi que la responsabilité civile de l'armateur[784]. Cela signifie que la garantie du risque de guerre proposée par un *P&I Club*, se substitue à l'assurance corps et machines lorsque l'assureur corps ne propose pas une telle garantie, ou que l'armateur n'a pu en bénéficier dans le marché traditionnel. Dans ce cas, les pertes totales ou partielles du navire qui auraient pu être du ressort de la garantie corps et machines, feront l'objet d'une compensation par la police risques de guerre des *P&I Clubs*, lorsque les risques concernés correspondent bien aux risques dits de guerre. De même tous les risques qui auraient été couverts par la garantie P&I standard, seront pris en charge par la police risques de guerre s'ils correspondent aux préjudices couverts par ladite assurance. En d'autres termes, lorsque les dommages et préjudices, qui en principe sont du champ de la garantie corps et de celui de la garantie P&I, se réalisent sous les conditions qui font d'eux des risques de guerre, alors ils sont assurés par la couverture risques de guerre du *P&I Club* du navire concerné.

Pour le dire autrement et à titre d'illustration, en prenant pour référence la police – *War Risks 2019* – du *UK War Risks Mutual*, la garantie risque de guerre telle que proposée par les *P&I Clubs* regroupent trois types de couverture. Tout d'abord il s'agit de la garantie corps et machines[785], c'est-à-dire celle destinée à couvrir les dommages physiques du navire assuré, la garantie de la perte d'exploitation dite – *Loss of hire* – notamment les pertes de fret qu'aurait subi le fréteur. Ensuite cette garantie risques de guerre assure les préjudices liés à la détention (par dépossession) ou à la déviation[786] du navire, lesquels préjudices peuvent être à la fois financiers et matériels. Et enfin, l'assurance risques de guerre s'étend naturellement à la

---

783 La garantie risques de guerre que proposent les assureurs anglais est régie par la *Marine & Aviation Insurance (War Risks) Act* de 1952.

784 The Nordic Marine Insurance Plan of 2013, Version 2016 *(based on the Norwegian Marine Insurance Plan of 1996, version 2010)*, chapter 15, War risks insurance.

785 *The UK War Risks 2019*, Rule 2(A).

786 *The UK War Risks 2019*, Rule 2(B).

garantie P&I classique[787]. Nous aurions également pu en dire autant de la règle 2[788] de la clause additionnelle de *North of England P&I Club* qui contient des clauses similaires dans leurs stipulations et contenus[789].

Pour parler de la garantie risques de guerre proposée par les *P&I Clubs*, nous avons souligné qu'elle présente un avantage important au regard de la garantie du marché traditionnel de l'assurance. Nous pouvons illustrer cet avantage qui tient compte à la fois des coûts et de l'assiette de la garantie par un exemple concret. Le marché traditionnel garantit le risque de guerre uniquement en considération des corps et machines du navire, c'est-à-dire que le marché traditionnel garantit le risque de guerre à hauteur de la valeur agréée du navire assuré. Or nous l'avons dit, les *P&I Clubs* proposent une garantie risques de guerre qui englobe les dommages relevant des corps et machines dans leur ensemble ainsi que ceux relatifs à la responsabilité civile c'est-à-dire la garantie P&I. Pour que cela soit plus clair à appréhender, prenons trois exemples concrets : le London P&I Club, le Standard P&I Club et The UK War Risks. Ces trois Clubs proposent une garantie dont les coûts sont les suivants : pour les dommages corps et machines, la valeur agréée maximale garantie est de $100 millions. À cela il faut rajouter $500 millions pour la garantie risques de guerre P&I[790]. Ce qui fait une quotité disponible de $600 millions que chacun de ces Clubs est susceptible de garantir. Si par extraordinaire les frais générés par la réalisation du risque sont supérieurs à cette somme, il existe un accord de réassurance dont nous verrons les détails dans les prochaines lignes. Pour que cela soit encore plus clair, observons le tableau comparatif ci-après concernant la garantie du UK War Risks face à la garantie risques de guerre du marché traditionnel[791] :

[787] *The UK War Risks 2019*, Rule 2(C).
[788] Selon cette règle, le Club offre une garantie risques de guerre pour les dommages : Insurance of Hull & Machinery (part. B), Detention or diversion expenses (part. C), Protection & Indemnity risks (part. D), Sue & Labour (part. E), Discretionary claims (part. F).
[789] L'ossature de cette garantie est la même pour les autres *P&I Clubs*.
[790] http://www.standard-club.com/covers/tailored-covers/war-risks.aspx pour Standard P&I Club ; et pour le London P&I Club https://www.londonpandi.com/documents/war-risk-cover-e-online/
[791] Tableau réalisé sur inspiration de celui de Chris ZAVOS et Joanna WARD, voir https://www.ukwarrisks.com/cover/cover-comparison/

Garantie Corps et machines

Risque	Garantie Risques de guerre du UK War Risks	Garantie du marché traditionnel
Plafond de la garantie	Valeur agréée du navire	Valeur agréée du navire
Sauvetage	OUI	OUI
Avaries communes	OUI	OUI
Délai de déclaration en perte totale	12 mois à compter du jour de la détention ou de la capture	12 mois à compter du jour de la détention ou de la capture
Date présumée de perte totale acceptée	183 jours à compter du jour de détention ou de la capture	Aucun
Capture	OUI	OUI

Frais de détention/rétention, ou de mainlevée

Risque	Garantie risques de guerre du UK War Risks	Garantie du marché traditionnel
Frais de détention ou de mainlevée (déjudiciarisation)	Oui	NON
Plafond	Jusqu'à hauteur de la valeur agréée du navire (moins la franchise et les indemnités journalières reçues pendant les 7 premiers jours)	NON
Indemnités journalières en cas d'immobilisation, majorée de 10% de la valeur du navire si détention au-delà de 90 jours	OUI	NON
Indemnités pour les dépenses additionnelles en cas de déviation	OUI	NON

Garantie P&I

Risque	Garantie risques de guerre du UK War Risks	Garantie du marché traditionnel
Garantie P&I	OUI	OUI
Plafond de la garantie	$500 millions par événement	Valeur agréée du navire
Décès/blessures personnelles/maladie	OUI	OUI
Enlèvement d'épave	OUI	OUI
Responsabilité pour pollution	OUI	NON

La garantie risques de guerre dont la périodicité se greffe à celle de la garantie P&I, est en principe conclue pour un an renouvelable. Toutefois, hormis les causes normales d'extinction conventionnelle ou anticipée, il existe une spécificité quant à la police *War Risks* qui présente deux exceptions. D'abord, chacune des parties armateur et *P&I Club* (vu ici comme assureur risques de guerre) peut de manière unilatérale y mettre fin par simple notification écrite sans en justifier les raisons[792]. En pratique, la durée du préavis contenue dans la notification est de sept jours[793]. De même, la garantie prend automatiquement fin en cas de déclenchement d'une guerre opposant au moins deux des cinq puissances nucléaires que sont les États-Unis d'Amérique, la France, le Royaume Uni, la Fédération de Russie et la République Populaire de Chine[794]. Fidèles à leur politique, les *P&I Clubs* conditionnent la garantie des risques de guerre au paiement d'une franchise dont les modalités sont spécifiées au cas par cas[795]. Cependant, les armateurs bénéficiant de la garantie *Queen's Enemy Risks*[796] ne sont pas soumis à franchise[797]. Aussi, en plus de la cotisation à laquelle il contribue pour obtenir la garantie risques de guerre, l'armateur au regard de certaines conditions et de ses zones de navigation doit payer une prime additionnelle. En effet, lorsque certaines zones sont réputées crisogènes ou que les *P&I Clubs* disposent d'informations concernant des troubles latents dans un pays ou une zone précise, ils établissent une liste rouge dans laquelle ces pays ou zones sont répertorié(e)s[798]. Ainsi les armateurs sont en principe interdits de naviguer dans de tels espaces et la garantie n'est pas due en cas de non-respect de cette directive. Mais si la situation n'est pas irréversible et que le risque d'y naviguer peut être pris sur accord écrit indispensable du directoire, alors pour ces pays ou zones – *excluded areas* ou *listed areas* – l'armateur devra payer une prime additionnelle spécifique, dite *additional premium area*[799].

La garantie risques de guerre, telle que proposée par les *P&I Clubs*, fait l'objet de quelques conditions dont l'armateur doit tenir compte de manière scrupuleuse au risque d'en perdre le bénéfice. En clair, les polices risques de guerre contiennent des clauses intitulées *Orders, Prohibitions and Directions*[800] (Ordres, Interdictions et Directives). Ceci signifie que les *P&I Clubs*, en fonction des informations dont ils disposent sur la situation sécuritaire d'un

[792] *The UK War Risks 2019*, règle 17; *North War Risks* 2019, règle 17.
[793] http://www.standard-club.com/media/2768107/pi-war-risks-clause-2019.pdf
[794] https://www.swedishclub.com/upload/Marine346/368_encl.pdf
[795] Voir annexe n°3 du SWEDISH P&I War Risks pour voir les mentions caractéristiques d'une police risque de guerre.
[796] Cf. infra, page 237.
[797] Annexes B des polices *War Risks* des trois P&I Club que nous avons pris en référence : London P&I Club, NEPIA et UK P&I Club.
[798] *The UK War Risks 2019*, rule 21; *North War Risks 2019*, rule 21.
[799] *The UK War Risks 2019*, rule 29; *North War Risks 2019*, rule 29.
[800] *The UK War Risks 2019*, rule 18; *North War Risks 2019*, rule 18.

pays ou d'une région, ou bien des renseignements fournis par les agences spécialisées telles le *Maritime Global Security*[801], peuvent entre autres, enjoindre à leurs armateurs des interdictions formelles de naviguer dans certaines zones, ou bien dans des conditions bien précises, de s'abstenir de certaines attitudes. Cela peut aussi concerner des directives proposant des attitudes ou dispositions à adopter pour éviter ou minimiser des risques de guerre. Généralement, les interdictions sont contenues et clairement spécifiées dans le contrat d'assurance au moment de sa conclusion, tandis que les ordres et directives sont donnés aux armateurs au cas par cas, en fonction des conjonctures de terrain, donc pendant le cours du contrat. De manière générale, il est interdit à l'armateur de tenter de rompre un blocus, un embargo, de commercer avec l'ennemi, d'entrer dans les zones dangereuses, de rompre la neutralité, de ne pas respecter les ordres et directives, de mener des activités illicites entre autres[802]. Pour bien nous faire comprendre, prenons deux cas concrets.

1/ *Union-Castle Mail S. S. Co Ltd /c United Kingdom Mutual War Risks Association*[803]. Dans cette affaire, l'amirauté au vu de la tension entre l'Égypte et Israël, émit un avertissement par lequel elle conseillait aux navires marchands d'éviter les zones telles que le canal de Suez, la proximité des eaux égyptiennes et israéliennes. Selon le juge Lord DIPLOCK un avertissement – *warning* – n'est pas un ordre, et en ce sens ne pas le respecter ne pouvait donner lieu à sanction. Si cela avait été un ordre clair ou une directive, alors ne pas le respecter pouvait donner lieu à sanction. Les armateurs eurent donc gain de cause et l'assureur risques de guerre fut en conséquence condamné à couvrir le sinistre.

2/ Navigators Insurance Company Ltd & others /c Atlasnavios – Navegação LDA. Les faits de cette affaire connue par les tribunaux anglais remontent à 2007. En l'espèce, le 13 août 2007, un navire est chargé de charbon au port vénézuélien de Maracaibo avec pour destination l'Italie. À la suite d'une inspection des plongeurs de la douane, 132 kilogrammes de cocaïne sont découverts dans les cales du navire. Le navire sera retenu et le Capitaine, ainsi que le Second officier, poursuivis pour trafic de drogue. En octobre 2007 le juge ordonne la détention du navire et la comparution des prévenus, lesquels seront condamnés en octobre 2010 à neuf ans d'emprisonnement ferme chacun et la confiscation du navire. L'armateur, qui avait délaissé le navire en 2009, sollicita par ces motifs auprès de son assureur risques de guerre la somme de 20 millions de dollars. Il fondait ses prétentions sur la perte totale du navire du fait

[801] Voir www.maritimeglobalsecurity.org

[802] HILLS Prados Concepción, "*Los Clubs de Protección e Indemnización en el campo del seguro marítimo*", J.M. BOSCH ed., 1992, p.162.

[803] *Queen's Bench Division* (chambre commerciale) 22 jan 1958, n°51958, 1QB 380, per DIPOLOCK J., Lloyd's report n°58.

de sa détention par les autorités vénézuéliennes ainsi que sur les sommes préalablement engagées pour tenter d'en obtenir mainlevée. L'armateur argua qu'il n'avait pas eu connaissance de l'introduction de la drogue sur son navire, et que cela était le fait de personnes étrangères à l'équipage, lesquelles ont agi de façon malveillante – *maliciously* – selon les termes de la garantie *War Risks* qu'il avait souscrite. L'assureur, qui refusait de payer, se fondait sur l'exclusion de garantie contenue dans la police d'assurance, excluant de la garantie les dommages et pertes consécutives à une détention résultant d'une violation de la réglementation douanière[804]. Autrement dit, sa garantie risques de guerre ne couvrait pas les actes de souveraineté qui sont posés de manière légale.

L'intérêt de cette affaire réside dans les positions successives des juges. D'abord le tribunal de commerce accepta la demande de l'armateur et condamna l'assureur à payer, au motif que la drogue était introduite par des personnes « malicieuses », ce qui rentrait dans le champ de la garantie. Ensuite, la cour d'appel infirma cette position, en décidant que les dommages ne pouvaient pas être garantis par l'assureur risques de guerre en cas de concours entre la réalisation d'un risque couvert (le fait de tiers ayant agi de façon malveillante) et un risque non couvert (détention en raison d'un trafic de stupéfiants). En juillet 2018 enfin, la cour suprême britannique, présidée par Lord MANCE, confirma la position de la cour d'appel en expliquant que l'acte malveillant ne s'entendait pas dans le même sens que celui de la police d'assurance. Selon elle, l'acte malveillant auquel la police faisait allusion visait un acte de sabotage, qui grèverait l'intégrité physique du navire ou des personnes à bord du navire. Pourtant le trafiquant de drogue avait plutôt intérêt à ce que son navire cible arrivât en bon état, donc son acte ne visait pas la destruction du navire. Le fondement de cette décision surprit les parties elles-mêmes, car celles-ci estèrent en justice sur la question de savoir si le trafic de drogue était un acte malveillant. La police risques de guerre concernée dans cette affaire interdisait entre autres à l'armateur de pratiquer ou de participer à la contrebande et à des trafics illicites, de stupéfiant notamment. Cette décision a également le mérite de conforter la position constante des juges de Common Law qui excluent systématiquement de la garantie les dommages ou préjudices, lorsqu'il y a concours dans leur genèse, entre risque couvert et risque exclu[805].

---

[804] "*Detainment by reason of infringement of customs regulations*".

[805] The Supreme Court, 22 May 2018, Navigators Insurance Company Ltd & others Vs Atlasnavios Navegacao LDA. Easter Term [2018] UKSC 26. Pour consulter la vidéo de l'audience de verdict, voir : https://www.youtube.com/watch?v=P9U9Jv6gM4o

Enfin, une autre particularité de la garantie risques de guerre réside dans la mutualisation dont elle fait l'objet. Dans un premier temps, les armateurs anglais qui prennent une assurance risques de guerre auprès des *P&I Clubs* anglais sont potentiellement mieux couverts que les autres, car il existe un accord de mutualisation[806] entre le gouvernement britannique et les Associations qui assurent ce risque. En effet, il existe une clause spéciale dite *Queen's Enemy Risks* (risques ennemis de la Couronne), mise sur pied pendant la Première Guerre mondiale, puis expérimentée avec des modifications pendant la Deuxième Guerre mondiale. Cette garantie est destinée aux navires anglais exposés aux risques de guerre en cas de conflit armé impliquant la Grande Bretagne[807]. Les navires anglais bénéficient donc d'un accord de réassurance du gouvernement britannique qui réassure en cas de conflit impliquant la Grande Bretagne (ou en cas de 3e Guerre Mondiale) les risques de guerre à une hauteur pouvant atteindre les 95%[808] des valeurs assurées par chaque *P&I Club*[809]. C'est la raison pour laquelle dans les polices *War Risks* que proposent les *P&I Clubs* anglais, il y a toujours une clause "*Applying to British ships*" qui spécifie les modalités de mise en œuvre de l'accord *Queen's Enemy Risks*. Néanmoins, un armateur non britannique, Membre d'un *P&I Club* anglais et qui possède un navire battant pavillon d'un État tiers assuré par ce *P&I Club*, peut bénéficier de cet accord de réassurance appelé *Queen's Enemy Risks* s'il obtient un certificat de la part du secrétaire d'État qui lui octroie ce privilège[810]. Lorsque le Secrétaire d'État souhaitera retirer ce privilège, il notifiera les dirigeants du *P&I Club*[811] de son intention afin que les mesures urgentes soient prises à cet effet.

Dans un second temps, outre l'accord de réassurance avec le gouvernement britannique le – *Queen's Enemy Risks* –, il existe un accord de coassurance et de réassurance entre les assureurs confondus (P&I Clubs et assureurs spécialisés) qui proposent la garantie risques de guerre[812], lesquels mutualisent donc leurs efforts et leurs finances pour mieux protéger leurs armateurs. Cet accord de réassurance qui fonctionne sur une base mutualiste est conçu pour les autres armateurs ne pouvant bénéficier de la réassurance *Queen's Enemy Risks*

---

[806] Cet accord de mutualisation est distinct de celui de l'International Group of P&I Clubs que nous étudierons plus loin dans notre Partie 2.
[807] *North War Risks 2019*, rule 2. A.1. ; *The UK War Risks 2019*, rule 2 D.
[808] Pour historique de cet accord, et ses aménagements, voir HILLS Prados Concepción ibid., *op. cit,* p.162.
[809] Depuis des attentats du 11 septembre 2001, il existe désormais aux USA une garantie similaire qui prend en charge 90% des pertes liées au terrorisme. Cela est contenu dans les dispositions de l'article 103 du **TRIA 2002** – *Terrorism Risk Insurance Act of 2002* –.
[810] *North War Risks 2019*, rule 4. A.1.1.
[811] *North War Risks 2019*, rule 4. A.1.2.
[812] *North War Risks 2019*, rule 12.1; *The UK War Risks 2019*, rule 12.1. Ces règles sont titrées en anglais *Reinsurance*, notion générique qui selon la pratique peut signifier aussi bien réassurance que coassurance. Voir nos prochains développements sur la technique de la mutualisation des *P&I Clubs*.

mais profite également aux armateurs anglais lorsque les conditions de mise en œuvre de celle-ci – une guerre impliquant la Grande Bretagne – ne sont pas réunies.

En définitive, et nous y mettons une insistante emphase, cette mutualisation est exclusive des *P&I Clubs* et des assureurs traditionnels (le Lloyd's par exemple) qui proposent la garantie risques de guerre. La réassurance des risques de guerre ne fait pas partie de l'accord de mutualisation au sein de l'*IGP&I Clubs*[813].

Arrivés à ce point, il apparaît souhaitable et logique de dire également un mot à propos du terrorisme.

Parmi la liste des événements qualifiés de risques de guerre, garantis par la police risques de guerre, figurent des actes terroristes. Généralement les *P&I Clubs* parlent de *acts of terrorism* et dans la pratique, en cas de doute sur la nature terroriste d'un acte, c'est la qualification que le *P&I Club* en fera qui prime. L'acte terroriste est d'office exclu de la garantie P&I et sa couverture se rencontre donc dans la police risques de guerre. Cependant un problème se pose en matière de transport maritime de passagers, régi par la Convention d'Athènes de 2002[814]. L'article 3 alinéa 1/ (a) et (b) de cette convention énumère les causes d'exonération que l'armateur peut invoquer pour échapper à une responsabilité. Armateurs, assureurs et *P&I Clubs* ne sont pas en phase avec cette convention, car de leur point de vue, le terrorisme qu'ils considèrent comme étant un risque de guerre doit clairement être exclu et érigé en cause d'exonération de l'armateur. En effet selon cet article, l'armateur n'est pas responsable s'il prouve que l'événement « ... *résulte d'un acte de guerre, ... en totalité du fait qu'un tiers a délibérément agi ou omis d'agir dans l'intention de causer le dommage* ». Bien que l'esprit fertile des brillants juristes puisse tenter de démontrer que l'on pourra dans l'interprétation de cet article y inclure le terrorisme, armateurs assureurs et *P&I Clubs* militent pour que le terrorisme y soit clairement mentionné comme cause d'exonération de l'armateur. À cela s'ajoute, d'une part, la souscription obligatoire par l'armateur soit d'une assurance, soit d'une garantie financière[815]. D'autre part, il faut tenir compte de l'article 7 qui prévoit des plafonds de réparation par victime, relativement élevés. Or pour les assureurs et les *P&I Clubs* en particulier, au regard des plafonds de garantie de la Convention, une telle assurance n'est « ni disponible, ni suffisante »[816]. En effet, dans leurs polices risques de guerre, la quotité de

---

[813] Cf. infra, page 335 du Chapitre 2, titre 1 de la partie 2.
[814] Texte consolidé de la Convention d'Athènes de 1974 relative au transport par mer de passagers et de leurs bagages et du Protocole de 2002 à la Convention.
[815] Convention Athènes 2002, art.4bis.
[816] THOMAS-CIORA Geneviève, « *Le transport de passagers par voie maritime* », DMF n°676, décembre 2006, p.980.

$600 millions est destinée à couvrir tous les préjudices nés de la réalisation du risque de guerre, du terrorisme notamment. Pour les *P&I Clubs* donc, additionner ces montants à ceux que pourrait générer, par passager, une attaque terroriste contre un navire transportant des passagers, donnerait une somme prohibitive, qu'ils ne sauront assumer.

Le 28 juin 2012, l'IGP&I Clubs[817] a rendu public le résultat d'une consultation effectuée auprès des directoires des treize *P&I Clubs* membres, quant à la garantie du terrorisme selon les exigences de la Convention d'Athènes[818]. Il en est ressorti que les *P&I Clubs* ont déclaré ne pas être aptes à apporter l'assurance ou bien la sécurité financière exigée par la Convention. Ce qui explique pourquoi la garantie risques de guerre proposée par les *P&I Clubs* ne s'adresse pas aux navires destinés au transport de passagers. En d'autres termes, les armateurs propriétaires de ce type de navires doivent trouver des alternatives soit auprès des assureurs traditionnels spécialisés ou bien auprès des banques qui peuvent leur offrir de telles sûretés. En attendant de voir l'évolution de cette situation, la solution n'est-elle pas dans la généralisation des solutions telles que celle de la clause *Queen's Enemy Risk* sus-évoquée ou bien le *TRIA Act 2002* [819]? Ou encore on pourrait peut-être songer à la création d'un fonds international[820], regroupant acteurs et États, dédié aux actes de terrorismes contre les navires transportant des passagers.

Section 2 : L'assurance apportée par les P&I Clubs rendue complète par une garantie spécifique de trésorerie

L'expression garantie de trésorerie que nous employons peut sembler implicite et/ou déroutante, mais le lecteur se rendra compte de l'évidence de son usage durant la lecture de ce paragraphe. Cela dit, la spécificité de l'assurance responsabilité civile des armateurs au regard de la particularité de ce marché, ainsi que de celle des besoins de ceux-là, densifie les défis que les *P&I Clubs* doivent relever. Pour ce faire, ces Associations renforcent leur offre d'assurance à travers entre autres la garantie *FD&D* (§1) et la garantie contre la perte financière (§2).

---

[817] Après plusieurs plaidoyers auprès de l'OMI, notamment lors de l'assemblée plénière du comité juridique de l'OMI du 19 octobre 2006.
[818] https://www.igpandi.org/article/war-and-terrorism-pi-cover-review-by-club-boards
[819] TRIA (Terrorism Risk Insurance Act), loi fédérale américaine, promulguée le 26 novembre 2002 et initiée par le Président George W. BUSH. Cette loi inspirée à la suite des attentats du 11 septembre 2001, crée au profit des assureurs américains, un système de réassurance des dommages causés par des attaques terroristes.
[820] THOMAS-CIORA Geneviève, « *Le transport de passagers par voie maritime* », DMF n°676, décembre 2006, p.981.

§1 : La garantie *FD&D* : une protection déterminante fournie par les P&I Clubs

Objet d'une police additionnelle autonome[821], la protection *Freight Demurrage & Defence* que nous traduisons par « Fret Surestaries et Défense », est une assurance innovante quant à son objet (A) et pertinente quant à son étendue (B).

A/ La garantie *FD&D*, innovante quant à son objet

La garantie *FD&D* est une forme inédite de la couverture connue sur le marché traditionnel sous l'intitulé d'assurance protection juridique. En effet, la protection *FD&D* est destinée à garantir les honoraires et les frais accessoires inhérents aux litiges certes en lien avec le trafic maritime, mais qui ne sont garantis, ni par la police P&I standard, ni par toute autre assurance, notamment sur corps[822]. En clair, comme nous l'avons déjà relevé dans nos précédents développements, la garantie P&I rembourse à l'armateur ou à l'affréteur[823] les sommes qu'il aura payées dans le cadre de sa responsabilité civile[824]. C'est le cas de la somme de tous les frais générés par un sinistre, qui englobent la réparation du dommage ainsi que tous les frais accessoires. Il s'agit notamment des frais d'expertise qui ont contribué à évaluer le montant de la réparation due par l'armateur responsable du dommage, ainsi que des frais de procédure. *A contrario*, la couverture *FD&D* ne garantit pas la responsabilité de l'armateur mais assure uniquement tous les frais et débours auxquels il est tenu en cas de litiges contractuels, c'est-à-dire nés soit de l'exécution d'un contrat, soit de l'inexécution du contrat, ou encore de la mauvaise exécution d'un contrat[825]. En d'autres mots, la police *FD&D* ne garantit pas les dépenses, frais et débours des préjudices nés des dommages causés aux tiers durant l'exploitation du navire. A ce niveau lecteur peut faire le lien, et à raison, avec un contrat de transport (de marchandise, ou de personnes) ou bien avec la responsabilité délictuelle de l'armateur (pour abordage, contravention de grande voirie) ou encore avec sa responsabilité

[821] La police *FD&D* du London P&I Club appartient à la classe 8, est de la classe 6 chez *Britannia P&I Club*. Cette police à ses propres règles de fond bien que les règles de procédure, d'entrée et de sortie ainsi que les mécanismes de fonctionnement se rapprochent de ceux de la garantie P&I. C'est pour cette raison que nous avons fait l'impasse sur ces questions. D'autres *P&I Clubs* ne proposent pas cette garantie comme garantie additionnelle complémentaire, mais ont créé des entités autonomes, indépendantes dédiées à cette garantie. C'est l'exemple du UK P&I Club qui a créé le UK Defense (FD&D).

[822] https://britanniapandi.com/services/fdd/

[823] Juste à titre de rappel, comme nous l'avons souligné dans le tout premier chapitre de cette thèse, les garanties que proposent les *P&I Clubs* aux armateurs (en tant que propriétaires et/ou gérants) bénéficient aussi aux affréteurs selon des conditions et modalités adaptées à leurs besoins.

[824] GOLD Edgar, "*Gard Handbook on P&I Insurance*", 5th ed., 2002, n°6.6, p.119.

[825] NEPIA *FD&D Rules* 2019, rule 3.

sociale à l'égard de l'équipage. Il s'agit effectivement là de cas rentrant dans la garantie P&I standard. Autrement dit, la garantie *FD&D* prend uniquement en charge les frais de procédure (honoraires d'avocats ou d'experts) liés à toute réclamation quant à l'exécution d'un contrat, lorsque l'objet du litige ne concerne pas une quelconque responsabilité civile de l'armateur. Il s'agit donc en réalité d'une garantie dont l'objet porte sur les frais de procédure concernant un litige né d'un désaccord sur une prestation contractuelle. En d'autres termes, il peut arriver des cas où l'armateur et un cocontractant ne s'accordent pas sur l'interprétation des termes d'un contrat. C'est l'exemple notamment lorsque se posent les questions de savoir à qui des deux parties incombe la charge d'une prestation née du contrat ? La prestation est-elle valide ? Quelle est la nature de la prestation ? Quelle est l'étendue de la prestation due ? Entre autres. Alors les frais qui seront engagés pour élucider une telle divergence de points de vue, sont ceux que garantit la police d'assurance FD&D. Pour la cohérence du canevas adopté pour notre analyse, nous verrons les contrats auxquels il est fait référence parlant de la garantie *FD&D*, dans le sous-titre B qui suivra le présent paragraphe.

Restons donc sur l'objet de la garantie *FD&D* et référons-nous à sa sémantique. *FD&D* comme nous l'avons vu précédemment est mis pour *Freight Demurrage & Defence*. En français cela signifie donc « Fret, Surestaries et Défense ». Par déduction, on dira que la garantie *FD&D* assure la défense de l'armateur quant aux litiges relatifs au fret et aux surestaries. Une précision est nécessaire : [**Fret** : dans un contrat d'affrètement le fret est le prix que doit payer l'affréteur en contrepartie de la mise du navire à sa disposition par le fréteur[826]. **Surestaries** : c'est soit le délai supplémentaire accordé à l'affréteur au voyage pour effectuer les opérations de chargement ou de déchargement lorsque celles-ci n'ont pu être achevées pendant le délai contractuel (les staries), soit la somme due par l'affréteur pour cette immobilisation supplémentaire du navire][827]. Donc la garantie *FD&D* couvrira les honoraires des avocats et des experts dont l'armateur sollicitera les services pour des litiges relatifs au paiement soit du fret, soit des surestaries, et quelques fois même les deux à la fois, et cela, qu'il soit défendeur ou bien demandeur. On s'en convaincra en lisant par exemple la police de Standard P&I Club, qui stipule que "*The costs of which the Member is insured are those authorised by the managers in their discretion and incurred in pursuing or defending claims, disputes or proceedings. Such costs include any which the Member may become liable to pay to any third party under any order or agreement*"[828]. En d'autres termes donc, cette garantie porte sur un ensemble de frais

[826] Dans le contrat de transport maritime de marchandises, le fret représente le prix payé par l'intérêt marchandises pour l'acheminement de celles-ci.
[827] LE BAYON Alain, « *Dictionnaire de droit maritime* ». Presses Universitaires de Rennes, 2004, p243.
[828] Standard P&I Club, *FD&D Rules* 2019, règle 2.1.

et débours que l'armateur est amené à mobiliser soit pour se défendre, soit pour initier une instance ou bien un arbitrage, soit pour rembourser les charges et frais de procédures fixés à ses dépens au profit de son adversaire[829]. Dans une affaire, sentence arbitrale n°996[830], face aux dommages apparents de la marchandise, et à la suite du refus du capitaine de charger ces marchandises non conformes, il y eut du retard au chargement ainsi que des surestaries. S'ensuivit donc un litige entre affréteur et fréteur quant à la validité du paiement par l'affréteur du fret et celui des surestaries. Dans une telle espèce que nous avons prise pour cas d'école pour illustrer notre propos, puisque l'affaire a donné lieu à une procédure arbitrale, les frais d'avocats mobilisés par le fréteur seront garantis par l'assurance *FD&D* si l'armateur fréteur y avait souscrit.

En pratique, l'objet de la garantie *FDD* est fondé sur deux piliers. Le premier est, et ça va de soi, la prise en charge des frais sus-indiqués. Lorsque naissent des litiges qui rentrent dans le champ de cette garantie, les *P&I Clubs* prennent ces frais en charge, selon bien entendu les termes du contrat. Le deuxième pilier, et c'est la tendance générale qui s'observe en pratique, consiste en la fourniture par les *P&I Clubs* eux-mêmes des prestations de protection juridique. En effet, les *P&I Clubs* ont leurs propres avocats qui défendent les intérêts des armateurs. À titre illustratif, prenons l'exemple du *North of England P&I Club*. Cette Association dispose[831] d'une équipe de trente-cinq avocats, exclusivement dédiée[832] à la protection juridique de ses armateurs dans le cadre de cette police *FDD*[833]. Cette équipe conseille les armateurs en cas de litige quant à la démarche à suivre, à la procédure et aux moyens légaux. Elle les représente et les défend s'il faut privilégier un accord amiable ou ester en justice, ou si une procédure contentieuse est enclenchée. L'avantage d'une telle politique est, d'une part, la mise à la disposition de ces armateurs d'avocats disponibles 24 heures sur 24, sept jours sur sept, durant toute l'année sans interruption. D'autre part, ils ont accès à un service de qualité grâce à la spécialisation des avocats. Enfin, autres avantages pour les armateurs et le Club : la discrétion, car tout est géré en interne, célérité et surtout le gain financier. Toutefois, lorsque les circonstances l'exigent, les Clubs recourent aux services d'avocats externes dont ils prennent en charge les honoraires. Nous pouvons en dire autant des experts maritimes locaux dont les services sont requis sur proposition des représentants des *P&I Clubs* présents à travers le monde

---

829 C. procédure civile, art.700.

830 Du 8 janvier 1999, dont on peut lire le résumé dans le site internet de la CAMP, à la page https://www.arbitrage-maritime.org/CAMP-V3/1999/01/08/sentence-996-2/

831 Données valides au 25 février 2019.

832 Ceci marque la différence avec d'autres *P&I Clubs* et c'est le cas de BRITANNIA Club, dont les avocats internes peuvent recevoir divers dossiers.

833 http://www.nepia.com/media/983228/NORTH-On-your-Side-Feb-2019.pdf

grâce à un vaste réseau. Dans son dernier rapport, NEPIA annonce que 98% de litiges pour l'année 2018, concernant la garantie *FDD* et soumis au droit anglais ont été résolus par les avocats internes.

Bien qu'il ait tu les détails sur l'identité du navire et des protagonistes[834], *The Charterers P&I* Club apporte une illustration parfaite de ce qu'est l'objet de la garantie *FD&D*. Dans cette affaire[835], un affrètement au voyage est conclu sous la forme GENCON. Se rendant compte que le navire arriverait en retard au port de chargement, et vu qu'il avait des obligations à tenir quant à la livraison de la marchandise, un affréteur voulut résilier le contrat d'affrètement. Comme il possédait une assurance *FD&D,* il saisit son *P&I Club* pour solliciter ses conseils. Le Club à travers son département juridique, lui déconseilla de résilier l'affrètement car selon l'article 10 de la charte, il ne pouvait y avoir résiliation anticipée qu'à l'expiration du délai convenu pour l'arrivée du navire au port de chargement, ou bien si le fréteur avait, par courrier, confirmé son impossibilité de respecter ledit délai. Il fut donc proposé à cet affréteur d'affréter un autre navire pour tenir ses engagements commerciaux. Ce qu'il fit, et ses craintes étaient fondées, car le navire initialement retenu arriva effectivement avec beaucoup de retard. Cependant, l'affrètement de substitution lui ayant coûté bien plus cher, il demanda à son Club s'il pouvait obtenir des dommages et intérêts. Celui-ci répondit que le retard *per se* ne pouvait constituer le fondement des dommages et intérêts et que pour ce faire, il fallait démontrer une faute indépendante au retard et imputable au fréteur à l'instar d'une indication mensongère de la situation géographique du navire, ou bien une mauvaise foi manifeste de ce dernier. Alors le Club demanda à son représentant local de mener une enquête, laquelle révélera que le fréteur avait été malhonnête et irraisonnable, ce qui avait donc justifié la saisine du tribunal arbitral et des avocats londoniens. Le fréteur mis devant les faits, reconnut ses fautes et convint d'un accord amiable au profit de l'affréteur.

Pour cette affaire qui a le mérite de révéler les deux piliers de la garantie *FD&D* que nous avons ci-dessus identifiés, l'équipe juridique consacra quinze heures tandis que les différents honoraires s'élevèrent à $42 000. Et le Club de conclure cet article par *"All advice provided by the Club and outside costs falls within the scope of the Assured's Defence cover"* que nous traduisons par : Tous les conseils fournis par le Club et les frais d'intervention externe (avocats londoniens, enquête diligentée par le correspondant) rentrent dans le cadre de la garantie *FD&D*.

[834] Ceci est une illustration de la discrétion, prédominante chez les *P&I Clubs*.
[835] https://www.themecogroup.co.uk/charterers-liability-insurance/claim/cancellation-voyage-charter-pdf/

Bien que l'intitulé de la police *FD&D* semble restrictif dans la mesure où il n'identifie que deux litiges à savoir le fret et les surestaries, et même si en pratique, la majorité des litiges soumis à la police *FD&D* naissent des contrats d'affrètement, il n'en demeure pas moins que cette police garantit bien plus. C'est ce que nous allons voir dans l'étude de l'étendue de la garantie *FD&D*.

B/ La garantie *FD&D*, pertinente quant à son étendue

Pour identifier les contrats auxquels s'applique la garantie *FD&D*, il faut toujours, et c'est la logique des choses, se référer au contenu de la police, surtout parce que la frontière entre les risques P&I et la protection juridique *FD&D* est parfois alambiquée, même si, comme nous venons de le voir, leurs objets sont clairement distincts. C'est la raison pour laquelle les *P&I Clubs* attirent l'attention de leurs armateurs sociétaires sur la nécessité d'informer le Club avant toute quelconque action. Cela permet au directoire d'analyser les faits et de déterminer si l'affaire est admissible[836] ou pas à la garantie *FD&D*.

La garantie *FDD* s'applique à environ une quinzaine de contrats différents, et nous implorons ici l'indulgence de notre lecteur, car l'identification de ces contrats peut sembler descriptive au lieu d'être démonstrative. C'est la seule méthode que nous ayons trouvée efficace pour éviter répétitions et redites, mais surtout pour faciliter la compréhension et évincer toute équivoque. La garantie *FDD* s'applique donc en cas de réclamations ou litiges, relatifs :

1. Au paiement des frets (affrètement du navire, prix du transport), et des surestaries,
2. À la résiliation de la charte-partie,
3. Détention, immobilisation, retard, perte d'usage du navire,
4. Perte ou dommage au navire non garanti par la police corps et machines,
5. Recouvrement des contributions aux avaries communes, et des frais de sauvetages (lorsque c'est le navire assuré qui y a servi),
6. Inobservation, modification des clauses du connaissement, interruption du contrat de transport,
7. À l'entretien et aux réparations du navire,
8. Fourniture du navire en soutes, et autres équipements nécessaires pour la navigation,

[836] C'est la substance de "*It is also important to note that any new claim must be discussed with the Club at the outset, before any action is taken, as the Club must be satisfied that the claim has merit*". Cf. Britannia P&I Club, https://britanniapandi.com/services/fdd/

9. Aux contrats de remorquage, de pilotage, de sauvetage rendu par ou pour le navire,
10. Expertises, enquêtes, et représentation de l'armateur durant la diligence de ces expertises et enquêtes,
11. Construction d'un navire, modification d'un navire, ou achat de navire,
12. Hypothèque du navire,
13. Réclamation auprès d'autres assureurs maritimes,
14. Réclamations ou litiges avec des autorités portuaires, douanières ou fiscales,
15. Action en justice pour défendre et réclamer les droits de l'armateur,
16. Et tout autre litige ou réclamation que le Club peut juger fondé pour bénéficier de la garantie *FD&D*[837].

À l'observation, on remarque le nombre important, surtout la diversité des situations et des contrats pour lesquels la garantie *FDD* peut intervenir en cas de divergence, litige ou bien réclamation. Sachant que chacun de ces cas concerne des prestations en somme d'argent et au regard de leur grande diversité, la pertinence d'une telle protection réside dans l'économie substantielle qu'elle permet aux armateurs d'opérer, de réaliser. En effet, il est de notoriété que les sinistres maritimes ou bien les litiges maritimes génèrent de grands pôles de dépenses, lesquelles constituent pour les armateurs des sommes d'argent importantes. Et donc, lorsqu'il est possible d'en faire économie, cela constitue pour l'armateur un véritable ballon d'oxygène. C'est ce qu'on peut retenir de la déclaration du directoire de BRITANNIA P&I lorsqu'il écrit que : "*as disputes of a defence nature almost invariably affect a ship's earnings and cash flow, FDD is regarded by many Members as an important adjunct to their day to day business operation*"[838]; que nous traduisons par : puisque les litiges relatifs à la défense juridique affectent inévitablement les ressources financières et la trésorerie, la garantie *FDD* est considérée par beaucoup de Membres comme étant un important coup de pouce pour leurs activités quotidiennes.

Lorsque l'on se réfère à la jurisprudence, on peut se rendre compte du nombre important de litiges connus par les juridictions, relatifs aux situations que nous avons identifiées comme rentrant dans le champ d'intervention de la garantie *FDD*. Dans une affaire concernant un litige relatif au paiement des soutes, les juges ont confirmé une jurisprudence désormais établie. En

[837] NEPIA, *FD&D Rules* 2019, Règle 19 ; STANDARD P&I Club, *FD&D Rules* 2019, Règle 3 ; LONDON P&I Club, *FD&D Rules 2019*, Règle 9.
[838] https://britanniapandi.com/services/fdd/

l'espèce, une compagnie a frété à temps son navire à une autre, qui l'a à son tour sous-affrété. Le sous-affréteur passa commande de soutes pour les besoins de son activité. Cependant, quelque temps, après il fit banqueroute et la société fournisseuse des soutes saisit les tribunaux pour faire condamner le fréteur à lui payer son dû. Celui-ci se défendit en invoquant l'affrètement et considéra que c'était à l'affréteur de payer. Or il faut le noter, la société CORELF qui avait avitaillé le navire en soutes n'avait pas été informée des contrats d'affrètement ni de sous-affrètement. L'armateur fut donc condamné à payer[839], les différents honoraires et autres frais de procédure générés par cette affaire qui a duré pratiquement six ans ; lesquels frais, rentrent dans la garantie *FDD*. Supposons, même si l'arrêt ne nous en dit pas plus, que l'armateur sur conseil de son *P&I Club* avait, dans les délais, appelé l'affréteur principal en garantie. Alors grâce à cette garantie *FDD* son Club lancera les démarches et procédures pour que cet armateur se fasse rembourser lesdites sommes. La question peut aussi se poser lorsqu'une dette de soutes est imputable à l'affréteur mais que l'affrètement est terminé et le navire retourné chez son armateur fréteur. Peut-on saisir ce navire ? Qui de l'armateur ou de l'affréteur doit payer ? Indépendamment de la solution de fond[840], qui semble alimenter une controverse, nous dirons simplement que la garantie *FDD* permettra de conseiller l'armateur et de couvrir les honoraires des avocats qui travailleront à y trouver solution.

Il existe aussi fréquemment des cas de divergences entre fréteur et affréteur au voyage, dans l'interprétation des clauses relatives aux temps de planches et du sur-fret, notamment lorsque la vente avorte au premier port de déchargement et que l'affréteur souhaite dérouter le navire vers un second port où il a conclu une nouvelle vente[841]. Dans un tel cas également, *FD&D* est bienvenue. Très souvent aussi, peut se poser une situation plus complexe lorsque interviennent dans une même opération, plusieurs conventions ou clauses. C'est le cas de l'interprétation des *Incoterms* et de la charte-partie. Lors d'une vente C&F (coût et fret), avec navire affrété au voyage par le vendeur, à qui, du vendeur ou de l'acquéreur, revient la charge des staries lorsqu'elles sont en surcoût au fret ? À qui revient aussi la charge des surestaries ? Si la solution réside inévitablement dans les faits[842], il s'agit là aussi des situations garanties par

[839] CA. Versailles 13e ch., 18 mai 1995, MAJALA Shipping Co ltd /c SNC CORELF. Obs. Yves TASSEL, DMF n°569 1er février 1997 p.137. Toujours au sujet des litiges relatifs au paiement des soutes de navires, voir CA. Rouen 2e ch., civ, 25 avril 1996 Sté. ULSTEIN Shipping /c Sté. SHIPP. Obs. Yves TASSEL, DMF n°567 1er janvier 1997 p.26.

[840] CA. Rennes 3e ch. com., 25 septembre 2012, navire *Pioneer Atlantic* ; et CA. St-Denis-De-La-Réunion ch. com., 9 août 2002 navire *Komodo*, Obs. Ph. DELEBECQUE, DMF n°746, du 1er avril 2013, p.333.

[841] Chambre Arbitrale Maritime de Paris, Sentence arbitrale 1222 du 16 janvier 2015, DMF n°779 du 14 avril 2016, p.382.

[842] Cass. com., 22 avril 1998, Mme PINET-WEILLER ès-qual. c/ société d'exploitation, d'importation et d'exportation (SOEXIMEX). DMF n°586, 1er octobre 1998, Obs. Ph. DELEBECQUE p.927.

la police *FD&D*, qui permettra d'identifier sur lequel de ces opérateurs pèse une telle responsabilité, au regard des textes et des contrats, et quelle sera la procédure à suivre. De même, il arrive que l'armateur, dans le cadre de l'entretien courant de son navire sollicite les services d'un chantier naval. À l'occasion de l'exécution de ce contrat, il arrive également souvent, qu'à la suite des travaux de réparation navale, des litiges de natures diverses peuvent naître et opposer armateurs et chantiers. C'est l'exemple d'un armateur ayant été débouté de son action en dommages-intérêts et condamné à payer des travaux de reprises réalisés par le chantier naval pour corriger un défaut de lignage. Or d'après le rapport d'expertise amiable, ces travaux de reprise ont été rendus nécessaires à cause d'une déformation de la coque, imputable à la mauvaise conception initiale du bordé de la coque par l'architecte de l'armateur ayant supervisé et validé les travaux du chantier naval. Le chantier naval ayant également démontré que l'armateur ne lui a pas fourni les plans du navire comme il s'y était engagé dans ce contrat d'entreprise[843]. Dans une telle affaire, si l'armateur avait souscrit une garantie *FD&D*, celle-ci aurait pris à sa charge les honoraires des avocats et des experts, mais aussi tous les dépens. Cette affaire nous donne l'occasion de souligner que si la garantie *FD&D* couvre ces frais, elle ne couvre cependant pas le prix de la réparation qui est naturellement à la charge de l'armateur et ne constitue pas des frais de procédure car il s'agit plutôt d'une charge normale d'entretien du navire.

Quelques exemples illustrant l'étendue de la garantie *FD&D* nous sont donnés, chose exceptionnelle, par le site internet de BRITANNIA P&I. Nous en reprenons quelques-uns[844] ci-dessous.

Exemple 1 : Un armateur souhaitant avitailler son navire en soutes, passe commande à un *trader* qui à son tour commande le combustible auprès d'un avitailleur qui s'exécute et fournit le navire. Mais avant que le paiement ne soit effectué, le *trader* est déclaré en banqueroute et le souteur demande et obtient à New-York une saisie conservatoire du navire. Cependant le liquidateur du *trader* estime que c'est lui le créancier de l'armateur tandis que le souteur s'estime lui aussi être le véritable créancier. La garantie *FD&D* prit en charge les frais liés à l'action pétitoire engagée devant les juridictions new-yorkaises pour déterminer qui du liquidateur ou de l'avitailleur est le créancier des soutes que doit payer l'armateur.

Exemple 2 : Un armateur passe commande à un chantier naval, de la construction d'un certain nombre de navires. Plus tard survint un litige entre l'armateur et le chantier naval, celui-

[843] DMF hors-série n°16, juin 2012, p.38.
[844] Pour les autres exemples, voir annexe n°4 (**Britannia FD&D 02/2018**).

ci prétextant qu'au regard de la qualité des travaux à effectuer, il y aura un retard à la livraison, or pour l'armateur le délai contractuel demeure de rigueur. L'armateur qui avait souscrit une police *FDD* pour ces navires dès le jour où la commande fut passée, obtint donc de son *P&I Club* la consultation d'un cabinet d'avocats londoniens pour l'éclairer sur la situation, l'affaire étant soumise au droit anglais. L'armateur fut donc heureux d'apprendre des avocats que, s'il était contraint de résilier le contrat pour une bonne raison, (notamment le retard comme en l'espèce), le chantier serait tenu de payer des pénalités et de lui rembourser les acomptes versés. Et au cas où le chantier naval ne pourrait s'exécuter, sa banque y serait tenue. Mais pour finir, un accord amiable fut trouvé entre l'armateur et le chantier naval.

§2 : La garantie contre la perte financière, couverture caractéristique de la complétude des prestations des P&I Clubs

Aucun aspect de la responsabilité civile contractuelle ou délictuelle de l'armateur n'échappe à l'éventail que constituent les garanties offertes par les *Protecting & Indemnity Clubs*. Cette offre de garanties semble assez large, au regard de l'assiette des préjudices couverts, et elle se trouve enrichie par une garantie dédiée aux ressources financières. Cette garantie protège contre la perte de revenus des tiers (A), et ceux de l'armateur (B) à titre exceptionnel.

A/ La garantie perte de revenus, outil efficace de réparation des préjudices pécuniaires

Dans le traitement de cette garantie, nous limiterons notre analyse à deux catégories de personnes : les tiers d'une part, et l'équipage d'autre part.

Concernant les marins embauchés pour exercer sur le navire assuré, nos propos ici seront complémentaires de ceux tenus précédemment quand nous avons étudié la garantie P&I à l'égard de l'équipage[845]. Nous nous y sommes limités à parler de la garantie en termes de prise en charge médicale, de rapatriement ou d'interruption du contrat de travail. Ici, il sera question de la perte de revenus que sont susceptibles de subir les gens de mer en cas de blessure ou de traumatisme résultant d'un accident de travail ou d'une maladie professionnelle. En effet, des accidents de la navigation et des maladies professionnelles, peuvent entraîner des blessures

[845] Voir supra, chapitre 1, section 1, §1 : Les risques relatifs aux personnes, page 153.

ou traumatismes graves, nécessitant de longues périodes d'interruption de travail avec pour corollaire la perte de revenus. Lorsque la maladie ou l'accident entraîne une incapacité de travail, l'armateur verse, d'une part la totalité du salaire tant que le malade ou le blessé reste à bord jusqu'au moment de son rapatriement ; et d'autre part, l'armateur demeure tenu de verser au marin blessé pendant son service ou souffrant de maladie professionnelle, tout ou partie de son salaire[846] à compter du jour du débarquement jusqu'à celui de la guérison. En d'autres termes, puisque l'armateur est tenu d'assurer les soins jusqu'à la guérison[847] du marin, il est aussi astreint d'assurer le salaire de ce marin durant la même période. Cette obligation de maintien du salaire du marin blessé ou malade, qui est greffée à la durée comprise entre l'accident ou le début de la maladie jusqu'à la guérison, peut donc être relativement étendue dans le temps. Cependant, elle pourra être limitée par la législation nationale qui gouverne le contrat de travail des gens de mer, à une période qui ne doit pas être inférieure à quatre mois à compter du jour de l'accident de travail ou de la maladie professionnelle[848]. Le lecteur remarquera d'emblée que cette durée minimale de seize semaines se distingue nettement de la durée d'un mois (GARD P&I Club)[849] ou de deux mois maximum (BRITANNIA P&I Club)[850] de salaire, qui s'applique en cas d'interruption du contrat de travail par une autre cause que l'accident de travail ou bien la maladie professionnelle.

La prise en charge de cette responsabilité incombant à l'armateur est assurée par son *P&I Club* dans le cadre de sa garantie standard. À titre d'illustration, les *P&I Clubs* dont les polices contiennent des mentions similaires à quelques détails négligeables, garantissent à leurs armateurs Membres, la prise en charge des salaires et indemnités de chômage du marin pendant son traitement, ou sa convalescence à la suite de blessures corporelles relatives à l'accident de travail ou bien en cas de maladie professionnelle[851]. La formulation ainsi utilisée reste vague et ne donne pas de réelles indications sur la durée de disponibilité de la *garantie perte de salaire*. Mais le lecteur se doute bien que cette durée n'est pas illimitée, et il faudra se référer aux mentions du certificat d'inscription du navire au sein du *P&I Club*. Généralement, cette durée est elle-même greffée à celle incombant à l'armateur soit en raison du contrat du travail ou des conventions collectives[852], soit en raison de la loi nationale à laquelle il est soumis. Le droit

[846] Convention sur le travail maritime, art. 4.2.1 §3.
[847] Cette obligation de l'armateur cesse également dès le jour où la chronicité de la blessure ou de la maladie est constatée. C. trans., art. L5542-22 ; MLC 2006, règle 4.2, norme A4.2.1 c).
[848] MLC 2006, art.4.2.1 §4.
[849] GOLD Edgar, "*Gard Handbook on P&I Insurance*", 5th ed., 2002, p.260 § 15.7.9.
[850] Britannia P&I Club, Rules 2019, rule 19,1(B).
[851] The SHIPOWNERS Club, Rules 2019, règle 2 (1)(C) i ; BRITANNIA P&I, rule 19(1)(A), NEPIA, rule 19(1) ; WESTPANDI, rule 2, section 4 ; GARD P&I, rule 27.1 e).
[852] Convention sur le travail maritime, art. 4.2.1 b).

anglais[853] à travers le *Merchant Shipping Regulations (2014)*, applique la même durée de seize semaines que la MLC 2006. De ce fait, puisque les armateurs de navires battant pavillon britannique sont tenus, à compter du lendemain du rapatriement du blessé ou dès le jour du début de la maladie, d'assurer le traitement salarial pendant quatre mois, c'est la même durée à laquelle s'engagent leurs *P&I Clubs*. Lorsque la durée d'incapacité de travail outrepasse les seize semaines, c'est la prestation de l'organisme en charge de la Sécurité sociale qui prend le relais selon la réglementation de chaque État. En France, aux termes du code des transports[854] qui reprend lui aussi les dispositions de la MLC 2006, le marin victime d'un accident de travail ou bien souffrant d'une maladie professionnelle, bénéficie du maintien de son salaire à la charge de l'armateur pendant une durée de quatre mois maximum. Ceci, c'est de la théorie ! En effet, la réalité en France c'est que seul le premier mois de salaire est pris en charge par l'armateur, c'est-à-dire à 100%. Et du deuxième au quatrième mois, c'est l'ENIM, organisme de Sécurité sociale des gens de mer qui prend le relais. Seulement, les prestations versées par cet organisme ne représentent que les deux tiers du salaire forfaitaire[855]. Or ce salaire forfaitaire, est lui-même en deçà des salaires réels. Il faut dire que la faiblesse des prestations du système français réside dans le fait que la réglementation donne charge aux « *entreprises non exonérées de charges sociales (...) de maintenir le niveau d'emploi et de contribuer à la compétitivité des places portuaires* »[856]. La santé et la sécurité des marins sont donc sacrifiées sur l'autel de la compétitivité économique. Notons également que la faiblesse des prestations en France tient aussi au fait que l'ENIM ne dispose pas encore de branche AT/MP. Toutefois, à regarder de près, on peut observer que la faiblesse générale des prestations accordées aux marins est sans doute la conséquence du mutisme de la MLC 2006, qui parle juste de maintien du salaire pendant quatre mois, sans définir la base (salaire brut ou salaire net, ou encore salaire forfaitaire) de l'indemnisation. Des dispositions plus claires et plus contraignantes seront certainement bienvenues, même si nous n'ignorons pas que l'OIT ne dispose pas de véritables outils pour contraindre les États signataires à les respecter.

Avant de poursuivre, il nous semble intéressant de noter que la computation de ce délai de quatre mois en cas d'accident de travail est différente entre la France et l'Angleterre. En Angleterre, le *dies a quo* comme le prévoit la MLC 2006[857], commence à courir dès le

[853] The Merchant Shipping Regulations (Maritime Labour Convention) 2014, art.50(5)
[854] C. trans., art. L5542-26.
[855] http://www.enim.eu/sante/je-suis-en-arret-de-travail
[856] CHAUMETTE Patrick, « *Vers la branche accident du travail – maladie professionnelle de l'ENIM* », DMF n°800 1er mars 2018, p.218. Commentaire décision Cour d'appel d'Aix-En-Provence (14e ch.), n°16/04108, du 22 novembre 2017.
[857] Art.A4.2.1 § 2.

lendemain de l'accident professionnel ou dès le jour du début de la maladie[858], tandis qu'en France, ce délai court à compter du jour de son rapatriement à terre[859], sur le territoire de la Métropole.

Il nous est cependant impossible de rentrer davantage dans plus de détails, parce que comme le précisent les règles des *P&I Clubs*, *"The cover afforded to Members in respect of their liabilities under the 2006 Maritime Labour Convention (MLC 2006) or domestic legislation by a State implementing the MLC 2006 are detailed in the relevant certificate of Entry of Entered Ship"*[860]. Ce que nous traduisons par : La garantie offerte aux Membres quant à leurs responsabilités au titre de la Convention de 2006 sur le Travail Maritime (MLC 2006), ou de la législation interne d'un État membre de la MLC 2006, est détaillée dans le Certificat d'inscription du navire. La discrétion, chère aux *P&I Clubs* et aux armateurs, fait que nous n'ayons pas accès à cette information.

Concernant les tiers, à l'instar des chargeurs dont la cargaison est perdue, ou détériorée à cause du dommage subi, ou bien livrée en retard, l'armateur peut-il être responsable de la perte de revenus que ceux-là auront subie ? La rédaction de la convention de Bruxelles de 1924 modifiée, celle du code des transports[861] ainsi que celle des Règles de Rotterdam[862] sont ambiguës et peuvent laisser penser que le transporteur n'est tenu de prendre en charge que les dommages matériels. Ce qui exclut donc les pertes de revenus et autres préjudices. Mais la jurisprudence[863] et la doctrine[864], dans une interprétation plutôt extensive de l'article 4§5 de Bruxelles 1924, mettent à la charge de l'armateur l'ensemble des préjudices justifiés. C'est le cas par exemple de la perte de revenus eu égard au gain manqué, lorsque l'affréteur, vendeur, n'a pu se faire payer à cause du transporteur qui a manqué à son devoir de conseil[865]. C'est également de notre point de vue, le sens de certaines décisions lorsqu'elles condamnent les armateurs à payer aux intérêts cargaisons, des indemnités pour pertes et avaries, assorties de dommages-intérêts supplémentaires[866]. Dans un tel cas on peut bien observer la séparation entre la réparation du dommage matériel à la cargaison d'une part, à laquelle s'additionne l'indemnisation du préjudice financier sous forme de dommages-intérêts d'autre part.

---

[858] The Merchant Shipping (Maritime Labour Convention) Regulations 2014, art.50(5).
[859] C. trans., art. L5542-26.
[860] BRITANNIA P&I Club, rules 2019, règle 19(3).
[861] Art. L 5422-13.
[862] Art. 17(1).
[863] CA. Aix-en-Provence, 27 juin 1991 n°89/7657, Krustanord /c CMA CGM.
[864] Lamy Transport tome 2, 2018, Section 1, n°801 : *Préjudice indemnisable*, p 466.
[865] Sur la recevabilité de l'action pour manquement au devoir de conseil et/ou d'information, V° Cass. com, 22 mars 2017 n°15-21.979, affaire Agence NETTER /c CMA CGM. BTL, n°3639 p.231.
[866] CAMP, sentence n°961 du 1er février 1997. DMF N°576, 1er novembre 1997, p.1016.

À l'inverse des textes susvisés, les Règles de Hambourg semblent plus claires, puisqu'elles disposent que *le transporteur est responsable du préjudice résultant des pertes ou dommages subis par les marchandises…*[867]. Donc tout préjudice généré par un dommage matériel de la cargaison est imputable à l'armateur, que le préjudice soit moral, financier, industriel ou bien une simple atteinte physique à la marchandise, c'est un tout. Ceci implique que la réparation d'un dommage prend donc en compte deux éléments qui peuvent être cumulatifs selon l'étendue des dégâts : le *damnum emergens* (qui est le dommage subi) et le *lucrum cessans* (le manque à gagner). Pour que tout paraisse clair et qu'il n'y ait pas d'équivoque, il convient de noter que les préjudices économiques déplorés par le chargeur s'additionnent entre eux et se distinguent des dommages à la cargaison. La somme des deux constitue la responsabilité financière de l'armateur à l'égard de l'intérêt cargaison.

En droit du transport aérien, la question ne se pose plus au regard des nombreuses décisions en la matière[868]. Cependant, cela ne signifie pas qu'une quelconque perte d'exploitation ou toute perte économique soit automatiquement garantie. Il incombera donc au chargeur de prouver que le préjudice financier dont il sollicite réparation est le corollaire direct du dommage matériel[869]. Il en sera de même du préjudice économique généré par le retard de la livraison. Dans une affaire, un commerçant n'a pas pu profiter du mois de novembre, période de forte activité, pour vendre des vêtements d'hiver à cause d'un retard à la livraison. Les juges décidèrent donc *que* : *Attendu que ce retard de 16 jours qui a rendu plus difficile la vente de la marchandise, … il convient de fixer à 10% de la valeur de la marchandise le préjudice* à la charge du transporteur[870].

Donc si la responsabilité de l'armateur concerne aussi bien les dommages matériels que les dommages économiques, notamment la perte de revenus, l'assureur responsabilité civile qu'est son *P&I Club* garantira cette indemnisation. Toutefois il nous semble important de noter que les polices d'assurance P&I, ne contiennent pas de clause dédiée à la garantie de la perte de revenus. Cette garantie, l'armateur peut l'obtenir à travers une formulation extensive et englobante de l'offre d'assurance relative à la cargaison. La formule généralement utilisée par les Associations est : « *The Association shall cover relating to cargo liability for loss, shortage, damage or other responsibility arising out of any breach by the member or by any person for*

---

[867] Règles Hambourg, art.5.1.
[868] CA. Paris 5e ch., section B 29 janvier 2009, n°07/04852 ; CA. Paris 5e ch., section B 19 juin 2003, n°2001/11864 ; Cass. com, 23 mai 1989 n°87-19.180. Aussi, Lamy Transport, Tome 2, 2018, n°1209 Préjudices indemnisables, p.705.
[869] C. civ., art.1353, CPC, art.9 ; CA. Paris 5e ch., section B, 19 juin 2003, n°2001/11864.
[870] CA. Aix-en-Provence 2ième ch. civ., 19 octobre 1988, navire *Akak-Vicotry*. DMF n°490 janvier 1990, obs. R. ACHARD, p.39.

whose acts, neglect or default he may be legally liable...[871]». Donc l'Association garantit la responsabilité légale et/ou contractuelle, encourue par le transporteur pour perte, manquant ou avarie ou toute autre responsabilité découlant d'un manquement commis par le Membre ou par toute personne dont il est légalement responsable. Ce qui est intéressant à observer ici, nous semble-t-il, c'est bien l'expression « ou toute autre responsabilité » – *or other responsibility* –. En clair les *P&I Clubs* garantiront donc tout préjudice dont leurs armateurs sociétaires seront reconnus responsables et condamnés à réparer, naturellement, cette garantie est fournie à la condition que le préjudice tire son origine de l'exploitation commerciale du navire selon les promesses et déclarations de l'armateur telles que contenues dans le certificat d'inscription.

En ce qui concerne la garantie perte de revenus, nous n'avons parlé que de la garantie perte de revenus du marin et de celle du chargeur, ce qui ne signifie pas que cette garantie se limite à ces deux personnes. C'est tout simplement parce que nous voulons épargner au lecteur une redondance, car ce qui vient d'être dit du chargeur, peut l'être tout autant des restaurateurs ou hôteliers, souffrant d'un tel préjudice du fait d'une pollution marine par exemple, ou éventuellement des passagers, etc.

B/ La garantie financière de l'armateur, atypique de par sa consistance

1- La garantie *"Loss of hire"*, une couverture exceptionnelle destinée à l'armateur

Durant l'exploitation du navire assuré, l'armateur est susceptible de subir une perte de revenus soit à la suite d'une immobilisation du navire, quelle qu'en soit la cause (accident, décision d'un État entre autres), soit à la suite du non-paiement par l'affréteur du fret (loyer) qu'il doit du fait de la mise à sa disposition du navire. Dans un cas on parlera de *Loss of incomes* – perte de revenus – et dans l'autre *loss of hire* – perte de fret –. En pratique généralement, l'une ou l'autre de ces deux expressions est souvent utilisée indépendamment de la nature de la perte de revenus. Cependant, d'après nos observations, nous avons relevé une plus grande utilisation de l'expression *Loss of hire* pour qualifier la perte de revenus de l'armateur, que celle-ci résulte de l'immobilisation plus ou moins prolongée du navire, ou bien de la perte du fret.

Toujours est-il que la couverture *loss of hire* de l'armateur est une garantie tout à fait exceptionnelle. D'abord quant à son objet parce qu'elle porte sur le *lucrum cessans*, or ceci ne

[871] Gard Rules 2019, règle 34; NEPIA Rules 2019, règle 19(17) ; The Shipowners Rules 2019, règle 2(14).

relève pas du champ des risques garantis par les *P&I Clubs*. Il s'agit en effet d'un préjudice propre de l'armateur diamétralement opposé à sa responsabilité civile à l'égard des tiers, objet de la garantie offerte par les *P&I Clubs*. C'est la raison pour laquelle traitant de *Loss of hire*, il serait peut-être judicieux de parler de **compensation** plutôt que de réparation ou bien d'indemnisation. Cette exceptionnalité se manifeste ensuite d'une part du fait que les *P&I Clubs* qui proposent cette garantie ne sont pas nombreux[872], et d'autre part, par l'absence de ce risque parmi les risques garantis par la police P&I standard des Associations qui la proposent. Il fait l'objet d'une clause additionnelle. Enfin, la garantie *Loss of hire* est particulière en ce sens que libellée comme telle, elle ne concerne que les armateurs et ne peut donc bénéficier aux affréteurs.

Relativement récente, cette garantie fut envisagée pour la première fois au crépuscule de la Deuxième Guerre mondiale. Initialement destinée aux navires affrétés à temps, elle s'est ensuite généralisée à tous les modes d'usages de navires[873] marchands. Telle qu'aujourd'hui connue, la garantie *Loss of hire* tire son origine de l'article 16 du *The Nordic Marine Insurance Plan of 2013*, amendée en 2016. Cet acte, lui-même inspiré du code norvégien de l'assurance maritime[874], est le résultat d'un accord du 3 novembre 2010 entre plusieurs assureurs maritimes provenant de pays nordiques à savoir : The Nordic Association of Marine Insurers, the Danish Shipowners' Association, the Finnish Shipowners' Association, the Norwegian Shipowners' Association[875] et the Swedish Shipowners'[876] Associations[877]. Donc nous étudierons cette garantie sur le sillage de Gard P&I Club et de The Swedish P&I Club.

La *Loss of hire* garantit principalement la perte de revenus inhérente à un dommage physique subi par le navire, garantie qui est en principe du ressort de l'assurance corps et machines. Dit autrement, pour que la garantie *Loss of hire* produise ses effets, il faut que la perte de revenus soit la conséquence de l'immobilisation d'un navire, du fait d'un dommage physique lui-même couvert par l'assureur corps dudit navire[878]. Accessoirement, selon le contenu de la clause, cette garantie peut aussi couvrir les pertes financières subies par l'armateur et consécutives à l'échouement du navire, à l'obstruction physique (exceptées la neige ou la glace) qui empêche le navire de quitter le port pour entamer son voyage maritime. Cette

---

872 Sous réserve que ça nous ait échappé, nous n'avons pu identifier que deux Clubs membres de l'IGP&I Clubs qui proposent une garantie *Loss of hire*, GARD et SWEDISH Club.

873 GOLD Edgar, "*Gard Handbook on P&I Insurance*", 5th ed., 2002, p.79 §2.4.2.

874 *Norwegian Marine Insurance Plan* de 1996, modifié en 2010.

875 Association de Clubs norvégiens dont GARD P&I fait partie.

876 Association de Clubs suédois dont fait partie The Swedish P&I Club.

877 http://archive.nordicplan.org/The-Plan/Preface/

878 https://www.swedishclub.com/media_upload/files/Additional%20insurance%202017/TSC%20Loss%20Of%20Hire.pdf

assurance intervient également, soit en cas d'utilisation du navire pour remorquer ou sauver des cargaisons endommagées, soit en cas de pertes de revenus résultant d'événements donnant lieu à la procédure d'avaries communes[879] telle qu'organisée par les Règles d'York et d'Anvers de 1994. Par extension, la garantie *Loss of hire* peut également couvrir les pertes de revenus causées par l'immobilisation non physique du navire, par exemple sur ordre d'un gouvernement, ainsi que celles liées à la guerre ou tout risque assimilé. Toute garantie comprenant toujours des exclusions, la *Loss of hire* n'assure pas la perte de revenus en cas de perte totale[880] du navire, en cas d'immobilisation non physique du navire autre que celle sus-évoquée (exemple en cas de grève du personnel). Parce qu'elle fait déjà l'objet d'une garantie via une police distincte, la piraterie ne rentre pas dans le champ de garantie de la *Loss of hire*. Au sujet de l'immobilisation, lorsque celle-ci n'est pas la conséquence d'un incident qui y contraint l'armement, cette garantie ne produit pas d'effets. Nous pensons par exemple à une immobilisation du navire affrété pour des travaux normaux de maintenance[881].

La garantie *Loss of hire* est généralement attribuée après une évaluation basée sur la perte journalière subie par l'armateur, bien que le calcul fondé sur une base journalière soit très complexe en cas d'affrètement au voyage. Dans un tel cas, le montant du fret n'est pas spécialement fondé sur le temps nécessaire pour faire le voyage[882]. Quoi qu'il en soit, le critère du décompte journalier demeure la règle car selon le *Nordic Plan*, "*Loss of time shall be stipulated in days, hours and minutes. A period of time during which the vessel has only partially been deprived of income shall be converted into a corresponding period of total loss of income*"[883]. Cette garantie comme il est de coutume chez les *P&I Clubs*, connaît une franchise, assimilable à un délai de carence négociable entre les parties, mais dont la durée en moyenne est de quatorze jours chez nos deux *P&I Clubs* cités en référence. La garantie connaît aussi un plafond annuel de sinistres couverts, et également négociable entre les parties, mais elle ne dépasse généralement pas 180 jours par année de police. Cependant, si au cours d'une année de police, ce plafond de cent quatre-vingts jours est dépassé, The SWEDISH Club par exemple, qui garantit ce risque à hauteur de $40 millions par an, donne la possibilité à ses armateurs Membres, de pouvoir souscrire à nouveau la même garantie pour le temps restant avant le terme de l'année d'assurance[884]. Dans une affaire, un vraquier à l'approche de son port

[879] Art. 16-1 The Nordic Marine Insurance Plan.
[880] Art. 16-2.
[881] GOLD Edgar, "*Gard Handbook on P&I Insurance*", 5th ed., 2002, p.80.
[882] Idem.
[883] The Nordic Marine Insurance Plan, art.16-4.
[884] https://www.swedishclub.com/media_upload/files/Additional%20insurance%202017/TSC%20Loss%20Of%20Hire.pdf

de destination s'échoue et sa coque est endommagée. Quelques jours plus tard, il est libéré par l'assistance d'un remorqueur, mais l'étendue des dégâts l'empêche de pouvoir continuer le voyage. Or puisqu'il était affrété, l'affréteur le déclara selon les termes de la charte, en état de *off-hire*, procédure qui l'autorise à interrompre dès ce jour le paiement du fret. Ce vraquier a ensuite rejoint un chantier naval pour réparation où il séjourna pendant douze jours, ce qui fit donc une *off-hire* totale de 30 jours. L'armateur de ce vraquier, qui bénéficiait de la part de GARD P&I Club de la garantie perte de revenus *Loss of hire* obtint de son Club une indemnisation fondée sur seize jours de perte de fret. Indemnisation calculée sur la base de **30 jours de *off-hire* – 14 jours de carence**[885].

2- La *"fines cover"*, une garantie généreuse

Avant toute chose, nous appelons l'indulgence du lecteur qui se rendra compte d'une éventuelle répétition, entre des développements relatifs à la présente garantie et certains propos relatifs à d'autres garanties vues précédemment, ou que nous allons voir plus loin. En effet, la particularité de cette garantie ne nous autorise pas à faire une impasse, et nous oblige à en dire quelques mots.

Ainsi, le mot "*fines*" peut être traduit en français par le mot amendes. Donc, les "*fines*" sont l'équivalent dans le droit anglais, d'un élément composant le trépied constitutif de la notion d'infraction en droit français à savoir : la contravention. Les deux autres éléments de ce trépied étant les crimes et les délits. Généralement, l'armateur est responsable pour les dommages causés à autrui à l'occasion de l'exploitation commerciale du navire. L'expression exploitation se réfère ici à l'usage commercial du navire, en respectant son affection et ses caractéristiques, et aussi selon la réglementation internationale ou nationale. Ainsi, lorsqu'un risque se réalise ou qu'un sinistre se produit, générant à autrui des dommages, alors la responsabilité de l'armateur est par principe assurable.

Toutefois, la particularité principale de la garantie des amendes – "*fines*" –, tient à plusieurs aspects. Tout d'abord, elle vise à assurer les armateurs non pas prioritairement pour des dommages causés à autrui, mais plutôt contre des amendes prononcées à la suite de certaines infractions. Autrement dit, ce n'est pas en priorité la réalisation d'un dommage réparable ou indemnisable qui fait l'objet de la garantie. Ce sont plutôt les amendes nées de la commission d'une infraction qui constituent l'objet principal de la prestation d'assurance. Ensuite, cette

[885] Pour plus de details, voir annexe n° 5, brochure GARD P&I *Loss of Hire cover*.

garantie est conçue et mise sur pied, pour indemniser les armateurs en cas de sanctions à la suite de commission de certaines infractions pendant l'exploitation du navire. La troisième particularité, qui complète la deuxième, réside dans la nature même de la responsabilité. Il ne s'agit pas ici d'une responsabilité civile sans faute ou pour faute prouvée, dont l'armateur répond en tant que propriétaire ou gérant du navire impliqué dans la réalisation du risque ayant généré des dommages à des tiers. On se trouve plutôt dans le contexte d'une responsabilité pénale, dont l'auteur de l'infraction est le capitaine du navire, ou bien un membre de l'équipage. Cela implique que la personne visée par la sanction est en réalité soit le capitaine du navire soit le membre d'équipage ayant commis l'infraction, mais nullement l'armateur, même si la facture peut lui être directement adressée. La quatrième particularité de cette garantie est son caractère discrétionnaire. C'est donc une garantie *ex gratia*, et l'armateur ne bénéficie d'aucun argument légal ni d'aucun moyen de pression pour contraindre son *P&I Club* à l'indemniser pour de telles amendes[886].

Au sujet de la garantie des amendes, la majorité des polices des *P&I Clubs* disent que sont garanties, "*fines or other penalties, together with costs and expenses incidental thereto, imposed in respect of the Entered Ship by any court, tribunal, or authority of competent jurisdiction, upon a Member or upon any Seaman or person whom Member may be legally liable to reimburse (other than under the terms of a contract or indemnity, unless and only to the extent such terms have been previously approved by the Managers) or reasonably reimburses with the approval of the Managers,...* "[887]. À la lecture de cette clause, on observe tout d'abord que l'armateur paye pour le compte ou du capitaine, ou d'un membre de l'équipage, ou alors de celui de tout préposé. Ensuite, pour être recouvrable auprès du *P&I Club*, l'amende doit être prononcée par une juridiction ou une administration étatique, à l'encontre du capitaine, d'un marin, de l'armateur lui-même, ou bien de toute personne dont il répond. Il peut s'agir d'une cour, d'un tribunal ou d'une administration compétente. Cela nous permet d'affirmer d'office, que l'amende ne peut être décidée ou prononcée par arbitrage. Enfin, eu égard au caractère discrétionnaire de l'indemnisation, l'amende liée à la contravention sera recouvrable par l'armateur auprès de son *P&I Club*, s'il a été obligé de payer (par décision exécutoire) et que le paiement effectué a été raisonnable et approuvé par les dirigeants du Club.

Toujours est-il que l'amende est une sanction pénale, ce qui peut sembler curieux et/ou inconcevable pour le juriste, au regard de la personnalité de la sanction pénale, des termes de l'article 121-1 du Code pénal qui dispose que *nul n'est responsable pénalement que de son*

---

[886] HAZELWOOD Steven J. & SEMARK David, "*P&I Clubs Laws and Practice*", 4th ed., 2010, p.172.

[887] Britannia P&I Club, Rule 19(9), The Shipowner P&I Club, rule 19, UK P&I Club, Rule 2 section 22.

propre fait. Cela pose donc la question de la légalité de la prestation d'assurance des amendes qu'offrent les *P&I Clubs*. La réponse à cette interrogation est que la garantie des amendes de contraventions repose sur un souci de justice et d'équité. Concrètement, l'armateur serait injustement pénalisé s'il assumait des telles amendes, alors que d'une part les délits ayant donné lieu aux sanctions, peuvent être des délits dits mineurs, ou bien commis de manière non intentionnelle, par simple négligence de la part des personnes responsables, et d'autre part, la responsabilité pour ces délits étant par principe canalisée sur l'auteur de l'infraction, il n'en demeure pas moins que c'est pourtant toujours l'armateur qui paye. C'est par exemple le cas du paiement consenti pour éviter la saisie ou l'immobilisation du navire, ou bien pour en obtenir la levée d'immobilisation. Cela conduit à dire, que l'on est en présence d'une responsabilité « procuratoire », en d'autres mots celle de l'employeur du fait de ses salariés[888]. Ainsi, en droit anglais, l'assurabilité des amendes de la part des *P&I Clubs*, s'entend aisément parce qu'animée par le souci d'équité à l'encontre des armateurs, et se justifie à travers le prisme selon lequel, l'ordre public anglais n'est pas perturbé. C'est plutôt une injustice potentielle qui est réparée ou évitée.

Pour mettre des garde-fous, les clauses des *P&I Clubs* relatives à cette garantie, identifient un nombre restreint d'infractions dont les amendes sont susceptibles d'être assurées.

- Il peut s'agir des amendes, prononcées pour infraction à la loi de l'État ou sa réglementation sur l'immigration.
- C'est aussi le cas des amendes en cas de contrebande ou violation par le capitaine ou l'équipage de toute loi ou réglementation douanière, lorsque cela est sans rapport avec la cargaison officiellement transportée à bord du navire.
- De même, il s'agira des amendes prononcées par exemple, pour manquement à une obligation particulière de prudence ou de sécurité. C'est l'exemple de la réglementation sur les conditions de sécurité au travail.
- Ces amendes peuvent également concerner les sanctions financières relatives aux marchandises transportées par le navire. Il est fait référence ici aux cas de surcharge du navire, ou aux cas de non-respect des réglementations portant sur la déclaration des marchandises (qualité, conditionnement etc.), ou encore en cas d'infraction quant à la documentation relative à la cargaison. Cette garantie est conditionnée par le bénéfice préalable par l'armateur, de l'assurance standard de la responsabilité civile pour transport maritime de marchandises.

[888] RIGAUD Barbara, « *La responsabilité civile et pénale de l'employeur du fait de ses salariés* », Dalloz Tourisme et droit, 2000, n°20, p.35.

- L'amende peut aussi être prononcée pour sanctionner tout rejet ou déversement accidentel d'hydrocarbures ou de toute autre substance nocive, à partir du navire. Ici l'on ne parle pas de pollution, parce que les quantités sont en principe négligeables, mais l'armateur devra démontrer qu'il a pris toutes les mesures pour éviter la réalisation de cet incident. Référence est faite entre autres, à la navigabilité du navire, aux conditions de travail à bord, à l'entretien des machines et accessoires. Le plus souvent dans la pratique, il est aussi question des rejets d'hydrocarbures consécutifs à une collision, ou à un heurt.

Aux termes des polices d'assurance des *P&I Clubs* [889], on note que la garantie des *P&I Clubs* n'excédera pas la somme de deux (2) millions de dollars. Aux armateurs qui souhaitent bénéficier de la garantie des amendes – *fines* –, certains *P&I Clubs* conditionnent l'accès à l'indemnisation, au paiement par l'armateur d'une franchise de 500 $[890]. Toutefois, cette garantie n'est pas mobilisable si l'infraction est volontaire ou commise avec témérité, non plus s'il existe une violation des règles de MARPOL, et encore moins si elle rentre dans la catégorie des exclusions de garantie prévues par les polices des *P&I Clubs*[891] ou bien des exclusions de garantie fixées par la loi. C'est notamment le cas de l'article L172-18 b) du code des assurances, qui dispose que « *l'assureur n'est pas garant des dommages et pertes matériels résultant des amendes, confiscations, mises sous séquestre, réquisitions, mesures sanitaires ou de désinfection ou constitutifs à des violations de blocus, actes de contrebande, de commerce prohibé* [892]*, ou clandestin* ». À titre d'illustration, dans l'affaire *Atlasnavios*[893], la cour suprême anglaise donna raison à l'assureur qui refusa sa garantie à l'armateur d'un navire à l'intérieur duquel les plongeurs de la douane découvrirent 132 kg de cocaïne. On est ici dans un exemple d'acte de contrebande.

Au-delà de tous ces risques plutôt classiques, l'actualité récente met en évidence l'émergence de risques nouveaux, ce qui pose une problématique nouvelle. La question qui se pose aujourd'hui étant celle relative à l'avenir de la garantie des *P&I Clubs* quant à ces nouveaux risques.

---

[889] Britannia P&I Club, Rule 19(9), The Shipowner P&I Club, rule 19, UK P&I Club, Rule 2 section 22.

[890] HAZELWOOD Steven J. & SEMARK David, "*P&I Clubs Laws and Practice*" 4th ed., 2010, p.170.

[891] Cf. conclusion II/ La fin, la cessation et la déchéance de la garantie proposée par les *P&I Clubs*.

[892] Cass. com., 30 mars 2005 sté *Allianz marine aviation vs M. Aguirre et ass.*

[893] Navigators Insurance Company Ltd & others /c Atlasnavios – Navegação LDA, cf. supra la garantie des risques de guerre.

§3 : L'avenir de la garantie des P&I Clubs face aux nouveaux risques (ou les risques émergents)

La notion de nouveaux risques[894], connus par les praticiens de l'assurance sous l'expression risques émergents ne fait pas encore à notre connaissance, l'objet d'une définition. Cependant, nous pensons que cette notion s'entend à travers deux critères majeurs : la nouveauté du risque d'une part, ou bien la nouveauté de la réponse face à un risque en réalité préexistant d'autre part. Nous définirons donc les nouveaux risques (ou encore les risques émergents) comme étant soit des risques nouveaux *stricto sensu*, c'est-à-dire qui n'étaient pas connus ou n'existaient pas antérieurement, soit des risques qui étaient déjà connus mais sans bénéficier de solution assurantielle. Selon le deuxième baromètre des risques émergents pour l'assurance, publié par la Fédération Française de l'Assurance (FFA), le trio de tête identifié en 2018 et qui demeurera pour les cinq années à venir, est constitué par : le risque cyber, le risque lié au réchauffement climatique et le risque lié à la crise du système financier[895]. Mais si nous nous limitons au transport maritime, nous serons concernés par ce baromètre à travers le cyber risque (A). Et en outre, au regard des avancées technologiques, nous prendrons également en compte les risques liés à l'exploitation future des navires autonomes (B).

A/ L'avenir de l'activité P&I face aux cyber-risques

De nos jours, la quasi-totalité des ports du monde entier, ainsi que l'industrie maritime dans son ensemble c'est-à-dire opérationnelle et managériale, sont connectés à internet. Si ce fabuleux outil est un véritable atout pour le commerce en général et pour les opérations maritimes en particulier, cela ne va pas sans risque. Des chercheurs de l'Université du Texas démontrèrent en 2013 qu'il est possible grâce à internet, d'intercepter le signal GPS d'un navire et de le corrompre. Avec comme conséquence, la falsification de la carte de navigation qui peut entraîner la mauvaise interprétation par les marins de la position du navire, générant par exemple soit un déroutement, un retard au port de déchargement (et ses conséquences connexes pour les chargeurs telles que péremption des cargaisons consomptibles, ou bien un retard dans l'exécution de ses engagements envers ses propres clients, etc.), sans oublier des risques d'abordage ou d'échouement. De même, certains pirates somaliens ont réussi à *hacker* le

[894] Voir GHALLOUSSI Farah, « *L'assurance des nouveaux risques maritimes* », Thèse de droit, soutenue le 2 juillet 2019, Paris Sorbonne.
[895] Communiqué de presse de la FFA, consultable sur le site web : https://www.ffa-assurance.fr/presse/communique-de-presse/deuxieme-edition-du-barometre-des-risques-emergents-pour-assurance.

système informatique des navires pour accéder à leurs données. Cela leur permit d'identifier les conteneurs dans lesquels étaient transportées des marchandises de valeur, de repérer celles-ci afin de les dérober plus facilement. Aussi, en 2015, la compagnie d'antivirus McAfee déclara traiter quotidiennement environ 25 cyber attaques en 2005, contre 500 000 dix ans plus tard[896]. Tout cela, c'est sans compter l'hameçonnage qui a permis le piratage de données confidentielles, le rançonnement de certains armateurs à payer de fortes sommes pour récupérer la maîtrise de leurs systèmes. Ne sont pas en reste, la problématique de l'espionnage commercial ou industriel, celle des sabotages, et même celle de la sécurité et de la sûreté des ports. L'un des exemples les plus célèbres est celui de la cyber attaque menée en 2011 par des trafiquants de drogue contre le port d'Anvers. Les conséquences des cyber attaques sont donc nombreuses et nous pouvons identifier, entre autres, abordages, blessures de membres d'équipage, perte ou vol de marchandises, pollution, ou encore perturbation des activités portuaires, en d'autres mots, des conséquences commerciales et économiques importantes[897].

Certains gouvernements ont entrepris de prendre des mesures fortes et coordonnées pour lutter contre ce phénomène. C'est l'exemple de la France qui a mis en place l'Agence Nationale de la Sécurité des Systèmes d'Information – ANSSI –[898]. L'industrie maritime, à travers l'OMI, a pris conscience de ce phénomène depuis fort longtemps mais il n'en demeure pas moins que les attaques se multiplient sans cesse. En effet, les malfaisants et malveillants privilégient l'attaque des systèmes de sécurité les plus récents, pour être les premiers à en déceler les failles[899], c'est-à-dire bien avant les concepteurs, ceci leur permettant de soutirer au plus vite de meilleures rançons.

Entre mars 2016 et juin 2017, le monde entier a connu trois grosses attaques informatiques via le virus *NotPetya* qui s'étalèrent chacune sur plusieurs mois avec des conséquences extraordinaires, affectant administrations, sociétés commerciales et industrielles quel que fut le secteur d'activité. Après ces événements, l'OMI prit le 5 juillet 2017 la Directive MSC-FAL.1/circ.3 portant instructions sur la gestion des cyber-risques maritimes. Cette Directive contient d'une part des recommandations de « *haut niveau* » concernant la protection des transports maritimes contre les cyber-menaces et contre les « *vulnérabilités actuelles et émergentes* », et d'autre part, la Directive propose également des outils fonctionnels permettant

---

[896] http://www.gard.no/web/topics/article/21025160/cyber-security
[897] http://www.gard.no/web/topics/article/21025160/cyber-security
[898] https://www.ssi.gouv.fr/agence/missions/ledito-du-dg/
[899] GRANGE Nathalie, « *Cyber-sécurité/logistique : la PME, victime idéale* », Bulletin des Transports et de la Logistique, n°3731 du 1er avril 2019, p.184.

la gestion efficace des cyber-attaques[900]. Selon les termes propres de l'OMI, la gestion des cybers-risques s'entend par « *un processus consistant à identifier, analyser, évaluer et communiquer des cyber-risques et à les accepter, éviter, transférer ou atténuer à un niveau acceptable compte tenu des coûts et des avantages des mesures prises pour les parties prenantes* »[901]. Se référant aux recommandations contenues dans la Directive du Comité de la Sécurité Maritime, le BIMCO élabora et publia le 7 décembre 2018 sa propre Directive, son propre code de conduite traitant de la cyber-sécurité à bord des navires. La particularité de cette Directive est que l'ensemble des associations en lien avec le transport maritime a participé à son élaboration[902]. Naturellement, les *P&I Clubs* y ont aussi participé.

À parler des assurances, nous noterons dans un premier temps qu'en ce qui concerne l'assurance sur corps, la quasi-totalité des assureurs corps et machines ne garantissent pas les cyber-risques, objet d'une exclusion de garantie. Ainsi, en cas d'abordage causé à la suite d'une cyber-attaque, l'armateur au regard de cette exclusion, ne sera pas assuré s'il ne possède pas de garantie souscrite auprès d'un assureur spécialisé. Concernant les *P&I Clubs* dans un second temps, il ne nous semble pas superflu de rappeler, une fois encore, que leur garantie n'est disponible qu'en cas de responsabilité de l'armateur à l'égard des tiers résultant de l'exploitation du navire. Ainsi, les cyber-attaques contre les navires sont en principe garanties par les *P&I Clubs*, exceptées celles menées en circonstance de guerre, ou constitutives d'une attaque terroriste. Cependant, les *P&I Clubs* n'assurent pas non plus toutes les conséquences des cyber-attaques. Dans un premier temps donc, si la conséquence de l'attaque informatique affecte un tiers, le propriétaire d'une cargaison par exemple, alors la garantie *P&I* reste d'actualité. *A contrario,* si la conséquence ne concerne que l'armateur, par exemple la perte financière constituée par la rançon versée au concepteur du logiciel malveillant, la reconstitution des données corrompues ou affectées, alors l'attaque n'est pas assurable[903]. Cela s'explique par le fait que, du point de vue des *P&I Clubs*, si une cyber-attaque a prospéré, ce serait, d'une part, parce que l'armateur n'a pas pris toutes les mesures et recommandations contenues dans la directive BIMCO. Il en ressort que la garantie offerte par les *P&I Clubs* face aux cyber-risques est partielle, car elle relève uniquement de l'aspect "Indemnity" de la couverture, c'est-à-dire en cas de dommage aux tiers. L'aspect "*Protection*" se limite à

[900] http://www.imo.org/fr/OurWork/Security/Guide_to_Maritime_Security/Pages/Cyber-security.aspx
[901] http://www.imo.org/fr/OurWork/Security/Guide_to_Maritime_Security/Pages/Cyber-security.aspx
[902] Entre autres, l'OCIMF, INTERTANKO, Maersk Line, Moran Shipping Agencies, INTERCARGO, International Chamber of Shipping (ICS), International Union of Marine Insurance (IUMI), Chamber of Shipping of America (CSA), World Shipping Council, Inter Manager, Cruise Lines International Association (CLIA)... Voir annexe 5 de cette directive pour y retrouver tous les intervenants à son élaboration.
[903] *"The Guidelines on cyber security on board ships", Third Version, p.39.*

l'assistance préventive et à la veille que les Clubs réalisent pour le compte de leurs armateurs. Celle-ci passe par les traditionnelles circulaires, notes d'information, séminaires et plus fréquemment de nos jours, par les *Webinar*[904]. En amont, les *P&I Clubs* accompagnent leurs armateurs quant à l'interprétation et quant au meilleur moyen de mettre en œuvre les recommandations et instruments proposés par la Directive BIMCO. Aussi, les Clubs coopèrent et se partagent les informations quant aux attaques subies par leurs membres respectifs, pour élaborer des recommandations susceptibles de combler les failles sécuritaires afin de minimiser ou supprimer d'éventuelles futures attaques. En aval, ils les transmettent aux armateurs pour implémentation.

Il faut tout de même retenir que la difficulté à garantir les cyber-risques réside à la fois dans leur multiplicité et leur caractère protéiforme. En d'autres mots, les attaques sont nombreuses et interviennent sous des formes à chaque fois diverses. Il est donc difficile de les inclure dans une police d'assurance. Cela étant, il reste possible comme le montre la règle *OMNIBUS*, qu'à l'avenir la garantie des *P&I Clubs* sera complète si la cyber-attaque réussit malgré la vigilance et toutes les précautions optimales prises par l'armateur. C'est ce qui ressort d'un *"Webinar"* organisé le 2 octobre 2017 par *The Shipowners P&I Club* et dont le thème portait sur la sécurité maritime. Des notes finales, il en est ressorti entre autres éléments que : *"Cyber risks are still emerging and the approach of the insurance market will change. In fact, we are actively amending our policy clauses to offer appropriate cyber cover and we will publish these shortly"*[905].

À tout ce que nous venons de mentionner, nous ajoutons qu'à l'avenir il sera nécessaire de faire évoluer la définition de la notion de bon état de navigabilité du navire, parce que de notre point de vue, le bon état de navigabilité doit s'accommoder des cyber-risques qui font désormais partie de notre quotidien. Étant donné que de nombreux paramètres des moteurs de navires et autres moyens de propulsion sont gérés par des commandes électroniques, la question de la navigabilité nautique se pose face au cyber-risque. De même, vu la fréquence et le nombre croissant des correspondances électroniques entre les navires en pleine mer et les bureaux de l'armateur à terre, ainsi que ceux des chargeurs ou des ports, la question de la navigabilité commerciale face à ce risque se pose également. Cela peut s'illustrer par les exemples que nous avons précédemment indiqués (le piratage des données pour repérer les cargaisons de valeur, le retard probable de l'arrivée du navire etc.).

---

904 Séminaires organisés sous forme de vidéo-conférence.
905 Voir annexe n°**6,** Shipowners' P&I Club Webinar cyber security.

La directive BIMCO portant sur les *Guidelines on cyber security onboard ships* impose aux armateurs d'équiper leurs navires de *SMS* (*Safety Management Systems*) ou encore de systèmes de gestion de la sécurité numérique, lesquels systèmes doivent participer à améliorer les OT (*Operational Technology*) – technologie Opérationnelle – et les IT (*Information Technology*) – Technologie de l'Information –. Chacune de ces deux technologies désormais incontournables, a ses propres vulnérabilités, donc expose les armateurs, les chargeurs et les manutentionnaires à des risques divers potentiellement importants. Par exemple, l'attaque générant le dysfonctionnement des technologies de l'information peut allonger les délais de déchargement, retarder le voyage ou même fournir des informations erronées quant à la météo, la force des vents, la visibilité, tandis que, le dysfonctionnement des technologies opérationnelles peut créer des collisions et donc générer de sérieuses atteintes corporelles[906] pour les personnes à bord, des pollutions etc. Inutile de rappeler qu'une seule cyber-attaque peut affecter ces deux systèmes. C'est pourquoi, les armateurs sont obligés à travers cette Directive BIMCO, de former leurs marins à la prévention et à la gestion des cyber-risques selon les recommandations et instruments prévus par la directive. Un raisonnement déductif nous permet donc de dire que cela contribue et participe à la formation des marins, de même qu'à un déploiement extensif des règles de barre. Le tout concerne donc bon état de navigabilité nautique et commerciale du navire.

B/ L'avenir de l'activité des P&I Clubs quant à l'exploitation des navires sans équipage

Les navires sans équipage sont une preuve manifeste de l'évolution technologique que connaît notre siècle. Sans nier les potentielles opportunités et les éventuels avantages de cette digitalisation, il est évident que l'exploitation de ce type de navire posera à l'avenir de nouvelles problématiques juridiques. En effet, il faut noter que l'exploitation des navires sans équipage sort des standards habituels de la navigation, standards mettant la présence physique de l'homme au centre des opérations. Le constat que nous pouvons immédiatement poser pour le moment, est celui de la disparité entre la lenteur des administrations ou des institutions à la prise de mesures, face à la célérité exponentielle avec laquelle évolue la technologie. Précisons tout de même que le CMI et l'OMI, réfléchissent déjà à la question en adressant des

[906] https://www.igpandi.org/article/bimco-updated-guidelines-cyber-ships

questionnaires aux praticiens et experts[907]. Certes, l'exploitation de tels navires est aujourd'hui encore dans sa phase embryonnaire et d'expérimentation, et cela ne permet pas d'avoir déjà un avis tranché. Toutefois, ce qui nous semble certain, c'est le nombre important d'incertitudes actuelles qu'il est urgent de lever afin d'éviter pour l'avenir, un contentieux qui s'annonce potentiellement abondant. En clair, nous pensons que si les incertitudes actuelles ne sont pas levées dans un futur raisonnable, il se posera de nombreuses questions de responsabilité. Ce sera le cas notamment en cas de remorquage et assistance, ainsi qu'en cas de dommages pendant le déchargement entre autres.

Avant toute chose, se pose la question de la notion de navire. En d'autres mots, avec l'avènement des navires sans équipage, faut-il proposer une nouvelle définition du navire ? Au regard des différentes définitions du navire [908] tant jurisprudentielles que doctrinales, voire légales (code des transports), on retient que la définition du navire tient compte de trois critères. C'est un engin flottant qui dispose d'un moyen de propulsion autonome et est apte à affronter les périls de la mer. A priori donc, le navire sans équipage répond à ces différents critères de définition d'un navire[909]. Cependant, le code des transports semble poser une zone d'ombre en son article L5000-4. Selon ce texte, « *un navire est dit armé lorsqu'il est pourvu des moyens matériels, administratifs et humains nécessaires à l'activité maritime envisagée* ». La formule utilisée par le législateur, laisse penser que ces conditions sont cumulatives et non optionnelles (auquel cas il utiliserait « ou » au lieu de « et »). Si l'article L5000-2° 1° semble s'arrimer à la conception doctrinale et jurisprudentielle, le fait pour l'article L5000-4 d'exiger le facteur humain parmi les éléments nécessaires pour l'armement d'un navire inclut les navires pilotés à distance, mais exclut de la définition, les navires autonomes. En effet, si les navires sans équipage mais pilotés à distance depuis une salle de contrôle par un opérateur à l'aide d'un *joystick* (manette) peuvent rentrer dans la définition, ceux qui sont dirigés par un programme informatique sans aucune intervention humaine, ne semblent pas répondre à l'exigence de l'article L5000-4 du code des transports. À notre avis, l'équivoque mérite d'être levée, l'une des raisons étant la nécessité de considérer séparément navire sans équipage mais piloté à distance et navire autogouverné par des algorithmes. Cela dit, il nous semble tout de même opportun de noter qu'il existe deux familles de navires sans équipage, mais trois types de navires pilotés automatiquement. Premièrement le navire peut être piloté à distance, à terre ou à partir d'un autre navire, mais avec un équipage à bord. Deuxièmement le navire est piloté à

---

[907] Pour plus de détails, voir PIETTE Gaël, « *Les navires sans équipage* », DMF n°797, décembre 2017, p.983.
[908] MIRIBEL Stéphane, « *Évolution de la notion de navire en droit français* », DMF n°775, 8 décembre 2015, p.1000.
[909] PIETTE Gaël, « *Les navires sans équipage* », DMF n°797, décembre 2017, p.985.

distance et sans équipage à bord et puis troisièmement, le navire autonome[910]. Bien qu'il faille également tenir compte au cas par cas, du degré d'autonomie dudit navire.

La question de la notion des navires sans équipage n'est pas la seule qui mérite d'être reconsidérée, parce que de tels navires engendreront divers bouleversements dans les opérations maritimes. Prenons quelques exemples, basons-nous principalement sur les navires autonomes et parlons-en brièvement.

Tout d'abord, les standards de la responsabilité de l'armateur sont appelés à évoluer ou bien à être reconsidérés. En matière de transport maritime, deux grands principes cohabitent et sont applicables selon chaque situation. Il s'agit principalement de la responsabilité pour faute, et accessoirement dans certains cas, de la responsabilité sans faute, c'est-à-dire celle qui est aussi qualifiée d'objective, canalisée (CLC Convention par exemple). Quant à la responsabilité pour faute de l'armateur, elle concerne aussi bien le propriétaire du navire que toute personne préposée (capitaine, et marins par exemple) agissant en son nom et pour son compte. Or, dans le cas d'un navire autonome (de niveau 4 ou 5) n'ayant pas d'équipage à son bord, mais piloté par un programme informatique notamment des algorithmes, comment la faute pourrait-elle être établie ? Surtout si l'on suppose que l'armateur du navire autonome n'a pas trahi son obligation de bon état de navigabilité. En attendant que la loi ou le juge se penche sur cette question, l'industrie maritime est aujourd'hui unanime à considérer que les concepteurs des programmes et algorithmes de navigation sont des préposés de l'armateur, ce qui nous semble logique et cohérent, notamment si nous prenons en compte la théorie du risque-profit. Ainsi, l'armateur du navire autonome serait donc responsable pour la faute et/ou les omissions de ces préposés[911]. Ceci peut de notre point de vue, résulter d'une interprétation extensive de l'article 18 c) et d) des Règles de Rotterdam. Ensuite, les navires autonomes posent aujourd'hui problème quant à la notion même de faute en cas d'abordage. Aux termes de l'article 3 de la Convention de 1910, « *si l'abordage est causé par la faute de l'un des navires, la réparation des dommages incombe à celui qui les a commises* »[912]. À la lecture de cette disposition, il est évident que la notion de faute est relative ici à l'action humaine, manifestée par une présence physique aux commandes du navire. Que dire donc d'un navire autonome c'est-à-dire celui qui ne bénéficie pas de cette présence humaine ni à bord, ni à distance ? D'où l'urgence de

---

[910] Core Advokatfirma & CEFOR, "*Maritime Autonomous Surface Ship, zooming in on civil liability and insurance*", December 2018, p.5.

[911] Core Advokatfirma & CEFOR, "*Maritime Autonomous Surface Ship, zooming in on civil liability and insurance*", December 2018, n°3.1.2, p.9.

[912] Convention internationale pour l'unification de certaines règles en matière d'abordage. Conclue à Bruxelles, le 23 septembre 1910.

reconsidérer la définition de faute, de *faute du navire,* notamment si l'abordage résulte d'un dysfonctionnement des algorithmes, d'une défaillance subite du système. Nous mettons l'emphase sur le fait que certains systèmes électroniques ou algorithmes, fonctionnent de manière totalement autonome, basés sur un programme informatique, sans la présence d'un opérateur contrôlant le système à distance. De même, au regard de la position actuelle de la pratique, position que nous partageons, il est aujourd'hui nécessaire d'envisager une redéfinition de la responsabilité, voire une adaptation des critères d'attribution de responsabilités dans le cadre d'un transport sous connaissement. Sans marins à bord du navire, la faute nautique des Règles de La Haye-Visby aura-t-elle encore un avenir ? Aussi, l'expression de son article 4.2.a selon lequel « … *dans la navigation ou dans l'administration du navire* » aura-t-elle encore un sens ? Dans le même ordre d'idées, quel est le futur de certaines dispositions de COLREG ? Concrètement en cas de croisement entre un navire autonome et un navire classique ou bien entre deux navires autonomes pourquoi pas, lequel sera tenu de modifier sa vitesse ? Lequel obtiendra la priorité ? De toutes les manières, l'idéal c'est de maintenir les dispositions de COLREG et imposer plutôt que c'est aux algorithmes de s'adapter auxdites règles, pas l'inverse. Au cas où cela s'avérerait impossible, alors on pourra compléter les dispositions de COLREG afin de prévenir des éventuelles dysfonctions des algorithmes. Toujours au nombre des interrogations, on peut se demander qu'en sera-t-il de l'obligation de veille ou de présence sur le pont, des signaux sonores et lumineux, etc. ? La convention STCW mérite également d'être complétée, car destinée aux gens de mer, c'est-à-dire aux marins exerçant sur le navire pendant la navigation, et par ce simple fait, elle n'est compatible ni avec le navire autonome, ni avec le navire sans équipage piloté à terre. Enfin en matière de remorquage et surtout d'assistance, quasiment tout reste à clarifier. Ce point est d'ailleurs la principale source d'inquiétude, au regard des multiples points équivoques qui en découlent[913]. Coutume hier et norme de *jus gentium* aujourd'hui, l'assistance est une institution fondamentale de la navigation maritime et du droit maritime. La question qui se pose est de savoir, si un navire sans équipage (par exemple piloté à distance) voire un navire autonome, est capable d'assister un autre navire en détresse. Dispose-t-il de l'équipement nécessaire pour jouer un rôle de navire assistant ? Certainement non pour le moment, en attendant que l'ingénierie juridique élabore et construise des critères techniques qui procureraient à ces navires certaines capacités d'assistance[914].

[913] Core Advokatfirma & CEFOR, "*Maritime autonomous surface ships: Zooming in on civil liability and insurance*", December 2018, n°3.3, p.13.
[914] PIETTE Gaël, « *Les navires sans équipage* », DMF n°797, décembre 2017, p.989.

Au regard de tout ce qui précède, et sans être réfractaire au progrès technologique, il nous semble évident que si la réglementation ne suit pas ce développement, l'industrie du commerce maritime au mieux ne bénéficiera pas immédiatement des avantages de telles prouesses technologiques, et au pire, elle croulera sous le fardeau d'un abondant contentieux si les navires sans équipage en général, et autonomes en particulier, sont exploités avant une mise à niveau de toutes les réglementations concernées. En d'autres mots, les règles standards de la navigation dans leur grande majorité nécessitent toilettage afin d'adapter leurs modalités d'application. Sans vouloir nous répéter, nous estimons que l'exploitation des navires autonomes sera la genèse de nouveaux risques, lesquels risques varieront en fonction du niveau d'autonomie du navire. Ils varieront également de notre point de vue, selon qu'il s'agisse d'un risque purement opérationnel c'est-à-dire identique à un risque encouru par un navire classique, ou selon que le risque est intrinsèque au logiciel hébergeant les algorithmes. Cela impactera peut-être les limitations de réparation parce qu'il faudra sans doute établir si le risque réalisé, opérationnel ou informatique, relève d'une faute intentionnelle et inexcusable, ou bien d'une simple erreur ou d'une omission. Par ailleurs, l'exploitation du navire autonome générera de nouveaux risques, en ce sens qu'elle impactera certainement l'activité de la chaîne logistique, notamment la manutention portuaire. L'opérateur de manutention appelé à décharger un navire cargo autonome verra-t-il ses responsabilités s'étendre ? La classification des navires n'est pas en reste car les points de contrôle, la périodicité des visites qu'établiront les sociétés de classification évolueront aussi. Il en est de même de la notion du bon état de navigabilité qui à coup sûr, nécessitera un réaménagement de ses critères et contours. Nous nous demandons d'ailleurs si la société de classification devra contrôler la fiabilité du système informatique. Si cela rentre dans ses attributions, en aura-t-elle la compétence ? Si non, pourrait-elle sous-traiter ? – parce que si elle doit collaborer avec le concepteur et constructeur du logiciel, la bonne foi de ce dernier est-elle garantie ? –. Il est donc peut-être temps de penser à compléter les attributions des sociétés de classifications sur ce point, et il leur appartiendra d'acquérir les compétences nécessaires pour une telle mission.

Si nous nous positionnons sur le terrain du droit de la responsabilité, civile notamment, nous dirons que l'armateur d'un navire autonome est le propriétaire de la chose, et potentiellement le gardien de cette chose. Ce statut fait peser sur lui, la responsabilité pour les dommages causés à autrui du fait de la chose – le navire autonome –. Cependant, il nous semble évident que cet armateur ne maîtrise pas forcément les algorithmes ou bien le système informatique qui gouverne et dirige le navire. Ainsi, il semble que dans certains cas, la responsabilité du fabricant du système informatique pourra être engagée sur le fondement des articles 1245 et suivants du Code civil, relatifs à la responsabilité pour dommages causés par un produit défectueux. Cela peut être le cas en cas de dommages causés par le navire autonome devenu « fou » à cause d'un bug de son système informatique.

En matière d'assurance, les avancées technologiques impliquent que les choses évolueront nécessairement, parce que les assureurs se donnent généralement pour mission d'accompagner et de répondre aux besoins de leurs assurés. Toutefois, la nouveauté que constituent les navires sans équipage ou les navires autonomes, tant sur le plan opérationnel que technologique, fait qu'il sera nécessaire pour les assureurs, les *P&I Clubs* notamment, de conditionner leur engagement à l'obtention d'une **tierce garantie additionnelle**. Celle-ci devra être fournie de notre point de vue, par les assureurs responsabilité du concepteur et producteur des algorithmes ou du système embarqué, parce que, assureurs corps et *P&I Clubs* qui sont disposés à faire évoluer leurs couvertures en garantissant de tels navires, estiment que le nœud des problématiques aura un lien avec la recherche et le développement, c'est-à-dire la conception des logiciels et de leurs vices propres. La conception des logiciels, ainsi que l'éventualité de l'existence de vices qui leur sont propres, outrepassent la maîtrise des assureurs maritimes en général, et des *P&I Clubs* en particulier. Cela rend donc nécessaire la tierce garantie additionnelle, parce qu'au regard de ce risque nouveau, il est primordial pour les assureurs maritimes de comprendre le risque, de le qualifier et de le quantifier, afin de mesurer leur engagement et aussi d'établir des primes adaptées[915]. Nul doute donc, que les *P&I Clubs* solliciteront l'accès aux données de ces logiciels en cas de sinistre ou de dommage, parce que l'un des éléments utiles pour l'évaluation des risques, est que ces systèmes embarqués doivent contenir les données – un peu à l'image des boîtes noires utilisées dans l'aviation civile – permettant de clarifier les circonstances de réalisation des sinistres, afin d'en dégager les niveaux de responsabilité, et/ou leur répartition. Et en l'absence d'accord entre assureurs quant à la tierce garantie additionnelle, il ne sera pas étonnant que les *P&I Clubs* insèrent des clauses d'exclusion de garantie qui s'appliqueront aux risques relatifs à la défectuosité des algorithmes. Cela implique que les navires autonomes seraient un théâtre d'expression de la coassurance définie dans son sens strict, soit deux ou plusieurs assureurs juridiquement et commercialement indépendants qui s'engagent à se répartir la garantie d'un risque. Une autre tendance qui se dessine, est la collaboration entre l'assureur maritime et le concepteur et fabricant des solutions informatiques.

---

[915] Core Advokatfirma & CEFOR, "*Maritime autonomous surface ships: Zooming in on civil liability and insurance*", December 2018, n°3.5.1, p.17.

C'est l'exemple de la compagnie Axa Corporate Solutions, et de la société Rolls-Royce, très connue pour ses véhicules de luxe et beaucoup moins pour sa forte présence dans l'aviation et la marine grâce à l'excellente qualité de ses réacteurs ainsi que de ses moteurs. Rolls-Royce à travers son département *Rolls-Royce Ship Intelligence Products*, est aussi l'un des concepteurs pionniers de solutions informatiques pour navires autonomes. La société Rolls-Royce a conclu avec *Axa Corporate Solutions* (son département *Axa's risk analytics capabilities*), un accord de partenariat connu en droit anglais sous l'expression LOI (*Letter Of Intent*)[916]. À travers cet accord, Rolls-Royce permet à Axa d'accéder à son système, et compte tenu de son expérience en matière de gestion de risques et de sinistres maritimes, Axa peut mieux analyser les atouts et les faiblesses des systèmes de Rolls-Royce afin d'adapter ses réponses assurantielles. Pour Axa, cela permettra une meilleure connaissance des systèmes embarqués et donc, de proposer une assurance maritime (sur-corps) adaptée. Pour Rolls-Royce, cela permettra d'améliorer ses logiciels et algorithmes à travers la correction de défauts sur le plan de la sécurité de la navigation décelés par Axa, et pour l'armateur du navire autonome équipé par les solutions informatiques de Rolls-Royce, cela garantira et accroîtra la sécurité à bord et une meilleure performance du navire. Cet exemple peut nous permettre de faire une illustration qui nous servira de cas d'école. En effet, dans un tel cas de navire autonome, on aura d'un côté, un assureur qui garantira les systèmes embarqués et les logiciels d'intelligence artificielle, au centre, on aura l'assureur corps et machines, et de l'autre côté enfin on aura l'assureur responsabilité civile : le *P&I Club*. Mais rien n'interdit qu'il y ait des hypothèses, où le même assureur cumule à la fois les rôles d'assureur sur corps et assureur de l'intelligence artificielle. Toujours est-il, que la couverture offerte par l'assureur du système d'intelligence artificielle est celle que nous avons préalablement identifiée comme étant la tierce garantie additionnelle, et c'est elle qui déterminera l'engagement des *P&I Clubs*.

Cela nous amène pour finir, à évoquer une nouvelle prouesse technologique, le navire *Yara Birkeland*. Le navire *Yara Birkeland* est un porte-conteneurs norvégien. Il est aussi le premier navire à la fois autonome et zéro émission, parce que disposant d'une propulsion 100% électrique. Il a une capacité annuelle de 20 000 conteneurs et garantira grâce à sa propulsion électrique, l'économie de quantités non négligeables de Nox, de SOx, et de CO2, qui seraient produits et évacués dans l'atmosphère s'il était doté de motorisations thermiques. Ce navire qui parcourra les mers norvégiennes jusqu'à 12 miles, est entré en exploitation début 2020 et sera dans un premier temps piloté à distance par un opérateur à terre, et dans un second temps

[916] Magasine SRN Ship Repair Newsletter, n°1714, June 1st 2018, Autonomous shipping, p.11.

basculera à la pleine autonomie de propulsion à l'horizon 2022[917]. À l'évidence, son exploitation sera peu problématique nous semble-t-il, parce que son armateur en est aussi le concepteur et le fabricant, mais également le propriétaire des cargaisons qui seront transportées par le *Yara Birkeland.* De tels navires, à la fois autonomes et 100% électriques, pourront également alimenter un contentieux important, relatif quant à lui à la durée de l'autonomie de charge des batteries. L'exemple de ce navire *Yara Birkeland,* est de notre point de vue l'illustration parfaite de la célérité avec laquelle la technologie permet des prouesses et avancées considérables, mettant ainsi à la traîne la capacité de réglementation et/ou de régulation des pouvoirs publics. Pour terminer, il nous semble nécessaire d'observer que l'exploitation des navires autonomes constituera un terreau fertile pour les cyber-attaques. En effet, en fonction du niveau d'autonomie du navire, la digitalisation occupant une place prépondérante dans sa gestion nautique et commerciale, pourra paradoxalement être en même temps la *"via operari"* des malfaisants, parce que, comme nous l'avons précédemment observé, l'une des stratégies des pirates informatiques ou malfaisants, est d'attaquer les systèmes informatiques les plus récents ou bien ceux qui semblent être les plus performants. Ce n'est que comme cela qu'ils espèrent tirer de meilleurs « gains ». Le terreau s'annonce donc fertile parce que la digitalisation leur donne potentiellement accès au navire lui-même, (carte de navigation, système de propulsion, de direction, etc.), à ses cargaisons, à sa destination, mais aussi et surtout à la pléthore de documentation électronique. Ceci concerne le connaissement électronique qui est particulièrement prisé, car il peut être falsifié pour servir à un trafic de drogue ou de contrebande entre autres. La concurrence déloyale peut également prospérer grâce au piratage des systèmes électroniques, car la connaissance par un opérateur des coûts pratiqués par un autre opérateur, la connaissance des lignes maritimes de l'autre par le premier, peut permettre de déstabiliser la concurrence à travers une pratique tarifaire agressive.

Sur un autre aspect, l'avènement des navires autonomes peut déjà nous laisser envisager – ou plaider pour – une évolution de la notion juridique de la piraterie maritime que nous distinguons du piratage informatique. En effet, depuis plusieurs années déjà, il est désormais clair que la définition de la piraterie telle que proposée par l'article 101 de la CMB n'est plus adaptée aux techniques modernes employées par les malfaiteurs. Sur ce point, il nous semble que la présence physique du malfaiteur au moment de l'infraction, ne sera plus un critère décisif pour la qualification de l'acte de piraterie, parce que ce délinquant peut désormais agir depuis la terre. Ce trafiquant agira de manière graduelle, c'est-à-dire premièrement en tant que

[917] IGP&I Clubs Annual review 2017/2018, p.16.

malfaisant (à travers le piratage du système informatique du navire), puis deuxièmement en tant que malfaiteur (à travers le brigandage qu'il perpétrera sur les marchandises et objets de valeur). Le critère nécessaire de la piraterie qui est un critère *rationae loci* c'est-à-dire en haute mer (ou la ZEE), lieu de réalisation du dommage, ne change pas car l'infraction matérielle reste consommée dans cette zone, même si le malfaiteur n'est pas physiquement présent. L'infraction, perpétrée par la pénétration frauduleuse dans le système informatique du navire, est immatérielle, digitale et à distance, mais le dommage matériel est produit en haute mer, lieu où se trouve le navire au moment du piratage informatique. L'article 101 de la CMB parlant d' « *acte illicite de violence ou de détention ou toute déprédation…* », ne définit pas ce qu'il entend par acte illicite de violence. Une simple analyse contextuelle *rationae temporis* nous permet d'affirmer qu'au regard de l'époque de la préparation et de l'adoption de la Convention, les rédacteurs faisaient implicitement allusion à la violence physique dont étaient coutumiers les pirates d'antan (comme c'est encore le cas aujourd'hui dans certains endroits). Cependant, la violence peut être morale et/ou économique et il suffit juste qu'elle soit illicite selon les termes de la CMB. Ceci correspond bien à l'acte de piratage informatique qui aboutira à l'acte de piraterie, car à l'instar de la piraterie traditionnelle, c'est à terre que les malfaiteurs ayant procédé par cyber-attaque partageront le butin.

Si les interrogations que nous venons de nous poser peuvent générer un éventuel pessimisme, il n'en demeure pas moins que l'optimisme raisonné permet cependant de garder le cap. Cet optimisme, qui est né de la disposition des *P&I Clubs* à accompagner les entreprises innovantes, est consolidé par un début de réponses assurantielles. En effet, en 2018, *The Shipowners P&I Club* a mis sur le marché la toute première police d'assurance P&I dédiée aux navires autonomes. Cette première mondiale est le résultat d'un engagement fait par les dirigeants de ce Club d'accompagner les fabricants, propriétaires et exploitants des navires autonomes en leur proposant une assurance responsabilité civile adaptée[918]. Cette "police P&I navires autonomes", est très intéressante et bien étoffée, eu égard à la quantité et à la diversité des risques garantis, similaires à ceux proposés par la police P&I standard[919]. Elle propose même des garanties qui dans la garantie P&I standard, sont additionnelles et font l'objet d'une surprime. C'est le cas par exemple du risque de guerre. À titre d'illustration, cette police P&I navires autonomes a accompagné quelques projets expérimentaux, parmi lesquels le navire *Sea-kit*, de la société britannique Hushcraft. Hybride grâce à sa propulsion diesel et solaire qui lui confère un impact écologique faible, le *Sea-kit* est un navire polyvalent qui peut être affecté à

[918] https://www.shipownersclub.com/member-focus-autonomous-vessels/
[919] https://www.shipownersclub.com/media/2018/07/MAV-Liability-Insurance-Brochure_061118-1.pdf

diverses missions scientifiques telles que, entre autres, la bathymétrie, la cartographie des fonds marins (avec une résolution en haute définition), l'exploration sous-marine à travers des ROV (*Remotely Operated underwater Vehicle*)[920]. Il peut aussi être utilisé pour des missions de sécurité et sûreté notamment le déminage[921]. Enfin, il est également exploitable pour des opérations commerciales. Avec une capacité de charge qui atteint 2,5 tonnes, il peut permettre le transport de marchandises diverses. Lors de son lancement inaugural, il fit un voyage du port anglais de West Mersea vers le port d'Ostende en Belgique avec une cargaison d'huîtres. Il s'agit là d'un franc succès, car ce navire autonome a accompli efficacement sa mission en Mer du Nord, réputée pour la densité de son trafic. Avant de proposer la garantie P&I pour ce navire, The Shipowners P&I Club, à travers la directrice du département de prévention des risques, collabora avec la société Hushcraft[922]. Cette collaboration dura plusieurs mois et la représentante du *P&I Club* embarqua à bord du *Sea-kit* à plusieurs reprises, afin de s'imprégner de la qualité et des performances du système d'exploitation 100% digitalisé.

Constatons cependant que ces expériences positives concernent des petites unités, qui seront principalement affectées à des activités autres que commerciales, et qui ne s'éloigneront pas beaucoup des côtes, ce qui leur épargne une exposition aux risques maritimes d'un navire de commerce classique. Mais malgré tout, ces premiers galops d'essais concluants et la réponse assurantielle qui les ont facilités, serviront certainement pour les navires de ligne lorsque tout sera au point techniquement, et quand les incertitudes juridiques seront levées.

[920] http://www.sea-kit.com/
[921] Idem.
[922] https://www.shipownersclub.com/member-focus-autonomous-vessels/

CONCLUSION PARTIE 1

Au terme de cette première partie, il nous semble utile et pertinent de mettre en lumière trois idées.

Dans un premier temps, pour être admis au sein des *P&I Clubs*, les armateurs sont tenus de promettre, de s'engager à respecter un ensemble de règles et de valeurs qui fondent la vocation de la mutualisation des risques. En contrepartie de cette promesse et/ou de cet engagement, ils bénéficieront de leurs *P&I Clubs*, d'un ensemble de garanties dont la richesse résulte à la fois tant de la diversité que de la qualité des risques couverts. Ainsi, puisqu'on est ici dans le cas d'un contrat d'admission, il revient aux armateurs sociétaires de tout mettre en œuvre afin de conserver le bénéfice ainsi que la pérennité dans le temps des garanties que les *P&I Clubs* leur proposent. Les armateurs sont donc tenus, de toujours agir en bons pères de famille, selon les règles de l'art.

PARTIE 2 : L'assurance responsabilité civile des armateurs par les *P&I Clubs* : de multiples prestations de qualité et leurs conditions de mobilisation

Les avancées scientifiques et techniques ont permis une meilleure connaissance des mers, des océans, de la météorologie ainsi que de divers autres facteurs susceptibles d'influencer négativement le sort d'une expédition maritime. Ainsi, grâce à la contribution d'une activité normative plus coercitive et toujours plus dynamique, le transport maritime est *a priori* moins risqué aujourd'hui. Il n'en demeure pas moins que l'on dénombre tous les jours, de nombreux incidents ou accidents générant des dommages dont la gravité est elle-même fluctuante, allant de moins grave à très grave. Ces risques et leurs conséquences étant pluriels et hétéroclites, il est clair que le régime de la responsabilité de l'armateur en sera influencé. Cela implique que la réponse des *P&I Clubs* se doit de s'adapter afin d'être le plus efficace possible. C'est pourquoi ces Associations, fortes de leur longue expérience, ont su proposer des solutions assurantielles protéiformes se caractérisant par leur qualité (titre 1), même si, il est des risques si exceptionnels que leur réalisation générant une responsabilité « spéciale » met à l'épreuve la garantie proposée par les *P&I Clubs* (titre 2).

Titre 1 : La mise en œuvre de l'assurance responsabilité civile des armateurs par les *P&I Clubs* : reflet de prestations protéiformes et de qualité

Si les armateurs vouent une préférence indéfectible à la couverture que leur proposent les *P&I Clubs* en matière de responsabilité civile, c'est certainement parce que la couverture proposée par ces Associations est fondée sur un large éventail des risques couverts. Mais au-delà de l'étendue de la garantie, ce qui marque la spécificité des *P&I Clubs* c'est entre autres, les différentes formes dans lesquelles les prestations de garantie interviennent, l'une des plus caractéristiques étant l'implication des *P&I Clubs* en matière de gestion et de suivi du contentieux de la responsabilité civile de l'armateur (chapitre 1). Aussi, parce que les sinistres et les litiges se suivent mais ne se ressemblent pas, il y a souvent des cas où le *P&I Club* ne peut efficacement couvrir tout seul une certaine catégorie de risques, notamment au regard du caractère prohibitif des coûts à mobiliser. Pour surmonter de telles difficultés, ces mutuelles ont mis sur pied une réponse ingénieuse, la mutualisation des risques qui est un instrument au service de la plénitude de l'assurance responsabilité civile des armateurs (chapitre 2).

Chapitre 1 : La diversité des formes de la prestation des P&I Clubs, caractérisée par le suivi du contentieux de la responsabilité civile de l'armateur

À côté des risques couverts et de leur implication dans la prévention des dommages qu'ils garantissent, les *P&I Clubs* participent également activement à la gestion du contentieux né de la réalisation d'un risque. Cette participation se matérialise par la quasi-omniprésence des *P&I Clubs* depuis l'ouverture jusqu'à la clôture de la procédure contentieuse. Cela entraîne deux conséquences majeures, à savoir d'une part, que le règlement juridictionnel des litiges est désormais bouleversé dans son orthodoxie et son déroulement (section 1) ; et d'autre part, que le mode non juridictionnel de règlement des litiges est quant à lui, plébiscité par les *P&I Clubs* d'autre part (section 2).

Section 1 : Le règlement juridictionnel des litiges bouleversé dans son orthodoxie et son déroulement

L'évolution du commerce maritime international et celui du droit des affaires et/ou économique, ont entraîné plusieurs effets au rang desquels celui de l'interconnexion de ces différentes disciplines et activités. Cette interconnexion s'étend et se manifeste même au niveau des litiges dont la gestion tient désormais compte de cette évolution en plus d'en être quelques fois le reflet. Pour ce qui est du contentieux lié à la responsabilité civile des armateurs par exemple, on peut désormais remarquer que la procédure fait l'objet d'une hiérarchisation (§1). De plus, il existe un duel entre prépondérance des *P&I Clubs* et protection des intérêts des victimes de dommages (§2).

§1 : Le dualisme quasi hiérarchisé de la procédure contentieuse

S'il est un domaine où l'essor de l'arbitrage commercial international est remarquable voire flagrant, c'est bien celui du droit maritime dans son ensemble avec pour conséquence, l'ébranlement de la procédure contentieuse. En effet, nous pouvons constater le recours désormais presque systématique à l'arbitrage (B) au détriment de la saisine des juges (A).

A/ La relégation du règlement judiciaire des litiges

L'administration de la justice a pendant longtemps été assimilable à une arène, dans laquelle s'affrontèrent arbitrage et justice étatique. Au gré des contextes et/ou de l'évolution historique, chacun aura ou non prédominance sur l'autre. C'est la raison pour laquelle, au regard de ce rapport conflictuel, Éric LOQUIN parle d' « *un vieux couple à la vie commune tumultueuse* »[923]. L'auteur montre que le droit romain, institua une sorte de tutelle du juge sur l'arbitre. Celui-ci étant le bras exécutant de la décision prise par le premier. Autrement dit, le juge est investi de la noble mission de dire le droit, tandis que l'arbitre se salit les mains en jugeant les faits[924]. De même, l'arbitrage a été pendant longtemps sujet à des interrogations tenant à sa licéité ou légitimité, formulées par les questions de savoir d'une part si la fonction de juger demeure l'exclusivité du juge étatique, ou bien si l'organisation juridictionnelle s'accommode de l'arbitrage, et d'autre part, au cas où cette cohabitation serait admise, l'arbitrage devrait-il obéir à une procédure propre, ou alors être soumis à l'ordonnancement procédural de la justice étatique[925].

Toujours est-il que le concours de juridiction entre juge et arbitre naîtra autour de la deuxième moitié du Moyen Âge. La juridiction étatique d'alors, était en réalité seigneuriale et administrée par des « gardes des foires », personnes physiques dépositaires de pouvoirs à eux conférés par des Seigneurs. Ces gardes des foires, avaient pour mission de garantir la paix dans les marchés – les foires –. Concrètement, ils devaient sécuriser les marchés tant physiquement que juridiquement, à travers le pouvoir de « *juridiction, punition et connaissance en tous cas criminels et civils de tous marchands ou autres fréquentans lesdittes foires et de tous contrats faits et scellés en icelles, et aussi de toutes roberyes, empeschemens et destourdes et injures faites et dites à aucuns marchands ou autres personnes en venant ausdittes foires et en retournant d'icelles foires ou conduites en icelles, en quelque lieu et par quelque personne que ce soit* »[926].

La prééminence du juge étatique s'effrita partiellement autour du Haut Moyen Âge. Ainsi, le début de l'autonomie de l'arbitrage se manifesta en Italie et dans le sud de la France,

---

[923] LOQUIN Éric, in « *Le juge et l'arbitrage* », actes de colloque organisé à Tunis les 25 et 26 avril 2013, à l'occasion du vingtième anniversaire du Code tunisien de l'arbitrage. Sous la direction de BOSTANJI Sami, HORGHANI Ferhat et MANCIAUX Sébastien ; éd. Pedone-Paris 2014, p.21.
[924] LOQUIN Éric, idem.
[925] OPPETIT Bruno, « *théorie de l'arbitrage* », PUF, 1998, p.19
[926] BART Jean, « *La Lex Mercatoria au Moyen Âge : mythe ou réalité ?* », in *Souveraineté étatique et marchés internationaux à la fin du 20e siècle, à propos de 30 ans de recherche du CREDIMI*, Mélanges en l'honneur de Philippe KAHN, année 2000, volume 20, p.18.

à la faveur de l'établissement de corporations marchandes. Le principe étant que les marchands italiens qui viendraient commercer en France, seraient accompagnés par des consuls. Lesquels consuls seront compétents pour connaître et de juger les litiges opposant les marchands italiens entre eux, et nés à l'occasion de leur commerce dans les marchés (foires). Cela fut acté plus tard en 1278, par un traité du roi Philippe le Hardi[927]. Cette double protection était une manière de favoriser le commerce et les affaires, et permettait d'inciter les marchands étrangers, à continuer de venir vendre dans les marchés. À travers la protection physique des foires, tous les marchands étaient sûrs de ne pas se faire dépouiller par quelques éventuels malfaiteurs ou brigands, mais aussi avaient la garantie d'un espace sain et adéquat pour écouler leurs produits. À travers la protection juridique voire judiciaire des gardes des foires, tous avaient la protection de la justice seigneuriale, laquelle bénéficiait du crédit de l'impartialité et de l'équité. Toutefois, la rigidité, la rigueur des procédures et leurs délais pouvaient à quelques égards devenir préjudiciables pour les marchands étrangers. Répondant favorablement à leur sollicitation de célérité quant aux procédures de règlement des litiges nés à l'occasion de leurs activités dans les foires, Louis le Pieux, successeur de Charlemagne, admit la primauté de l'arbitrage face à la justice des gardes des foires[928]. Malgré cet accueil positif réservé à l'arbitrage, son essor sera à nouveau combattu au lendemain de la Révolution française et jusqu'au milieu du 20e siècle environ. La cohabitation fut quasi impossible eu égard à la jalousie viscérale que lui vouait le juge étatique, mais aussi à cause de la diabolisation dont il était objet, notamment de la part d'éminents juristes. D'ailleurs « *pour certains, l'arbitrage sent le soufre* »[929].

Heureusement, le bon sens juridique a pris le dessus, et le constat qui aujourd'hui s'impose est celui d'une cohabitation en toute intelligence entre arbitre et juge. D'ailleurs l'arbitrage est une justice largement promue par la quasi-totalité des États modernes, à tel point qu'une complémentarité naturelle existe. En effet, si l'arbitre intervient dans le domaine du juge en rendant justice, le juge, à travers l'*exequatur* donne force et autorité à la justice rendue par l'arbitre. Cependant, certaines matières ou certains domaines, ne s'accommodent pas aisément de l'office du juge étatique et privilégient plutôt l'arbitrage, à bien des égards, car l'arbitrage intervient partout, en droit de la propriété intellectuelle, dans les contrats de commerce électronique, les contrats industriels, voire le droit du numérique entre autres. Autrement dit, c'est le cas en matière de commerce international, dont 90% de cas environ, contiennent des conventions d'arbitrage. Sur le plan interne également, l'arbitrage bénéficie d'un réel ancrage.

927 BART Jean, « *La lex Mercatoria au Moyen Âge : mythe ou réalité ?* », *op.cit.*, p.19.
928 Idem., p.20.
929 RACINE Jean-Baptiste, « *Droit de l'arbitrage* », PUF 2016, p.1.

En observant attentivement l'histoire de l'arbitrage, on comprend aisément la forte propension du commerce international à y recourir, notamment parce qu'avec la connivence des parties au différend, l'arbitre peut s'autoriser à adoucir le droit, et à chercher la solution du problème juridique dans les usances de la pratique commerciale. Celles-ci permettront également d'éviter la rude bataille à laquelle les soumettrait le procès devant le juge étatique, tout en conservant, malgré l'existence du litige, la continuité des relations commerciales entre eux. Ainsi, le transport maritime étant une activité commerciale, par essence internationale, il ne saurait être absent de cette dynamique. Au contraire, l'arbitrage est empreint de l'ADN du droit maritime, car les chartes-parties, propres au transport maritime, ne sont pas des lois, et ne sont pas non plus ratifiées ni codifiées par des États. Pourtant, elles contribuent grâce à leur interprétation, à l'élaboration d'une *Merchant Law*[930] – équivalent du Code de commerce –. Ce lien étroit entre le transport maritime et l'arbitrage, ou bien la prééminence de l'arbitrage en matière de contentieux maritime, est si fort(e) que COLBERT voyait déjà la nécessité de soumettre à l'arbitrage les contentieux de l'assurance maritime. Il ordonna que « *pour régler à l'amiable et sans frais les différends qui pourraient survenir entre parties, pour raison de la police d'assurance, il faut même absolument, et à peine de nullité, que la police d'assurance contienne la soumission des parties aux arbitres convenus et nommés par la police d'assurance, ou dont les parties conviendront, et qu'elles nommeront entre elles...* »[931]. Lorsque Colbert utilise l'adverbe absolument, c'est dire de manière implicite que pour régler les litiges maritimes, l'arbitre est potentiellement mieux outillé que le juge étatique.

Quatre siècles plus tard, on peut observer que la quasi-totalité des contrats ou clauses maritimes contiennent des conventions d'arbitrage, reléguant ainsi au second plan le juge étatique en matière contentieuse. Plutôt que fortement encouragés à recourir à l'arbitrage, les armateurs y sont quasiment obligés par leurs *P&I Clubs*. Rappelons que le contrat d'assurance responsabilité civile que propose un *P&I Club* à un armateur est un contrat d'adhésion et plus encore, d'admission. Adhésion et admission, témoignent de la place privilégiée des *P&I Clubs* dans la relation contractuelle. Ce privilège, les Clubs l'exercent en imposant à leurs armateurs l'option de l'arbitrage lors d'un recours contentieux. C'est le cas, d'une part, à l'occasion de litiges opposant le *P&I Club* et son/ses armateur(s) sociétaire(s). À titre d'illustration on peut lire dans les polices d'assurance, une clause qui stipule que *"unless otherwise agreed, disputes between the Association and a Member or a former Member or any other person arising out of*

[930] JAMBU-MERLIN Roger, « *L'arbitrage maritime* », in « Études offertes à René RODIERE », Dalloz 1981, p.402.

[931] COLBERT, « *Ordonnance de la marine de 1681* », titre VI, art.3 al 4 « *Soumission aux arbitres en cas de contestations* », p.250. Et plus loin, art. LXX p.298 sur la procédure d'arbitrage.

the contract of insurance or these rules, shall be resolved by arbitration"[932] (sauf accord contraire, les différends entre l'Association et un sociétaire ou un ancien sociétaire ou encore toute personne relevant du contrat d'assurance, seront résolus par arbitrage)[933]. D'autre part, lorsqu'un *P&I Club* émet des lettres de garantie à l'occasion d'un litige opposant son armateur sociétaire à un tiers, celles-ci contiennent systématiquement une clause d'arbitrage, désignant la juridiction (la LMAA[934]) et la législation (le droit anglais)[935]. Il appartiendra à ce tiers de l'accepter ou non. La systématicité de l'option de l'arbitrage en cas de procédure contentieuse n'est pas exclusive aux *P&I Clubs* car les chartes-parties entre fréteurs et affréteurs contiennent elles aussi presque systématiquement des clauses compromissoires, avec toujours dans la majorité des cas, élection d'arbitres londoniens[936].

De toute évidence, si la prédominance de l'option pour l'arbitrage semble être la règle *de facto* en droit commercial en général, et maritime en particulier, cela ne signifie pas que le juge ne demeure pas juridiquement et intellectuellement compétent. C'est juste que se pose la question de la satisfaction d'intérêts spécifiques. Les maritimistes animés par leur légendaire pragmatisme, voient donc en l'arbitrage, une belle opportunité de satisfaire ces intérêts spécifiques. S'il en est ainsi, c'est certainement parce que plusieurs griefs sont susceptibles d'être formulés à l'encontre du juge étatique, griefs auxquels l'arbitrage semble répondre, ce qui le positionne comme étant le mode de règlement contentieux préférentiel.

B/ Le positionnement de l'arbitrage comme mode de règlement juridictionnel de référence

L'enrichissement des débats et le développement du commerce international ont permis d'ériger l'arbitrage en mode autonome de règlement juridictionnel des litiges. Il est important de relever cette autonomie de l'arbitrage, car il n'est plus question d'une simple cohabitation, bien que celui-ci partage avec le juge dit étatique les grands principes gouvernant l'administration de la justice[937]. Toutefois, en plusieurs points, l'arbitrage maritime possède ses propres spécificités comme nous le verrons dans les prochaines lignes. Mais avant, nous devons

[932] Gard P&I Club, rules 2019 rule 91 ; Britannia P&I Club, Rules 2019 rule 44 ; Rule 66 The Shipowners P&I Club.
[933] Traduction libre.
[934] LMAA : London Maritime Arbitrators Association.
[935] Viscous Global Investments Ltd. /c Palladium Navigation Corporation (The Quest) 2014, EWHC 2654. Britannia P&I Club, Risks Watch Claims & Legal. Vol.6, n°2 December 2014.
[936] Lamy transport tome 2, éd. 2018, « *Clauses attributives de juridictions et clauses compromissoires* », p.506, n°874.
[937] Sur lesquels il ne nous semble pas nécessaire de revenir ici.

noter que l'arbitrage, qu'il soit interne ou international, est consacré par différents textes, notamment la convention de Genève du 21 avril 1961, la loi type adoptée par la CNUDCI le 21 juin 1985 portant sur le droit commercial international, la Convention de New York de 1958 relative à l'arbitrage. À cette liste nous pouvons ajouter le nouveau code de procédure civile et, en ce qui concerne l'Afrique, l'acte uniforme OHADA[938].

La convention d'arbitrage communément appelée clause compromissoire lorsque le litige n'est pas encore né, ou compromis d'arbitrage lorsque le litige est né et actuel, est l'acte qui fonde et organise l'office de l'arbitre. Parmi les différentes et nombreuses définitions de cette notion de convention d'arbitrage, nous retiendrons de manière subjective celle que donne la loi type de la CNUDCI. Cette loi nous propose la conception selon laquelle, la convention d'arbitrage « *est une convention par laquelle les parties décident de soumettre à l'arbitrage tous les différends ou certains des différends qui se sont élevés ou pourraient s'élever entre elles au sujet d'un rapport de droit déterminé, contractuel ou non contractuel* »[939]. L'arbitrage est donc un mode juridictionnel de résolution des litiges confié à une ou plusieurs personnes privées, désignées en fonction de leur expertise dans le domaine de la question litigieuse et à condition, pour être valable, que la convention soit constatée par écrit.

Plus spécifiquement en ce qui concerne l'essence de notre thèse, nous pouvons nous référer aux règles de Hambourg et à celles de Rotterdam qui énoncent, pour la première, que « *sous réserve des dispositions du présent article, les parties peuvent prévoir, par un accord constaté par écrit, que tout litige relatif au transport de marchandises en vertu de la présente convention sera soumis à l'arbitrage* »[940] tandis que les Règles de Rotterdam énoncent que « *sous réserve du présent chapitre, les parties peuvent convenir que tout litige susceptible de naître à propos du transport de marchandises en vertu de la présente convention sera soumis à l'arbitrage* »[941]. Nous pouvons d'emblée constater que les Règles de Rotterdam sont muettes quant au formalisme du pacte compromissoire, tandis que celles de Hambourg exigent un acte écrit. Ce formalisme ainsi formulé est *ad validitatem,* car il constitue la condition de validité de l'accord entre les parties et peut également, par extension, être considéré aux termes de l'article 22.2 en matière d'affrètement, comme étant *ad probationem,* du moins, vis-à-vis du tiers de bonne foi porteur du connaissement. Le mutisme des Règles de Rotterdam peut s'expliquer par la volonté libérale, inspirée de la loi type de la CNUDCI, de favoriser le consensualisme en

[938] Il s'agit de l'Organisation pour l'Harmonisation en Afrique du Droit des Affaires, qui a dédié un acte uniforme relatif au droit de l'arbitrage, entré en vigueur le 11 juin 1999 et modifié le 23 novembre 2017.
[939] Art. 7.1 tel qu'amendé en 2006.
[940] Art. 22-1 Règles de Hambourg 1978.
[941] Art. 75.1 Règles de Rotterdam et art.77 pour le compromis d'arbitrage.

allégeant le pacte compromissoire de toute contrainte ou rigueur formelle. C'est l'option de la législation française qui en matière d'arbitrage international n'exige pas un écrit pour prouver l'existence ou la validité d'une clause compromissoire prévoyant un arbitrage, en disposant clairement que « *la convention d'arbitrage n'est soumise à aucune condition de forme* »[942]. *A contrario*, le droit anglais par exemple, exige l'écrit comme condition de validité du pacte compromissoire, tout en réputant écrite toute clause, même orale, si on peut la prouver par un écrit. Cette situation nous amène à considérer l'écrit dans un tel cas, à défaut d'être une *condicio ad validitatem*, comme étant un moyen de preuve de l'existence du consensualisme, c'est-à-dire de l'accord des volontés, exprimé par les parties de recourir en cas de besoin à l'arbitrage. En d'autres termes, la clause compromissoire peut être donnée par tout moyen, même oralement. Seulement, elle doit être constatée par écrit pour prouver la connaissance par l'une quelconque des parties de l'existence d'une telle clause qui l'engage. Quoi qu'il en soit, même si la tendance est à l'assouplissement de la contrainte du formalisme de la clause d'arbitrage, en revanche en matière des contrats de transport maritime la rigoureuse règle du formalisme demeure[943]. Nous pouvons par exemple constater que la CAMP se positionne, bien qu'implicitement, pour l'écrit[944] et cela constitue l'un des nombreux particularismes de l'arbitrage maritime. C'est le cas notamment des chartes-parties qui conduisent à parler d'arbitrage « maritime » sans que celui-ci soit nécessairement et fondamentalement distinct de l'arbitrage international tel que conçu par la théorie générale, c'est-à-dire le droit commun[945].

Dans le cadre qui nous intéresse, celui de l'assurance maritime, ou plus concrètement l'assurance de la responsabilité civile de l'armateur, nous devons avant tout noter qu'on distingue deux clauses d'arbitrage distinctes et indépendantes l'une de l'autre. L'une liant l'armateur et son *P&I Club* prévoit de soumettre à l'arbitrage tout litige qui les opposerait[946]. Le tribunal arbitral est ici constitué d'une part, soit par deux arbitres choisis par chacune des parties, dans la pratique, selon la loi nationale qui organisera l'arbitrage, certains *P&I Clubs*[947] prévoient qu'en cas de désaccord sur la procédure ou la sentence à rendre, les deux arbitres

---

[942] Art.1507 du CPC ; codifiant la position des juges dans la jurisprudence Dalico (Cass. Civ. 1ière 20/12/1993)
[943] PAPADATOU Marina, « *La convention d'arbitrage dans le contrat maritime de marchandises : étude comparée des droits français, hellénique et anglais* », Thèse de doctorat soutenue le 26 mai 2014, Université Paris 2, p.184
[944] Art.1 règlement de la CAMP : http://www.arbitrage-maritime.org/CAMP-V3/reglement-darbitrage-de-la-c-a-m-p/
[945] Voir « *L'arbitrage maritime : le point de vue du praticien* », dans lequel l'auteur, ARRADON François, présente des spécificités de l'arbitre praticien en matière d'arbitrage maritime ; in DMF n°681, 1er mai 2007, page 389.
[946] SKULD P&I, rules 2017, rule 47 ; Britannia P&I, Rules books 2016, règle 44 et s. ; Gard P&I, Rules 2017, règle 91.
[947] C'est le cas par exemple de *Britannia P&I Club*, art. 44 (2)(A) Rules book 2016.

désignent un arbitre apériteur[948], soit d'autre part, le tribunal arbitral est constitué par trois arbitres organisés comme suit : les deux arbitres (choisis par chaque partie) désigneront un troisième qui sera le président du tribunal arbitral. En cas de difficulté ou impossibilité à désigner le président de ce tribunal arbitral, le choix sera fait par un juge judiciaire compétent[949] appelé juge d'appui[950]. L'autre clause d'arbitrage est celle insérée dans une charte-partie ou un connaissement et liant l'armateur, ou selon le cas par exemple le fréteur ou le transporteur maritime, soit à l'affréteur, soit au chargeur. Dans la pratique des conventions de chartes-parties, l'insertion de clauses compromissoires est assimilable à un acte réflexe, naturel, puisque systématisée et généralisée. Cela peut se vérifier par le fait qu'environ 80% des sentences arbitrales rendues par la chambre arbitrale maritime de Paris concernent les contrats d'affrètement ou les clauses de chartes-parties[951] bien que les connaissements quant à eux, ne soient pas en marge de cette tendance.

Le recours à l'arbitrage et la quasi-primauté qui lui est réservée en matière de règlement juridictionnel, proviennent de ses avantages pour les opérateurs du commerce maritime. En d'autres mots, cela réside en l'aptitude de l'arbitrage à répondre aux attentes particulières de ceux-là. Un ancien jurisconsulte, cernant ces attentes, déclara que : « *Le moyen le plus prompt, le plus tranquille, le plus honorable et le moins coûteux, pour mettre fin à beaucoup de procès entre particuliers, est d'en soumettre la décision à des personnes probes, instruites, intelligentes et impartiales, qui veuillent bien se charger d'une mission aussi délicate, quoiqu'en l'acceptant et en la remplissant avec la plus grande intégrité, le plus grand soin et le plus grand désintéressement, elles puissent quelques fois être exposées à l'injuste ressentiment de celui qui a été condamné. Ce mode de terminer les procès entre particuliers se nomme arbitrage* »[952]. Bien qu'il détienne plusieurs atouts, l'ancrage de l'arbitrage tient prioritairement en ses capacités à garantir fondamentalement aux opérateurs, célérité de la procédure et discrétion/confidentialité[953]. En clair, on peut relever que le positionnement ou la

[948] Arbitration Act 1996, art.21. NB : Cette loi prévoit entre autres que le choix de l'arbitre apériteur est du ressort des 2 arbitres (désignés par chacune des parties au litige) et nul besoin de l'invention de juge judiciaire

[949] Chaque loi nationale en la matière prévoit quel sera ce magistrat pourvu de la compétence rationae materiae pour désigner le président du tribunal arbitral en cas de besoin.

[950] Skuld P&I Club, rules book 2017, art. 47 et s. ; Gard P&I Club, rules book 2016, art.91. Nous devons par ailleurs préciser que ces deux *P&I Clubs* soumettent leurs litiges à la loi norvégienne et en l'espèce se conforme donc sur ce point à l'art.13 al.3 de la Norwegian arbitration act de 2004.

[951] ARRADON François, « *L'arbitrage maritime : le point de vue du praticien* », DMF, n°681, 1er mai 2007, p.390.

[952] CHEVILLARD, *Manuel des arbitres ou Traité des principales connaissances nécessaires pour juger les affaires soumises aux décisions arbitrales, soit en matières civiles ou commerciales*, Librairie Arthus Bertrand, Paris 1829, p.1.

[953] Nous devons relativiser la confidentialité s'agissant de l'arbitrage international car « *contrairement à l'arbitrage interne où la confidentialité est explicitement recherchée, les litigants en arbitrage international recherchent avant tout une juridiction neutre que les systèmes judiciaires étatiques ne leur offrent pas... Ils*

consécration de l'arbitrage comme mode de règlement contentieux de référence relève de l'imbrication de deux facteurs : le facteur organisationnel et le facteur fonctionnel.

S'agissant de son organisation, l'arbitrage maritime tire avantage de la solennité de son acceptation comme mode de règlement contentieux reconnu et organisé dans les textes internationaux cités ci-dessus[954] et ces derniers consacrent la pratique de l'arbitrage et harmonisent l'organisation de sa procédure. Également, ils imposent par exemple aux États parties de reconnaître les pactes d'arbitrage[955] contenus dans les contrats commerciaux internationaux au rang desquels les contrats de transport maritime de marchandises. Cette organisation, ou cette incitation à sa reconnaissance, donne également à l'arbitrage une légitimité en consacrant l'autonomie du pacte d'arbitrage réputé indépendant du contrat principal auquel il se greffe en plus de n'être pas non plus affecté par l'inefficacité de celui-ci[956]. En effet, en cas de résiliation, résolution ou nullité du contrat principal, la clause d'arbitrage survit[957]. D'autre part, elle garantit et protège le principe de l'autonomie de la volonté, en ce sens qu'elle permet aux parties en litige de garder la pleine maîtrise du règlement dudit litige en leur garantissant la pleine autonomie pour déterminer les règles et principes de droit matériel qui seront observés par les arbitres[958] qu'ils auront eux-mêmes désignés. Cela a pour corollaire, que le fait pour un arbitre de fonder sa décision sur un texte transnational en lieu et place du droit d'un État déterminé ne peut à lui seul affecter la validité de la sentence, lorsque les parties y ont consenti ou sont restées silencieuses au moment où les arbitres se sont référés à ce droit[959]. Ceci sous-entend également une efficace protection et sécurisation juridique des sentences arbitrales qui acquièrent la certitude d'être reconnues et appliquées dans le territoire d'un autre État. Elles fluidifient ainsi les échanges maritimes, eu égard au très grand nombre de litiges dans ce domaine transnational. Autrement, l'arbitrage perdrait tout intérêt si

---

craignent une communauté de culture juridique surtout procédurale, ... » pour en lire davantage, Le nouveau droit français de l'arbitrage ; sous la direction de Thomas CLAY, Lextenso éd. 2011, pp.100 et s.

954 Loi type de la CNUDCI portant arbitrage commercial international amendée en 2006 à laquelle adhèrent 73 Pays (à travers 103 états et territoires. Voir site internet de la CNUDCI sur (http://www.uncitral.org/uncitral/fr/uncitral_texts/arbitration/1985Model_arbitration_status.html page web consultée le 16 janvier 2017) et la convention de New York de 1958 (qui pallient les absences des textes dédiés au droit maritime) ainsi que des textes régionaux à l'instar de l'acte uniforme OHADA relatif au droit de l'arbitrage

955 Art.II, §1 Convention de New York de 1958.

956 Art.1447§1 CPC.

957 Cass. Civ. 1re, arrêt n°511 du 14 mai 2014, pourvoi n°13-15.827. Voir également Cass. civ 1re, arrêt n°374 du 2 avril 2014, pourvoi n°11-14.692 ; Cass. com. 25 novembre 2008, arrêt 07-21.888 JCP 2009, II, 10023 obs. MAINGUY.

958 Art. 6 de la résolution de l'Institut de Droit International adoptée le 12 septembre 1989 à St Jacques-de-Compostelle.

959 OPPETIT Bruno, « *Théorie de l'arbitrage* », PUF 1998, p.88.

les sentences qui en découlent n'étaient pas reconnues (ou alors considérées non applicables) en dehors de l'État où le tribunal arbitral a été constitué[960].

S'agissant du facteur fonctionnel militant pour le recours à l'arbitrage, nous pouvons relever d'une part, que la convention d'arbitrage impose aux parties l'ayant conclue, de déférer le litige à la connaissance des arbitres en application de la règle de la force obligatoire des conventions[961], et d'autre part, que la convention d'arbitrage évince les incertitudes et mésaventures liées à la logique des conflits de juridictions. En effet, si le pacte d'arbitrage est conclu en respect des textes, seul le tribunal arbitral sera compétent pour connaître d'éventuels litiges – et on peut y voir l'une des manifestations du principe de l'autonomie de la clause d'arbitrage – indépendamment du lieu de réalisation du risque ou de la nationalité des parties. À cela s'ajoute la levée de l'incertitude liée à la détermination de la juridiction étatique compétente, ainsi que celle de son corollaire, le risque de recourir à des règles de procédures particularistes. La conséquence directe en étant l'annihilation d'un éventuel risque de *forum shopping*[962], parce que la juridiction arbitrale choisie à travers la clause compromissoire porte la confiance, les faveurs et les bons sentiments des parties en présence[963]. C'est le cas notamment, en termes d'impartialité ou de non-soumission à une loi nationale plus avantageuse pour l'une des parties.

Le caractère opérationnel de l'arbitrage tient premièrement à la rapidité de la procédure. En effet, la célérité de l'arbitrage tranche avec la lenteur du juge étatique, dont l'office est financé par les fonds publics, pas toujours immédiatement disponibles car le trésor public est gouverné par une orthodoxie toute particulière et très rigoureuse. De même, les tribunaux et les cours reçoivent au quotidien de nombreuses affaires, générant une certaine lenteur. Excepté quelques rares situations, notamment de référés, les juges connaissent d'abord des affaires enrôlées antérieurement. Ceci tranche avec l'immédiateté de la procédure d'arbitrage[964], les arbitres étant payés non par le trésor public mais par les parties aux litiges[965]. De même, l'arbitrage offre souplesse et flexibilité, car les arbitres déterminent la procédure, sans être tenus

[960] NGUIMFACK Merlin, « *Réflexion critique sur les modes de règlement de litiges dans le transport maritime de marchandises* », Thèse de droit, Université de Nantes, 2012, p.256.
[961] FOUCHARD Philippe, GAILLARD Emmanuel, GOLDMAN Berthold « *Traité d'arbitrage commercial international* », éd. Litec, 1996, n°627 p.396.
[962] Gaz. Pal., 16 septembre 2008, n°260 p. 9, également Lamy sociétés commerciales, n°634 Intérêts pratiques de recourir à l'arbitrage.
[963] Du moins en principe, car il peut arriver qu'une partie se désiste ou veuille retarder l'office de l'arbitrage. En de telles circonstances des remèdes existent pour assurer une exécution en nature de la clause compromissoire. Voir FOUCHARD Philippe, GAILLARD Emmanuel, GOLDMAN Berthold « *Traité d'arbitrage commercial international* », éd. Litec, 1996, pp.398 et s.
[964] AMBROSE Clare & MAXWELL Karen, *"London maritime arbitration"*, 2nd ed., LLP 2002, p.13.
[965] AMBROSE Clare & MAXWELL Karen, *"London maritime arbitration"*, 2nd ed., LLP 2002, p.1.

au formalisme de règles des tribunaux étatiques[966]. Ainsi, l'arbitre n'est pas embrigadé dans un carcan juridique, et peut, à condition de ne pas outrepasser sa mission ou ses attributions, appliquer le droit choisi par les parties, ou même des normes spécifiques. C'est le cas en droit commercial de la *lex mercatoria*, des RUU (Règles et Usances Uniformes). L'arbitrage tire aussi avantage de l'absence du double degré de juridiction (excepté la prévision expresse du règlement d'arbitrage), car le tribunal arbitral juge en premier et dernier ressort[967]. Cela présente un avantage considérable, qui réside dans la célérité de la procédure et un gain d'argent lié aux frais de procédure. Le risque à relever ici est que les parties au litige ne sont pas à l'abri d'une éventuelle erreur de jugement à laquelle elles ne pourraient opposer des voies de recours, autres que celle du recours en annulation, lequel recours est lui-même admis uniquement dans six cas limitativement énumérés[968], et ne sanctionne pas le fond de la sentence mais vise plutôt à corriger les irrégularités de la procédure[969].

Toutefois, ce bémol doit être rapidement dissipé car en pratique, l'arbitrage maritime bénéficie de la grande expérience et du degré d'expertise considérable des spécialistes de la matière, qui officient en tant qu'arbitres[970]. Autrement dit, les arbitres sont eux-mêmes des praticiens reconnus et réputés, qui bénéficient du respect et de la considération des leurs pairs au service desquels ils s'engagent à mettre leur expérience et expertise. Il en ressort que les arbitres praticiens connaissent mieux que le juge étatique ou le juriste non maritimiste la réalité du milieu maritime, des besoins et contraintes de ceux qui en sont les opérateurs, mais aussi et surtout ont une meilleure interprétation des clauses et chartes-parties[971]. À titre d'illustration, qui mieux qu'un professionnel (courtier d'affrètement, enseignant d'université, ancien capitaine, expert maritime, avocat, consignataire etc.) peut efficacement interpréter les *Liner terms*, les clauses *FIO*, la signification des règles de barre, interpréter le sens et le fonctionnement des surestaries[972], identifier qui du fréteur ou de l'affréteur est débiteur du paiement des surestaries, le calcul de leur montant, déterminer la part qui est à la charge de chaque assureur pour cause d'abordage ? Ils rendent donc très souvent des sentences

[966] RACINE Jean-Baptiste, « *Droit de l'arbitrage* », PUF 2016, p.89.
[967] BUCHMAN Louis & LOQUIN Éric, « *Préférez l'arbitrage* », Gaz. Pal., 16 septembre 2008, n°260, p.9.
[968] Voir l'art.1492 du CPC.
[969] CA. Rouen, 2e Ch. civ., SA société d'égrenage industriel de coton du Bénin /c SA société l'aiglon 8 septembre 2005, Obs. ARRADON François, in DMF n°669, avril 2006 (rejet), p.298 ; également Cass. civ. 1re, 14 mars 2006 ; Conselho National de Carregadores c/ M. Jacques CHARASSE et a. (cassation et annulation). DMF n°671, juin 2006, p.479 obs. CACHARD Olivier.
[970] ARRADON François, « *l'arbitrage maritime : le point de vue du praticien* » ; in DMF n°681, 1er mai 2007, p390.
[971] Idem.
[972] DELEBECQUE Philippe, « *L'arbitrage maritime une lex mercatoria pour l'UPM (Union Pour la Méditerranée)* », intervention au Colloque méditerranéen acte VI, journées de Tunis Rives Sud des 11-12 avril 2014.

difficilement attaquables au fond, d'où le caractère apaisant de l'arbitrage maritime vis-à-vis des parties qui en retour, appliquent de bonne foi les sentences arbitrales. À cela, nous pouvons ajouter que l'arbitrage maritime, du simple fait de son extrême technicité, offre aux praticiens, un peu plus que l'arbitrage ordinaire, une extrême discrétion. Et il n'est de secret pour personne que la confidentialité est pour les praticiens en général, et les *P&I Clubs* en particulier, ce qu'est une pierre précieuse dans les mains d'un joaillier. *A contrario*, la publicité, fruit du caractère public du procès devant le juge, est un pilier de la justice étatique.

De ce qui précède, on comprend mieux pourquoi, les *P&I Clubs* s'intéressent particulièrement à l'arbitrage. En réalité, sur le plan strictement théorique, les Clubs de Protection et d'Indemnité ne sont pas concernés par les litiges entre l'armateur assuré *P&I* et son litigant, car ils sont tiers au contrat commercial et au pacte d'arbitrage liant ceux-ci. Toutefois en pratique, il n'est pas rare que les *P&I Clubs,* à travers leurs réseaux de représentants établis de par le monde, assistent les armateurs qui en font la demande, par exemple dans le choix et la désignation des arbitres. De même, les montants des frais de procédure que les *P&I Clubs* sont tenus d'engager selon la police *FD&D*[973] par exemple, se retrouvent réduits grâce au bénéfice tiré de la célérité de la procédure de l'arbitrage ainsi que de celui qui est réalisé par la non-commission d'experts. D'autre part, l'intérêt financier qui milite pour la préférence à l'arbitrage, est celui qui concerne l'indemnisation à l'issue de décision ou sentence. Car dans la majorité des cas, les arbitres sont eux-mêmes des experts comme sus-évoqué, et n'ont généralement pas toujours besoin de faire appel aux services d'autres experts. En d'autres mots, il peut arriver que le juge étatique, même de dernier ressort, se trompe de bonne foi et condamne un armateur dans une situation où l'arbitre expert ne l'aurait pas fait. On voit donc que, se basant sur la décision du juge, le *P&I Club* paierait, alors que la décision de l'arbitre lui aurait permis de réaliser plutôt une économie car il n'aurait rien dépensé. Enfin, on peut comprendre l'incitation faite par les *P&I Clubs* à leurs armateurs, de recourir à l'arbitrage par le fait que l'armateur litigant, dans une affaire mettant en jeu sa responsabilité civile, a tout intérêt à ce que le contentieux se solde dans un délai le plus bref possible, lui permettant ainsi de retourner au plus vite et de manière sereine à ses activités habituelles. Par exemple, en théorie, l'armateur contre qui une procédure est ouverte peut non seulement encourir une immobilisation de son navire c'est-à-dire son outil de production économique, il peut également subir par extension, une réduction de ses revenus liée à sa difficulté à respecter ses divers engagements contractuels, voire, être exposé à une dépense

[973] Cf. supra p.239.

additionnelle en vue de l'affrètement d'un navire de substitution. Ceci implique qu'un armateur en difficulté est potentiellement un assuré en moins pour son *P&I Club*. Or chaque *P&I Club* en tant que mutuelle, nécessite pour le bon accomplissement de ses missions quotidiennes, d'avoir dans ses livres, le plus grand nombre possible de navires inscrits c'est-à-dire d'armateurs sociétaires solvables.

En pratique, l'incitation faite par les *P&I Clubs* aux armateurs de recourir à l'arbitrage, s'observe dans les lettres de garantie. En effet, comme nous l'avons observé précédemment, les mentions des lettres de garantie émises par les *P&I Clubs* contiennent systématiquement une clause de juridiction qui élit Londres en tant que siège de l'arbitre. Ceci sous-entend, que l'armateur qui accepte et signe un pacte d'arbitrage désignant une juridiction autre que celle de Londres, notamment la LMAA[974], peut se voir refuser une lettre de garantie de son assureur responsabilité civile. Cependant dans la pratique, les *P&I Clubs* dans de tels cas acceptent souvent de modifier leurs lettres de garantie et y insèrent le pays dont la juridiction est désignée par la clause compromissoire.

En matière contentieuse, il existe souvent un antagonisme entre la forte implication des *P&I Clubs* et les intérêts créanciers de la dette de réparation due par l'armateur qu'il faudra lever afin de garantir une issue équitable de la procédure.

§2 : Duel entre prépondérance des P&I Clubs et protection des intérêts victimes de dommages

Dans ce paragraphe, nous verrons d'abord la *"Anti-suit injunction"* comme obstacle à la procédure en faveur des armateurs et de leurs *P&I Clubs* (A). Puis nous démontrerons ensuite qu'il s'agit d'un obstacle qui peut être tempéré par des mécanismes de protection des tiers, victimes du dommage, à travers l'action directe (B), voire à travers la saisie du navire (C).

A/ La "*anti-suit injunction*", un obstacle à la procédure profitable aux armateurs et à leurs P&I Clubs

Une *anti-suit injunction* est une interdiction faite à un plaideur par un tribunal d'un État, de saisir les tribunaux d'un autre État ou un autre tribunal arbitral. Au cas où il aurait déjà saisi ce tribunal, cette injonction impose au plaideur de se désister de l'action intentée préalablement.

[974] London Maritime Arbitrators Association.

De forte tradition dans les pays de Common Law[975] en général et de culture anglo-saxonne en particulier, cette injonction vise à faire échec à la compétence des juridictions d'un autre État ou d'un tribunal arbitral, tout en privilégiant la compétence des juridictions émettrices ou de l'état d'émission d'une telle injonction[976]. Si la force dissuasive de l'*anti-suit injunction* réside dans les fortes amendes ou même les peines de prison pouvant être prononcées à l'encontre du contrevenant, il serait intéressant de noter qu'à son origine, au Moyen-Âge, elle avait pour objectif d'éviter la fuite du plaideur qui, assigné en Angleterre aurait pu aller demander asile à l'étranger[977] par une sorte de *forum shopping* judiciaire. En d'autres termes, cette injonction était un mécanisme utilisé par ces juges, pour protéger leur compétence, ou celle des juridictions étatiques. Cependant, ce n'est plus tout à fait la même chose aujourd'hui. D'une part, plusieurs affaires célèbres témoignent qu'à l'occasion de l'exécution de certains marchés publics, des États ou des sociétés d'États y recourent, pour sortir des accords d'arbitrage préalablement consentis. C'est l'exemple des affaires *HUBCO vs Water & Power Development Authority of Pakistan*, de l'affaire *Companhia Paranaense de Energia & UEG Araucária Ltda.*, ou encore de l'affaire *National Grid* /c République d'Argentine[978].

Toutes ces affaires ont en commun premièrement, une méprise par des parties, de leur engagement par clause compromissoire. Deuxièmement, elles ont aussi en commun le fait d'avoir été soldées par accord amiable. D'autre part, en prenant pour référence les chartes-parties, on notera que le souci ou la volonté de garantir la bonne administration de la justice n'est plus vraiment le critère décisif qui commande l'action des juges (notamment anglais) émetteurs de l'injonction. Ils sont plutôt, animés par « *le souci de protection de leur for et notamment le marché londonien de l'arbitrage* »[979]. Autrement dit, il s'agit en effet d'une injonction qui confère un droit exorbitant à une partie au détriment de l'autre, celle-ci se voyant contrainte d'entamer une procédure uniquement devant une juridiction qui non seulement s'impose à elle, mais également n'est pas toujours protectrice de ses intérêts, ni même celle à laquelle il faut légitimement se tourner au regard de l'affaire querellée.

---

975 Certains États civilistes pratiquent aussi cette injonction et c'est le cas du Venezuela, de l'Indonésie, voire du Brésil. Voir Curitiba Court of first instance ; aff. Companhia Paranaense de Energia (COPEL) vs UEG Arancaria ltda, décision du 3 juin 2003. Obs. de GAILLARD Emmanuel in journal du droit international (Clunel).

976 GAILLARD Emmanuel, « *Anti-Suit Injunctions et reconnaissance des sentences annulées au siège : une évolution remarquable de la jurisprudence américaine* », Journal du droit international (Clunet), n°4, octobre 2003, var.100034.

977 TILCHE Marie, « *Anti-Suit Injunction, veto de la CJCE* », BTL n°3260, du 23 février 2009, P.120.

978 Pour plus de détails, voir BELOT Frédéric « *Les demandes d'Anti-Suit Injunctions dirigées contre les procédures arbitrales* », in Le juge et l'arbitrage : actes du colloque sous la direction de BOSTANJI Sami, HORCHANI Ferhat et MANCIAUX Sébastien, éd. A. Pedone, 2014, pp.148-149.

979 CARRIER Renaud, « *Anti-Suit Injunctions : réquisitoire pour l'abandon de leur prononcé en matière d'arbitrage* », Recueil Dalloz 2005, p.2712.

Cependant, disons-le, la morale juridique conditionne l'acceptabilité d'une *anti-suit injunction,* au respect par les juges anglais, d'une autre règle de la *Common law* : la doctrine *"forum non conveniens"*[980], réplique inversée de l'*anti-suit injunction.* Apparue en Écosse avant de se généraliser dans les pays de *Common law* et du *Commonwealth,* la doctrine du *forum non conveniens,* « *désigne le pouvoir qui est reconnu au juge de refuser de connaître d'un litige dont il est saisi et qui relève par ailleurs de son pouvoir juridictionnel, dès lors qu'il estime qu'il serait plus opportun que la controverse soit tranchée à l'étranger par d'autres tribunaux également compétents* »[981]. En d'autres termes, le *forum non conveniens*[982] permet au juge saisi, de ne pas exercer sa compétence internationale lorsqu'il estime que le litige a des liens très étroits avec une juridiction étrangère, permettant ainsi au juge étranger également compétent, de connaître de l'affaire. Cependant, bien que ça ne soit pas son objet ou son objectif, il s'agit cependant en réalité, d'un formidable rempart contre un usage peu orthodoxe de l'*anti-suit injunction.* Celle-ci sera quant à elle justifiée, parce que rendue nécessaire pour prévenir une sérieuse injustice[983]. Pour ce faire, la juridiction devant laquelle une *anti-suit injunction* est sollicitée, devra observer trois préalables. Tout d'abord, elle doit vérifier si la juridiction étrangère a compétence pour connaître du litige, auquel cas elle observe la règle du *forum non conveniens.* Puis, le juge à qui demande d'*anti-suit injunction* est formulée, doit vérifier s'il existe un risque élevé d'injustice à l'égard du requérant de l'injonction. Laquelle injustice s'analyse alors, eu égard à la perte par ce requérant, des avantages judiciaire et personnel[984]. Autrement dit, l'*anti-suit injunction* prend sens par exemple lorsque le cours de la procédure devant la juridiction étrangère l'est de manière peu orthodoxe, au détriment manifeste de la partie qui sollicite l'injonction. Enfin, la troisième condition à observer pour admettre une *anti-suit injunction,* est relative à la réactivité du sollicitant. Pour que sa requête d'*anti-suit injunction* soit positivement accueillie, encore faut-il qu'il l'introduise suffisamment tôt, le plus rapidement possible, lorsque la procédure ouverte à l'étranger n'est pas déjà avancée[985]. En d'autres termes, pour que la demande d'*anti-suit injunction* ait une chance de prospérer, le requérant doit la soumettre *in limine litis* de la procédure étrangère.

[980] Ou *forum conveniens.*
[981] CHALAS Christelle, « *L'exercice discrétionnaire de la compétence juridictionnelle en droit international privé* », tome 1, Presses Universitaires d'Aix-Marseille 2000, p.20.
[982] Pour aller plus loin à propos de la doctrine du *forum non conveniens,* voir CHALAS Christelle, « *L'exercice discrétionnaire de la compétence juridictionnelle en droit international privé* », tomes 1 et 2, Presses Universitaires d'Aix-Marseille 2000.
[983] TETLEY William, "*International maritime and admiralty law*", ed. Yvon Blais Inc., 2002, p.414.
[984] Idem, p.415.
[985] Court of Appeal (civil division), 17 may 1994, Aggeliki Charis Compania SA vs Pagnan Spa (*The Angelic Grace*).

Dans le contexte du transport maritime, de marchandises notamment, il n'est pas rare que les armateurs ou les fréteurs, mettent en échec la poursuite d'une procédure intentée contre eux devant une juridiction étatique, ou bien devant un tribunal arbitral, en sollicitant avec succès auprès des juges anglais[986] une *anti-suit injunction.* Celle-ci contraint le demandeur à l'action, de cesser la poursuite ainsi engagée et de soumettre le litige plutôt devant les juges anglais, ou bien à l'arbitrage sur la place londonienne. En effet, l'intérêt supposé d'une telle procédure *d'anti-suit injunction* s'entend dans notre contexte, lorsque celle-ci a pour finalité de faire respecter par les parties à une charte-partie, les clauses attributives de compétence qui désignent les juridictions anglaises comme compétentes en cas de litige. L'*anti-suit injunction est donc bien fondée dès lors que les parties étant tombées d'accord par une clause compromissoire pour s'en remettre aux cours de justice ou aux cours arbitrales anglaises, l'une des deux parties rompt le contrat en renonçant à ladite clause pour attraire l'autre devant une juridiction étrangère*[987]. C'est également la position du juge anglais dans l'affaire navire "*Angelic Grace*"[988]. Dans cette affaire, un navire a été affrété sous charte-partie *centrocon* prévoyant arbitrage à Londres pour "*all disputes from time to time arising out of this contract*"[989]. Au port d'arrivée en Italie, pendant le déchargement, se produisit un heurt entre le navire affrété et une embarcation appartenant à l'affréteur. Conformément à la charte-partie, le fréteur engagea une procédure contentieuse devant le tribunal arbitral de Londres. Il sollicitait la mise en jeu de la double responsabilité contractuelle et extracontractuelle de l'affréteur. Sur le plan de la responsabilité extracontractuelle, il reprochait à l'affréteur d'avoir manqué à son obligation d'amener le navire dans un port sûr, mais également de n'avoir pas pris les mesures de sauvegarde adéquates. Parallèlement, l'affréteur intenta devant la juridiction italienne une action contre le fréteur, au motif que l'accident fut causé par une navigation négligente du capitaine du navire affrété. En réponse, le fréteur introduisit auprès du juge anglais, une *anti-suit injunction,* qu'il obtint parce que le juge considéra que l'initiation d'une procédure par l'affréteur devant les juridictions italiennes au mépris de la clause d'arbitrage était "*vexatious*". Si l'objectif d'une telle injonction d'arrêt de poursuite peut se comprendre et se justifier dans sa philosophie, il n'en demeure pas moins qu'elle est dans la pratique, génératrice de beaucoup d'abus d'où sa nocivité[990].

---

[986] Environ 1000 demandes auprès de la Commercial Court of London pour la seule année 2003.

[987] T. com. Marseille, 13 janvier 2006 navire *Antigoni*, Sté Fortis corporate insurance NV et as. Vs Sté Sea Beam Maritime Co Ltd et as. Obs. CACHARD Olivier, DMF n°675 1er novembre 2006, p.856.

[988] Court of Appeal (civil division), 17 may 1994, Aggeliki Charis Compania SA vs Pagnan Spa; (*The Angelic Grace*), (1995) Lloyd's rep. p.87.

[989] Traduction libre, « tous litiges nés à l'occasion de l'exécution du présent contrat ».

[990] JCL Transport, fasc.1269 du 15 octobre 2009.

Le caractère excessif d'une telle injonction, réside dans au moins deux aspects. Dans un premier temps sur le plan pratique, elle fait obstacle à l'arbitrage ou à une procédure juridictionnelle, parce qu'elle prive la partie contre qui l'injonction est émise, du droit d'initier une procédure d'arbitrage[991] ou de saisir le juge légitimement compétent (de son point de vue) pour connaître de l'affaire. Ensuite, cela génère souvent une surenchère judiciaire, puisque la juridiction émettrice de l'injonction anti-poursuite essaie d'imposer à l'autre, sa conception de ce qu'est une convention d'arbitrage valide[992]. Cependant, celle préalablement saisie de l'affaire, peut être amenée à riposter dans les mêmes conditions[993], à travers un mouvement de va-et-vient perpétuel, en émettant à son tour, une anti *anti-suit injunction*. Enfin, elle est constitutive d'un *procédé pervers* qui repose non seulement sur la *mauvaise foi*, mais également sur un *opportunisme inadapté* avec pour seul but, l'entrave au déroulement normal de la procédure contre laquelle l'injonction est sollicitée[994]. Dans l'affaire du navire *Antigoni*, flamboyante par la pédagogie du jugement, le tribunal de commerce de Marseille ne s'est pas laissé intimider par l'*anti-suit injunction* sollicitée par les parties défenderesses. Au contraire, il a dans un raisonnement méthodique et méticuleux, démontré le caractère malsain de la demande d'*anti-suit injunction* dans cette affaire, ainsi que l'abus que cela constituait en l'espèce à savoir : la paralysie de la procédure engagée en France, et la soumission de l'affaire au juge britannique qui au regard des faits, protégerait l'armateur. Le juge constata la nocivité potentielle de cette pratique en observant : « *attendu d'abord qu'il est certain que la procédure d' "anti-suit injunction" devient récurrente puisqu'il a été enregistré durant l'année 2003 à la "Commercial Court of London" plus de 1000 demandes, mais souvent pour bien d'autres motifs que ceux liés à des contestations de violation de clause d'élection de for, qu'elle soit arbitrale ou judiciaire...* ». Et au juge de préciser, que lorsque cette requête d'injonction anti-poursuite est sollicitée en dehors des cas où l'une des parties ne respecte pas une clause compromissoire préalable, alors elle est détournée de sa finalité. Elle *devient un procédé pervers, reposant sur la mauvaise foi qui entrave gravement la procédure*. Dans cette affaire en effet, la clause compromissoire invoquée par l'armateur sollicitant l'injonction, le liait uniquement à l'affréteur à temps. Les intérêts cargaisons non seulement n'étaient guère concernés, mais aussi, n'avaient pas conclu de clause attributive de compétence avec le

[991] Supreme Court of Pakistan, aff. SGS vs Pakistan 3 juillet 2002.
[992] MOURRE Alexis & VAGENHEIM Alexandre, « *Arbitrage commercial international* », JCL procédure civile, fasc.1075.
[993] C'est l'exemple des demanderesses dans l'affaire navire *Antigoni* qui, parmi leurs conclusions, demandèrent au tribunal de commerce de Marseille d'émettre contre une *Anti-suit Injunction*, une « *Anti Anti-suit Injunction* ». Duel auquel le tribunal de commerce ne se laissa pas embarquer fort heureusement.
[994] T. com. Marseille, 13 janvier 2006, navire *Antigoni, op. cit.*

transporteur. De même, on était dans une situation de chaîne de contrats, avec : un affrètement, un sous-affrètement (l'affrètement au voyage) et un contrat de vente – le sous-affréteur au voyage la société Louis Dreyfus étant le vendeur –. D'ailleurs, cet abus engendra le désistement de l'une des demanderesses, la Compagnie *Great Lakes Reinsurance UK*, qui craignait effectivement de subir les sanctions relatives à une *"anti-suit injunction"*. Pourtant celle-ci n'était pas justifiée, et en conséquence, un plaideur perdit une chance d'obtenir du juge l'indemnisation à laquelle il avait droit.

Dans un second temps, l'*anti-suit injunction* est politiquement nocive en ce sens qu'elle est contraire au droit européen comme cela est désormais clairement dit par la jurisprudence. En effet, la CJCE a, dans l'affaire *Turner*[995], déclaré que *l'anti-suit injunction* était contraire au droit communautaire, notamment le Règlement CE n°44/2001. Même si dans cette affaire l'injonction portait sur une clause de juridiction, cette décision, très bien accueillie par la doctrine, était le fondement de la consécration future de cette posture en matière de procédure[996]. En effet, la CJCE, répondant à une question préjudicielle sur l'interprétation du règlement CE n° 44/2201, maintiendra la même position dans l'affaire *Allianz /c West Tankers*[997] où l'*anti-suit injunction* portait sur une clause compromissoire, décision elle aussi quasi unanimement admise par la doctrine française[998]. Dans cette affaire, une compagnie pétrolière va subir des dommages à la suite du heurt de son embarcadère par le navire qu'elle a affrété. Ses assureurs l'ayant indemnisé (et désormais subrogés à la hauteur de leur indemnisation), assignent l'armateur fréteur devant le tribunal de Syracuse, lieu du dommage pour réclamer des dommages-intérêts. Soulevant l'exception d'incompétence de la juridiction italienne, le fréteur sollicita et obtint de la *High Court of Justice* une *anti-suit injunction* pour faire cesser cette poursuite, d'où la question préjudicielle à la CJCE. Celle-ci dira que l'*anti-suit injunction,* en empêchant une juridiction d'un autre État membre d'exercer les compétences qui lui sont attribuées en vertu du règlement 44/2001, porte atteinte à l'effet utile du règlement, en empêchant la réalisation de ses objectifs d'unification des règles de conflit de juridictions en matière civile et commerciale[999]. La Cour dira également entre autres reproches, qu'en

[995] CJCE plénière, 27 avril 2004, aff. C-159/02 Gregory Paul Turner. Voir obs. MUIR-WATT Horatia, « *De la compatibilité des injonctions anti-suit avec la Convention de Bruxelles du 27 septembre 1968* », Revue critique de droit international privé, n°3 du 15 septembre 2004, p.654.

[996] Le Règlement CE 44/2001 du 22 décembre 2000 ne traite pas des questions de procédures (art.2-d), lesquelles sont régies par la *Lex Mercatoria* notamment la Convention de New York du 10 juin 1958 dite Convention pour la reconnaissance et l'exécution des sentences arbitrales étrangères.

[997] CJCE grande chambre,10 février 2009 aff. C185/07, navire Front *Comor, Allianz c/ West Tankers*.

[998] RDT n°4 avril 2009, p.1 obs. DELEBECQUE Philippe ; La semaine juridique n°37, 7 septembre 2009, p.49 obs. CALLE Pierre ; DMF n°701 mars 2009, p.211, obs. CARRIER Renaud ; Revue Europe n°4 Avril 2009, comm. 176, obs. IDOT Laurence.

[999] Points 24 à 28 de l'arrêt.

empêchant à la juridiction d'un État membre de déterminer elle-même si elle est compétente pour trancher d'un litige[1000], l'injonction anti-poursuite va à l'encontre de la confiance mutuelle que s'accordent les États membres vis-à-vis de leurs systèmes judiciaires[1001], et en cela, elle est donc contraire au règlement n°44/2001[1002]. Cette position de la CJCE semble sonner la fin du bal masqué, en remettant la bonne foi au cœur des contrats ou des contentieux qui en découlent. Comme elle éjecte hors du système européen une telle procédure, cela réjouira forcément toute la doctrine qui a plaidé dès l'arrêt *Turner,* pour son extension au champ de l'arbitrage[1003].

Cependant, la Cour de cassation a dans une décision du 14 octobre 2009, admis l'applicabilité en France, de l'exequatur d'une *anti-suit Injunction* lorsque cela lui semble non contraire à l'ordre public international[1004]. Même si cet arrêt paraît juridiquement juste, nous ne pouvons voiler notre frustration quant à une telle décision. En effet, bien que la 1re chambre civile de la Cour de cassation semble poser des garde-fous, la pratique nous enseigne que dans la grande majorité des cas, les injonctions anti-poursuite sont sollicitées abusivement, voir frauduleusement. Nous disons donc qu'il revient au juge ou à l'arbitre à qui le litige est soumis, de débouter le demandeur en renvoyant les parties devant le juge ou devant l'arbitre légitimement compétent au regard de la clause compromissoire lorsqu'elle existe, et si son invocation par la partie défenderesse souhaitant solliciter une *anti-suit injunction* l'est de bonne foi. D'ailleurs, les juges dans l'affaire navire *Heidberg*[1005] n'ont pas eu besoin d'être contraints par une *anti-suit injunction* pour renvoyer la demanderesse (la Société SHELL) à la clause compromissoire élective des juridictions anglaises. C'est également le cas de la Cour d'appel d'Aix-en-Provence, qui n'a pas eu besoin que lui soit présentée une *anti-suit injunction* pour infirmer une décision du tribunal de commerce de Marseille en imposant à celui-ci de revoir sa posture et de tenir compte de la clause compromissoire prévoyant arbitrage à Londres[1006].

En matière d'assurance responsabilité civile des armateurs, il est de règle que les *P&I Clubs* sauf sinistres exceptionnels, ne s'obligent à indemniser l'armateur sociétaire que si, et seulement si, ce dernier, a été préalablement reconnu par une juridiction comme étant responsable du préjudice, qu'il aura alors réparé. Cela implique que lorsqu'un armateur assigné

[1000] Point 29 de l'arrêt.
[1001] Point 30 de l'arrêt.
[1002] Points 32 et 34 de l'arrêt.
[1003] CARRIER Renaud, Recueil Dalloz 2005, p.2712.
[1004] Cass. civ. 1re, 14 octobre 2009 n°08-16.369 et 08-16.549 ; Aff. Sté In Zone Brands International vs In Zone Brands Europe. Obs. LEGROS Cécile, « *L'exequatur d'une injonction anti-suit n'est pas contraire à l'ordre public international* » La semaine juridique – édition générale – n°49 du 30 novembre 2009, p.18.
[1005] CA. Bordeaux 2e ch., 31 mai 2005 *Navire Heidberg*. DMF n°663, octobre 2005, p.839, obs. VIALARD Antoine.
[1006] CA. Aix-en-Provence 2e ch., 23 novembre 2017 n°17/01932.

à l'étranger, soit par un affréteur ou par des intérêts cargaisons, décide de manière injustifiée de solliciter auprès des tribunaux anglais une *anti-suit injunction,* son *P&I Club* ne le lui interdit pas mais reste en retrait, observateur. Pourtant, un tel retrait constitue un silence complice, parce que si l'armateur est supposé d'abord devoir réparer les dommages causés avant de se faire indemniser – règle *"pay to be paid"* –, c'est en réalité et en définitive son *P&I Club* qui paye. Ce qui signifie que le gain que l'armateur sollicitant une *anti-suit injunction* peut en tirer, soit une réduction du montant de sa responsabilité, soit le rejet des poursuites du demandeur, profitera également à son *P&I Club* qui selon l'espèce, payera soit une indemnité inférieure à celle qu'il aurait due si l'injonction n'était pas intervenue, soit n'aura rien à payer si le transfert de la procédure devant une juridiction anglaise grâce à *l'anti-suit injunction* conduit à la non-responsabilité de l'armateur.

Enfin, puisque Mme le Professeur Cécile LEGROS, qui a favorablement accueilli la décision de la 1re chambre civile sus-indiquée, reconnaît elle-même les procédés déloyaux en matière d'*anti-suit injunction,* nous nous posons la question de la compatibilité d'une telle injonction avec les principes fondamentaux de la Common Law, notamment de l'*Equity* qui entre autres, impose que "*He who comes to Equity must come with clean hands*". C'est d'ailleurs en partie sur le fondement des principes de l'*Equity,* que le juge anglais saisi dans le cas de l'affaire navire *Antigoni*[1007], rejeta la requête de l'armateur sollicitant une ordonnance d'*anti-suit Injunction.* De même, parce qu'elle affecte négativement les juridictions étrangères, l'*anti-suit injunction* est donc contraire à la règle de la *"comity"*[1008], qui fait partie des piliers de la *Common law*[1009].

L'actualité récente marquée par la sortie de l'Angleterre de l'accord européen dit *Brexit,* va certainement casser l'effort que la CJCE essaye de fournir quant à la coopération entre les États membres en matière de justice. Coopération fondée entre autres sur la confiance mutuelle que s'accordent les États de l'Union Européenne, vis-à-vis de leurs systèmes judiciaires respectifs. Fort heureusement, en matière contentieuse, les tiers bénéficient de certains instruments leur permettant de sauvegarder leurs intérêts et c'est le cas de l'action directe qui peut être lancée directement contre le *P&I Club.*

[1007] CACHARD Olivier, « *Portée d'une demande d'Anti-suit injunction devant le juge français* », DMF n°675, 1er novembre 2006, p.856.

[1008] TETLEY William, "*International maritime and admiralty law*", ed. Yvon Blais Inc., 2002, p.414.

[1009] Le principe de la *comity* est une règle de *Common Law*, fondée sur la courtoisie, le respect des juridictions étrangères.

B/ L'action directe des tiers contre les *P&I Clubs*, un droit à consacrer pleinement

Le lexique des termes juridiques définit l'action directe (dans le cadre du contrat d'assurance) comme étant l'action exercée directement par la victime contre l'assureur du responsable de son dommage, afin de mettre en jeu la garantie prévue au contrat d'assurance. Cette action n'étant pas prévue par le Code civil, il faut se référer à l'article L 124-3[1010] du code des assurances qui en son alinéa 1er prévoit que « *Le tiers lésé dispose d'un droit d'action directe à l'encontre de l'assureur garantissant la responsabilité civile de la personne responsable* ». Cette formulation est héritée de la jurisprudence qui avait, dans un arrêt de principe de 1926[1011], déduit le droit d'action directe de la victime, de l'interprétation faite de l'article L124 d'alors devenu l'alinéa 2 article L 124-3 d'aujourd'hui. Ainsi, puisque le tiers lésé jouit de la possibilité d'exercer une action directe à l'encontre de l'assureur responsabilité de l'auteur du dommage, et parce que les *P&I Clubs* sont des assureurs responsabilité, nous pouvons donc d'emblée affirmer que les tiers, victimes de dommages causés par l'armateur garanti en RC par un *P&I Club*, bénéficient d'un droit d'action directe[1012]. D'une part selon la loi française, et d'autre part selon la jurisprudence dont les premiers arrêts en la matière, relatifs aux assurances maritimes, remontent aux années 1980[1013], période à laquelle le principe de l'action directe à l'encontre des *P&I Clubs* fut admis. En Angleterre la question fut traitée par une loi dédiée à l'action directe dite *The Third Parties Rights Against Insurers Act 1930* modifiée en 2010[1014].

En matière d'assurances maritimes de responsabilité civile, cette loi permet l'action directe de la victime d'un dommage uniquement en cas d'insolvabilité[1015] de l'armateur responsable du dommage. Toutefois, l'interprétation de cette loi n'a pas fait l'unanimité au sein de l'intelligentsia juridique britannique, car pour certains elle pouvait s'appliquer aux *P&I Clubs* et pour d'autres non. Cette controverse a été longuement entretenue par le fait que les litiges y relatifs, n'étaient pas toujours soumis aux juges. Et quand bien même ce fut le cas, les parties transigèrent en cours de procédure, l'interrompant donc. Il aura fallu attendre les

---

1010 Tel que modifié par la Loi n°2007-1774 du 17 décembre 2007.
1011 Cass. civ. 14 juin 1926, DP 1927, I, p.57.
1012 OSANTE José Manuel, "El seguro de responsabilidad civil empresarial", ed. Marcel Pons, 2018, p.285 et suiv.
1013 CA. Rennes, 15 mai 1981 navires *Gelesiae* et *Randiant-Claudia*. Obs. DMF 1982 p.275 ; CA. Rouen 2e ch. Civ., 17 décembre 1987, navire *Sea-Saint*. DMF 1988, p.477. Dans la première affaire la Cour d'appel de Rennes bien que rejetant la demande, reconnu le principe de l'action directe contre les *P&I Clubs*. Et celle de Rouen quant à elle recevait l'action.
1014 Désormais appelée *Third Parties Rights Against insurers Act 2010*.
1015 Art. 1-(a) ancien ; et art. 1 Third Parties Act 2010.

célèbres affaires « *Fanti* » et « *The Padre Island* » qui ont permis au juge de lever toute équivoque en décidant que l'action directe à l'encontre du *P&I Club* ne pouvait prospérer à cause de la clause "*Pay to be paid*"[1016] insérée dans les règles du *P&I Club*. Se justifiant de cette posture, les juges diront d'abord que la clause ne viole pas la loi et est tout à fait valide parce qu'il s'agit d'une clause socle[1017] du mode de fonctionnement des *P&I Clubs*. Ensuite ils expliqueront que les *P&I Clubs* étaient de bonne foi, car cette clause n'avait pas été insérée après adoption de la loi de 1930 pour faire échec à ses dispositions mais au contraire, gouvernait la pratique de la garantie P&I depuis fort longtemps. Enfin, mettant l'accent sur le caractère indemnitaire de la garantie des *P&I Clubs*, les Lords diront que le tiers lésé ne saurait avoir plus de droits que l'assuré, car celui-ci ne bénéficie de son propre Club d'une garantie que s'il a préalablement réparé le dommage pour lequel il lui est fait grief. De ce fait donc, puisque, de par son insolvabilité, l'armateur ne peut respecter cette clause, il ne peut y avoir le transfert d'un droit non existant. En d'autres termes, les droits que le tiers lésé peut faire valoir face au *P&I Club* n'existent que si l'armateur se libère de sa dette de réparation du dommage, et lorsqu'il est en faillite ou en banqueroute, ces droits-là n'existent pas et ne peuvent donc pas être transférés[1018] au tiers lésé.

De ce qui précède on remarque que le tiers lésé par le fait quelconque d'un armateur dispose d'un droit affirmé, constituant dans son principe l'action directe à l'encontre du *P&I Club* assureur responsabilité civile de celui-là. Cependant, le constat qui ressort des litiges y relatifs est que le droit de l'action directe a une portée plutôt relative[1019], tant au regard de la pratique anglaise qu'à la tergiversation de la jurisprudence française. En effet, plusieurs questions se posent : d'abord la question relative à la notion d'insolvabilité de l'armateur, ensuite celle de l'admissibilité de l'action directe, et enfin celle qui concerne la loi applicable.

Commençons d'abord par l'admissibilité de l'action directe du tiers lésé contre le *P&I Club* de l'armateur responsable du dommage objet du litige. Face au triptyque loi du lieu du dommage, loi du contrat d'assurance et loi de police, nous pouvons dire que la construction de la jurisprudence relative à l'action directe en droit maritime est sujette à tergiversations, les juges appliquant certaines fois la *lex loci delicti*[1020] et d'autres fois se fondent sur la *lex*

[1016] Cf. supra, section la règle "*Pay to be paid*", contrainte inédite conditionnant la prestation des *P&I Clubs*, p.94.
[1017] FOUCHIER Françoise, « *L'action directe contre les P&I Clubs* », DMF n°600, janvier 2000, p.3.
[1018] FOUCHIER Françoise, idem.
[1019] Voir AMOURI Badreddine, « *L'action directe contre les clubs de protection et d'indemnité* », Presses Universitaires d'Aix-Marseille, 2019.
[1020] TC Rouen, 20 mai 1988, navires « *HAKKI-Morgul* » et « *Morgul* » ; CA Rouen 2e ch. civ, 13 juillet 1994, Navire *HEIDI*. DMF 1995 n°551, p.540, obs. Yves TASSEL.

contractus, loi du contrat d'assurance P&I[1021] qui est dans la quasi-totalité des cas la loi anglaise. Notons tout de même que la tendance laisse présager la préférence des juges pour la *lex loci delicti*. D'abord, en matière extracontractuelle les choses semblent désormais claires, car les juges du fond de Poitiers, s'inscrivant dans une posture déjà adoptée par de précédentes décisions, ont récemment affirmé que : « *en matière délictuelle, le tribunal compétent est celui du lieu du dommage* »[1022]. Une partie de la doctrine a milité pour une distinction entre l'action directe exercée contre le *P&I Club* dérivant d'un délit ou quasi-délit, et celle qui dérive d'une action en responsabilité contractuelle[1023] pour soumettre à la loi du contrat l'action directe lorsque cela dérive d'un manquement contractuel. Mais la jurisprudence a fort logiquement, il nous semble, réduit à néant cette proposition en décidant que l'action directe en matière contractuelle ou quasi délictuelle est soumise à la loi du lieu du dommage[1024]. Cette posture a au moins le mérite d'éviter de complexifier une matière qui est déjà par nature, complexe à suffisance. En attendant une position unanime des juges français entre eux et entre les juges français et d'autres, la Convention de Rome 2[1025] semble jouer l'apaisement en proposant un rattachement alternatif à son article 18 qui dispose que « *la personne lésée peut agir directement contre l'assureur de la personne devant réparation si la loi applicable à l'obligation non contractuelle ou la loi applicable au contrat d'assurance le prévoit* ».

La question de la détermination de l'admissibilité de l'action directe nous paraît cruciale car le droit anglais n'admet l'action directe du tiers lésé contre le *P&I Club* de l'armateur responsable qu'en cas d'insolvabilité de celui-ci. Ce qui signifie que si l'action directe est régie par la *lex contractus*, ce sera le droit s'appliquant au contrat d'assurance entre le *P&I Club* et l'armateur, donc le droit anglais[1026]. En d'autres termes, comme l'ont enseigné les arrêts *Fanti* et *The Padre Island*, si l'armateur est insolvable, l'action directe sera admise mais ne prospérera pas, car il sera opposé au demandeur la règle *"pay to be paid"* pour faire échec à sa demande. En droit anglais donc, l'action directe du tiers lésé contre le *P&I Club* est confrontée à deux verrous qui la neutralisent : le premier est la condition d'insolvabilité de l'armateur responsable du dommage et le deuxième, l'opposabilité de la clause *"pay to be*

[1021] CACHARD Olivier, « Assurance maritime et fluviale », in Répertoire de droit international, Dalloz, février 2004, n°33 (actualisation août 2018).
[1022] CA Poitiers 1re ch., 7 novembre 2014 n°14/00944 navire *Anna*. GPMLR c/ Sté Intercostal Shipowners P&I ; n°14/00944, DMF n°766, février 2015, p.124, obs. DELEBECQUE Philippe.
[1023] SCAPEL Christian, « *L'action directe contre les P&I Clubs* », in Mélanges offerts à Pierre BONASSIES, p.333.
[1024] Cass. civ. 1re, 20 décembre 2000 n°98-15.546 ; CA Rouen, 13 juillet 1994, navire *HEIDI*, obs. TASSEL Yves, DMF 1995, p.540.
[1025] https://eur-lex.europa.eu/legal-content/FR/TXT/?uri=celex%3A32007R0864
[1026] *The Third Parties Rights Act* de 2010.

paid". Donc conditionner l'acceptation de l'action directe à l'insolvabilité de l'armateur, revient à demander au juge de se plonger dans les contours et les profondeurs de montages juridiques très souvent alambiqués et dont l'objectif est le dépeçage des risques afin d'en réduire les responsabilités. Et comme le souligne fort justement Mme FOUCHIER Françoise, l'exemple type en est la technique des *single ships companies*[1027] qui, permettant à l'armateur de se déclarer insolvable parce qu'ayant limité les risques de son activité ainsi que sa responsabilité sur le navire concerné, prive le tiers lésé de l'action directe. Si les juges anglais ne se donnent pas la peine de rechercher la communauté d'intérêts pour constater l'insolvabilité, certains juges français quant à eux s'y fondent pour rejeter l'action directe d'un tiers lésé contre le *P&I Club* d'un armateur en faillite mais appartenant à un groupe solvable[1028].

De ce qui précède on peut faire deux observations : la première sera que selon la jurisprudence anglaise, l'insolvabilité de l'armateur ouvre droit à l'action directe de la victime de dommage contre le *P&I Club* de cet armateur-là ; mais en même temps cette insolvabilité sera la cause de l'irrecevabilité de la demande au regard de la clause de paiement préalable *pay to be paid.* La seconde observation est celle de la Cour de cassation française, notamment celle de l'affaire « *Irini M* », qui nous révèle que l'action directe est irrecevable si l'armateur insolvable est une société de façade appartenant à un groupe solvable[1029]. Autrement dit, et selon le point de vue de Christian SCAPEL, l'action directe contre les *P&I Clubs* peut être accueillie au regard du droit français mais n'aboutira pas à cause de la règle *pay to be paid*[1030].

À ce stade se pose la question de savoir si le tiers lésé qui intente une action directe à l'encontre du *P&I Club* est suffisamment protégé. Nous avons la faiblesse de penser que cette protection est à tête chercheuse. En effet, il est admis que l'action directe est un droit propre et direct qui se fonde sur un contrat antérieurement existant entre le responsable du dommage et son assureur responsabilité, et ne peut s'exercer que dans ses limites[1031]. Cela implique que, l'assureur est en droit d'opposer à la partie demanderesse les mêmes exceptions qu'il aurait pu soulever contre l'armateur assuré[1032].

[1027] FOUCHIER Françoise, « *L'action directe contre les P&I Clubs* », DMF n°600, janvier 2000.
[1028] SIMON Patrick, « *Du nouveau sur l'action directe contre les P&I Clubs »,* DMF n°551, juillet 1995, pp.530 et suivants.
[1029] SIMON Patrick, idem.
[1030] SCAPEL Christian, « *L'action directe contre les P&I Clubs* », in Mélanges offert à Pierre BONASSIES, n°24 et 25, p.339.
[1031] Cass. civ. 1re, 1er octobre 1980 RGAT 1981, p.201.
[1032] C. assur., art. L112-6.

Concernant enfin la question de la loi applicable, en matière d'action directe contre les *P&I Clubs*, nous plaidons pour l'application de la *lex loci delicti*, et pour une recevabilité sans condition de solvabilité. Nous nous expliquons :

Premièrement, parce que l'article L 124-3 du code des assurances, général et impersonnel, n'établit pas de critères ou ne distingue pas entre les tiers lésés mais tout simplement, proclame le caractère autonome du droit de l'action directe et ne le soumet pas à la solvabilité de l'assuré responsable du dommage.

Deuxièmement, parce que le tiers lésé n'est pas partie au contrat d'assurance et ne peut donc avoir accepté la clause du paiement préalable ; cela ne saurait non plus lui être opposé[1033]. De plus, selon l'alinéa 2 de l'article L 124-3 du code des assurances, « *L'assureur ne peut payer à un autre que le tiers lésé, tout ou partie de la somme due par lui, tant que ce tiers n'a pas été désintéressé, jusqu'à concurrence de ladite somme, des conséquences pécuniaires du fait dommageable ayant entraîné la responsabilité de l'assuré* ». L'expression « *tant que ce tiers n'a pas été désintéressé* » montre bien le caractère nécessaire de la réparation du dommage subi par le tiers lésé ; et cette nécessité révèle selon nous un caractère urgent qui ne s'accommode pas de contrainte extérieure, car l'on parle ici d'un droit et non d'une faveur. Ceci implique, il nous semble, que l'opposition au tiers lésé de la clause du paiement préalable, viole ce droit proclamé par la loi et que le juge se doit de protéger.

Troisièmement, parce que rejeter l'action directe d'un tiers lésé sur le fondement de la *lex contractus* ou bien selon les motivations du juge dans l'affaire de l ' « *Irini M* » participe à une catégorisation, mieux à une hiérarchisation implicite mais malheureuse des potentiels tiers-lésés. Certains étant bien protégés tandis que d'autres ne le sont pas du tout.

Tout d'abord les victimes d'accidents corporels sont très bien protégées et ne subissent pas l'insolvabilité de la clause *Pay to be paid.* À ce propos, même le droit anglais en la matière semble rejoindre le droit français. Même dans les affaires *Fanti* et *The Padre Island*, Lord GOFF, bien qu'acquiesçant aux arguments des *P&I Clubs*, leur intima de ne pas invoquer la règle *pay to paid* face à un tiers-victime de dommages corporels ou bien aux ayants droit du *de cujus*[1034]. Ensuite, le *Third Parties rights Against Insurers Act* de 2010[1035] en son article 9 (5) dispose clairement que "*The transferred rights are not subject to a condition requiring the prior discharge by the insured of the insured's liability to the third party*". Mais ce texte précise plus

[1033] CA Poitiers, 7 novembre 2014, *op. cit.*, DMF n°766, 1er février 2015 p.124, obs. DELEBECQUE Philippe.
[1034] HAZELWOOD Steven & SEMARK David, "*P&I Clubs Law and Practice*", 4th ed., 2010, n°17.38, p.301.
[1035] Ceci fait partie des améliorations par rapport à la version originelle de 1930.

bas[1036] que : "*In the case of contract of marine insurance, subsection (5) applies only to the extent that the liability of the insured is a liability in respect of death or personal injury*". Donc en matière d'assurance maritime selon cette loi, seul celui qui a subi des blessures corporelles (ou ses ayants droit en cas de décès) jouit d'un droit à l'action directe qui n'est pas conditionnée par l'état d'insolvabilité de l'armateur. Il faut dire que la Convention d'Athènes telle que modifiée par le Protocole de 2002[1037] avait déjà posé les jalons du caractère absolu de l'action directe pour cause de blessures ou de décès des passagers en rendant inopposable au tiers victime, la clause *pay to be paid* puisqu'elle stipule que le défendeur peut opposer au demandeur les moyens de défense que l'assuré (le transporteur) aurait pu invoquer contre le tiers lésé, mais il *ne peut se prévaloir d'aucun des autres moyens de défense qu'il aurait pu être fondé à invoquer dans une action intentée par l'assuré contre lui*[1038]. Dans le même ordre d'idées, comme nous l'avons précédemment analysé, lorsque le tiers blessé ou décédé est un membre de l'équipage du navire, le Club ne lui oppose pas la clause de paiement préalable.

De même lorsque c'est l'administration portuaire qui est tiers lésé du fait du dommage à un ouvrage portuaire, le *jus imperium* dont elle dispose la met à l'abri de la clause de paiement préalable. Dans de telles conditions, les *P&I Clubs* émettent rapidement des lettres de garantie ou des avals bancaires pour éviter non seulement la saisie du navire mais aussi entre autres frais, les dommages et intérêts liés à l'indisponibilité de l'installation, les frais de remise en état de l'ouvrage.

Dans le même ordre d'idées, l'observation nous révèle qu'à la suite des dommages à l'environnement, importants ou pas, et c'est le cas des pollutions par rejet d'hydrocarbures, les *P&I Clubs* n'invoquent pas non plus cette clause. Au contraire, l'action directe est ici admise de manière anticipée par la constitution d'un fonds de garantie. Cela se fait à travers l'émission du certificat de garantie financière qu'impose l'article 7.1 de la CLC[1039] et dont les conditions sont préalablement définies par l'article 5. D'autre part, l'article 7.8 dit que « *toute demande en réparation de dommages dus à la pollution peut être formée directement contre l'assureur ou la personne dont émane la garantie financière couvrant la responsabilité du propriétaire pour les dommages par pollution…* ».

[1036] Article 9 (6).
[1037] (Convention d'Athènes de 1974 relative au transport par mer de passagers et de leurs bagages et du protocole de 2002 à la Convention).
[1038] Conv. Athènes consolidée, article 4(bis)§10.
[1039] Voir nos développements sur la CLC (Civil Liability Convention).

Toujours dans la même optique, on remarquera que la victime d'un abordage dispose au regard des différentes jurisprudences, d'un droit d'action directe contre l'assureur responsabilité du navire fautif[1040].

Enfin, il ressort de tout ce qui précède, que c'est le tiers lésé victime d'un dommage à la cargaison, c'est-à-dire le chargeur qui est le moins protégé, car c'est à son action directe que la clause de paiement préalable, à travers l'insolvabilité de l'armateur pose problème. À ce propos d'ailleurs, dans son rapport des arrêts *Fanti* et *The Padre Island* porté à la connaissance des juristes français[1041], M. HARRIS Bruce, arbitre maritime anglais, indique à la fin de son propos que la position des Lords dans ces affaires démontre la propension des juges anglais à interpréter les contrats ou leurs clauses, dans leur sens connoté en leur donnant toute la force exécutoire que cela entraîne[1042], même si une injustice en découle, notamment pour le tiers lésé ou bien son assureur subrogé. Pourtant l'action directe est supposée protéger les tiers, lésés par une personne bénéficiant d'une assurance responsabilité civile. La loi en la matière étant impersonnelle et générale, pourquoi donc opérer des distinctions là où la loi ne distingue pas ? Alors si le but de l'action directe est la sauvegarde, la garantie de son droit à être indemnisé par l'assureur de celui qui lui a causé un dommage, il nous semble donc nécessaire, voire urgent d'aller jusqu'au bout de cette logique. Le risque encouru est de voir, indépendamment des aléas économiques, se généraliser des pratiques malicieuses et peu orthodoxes des armateurs[1043], en vue de se déclarer insolvables chaque fois qu'ils seront tenus de réparer certains dommages qu'ils auront causés à autrui.

Au regard de tout ce qui précède nous pouvons observer, pour le déplorer, que l'action directe qui est une procédure destinée à protéger le tiers lésé ne remplit pas toujours son rôle. C'est pourquoi, pour contribuer à lui donner sa véritable valeur, nous invitons les juges à considérer la *lex loci delicti* pour recevoir l'action directe du tiers lésé, et cela sans condition d'insolvabilité de l'armateur, parce que si Thémis a les yeux bandés, l'équité aplanit ses sentiers.

[1040] CA Versailles 3e ch., 22 mai 2014 n°12/04208.

[1041] DMF 1990, p.723.

[1042] Ceci peut être une illustration de la force de l'autonomie des contrats dans le système du droit des affaires de Grande Bretagne.

[1043] « *... l'armateur se révèle souvent inquiétant, voire fuyant, d'une solvabilité limitée, que ce soit par l'effet des aléas économiques ou, plus fréquemment, de montages sociétaires habilement orchestrés ; il est, parfois encore insaisissable, en tous les sens du terme* ». SCAPEL Christian, « *L'action directe contre les P&I* » Club, in Mélanges offerts à Pierre BONASSIES, p.331.

C/ La saisie du navire, alliée du tiers lésé

Puisque l'action directe du chargeur contre le *P&I Club* de l'armateur subit des obstacles non négligeables, il semble judicieux pour lui de s'en prémunir en saisissant le navire à titre conservatoire[1044]. Toutefois, nous n'y consacrerons pas de longs développements, car la saisie conservatoire ou exécutoire des navires a déjà fait l'objet de nombreuses études et analyses. Donc, nous nous attellerons seulement à démontrer, face aux éventuelles difficultés d'une couverture par les *P&I Clubs*, dans quelle mesure la saisie conservatoire du navire peut être l'atout majeur d'un propriétaire de marchandises perdues, détruites totalement ou partiellement, ou encore dont la livraison tardive lui a causé des dommages.

Le chargeur tient son aptitude à saisir le navire de la Convention de 1952[1045] qui stipule en son article 2.2 qu'*un navire ne peut être saisi qu'en vertu d'une créance maritime, à l'exclusion de toute autre créance*. Énumérant de manière restrictive les créances maritimes ouvrant droit à la saisie conservatoire, la Convention y inclut en son article 1.f, *les pertes ou dommages aux marchandises et bagages transportés par un navire*[1046]. En d'autres termes, le propriétaire des marchandises transportées par mer, dispose, en cas de perte ou dommage imputable à l'armateur, d'une créance maritime et peut donc exercer contre le navire une saisie conservatoire. Lorsqu'il en a la possibilité, face à un armateur qui lui inspire peu de confiance, l'ayant droit à la cargaison, bien avisé, exigera la saisie conservatoire du navire pour se protéger[1047]. Le bien-fondé d'une telle mesure réside dans ses effets et à ce titre, il n'est plus à démontrer la vertu de la saisie conservatoire au profit du saisissant. Comme nous l'avons déjà mentionné dans nos précédents chapitres, l'immobilisation d'un navire entraîne plusieurs conséquences parmi lesquelles entre autres, les pertes liées à l'indisponibilité du navire du fait de sa non-exploitation[1048], ainsi que des frais d'immobilisation conséquents. Cela semble renforcé par la facilité avec laquelle la saisie conservatoire d'un navire peut être accordée. En effet, au regard de l'urgence de la saisie conservatoire de navire[1049], seule l'allégation de

---

1044 SCAPEL Christian, *ibid.*, p.340, §26.

1045 Convention de Bruxelles du 10 mai 1952, pour l'unification de certaines règles sur la saisie conservatoire des navires de mer. Cette Convention a été modifiée par la Convention de Genève du 12 mars 1999. La France n'ayant pas signé celle-ci, nous nous baserons sur celle de 1952. NB : le Code des transports traite également de la question, mais de manière très lapidaire en ses articles L5114-21 et L 5114-22.

1046 Art. 1.h Convention de Genève du 12 mars 1999.

1047 SCAPEL Christian, « *L'action directe contre les P&I* » Club, in Mélanges offerts à Pierre BONASSIES, n°26 p.340.

1048 Cette conséquence peut elle-même en entraîner d'autres, notamment les dommages-intérêts pour les engagements qu'aurait pris antérieurement l'armateur envers des tiers.

1049 MONTAS Arnaud, « *saisie conservatoire du navire* », JCL Transport, Fasc.1128 (mise à jour du 31 mai 2013).

créance maritime suffit et le chargeur saisissant n'a pas à rapporter la preuve de son existence[1050] et pas besoin donc, qu'elle soit fondée en son principe.

Lorsque la saisie du navire est prononcée, l'armateur qui souhaite en éviter les conséquences, pourra en obtenir mainlevée uniquement s'il apporte une caution ou bien des garanties financières suffisantes[1051] et satisfaisantes. Certes, la demande de mainlevée par la constitution d'une sûreté ou par le dépôt d'une garantie financière n'est pas constitutive, ni d'une reconnaissance de responsabilité, ni d'une renonciation au bénéfice de la limitation de responsabilité de l'armateur[1052], mais c'est là que naît le net avantage procuré par la saisie pour le saisissant. En effet, aussitôt que la saisie est prononcée par le président du Tribunal de commerce, l'armateur sollicite soit un aval bancaire, soit dans la grande majorité des cas une caution de son *P&I Club*[1053]. Si notre lecteur s'en souvient, nous avons, lorsque nous analysions la nature juridique des lettres de garantie émises par les *P&I Clubs*, affirmé qu'il s'agissait d'un cautionnement, sûreté personnelle par excellence.

Par souci de clarté et surtout d'efficacité, et avant de poursuivre, nous proposons au lecteur d'observer ensemble l'exemplaire de lettre de garantie suivante :

[1050] Cass. com., 5 octobre 2010 n°09-13092 navire *Blue Shadow*. DMF 719, novembre 2010 p.917, obs. Pierre BONASSIES.

[1051] Art. 5 Convention de Bruxelles du 10 mai 1952 ; art. 4 Convention de Genève du 12 mars 1999 ; art. L5114-21 code des transports.

[1052] Art. 5 Convention de Bruxelles du 10 mai 1952.

[1053] §2 : Cf. supra, §2 : Une garantie facilitée par « l'engagement à payer » émis par les P&I Clubs.

Britannia

The Britannia Steam Ship Insurance Association Limited

Managers
Tindall Riley (Britannia) Limited
New City Court
20 St Thomas Street
London SE1 9RR

Tel +44 (0)20 7407 3588
Fax +44 (0)20 7403 3942
www.britanniapandi.com

20 May 2008

Owners of the M/V
c/o Standard Club
Charles Taylor & Co. Limited
International House
1 St. Katharines Way
London
E1W 1UT

LETTER OF UNDERTAKING

Dear Sirs,

Ship:
Claim/Incident: **C/W** **at Algeciras 01.05.08**

In consideration of, and upon condition that, you release from and/or refrain from arresting, attaching or otherwise detaining the or any other ship or property in the same or associated ownership or management or control for the purpose of founding jurisdiction and/or obtaining security in respect of your claim against the owners of the relating to the above incident, we The Britannia Steam Ship Insurance Association Limited, hereby undertake to pay to you on demand such sum as may be agreed between the parties to be due to you as a result of an amicable settlement, or as may be found and adjudged to be due to you from the owners of the by a competent court [or tribunal] or, if appeals are made, after all appeals, provided always that our liability hereunder shall not in any circumstances exceed (including interest and costs) the sum of USD 270,000 (two hundred and seventy thousand United States dollars) or the limit of liability of the owners of the under the provisions of the applicable law whichever may be the less.

This agreement shall be governed by English law and the English High Court shall have jurisdiction to hear and determine any action brought by you to enforce the provisions hereof.

Yours faithfully
for THE BRITANNIA STEAM SHIP INSURANCE ASSOCIATION LIMITED

Director
Tindall Riley (Britannia) Ltd
MANAGERS

g:\brit\claimhan\dc\guarantees\bahia uno 01.doc

The Britannia Steam Ship Insurance Association Limited Registered Office: New City Court, 20 St Thomas Street, London SE1 9RR
Registered number 10340 England Authorised and regulated by the Financial Services Authority

Parmi les enseignements que fournit une telle lettre de garantie, nous constatons deux faits majeurs. Le premier est la sollicitation de mainlevée de la saisie du navire « *Altair* ». En contrepartie, et c'est le second fait majeur, Britannia P&I Club s'engage à payer en tant que caution la somme de 270 000 $, soit à la suite d'un accord amiable entre l'armateur du navire « *Altair* » et le saisissant, ou bien après décision de justice ou arbitrage non susceptible de recours.

Dans quelle mesure une telle lettre de garantie est-elle un palliatif efficace contre l'action directe ? Pour répondre simplement à cette question, nous insisterons sur le fait qu'il s'agit d'une sûreté personnelle. Ceci implique donc l'existence, ou bien la naissance d'une obligation autonome du *P&I Club* envers l'intérêt cargaison. Cela se constate à travers la phrase " *We The Britannia Steam Ship Association Limited, hereby undertake to pay to you on demand such sum as may be agreed between the parties...* ". Par ce fait, la clause *pay to be paid* se trouve évincée et le *P&I Club* ne peut plus dès lors l'invoquer contre l'intérêt cargaison qui n'a plus à redouter la conséquence à son encontre, de l'insolvabilité de l'armateur. Au contraire, il est certain d'être payé à première demande s'il transige avec l'armateur ou bien, s'il obtient gain de cause après arbitrage ou procédure judiciaire insusceptible de recours. À ce propos, sachant que les *P&I Clubs* veillent jalousement à leur réputation, l'intérêt cargaison peut demeurer serein quant à la certitude qu'il sera indemnisé, malgré la libération du navire par la mainlevée de la saisie qui se sera alors révélée être un magnifique moyen de pression.

Section 2 : Le règlement non juridictionnel des litiges : un mode de règlement plébiscité par les P&I Clubs

La pratique du commerce dans son ensemble en général, et celle du commerce maritime en particulier, s'accommode mal d'une extrême rigueur normative d'où, la grande liberté laissée aux commerçants dans certains aspects de leurs activités respectives avec pour objectif exclusif la recherche de l'efficacité des opérations concernées. C'est le cas par exemple en matière de preuve telle qu'exprimé par l'article L110-3 du Code de commerce, bien que l'activité des *P&I Clubs* ne soit *stricto sensu* assimilable à un acte de commerce de par son caractère non lucratif.

Quoi qu'il en soit, lorsqu'un contentieux ou litige est né et actuel, impliquant un armateur Membre d'un *P&I Club* et relatif à l'exercice de son activité professionnelle, les *P&I Clubs*, pour sa gestion, optent en priorité en faveur du règlement non juridictionnel. Recours est également fait au règlement extra-juridictionnel dans la prévention d'un tel conflit ou litige.

Dans la pratique, référence est faite au contrat qui se révèle être un outil de règlement non juridictionnel par anticipation (§1) que l'armateur et son contractant peuvent implémenter selon les modalités qui leur conviennent. Cependant ceci se fait en pratique sous le contrôle vigilant des *P&I Clubs* qui prennent quasi automatiquement le relais lorsque l'issue du contrat n'est pas heureuse et engendre une réclamation contre l'armateur. Dans un tel cas, il est fait recours aux modes alternatifs de règlement des différends à l'instar du consensus qui lui, peut arborer diverses formes (§2)

§1 : Le contrat, outil de règlement non juridictionnel par anticipation des litiges

Le contrat, plus qu'un engagement synallagmatique créant des obligations ainsi que des droits à la charge ou au profit de chaque partie, peut aussi se révéler être un instrument efficace et pertinent de règlement d'un éventuel litige. L'observation de la pratique contemporaine montre que les professionnels recourent de plus en plus au contrat pour régler en amont les litiges qui en naîtraient, faisant ainsi du contrat un instrument d'anticipation du règlement de leur éventuel futur différend[1054]. À travers cet accord sur le désaccord à venir, les parties posent les bases et les modalités par lesquelles les litiges à naître seront réglés en dehors des voies contentieuses classiques à savoir le juge étatique ou l'arbitre. Pour les circonstances nous concernant dans la présente étude, nous nous proposons d'analyser d'une part la déclaration de valeur comme outil de protection des intérêts cargaison (A) et d'autre part, la clause *Paramount* comme un instrument de règlement par anticipation des différends (B).

A/ La déclaration de valeur, outil intéressant de protection des intérêts cargaison

Dans la pratique des assurances, il existe une distinction fondamentale, naturelle et qui s'impose d'elle-même entre l'assurance sur facultés et les autres types d'assurances notamment RC (responsabilité civile). En effet, l'assurance sur facultés se fait toujours sur la base de la valeur déclarée[1055] tandis que les autres types d'assurance ont pour socle une valeur agréée.

[1054] CADIET Loïc et CLAY Thomas, « *Les modes alternatifs de règlements des conflits* », 2e éd. Dalloz, 2017, p.1.
[1055] Il est ici fait référence à la valeur de l'objet assuré.

Ainsi, la valeur déclarée en l'espèce porte sur un ensemble de biens répertoriés et sert d'une part, à déterminer le montant de la prime, lequel montant, est calculé sur la base de la valeur en l'état de la chose au moment du contrat ou de la valeur au moment du sinistre et d'autre part, la valeur déclarée constitue la limite de l'engagement financier de l'assureur en ce sens qu'en cas de sinistre, ne pourra pas être couvert un bien distinct de celui ou ceux contenu(s)/identifié(s) dans la police. Il n'est ici pas fait mention du montant en numéraire car en règle générale l'assurance dommage se détermine sur la base d'un montant inférieur à la valeur réelle de la chose impliquant donc, que l'assuré demeure son propre assureur pour l'autre partie sauf convention contraire[1056]. Dans le cas de l'assurance d'un navire[1057], la valeur déclarée peut résulter soit de la valeur argus dudit navire s'il en existe de similaire(s) sur le marché de l'occasion, soit de son prix à neuf,[1058] déduction faite de la dépréciation économique liée à son amortissement du fait de son âge.

La valeur agréée quant à elle, est connue et fait partie des institutions de la pratique des assurances maritimes contrairement aux assurances terrestres où le principe d'indemnité est d'ordre public[1059]. Par la technique de la valeur agréée, assuré et assureur, d'un commun accord, conviennent, souvent après expertise, de fixer un certain montant qui servira comme base de référence de la prime ou de la cotisation, mais également comme élément d'indexation de l'indemnisation. En l'absence de fraude ou dol de l'une ou l'autre partie, aucun des cocontractants ne pourra remettre en cause l'estimation préalablement faite[1060].

La distinction que nous venons d'effectuer ou de rappeler a pour but de nous permettre d'analyser la notion de déclaration de valeur sans la confondre avec celle de valeur déclarée car cette dernière concerne le lien existant entre l'assuré (qui par la garantie protège un bien) et son assureur qui prend l'engagement financier. C'est le cas par exemple du chargeur et son assurance sur facultés ou de l'armateur et son assurance sur corps de navire, tandis que la **déclaration de valeur concerne le chargeur et son transporteur maritime** en l'espèce.

La déclaration de valeur consiste, à l'égard du chargeur à informer le transporteur, ou le commissionnaire de transport le cas échéant, de la valeur *a priori* réelle du bien à transporter dans l'optique de se voir rembourser à hauteur de ladite somme en cas de sinistre grevant le bien ou la marchandise concerné(e). De prime abord, nous pouvons noter que la déclaration de

---

[1056] Art. L 121-5 C. Assur.
[1057] NB : L'assurance corps du navire a la particularité qu'elle peut être stipulée soit à valeur déclarée soit à valeur agréée.
[1058] NICOLAS Pierre-Yves, « *Des valeurs assurées sur corps de navires de plaisance en droit français* », DMF, n°763, Novembre 2014, p.906.
[1059] Art. L 111-2 et L 121-1 C. Assur.
[1060] Art.173-6 C. Assur.

valeur se distingue de l'assurance, sur facultés notamment. En effet dans le cadre d'un transport maritime de marchandises, l'assurance dommage souscrite par le chargeur subsiste et produira pleinement son effet compensateur vis-à-vis du souscripteur quel que soit le degré de responsabilité du transporteur.

Pour être valable, la déclaration de valeur doit figurer sur le connaissement comportant ainsi notification du transporteur et acceptation de sa part[1061]. La question qui se pose ici est de savoir si cet énoncé de la loi est une déclaration solennelle, c'est-à-dire d'ordre public. Pour y voir plus clair, référons-nous un instant à une décision des juges du fond de Rouen, arrêt du 18 octobre 1984 navire « *Pierre-Vieljeux* », SERMACOA /c NORWICH Union et cinq autres compagnies d'assurances. En l'espèce, SERMACOA gestionnaire de magasins qui agissait pour le compte du transporteur maritime, avait reçu dans son hangar rouennais, le 4 mai 1979 une bobineuse-coupeuse à destination de Douala-Cameroun. Elle délivra le 9 mai 1979 une note de chargement avec mention du poids de la marchandise ainsi que celle de sa valeur soit 109 770 F Malheureusement, la cargaison n'a pu être embarquée comme prévu sur le « *Pierre-Vieljeux* » le 27 mai 1979 parce que perdue. Se fondant sur l'article 28 de la loi du 18 juin 1966, SERMACOA estimait pouvoir bénéficier du principe de la limitation de responsabilité, auquel cas elle ne devait verser que la somme de deux mille francs pour indemnisation[1062]. La machine étant perdue, le transport effectif n'eut pas lieu et aucun connaissement ne fut donc délivré. Les juges du fond ont confirmé le jugement du tribunal de commerce de Rouen[1063] en décidant que la simple inscription de la valeur de la marchandise dans une note de chargement suffisait[1064] à parler de déclaration de valeur valide, condamnant ainsi le transporteur maritime[1065] à travers SERMACOA à payer la somme de 109 770 francs, ainsi que les dépens et frais y relatifs.

Dans son commentaire de cet arrêt[1066], M. Raymond ACHARD ne voile pas sa gêne quant au fait que les juges du fond, admirent la déclaration de valeur contenue dans une note de chargement qu'ils distinguèrent à juste titre selon lui du connaissement. Pour lui, la note de chargement[1067] n'étant pas (nous partageons cette analyse) un connaissement, elle ne doit pas en produire les mêmes conséquences. Nous corroborons qu'à l'inverse du connaissement qui

---

[1061] Art. L5422-14 al 2. C. Trans. ; art. 5 a) Conv. Bruxelles, Protocoles de 1968 et 1979.

[1062] Notons que SERMACOA n'est que gestionnaire de hangar et donc soumise au règlement de gestion des hangars. Elle est donc exclue de la limite de responsabilité.

[1063] TC Rouen, jugement du 19 Mars 1982.

[1064] CA Rouen, 18 octobre 1984.

[1065] Aux termes de l'art. 15 al.2 de la loi du 18 juin 1966 le transport maritime comme « *depuis la prise en charge jusqu'à la livraison* » des marchandises.

[1066] DMF 1986, pp.33 et suivants.

[1067] La note de chargement document non obligatoire, relève du règlement de gestion des hangars, concessions et terre-pleins du port de Rouen.

est un document négociable, régi par les lois et/ou conventions internationales relatives au transport maritime international, la note de chargement n'est pas un titre négociable.

Toutefois, nous pensons qu'en l'espèce, l'arrêt de la Cour d'appel de Rouen est bien fondé en admettant comme valable, la déclaration de valeur contenue dans la note de chargement car : premièrement, SERMACOA était au moment des faits un préposé du transporteur ; deuxièmement, aux termes de la loi de 1966 comme sus-évoqué le transport est réputé commencé dès la prise en charge de la cargaison par le transporteur ou par ses préposés ; troisièmement, le transporteur avait connaissance de la déclaration de valeur insérée dans la note de chargement, et quatrièmement, en l'espèce aucun connaissement définitif ne fut signé par les parties. Cela implique qu'en l'absence de connaissement, la note de chargement, en notre sens, faisait foi[1068] car constituait la preuve de l'existence du contrat de transport[1069], puisque « *s'il n'est pas dressé de connaissement, l'insertion peut en être faite dans le titre que l'on dressera à la place du connaissement* »[1070].

Le transporteur maritime qui accepte donc que la déclaration de la valeur de la cargaison qu'il transporte soit mentionnée et portée sur le connaissement (ou tout document substitut), reconnaît, d'une part, qu'il ne fera pas usage de son droit à limitation de réparation telle que prévue par les conventions internationales[1071], d'autre part, et simultanément voire cumulativement, qu'il s'engage en cas de sinistre ou avarie à dédommager son cocontractant à la hauteur de la somme déclarée en cas de perte totale ou au prorata en cas de perte ou détérioration partielle. Il en découle que lorsque le montant du dommage causé par l'avarie ou le retard est supérieur à celui qu'aurait payé le transporteur si les limitations de réparation avaient été appliquées, le transporteur remboursera le prix contenu dans la déclaration de valeur, c'est-à-dire tel qu'inscrit dans le connaissement ou **les données**[1072] du contrat du transport.

Il s'agit ici, selon nous, d'une application, ou d'une manifestation indirecte des dispositions légales interdisant aux parties de stipuler des conditions de responsabilité du transporteur inférieures à celles prévues par les textes. Quoi qu'il en soit, on comprendrait mal qu'un chargeur opte pour la déclaration de valeur lorsque le prix ou le montant de référence est inférieur à celui qu'il aurait reçu par application de la limitation de réparation. Toujours est-il

[1068] Art.18 Règles de Hambourg.
[1069] Preuve qui en matière commercial peut être faite par tout moyen.
[1070] RODIERE René, « *Traité général de Droit Maritime : affrètements et transports* » Tome II : Transports maritimes et affrètements, 1968, p.314, n°680.
[1071] Règles de La Haye Visby ; art. 4(§5) ; Règles de Hambourg art.6(4) ; Règles de Rotterdam, art.59(§1).
[1072] Expression consacrée par les Règles de Rotterdam.

que, si le transporteur maritime estime que le prix annoncé par le chargeur au moment de la déclaration de valeur est exagéré, il lui revient pour le contester, d'en fournir la preuve[1073].

Les textes relatifs à la déclaration de valeur ou d'intérêt spécial ne font pas mention de la contrepartie, ce qui nous permet d'affirmer qu'il ne s'agit donc pas d'une condition substantielle de validité de la déclaration de valeur. Cela revient à poser que l'insertion de la déclaration de valeur dans le connaissement vaut accord de volonté des parties. Ceci implique dans la pratique, que les transporteurs maritimes conscients de l'alourdissement de leur responsabilité en l'espèce, conditionnent leur acceptation de la déclaration d'intérêt au paiement par le chargeur, d'un surcoût additionnel au prix de fret initial. On dit alors que le fret est calculé *ad valorem*.

Illustration : soit

- X : la valeur de la marchandise,
- S : le sinistre,
- Y : Montant si application de la limitation de réparation
- DV : le prix indiqué sur le connaissement par la déclaration de valeur.

L'application numérique nous donne : DV=S ce qui implique que DV>Y. Si le transporteur apporte la preuve que DV>X il pourra obtenir réduction à DV=X[1074].

Autrement dit, selon la nature de la cargaison, si Y>DV le chargeur en l'espèce n'a pas intérêt à faire inscrire une déclaration de valeur[1075].

Toutefois, il ne nous semble pas exagéré de rappeler, même si les textes ne le disent pas expressément, que la déclaration de valeur doit être faite ou inscrite dans le connaissement de telle sorte que son objet – à l'exclusion des limitations bénéficiant aux transporteurs – soit non équivoque. Le chargeur ne saurait donc invoquer un supplément du fret pour justifier l'existence ou la validité d'une déclaration d'intérêt spécial car comme nous l'avons précédemment évoqué, la majoration du fret ne constitue pas une condition de validité de la déclaration de valeur mais plutôt la contrepartie que les transporteurs peuvent appliquer à leur acceptation d'une telle déclaration. Ça peut être quelques fois, selon les cas, une preuve de l'acceptation par les parties de l'inscription dans le connaissement de la déclaration de valeur. Le transporteur peut combattre par la preuve contraire la déclaration de valeur qui n'est qu'une présomption de

1073 Art.28 b) loi du 18 juin 1966.
1074 Valeur de X sera calculée en référence au prix de marché des marchandises similaires au jour de l'accord.
1075 Le lecteur est invité à considérer cet exemple uniquement comme étant un cas d'école puisque nous voyons mal un chargeur, commerçant dans la majorité des cas opter pour une clause qui grève ses intérêts.

responsabilité[1076]. De même, le transporteur ne pourra pas non plus évoquer la non-application d'un sur-fret (ou fret *ad valorem*), pour contester une déclaration de valeur. C'est ce qui ressort d'un arrêt de la Cour d'appel d'Aix-en-Provence[1077], qui est de notre point de vue, très riche en enseignements à plusieurs égards. En l'espèce, une société espagnole vendeur/chargeur a contracté, avec un commissionnaire de transport, l'expédition des machines de Barcelone vers la Chine. Le commissionnaire pour l'opérationnalisation dudit transport, a requis les services du transporteur français CMA/CGM. Cependant, à la suite d'une avarie durant l'une des phases du transport, le chargeur a dû engager des frais pour le retour en Espagne de la cargaison, sa réparation, sa remise en état et sa réexpédition vers la Chine. Son assureur subrogé dans ses droits après indemnisation a poursuivi en justice le commissionnaire qui a appelé en garantie CMA/CGM. L'une des questions[1078] de cette affaire portait sur la validité de la déclaration de valeur que contestait CMA/CGM. En effet, dans le connaissement remis au chargeur par le NVOCC le 30 mai 1998, il était inscrit la nature et la valeur des machines. CMA/CGM sur ce point contestait la validité de cette déclaration de valeur, au motif qu'elle aurait en cas de consentement, réévalué le montant du fret. Les juges aixois ont rejeté cet argument car d'une part, la validité de la déclaration de valeur n'était pas soumise à l'application par le transporteur d'un fret *ad valorem*, et d'autre part, en relevant la turpitude de la société CMA/CGM, puisque le connaissement non négociable qu'elle a remis au chargeur le 15 juin 1998 reprenait la même déclaration de valeur inscrite dans le précédent connaissement (du 30 mai 1998).

Concernant les *P&I Clubs*, ils ont tous en commun une règle de principe : ils considèrent en matière de transport maritime de marchandises la convention de Bruxelles (25 août 1924) comme texte de référence et ne garantissent pas la responsabilité civile d'un armateur Membre lorsque celui-ci se soumet, quand il peut faire autrement, à des conditions moins favorables que celles des dispositions de ladite convention. Ceci implique qu'en principe, les *P&I Clubs* ne couvrent pas la responsabilité civile du transporteur qui a accepté une déclaration de valeur. C'est à notre sens, l'une des raisons qui incite dans la pratique, les transporteurs à appliquer un fret *ad valorem* lorsque le chargeur souhaite inscrire une déclaration de valeur pour le transport d'une cargaison donnée. Une telle mesure commune aux *P&I Clubs* a pour but de dissuader les armateurs d'accepter des responsabilités financières démesurées, trop en leur défaveur vis-à-vis des dispositions de Bruxelles 1924.

[1076] Art. 4.5 conv. Bruxelles du 25 août 1924 amendée.
[1077] C.A Aix-en-Provence 2e ch. 30 juin 2010 n°09_03.602, DMF n°723, mars 2011, p.224, obs. HUMANN Claire.
[1078] Parmi les questions, nous avons celle relative à la force majeure, celle relative l'application dans un État de l'UE d'une décision de justice rendue dans un autre État membre (règlement CE n°44/2001 du Conseil du 22 décembre 2000), celle de l'intérêt à agir entre autres.

Toutefois, dans la pratique, les *P&I Clubs,* conscients des liens commerciaux qui peuvent exister entre transporteurs et chargeurs d'une part ou de la concurrence du marché d'autre part, admettent souvent des exceptions à hauteur de 2 500 dollars américains ou l'équivalent en monnaie locale. Ainsi, ces mutuelles acceptent de couvrir les dommages causés aux marchandises transportées sous connaissement *ad valorem* lorsque l'engagement ou l'effet financier excède de 2 500 $ au maximum la somme que devait payer, pour le même sinistre, le transporteur si la limitation de responsabilité était appliquée[1079]. Il en résulte que lorsque la déclaration de valeur met à la charge du transporteur un engagement financier @une somme supérieure à 2 500 $, son *P&I Club* ne le couvre pas en principe. Lorsque de tels cas se posent en pratique, plusieurs options existent. Tout d'abord, le transporteur maritime pourra se procurer sur le marché traditionnel une garantie adaptée pour l'espèce. Ensuite, certains *P&I Clubs* notamment généralistes comme Gard joueront le rôle d'un agent d'assurances pour procurer une garantie adéquate[1080]. D'autres, peuvent selon le cas accorder contre surprime une garantie additionnelle. Enfin certains *P&I Clubs*, et c'est l'exemple de Britannia, couvriront un tel contrat, à la condition que l'armateur Membre ait informé la direction de l'Association suffisamment tôt pour lui permettre de prendre, en amont, les dispositions utiles pour ce faire[1081]. En outre, selon nos informations obtenues du terrain, les Clubs de Protection et d'Indemnité acceptent de garantir de tels contrats de transport de marchandises avec déclaration de valeur lorsque l'armateur a omis de bonne foi d'informer le Club, ou qu'il s'est agi d'un cas isolé, d'une situation exceptionnelle. De notre point de vue, il s'agit d'une illustration du rôle des *P&I Clubs* à savoir, la protection de leurs Membres. Ce faisant, les *P&I Clubs* évitent à leurs Membres des contentieux qui pourraient s'avérer longs et coûteux.

B/ La Clause *Paramount*, un instrument pertinent de règlement des litiges par anticipation

Les contrats maritimes, à l'instar du contrat de transport maritime de marchandises ou du contrat d'affrètement de navires, sont par essence des contrats, dits internationaux eu égard à la multitude de critères d'extranéité qui les constituent. De ce fait, ils sont le terrain propice à la récurrence de conflits de juridictions et/ou des conflits de lois rendant complexe la recherche du droit applicable selon chaque cas d'espèce ; le juge saisi est donc chargé de déterminer le

[1079] UK P&I Club Rule 2§17 (d) Ad valorem bill of lading ; également Gard P&I Club Rule 34§1-(b)-(vi) ou encore Britannia P&I rule 19§17(G)(iv) ad valorem cargo
[1080] Gard P&I Club Rule 34§1-(b)-(vi).
[1081] Britannia P&I Club art.19§17 (G)(iv).

régime juridique du contrat international litigieux grâce à la série d'hypothèses ou de présomptions destinées à guider son choix à l'instar du principe de proximité[1082]. L'une des conséquences pouvant être un choix arbitraire par le juge du for du droit applicable puisqu'il devra pour y parvenir déterminer la loi du pays présentant avec le contrat les liens les plus étroits[1083]. Pourtant, la mise en œuvre matérielle de ces dispositions de la Convention de Rome[1084] organisant cette matière, se révèle malaisée face à la spécificité du transport maritime où la coïncidence du lieu d'émission des connaissements (ou de la charte-partie) avec le port de départ en passant par le lieu d'établissement de l'armateur fréteur ou transporteur, est une coïncidence on ne peut plus rare.

Si on peut considérer cette difficulté comme étant une lacune de la Convention de Rome, nous pouvons dire que cette lacune est rapidement battue en brèche par son article 3§1 qui consacre le principe de l'autonomie[1085] de la volonté longtemps expérimenté par les praticiens du commerce international en général, et en particulier, le droit des contrats maritimes qui en est l'épine dorsale. Cela se constate par la présence quasi systématique de la clause *Paramount* dans les connaissements et charte-partie au voyage.

Le vocable anglais *Paramount* se traduit en français par primordial[1086] tandis que le Larousse définit l'adjectif primordial par ce « *qui est jugé de la plus grande importance* »[1087]. La clause *Paramount* est selon le Doyen RODIÈRE, une des références de la doctrine, la clause principale ou souveraine du contrat, c'est-à-dire *la clause qui définit la loi à laquelle le contrat sera soumis*[1088]. Il peut aussi s'agir de celle qui prévaut sur toute autre[1089]. Nous pouvons aussi la définir comme étant la clause qui élit par anticipation les dispositions matérielles applicables au contrat. Dit autrement, la clause *Paramount* permet donc aux parties de définir le régime juridique applicable au contrat. D'application ancienne, cette manifestation de l'autonomie de la volonté des parties à un contrat pouvait être mise en échec par les règles impératives d'une loi nationale, mais ce n'est plus le cas depuis sa consécration par les Règles de Visby de 1968[1090]

[1082] CHEVAL Sylvaine, « *La clause Paramount : aspect de droit international privé* », Gazette du Palais du 5 juin 2006, n°217, p.17.
[1083] Art.4§1 Conv. Rome du 19 juin 1980 sur la loi applicable aux obligations contractuelles
[1084] Notamment celle de son article 4§4.
[1085] C'est donc à défaut de choix préalable par les cocontractants que la Convention s'applique.
[1086] Le grand Robert & Collins, dictionnaire anglais-français 2e éd. 2008.
[1087] Le Larousse, version électronique consultée le 25 octobre 2017.
[1088] RODIERE René, « *Traité général de Droit Maritime* », Tome II : Transports maritimes et affrètements, *op. cit.*, § n°792, p.434.
[1089] REMOND-GOUILLOD Martine, « *Droit Maritime* », Pedone, 2e éd., A. Pedone, 1993. p.338, §520 citant E. du PONTAVICE.
[1090] Art.10.

amendant la convention de Bruxelles de 1924, puis par les Règles de Hambourg[1091] qui s'appliquent aussi lorsque les parties, de par leur volonté, en décident ainsi à travers le connaissement ou tout document faisant preuve du contrat de transport.

La clause *Paramount* est souvent qualifiée de clause de renvoi[1092], car elle peut renvoyer à l'une des conventions relatives au transport maritime[1093], ce qui la rend dans ce cas inutile[1094], voire superflue parce que vidée de son sens ou de son opportunité quand le contrat de transport concerné répond aux critères du champ d'application de l'une desdites conventions, laquelle est naturellement dans un tel cas, appelée à s'appliquer. Cependant elle regagne intérêt, lorsque la convention ou la loi à laquelle elle renvoie n'a pas vocation à régir le transport ou le contrat de transport en cause. Ainsi, lorsqu'elle renvoie soit aux Règles de Visby ou aux Règles de Hambourg, la clause *Paramount* comporte le même caractère impératif que lesdites conventions puisque elles-mêmes prévoient leur applicabilité par cette option ou hypothèse, et les parties ne pouvant, par accord, évincer les dispositions obligatoires de ces conventions, notamment celles relatives au délai de prescription ou à l'étendue de la responsabilité du transporteur[1095].

Sans avoir pour prétention ou objectif de nous appesantir sur la clause *Paramount stricto sensu*, ce qui outrepasserait l'objet de notre analyse, nous pouvons quelque peu et avant toute chose, rappeler ses conditions de validité. Ainsi, pour être valable, la clause *Paramount* doit impérativement respecter deux conditions fondamentales. Tout d'abord, devra être respecté, le devoir d'information du transporteur, ce qui implique pour la clause, de figurer sur le connaissement de manière suffisamment claire et lisible[1096]. Ensuite, elle doit être connue et acceptée par le chargeur ou son représentant, la preuve de cette connaissance et de son acceptation incombant au transporteur maritime[1097]. Au sujet de ce deuxième critère relatif à la connaissance, par le chargeur, de la clause et de son acceptation, la Cour de cassation a désormais clos le débat en décidant que la signature du connaissement par le chargeur n'est plus un critère pertinent voire nécessaire, pour que lui soit opposable la clause *Paramount*. Elle a décidé que l'inscription au recto du connaissement de la clause accompagnée par la preuve faite

[1091] Art.2 §1-e).
[1092] Lamy Transport, Tome 2, éd. 2018, « *Clauses Paramount* », p.337, n°590
[1093] CHEVAL Sylvaine, « La clause *Paramount* : aspects de droit international privé », Gazette du Palais du 5 juin 2006, n°217 p.17. Version électronique consultée le 25 octobre 2017.
[1094] REMOND-GOUILLOUD Martine, Droit Maritime ; 2e éd., *op. cit.*
[1095] Cass. com. 4 février 1992, n°90-15.668.
[1096] Lamy Transport, Tome 2, éd. 2018, « *Clauses Paramount* », p.338, n°590.
[1097] Idem.

par le transporteur de l'existence d'un courant ou relation d'affaires suivie et répétée depuis une certaine durée, suffit à rendre opposable la clause au chargeur[1098].

Concrètement dans la pratique, la clause *Paramount* de référence, et également la plus usitée, est celle proposée par le BIMCO dès le début des années 1930. La version actuellement en vigueur[1099] a été élaborée et publiée en juin 1997 et a obtenu la forte adhésion du POOL à travers l'IGP&I Clubs, qui en a fait une large diffusion auprès de tous les *P&I Clubs* qui en sont membres[1100]. Il s'agit du modèle type dont les termes stipulent que :

"The International Convention for the Unification of Certain Rules of Law relating to Bills of Lading signed at Brussels on 25 August 1924 ("the Hague Rules") as amended by the Protocol signed at Brussels on 23 February 1968 ("the Hague-Visby Rules") and as enacted in the country of shipment shall apply to this Contract. When the Hague-Visby Rules are not enacted in the country of shipment, the corresponding legislation of the country of destination shall apply, irrespective of whether such legislation may only regulate outbound shipments.

When there is no enactment of the Hague-Visby Rules in either the country of shipment or in the country of destination, the Hague-Visby Rules shall apply to this Contract save where the Hague Rules as enacted in the country of shipment or if no such enactment is in place, the Hague Rules as enacted in the country of destination apply compulsorily to this Contract.

The Protocol signed at Brussels on 21 December 1979 ("the SDR Protocol 1979") shall apply where the Hague-Visby Rules apply, whether mandatorily or by this Contract.

The Carrier shall in no case be responsible for loss of or damage to cargo arising prior to loading, after discharging, or while the cargo is in the charge of another carrier, or with respect to deck cargo and live animals"[1101]. Nous ne ferons pas spécialement de commentaires sur le mécanisme de cette clause[1102]. Toutefois, nous retiendrons dans un premier temps, que la clause ainsi proposée veut faire des Règles Visby la convention de référence en matière de contrat de transport maritime de marchandises. Dans un deuxième temps, nous constatons que le modèle de la BIMCO est à l'avantage quasi exclusif du transporteur maritime. En effet, les Règles de La Haye Visby réduisent l'intervalle temporel de responsabilité du transporteur

[1098] Cass. civ 1re, 25 Septembre 2015 ; axa assurances Cameroun /c CMA-CGM ; DMF n°776, janvier 2016, p.35. Obs. Philippe DELEBECQUE.
[1099] Version consultée le 19 octobre 2017.
[1100] Source, https://www.bimco.org/contracts-and-clauses/bimco-clauses/paramount_clause_general
[1101] https://www.bimco.org/contracts-and-clauses/bimco-clauses/paramount_clause_general
[1102] Nous invitons le lecteur à voir pour plus de détail, le site internet du BIMCO sus-indiqué ou encore, MAHIEU Régis, *La clause Paramount dans les contrats maritimes,* in Revue de droits des transports et de la mobilité, 4/10/2013. Version électronique consultée le 30 octobre 2017.

maritime, car d'après ses dispositions, la responsabilité des marchandises pèse sur le transporteur uniquement entre le chargement et le déchargement (et non plus dès la prise en charge jusqu'à la livraison). Troisièmement, la clause *Paramount* type exonère le transporteur contractuel lorsque la marchandise se trouve entre les mains d'un autre transporteur ou bien lors d'un transport en pontée ou d'animaux vivants. Dans un quatrième temps, la clause BIMCO réhabilite la version originelle de la convention de 1924 lorsque les Règles Visby ne peuvent s'appliquer. Il n'est donc pas étonnant que cette version trouve un écho particulièrement retentissant auprès des armateurs et de leurs *P&I Clubs*[1103]. À ce propos, il est opportun pour nous, de réitérer l'appel fait aux parties et en particulier aux chargeurs, par la jurisprudence et désormais la doctrine, d'éviter les clauses complexes, et d'opter plutôt pour des clauses *Paramount* claires, succinctes et non équivoques[1104].

S'il est admis et réputé que les parties à un contrat de transport maritime ou à une charte-partie, choisissent la loi applicable à leur contrat[1105] à travers la clause *Paramount*, il appert de notre point de vue, que cette clause contribue de manière décisive à l'économie du contrat, car celui-ci sera régi par la loi ainsi choisie.

Tout d'abord, à travers cet acte d*'electio juris*, les parties, outre l'incertitude créée par les différentes présomptions de règles posées par la convention de Rome voire le règlement Rome 1, se débarrassent d'une procédure délicate, floue, potentiellement contraignante et surtout longue. Pourtant, il est de notoriété que les praticiens du commerce maritime sont particulièrement attentifs et sensibles quand se présente une question ou une situation portant sur un délai ou une durée, car comme il se dit couramment, *time is money*.

Ensuite, nous estimons que la clause *Paramount*, même si elle vise à choisir la loi ou la convention internationale qui régira une réclamation née de l'exécution ou de l'inexécution du contrat concerné, est un moyen déguisé de gestion conventionnelle et non juridictionnelle de l'aspect contentieux des litiges. Ceci en deux étapes : la première, nous l'avons vue en première partie du présent paragraphe, permet de résoudre par anticipation le contentieux qui naîtrait de la mise en œuvre de la règle de conflit de lois. La deuxième étape, elle-même non apparente, consiste en un règlement conventionnel des litiges, en ce sens que bien qu'un juge vienne à être

---

[1103] Il existe un lien quasi *fraternel* entre le BIMCO et les P&I Clubs et leur objectif commun est la protection et la sauvegarde des intérêts des armateurs.

[1104] Cass. com., 28 Mai 2002, Bulletin des transports et de la logistique ; n°2979 du 17 mars 2013 obs. ODIER Françoise et autres. Également, Cass. Com 1er/10/2013 n°12-21.846, obs. NDENDE Martin, in Revue de droit des transports ; version électronique parcourue le 30/10/2017 ; enfin Cass. com., 28 mai 2002 n°00-14.677 Roscoe Shipping co /c Steam Ship Mutual et autres.

[1105] Nous prenons en compte ici l'enchevêtrement des diverses conventions internationales existant en la matière en plus de certaines lois nationales.

saisi de la réclamation, les parties à travers la clause *Paramount* conservent la maîtrise de la procédure, puisque ce juge, appliquera la loi qu'elles auront préalablement désignée, le plus souvent en connaissance de cause. Et ladite loi ou convention a été choisie par les parties parce que celles-ci la considèrent comme étant la plus à même de sauvegarder leurs intérêts respectifs. Parler d'intérêts respectifs pourrait paraître curieux, car les clauses *Paramount* sont pratiquement l'initiative des armateurs, lesquels encouragés par leurs *P&I Clubs*, se réfèrent quasi systématiquement au modèle type de la BIMCO. Toutefois, il ne s'agit pas d'une clause d'adhésion et le chargeur à qui les stipulations de la clause *Paramount* ne conviennent pas, est évidemment fondé à la rejeter ou la dénoncer selon les conditions légales prévues en de telles circonstances. Puisqu'il s'agit d'un contrat, il pourra négocier avec le transporteur les termes et la portée de cette clause en veillant, nous insistons, à la clarté et à la précision des termes afin que l'objectif de la clause *Paramount* ne fasse l'objet d'aucune interprétation qui en dénaturerait l'esprit.

Enfin, et par une tentative de syllogisme, nous dirons que, la particularité des acteurs du commerce maritime est la maîtrise – du moins la volonté de maîtrise – de leurs affaires de bout en bout, y compris dans les cas de contentieux en *temps de paix, comme de litige*. Ainsi, la clause *Paramount* est l'expression même de cette maîtrise, à travers la manifestation du principe de l'autonomie de la volonté. Donc, la clause *Paramount* vient compléter indirectement, voire donner sens dans une certaine mesure, à une autre clause elle aussi désormais quasi-systématique : la clause d'arbitrage[1106]. Non qu'il s'agisse entre ces deux clauses d'un rapport de dépendance ou d'interdépendance[1107] *stricto sensu*. Cependant, nous y voyons un lien logique voire complémentaire, et dont la finalité à travers l'expression de l'autonomie de la volonté qu'elles matérialisent, est la maîtrise par les parties de leurs affaires c'est-à-dire la maîtrise de l'économie du contrat et la maîtrise du règlement des litiges. En effet, si l'une choisit la juridiction compétente, l'autre détermine la loi applicable. À ce sujet, la doctrine anglo-saxonne recommande vivement aux parties engagées dans une expédition maritime, armateur et chargeur, de systématiquement inclure dans leurs contrats, des clauses d'élection de

[1106] Concernant l'arbitrage stricto sensu, cf. supra ; et pour approfondissement, la documentation dédiée ex : PAPADATOU Marina, « *La convention d'arbitrage dans le contrat de transport maritime de marchandises : étude comparée des droits français, hellénique et anglais* », Thèse de doctorat en Droit soutenue le 26 mai 2014, Université Panthéon-Assas.

[1107] Rappelons que si elles sont systématiques dans les chartes parties, les clauses d'arbitrage sont moins courantes dans les connaissements.

législation et de juridiction, parce que ne pas le faire dit-elle, les soumet à des procès très longs, beaucoup trop coûteux eu égard à l'affaire elle-même[1108].

Malgré toutes ces mesures conventionnelles prises en amont pour faciliter la gestion juridictionnelle des conflits, il n'en demeure pas moins que la primauté est réservée au recours à des mécanismes alternatifs de règlement des conflits, connus sous le sigle MARC[1109] dont le but est de parvenir au règlement non juridictionnel des réclamations ou conflits.

§2 : Le consensus, mode de règlement non juridictionnel des litiges aux formes diverses

Le dynamisme et l'ampleur du commerce maritime au regard de l'envergure du trafic maritime ainsi que du nombre impressionnant de navires commerciaux qui sillonnent les mers au quotidien génèrent une quantité de sinistres très importante. Par exemple, pour l'année de police 2015-2016, Britannia P&I Club a été amenée à gérer 5 079[1110] petits sinistres[1111], de loin les plus nombreux mais les moins coûteux. Un tel chiffre s'accommode mal avec le règlement juridictionnel et implique donc la forte sollicitation de la fonction *Protection*[1112] des Associations. Cette fonction *Protection* généralement connue aujourd'hui dans les autres types d'assurance comme étant une assurance protection juridique, n'est plus un simple mode de « *gestion de l'instance ; elle est également un facteur non négligeable de règlement amiable des litiges, l'assureur de protection juridique ayant tout intérêt à favoriser ce type de règlement plutôt que de gérer des procédures de type contentieux* »[1113]. Dans cette optique, les *P&I Clubs* ont très tôt, depuis leur création, manifesté leur préférence pour le règlement amiable comme outil principal de règlement non juridictionnel (A) lequel s'accompagne de d'autres modes accessoires (B).

[1108] BAATS Yvonne, "*The impact of the EC Conventions and Directives on governing Law and Jurisdiction in marine insurance and reinsurance contracts*", in The modern Law of marine insurance, edited by RHIDIAN Thomas, in memory of Professor J. J. CADWALLADER. LLP 1996, p.346.

[1109] Mécanismes Alternatifs de Règlement des Conflits (ou MARD Mécanismes Alternatifs de Résolution des Différends).

[1110] Source Rapport annuel et état financier 2016. Consulter la version électronique sur https://britanniapandi.com/publication/annual-report-financial-statement-2016/. À cette statistique il faudrait ajouter les gros sinistres très peu nombreux mais dont les coûts de gestion sont prohibitifs.

[1111] Cette Mutuelle considère comme petit sinistre celui dont le coût de gestion est inférieur ou égal à 1 Million$

[1112] Revoir introduction distinction fonction *Protection* et fonction *Indemnity*.

[1113] CADIET Loïc, « *les enjeux du contrat et du procès : esquisse* », in Mélanges G. FARJAT : *philosophie du droit et droit économique*, éd. FRISON-ROCHE, 1999, p.30.

A/ Le règlement amiable, mécanisme principal de règlement non juridictionnel des litiges

Parler de règlement amiable de conflits ou de différends est aujourd'hui chose familière, aisée, voire tout à fait automatique tant il s'agit d'une pratique désormais ancrée de manière significative dans les mœurs de notre société contemporaine. Ce constat provient tout d'abord de *l'explosion des clauses de règlement amiable*[1114] que l'on observe depuis quelques décennies, explosion désormais assumée, encadrée et consolidée en France, par un arsenal juridique très diversifié[1115] et récemment renforcé, tendant à couvrir le plus grand nombre possible des domaines de la vie quotidienne[1116]. Ensuite, cela se vérifie aussi par le caractère pluriel et polychrome des cas d'espèces désormais concernés par l'option de l'arrangement amiable pour la résolution des conflits[1117] puisque la pratique concerne les relations des professionnels entre eux, celles entre professionnels et particuliers, des particuliers entre eux, voire entre administration et administrés.

Le règlement amiable est à notre sens l'expression générique qui comporte les différents MARC (Modes Alternatifs de Règlement des Conflits) au nombre desquels nous pouvons compter la médiation, la conciliation, la procédure participative. On peut même y ajouter l'arbitrage. Cependant, remarquons que la convenance de langage a engendré un brouillard lexical qui crée une confusion générale introduisant dans tous les esprits (la doctrine, la loi et les praticiens) un amalgame entre les notions de médiation et de conciliation en matière conventionnelle. Toutefois, de manière simplifiée nous dirons que si la médiation est toujours le fait d'un tiers, la conciliation elle, peut être menée uniquement par les cocontractants[1118]. Il s'agit en réalité de deux concepts identiques quant à leur visée : la résolution extra-juridictionnelle des conflits. Nous n'étudierons pas ici ces différents modes alternatifs de

---

[1114] NGUIMFACK Merlin, « *Réflexion critique sur les modes de règlement des litiges dans le transport maritime de marchandises* ». Thèse de Doctorat de Droit, soutenue le 3 décembre 2012 à l'Université de Nantes n°786, p.358.

[1115] Voir les décrets entre autres : n°2015-282 du 11 mars 2015 relatif à la simplification de la procédure civile, à la communication électronique et à la résolution amiable des différends ; décret n°2015-1382 du 30 octobre 2015 relatif à la médiation des litiges de la consommation ; Livre V du Code de Procédure civile portant la résolution amiable des différends, Loi n°2016-1547 du 18 novembre 2016 dite loi de modernisation de la justice du XXIe siècle.

[1116] Même jusqu'au divorce désormais possible par acte d'avocat chez un notaire. Décret n°2016-1907 du 28 décembre 2016 relatif au divorce prévu à l'article 229-1 du code civil et à diverses dispositions en matière successorale, JORF n°0302 du 29 décembre 2016 texte n°62.

[1117] NGUIMFACK Merlin, « *Réflexion critique sur les modes de règlement des litiges dans le transport maritime de marchandises* ». Thèse de Doctorat de Droit, soutenue le 3 décembre 2012 à l'Université de Nantes. n°787, p.359

[1118] PEULVE Catherine, « *Médiation et conciliation : deux jumeaux… Vrais ou faux* », G. Pal. 28 juin 2011 n°179, p.17.

règlement des conflits parce que cela nous ferait sortir du domaine de notre analyse et nous perdrait dans nombre de détails et de subtilités[1119]. Aujourd'hui véritable phénomène institutionnalisé, la quête de la *justice* hors du champ judiciaire est une pratique en réalité très ancienne, qui remonte au droit romain[1120]. La doctrine est unanime quant aux raisons d'un tel essor qu'elle fonde principalement dans l'insatisfaction des justiciables vis-à-vis de la justice étatique, non que celle-ci soit mauvaise, mais le fait est qu'elle ne répond pas forcément à leurs attentes du moins en certains domaines[1121] ou alors parce que ces justiciables souhaitent, et c'est là de notre point de vue le critère décisif : se *réapproprier leurs conflits*[1122].

En matière d'assurance responsabilité civile des armateurs, le recours aux MARC n'est pas en reste. Au contraire ce recours est d'une si grande vigueur que l'on parlerait même d'un véritable plébiscite de la part des Clubs de Protection & d'Indemnité qui y recourent quasi systématiquement. Toutefois, il convient de tenter de modérer cette affirmation en la circonscrivant aux situations mettant en opposition, les personnes privées, notamment l'armateur et son cocontractant. Ce peut être le transporteur maritime de marchandises et un chargeur, un fréteur et un affréteur, un transporteur maritime de passagers et un ou plusieurs passagers, ou encore l'armateur et un marin dans le cadre du contrat de travail. En effet, lorsque le litige oppose l'armateur et une entité publique, le port par exemple ou même l'état, (cas de pollution) les données changent : le *Jus Imperium* mène les débats[1123] et l'armateur sera tenu de payer la facture à la hauteur décidée soit par la justice soit telle que calculée selon les moyens légaux selon chaque espèce. À cette nuance, nous posons aussi un autre bémol, car au regard du nombre de sinistres qui naissent en ce domaine, ceux opposant l'armateur et l'autorité publique sont en très faible proportion. La grande majorité des sinistres maritimes relèvent du transport maritime de marchandises qui constitue la plus importante activité du secteur maritime.

[1119] Nous invitons le lecteur à parcourir par exemple : PONS Bernard, « *Contrat de transaction solutions transactionnelles* », ; Dalloz 2014/2015. CADIET Loïc et CLAY Thomas « *Les modes alternatifs de règlement des conflits* » 2e éd. 2017. LEMENNICIER Bertrand, « *L'économie de la justice : du monopole d'État à la concurrence privée ?* », in La contractualisation de la production normative, s. dir. CHASSAGNARD-PINET Sandrine & HIEZ David, Dalloz 2008.

[1120] PONS Bernard, « *Contrat de transaction solutions transactionnelles* », Dalloz 2014/2015, p.5 (avant-propos) reprenant GIRARD V. « *Manuel élémentaire de droit commun* ».

[1121] PONS Bernard, op.cit.

[1122] NGUIMFACK Merlin, « *Réflexion critique sur les modes de règlement des litiges dans le transport maritime de marchandises* ». Thèse de Doctorat de Droit, soutenue le 3 décembre 2012 à l'Université de Nantes, n°802, p.366

[1123] Ce qui ne signifie que le recours à un MARC est impossible, la puissance publique selon le cas d'espèce peut accepter une transaction par le biais d'un montant forfaitaire.

La préférence des *P&I Clubs* pour la résolution amiable des réclamations[1124] est significative de leur mode de fonctionnement. Cela aussi témoigne de leur politique managériale de gestion des sinistres et des réclamations. Autrement dit, la résolution amiable est dans l'ADN même des *P&I Clubs* et si nous nous permettons une analogie, nous dirons que le recours à la résolution amiable est pour le *P&I Club* ce qu'est le Code de procédure pour le juriste. En effet, approximativement 90% du tonnage mondial sont garantis par les treize Associations regroupées au sein l'IGP&I Clubs[1125]. Ces Clubs[1126], pour majorité, ont leurs sièges ou centre de gestion à Londres, ville réputée comme étant le lieu de référence en matière de gestion des contentieux et des sinistres impliquant ou mettant en cause les armateurs. À cela s'ajoute le fait que huit des treize Clubs sont anglais et partagent avec les autres Clubs un passé linguistique et quelquefois culturel commun. Or il est de notoriété que la culture anglo-saxonne[1127] a une propension très forte pour les négociations et conciliations en vue de trouver une issue amiable aux différends. On peut donc légitimement penser que les *P&I Clubs* partagent cet héritage et tiennent leur préférence pour la résolution amiable des réclamations de cet aspect culturel, observé entre autres de notre point de vue, au regard de la rédaction et formulation quasi-identique et à la virgule près, des polices – *Rules books* – des treize Associations.

Dans sa thèse de Doctorat de Droit, M. NGUIMFACK Merlin fait part de la difficulté qu'il existe à soutenir une telle affirmation par des statistiques officielles[1128], constat que malheureusement, nous aussi partageons tant le culte du secret y est prégnant, difficulté renforcée selon nous par une documentation assez peu disserte en la matière. Et pour contourner cette difficulté, l'auteur propose de « *se fier à l'expérience, celle des praticiens du droit, qui la confessent, celle des observateurs de la jurisprudence, qui croient observer une montée en puissance du contentieux de la transaction, à quelques statistiques, aussi, celles notamment qui semblent indiquer, en valeur relative, un tassement, voire une diminution du nombre des affaires terminées par un jugement devant les juridictions étatiques, spécialement les tribunaux de commerce* »[1129]. L'esprit du juriste n'est pas habitué à une telle démarche, parce que

[1124] Nous utilisons l'expression réclamation – que nous empruntons aux P&I Clubs – à dessein car à ce stade de la « procédure » il s'agit encore d'une réclamation qui se transformera en conflit ou différend seulement en cas d'échec de la tentative de transaction.

[1125] https://www.igpandi.org

[1126] À l'exception de *l'American Steamship Owners Mutual P&I (*New York), GARD P&I (Arendal), The Swedish P&I Club (Gothenburg), The Japan Club (Tokyo), The SKULD Club (Oslo).

[1127] Aux États-Unis par exemple, la transaction est aussi forte en procédure pénale que civile.

[1128] NGUIMFACK Merlin, « *Réflexion critique sur les modes de règlement des litiges dans le transport maritime de marchandises* ». Thèse de Doctorat de Droit, soutenue le 3 décembre 2012 à l'Université de Nantes, n°819, p.374.

[1129] NGUIMFACK Merlin, *op.cit.,* reprenant CADIET Loïc « *Les jeux du contrat et du procès : esquisse* » in Mélanges G. FARJAT philosophie du droit et droit économique, éd. Frison-Roche, 1999 p.37

coutumier du raisonnement fondé sur des preuves standardisées telles que les bases légales, juridiques, jurisprudentielles et autres articles de presse par exemple et la liste est non exhaustive, s'accommode mal d'une telle proposition. Pourtant, cette proposition étant pour le cas d'espèce cohérente et objective à la fois, elle nous semble la plus appropriée.

Se basant sur son expérience professionnelle[1130], M. NGUIMFACK Merlin nous révèle que sur une période de cinq ans, 294 dossiers de réclamations portant sur le transport maritime de marchandises ont été traités pour 274 d'entre eux par voie amiable, 7 par arbitrage et 20 par voie judiciaire. Ce qui fait un pourcentage de 93,51% de litiges traités à l'amiable.

En ce qui nous concerne, au moment où nous écrivons ces lignes, notre expérience de terrain chez un agent général d'assurances maritimes, correspondant et représentant exclusif d'un *P&I Club* en Espagne n'a duré qu'une année, donc pas assez suffisante selon nous pour établir des statistiques. Cependant au cours d'un échange par courriel, nous avons appris que chez *Gard P&I Club* la proportion des dossiers gérés par voie amiable est très large et oscille entre 85 et 90%. Ce pourcentage concerne tous les services de Gard qui est un *P&I Club* généraliste, raison pour laquelle nous ne ferons pas la moyenne entre ces deux données à savoir 93,51% (qui concerne sur une période de cinq ans uniquement les réclamations du transport maritime de marchandises) et 85-90% (représentant la moyenne de l'ensemble des prestations de Gard PI).

Par ailleurs, vient s'ajouter l'aspect économique ou financier, car à la lecture des différentes polices de ces Associations, l'un des constats qui se dégagent est l'invitation faite aux armateurs sociétaires, de toujours privilégier les attitudes ou actions qui favorisent la réduction autant que possible des coûts de gestion des réclamations[1131]. À ce propos par exemple, exigence est faite à ces armateurs d'agir avec la plus grande diligence afin d'informer au plus tôt leur *P&I Club* de chaque réclamation qui leur est adressée ou de tout incident de nature à laisser raisonnablement penser qu'une réclamation contre l'armateur en découlerait[1132]. Ainsi, l'armateur devra également, le plus tôt possible, fournir au service en charge de la gestion des réclamations tout document utile pour une meilleure prise en charge du dossier. Une telle formulation à notre sens n'est pas anodine, car bien que la réclamation soit exercée contre

[1130] NGUIMFACK Merlin, « *Réflexion critique sur les modes de règlement des litiges dans le transport maritime de marchandises* ». Thèse de Doctorat de Droit, soutenue le 3 décembre 2012 à l'Université de Nantes, p.375.
[1131] Art 46 police d'assurance de Gard P&I Club.
[1132] Voir par exemple l'art.33 de la police du NEPIA ; art. 30(1) de la police de BRITANNIA P&I Club. La formule généralement utilisée est : *Every Member shall be bound to give prompt notice in writing to the Managers of every incident which could reasonably be expected to give rise to a claim under these Rules and shall furnish the Managers as soon as reasonably possible with all documents or information relevant thereto.*

l'armateur et que c'est lui qui doit en répondre, il n'en demeure pas moins qu'en pratique ce sont les Associations qui gèrent de bout en bout la procédure. Cela se fait par une sorte de subrogation[1133] déguisée grâce à laquelle les managers (des *P&I Clubs*) *shall have the right, if they so decide, to control or direct the conduct of any claim, or legal or other proceedings relating to any matter which may result in loss, damage, expense or liability in respect of which the Member is or may be insured under these rules…*[1134].

Dès cet instant, l'engouement des *P&I Clubs* pour le règlement amiable peut donc se mettre en exécution, et cela passe tout d'abord par le fait que les Associations s'approprient l'affaire en mettant tout de suite à contribution des avocats, salariés ou non du Club, des experts, et toute autre personne susceptible de jouer un rôle dans le dénouement rapide et efficace de la réclamation. Nous pouvons nous en convaincre en nous référant aux polices qui énoncent généralement qu'en cas de réclamations, et *sans dérogation aux dispositions de la présente police, et sans renoncer à aucun droit de l'Association, les gérants peuvent à tout moment nommer au nom du Membre, et selon les termes qu'ils jugeront utiles, les avocats, les experts, ou toute autre personne en vue de les conseiller sur toute affaire résultant de la perte, du dommage, dépense ou responsabilité à l'égard de laquelle le Membre est ou serait assuré en vertu de la présente police ; y compris la défense en justice ou à travers toute autre procédure…* Sans clairement faire allusion aux notions de conciliation ou d'arrangement amiable, les *P&I Clubs* y font référence par la formule dirons-nous implicite et générale de : *toute autre procédure*[1135]. L'armateur qui ne respecterait pas ces clauses, ou qui agirait en contradiction, perdrait le bénéfice de la garantie P&I. Mais en tout état de cause, il est préférable pour lui – et la pratique le démontre – de laisser faire son Association qui dispose d'une armada d'avocats et d'experts (salariés ou non) ainsi que d'un vaste réseau de correspondants à travers le globe.

Cette prise en charge des réclamations, ainsi préparée ou anticipée par les règles des *P&I Clubs,* se matérialise dans la pratique par la nomination grâce aux correspondants qui sont des mandataires desdits Clubs, des avocats et/ou des experts locaux selon l'étape de la procédure. Nous pouvons à ce stade, relever l'implantation des correspondants de Clubs et leur organisation astucieuse dans l'espace car généralement deux modèles se côtoient. D'une part, certains *P&I Clubs* procèdent par un découpage de zones géographiques. À titre d'exemple, un

---

[1133] En témoigne l'intitulé des articles concernés. Chez certains P&I par exemple on parle de "*Powers of the managers relating to the handling and settlement of claims*" et chez d'autres, de "*Rights of the managers… claims*". Nous pouvons traduire par : Pouvoirs/Droits des gérants relatifs à la gestion et le règlement des réclamations.

[1134] Art. 31(1) police 2017 BRITANNIA ; art 69(1) GARD P&I Club.

[1135] « Other proceedings… ».

armateur espagnol qui navigue dans les eaux espagnoles, italiennes, portugaises ou sud-américaines aura un correspondant de *P&I Club* basé en Espagne. Ce procédé s'explique par la proximité culturelle et linguistique souvent gage de relation de confiance. D'autre part, les autres *P&I Clubs* optent pour une représentativité fondée sur la situation portuaire du correspondant. Ainsi, en cas de réclamation portée contre lui dans un port ou en provenance de ce port, l'armateur saisit immédiatement son *P&I Club* à travers ce correspondant. Toutefois, tous les Clubs ne sont pas représentés dans tous les ports et il n'est pas rare que des correspondants représentent plusieurs Clubs à la fois. Saluant l'utilité d'un tel réseau mondial, la direction du Shipowner P&I Club a pu affirmer dans un rapport que : "*In every jurisdiction we rely on our worldwide network of correspondents, lawyers and surveyors to provide us with expert local advice, and this allows us to deal with claims effectively efficiently. We consider such local knowledge to be the key to control the ultimate cost of claims*"[1136]. En pratique, le règlement amiable commencera par des échanges téléphoniques ou de courriers mais avec une large primauté pour les courriels entre les réclamants victimes des dommages imputables à l'armateur et les Clubs par le biais de leurs correspondants en vue de circonscrire l'étendue et l'importance du dommage dont réclamation de l'indemnisation est faite. La primauté accordée aux e-mails s'explique principalement par la rapidité des échanges, notamment la quasi-instantanéité de la réponse et accessoirement, par la facilité qu'ils offrent en matière d'archivage et du suivi de dossiers. Car si celui qui reçoit un e-mail n'est pas la personne qui y a précédemment eu accès, celui-ci peut très bien y répondre grâce à l'historique référencé par le courriel qu'il vient de recevoir.

Généralement pour les petites sommes d'argent concernant des petits chargeurs dans les cas de transports de marchandises par mer, cela se passe sans difficulté et l'accord est vite trouvé. C'est aussi le cas lorsque la réclamation oppose deux armateurs auquel cas le *fair-play* cher aux Clubs de l'IGP&I prend tout son sens et le problème se résout aisément par un accord amiable. Dans d'autres cas cependant, la situation peut être plus complexe d'où l'intervention d'experts nommés par chacune des parties pour aboutir à une expertise contradictoire. Cette expertise[1137] qui vise à déterminer les causes et les circonstances du sinistre, bien que contradictoire, ne se réalise pas sous une contradiction d'opposition mais plutôt dirons-nous,

[1136] Rapport annuel de 2016. Consultable sur : https://www.shipownersclub.com/media/2017/04/Annual-Report_2016_WEB.pdf Traduction libre : *« Dans chaque juridiction nous nous fions sur notre réseau mondial de correspondants, avocats et experts pour nous conseiller à travers leur expertise locale et ceci nous permet de gérer de manière efficiente et efficace les réclamations. Nous considérons une telle connaissance du terrain comme étant la clé par excellence, nous permettant de contrôler des coûts des réclamations ».*

[1137] Nous invitons le lecteur à consulter la thèse de NGUIMFACK Merlin, *op. cit.*, pour les détails du déroulement de la procédure d'expertise et des pourparlers de conciliation ainsi que des négociations amiables, pp.383 et suiv.

d'opportunité, car elle permet à la partie réclamante de démontrer le bien-fondé de sa réclamation ainsi que celui du montant exigé. Pour le *P&I Club*, elle est utile parce qu'elle servira d'élément de statistique ainsi que d'outil de prévention de sinistres. En effet, nous avons observé que les *P&I Clubs*, ont pour pratique courante de s'appuyer sur les rapports d'experts pour rédiger les normes de conduite publiées régulièrement dans leurs bulletins d'informations diffusés à l'attention, non seulement de leurs propres Membres, mais aussi à tous ceux faisant partie de l'*IGP&I Clubs*.

Si les Mutuelles d'armateurs ont une propension à la résolution amiable des réclamations, c'est parce que transiger comporte des bénéfices nombreux et non négligeables. Nous pouvons tout d'abord mentionner, entre autres, et sans rentrer dans les détails, la célérité du dénouement du différend qui tranche avec les délais importants de la procédure juridictionnelle. Ensuite, le bénéfice financier d'une résolution amiable qui se matérialise par deux incidences. D'une part, ceci permet de provisionner les charges au niveau comptable puisque les sommes d'un éventuel procès qui vont ainsi être économisées sont généralement reversées dans la trésorerie des Clubs[1138]. D'autre part, cela entraîne soit la baisse des cotisations, soit leur maintien au niveau de l'exercice précédent, car les Clubs ont tendance, lorsqu'un exercice a connu une sinistralité importante, à réévaluer le montant des cotisations[1139] pour compensation. De même, hormis la mainmise sur la gestion du litige, les Clubs tirent grand profit de la confidentialité propre à ce type de procédure. En effet, le fait de savoir que le service de gestion des sinistres de tel *P&I Club*, transige à des taux plus élevés que celui de tel autre *P&I Club*, pousserait les agents de recouvrement mandatés par les réclamants à négocier avec plus de vigueur et d'exigence, élevant ainsi les coûts de cette procédure, or son but est justement de les maîtriser au plus bas possible. Enfin, la souplesse de cette procédure de règlement non juridictionnelle des réclamations allège les *P&I Clubs* des contraintes, tant de fond que de forme, inhérentes à toute procédure juridictionnelle. Une telle souplesse peut également s'observer par le fait que les clubs ne possèdent pas de « code de négociation » mais s'adaptent toujours à la pratique du pays du port où l'affaire est née[1140]. Ainsi en pratique, le dépôt d'une sûreté personnelle[1141] suffit à conforter le réclamant quant à la certitude qu'il sera payé et cela l'incite à entamer plus sereinement les négociations afin de trouver, au plus vite, une issue heureuse.

[1138] Cf. infra système des réserves.
[1139] Cf. par exemple la technique des *supplementary calls* ou *additional calls* étudiée précédemment.
[1140] Les correspondants de P&I Clubs jouent ici un rôle primordial de relai et d'information.
[1141] Voir nos développements précédents sur les lettres de garanties, aval bancaire ou *blue card*.

L'engouement des Mutuelles d'armateurs pour la transaction et les bénéfices que cela comporte a contribué à ce que désormais, on observe en pratique, que même les réclamants y trouvent intérêt. À l'instar des *P&I Clubs*, ils essaient de transiger avant d'intenter tout procès. Cela peut se vérifier par le fait que lorsqu'un sinistre s'est produit, les ayants droit à la marchandise, pour le cas du transport maritime de marchandises, ou bien les autorités portuaires, pour les cas de heurt de quai par exemple, ne saisissent pas directement la justice mais plutôt l'armateur[1142] ou son agent maritime lorsque c'est possible, ou encore le correspondant du *P&I Club* basé dans ce port.

B/ Les autres outils de règlement non juridictionnel des litiges proposés par les P&I Clubs : l'exemple de l'INTER-CLUB AGREEMENT

L'affectation des navires à un usage commercial, pour les navires répondant à cette destination, doit pouvoir s'accorder avec des opérations diverses et variées telles que générées ou imposées par le commerce international. Parmi ces opérations il y a l'affrètement des navires, notion sur laquelle nous ne nous attarderons pas ici, car il s'agit d'un contrat déjà largement étudié par la doctrine et amplement explicité par la jurisprudence. Comme c'est le cas dans la majorité des relations contractuelles, il n'est pas rare qu'entre fréteurs et affréteurs naissent des litiges, qui au regard de leur fréquence, deviennent pour les *P&I Clubs* un véritable casse-tête. À ce propos, le partenariat et l'amitié qui nouent les Clubs membres du Groupe International des *P&I Clubs*, conjugués à leur volonté commune de limiter de tels litiges et leurs impacts financiers, les ont poussés à se regrouper autour d'un accord : l'*Inter Club Agreement*[1143].

De son appellation complète "*Inter-Club New York Produce Exchange Agreement*", cet accord, signé pour la première fois en 1970[1144], a été révisé et modifié en 1984, puis le 1er septembre 1996 d'où l'appellation actuelle « *1996 Agreement* » ou de manière complète "*Inter Club New York Produce Exchange Agreement 1996*". Son objectif affirmé et recherché est de permettre aux fréteurs et affréteurs de parvenir en cas de litiges, à un arrangement amiable dans un délai assez bref, et d'éviter ainsi des litiges coûteux et prolongés[1145]. L'atteinte de cet objectif est organisée dans cet accord à travers un mécanisme de répartition, entre fréteur et

[1142] NGUIMFACK Merlin, « *Réflexion critique sur les modes de règlement des litiges dans le transport maritime de marchandises* ». Thèse de Doctorat de Droit, soutenue le 3 décembre 2012 à l'Université de Nantes, n°840, p.383.
[1143] Ci-après ICA ou encore NYPE.
[1144] Plus exactement le 20 février 1970.
[1145] HAZELWOOD Steven J. & SEMARK David, "*P&I Clubs Law and Practice*", 4th ed., 2010, p.265 n°15.1.

affréteur, des frais de réparations consécutifs à une avarie cargaison ; et pour ce faire, les *P&I Clubs* recommandent vivement à leurs sociétaires (Membres) d'adopter cet accord dans leurs chartes-parties. Selon sa clause 1 qui n'apporte pas de précisions pertinentes, cet accord s'applique à toute charte-partie[1146]. Mais à y regarder de près, il nous apparaît qu'en réalité ne sont concernés que les affrètements à temps ou au voyage. L'affréteur coque nue maîtrisant à la fois les gestions nautique et commerciale, il est réputé être un armateur et est traité comme tel.

De même, est ici concerné quasi exclusivement l'affréteur à temps, car en principe, dans un affrètement au voyage, le fréteur conserve les gestions nautique et commerciale et ce n'est qu'exclusivement que l'affréteur au voyage peut se voir confier la gestion commerciale[1147]. Selon sa clause 2, l'incorporation dans la charte-partie de l'*Inter Club Agreement* implique la primauté des stipulations de celle-ci sur celles de la charte-partie en matière de règlement des litiges cargaison. La clause 3 qui semble être la nouveauté majeure du '*1996 Agreement*' entend par avaries cargaison, toute réclamation pour perte, dommage, manque (y compris par freinte, ou par vol), surcharge ou de retard de chargement, y compris les droits de douane ou amendes inhérents à ces pertes, dommage, manque ou surcharge. La notion d'avaries cargaison au sens de ce texte inclut également les frais de justice, d'expertise et les intérêts réclamés par l'ayant droit à la cargaison[1148] généralement le destinataire propriétaire. Même si la formulation de cette clause 3 quant aux frais n'est pas des plus claires, elle ne concerne que ceux effectués par le réceptionnaire ou le destinataire de la marchandise dans le cadre de ses réclamations. En effet, les droits de douane ou amendes, par exemple, auxquels le texte fait référence concernent uniquement ceux engagés du fait de l'avarie cargaison par l'ayant droit de la marchandise, et qui ont pour fondement le contrat de transport de marchandises par mer et aucunement les frais normaux qui incombent au fréteur ou à l'affréteur relevant du contrat d'affrètement[1149]. La clause 4[1150] de l'accord précise son champ d'application qui est limité aux avaries cargaison et cela sous trois conditions cumulatives : d'abord la cargaison objet de la réclamation doit faire l'objet d'un contrat de transport, quelle qu'en soit la forme[1151] y compris les transports combinés ainsi que les transports conteneurisés. Également si les premières versions de 1970 et 1984 ne s'appliquaient qu'aux seules chartes-parties soumises aux Règles de La Haye ou de La Haye-Visby, l'ICA 1996 s'étend désormais aux chartes-parties régies par les Règles de

[1146] « *This Agreement applies to any charter party...* »
[1147] Lamy Transport tome 2, éd. 2018, n°973 *Affrètement au voyage*, p.572.
[1148] GOLD Edgar, *"Gard Handbook on P&I Insurance"*, 5th ed., 2002, p.589.
[1149] HAZELWOOD Steven J. & SEMARK David, *"P&I Clubs Law and Practice"*, 4th ed., 2010, n°15.49 p.276.
[1150] Il s'agit d'une autre nouveauté de l'Accord de 1996.
[1151] Clause 4 a) 1996 Agreement.

Hambourg ou les lois nationales lorsque celles-ci sont, selon les faits, obligatoirement la loi du contrat. Ensuite, il ne doit pas y avoir un élément matériel qui établit clairement et formellement la responsabilité exclusive soit du fréteur soit de l'affréteur[1152]. En clair, la quasi-totalité des litiges entre fréteur et affréteur consécutifs à une avarie cargaison naît lorsque chacun des deux cocontractants se rejette mutuellement la faute cause du dommage à la cargaison. Dans les faits, ceci crée deux situations : la réclamation de l'intérêt cargaison et le litige entre fréteur et affréteur. La conséquence étant d'une part la bipolarisation possible du contentieux c'est-à-dire le litige né des dommages à la cargaison qui reste pendant et auquel vient se greffer d'autre part celui opposant les fréteur et affréteur qui se rejettent la cause de l'avarie cargaison. En plus de la durée dans le temps et du caractère prohibitif que génèrent ces litiges, cette situation peut produire d'autres conséquences négatives parmi lesquelles la saisie du navire. Ainsi, cette clause 4 b) dit implicitement que si la cause du dommage est clairement attribuable au tort exclusif soit de l'affréteur soit du fréteur le partage des frais qui serait intervenu pour éviter un contentieux n'a plus lieu d'être. Enfin, pour invoquer les dispositions de l'ICA, il faut que les réclamations de l'intérêt cargaison soient soldées et le litige complètement clos[1153].

Aux termes de la clause 5, *l'Inter Club Agreement* s'applique quelle que soit la loi du *for* telle que spécifiée dans le contrat d'affrètement et aussi indépendamment de la loi applicable au contrat de transport (Règles de Hambourg, lois nationales). En matière de délai de recours, la clause 6 fixe à deux ans la prescription du recours ou du fréteur ou de l'affréteur, qui veut bénéficier des termes de l'Accord, excepté les cas où Les Règles de Hambourg ou bien une loi nationale sont obligatoirement la loi du contrat de transport car la prescription dans une telle situation sera de trois ans. Ce délai de prescription commence à courir à la date de livraison de la marchandise ou bien à la date à laquelle la marchandise aurait dû être livrée. Cela signifie concrètement que la prescription pour invoquer l'ICA est en réalité d'une année, et court à partir de la prescription de l'action de l'intérêt cargaison. Lorsque le transport est régi par les Règles de La Haye Visby, il s'agit d'une prescription annale[1154] et lorsque les Règles Hambourg sont d'autorité dans le contrat de transport maritime en cause, le délai d'une année de l'ICA s'ajoute à la prescription de deux ans[1155] de cette dernière Convention. La clause 7, quant à elle, stipule que la somme dont le partage sera sollicité par l'une des parties au contrat d'affrètement selon les termes du présent Accord, devra correspondre à la somme effectivement engagée pour désintéresser le réclamant. À la suite d'une avarie cargaison, la répartition des frais pour la

[1152] Clause 4 b).
[1153] Clause 4c).
[1154] Art.3§6.
[1155] Art.20§1.

réparation du dommage entre fréteur et affréteur est organisée par la clause 8 de l'*Inter Club Agreement* tel qu'il suit :

a/ **100% à la charge du fréteur** qui conserve la gestion commerciale du navire, si le dommage à la cargaison est attribué au mauvais état de navigabilité du navire et/ou à une faute de navigation.

b/ **100% à la charge de l'affréteur** lorsque le dommage à la cargaison résulte d'un manquement à la gestion commerciale du navire. Il en sera ainsi par exemple lorsque le dommage découle du mauvais chargement, d'une manutention, d'un arrimage ou saisissage défectueux de la cargaison. Mais la répartition se fera 50% affréteur et 50% fréteur s'il existe une clause *"and responsibility"* insérée à l'ICA par les parties, laquelle clause stipule que les opérations incombant à l'affréteur seront effectuées sous la responsabilité du capitaine.

c/ **50% affréteur et 50% fréteur** (sous réserve des points a/ et b/ ci-dessus) lorsque les réclamations de l'intérêt cargaison sont consécutives à une partie manquante de la cargaison ou bien à une surcharge. Toutefois, s'il est démontré par une preuve claire et irréfutable, une négligence ou que la part manquante de la cargaison est consécutive à un vol attribuable soit au fréteur soit à l'affréteur (y compris à leurs préposés), alors, la responsabilité de réparation sera de 100%.

d/ **50% affréteur et 50% fréteur** pour toutes les autres réclamations de l'intérêt cargaison y compris les cas de retard, sauf s'il existe une preuve claire et irréfutable que cela résulte de la négligence ou de l'acte de l'une quelconque de ces parties (ou de leurs préposés), auquel cas, selon l'espèce, soit le fréteur soit l'affréteur assumera à 100%.

La dernière clause de l'ICA 1996 renvoie à la loi applicable à l'Accord. Selon cette clause 9, l'*Inter Club Agreement* est soumise à la loi anglaise à moins qu'il existe dans la charte-partie à laquelle s'incorpore l'Accord, une clause donnant primauté à une autre loi.

Bien que cet accord ait apporté satisfaction et fait ses preuves, d'où sa large diffusion et acception par les armateurs et affréteurs, il n'en demeure pas moins qu'au fil du temps s'est manifestée une préoccupation nouvelle. En effet plusieurs *P&I Clubs* se sont montrés préoccupés par les longs délais et les coûts élevés relatifs au traitement des questions liées à l'émission des sûretés. Il y avait difficulté pour savoir qui du fréteur ou de l'affréteur, devait émettre par le biais de son *P&I Club* une lettre de garantie et comment cela serait géré, réparti par la suite. Conscients qu'une meilleure coopération entre lesdits Clubs allait contribuer à évincer de telles préoccupations, les Clubs membres de l'IGP&I Clubs (le Groupe International des *P&I Clubs*), sans modifier l'Accord de 1996, lui ont apporté un amendement le 1er septembre 2011[1156]. L'amendement majeur concerne l'introduction d'une nouvelle clause 9. Cette Clause stipule que le *P&I Club* (soit celui du fréteur, soit celui de l'affréteur) qui, à la suite d'une réclamation engagée par l'intérêt cargaison, a émis une lettre de garantie, peut obtenir de l'autre *P&I Club* une garantie pour le montant équivalent à celui pour lequel il s'est lui-même engagé ; et ceci indépendamment du fait qu'il y aura ou non une répartition des frais de réparation entre fréteur et affréteur. Le *P&I Club* qui a émis la lettre de garantie et qui demande auprès de l'autre une garantie équivalente, verra cette demande prospérer si deux conditions sont réunies : tout d'abord, il devra notifier par écrit cette réclamation dans le délai indiqué par la clause 6 ; et ensuite il devra avoir effectivement émis une garantie à l'intention de l'intérêt cargaison. En d'autres mots, il ne doit pas conditionner sa lettre de garantie à l'obtention de la part de l'autre *P&I Club* d'une garantie réciproque. L'autre amendement de l'Accord de 1996 concerne l'ancienne clause 9 qui est devenue la clause 10 mais dont l'apport ne nous semble pas substantiel car l'ancienne formulation stipulait que : "*This Agreement shall be subject to the English Law and Jurisdiction, ...*" tandis que la nouvelle prévoit que "*This Agreement Shall be subject to the English Law and the **exclusive** jurisdiction **of the English Courts**, ...*". Si l'emphase semble marquée par l'exclusivité accordée à la loi anglaise et aux tribunaux anglais, les réserves sont inchangées et cette clause 10 sera valable à moins qu'il existe dans la charte-partie, une clause impérative qui donne primauté à une autre loi[1157].

Pour tenter de mieux comprendre *l'Inter Club Agreement* en tant qu'outil de règlement amiable des litiges, il serait judicieux nous semble-t-il, de voir quelle est la position de la jurisprudence. N'ayant pas eu accès à la jurisprudence anglaise sur cette question spécifique, nous devons remarquer que la question ne s'est pas véritablement posée devant les juridictions françaises mais deux sentences arbitrales retiendront notre attention.

La première, est une sentence[1158] de la Chambre arbitrale maritime de Paris rendue à la suite d'une avarie par mouille d'une partie de la cargaison de farine au port de destination Luanda (Angola). Les faits de cette affaire nous renseignent qu'à l'arrivée au port de destination du navire affrété à temps, les panneaux de cales sont restés ouverts après l'inspection de la cargaison dans les cales. Une pluie diluvienne et inopinée s'étant abattue sur la ville, une partie

---

1156 Que les *P&I Clubs* ont dénommé : « *The Inter Club New York Produce Exchange Agreement 1996 (as amended September 2011)* ».

1157 Pour consulter l'*Inter-Club Agreement* et les modifications du 1er septembre 2011, voir annexe n°7, (*The Inter Club New York Produce Exchange Agreement 1996 (as amended September 2011)*.

1158 Sentence 977 du 20 février 1998 (second degré), DMF n°586 octobre 1998, p.929. Voir également sentence de la CAMP, n°1228 du 15 avril 2016, DMF n°789, mars 2017, pp.248-249.

de la cargaison a donc subi une avarie par mouille. Le navire étant dans un bon état de navigabilité selon les constatations et démonstration des arbitres, et après avoir observé que les panneaux de cales demeurés ouverts relevaient d'une faute de gestion commerciale incombant elle-même à l'affréteur, les arbitres ont donc rejeté sa demande de répartition des frais de réparation du dommage et ceux inhérents à la saisie conservatoire pratiquée par l'intérêt cargaison. Cette demande de répartition était fondée sur l'*Inter Club New York Produce Agreement* (version de 1984) incorporé à la charte-partie, et c'est sur la base de cette même charte-partie que les arbitres condamnèrent l'affréteur à supporter seul à 100%, les frais générés par cette avarie cargaison.

La deuxième sentence[1159] est un peu atypique, car les litiges tranchés faisaient initialement l'objet de deux demandes d'arbitrage avant un accord entre les parties pour la jonction desdites affaires. En l'espèce, le navire, objet d'un affrètement à temps, avait perdu une partie des conteneurs transportés tandis qu'une autre dizaine avaient été endommagés lors de la traversée du Pacifique dans le trajet USA-Japon. Un mois plus tard quasiment, et toujours avec ce même porte-conteneurs, des avaries similaires se produisirent entre Malte et Le Havre (12 conteneurs tombés à la mer et 19 gravement endommagés). Après analyse des moyens de preuves à eux soumis par les parties au litige, les arbitres conclurent que le premier accident était la conséquence de fautes partagées entre fréteur et affréteur, car généré à la fois par la conjugaison de la manutention inadaptée, du mauvais arrimage et du saisissage insuffisant de la cargaison, du mauvais état de navigabilité du navire du fait de la défectuosité d'une grande quantité des *twist-locks* (sabots de fixation des conteneurs les uns avec les autres). Concernant le deuxième accident, ils conclurent à la responsabilité exclusive de l'armateur du fait de l'innavigabilité du navire, du non-respect par le capitaine des consignes de la société de classification et d'une vitesse excessive. La charte-partie contenant une clause incorporant au contrat une *Inter Club New York Produce Exchange* de 1996, c'est donc cet accord qui va organiser la valeur vénale incombant à chacun des fréteur et affréteur au titre de la réparation des préjudices générés par les avaries cargaison des deux accidents. Ainsi selon la clause 8 du NYPE, les arbitres vont, concernant le premier accident, décider que chacune des parties prendra à sa charge 50% du montant des dommages non exonérés et s'agissant du second accident, ils jugeront l'armateur fréteur, 100% responsable de ces frais.

[1159] CAMP, sentence 1105 du 14 janvier 2005, DMF n°660, juin 2005, pp.562 et suiv.

Chapitre 2 : La mutualisation des risques : un instrument de qualité au service de l'extension de l'offre de garanties proposée par les P&I Clubs aux armateurs

Les progrès technologiques que nous connaissons aujourd'hui, sont un véritable atout en matière de prévision et de prévention des risques multiformes de la navigation. Cependant, malgré ces avancées significatives, l'issue d'une expédition maritime reste et demeure potentiellement vulnérable aux aléas et caprices de la mer. Ainsi, il n'est pas rare que des incidents ou accidents viennent perturber l'exécution de l'obligation contractuelle de transport maritime incombant à l'armateur qui doit donc faire face à des réclamations plus ou moins élevées. Lorsque celles-ci sont peu élevées du point de vue des *P&I Clubs*, aucun problème ne se pose. Cependant lorsqu'elles semblent considérables, les réclamations sont gérées à travers une mise en commun des ressources de certains *P&I Clubs* regroupés au sein d'un consortium connu aujourd'hui sous l'appellation anglaise *International Group of Protecting and Indemnity Clubs* et dont le sigle est l'*IGP&I Clubs*. Pour mieux comprendre le mécanisme ainsi que la forme de la mutualisation au sein de l'*IGP&I Clubs*, nous nous proposons d'analyser dans un premier temps l'IGP&I Clubs comme étant la pierre angulaire de la mutualisation des risques selon les P&I Clubs (section 1) et dans un second, la mise en œuvre concrète de cette mutualisation (section 2).

Section 1 : L'IGP&I Clubs, socle fondateur et normatif de la mutualisation des risques selon les *P&I Clubs*

Aux termes de la clause 38(2)[1160] de Britannia P&I Club, il est stipulé que : *"The Managers may reinsure or cede on behalf of the Association the whole or any part of the risk of the Association (including any risk which may arise under the Pooling Agreement) with such reinsurers and on such terms as the Managers shall consider appropriate"*. Ce que nous nous proposons de traduire par : « *Les Gérants pourront réassurer ou céder au nom de l'Association, la totalité ou une partie des risques de l'Association (y compris tout risque pouvant résulter de l'Accord de mutualisation), avec ses réassureurs et aux conditions que les Gérants jugeront appropriées* ». Pour y parvenir, les *P&I Clubs* ont donc pris l'option de réassurer les risques

[1160] Britannia P&I Club, Rules 2019.

qu'ils garantissent par le biais de l'*IGP&I Clubs* dont il nous convient tout d'abord de voir l'origine et l'évolution (§1), avant d'en analyser, ensuite, le principe de fonctionnement (§2).

§1 : « Origine et évolution de l'International Group of P&I Clubs »

Pour mieux appréhender l'organisation actuelle et le fonctionnement de l' *IGP&I Clubs*, il nous semble nécessaire de voir dans ce paragraphe, d'une part son origine (A), d'autre part son évolution (B).

A/ L'origine de l'International Group of Protecting and Indemnity Clubs

L'évolution des *P&I Clubs* a été marquée tout au long des XIXe et XXe siècles, d'abord par une évolution constante de leur garantie afin de mieux répondre aux besoins des armateurs ; ensuite, lorsqu'il n'y avait pas disparition pure et simple pour cause de faillite, il était fait recours à des fusions acquisitions. Ce fut par exemple le cas le plus fréquent, lorsque les Clubs étaient exclusivement dédiés à la garantie « *protection* » des armateurs sociétaires, concernés par de fortes sinistralités entraînant très souvent des dépenses colossales. Il s'agissait alors davantage, de dommages physiques subis par les navires qui appelaient donc la garantie corps et machines ou *Hull policy*. Ceci a coïncidé des décennies plus tard, à une période marquée par la montée en puissance des dommages subis par les tiers et la naissance de la police "*Indemnity*". Ainsi, face à des événements ou des accidents mettant ou pouvant mettre à la charge des armateurs des responsabilités des plus importantes financièrement, plusieurs *P&I Clubs* firent banqueroute. D'une part, parce qu'ils ne purent envisager couvrir par les taux de cotisations les surcoûts éventuels d'un exercice à forte sinistralité, ils n'ont pu apporter des réponses satisfaisantes, et d'autre part, parce qu'ils ne purent assumer les montants qui leur étaient exigés. Pour se protéger contre de telles éventualités aux conséquences néfastes, mettant en péril la survie des Clubs, c'est-à-dire des armateurs eux-mêmes, et par conséquent l'activité économique également, quelques Clubs se sont réunis pour créer une structure[1161] chargée d'organiser la gestion de telles situations. Cette association sera connue sous l'appellation « *London Group* » car constituée par le rapprochement de six[1162] *P&I Clubs* anglais.

[1161] HAZELWOOD Steven J. & SEMARK David, *P&I Clubs Law and Practice*. 4th ed., 2010, p.365.
[1162] Il s'agissait de The UK Club, Britannia P&I Club, The Standard Club, The London Club, Newcastle Club & Sunderland Club.

Initialement, ces clubs étaient liés par un accord de mutualisation ou "*Pooling Agreement*"[1163], dont le premier fut conclu le 10 avril 1899 à Londres. Cet accord permettait à ces six Clubs de réassurer leurs risques à des taux avantageux, ainsi que d'élaborer des codes de conduite communs pour harmoniser l'essentiel de leurs pratiques, simplifiant ainsi, les conditions de gestion des éventuels sinistres. Malgré de tels atouts, cela n'a pas empêché que certains Clubs n'y adhérèrent pas et continuèrent à garantir leurs risques exceptionnels sur le marché traditionnel. C'est l'exemple de Gard P&I Club qui a continué pendant plusieurs décennies à réassurer ses excédents de risques pour une partie sur le marché traditionnel norvégien de l'assurance et pour l'autre partie, sur le marché londonien.

Cependant, le naufrage du ***Belpamela*** le 11 avril 1947 dans l'océan Atlantique près de Terre-Neuve, fera changer d'avis les dirigeants de Gard P&I Club, parce que les conséquences leur firent prendre la réelle mesure de l'ampleur des risques potentiellement prohibitifs[1164], auxquels un Club peut être soumis. En effet, Le *Belpamela*[1165] était un cargo de type BEL[1166], destiné au transport, des États-Unis vers la France, des locomotives de type 141er et des tenders[1167] pour le compte de la SNCF[1168]. Lancé le 10 novembre 1927 et définitivement armé en février 1928, il avait été construit par le chantier naval anglais *Armstrong, Witworth & Co Ltd* dans le Tyne-river et appartenait à l'armement norvégien BELSHIPS & Co Ltd. Au moment de son naufrage, il transportait 17 locomotives et 17 tenders de type 141er et 30 R[1169] numérotés de 1220 à 1235 et le dernier, numéroté 1241[1170]. Après qu'il eut sombré, les réassureurs norvégiens au vu des dépenses qu'ils durent alors assumer – le remplacement du navire déclaré en perte totale, les frais d'enlèvement des épaves, l'indemnisation liée à la perte de la cargaison, celle liée au décès de 9 des 16 membres de l'équipage entre autres –, cessèrent de réassurer Gard P&I Club, l'obligeant ainsi à prendre réassurance, à des coûts extrêmement prohibitifs sur le marché londonien. Insatisfait de cette situation, le Gard P&I Club va signer une sorte d'accord de réassurance avec le *United Kingdom P&I Association,* à travers lequel il bénéficiait d'une réassurance partielle du *London group*[1171]. À l'instar de Gard P&I Club, le *Swedish Club* et *Skuld P&I Club* bénéficièrent aussi d'une réassurance auprès du *London group* par

1163 Cf. §2 ci-dessous portant sur le *Pooling Agreement*.

1164 GOLD Edgar, "*Gard Handbook on P&I Insurance*", 5th ed., 2002, p.70 §1.4.4.

1165 Voir annexe n°**8** pour les Caractéristiques du *Belpamela*.

1166 C'est-à-dire conçu et construit pour transporter des objets d'envergure par leur taille, et extra lourds vu leur poids.

1167 Les tenders sont des structures annexes des trains, ou bien de certains navires.

1168 A l'époque, l'industrie française ainsi que son économie notamment des ports, des voies ferrées avaient terriblement subi des ravages de la seconde guerre mondiale.

1169 Voir annexe n°**9**, articles de presse du journal de la Marine Marchande.

1170 Voir annexe n°**10**, quelques, photos du *Belpamela*.

1171 Idem.

l'entremise d'autres *P&I Clubs* majeurs qui en étaient membres. Et c'est le 20 février 1981, pour l'année d'assurance 1981-1982, qu'ils deviendront effectivement membres à part entière du Groupe International. Cette technique de réassurance au sein du *London group* par l'entremise des Associations consœurs s'avéra très bénéfique pour les Clubs qui n'en étaient pas membres, parce que d'une part, cela leur permettait de bénéficier d'un vaste programme de réassurance adapté aux besoins de leurs armateurs sociétaires[1172], et d'autre part, ils pouvaient échapper aux contraintes techniques et financières imposées par certains monopoles d'État à l'exemple des pays comme le Japon, où les armateurs ne sont pas autorisés à assurer leur responsabilité civile en dehors du marché japonais[1173].

B/ Évolution de l'International Group of P&I Clubs

Créé à l'image des *P&I Clubs* qui le constituent, le Groupe International connaîtra diverses évolutions. La première évolution est, dirons-nous, **structurelle,** car au départ constitué de six *P&I Clubs,* le *London group* va évoluer et être composé de dix-neuf Clubs à un moment, puis quinze à un autre, et aujourd'hui[1174] il en compte treize. De même, du fait de l'admission plénière en son sein des Clubs scandinaves (Gard PI, Skuld et Swedish PI), ainsi que celles plus récentes du Japan P&I en 1989 et du American P&I le 20 avril 1998, le *London group* va changer d'appellation et deviendra : *International Group of P&I Clubs*. La deuxième évolution qui nous semble pertinente à relever est **opérationnelle**, car elle est relative à ses attributions et/ou missions. En effet, le Groupe International des *P&I Clubs* s'est donné à sa création comme attribution, la réassurance des risques exorbitants incombant aux Clubs qui le composent. Il était question de réassurer exclusivement les risques *PI, c*ependant, à la date où nous écrivons ces lignes, il admet au moins une exception à savoir : la garantie *Bio-chem* de 2004[1175]. La troisième évolution est quant à elle **diplomatique,** parce que relative à la représentativité des Clubs de Protection et d'Indemnité. En clair, outre sa fonction principale qui est l'organisation et l'exécution de la réassurance des garanties auxquelles s'obligent les *P&I Clubs*, le Groupe International joue désormais un rôle de diplomatie, puisqu'il représente ses Clubs membres[1176] (ou bien les armateurs) auprès des Organisations Internationales, gouvernementales ou non gouvernementales, très souvent disposées à échanger et coopérer

[1172] HAZELWOOD Steven J. & SEMARK David, "*P&I Clubs Law and practice*", 4th ed., 2010, p.366.
[1173] Idem.
[1174] Au 1er février 2018.
[1175] Cf. supra, Illustrations Omnibus Rule, "Bio-chemical risk" p.121.
[1176] Art.62 Shipowners P&I Club, Rules 2017/2018.

avec l'*IGP&I Clubs*. Ceci nous semble d'évidence, car l'*IGP&I* représente 90% du tonnage mondial[1177]. Qui pourrait donc se passer d'une telle force ? À ce propos l'OMI va considérer l'*IGP&I Clubs* comme étant une personne morale dotée de la personnalité juridique à qui elle accordera en 1981, le statut d'observateur en son sein[1178]. Cependant, nous pouvons au regard de l'actualité, nous questionner sur ce statut d'observateur puisque désormais au sein de l'OMI, l'*IGP&I Clubs* participe activement comme acteur – et non plus comme simple observateur – à l'élaboration de certaines mesures importantes qui devront réglementer la navigation. Par exemple, le Groupe International des *P&I Clubs* a activement participé à la 103e session de l'OMI qui s'est tenu à Londres du 8 au 10 juin 2016. À l'ordre du jour il était discuté entre autres questions, du suivi de la mise en œuvre du protocole HNS de 2010, de la vente judiciaire des navires, de la piraterie, du traitement équitable des gens de mer, ainsi que des questions relatives à la responsabilité et à l'indemnisation quant aux pollutions transfrontalières dues aux activités pétrolières offshore[1179]. Une telle reconnaissance s'opère également par l'Union Européenne, que l'*IGP&I Clubs* ainsi que ses entités assimilées telles que l'*International Chamber of Shipping*, l'*International Union of Marine Insurers*, accompagnent dans l'élaboration de certains textes réglementaires. Ce fut le cas récemment en janvier 2017, lorsqu'elles ont assisté activement la Commission Européenne, et contribué à l'élaboration des règles de conduites européennes relatives aux ports de refuge pour les navires en détresse. Ces règles directrices viennent compléter la résolution A.949 de l'OMI[1180], et visent à aider les autorités portuaires, les armateurs et les assureurs, à contribuer à la recherche de solutions rapides et efficaces pour les navires en quête d'un lieu de refuge. Ainsi, la nouvelle ligne de conduite complète la directive européenne sur le contrôle du trafic maritime et introduit l'obligation pour les États membres de l'Union Européenne de ne pas rejeter une demande de refuge d'un navire sans inspection sérieuse préalable[1181]. Nous pouvons également mentionner que l'*IGP&I Clubs* s'est transformé aujourd'hui en un véritable groupe de pression[1182] qui exerce un lobbying percutant, au sujet de certains domaines précis à l'instar de leur police d'assurance en matière de pollution par exemple. À ce titre, le *POOL* participe activement tant en « présentiel » que par ses propositions, aux sessions de l'IOPC avec qui il existe une véritable coopération. En ce sens, mettant un terme à huit années de négociations, un accord a été signé

[1177] HAZELWOOD Steven J. & SEMARK David, "*P&I Clubs Law and practice*", 4th ed., §24-29 p.371

[1178] http://www.gard.no/web/publications/document/chapter?p_subdoc_id=20747884&p_docum

[1179] https://www.igpandi.org/article/imo-legal-committee-ig-attendance. Site Parcouru le 2 février 2018.

[1180] Pour le texte de cette résolution, nous invitons le lecteur qui le souhaite, à parcourir la page web de l'OMI : http://www.imo.org/en/KnowledgeCentre/IndexofIMOResolutions/Assembly/Documents/A.949(23).pdf

[1181] https://www.igpandi.org/article/eu-guidelines-places-refuge. Site parcouru le 2 février 2018. L'adoption du document final n'est pas encore effective à la date où nous écrivons ces lignes.

[1182] HAZELWOOD Steven J. & SEMARK David, *op. cit.*, p.372, §24.30.

le 21 décembre 2016 entre l'*IGP&I Clubs* et le FIPOL relatif aux paiements intermédiaires. Cet accord définit la base de calcul que les *P&I Clubs* et le FIPOL, chacun en ce qui le concerne, devront appliquer si la situation vient à se poser[1183]. Enfin, à travers ses nombreuses circulaires et notes d'informations à l'attention de ses Clubs membres, le Groupe International s'est muté en un véritable **organe d'information**, permettant aux armateurs de bénéficier des informations de dernière heure, relatives au transport maritime.

§2 : Le IGP&I Clubs : toile de fond du principe de mise en commun des risques

Le Groupe International des *P&I Clubs*, de par sa mission et ses attributions, est le cadre d'expérimentation, mieux, l'organe exécutif chargé de la réassurance des risques auxquels les Clubs s'obligent. Pour l'efficacité de son objectif et/ou de ses actions, l'*IGP&I Clubs* s'organise autour de deux piliers. Par piliers, nous entendons les accords qui le fondent et l'organisent. Avant d'examiner ces piliers, il semble important de relever que la substance du Groupe International est définie par son traité constitutif. En effet, l'*IGP&I Clubs* est régi par un statut écrit, voté à l'unanimité des Clubs membres et qui définit les trois objectifs principaux du Groupe International. Le premier objectif est la réassurance des sinistres incombant aux Clubs et dont les montants nécessaires à la gestion outrepassent le plein de rétention, fixé aujourd'hui à 10 millions $US. Le deuxième objectif est la fourniture, la mise sur pied d'un cadre de discussion et d'échange sur les sujets relatifs à la responsabilité civile des armateurs ainsi qu'à l'assurance de celle-ci. Le troisième objectif assigné au Groupe International par ses statuts, est la représentativité des *P&I Clubs* (les armateurs) auprès des instances nationales et internationales, privées ou publiques, avec qui l'*IGP&I Clubs* devra coopérer dans l'intérêt de la navigation maritime. Pour atteindre ces objectifs, le *POOL* s'appuie sur ses deux piliers, à savoir l'*International Group agreement* (A), ainsi que le *Pooling Agreement* (B).

[1183] https://www.igpandi.org/article/international-group-signs-funding-interim-payments-agreement-1992-iopc-fund

A/ L' « International Group Agreement », l'Agora quant à la concurrence au sein de l'IGP&I Club

Cet accord fut adopté pour la première fois en 1929 à l'issue d'une réunion du *London Group* lorsque les *P&I Clubs* qui en étaient membres commençaient à assurer les navires battant pavillon américain. L'objectif était de prévenir l'application à ces navires des tarifs de souscription anormalement bas, au détriment des autres navires déjà inscrits. D'où un mémorandum d'entente selon lequel : si un *P&I Club* membre du *London Group* faisait une offre pour un navire battant pavillon américain, aucun autre ne devrait faire une offre à un tarif plus attractif[1184]. Puis l'accord va se généraliser à toute l'activité à travers *l'Interclub gentlemen's Agreement* imposant ainsi l'application par les Clubs des mêmes tarifs aux navires qui souhaitaient s'inscrire chez eux en provenance d'un autre Club du groupe. En 1975 cet accord sera déclaré contraire au traité européen portant sur la libre concurrence. Un autre accord remplaçant le précédant, auquel le *POOL* a apporté des modifications sur certaines clauses, sera conclu en 1985 et exempté par la Commission Européenne pour une période de dix ans[1185]. Cet accord fut ensuite modifié en 1999 et acquit une nouvelle fois exemption de la part de la Commission Européenne, puis il sera amendé dans sa version de 2008[1186]. La version actuellement en application[1187] est celle qui est entrée en vigueur le 20 février 2013. Généralement connu sous le sigle IGA, l'*International Group Agreement* est l'accord administratif de l'*IGP&I Clubs,* car il en réglemente les règles de concurrence des *P&I Clubs* entre eux[1188] au sein du Groupe, le but étant de sauvegarder par une concurrence *fair-play*, les intérêts des armateurs ou des affréteurs. La notion de concurrence *fair-play* que nous employons ici vise à rappeler que même si les *P&I Clubs* coopèrent de manière inclusive et participative, il n'en demeure pas moins qu'ils sont avant tout des entités juridiques concurrentes dans le marché de l'assurance responsabilité civile des armateurs. Donc en réalité, il s'agit d'un pacte de non-agression en ce sens qu'il est restrictif de la concurrence au sein du Groupe[1189], et son objectif est d'instaurer une véritable discipline entre les Associations qui font partie de l'*IGP&I Clubs.* La version actuelle de l'IGA est la résultante d'un débat désormais clos grâce à l'intervention de la Commission Européenne.

1184 GOLD Edgar, "*Gard Handbook on P&I Insurance*" 5th ed., 2002, p.109, §5.3.1.
1185 https://static.mycoracle.com/igpi_website/media/article_attachments/IGA2013.pdf.
1186 L'amendement apporté par la Commission européenne consista à l'élaboration par l'IGP&I de règles spécifiques aux pétroliers.
1187 Au moment où nous rédigeons ces lignes soit le 23 novembre 2017.
1188 https://www.igpandi.org/group-agreements
1189 GOLD Edgar, *op. cit.,* p.105.

En effet, en 1981[1190] la Commission Européenne a été saisie par les *P&I Clubs* pour obtenir d'elle à défaut d'une attestation négative, une exemption de l'accord de l'IGA signé le 18 juin de la même année. Cependant, la Commission a fait observer que certaines clauses de cet accord n'étaient pas conformes à l'article 85 du traité CEE prohibant tout accord qui est de nature à entraver la libre concurrence dans l'espace économique européen. Il s'ensuivra alors une série de négociations entre le *POOL* qui s'engageait à apporter des modifications aux articles concernés afin de rendre l'accord conforme au droit de l'Union Européenne. Ainsi, en fonction de ces avancées, Commission Européenne accordera soit une attestation négative soit l'exemption. Mais alors que les débats étaient toujours pendants, la Commission a été saisie par une plainte formelle le 1er décembre 1983 de l'Union des armateurs grecs (eux-mêmes membres des *P&I Clubs* parties à l'accord IGA) et du Comité de coopération de la marine marchande grecque, dénonçant entre autres, des accords analogues à ceux de l'IGA déjà appliqués par les Clubs. Un autre grief reproché à l'accord était le montant démesurément élevé (16,5 milliards €) du taux minimal des sinistres mutualisables par chaque Club[1191], griefs que la Commission retint et notifia naturellement sa position à l'*IGP&I Clubs*.

Parmi les principales clauses de l'IGA décriées par la plainte que la Commission a favorablement accueillie, figuraient d'une part : « *a) l'obligation pour un club (le « nouveau club ») de ne pas faire offre, pour un navire déjà assuré par un autre club (le « club détenteur »), à un tarif inférieur à celui du club détenteur (c'est-à-dire au tarif auquel le club détenteur est disposé à renouveler l'assurance), à moins que le tarif du club détenteur ne dépasse la fourchette des primes couramment appliquées. Cette obligation avait pour effet d'empêcher ou de restreindre le jeu de la concurrence en matière de primes ; en effet, la seule possibilité offerte à un nouveau club de reprendre le dossier d'un exploitant déjà assuré auprès d'un autre club en lui appliquant une prime nouvelle était de convaincre le comité d'experts désigné par l'IGA du caractère anormal de la prime pratiquée par le club détenteur, c'est-à-dire de le persuader qu'elle dépassait le maximum à considérer comme normal en l'espèce. Si les primes du club détenteur et du nouveau club étaient toutes les deux considérées comme normales, le club nouveau ne pouvait assurer l'exploitant qu'en alignant pour la première année sa prime sur celle du club détenteur ; b) la clause appliquant les règles d'offres de tarification visées sous a) valait non seulement pour les navires assurés à ce moment, mais aussi pour les bâtiments neufs ou nouvellement acquis (new ships rule). L'application*

[1190] Un IGA a été conclu le 18 juin 1981 et les *P&I Clubs* en souhaitaient exemption par la Commission.
[1191] Voir décision n°1999/329/CE de la Commission, du 12 avril 1999 relative à une procédure d'application des articles 85 et 86 du traité CE et des articles 53 et 54 de l'accord EEE. Notifiée sous le numéro C (1999) 221 au JOCE n° L125, 19 mai 1999.

pure et simple des règles d'offres de tarification aux bâtiments neufs ou nouvellement acquis par les exploitants constituait une restriction supplémentaire au libre choix de son assureur par l'assuré ; c) les clauses relatives à la liquidation de la quote-part en cas de retrait (release calls) : La Commission a estimé que les clauses applicables à la liquidation de la quote-part en cas de retrait - c'est-à-dire aux montants payables par les membres d'un club en cas de retrait d'un navire ou d'une flotte au titre de leur quote-part des créances des tiers sur le club pendant la durée de leur affiliation - auraient pu éventuellement renforcer les restrictions imposées aux passages d'un club à un autre ; d) les règles relatives à un coût total estimé [estimated total cost (ETC)] pour les navires-citernes : Ces dispositions constituaient des restrictions de concurrence du fait que les clubs convenaient de primes de base minimales qui devaient être respectées dans tous leurs contrats d'assurance de navires-citernes ; e) les clauses relatives à la composition et aux procédures du comité d'experts : Si ces règles n'ont pas entraîné de restrictions clairement définies, la Commission a cependant estimé qu'elles avaient pour objet ou pour effet de renforcer les liens entre les clubs et qu'elles ont pu contribuer à restreindre les mouvements d'un club à un autre »[1192].

D'autre part, il était reproché à ces clauses de l'IGA de constituer un abus de position dominante collective, *en ce sens qu'il limite, au détriment des consommateurs le choix des couvertures d'assurances offert sur le marché*[1193]. Après les aménagements apportés par l'IGA, la Commission accorda (en 1985) une exemption de dix ans à l'accord. Mais en 1995 lorsque l'*IGP&I Clubs* introduisit une nouvelle demande d'exemption, celle-ci fut rejetée parce que la Commission – à la suite de nouvelles plaintes formelles contre l'IGA[1194] – estimait que certaines clauses n'étaient toujours pas conformes ni aux articles 85 et 86 du traité CE, ni aux articles 53 et 54 de l'accord CEE. Désormais tout est rentré dans l'ordre, car le *POOL* a modifié toutes les clauses de l'IGA litigieuses pour s'arrimer aux textes européens. À la suite de quoi la Commission décida que, puisque cet accord a pour objectif de proposer ensemble un niveau d'assurance qu'aucun Club n'est capable d'assumer individuellement, il n'est pas contraire au droit européen et n'est donc pas anticoncurrentiel[1195].

Spécifiquement, les clauses de l'IGA portent désormais essentiellement sur cinq points. Premièrement, cet accord réglemente les conditions dans lesquelles un *P&I Club* peut accepter l'inscription dans ses livres d'un navire actuellement ou précédemment inscrit auprès d'un autre

[1192] Décision de la Commission du 16 décembre 1985, relative à une procédure d'application de l'article 85 du traité CEE n°IV/30.373-P&I Clubs. Journal Officiel du 31 décembre 1985 numéro L376, page 0002.
[1193] §21 de la décision n°1999/329/CE de la Commission, du 12 avril 1999 précédemment indiquée.
[1194] Plainte déposée par l'union des armateurs grecs, Ocean Marine *P&I Club* indépendant et le GSCC.
[1195] Voir la décision de la Commission n°1999/329/CE du 12 avril 1999, n°65 et suivants.

Club du *POOL*. Ainsi, un Club membre de l'IGP&I Club est tout à fait autorisé à accueillir un nouveau navire dans son portefeuille si cela ne résulte pas d'une proposition de cotisation faite par le Club à l'armateur concerné, dont le montant est **anormalement** bas au moment de la conclusion du contrat[1196]. Le Club détenteur peut éventuellement saisir le comité d'experts du *POOL* qui tranchera sur la régularité du taux litigieux. De même, le Club d'accueil ou l'armateur qui change de Club peut saisir ce même comité d'experts, pour démontrer que les tarifs appliqués par le Club détenteur sont anormalement élevés. Le *P&I Club* de provenance ne doit, à son tour, mettre en œuvre aucune ruse, ou attitude de mauvaise foi susceptible d'empêcher un tel changement. Il est informé dans les trois jours de la conclusion de l'accord entre l'armateur qui le quitte et un autre Club, afin de pouvoir procéder à toutes les réclamations qu'il juge utiles[1197]. Deuxièmement, l'accord spécifie comment les Mutuelles procéderont pour calculer le taux des cotisations et les informations qu'elles devront échanger réciproquement avant la décision définitive fixant ces cotisations. À ce titre, le nouveau Club par exemple, devra informer le Club de provenance de l'armateur et requérir auprès de lui les informations concernant la sinistralité dudit armateur ainsi que la base de cotisations qui lui est appliquée[1198]. À la suite de quoi, interviendra un échange d'informations entre les deux Mutuelles recherchant la transparence de ce changement de Club souhaité par l'armateur ou l'affréteur. Troisièmement, l'IGA 2013 spécifie les facteurs à prendre en considération, et le processus à observer en vue de déterminer le reliquat de la cotisation libératoire – *Release Call*[1199] –, que doit payer un armateur pour le navire qui passe d'un Club à un autre[1200]. Ceci permet à l'armateur sortant (ou au navire sortant) de s'acquitter de la proportion de cotisations lui incombant, au titre des éventuelles *Deferred Calls* ou des *Supplementary Calls*[1201], cotisations qui ne sont constatables qu'à la clôture de l'année de police. Et une fois la *Release Call* (ou cotisation libératoire) payée, l'armateur est définitivement libéré de toute cotisation à l'égard de son désormais ancien *P&I Club*[1202]. Quatrièmement, l'IGA définit les sanctions applicables en cas de non-respect de ses clauses, et stipule à cet effet que si l'armateur ne veut pas respecter

[1196] Art.2.1 de l'International Group Agreement 2013.

[1197] Nous suggérons au lecteur pour approfondissement, de lire la décision de la Commission du 16 décembre 1985, relative à une procédure d'application de l'article 85 du traité CEE n°IV/30.373-P&I Clubs. Journal Officiel du 31 décembre 1985 numéro L376, page 0002 précédemment indiquée. Nous pensons que cela lui sera utile pour bien comprendre la formulation actuelle des clauses de l'IGA 2013.

[1198] Art.2.2 et suiv. IGA 2013.

[1199] Les *P&I Clubs* définissent dans leurs préambules "interpretation" les *Release Call* comme étant *Any premium which may be payable on termination or cessation of entry (other than a fixed premium entry)* soit : toute cotisation payable à l'extinction ou résiliation d'une inscription – contrat d'assurance – (excepté les inscriptions à prime fixe). Voir nos commentaires précédents Partie 1 sur l'acquisition par l'armateur de la qualité de membre.

[1200] Art.8 IGA 2013.

[1201] Voir nos précédents développements sur la cotisation imputable à l'armateur au titre du navire inscrit.

[1202] Voir par exemple art. 15 Gard Rules 2017 ; art.36.1 London P&I Rules 2017. NB : la cotisation *Overspill Call* n'est pas concernée par cette mesure.

la procédure, le nouveau Club ne pourra inscrire son navire[1203]. Enfin cinquièmement, l'IGA impose aux Associations membres d'inclure dans la publication annuelle de leurs états financiers, la moyenne de leurs dépenses annuelles[1204]. Cette moyenne est établie à travers les statistiques issues du calcul de la somme des dépenses engagées durant chacun des cinq précédents exercices, c'est-à-dire, les cinq précédentes années de police définitivement closes. Ces moyennes une fois calculées sont présentées sous les trois pôles suivants :

Moyennes des frais de fonctionnement *(excepté les frais de gestion de sinistres ou réclamations),*

Moyennes des cotisations et/ou primes perçues ou à percevoir,

Moyennes des bénéfices tirés des investissements effectués par le Club[1205].

La formule calculée ainsi donne un pourcentage :

Frais de fonctionnement X 100 Moyennes des cotisations et/ou primes + Bénéfices d'investissements

Ainsi, dans son rapport financier annuel de l'année 2017 par exemple, chaque *P&I Club* devra inclure cette moyenne, qui est calculée sur la somme des dépenses et recettes ci-dessus évoquées de chacune des années 2016, 2015, 2014, 2013, et 2012.

Naturellement, comme on pouvait s'y attendre, au sein de l'*International Group Agreement*, la langue de travail est l'anglais au même titre que l'accord qui est lui-même régi par le droit anglais. Les litiges qui en naîtraient éventuellement, seront soumis aux juridictions anglaises et/ou du Pays de Galles. Enfin, l'organe chargé de la mise en application de l'IGA est un comité dont les membres sont choisis de manière pertinente. En effet, pour la constitution des membres dudit comité, deux listes A et B sont nécessaires. La liste A contient une ou plusieurs personnes (Directeurs, employés, partenaire, etc.) nommée(s) par les Clubs, tandis que la liste B est constituée de personnes externes, réputées pour leur expertise et leur expérience en la matière et surtout pour leur neutralité puisqu'elles ne doivent jamais avoir été ni directeurs, ni employés, ni partenaires ou assimilés de *P&I Club*[1206].

[1203] Art.2.5 IGA 2013.
[1204] Art.12 IGA 2013.
[1205] Annexe 3 IGA 2013.
[1206] Annexe 2 IGA 2013.

À l'observation de tout ce qui précède, nous pouvons retenir qu'en outre de son attribution réglementaire, l'IGA a pour mission principale, d'assurer une grande discipline, nécessaire à l'opérationnalisation du *Pooling Agreement*[1207].

B/ Le « POOLING AGREEMENT », cheville ouvrière de l'IGP&I Clubs

Le *Pooling Agreement* que nous pouvons traduire par **Accord de mutualisation**, est le troisième[1208] accord concourant à la structuration de l' *IGP&I Clubs*. Cependant à y regarder de près, il apparaît que cet accord réglemente matériellement la mutualisation au sein de l'*IGP&I Clubs*. Cela, à travers principalement la technique de la réassurance, car la mutualisation est ici basée sur l'organisation de tout un programme de réassurance[1209], et accessoirement par la technique de la co-réassurance selon le niveau de la réparation. En effet, l'origine de cet accord remonte en 1899 lorsque le London Group of P&I Clubs[1210], décida d'élaborer un cadre organisant une mutualisation de tous les risques garantis par chacun de ses six membres[1211]. Cet objectif n'a pas changé et a plutôt évolué pour se positionner comme étant aujourd'hui le laboratoire de la réassurance des risques au sein de ce qui est devenu plus tard l'*IGP&I Clubs*. Ainsi, nous proposons une définition du *Pooling Agreement* comme étant : l'accord qui réglemente les conditions et mécanismes par lesquels les *P&I Clubs*, à travers l'*IGP&I*, mettent en commun et gèrent collectivement par la technique de la réassurance, des sinistres ou réclamations dont la nature ou l'importance grèverait substantiellement les finances du *P&I Club* qui aurait été tenu de les assumer individuellement. Il s'agit là également, de la matérialisation d'un aspect de ce que nous appelons concurrence *fair-play*, parce que comme précédemment évoqué, les Clubs de Protection & d'Indemnité sont concurrents sur le marché de l'assurance responsabilité civile des armateurs ainsi que de certaines activités connexes. Cependant, pour la sauvegarde des intérêts de tous les armateurs concernés, les Associations ont convenu, par le présent accord, de mutualiser la prise en charge des risques les plus importants[1212] qu'ils seraient appelés à garantir. L'accord de mutualisation est un accord renouvelé chaque année de police 20 février-20 février, soit en l'état c'est-à-dire par reconduction, soit après modification unanimement acceptée par les treize Clubs de l'IGP&I.

[1207] GOLD Edgar, "*Gard Handbook on P&I Insurance*", 5th ed., 2002, p.109, n°5.3.1.
[1208] Le International Group Agreement (IGA) étudié dans le titre A précédent est le deuxième accord.
[1209] Cf. section 2 du présent chapitre.
[1210] Constitué à l'époque de 6 *P&I Clubs*.
[1211] GOLD Edgar, p.105.
[1212] https://www.igpandi.org/group-agreements

À l'observation de ce qui précède, nous pouvons donc dire que le *Pooling Agreement* est l'équivalent de ce qui est connu dans le marché traditionnel des assurances, comme étant le « *traité de réassurance* ». Concrètement[1213], cet accord définit tout d'abord les conditions ou les principes de la réassurance des risques. Ensuite, il prévoit les types de risques qui peuvent être réassurés au sein du *POOL*[1214] ainsi que le procédé à observer pour une telle opération. Également, l'accord réglemente et précise la méthode de calcul des sommes mutualisables, ainsi que la base de cotisations sur laquelle un tel calcul se fonde. Il prévoit aussi les clauses ou arrangements régissant la souscription de manière collective, de la réassurance par les Clubs membres de l'*IGP&I Clubs* ainsi que les mécanismes de répartition des contributions y relatives à la charge de chacun. Enfin, l'accord de mutualisation précise les conditions d'admission d'un *P&I Club* au sein du *POOL* ainsi que les obligations qui en découlent[1215]. Le respect et l'observation de bonne foi de ces différentes exigences s'imposent naturellement aux Associations étant donné qu'elles ont toutes un intérêt commun et suprême, dans le maintien de la capacité de l'*IGP&I Clubs* à pouvoir conserver son aptitude à minimiser par le biais de la mutualisation, les risques auxquels elles pourraient faire face.

De manière opérationnelle, dans la mise en œuvre de la réassurance, l'assureur cédant, prend à sa charge jusqu'à un certain plafond ce qu'il est convenu d'appeler dans le vocabulaire du marché traditionnel de l'assurance, la **rétention,** ou **plein de rétention,** ou encore le **plein.** Cela désigne d'une part, le montant représentant l'engagement financier maximum qu'un assureur s'engage à assumer sans mettre en péril sa santé financière en tant que personnalité juridique, d'autre part, cela permet à l'assureur de conserver sa capacité à garantir les autres assurés envers qui il est engagé et dont le conglomérat constitue la mutuelle pour le cas des *P&I Clubs*. Suivant ce principe, chaque *P&I Club* au sein du *POOL*[1216] prend en charge en pratique toutes les réclamations inférieures ou égales à 10 millions US$ au titre de l'ICR[1217]. L'ICR (10 M US$) représente la quotité incombant individuellement[1218] à chaque *P&I Club* lorsque cette somme est exigible ou exigée à la suite d'un dommage imputable à l'un de ses

[1213] https://www.igpandi.org/group-agreements

[1214] Expression de la pratique pour désigner l'IGP&I. Le vocable POOL ici ne se confond pas avec le pool qui existe aussi dans le marché traditionnel et qui renvoie à des entités de réassureurs, qui se mettent ensemble par exemple en raison de la technicité des risques qu'ils garantissent. Auquel cas on parlera alors de pools de coassurance.

[1215] Nous ne pouvons pas ici faire des commentaires ou analyses approfondi(e)s car les dispositions que nous venons de citer sont confidentielles quand il s'agit de leur mise en œuvre effective.

[1216] Au jour où nous écrivons ces lignes, l'année de police concernée est 2017-2018.

[1217] ICR : Individual Club Retention.

[1218] Contrairement au marché traditionnel où le plein de rétention est fixé par chaque assureur et par sinistre, l'ICR est fixé non par chaque P&I Club, mais plutôt par l'Assemblée générale de l'IGP&I Clubs.

Membres[1219] et ce, quelle qu'en soit la nature. En d'autres termes, chaque dommage ou sinistre imputable à un armateur, et dont le montant de la réparation, après observation de toutes les procédures, est inférieur ou égal à 10 millions US$ n'est pas pris en charge par le *POOL*. Autrement dit, un tel sinistre n'est pas ré-assurable par l'*IGP&I Clubs*, ce qui implique que le paiement de cette somme incombe exclusivement au *P&I Club* de cet armateur. Dans la pratique, 90% environ des sinistres rentrent dans cette catégorie.

Ce mode de réassurance est celui que la pratique du marché traditionnel qualifie de réassurance en excédent de sinistres, connue en anglais par l'expression *excess of loss*. Cela nous donne donc l'occasion d'affirmer que la forme de réassurance des *P&I Clubs* pratiquée par le Groupe International, est une réassurance non proportionnelle. Cette forme, fait partie de la famille de la réassurance obligatoire par traité, identifiable par le traité en excédent de sinistres (*excess of loss*) ou le traité en excédant de pertes (*stop loss*)[1220]. La particularité de la réassurance par excédant de sinistres est que la réassurance intervient sinistre par sinistre, et se fonde sur un montant fixe et prédéterminé – appelé *la priorité*[1221] –, à la charge du cédant. Le réassureur prenant à sa charge, toutes les sommes générées par chaque sinistre, et excédant la priorité[1222].

Cette règle de la rétention individuelle compose désormais avec une exception appelée : **la règle de la double rétention**. La règle de la double rétention elle-même se matérialise par deux modes opératoires. D'une part, lorsque par exemple, l'assurance P&I de l'armateur fréteur et celle garantissant l'affréteur du même navire sont assumées par le même *P&I Club*, il en résultera que si les deux opérateurs (l'affréteur et son fréteur dans notre cas) sont responsables tous deux d'un sinistre ou dommage, le *P&I Club* qu'ils ont en commun sera soumis à la double rétention,[1223] c'est-à-dire deux fois 10 millions $ US, soit 20 millions $ US (10 M pour le fréteur et 10 M pour l'affréteur), d'autre part, il y a le deuxième procédé de double rétention que nous qualifions de **double rétention coercitive**. Cette mesure en vigueur depuis le 20 février 2007, s'applique aux navires dont l'admission au sein du *POOL* a été refusée ou ceux dont la garantie a été interrompue à cause de l'inobservation par l'armateur, d'un niveau minimum d'entretien

[1219] Nous ne perdons pas de vue la règle *Pay to be paid*.
[1220] Pour une étude détaillée des formes de réassurance, voir *Le Lamy assurances* 2019, partie 8 « *La réassurance* », n°5219 et suivants.
[1221] La priorité est l'équivalent de ce que constitue le plein de rétention ou le plein, dans les autres formes de réassurance, notamment les réassurances facultatives.
[1222] CHAGNY Muriel et PERDRIX Louis, « *Droit des assurances* » 3e éd., LGDJ 2014, n°39, p.30.
[1223] HAZELWOOD Steven J. & SEMARK David "*P&I Clubs Law and Practice*", 4th ed., n°24.13, p.368. Nous appelons le lecteur ici à une petite vigilance, car les auteurs parlent de 8M $ US somme qui était en vigueur au moment de la publication de leur ouvrage. A la date d'écriture de ce paragraphe, la somme est de 10 Millions de dollars américains.

acceptable[1224] de son navire. Cette double rétention vise à garantir le maintien des navires à un niveau d'entretien standard garantissant le respect de l'obligation de navigabilité incombant à l'armateur. Ainsi, ces navires[1225] qui reçoivent un refus d'admission au sein du *POOL,* ou dont la garantie est suspendue pour les raisons sus-évoquées, se voient appliquer la double rétention jusqu'à ce qu'ils se remettent au niveau des normes dont le manquement a engendré ladite sanction. Le délai qui leur est imparti est de 12 mois à compter du jour du refus d'admission ou du jour de l'interruption de la garantie. Si à l'échéance de ce délai, le navire concerné n'est toujours pas à jour, hormis la résiliation définitive qui s'ensuivra logiquement, non seulement les risques qui lui sont imputables seront considérés comme exclus de toute garantie, mais aussi et par conséquent ils ne seront pas ré-assurables. Cela nous amène à dire qu'une telle rigueur concourt indirectement au respect par les armateurs d'une certaine discipline en vue du maintien du bon état de navigabilité de leurs navires. Au-delà de la technique de la rétention individuelle, d'autres mécanismes de réassurance – regroupés au sein du *Pooling Reinsurance Program*[1226] – se rajoutent en fonction du niveau d'indemnisation auquel l'IGP&I Clubs est confronté[1227].

Nous remarquerons que le *Pooling Agreement* se distingue nettement des polices des *P&I Clubs*, c'est-à-dire des polices d'assurance contenues dans les *Rules Books* des Clubs de P&I. À titre d'exemple, le *Pooling agreement* ne contient aucune disposition identifiant ou définissant les risques ré-assurables ; il ne s'agit donc pas d'une réassurance nommée[1228]. De ce fait, pour être ré-assurable au titre du *Pooling Agreement*, le risque devra être au préalable garanti par l'Association[1229] qui le soumet au *POOL*[1230]. Autrement dit, un quelconque risque, exclu ou bien non garanti par l'un des treize *P&I Clubs*, ne pourra pas être accepté par l'*IGP&I Clubs* pour être réassuré au titre du *Pooling Agreement.* Ceci implique donc qu'un *P&I Club* ne pourra pas soumettre au sein de l'*IGP&I Clubs* en vue de réassurance, un risque qu'il ne garantit pas déjà lui-même, à travers sa garantie standard notamment. À ce sujet, il nous semble intéressant de noter que les *P&I Clubs* indépendants tels que *Ocean Marine* (le plus important d'entre eux avec une part de marché oscillant autour de 2% du tonnage), qui fournissent un niveau de couverture P&I embryonnaire, réassurent leurs excédents de sinistres par le biais des

1224 https://www.igpandi.org/article/new-double-retention-procedure-implemented
1225 Définis par l'accord de mutualisation par *"designated vessels"*.
1226 Ou bien Market Reinsurance selon la formule utilisée par M. GOLD Edgar
1227 Cf. infra Section 2 : La mise en œuvre de la mutualisation des risques, une prestation de qualité effectuée avec pertinence par une stratification des engagements financiers des P&I Clubs ; p.350.
1228 GOLD Edgar, *"Gard Handbook on P&I Insurance"*, 5th ed., 2002, p.105, n°5.2.1.
1229 C'est-à-dire concerner un navire inscrit, à jour de ses cotisations, et dont le dommage s'est produit durant une utilisation du navire conforme à son affectation, ne rentrer dans le champ des risques exclus par le P&I Club concerné.
1230 GOLD Edgar, *op. cit.*, p.105.

P&I Clubs les plus importants de l'*IGP&I Clubs*. Enfin, les *P&I Clubs* membres du Groupe International, ont la possibilité de ne réassurer qu'une catégorie ou certaines catégories seulement de leurs navires. C'est le cas du Shipowners P&I Club, qui en 1996 retira de l'accord de cette année-là, tous ses navires de pêche pour les réassurer à concurrence de 500 millions €[1231].

Une fois l'origine et le principe de la mutualisation analysée, nous pouvons nous poser la question de sa matérialisation concrète.

Section 2 : La mise en œuvre de la mutualisation des risques, une prestation de qualité effectuée avec pertinence par une stratification des engagements financiers des P&I Clubs

La mise en œuvre de la mutualisation au sein de l'IGP&I Clubs comporte un particularisme inédit. À l'observation de la technique d'organisation, il apparaît que l'IGP&I Clubs opte pour la réassurance comme technique de mutualisation. En ce qui concerne sa mise œuvre dans la pratique, on notera que cette réassurance présente une forme hybride, car autant elle correspond aux canaux de définition de la réassurance *stricto sensu*, autant on peut y apercevoir une forme de co-réassurance, une coassurance, voire même une rétrocession de réassurance. Pour mieux appréhender cette pratique, nous traiterons de manière absolument subjective dans un premier temps de la réassurance au sein du POOL organisée par une stratification des engagements financiers (§1). Dans un second temps, Nous en étudierons la pertinence (§2).

§1 : La mise en œuvre de la réassurance au sein de l'IGP&I Clubs : objet d'une organisation astucieuse

Dans ce paragraphe, nous nous proposons d'analyser tout d'abord, la ramification des engagements au sein de l'IGP&I conçue pour les armateurs (A) et ensuite, celle à l'attention des affréteurs (B).

[1231] Voir décision n°1999/329/CE de la Commission, du 12 avril 1999, *op. cit.* NB : nous n'avons pas pu avoir l'information si c'est encore le cas aujourd'hui (février 2018).

A- Une ramification intéressante des engagements conçue pour les armateurs

L'ossature de la réassurance au sein du POOL, dans sa forme conçue pour les armateurs, repose sur un pilier fondamental en forme de trépied à savoir : la maîtrise financière des risques à la fois en termes de prévision, de prévention et de gestion. Cette organisation se matérialise et peut s'expliquer par un tableau composé de deux colonnes, représentant pour la première les seuils des engagements en ce qui concerne leur garantie de P&I, et pour la deuxième colonne, il est question de leur protection en cas de pollutions par hydrocarbure.

Premièrement, concernant les *P&I Clubs* constituant le POOL, la réassurance telle que conçue et développée par l'IGP&I Clubs, c'est-à-dire les *P&I Clubs*, pour atteindre cet objectif de maîtrise financière des risques, se matérialise à travers une répartition des engagements financiers divisée en cinq strates. **La première**[1232], plafonnée à 100 millions $US se subdivise elle-même en cinq niveaux. **Le premier niveau** en réalité ne fait pas partie du programme de réassurance *stricto sensu* et s'applique pour les sinistres dont le montant des réclamations est inférieur ou égal à 10 millions $US. C'est ce que nous avons précédemment identifié comme étant le plein de rétention individuelle ou ICR imputable à chaque Association. Donc comme précédemment indiqué, le *P&I Club* concerné par une réclamation comprise entre un 1 et 10 millions $US ne pourra pas réassurer auprès du POOL mais sera tenu de régler la somme par lui-même. Ensuite **le deuxième niveau**, le *LOWER POOL LAYER*[1233], concerne les sinistres dont les réclamations sont comprises entre 10 et 30 millions $US, c'est-à-dire 20 millions $US[1234] pris en charge par l'IGP&I Clubs. Il s'agit en réalité d'une coassurance implicite car les 20 millions $US sont répartis entre tous les Clubs membres de l'IGP&I Clubs, y compris le Club qui s'est préalablement libéré du plein de rétention. La répartition est basée sur la prise en considération de la formule ou de l'expression des trois tiers (3/3), car on tient compte cumulativement de trois éléments : tout d'abord, on tient compte du tonnage total officiellement enregistré de chaque Association au sein du POOL ; ensuite, l'on se réfère également aux sommes générées par les cotisations effectuées par les armateurs en fonction du tonnage susvisé ; enfin l'IGP&I Clubs tient compte aussi de la sinistralité de ses Clubs membres[1235]. De même **le troisième niveau**, (toujours de la première strate), le *LOWER POOL LAYER-Insured* by Hydra, concerne les réclamations dont le montant est compris entre 30 et 45 millions $US, c'est-à-dire 35 millions après application du plein de rétention de

[1232] À titre de rappel, nos données sont celles de l'année de référence 2017/2018.
[1233] Pour une meilleure compréhension par le lecteur, nous choisissions de ne pas proposer de définitions.
[1234] Le Club ayant déjà pris à sa charge 10 millions $US.
[1235] GOLD Edgar, "*Gard Handbook on P&I Insurance*", 5th ed., 2002, p.107. §5.2.2.

10 millions $US. Cette réclamation est prise en charge par la captive de réassurance Hydra. Hydra est une compagnie de réassurance créée par les treize Associations membres de l'IGP&I Clubs, chargée d'assumer la garantie de certaines de leurs obligations financières. En effet on entend par captive de réassurance, une compagnie de réassurance créée par un groupe de sociétés (commerciales, industrielles ou financières), dont la mission exclusive est d'assurer la protection financière de celles-là[1236]. De même, **le quatrième niveau** qui est le *UPPER POOL LAYER*, concerne les dommages évalués entre 45 et 80 millions $US. La réassurance d'une telle réclamation est assurée, pour une partie par Hydra, et pour l'autre par le *P&I Club* cédant à travers une pénalité implicite à hauteur de 7,5% du montant dû. Autrement dit, pour une réclamation chiffrée à 80 millions de dollars, nous aurons : **Réclamation - plein de rétention - 7,5%.** On obtient donc : **(80m$ - 10m$) - (7,5% x 70 m$) = 70m$ – 5,25 m$ = 64,750 M** $US. La part de 7,5% qui revient au Club cédant provient des cotisations supplémentaires éventuelles. Enfin **le cinquième niveau** le *HYDRA LAYER* compris dans la tranche 80-100 millions $US, est réassuré intégralement par Hydra.

La deuxième strate de l'ossature de la réassurance au sein de l'*IGP&I Clubs* est identifiée par le *First Layer* et correspond à la tranche constituée par une réclamation comprise entre 100 millions et 600 millions $US. La prise en charge de la réclamation dans cette strate se fait par la technique de la co-réassurance. Ainsi, le GXL[1237] prend en charge 55% tandis que 30% sont à la charge de Hydra et les 15% (5% par placement x 3) restant, sont garantis par des placements privés effectués par les *P&I Clubs* dans le marché financier traditionnel. À titre d'illustration, *Britannia P&I Club* réassure une partie de ses engagements à travers des placements financiers chez BOUDICCA[1238]. Il nous semble opportun et important de noter que, si la politique de fixation des montants ou critères de contribution à titre de réassurance au sein de l'IGP&I Clubs et de ses Associations membres est annuelle, il n'en est pas de même pour ce qui est des placements privés qui eux, sont effectués sur une base pluriannuelle, notamment triennale[1239] et par tranche. Ceci pour des raisons non seulement d'efficacité, mais aussi de sécurité financière. En effet, une fluctuation ou une modification annuelle de certaines

[1236] Art.13 al 2 *Directive solvabilité 2*. Pour une analyse approfondie d'une Captive, nous suggérons au lecteur le Lamy Assurances, notamment les chapitres dédiés.

[1237] General Excess Loss. C'est le programme de réassurance (en excès de sinistres) de l'IGP&I Clubs. Ce programme renvoie aux revenus apportés par l'ensemble cumulé des armateurs et des affréteurs. Lesdits revenus proviennent de diverses sources (le seuil de rétention ou ICR, les fonds propres du POOL c'est-à-dire la contribution des 13 Clubs, les placements privés, la participation de Hydra ainsi que les fonds tirés du programme de protection *Overspill*).

[1238] BOUDICCA insurance company limited, basée et soumise à la réglementation des Bermudes.
NB : BOUDICCA agit également en tant que fonds d'investissement.

[1239] Cf. infra, les légendes du tableau récapitulatif de l'organisation de la réassurance au sein du POOL.

opérations peut s'avérer déstabilisante et peu crédible aux yeux des potentiels investisseurs. Ils y voient une source d'insécurité de leurs placements car ceci empêche une projection à long terme. De même, le caractère pluriannuel des placements financiers dont il est ici question conforte les probables gains qui seront maximisés par l'anatocisme tiré de cette forme de fiducie.

La troisième strate de l'organisation de la réassurance ou *Second layer*, s'applique aux sinistres dont les montants de réparation se situent entre 600 millions et 1,1 milliard $US. Ces sommes sont prises en charge pour 85% par le POOL à travers son programme GXL, et les 15% par les placements privés dans les mêmes conditions de co-réassurance que la strate précédente.

La quatrième strate *Third layer* quant à elle, concerne la réassurance des sinistres dont les réclamations sont chiffrées entre 1,1 et 2,1 milliards $US. Ces sommes sont garanties pour la totalité par le programme GXL.

La cinquième strate, enfin, encore appelée *Collective Overspill*, concerne les réclamations comprises entre 2,1 et 3,1 milliards $US. Elle est garantie par le programme GXL dans quasiment les mêmes conditions que la strate précédente mais avec quelques petits aménagements en fonction de chaque espèce, qui impliquent pour le Milliard $US supplémentaire à apporter, une participation additionnelle des différents acteurs précités à travers un nouveau rappel de cotisations. Concrètement, la contribution des *P&I Clubs* pour les sinistres qui rentrent dans cette tranche *Overspill* est calculée au regard de l'article 14.2 de l'accord de mutualisation (*Pooling Agreement*). Selon cet article, en cas de réclamation rentrant dans cette strate, les *P&I Clubs* doivent contribuer à hauteur de 2,5% du risque maximal[1240] qu'ils (*les P&I Clubs*) devraient supporter conformément à l'article 6.1(b) de la Convention internationale sur les limitations de responsabilité[1241]. Cet article 6.1(b) se basant sur la capacité ou le tonnage de chaque navire concerné par un sinistre précis, fixe les montants les plus élevés que son armateur devra payer. En d'autres termes, le montant nécessaire pour la garantie du coût engendré par une catastrophe ou un sinistre rentrant dans *the Collective Overspill* est obtenu par la somme des 2,5% du plafond maximal versé par chaque navire assuré par chacun

[1240] Décision de la Commission Européenne, du 12 avril 1999, relative à une procédure d'application des articles 85 et 86 du traité CE et des articles 53 et 54 de l'accord EEE (affaire IV/D-I/30.373-Clubs de P&I : accord du Groupe International et affaire IV/D-I/37.143-Clubs de protection et d'indemnisation : accord de mise en commun). Numéro C (1999) 221. Paru au journal Officiel du 19 mai 1999 – numéro L125 – page 0012.
[1241] Convention du 19 novembre 1976 sur la limitation de responsabilité en matière de créances maritimes.

des treize Clubs, partie à l'accord de mutualisation[1242] et selon les modalités que chaque Club, selon son fonctionnement interne, aura déterminé dans sa discrétion[1243].

Deuxièmement, la colonne numéro 2 du tableau explicatif de l'IGP&I Clubs renvoie aux cas de pollution par hydrocarbures du fait des armateurs membres des treize P&I Clubs. Ainsi, les réclamations issues d'une pollution par hydrocarbures seront assurées et réassurées dans les mêmes conditions que la garantie P&I susvisée dans la colonne 1, mais jusqu'à concurrence maximale de 1 milliard $US seulement. Autrement dit, lorsque l'armateur sera reconnu responsable d'une pollution par hydrocarbures et que d'une part après application de la règle de la limitation de réparation, ou d'autre part, s'il en est responsable pour faute lourde et intentionnelle c'est-à-dire perd le bénéfice de la limitation de réparation, le POOL peut garantir l'indemnisation jusqu'à hauteur de 1 milliard $US[1244]. Qu'en est-il pour ce qui est des affréteurs ?

B/ La stratification des engagements incombant aux affréteurs, empreinte d'équité

L'organisation des engagements financiers à la charge des affréteurs se constate dans la troisième colonne du tableau illustratif de l'organisation au sein du POOL. Dit autrement, sont concernés les affréteurs ayant souscrit leur assurance responsabilité civile auprès des *P&I Clubs* membres de l'IGP&I Clubs. Ainsi, ces affréteurs sont soumis à un régime unique, qu'il s'agisse de leur responsabilité civile rentrant dans le cadre de la garantie de P&I, ou de celle liée à une pollution par hydrocarbures. Pour de telles responsabilités, les montants indemnisables et réassurés par le POOL sont fixés à un plafond de 350 millions $US, répartis selon le même mécanisme que la répartition des réclamations applicable à l'armateur[1245] jusqu'à hauteur des 350 millions de dollars. Toutefois, il nous semble nécessaire de poser deux observations. La première, consiste à dire que les affréteurs à temps ou au voyage, pour ce qui est des cas de pollution par hydrocarbures, ne sont pas concernés parce que la convention CLC[1246] pose la règle de la responsabilité objective de l'armateur propriétaire du navire (et donc théoriquement le fréteur). Donc, ils seront juste appelés au titre de la mutualité, c'est-à-dire à la contribution

[1242] Décision de la Commission Européenne, *op. cit.* §17.
[1243] SWEDISH P&I, Rules 2018/2019, art.24§2. NEPIA, Rules 2018, art.13(3). AMERICAN Club, Rules 2018, art.4(5).
[1244] Cf. infra, page 480, les réserves que nous formulons à ce propos quant au fonctionnement du FIPOL sous le titre : B- Une efficacité à améliorer quant à la prévention et la réparation du dommage écologique.
[1245] Cf. tableau ci-contre.
[1246] Art.3 Convention CLC (*International Convention on Civil Liability for Oil Pollution Damage*) consultable entre autres sur : http://www.iopcfunds.org/uploads/tx_iopcpublications/Text_of_Conventions_f.pdf

pour le profit de la communauté des membres de l'IGP&I Clubs au travers des rappels de cotisations qu'on pourra leur appliquer en guise de contribution. La deuxième observation concerne les affréteurs coque nue qui, à titre de rappel, et contrairement aux autres affréteurs, possèdent les gestions à la fois nautique et commerciale des navires mis à leur disposition. Par conséquent du fait de la possession de cette double gestion commerciale et nautique du navire, les *P&I Clubs* les considèrent comme étant de véritables armateurs. Ceci implique qu'ils ne sont pas concernés par cette troisième colonne de notre tableau de référence, mais plutôt par les deux précédentes.

La limitation de l'engagement financier imposée aux affréteurs à 350 millions $US a pour corollaire le taux réduit des montants de primes à eux exigés. Cela est consécutif au caractère ponctuel de l'affrètement, car qu'il s'agisse de l'affrètement à temps ou de celui au voyage, le navire mis à la disposition de l'affréteur l'est pour un temps relativement court. Donc, puisque la période d'exposition aux risques est réduite, la probabilité de leur réalisation est elle aussi faible. D'où l'application à leur encontre, de ces taux avantageux de primes pour leur inscription au sein du *P&I Club*, ainsi que des montants peu élevés de leur contribution au titre de la mutualité au sein du POOL. Il s'agit là, d'une des manifestations de la règle du *Fair-play* chère aux *P&I Clubs*.

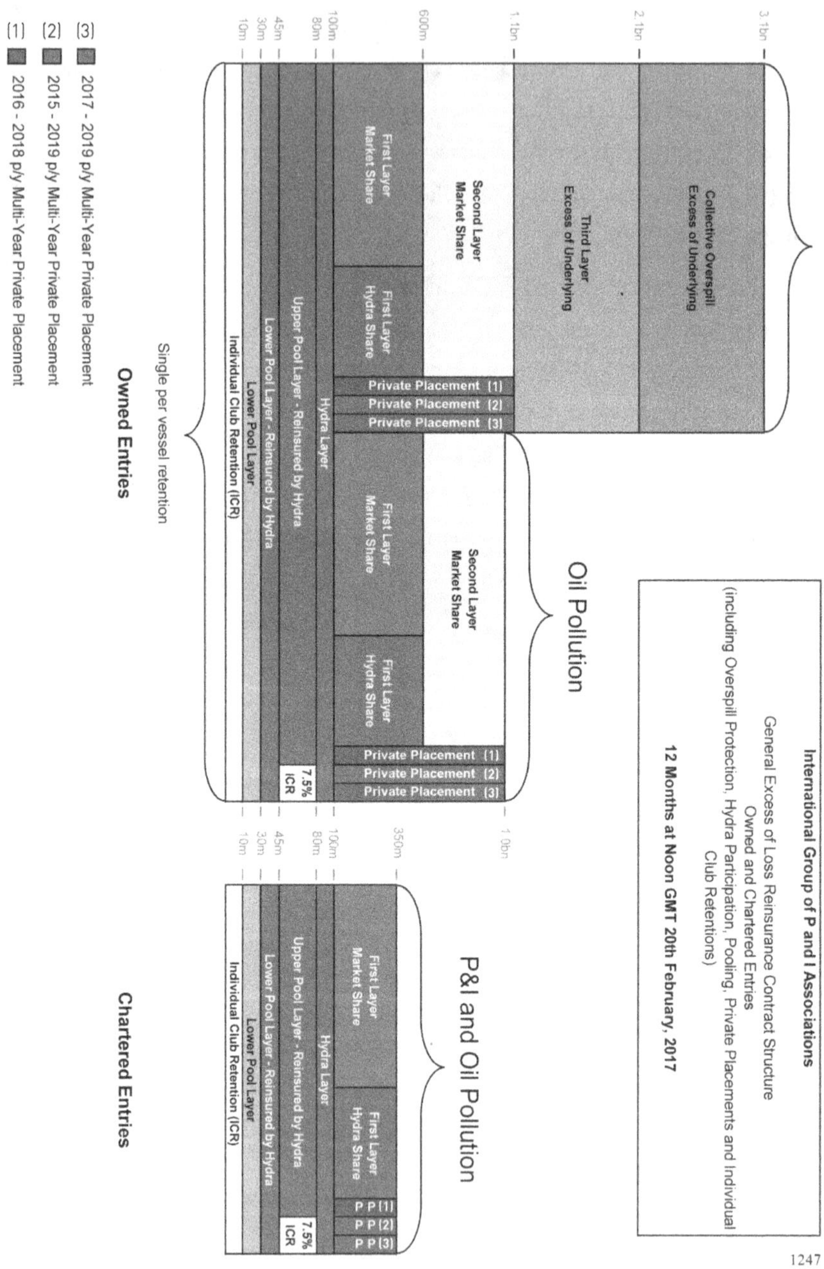

[1247]

[1247] Source https://static.mycoracle.com/igpi_website/media/adminfiles/Reinsurance2017.pdf

Après avoir étudié l'ossature et la mécanique de la mutualisation au sein de l'IGP&I Clubs, il convient d'en analyser la pertinence.

§2 : La pertinence de la mutualisation des risques au sein de l'IGP&I

Généralement, lorsque plusieurs personnes physiques ou morales, se mettent ensemble pour atteindre un objectif commun, il est évident que cette réunion de moyens vise en premier chef l'efficacité de l'opération projetée et accessoirement, la limitation des aléas inhérents à ladite opération. En ce qui concerne l'assurance responsabilité civile proposée par les *P&I Clubs*, la mutualisation de leurs ressources contribue d'une part à l'allègement de l'engagement financier de chacun pris isolément (A), ainsi qu'à la possibilité d'une levée illimitée de fonds nécessaires à la garantie d'autre part (B). Nous terminerons ce paragraphe par l'analyse de la question de la concurrence entre des *P&I Clubs* (C).

A- La fonction économique de la mutualisation, l'allègement de l'engagement financier des P&I Clubs pris individuellement

Dire que les *P&I Clubs* en général, et ceux formant le groupe des treize de l'*IGP&I Clubs* en particulier, disposent tous de capacités financières très importantes, apparaîtra comme étant une redondance. Pourtant, il est bien des cas où ces ressources financières peuvent s'avérer radicalement insuffisantes pour indemniser certains préjudices caractérisés, à titre d'exemple, par une extraordinaire sinistralité d'un exercice, ou marqués par une multitude de sinistres de grande ampleur. Ainsi, la réassurance proposée au sein de l'IGP&I Clubs pour ses Associations, se révèle être un formidable atout pour se prémunir de telles situations aux conséquences négatives. En effet, la réassurance leur permet tout d'abord de considérablement réduire les engagements financiers auxquels elles s'exposent vis-à-vis, d'une part, des risques *stricto sensu* qu'elles doivent garantir pour le compte de leurs armateurs Membres, ainsi que des frais supplémentaires qu'elles auraient à payer en cas de forte sinistralité outrepassant le plein estimé par le taux des cotisations initiales en début d'année d'assurance, ou encore les frais encourus en cas de sollicitation d'une banque ou bien d'une assurance du marché traditionnel d'autre part. Dans la même optique, puisque disparaît le risque d'assumer seul des sinistres d'une certaine ampleur susceptibles de mettre en danger sa stabilité financière, le *P&I Club* peut ainsi accroître sa capacité de souscriptions[1248] ; c'est-à-dire qu'il peut inscrire beaucoup plus de navires. Ensuite, la réassurance au sein de l'*IGP&I Clubs* permet de compenser l'absence ou l'insuffisance de fonds propres des Clubs de Protection et d'Indemnité. En effet, si les cotisations initiales sont insuffisantes pour assurer aux *P&I Clubs* un **plein de rétention** nécessaire pour garantir leur seuil de solvabilité, ils peuvent se refinancer[1249] selon la Directive européenne « *Solvabilité 2* », en faisant recours, auprès de leurs propres armateurs Membres, à travers des rappels de cotisations ou encore des cotisations supplémentaires[1250]. Puisque selon cette Directive, « *les rappels de cotisations peuvent constituer une source importante de financement pour les mutuelles et les associations de type mutuel, notamment lorsqu'elles sont confrontées à des fluctuations défavorables de l'activité. En particulier dans le cas des mutuelles ou associations de type mutuel à cotisations variables de propriétaires de navires, qui assurent uniquement les risques maritimes, le recours aux rappels de cotisations est une pratique établie de longue date, qui est soumise à des mécanismes spécifiques de recouvrement, et le montant approuvé de ces rappels de cotisation devrait être traité comme du capital de bonne qualité (de niveau 2) ...* »[1251].

Cependant, pour leur usage efficient, les sommes ainsi collectées ne sauraient être intégrées dans la quotité constituant le plein de rétention du *P&I Club* car celui-ci a toujours besoin de liquidités pour assurer son fonds de roulement et garantir son aptitude à faire face en cas de réalisation du risque pour lequel il a délivré une police. En d'autres termes, il doit toujours être capable, non seulement d'assurer les frais de son fonctionnement au quotidien, mais aussi de payer les frais de réparation des sinistres ainsi que les frais de gestion desdits sinistres. Le rôle économique de la réassurance consiste donc ici en un allègement des besoins de trésorerie de l'assureur[1252], en l'occurrence le *P&I Club* qui a donc la possibilité de garantir davantage de risques. Ceci, de manière plus diversifiée et plus complète, puisque l'*IGP&I Clubs* prend à sa charge, à travers la **capacité** ainsi fournie, une partie du **plein de souscription**. Le plein de souscription étant la somme obtenue par l'addition du plein de rétention et de la capacité (somme maximale que le réassureur met à la disposition de l'assureur)[1253].

[1248] LYDE Barlow & GILBERT LLP, "*Reinsurance, Practice and the Law*". London, 2009, p.5, §1.13.

[1249] Comme c'est en réalité le cas depuis très longtemps dans la pratique des P&I Clubs. Pratique que la présente Directive vient codifier.

[1250] *Supplementary calls* dans les P&I books rules.

[1251] Art.52 du préambule de la Directive n°2009/138/CE du 25 novembre 2009 sur l'accès aux activités de l'assurance et de la réassurance et leur exercice (solvabilité 2), en vigueur dans les États membres depuis le 1er janvier 2016.

[1252] HAGOPIAN Mikaël & SZMARAGD Jean-Marc, in JurisClasseur Civil Annexes V° Assurances ; Fasc.120 : Réassurance. Version électronique, consultée le 18 janvier 2018.

[1253] Le Lamy Assurances, Glossaire. Version électronique parcourue le 18 janvier 2018.

Donc : **Plein de souscription = plein de rétention + capacité**.

Enfin, la réassurance proposée par le POOL permet de sécuriser le portefeuille des *P&I Clubs* et cela, de deux manières. D'une part, à travers son caractère non lucratif, cette réassurance s'avère être la forme la moins chère qui soit, grâce au fait que le premier niveau ou la première strate de la réassurance au sein de l'*IGP&I Clubs* laisse à la charge de chacun un plein de rétention. Ainsi, aucun Club ne paiera de contribution ni de cotisation à l' *IGP&I Clubs* tant qu'aucun confrère ne sera tenu par une indemnisation dépassant le plein de rétention. Il s'agit là, du prototype même de la mutualité[1254]. D'autre part, la réassurance sécurise le portefeuille[1255] des *P&I Clubs* en protégeant leur bilan comptable grâce à la prise en charge, par le POOL, de l'excédent généré par un sinistre important ayant causé des préjudices colossaux susceptibles de les ruiner.

B- La fonction technique de la mutualisation, la levée illimitée des fonds utiles à la garantie

Si certaines années d'assurances peuvent être excédentaires, c'est-à-dire s'achever par un nombre négligeable de sinistres[1256] ou bien, grâce au montant cumulé de frais nécessaires pour gérer et indemniser les sinistres qui seraient au final très abordables, d'autres années par contre peuvent s'avérer déficitaires, à cause soit d'un nombre trop élevé de sinistres ou encore, de quelques sinistres peu nombreux mais dont les frais de réparation et de gestion se révèlent être bien au-delà des prévisions. Or, même s'il existe des activités pouvant, de par leur nature, comporter des risques gigantesques, il demeure que les compagnies d'assurances, ou bien en l'espèce les *P&I Clubs*, soit pour des raisons commerciales, soit pour une extensibilité de leurs offres de garantie, soit encore pour la complétude et l'efficacité de leurs prestations, décident tout de même de couvrir ces activités-là. C'est l'exemple de l'activité de transport maritime d'hydrocarbures qui comporte de nombreux risques, tant pour le personnel navigant (explosion), que pour l'environnement (pollution) entre autres. À titre d'exemple, considérons les catastrophes de l'Exxon-Valdez ou de l'Amoco-Cadiz dont les coûts de réparation et de gestion ont oscillé autour du milliard de dollars chacun. Ainsi, assumer de tels montants par un seul *P&I Club*, quelle que soit la bonne santé de ses finances, peut s'avérer malaisé.

[1254] HAZELWOOD Steven & SEMARK David, *P&I Clubs Law & Practice* ; 4th ed., 2010, p.370, §24.24.

[1255] Le Lamy Assurances, Partie 8 la réassurance. Sous-section 1 : Compenser l'absence de fonds propres ; §5280 Partenariat financier. Version électronique parcourue le 18 janvier 2018.

[1256] C'est l'exemple de l'année 2017 qui s'achève sur un bilan très positif pour l'ensemble des P&I Clubs ainsi que pour l'IGP&I Clubs. NB : l'expression négligeable ici est relative et s'entend du point de vue des *P&I Clubs* et compte tenu du nombre des navires en activité à travers les mers du globe.

Pour ces activités qui comportent des risques extraordinaires, les *P&I Clubs* bénéficieront auprès du POOL, **dans un premier temps**, d'un soutien et d'un accompagnement exceptionnel. Le soutien et l'accompagnement auxquels nous faisons allusion ici ne concernent pas l'apport financier accordé par l'*IGP&I Clubs* en tant que cessionnaire de réassurance, mais l'organisation logistique et politique qui accompagne cette mise à disposition de fonds. Dans la pratique en effet, l'organisation de la réassurance est spécialisée selon la nature du risque couvert, auquel cas l'expérience du réassureur en la matière est plus que décisive quant à l'efficacité de la prise en charge matérielle des réparations[1257]. À ce propos, du fait que l'*IGP&I Clubs* constitue quasiment 90% du tonnage mondial, la répartition des montants des sinistres entre les Clubs s'avérera très aisée parce que garantie par approximativement 90% du tonnage mondial c'est-à-dire 90% des acteurs. Ce qui implique que la part contributive de chaque P&I reviendra peu élevée[1258], moins lourde financièrement. Il s'agit là aussi d'une manifestation pratique de la théorie des grands nombres car, plus nombreux sont les membres, moins élevé sera le montant de leur contribution pour les risques réalisés.

Dans un deuxième temps, les *P&I Clubs* obtiennent de l'*IGP&I Clubs* une assistance nécessaire à la mise sur pied de nouvelles garanties. Il en est ainsi, par exemple, lorsque le risque concerné est bien réel mais n'est pas garanti par les Clubs et nécessite une connaissance aiguë de l'envergure de ses conséquences. Il en sera de même quant à la maîtrise de l'exigence de spécificité comme c'est le cas dans le marché traditionnel des risques généralement exclus de la garantie P&I. Pour permettre à chaque Club de garantir un tel risque à l'avenir et d'être à même, en cas de survenance, d'apporter les bonnes réponses, l'*IGP&I Clubs,* au cours des réunions auxquelles participent les dirigeants des clubs, favorise un partage d'informations et d'expérience, ainsi que des engagements sur l'homogénéisation de leurs pratiques avant de convenir, pour l'admission de certains risques, en fonction de leur gravité, au rang des risques réassurables par le POOL. En effet, dans le milieu du transport maritime, de marchandises notamment, le développement exponentiel de la technologie crée de nouveaux produits à transporter et de nouveaux besoins à assurer en plus d'augmenter les coûts des produits concernés. À l'observation de notre réalité quotidienne, les produits de la toute dernière technologie s'ils sont plus petits certes, sont aussi plus performants et complexes et donc beaucoup plus chers. En conséquence donc, si un produit a une grande valeur pécuniaire, l'assurer revient aussi un peu plus cher. Ceci peut se vérifier avec l'exemple de Britannia P&I

[1257] En pratique les captives de réassurance, les pools de co-réassurance se créent généralement par affinité et expérience des réassureurs qui les constituent. Parfois aussi par présence géographique. Dans un plus particulier, en France la CCR Caisse Centrale de Réassurance réassure les catastrophes naturelles…

[1258] HAZELWOOD Steven & SEMARK David, *op. cit.* §24.25.

Club, qui enregistra durant les années d'assurance 2014-2015 et 2015-2016, dix sinistres par année soumis à la réassurance du POOL. Or il s'est avéré que les dix sinistres de 2015-2016 ont coûté 256 millions $US tandis que ceux de l'année 2014/2015 coûtèrent à l'IGP&I Clubs 180 millions $US[1259]. À cela s'ajoute le fait que potentiellement, de par la mondialisation de notre économie contemporaine, le nombre de personnes concernées peut être plus important, notamment quant aux risques touchant l'environnement ou bien les risques multiformes liés à la sûreté de la navigation dans certaines zones, d'où l'exception actuelle qui existe dans les attributions du Groupe International. Ainsi à titre d'illustration, nous pouvons citer en premier exemple, le risque *Biological & bio-chemical weapons* dont la garantie a été élaborée et proposée aux *P&I Clubs* par l'*IGP&I Clubs* en 2004[1260]. Faisant donc désormais partie des garanties proposées par les *P&I Clubs*, ce risque est depuis lors, réassuré par le POOL jusqu'à concurrence de $30 millions[1261]. Le second risque admis exceptionnellement par l'IGP&I Clubs est le risque de guerre. Exclu de la garantie P&I standard, ce risque peut exceptionnellement être réassuré par le POOL lorsqu'il résulte d'un ordre d'un gouvernement, ou d'une consigne spéciale donnée par écrit en ce sens par le directoire du Club. Il en sera ainsi à la condition que l'usage des armes ait pour but de prévenir ou de réduire les frais, coûts et/ou dépenses qui autrement, incomberaient à l'Association[1262]. Cette réassurance qui est qualifiée de *Excess loss cover,* comme dans le principe de la réassurance, intervient uniquement au-delà d'un certain seuil. C'est une garantie en excédant. Donc l'exceptionnelle garantie *Excess loss cover* ne se substitue pas à la garantie du marché traditionnel, car les Clubs et assureurs risques de guerre sont tenus de conserver leur réassurance du risque de guerre. Le POOL garantit alors, pour l'ensemble des Clubs, l'excédent jusqu'à hauteur maximale de $500 millions[1263]. En clair, le lecteur pourrait sembler confus ici car nous avons précédemment dit que le risque de guerre est un risque exclu de l'*IGP&I Clubs*. Oui ça l'est ! Mais l'intervention du Groupe International n'est possible que s'il y est obligé par un État, et à la condition que le plafond disponible par la réassurance du risque de guerre entre les *P&I Clubs* et/ou le marché traditionnel soit lui-même insuffisant pour gérer le sinistre. En réalité, cela n'est pas véritablement une réassurance *stricto sensu*, mais plutôt, de notre point de vue, un coup de pouce financier qu'apporte le POOL pour

[1259] Britannia P&I Annual Report & Financial Statement 2016, p.12.

[1260] Voir nos précédents développements concernant la règle OMNIBUS.

[1261] Voir la circulaire de l'année de police 2017/2018 publiée par les P&I Clubs à l'attention de leurs membres. Ex : https://britanniapandi.com/publication/war-risks-pi-cover-biological-bio-chemical-weapons-2/

[1262] Règle 14 West of England P&I Club 2017/2018, règle 25 The Shipowner P&I Club 2017/2018.

[1263] Note d'information n°18 2016/2017 Renewals 2017/2018 publiée par le West P&I Club. Consultable en ligne sur https://www.westpandi.com/Publications/Notice-to-Members/notice-to-members-no.-22-20162017/ NB : page web parcourue pour la dernière fois le 2 février 2018.

ne pas laisser les armateurs dans la difficulté, en complétant leur réassurance du risque de guerre par la prise en charge de l'excédent.

Troisièmement, l'IGP&I Clubs s'avère être le partenaire technique[1264] des Associations, car l'assistance qu'il leur apporte permet une meilleure répartition et organisation des risques les plus délicats, garantissant ainsi leur gestion efficiente. Nous faisons ici référence aux risques qui, de par leur fréquence et compte tenu de leur nature, sont susceptibles d'affecter sérieusement les finances, voire la solvabilité des Clubs. C'est le cas par exemple des accidents récurrents à bord de chalutiers entraînant très souvent des blessures graves et malheureusement aussi des décès de marins. À ce propos, selon un rapport « *Accidents du travail et maladies professionnelles maritimes* », publié en 2013 par le Ministère français de l'écologie et du Développement durable, on a comptabilisé 48 accidents du travail pour 1000 marins français parmi lesquels 18 décès[1265]. En prenant l'exemple de la France où la responsabilité civile, quant aux blessures corporelles, est quasiment illimitée, nous comprenons aisément pourquoi en tenant également compte des conventions internationales, notamment l'OIT, ceci constitue le premier pôle de dépenses en termes de fréquence et de coût des *P&I Clubs* qui doivent garantir le rapatriement, les soins médicaux des marins victimes d'accidents de travail ou de décès, ainsi que tous les frais accessoires.

Quatrièmement, la réassurance au sein du POOL permet aux *P&I Clubs* d'éviter les effets négatifs des grandes fluctuations pouvant se produire d'une année d'assurance à une autre. Cela peut s'observer lorsque le pourcentage des risques est déséquilibré, ou bien lorsque leur probabilité est très faible, ce qui rend inopérante la théorie des grands nombres. Raison pour laquelle il est préférable d'avoir beaucoup de petits sinistres plutôt que quelques sinistres, mais de grande ampleur[1266].

À ce qui précède, nous pouvons ajouter **cinquièmement,** enfin, que la pertinence de la stratification des engagements au sein de l'IGP&I Clubs se matérialise au regard de sa structuration même, de son fonctionnement, mais surtout de son impact. À ce propos, il convient de noter que le POOL possède une capacité unique[1267] de mobilisation de fonds destinés aux armateurs et affréteurs, dans le but de consolider, enrichir et pérenniser la garantie financière des risques liés à l'exercice de leurs activités. Ce qui implique donc qu'avec les $3,1 milliards

[1264] Expression inspirée du Lamy Assurances, §5282. Version électronique parcourue le 19 janvier 2018.
[1265] http://actualites-nautiques.com/marin-le-metier-le-plus-dangereux-au-monde/. Pour plus amples informations, nous suggérons au lecteur de consulter le rapport très détaillé de 2007 dont les chiffres ne sont pas très différents sur la page web du ministère http://www2.developpement-durable.gouv.fr/IMG/spipdgmt/pdf/yd-1136-couverture_stat1_2007.pdf - Adobe_Acrobat_Professional_cle7771ff.pdf
[1266] LYDE Barlow & GILBERT LLP ; « *Reinsurance, Practice and the Law* ». London, 2009, p.6, §1.14.
[1267] GOLD Edgar, "*Gard Handbook on P&I Insurance*", 5th ed., 2002, p.107, §5.2.3.

mobilisables en cas de sinistres d'envergure – *Overspill claim* –, l'*IGP&I Clubs* fournit potentiellement une capacité d'indemnisation illimitée[1268], parce qu'à ce jour aucun sinistre n'a jamais généré de frais à cette hauteur. De même, il nous semble intéressant de noter que l'organisation au sein de l' *IGP&I Clubs*, avec un montant de cotisations et/ou primes négociées par an oscillant entre 200 et 300 millions €[1269], fait du POOL le programme mondial le plus important dédié à l'assurance RC des armateurs.

Cela n'empêche pas qu'il soit reproché aux *P&I Clubs*, une pratique anticoncurrentielle.

C- L'*IGP&I Clubs* face aux règles de la libre concurrence : une adéquation non équivoque

La question de la libre concurrence a souvent été posée au sujet de l'organisation et du fonctionnement des *P&I Clubs* au sein du Groupe International. Hier comme aujourd'hui, il a été /ou il est fait grief à ces mutuelles, de mener des pratiques restrictives de la concurrence. Or il nous semble qu'en réalité le débat n'a pas vraiment lieu d'être. Il s'agit ici, d'une position que nous prenons clairement et sans équivoque bien que nous soyons conscient qu'une telle prise de position est susceptible de ne pas emporter l'adhésion de nombreux juristes.

Dans l'introduction de la présente analyse nous avons mis en relief l'importance du critère de l'altruisme dans la définition de la mutualisation. Comme cela a pu transparaître au fil de nos développements, la conception que les Anglo-saxons ont de la mutuelle n'est pas la même que se font des juristes français. En effet, la représentation que l'on se fait en France de la mutualisation n'est qu'une partie, plutôt une infime, de celle que se font les Anglo-saxons, eux-mêmes inspirés par la mutualisation des risques des sociétés traditionnelles d'Afrique. Ici, la mutualisation est tout un système d'organisation collective et de gestion commune des aléas ou sinistres que subirait un membre du groupe. Il ne s'agit pas d'une simple mise en commun de moyens ayant pour but d'indemniser des tiers.

Dans un premier temps, la question de la concurrence ne saurait être légitimement posée quant à l'activité des *P&I Clubs* parce que, nous l'avons dit, ces mutuelles d'armateurs n'ont pas vocation à réaliser du lucre. Elles se doivent juste d'être capables d'indemniser les armateurs sociétaires qui auraient causé un dommage à autrui dans le cadre de l'exploitation du navire inscrit. Pourtant, comme nous l'avons déjà vu précédemment et comme nous verrons

[1268] GOLD Edgar, "*Gard Handbook on P&I Insurance*", 5th ed., 2002, p.107, §5.2.3.
[1269] JCL. Responsabilité civile et assurances. V° Assurances-Fasc. 120 : Réassurance. Version électronique, consultée le 28 janvier 2018. NB : Il est probable que de nos jours, ce chiffre soit largement dépassé.

plus en détail en parlant des dommages de masse, ces responsabilités ont très souvent des coûts financiers importants.

Dans un deuxième temps, avant de parler de concurrence entre acteurs ou opérateurs, il est nécessaire que ceux-ci exercent dans le même marché. Or l'assurance maritime corps et machines ainsi que l'assurance Protection et Indemnité doivent être distinguées de la réassurance maritime. Cette dernière est sollicitée par des assureurs professionnels tandis que les premières sont sollicitées par les armateurs[1270]. De même, il existe une séparation franche[1271] entre l'assurance maritime stricto sensu – assurance sur corps de navires par exemple – et l'assurance Protection et Indemnité qui est celle proposée par les *P&I Clubs*. L'une des spécificités, entre autres, est l'aspect géographique de la mise en œuvre de la couverture Protection et Indemnité. En effet, la garantie Protection et Indemnité a vocation à être mobilisée à travers le monde entier, quel que soit le type de navire ou la nature de son exploitation. Ce qui compte, c'est le sinistre. Ceci implique donc la nécessité, pour les assureurs P&I, de disposer de vastes réseaux de correspondants à travers le monde. Les *P&I Clubs* remplissent tous cette condition. Cependant, on ne peut pas en dire autant des assureurs du marché traditionnel ou bien des mutuelles indépendantes proposant des garanties de P&I. Cependant, la présence dans les ports, grâce aux correspondants, est une condition nécessaire pour parler de garantie Protection et Indemnité. Ceci implique qu'un assureur qui n'est pas suffisamment représenté à travers le monde ne peut pas prétendre garantir la protection et l'indemnité de l'armateur. Ainsi, au regard de la nature des prestations sollicitées et du simple critère de la représentation, il apparaît clairement qu'il ne s'agit pas du même marché de produit.

Dans un troisième temps, en ce qui concerne l'accès au marché de la garantie Protection et Indemnité, il a été reproché aux *P&I Clubs*, au motif que cela était contraire aux articles 85 et 86 du traité européen sur la concurrence, le fait pour l'*IGP&I Clubs* d'exiger un montant minimum de cotisations pour faire partie de l'accord de mutualisation et/ou de réassurance. À l'analyse de la pratique, nous pouvons dire que ce reproche n'est pas justifié. Ceci est également la position de la Commission Européenne. En effet, il nous semble important de signaler que la mutualisation des risques, caractérisée en l'espèce par ce qu'il est convenu d'appeler le partage de sinistres, contient des exigences intrinsèques.

[1270] Décision de la Commission Européenne du 12 avril 1999 relative à une procédure d'application des articles 85 et 86 du traité CE et des articles 53 et 54 de l'accord EEE (Affaire IV/D-I/30.373 – Clubs de Protection et d'Indemnisation : accord du Groupe international et affaire IV/D-I/37.143 – Clubs de Protection et d'Indemnisation : accord de mise en commun).

[1271] Nous avons déjà évoqué certaines différences, notamment la pratique des primes fixes contrairement aux cotisations, la garantie porte sur une chose, à la différence de la garantie P&I qui couvre la responsabilité de l'armateur, etc.

Tout d'abord, la garantie Protection et Indemnité nécessite la couverture d'un nombre important de risques – tous aussi divers que variés[1272] –. Or les assureurs traditionnels ou les mutuelles indépendantes proposant la garantie P&I ne garantissent qu'un nombre limité de risques. Seuls les *P&I Clubs* parviennent à proposer une couverture susceptible de garantir des risques aussi nombreux, divers et variés.

Ensuite, au regard de la capacité de garantie autonome, on peut observer, à titre d'illustration, que Gard *P&I Club,* membre très influent de l'*IGP&I Clubs*, a la capacité de garantir individuellement environ 17% du tonnage mondial[1273]. Pourtant en face, *Ocean Marine* qui est la mutuelle indépendante la plus importante peine à atteindre les 2%.

De même, au regard des conséquences financières potentiellement très importantes de la responsabilité imputable aux armateurs, il est nécessaire pour leurs assureurs RC de disposer d'une trésorerie suffisante. En effet, certains sinistres sont d'une ampleur si particulière que le milliard de dollars est devenu un montant ordinaire. C'est l'exemple du Costa Concordia qui a contraint les assureurs à mobiliser pas moins de 1,3 milliard $[1274]. Dans le même sens, nous rappelons que certaines marées noires ont largement dépassé ce montant. À ce propos, selon les statistiques et les informations données par les professionnels de l'assurance maritime, il en ressort que pour être capable de mobiliser une telle somme, l'assureur doit disposer d'un portefeuille d'assurés équivalent à au moins 30% du tonnage mondial. Par ailleurs, 50% au moins du tonnage mondial sont nécessaires pour garantir des responsabilités nécessitant une mobilisation financière d'au moins 3 milliards $[1275].

À l'observation, on peut noter qu'avec ses 17% du tonnage mondial, Gard P&I Club est très en deçà des 30 % minimum et n'aurait donc jamais été capable de garantir seul les préjudices du Costa Concordia. En l'état actuel du marché, et selon les données les plus récentes, l'organisation actuelle de l'*IGP&I Clubs* est la seule capable de mobiliser une trésorerie conséquente, pouvant atteindre 3,1 milliards $. Comme nous l'avons précédemment vu, l'*IGP&I Clubs* représente environ 90% du tonnage mondial et son système de réassurance est capable de mobiliser jusqu'à 3,1 milliards $ (voire plus selon la gravité du dommage et de l'importance du préjudice)[1276].

1272 Risques liés à l'exploitation du navire (paquebots, vraquiers, chimiquiers, pétroliers), risques inérents à lanavigation maritimes (abordages, heurts, etc.), risques économiques (les ports fréquentés, la zone de navigation, etc.), entre autres.

1273 https://www.gard.no/annual_report/2016/home

1274 L'affaire n'étant pas encore terminée en ce début d'année 2021. La facture va continuer à s'alourdir.

1275 Décision de la Commission Européenne du 12 avril 1999 relative à une procédure d'application des articles 85 et 86 du traité CE (points (73) et suivants).

1276 Voir tableau https://www.igpandi.org/reinsurance

Enfin, nous pouvons dire que tout accord de mutualisation ou de partage de sinistres nécessite certaines conditions sans lesquelles il ne produira pas d'effets : une couverture minimale commune. Pourtant, ceci a été l'un des reproches exprimés contre les *P&I Clubs* au motif que cela était anticoncurrentiel. En effet, l'une des particularités de la mutualisation est ce qu'il est convenu d'appeler la théorie des grands ensembles ou bien la théorie de l'économie d'échelle, etc. En clair, plus on est nombreux à garantir les mêmes risques – à des taux objectifs et dont un seuil minimum est fixé et accepté par tous les sociétaires –, plus on est capable, d'adapter les réponses assurantielles selon chaque profil, et d'autre part, on est capable d'assurer ces risques à des tarifs préférentiels. L'avantage tiré est à la fois l'acquisition d'un savoir-faire et la consolidation de la sécurité financière dont la mutuelle a besoin pour atteindre ses objectifs.

En d'autres mots, l'exigence d'une couverture minimale est indispensable pour l'atteinte des objectifs de la mise en commun des risques. En effet, pour que le partage des risques produise ses effets, il faut absolument que toutes les parties signataires de l'accord s'engagent à proposer un minimum de garanties les unes pour les autres. Ce partage de garantie s'accompagne nécessairement de la fixation de montants de cotisation minimale pour un service de qualité. À ce propos, en reprenant l'analyse de la Commission Européenne dans sa décision 1999/329/CE du 12 avril 1999, nous pouvons affirmer qu'aucune partie, – et cela va de soi –, ne s'engagera à assurer les risques d'une autre partie lorsque lesdits risques sont plus coûteux que ses propres engagements. Il est donc nécessaire qu'il existe à la fois une base commune de couverture ainsi qu'un montant minimal de cotisation. Ceci déterminera l'engagement de l'un à assurer les risques de l'autre. L'idée n'est donc ni de créer un monopole ou une position dominante, ni d'abuser de la position dominante qui est alors créée de fait par la seule exigence de l'activité et non par la volonté des parties. L'unique chose recherchée dans une telle organisation est l'efficacité de la mutuelle. Autrement dit, un partage de risques fondé sur des bases saines tant sur l'*affectio societatis*, que sur le plan financier en passant par la qualité de la garantie proposée. Cela permettra, d'une part, de créer un contexte de confiance et de sécurisation de la trésorerie de la mutuelle, et d'autre part, la constitution des conditions de mobilisation suffisante des fonds nécessaires à la prise en charge des sinistres de grande ampleur.

Par ailleurs, il nous convient de souligner, en reprenant les propos de la Commission Européenne, que l'exigence d'un niveau commun de couverture minimale n'est pas contraire au texte européen sur la concurrence. En effet, malgré la fixation par le Groupe International d'un seuil minimum de couverture, les *P&I Clubs* ont la possibilité d'offrir individuellement ou collectivement des garanties plus adaptées[1277] et plus importantes, au profit de leurs armateurs sociétaires en considération des besoins de ceux-ci. Autrement dit, chaque *P&I Club* peut enrichir son offre de couverture ainsi que la qualité des prestations qu'il propose. Ceci lui permettra de faire *rentrer dans le Club* de nouveaux armateurs tout en fidélisant les anciens. C'est ainsi que dans la pratique, il existe des *P&I Clubs* généralistes à l'instar de *Gard P&I Club* ou *Britannia P&I Club* qui disposent d'un éventail de garanties plus important que la base commune minimale exigée par l'*IGP&I Clubs*. On ne saurait donc reprocher aux *P&I Clubs* une entente sur le prix, restrictive de concurrence. Il faut donc voir l'exigence par le Groupe International d'un minimum commun de couverture comme étant la détermination et la garantie d'un standard minimum de services à offrir aux armateurs. En deçà de ce standard, la garantie proposée n'est pas, et nous le disons avec insistance, une garantie Protection et Indemnité.

Cela dit, si une mutuelle indépendante ou bien un assureur traditionnel souhaite faire partie des accords fondateurs de l'*IGP&I Clubs*[1278] il faut seulement, d'une part, qu'il/elle propose une garantie minimale, et d'autre part, qu'il/elle dispose d'une trésorerie propre qui sera suffisante pour faire face à des sinistres importants. Il n'est donc pas concevable qu'un assureur Protection et Indemnité intègre l'accord de partage des risques s'il n'est pas en mesure de contribuer à la réalisation de l'objectif commun. Faut-il le rappeler, cette exigence n'est rien d'autre que la matérialisation des contraintes et risques inhérents à la navigation maritime. D'ailleurs les aléas de la mer ne sont ils pas un élément ayant influencé l'élaboration du système de responsabilité spécifique au droit maritime ? Ceci est important à soulever parce que la spécificité des mutuelles réside dans le fait que la bonne santé financière du groupe n'est que le reflet de la bonne santé financière de chacun de ses sociétaires. En l'espèce, les *P&I Clubs* étant fondés sur une base non lucrative, les armateurs qui les constituent doivent donc être en mesure d'en garantir la pérennité. Dans la pratique, et à titre d'illustration, cela s'observe, sur un premier plan, à travers le contrôle des polices de garanties offertes par les *P&I Clubs*. En effet, la police d'assurance P&I d'une Mutuelle d'armateurs ne sera valable que si elle a préalablement reçu l'approbation d'au moins 2/3 des *P&I Clubs* membres du Groupe International. Par ce faire, le Groupe International garantit l'adéquation entre couverture proposée et réalité de la responsabilité civile potentielle. Sur un deuxième plan, le contrôle du Groupe International se fait par la fixation d'une rétention minimale commune, soit 10 millions $ par Club.

[1277] Décision de la Commission Européenne du 12 avril 1999 relative à une procédure d'application des articles 85 et 86 du traité CE (points (73) et suivants).
[1278] *Pour rappel le IGA (International Croup Agreement) et Pooling Agreement.*

Dans le même ordre d'idée, la fixation de règles limitatives quant à la pratique tarifaire des cotisations ne saurait être considérée comme étant anticoncurrentielle. Certes nous convenons que l'un des éléments utiles dans la promotion et la pratique de la concurrence est le prix de la chose vendue ou du service rendu. Ainsi, imposer aux *P&I Clubs* un prix minimum de couverture peut sembler contraire à la règle de la libre concurrence. Toutefois, il nous semble important de dire que le fait pour l'*IGP&I Clubs* de restreindre les règles de tarification est plutôt un gage de pérennité de l'accord de mutualisation. En effet, une telle restriction évite que les Clubs ne se fondent sur des coûts volatils ou artificiels pour déterminer leurs montants de cotisations[1279]. Ils sont donc invités à déterminer leurs cotisations en se basant seulement et uniquement sur des critères objectifs. Il peut s'agir, par exemple, de la sinistralité du navire, de sa valeur, de la nature des risques auxquels il est exposé entre autres. Autrement dit, ces critères sont exclusivement dictés par la navigation maritime et non par les spéculations économiques ou financières. Rappelons, au risque d'être redondant, que l'activité et la couverture assurantielle des *P&I Clubs* sont fondées sur une base non lucrative. Il n'est donc pas surprenant que les *P&I Clubs* ont l'obligation de respecter cette orthodoxie financière en veillant scrupuleusement à conserver la meilleure note des agences de notations, le fameux triple A.

Par ailleurs, nous rappelons que s'il existe une restriction quant à la tarification de leurs cotisations, les *P&I Clubs* disposent de plusieurs leviers pouvant leur permettre de se faire concurrence. Un de ces leviers est la qualité des prestations, en termes de service d'une part et en terme du nombre de garanties d'autre part.

Sur ce point, nous pouvons même affirmer que la restriction sur la tarification a plutôt un effet bénéfique pour l'économie mondiale. En effet, à l'analyse des coûts pratiqués par les *P&I Clubs* et en considération du nombre quasi illimité des risques qu'ils sont susceptibles de couvrir, il ressort au final que la garantie P&I telle que proposée par ces mutuelles d'armateurs est relativement peu chère, en comparaison du coût prohibitif pratiqué par le marché traditionnel de l'assurance, et cela pour des prestations limitées tant en nombre que financièrement. Ceci implique que les armateurs n'ont pas à répercuter de surcoût sur le fret, des cotisations qu'ils versent à leurs *P&I Clubs*. En conséquence, le chargeur non plus ne répercute pas au consommateur final l'augmentation de fret que lui aurait appliqué le transporteur maritime si celui-ci était assuré par une compagnie d'assurances du marché traditionnel. Ce qui revient à dire que le prix payé pour acheter certains produits (en réalité de milliers de produits sachant

[1279] Décision de la Commission Européenne du 12 avril 1999, *op. cit.*

que 90% des marchandises sont transportées par mer), à l'instar de l'essence, serait plus élevé si les armateurs de pétroliers étaient assurés par les assureurs du marché traditionnel.

En définitive, nous disons que le mode de fonctionnement de l'*IGP&I Clubs* n'est pas contraire aux règles de la concurrence. La garantie Protection et Indemnité est un marché spécifique avec ses propres règles et exigences. Sur ce point, il nous semble important de rappeler que les *P&I Clubs* membres du Groupe International ont, pour la grande majorité, une expérience au moins centenaire. La maîtrise qu'ils ont de cette activité n'est donc pas le fruit du hasard et n'est pas non plus fondée sur des considérations mercantiles. De même, l'organisation du Groupe International est la seule capable de fournir les garanties suffisantes et adéquates en termes d'assurance de la responsabilité civile des armateurs. Ceci nous donne l'occasion d'insister sur le fait que parler la garantie P&I ne doit pas nous limiter à parler seulement de coûts des cotisations et/ou de la garantie. Même si généralement lorsqu'on parle de concurrence, il est très souvent problème d'argent, c'est très loin d'être le cas en matière d'assurance Protection et Indemnité des armateurs. Le critère décisif qui doit déterminer la conviction réside dans les compétences de l'assureur. En d'autres mots, il faut questionner la capacité de l'assureur ou de la mutuelle indépendante à offrir, au moins techniquement, des garanties P&I.

Une illustration nous est donnée par le cas de AXA Corporates Solutions. Compagnie d'assurance performante et réputée, Axa s'est engagée vers la fin des années 1990 à proposer la garantie Protection et Indemnité. Ce ne fut pas un succès et l'activité a cessé avant sa sixième année faute de tonnage suffisant. Ceci a eu pour conséquence un taux de prime excessivement faible. Or qui dit taux de prime excessivement faible dit également impossibilité de faire face aux sinistres maritimes importants et donc faillite de l'assurance. Cet exemple est révélateur de la spécificité du marché de l'assurance P&I. Avant d'être une affaire tarifaire donc, c'est avant tout une question de capacité à assurer de tels risques. La preuve, Axa est une compagnie d'assurances ayant de bons résultats financiers au regard de ses rapports financiers annuels. Seulement elle n'a pas la capacité et l'expérience de la garantie Protection et Indemnité.

À la suite de tout ce qui précède, nous pouvons nous poser la question de savoir ce qu'il en est de la garantie des *P&I Clubs* face à des sinistres de très grande ampleur.

Titre 2 : La garantie des P&I Clubs à l'épreuve de la responsabilité civile « spéciale » de l'armateur : des conditions exceptionnelles de mobilisation en cas de sinistres majeurs

À ses disciples, et également à ceux qui voulaient bien lui prêter attention, Maître Pangloss enseignait fièrement et patiemment, que *tout va pour le mieux dans le meilleur des mondes possibles*[1280]. La navigation maritime comporte, et c'est un secret de polichinelle, son lot de contraintes, de mésaventures et d'infortunes, des événements pour lesquels les *P&I Clubs* répondent à travers divers instruments. Cependant, il est des cas où ces réponses sont ébranlées tant dans leur organisation, que dans leur consistance en passant par l'interrogation relative à leur efficacité. Il en est ainsi, lorsque se produit un type particulier de risques, qui nécessitent pour leur gestion, la mise en œuvre d'une responsabilité civile spéciale. Tous ces risques que nous qualifions de sinistres majeurs (chapitre 1), sont caractérisés par l'ampleur exceptionnelle des dégâts qu'ils génèrent. Fort heureusement, la résilience et l'adaptabilité des *P&I Clubs* contribuent à apporter des remèdes efficaces, grâce à la pertinence de leur implication (chapitre 2) lorsque de tels événements se réalisent.

Au sortir du présent Titre 2, le lecteur aura remarqué que la responsabilité de l'armateur est spéciale en plusieurs points. Au-delà de l'ampleur des sinistres nécessitant une réponse spéciale des *P&I Clubs*, certains événements (les marées noires par exemple) pourront donner lieu à diverses poursuites tant administratives, civiles, que pénales.

1280 VOLTAIRE, Candide.

Chapitre 1 : Les sinistres majeurs, un archétype de la responsabilité civile spéciale des armateurs couverts par les P & I Clubs

L'histoire de l'arche de Noé nous enseigne potentiellement ce qui est peut-être la toute première catastrophe d'envergure de l'histoire de l'humanité. Depuis lors, nombreux sont les sinistres de grande ampleur connus par les sociétés humaines. À titre d'exemple, le 1er novembre 1755, Lisbonne vécut un tremblement de terre qui fit environ dix mille victimes. À cela, l'on peut ajouter les crashs d'avions commerciaux, la catastrophe de Tchernobyl (1986), de Fukushima (11 mars 2011), l'explosion de l'usine AZF à Toulouse (21 septembre 2001), le séisme du 12 janvier 2010 en Haïti et son bilan humain macabre (environ 280 000 morts, 300 000 blessés et environ 1,3 million de sans-abri), l'ouragan KATRINA qui a frappé les États-Unis (du 23 au 31 août 2005), et récemment encore en mars 2019, les inondations dévastatrices au Mozambique (66 morts, 140 000 personnes sinistrées, 6 000 habitations détruites, sans compter les quantités exceptionnelles de plantations détruites). Si ces différents événements sont qualifiés, soit de catastrophes naturelles, soit d'accidents nucléaires, soit de risques chimiques, il reste vrai que jusqu'à récemment, il n'existait pas d'unité notionnelle, permettant de les regrouper autour d'un concept clair afin de les identifier aisément. Cette unité notionnelle, est désormais trouvée dans la doctrine française, par la notion de « **dommages de masse** »[1281], développée par Mme GUEGAN-LECUYER[1282]. Pour concevoir cette notion de dommages de masse, l'auteure prend en compte deux critères qu'elle développe, l'un quantitatif et l'autre qualitatif. Ainsi, par la notion de dommages de masse, il faut entendre « *les atteintes aux personnes, aux biens ou au milieu naturel qui touchent un grand nombre de victimes à l'occasion d'un fait dommageable unique, ce dernier pouvant consister en un ensemble de faits dommageables ayant une origine commune* »[1283]. Les dommages de masse englobant une multitude de risques divers et variés, nous limiterons notre analyse aux risques majeurs qui appellent, ou bien mettent en œuvre la responsabilité civile des armateurs. Pour y parvenir nous verrons donc d'une part, la notion de sinistres majeurs (section 1) ainsi que leur construction d'autre part (section 2).

[1281] Souligné par nous.
[1282] GUEGAN-LECUYER Anne, « *Dommages de masse et responsabilité civile* », thèse de doctorat, soutenue en 2004 Université Paris 1, publiée aux éditions LGDJ-Montchrestien, 2006.
[1283] GUEGAN-LECUYER Anne, idem., p.93.

Section 1 : La notion de sinistres majeurs, identifiée par ses événements constitutifs

À l'observation des sinistres majeurs, on remarque qu'ils relèvent de dommages dont les sources sont diverses. Ainsi, certains sinistres majeurs ont une cause naturelle, à l'exemple des cyclones, des séismes. D'autres, sont des accidentels à l'instar des crashs d'avions, des accidents nucléaires, des contaminations sanitaires. Cependant, notons-le d'emblée, la responsabilité civile ne s'accommode pas des événements naturels, mais nécessite un fait de l'homme. C'est donc la deuxième catégorie qui nous intéressera, c'est-à-dire celle des risques accidentels ou encore selon une expression courante, les risques technologiques[1284]. À la différence des catastrophes provenant des phénomènes naturels, c'est l'homme qui est à l'origine des dommages de masse, caractérisés par leur impact majeur sur la société[1285]. Cela nous conduira à étudier les pollutions par hydrocarbures (§1) et le naufrage des navires à passagers (§2).

§1 : La pollution par hydrocarbures, dommage de masse de nature écologique

Une certaine logique aurait peut-être commandé pour éviter toute équivoque, de commencer par démontrer que la pollution par hydrocarbures est un dommage de masse. Nous prendrons une logique distincte, qui permettra que cela apparaisse naturellement au fil des développements à venir. Pour ce faire, nous étudierons la notion de pollution écologique à travers le concept de marée noire (A) ; puis nous distinguerons, toujours dans un souci de clarté, le préjudice écologique du dommage écologique (B).

A/ La notion de pollution par le concept de marée noire

La révolution industrielle entamée dès la moitié du XVIIIe siècle a contribué, d'une part à la transformation et à l'essor économique, et d'autre part, à la modernisation des sociétés

[1284] DEPRIMOZ Jacques, « *L'assurance face aux risques technologiques majeurs* », in « *La réparation des dommages catastrophiques, les risques technologiques majeurs en droit international et en droit communautaire* ». Travaux des XIIIes Journées d'études juridiques Jean DABIN, 1990, p.103.

[1285] GUEGAN-LECUYER Anne, « *Dommages de masse et responsabilité civile* », Thèse de doctorat publiée aux éditions LGDJ-Montchrestien, 2006, p.12.

humaines. L'une de ses héritières est ce qu'il est convenu aujourd'hui d'appeler la mondialisation de l'économie moderne. Celle-ci se caractérise, malgré des distances physiques incontestables, par un rapprochement exceptionnel entre les lieux de production et les lieux de consommation des produits, rapprochement effectif par la rapidité d'une part des opérations de commande et de paiement à travers l'outil numérique, et d'autre part, à travers la réduction impressionnante de la durée des délais d'acheminements, donc de transport. Le transport maritime d'hydrocarbures n'échappe pas à cette réalité, et pourrait même servir de prototype, car dans la grande majorité des cas, les lieux d'exploration, d'exploitation et de production du pétrole ne sont pas forcément les lieux de transformation, encore moins ceux de consommation. La nuance impose toutefois de reconnaître que cette dernière étape, la consommation du pétrole, est mondiale. L'amélioration des capacités de charge des pétroliers, ainsi que celle de leur vitesse, a joué un rôle déterminant dans le commerce du pétrole. Or, à l'instar de toute activité humaine, cela n'a pas toujours une fin heureuse et malheureusement, plusieurs déversements d'hydrocarbures se sont déjà produits, générant des pollutions marines. Les accidents du *Torrey Canyon*, de l'*Exxon-Valdez*, de l'*Amoco-Cadiz*, de l'*Erika*, du *Prestige* en sont des illustrations tristement célèbres. Ces pollutions, caractérisées par le déversement de mazout dans les mers, sont communément appelées marées noires, à cause des immenses couches de brut qui se substituent à la « couleur bleue »[1286] des mers. La notion de marée noire sera mieux appréhendée à travers sa double nature, qui fait d'elle à la fois un risque majeur et un dommage écologique.

L'expression risque majeur, évocatrice en soi à travers l'adjectif majeur, détermine le risque caractérisé par son ampleur exceptionnelle. C'est en substance le sens dénoté que nous donne le dictionnaire Larousse, qui qualifie de majeur dans son sens premier, « *ce qui sert de comparatif à grand, dans le sens d'important, de considérable* ». Le caractère exceptionnel de ce risque tient donc naturellement dans le nombre élevé de victimes qui subissent ou qui sont susceptibles de subir un tel dommage. Au-delà du nombre de personnes, on peut également tenir compte, pour appréhender cette notion, de l'étendue physique des superficies polluées par le déversement du pétrole. Cela nous impose de recourir une fois de plus à notre dictionnaire qui définit le terme masse, dans son sens premier, comme étant la *grande quantité d'une matière, d'une substance*. Parlant de matière ou de substance, le parallèle avec le mazout est donc évident et naturel. Le terme masse, représente aussi une grande quantité de personnes. Le

[1286] L'eau des mers ou des plages, étant en réalité incolore, du moins lorsqu'elle n'est pas souillée. Sa couleur bleue provient du reflet du ciel.

risque majeur s'identifie donc d'abord, à travers son critère quantitatif[1287] qui s'impose principalement par sa simple réalisation, à travers son caractère soudain, brutal[1288] et imprévu. Autrement dit, le critère quantitatif s'identifie au regard de la multitude de victimes que le dommage atteint. Ce caractère collectif, représentant alors la somme des intérêts individuels et subjectifs[1289] mais identiques qui ont pour cause commune, le dommage de masse. Au critère quantitatif qui à lui seul ne suffit pas pour qualifier un dommage comme étant un risque majeur, il faut greffer le critère qualitatif. Ce critère qualitatif est indispensable, car non seulement il vient compléter le critère quantitatif, mais il contribue aussi à distinguer le risque majeur des accidents de masse. Ceux-ci affectent chacun, un individu à la fois, mais leur grande fréquence (renvoyant au critère quantitatif), n'en fait pas d'eux pour autant un risque majeur, ou un dommage de masse. Car un risque, est dit majeur, non seulement parce qu'il affecte un nombre important de victimes, mais surtout parce qu'il est généré par un fait unique. La catastrophe constitutive du dommage de masse se matérialise donc nécessairement par l'« *unité de temps, de lieu et d'action* »[1290].

L'unicité que représente le critère qualitatif, consiste en un fait qui grève une valeur collective, un bien commun, du moins considéré objectivement comme tel. Le fait unique qui crée le risque, est en réalité l'acte, l'événement, le manquement à faire/ou à ne pas faire qui est la cause du dommage affectant un grand nombre de victimes. Dans le cas d'une marée noire, le fait unique critère qualitatif, serait soit le mauvais temps, soit l'acte volontaire ou par omission, soit l'accident tel un abordage, la cassure de la structure du navire qui est à l'origine du déversement. Toutefois, il n'est pas rare non plus que le fait unique, cause de l'accident, soit lui-même la conséquence d'une chaîne d'événements, d'erreurs, de mauvaises décisions, de manquements à des obligations. En effet, unicité de fait ne signifie pas forcément unité de cause[1291]. L'exemple type de notre point de vue est celui du naufrage du *Prestige* à plus de 3 000 m de profondeur. Ce navire en détresse cassa en deux et libéra sa cargaison de fioul lourd. Si la pollution était la conséquence du bris de sa structure, qui elle-même était peut-être la conséquence du mauvais temps, la vulnérabilité du navire résidait dans les défauts de sa structure, conséquence du manque d'entretien qui généra la corrosion l'ayant affaibli. Quoi

---

1287 GUEGAN-LECUYER Anne, « *Dommages de masse et responsabilité civile* », L.G.DJ 2006, pp.54 s.
1288 GUEGAN-LECUYER Anne, idem, p.84. Selon l'auteur, ce caractère soudain et brut du dommage de masse permet de distinguer ce dernier d'un phénomène accidentel que subissent nombreuses personnes (« accidents de masse »), mais dont l'aspect quantitatif provient d'une étude statistique, scientifique.
1289 DEMEESTER Marie-Luce & NEYRET Laurent, « *Environnement* », RDC Dalloz, octobre 2013, n°54, version électronique, mise à jour du 4 avril 2019.
1290 FEUERBACH-STEINLE M.F., « *Le droit des catastrophes et la règle de trois unités de temps, de lieu et d'action* ». LPA, 1995, n°90, p.9.
1291 Idem.

qu'il en soit, il importe peu que le déversement, qui est une conséquence, soit immédiat à la cause ou bien postérieur à celle-ci.

Tout cela revient à dire que le processus dommageable est quelquefois complexe, car le fait unique générateur du dommage de masse, n'est pas toujours facilement identifiable. Si quelques fois il résulte d'un acte isolé et précis, il est des cas où il résulte lui-même d'un ensemble de faits, d'actions, de manquements, individuels ou collectifs[1292]. En d'autres mots, il n'y a pas toujours immédiateté entre le fait dommageable et le dommage, ou bien entre l'exposition au dommage et ses conséquences pour les victimes. L'exemple-type est celui de l'amiante ou celui du scandale du sang contaminé. Plusieurs années séparèrent la naissance du danger, l'exposition des victimes au danger, l'apparition des symptômes et le diagnostic de la pathologie. Ainsi, pour que le fait unique génère un dommage de masse, six étapes doivent être franchies. En réalité quatre suffisent. Un risque majeur est donc constitué, à la fois par un critère quantitatif et par un autre qualitatif. La marée noire est donc un risque majeur, mais correspond-elle à un dommage écologique ?

Le dommage écologique s'entend dans son sens générique, comme étant l'atteinte que subit l'environnement, et concerne donc la pollution de l'air, de l'eau, de la terre ou les trois à la fois. Il s'agit, en clair, du rejet dans l'environnement de substances nocives qui détériorent celui-ci, laquelle détérioration, se manifeste par la modification négative de l'environnement concerné. En d'autres mots, l'environnement est détruit. Dans le cas du transport maritime des hydrocarbures, cette atteinte concerne principalement la pollution de la mer par le rejet de la cargaison d'hydrocarbures, transportée par les pétroliers. La véritable question qui se pose en réalité ici, est de savoir si toute atteinte subie par l'environnement est de nature à être qualifiée de dommage écologique. Le droit positif n'est pas très clair en ce sens, et cela montre que la construction de la matière n'est peut-être pas encore achevée. En effet, le décret n°2009-468 du 23 avril 2009[1293], qui vient compléter le code de l'environnement en lui ajoutant un titre VI dans le livre 1er de sa partie réglementaire, ne donne pas de définition précise de ce qu'est un dommage écologique. La définition de ce dommage s'obtient à travers des critères plutôt imprécis car selon ce texte, c'est la gravité de l'atteinte qui en constitue le critérium. Observons : aux termes de l'article L.161-1 du code de l'environnement, *constituent des dommages causés à l'environnement au sens du présent titre les détériorations directes ou*

[1292] GUEGAN-LECUYER Anne, « *Dommages de masse et responsabilité civile* », L.G.DJ 2006, p.88.

[1293] Décret n°2009-468, du 23 avril 2009, relatif à la prévention et à la réparation de certains dommages à l'environnement. Ce décret est pris en application de la loi n°2008-757 du 1er août 2008, elle-même introduisant dans le droit interne français la Directive n°2004/35/CE du 21 avril 2004, JOUE 30 avril 2004, n°L143.

indirectes mesurables de l'environnement qui 1° *créent un risque d'atteinte grave à la santé humaine du fait de la contamination des sols résultant de l'introduction directe ou indirecte, en surface ou dans le sol, de substances, de mélanges, organismes ou micro-organismes.* 2° *Affectent gravement l'état écologique, chimique ou quantitatif ou le potentiel écologique des eaux, y compris celles de la zone Économique Exclusive, de la mer territoriale ou des eaux intérieures françaises, à l'exception des cas prévus au VII de l'article L.212-1.*

Pour être réputée dommage écologique, donc risque majeur, la marée noire doit affecter gravement l'état organique de l'environnement. Autrement dit, la flore et la faune de l'espace contaminé doivent être sévèrement détériorées. **La gravité** renvoie donc à ce qui n'est pas tolérable, et pour être qualifiée de dommage écologique, la pollution, à travers la marée noire, doit constituer une atteinte anormale. Ainsi, la gravité du déversement d'hydrocarbures, caractérisée par son anormalité, s'avère alors être le critère nécessaire et suffisant[1294] pour que la marée noire soit érigée au statut de dommage écologique. Ce qui est tolérable, cesse donc de l'être lorsqu'une certaine limite subjective est dépassée, et cela renvoie à l'idée de seuil. Le déversement d'hydrocarbures se transforme donc en marée noire lorsque la quantité de pétrole rejeté, entraîne un « *dépassement du seuil ultime de conservation de l'équilibre des facteurs* »[1295]. On ne saurait donc parler de risque majeur si les dégâts n'atteignent pas un certain niveau, un certain seuil qui fait le dommage basculer du tolérable à l'intolérable. Pourtant, la notion de seuil, intrinsèque à celle de gravité, reste floue et difficile à établir avec précision. Quelle quantité rejetée d'hydrocarbures, constitue le seuil tolérable à ne pas dépasser ? En droit français, en l'état actuel de nos recherches, il apparaît que la réponse n'a pas encore été proposée. L'article R161-5 du code de l'environnement sans établir un seuil, se contente juste d'énumérer les dommages qui ne peuvent être considérés comme affectant gravement l'environnement[1296]. Toutefois, un début de réponse est apporté pour la catastrophe technologique, par le code des assurances qui prévoit que : *l'état de catastrophe technologique est constaté en cas de survenance d'un accident rendant inhabitables plus de cinq cents logements*[1297]. La convention CLC, quant à elle, donne peut-être un indice de réponse, car elle fait référence à un minimum de deux mille tonnes d'hydrocarbures transportés en vrac en tant que cargaison[1298]. En réalité, cette référence est trompeuse, car elle n'est représentative que du rejet constituant une pollution par hydrocarbures, sans pour autant être constitutive d'une marée

[1294] GIROD Patrick, « *La réparation du dommage écologique* », Librairie générale de droit et de jurisprudence, 1974, p.49.
[1295] GEORGES Pierre, « *L'environnement* », Que sais-je ?, P.U.F 1971, p.11.
[1296] C. envir., art. R.161-5.
[1297] C. assur., art R.128.1.
[1298] CLC, art.7.

noire. Par exemple, le rejet de deux mille tonnes de fioul n'est pas un dommage écologique. Ceci nous permet de faire deux observations. La première est que jusqu'à deux mille tonnes, le rejet est *négligeable* donc tolérable, et constitue alors la pollution par hydrocarbures aux termes de la CLC. En d'autres termes, si nous prenons en compte l'étendue des mers, et en suivant la logique de la convention CLC, le rejet de deux mille tonnes de fioul n'est semble-t-il pas de nature à affecter gravement l'état écologique, chimique ou quantitatif, ou encore le potentiel écologique des eaux. De même, deux mille tonnes de fioul semblent ne pas pouvoir affecter gravement le maintien ou le rétablissement dans un état de conservation favorable des espèces, de leurs habitats naturels, ainsi que de leurs sites de reproduction et de leurs aires de repos[1299]. La deuxième observation est qu'au-delà de deux mille tonnes, le rejet atteindrait un seuil de gravité qui le fait basculer de simple pollution à marée noire, donc dommage écologique. Toutefois, il ne nous semble pas que cela suffise pour affirmer que la volonté des rédacteurs de la CLC était d'établir le seuil d'identification d'une marée noire, au rejet de deux mille tonnes de brut. En témoigne la différence existant entre cette référence de deux mille tonnes et les quantités rejetées par le *Torrey-Canyon*, *l'Amoco-Cadiz*, l'*Erika*, le *Baltic Career*, le *Prestige* entre autres. De toutes les manières, établir un seuil qui détermine la gravité d'une pollution par rejet d'hydrocarbures n'est pas pertinent de notre point de vue, car cela pourrait dénaturer le caractère exceptionnel d'une marée noire, parce que ce seuil selon nous, jaillira naturellement de l'indignation et de la mobilisation que générera la pollution. En clair, il n'existe pas à proprement parler de critère objectif, permettant de mesurer le seuil qui confère à la gravité son anormalité. Celle-ci, à l'égard de l'atteinte à l'environnement par la marée noire, existera en soi. Lorsque la question leur est posée concernant d'autres types de pollution, de l'air par exemple, les juges identifient le seuil en comparant ou en analysant ce qui est normal face à ce qui est anormal. À ce propos, le tribunal de grande instance de Paris, décida que *les sujétions d'un voisinage industriel doivent être acceptées comme étant inhérentes à toute vie urbaine, jusqu'à une certaine limite au-delà de laquelle, elles deviennent insupportables*[1300]. Soit, un peu comme le disait De JOUVENEL, « *la production du fléau commence comme un mince filet d'eau qui passe inaperçu jusqu'au moment où il est devenu fleuve et alors le supprimer devient une affaire d'État* »[1301].

La pollution par rejet d'hydrocarbures, en tant qu'événement de mer, est un aléa normal de la navigation et du transport maritime d'hydrocarbures en particulier. Elle reste donc un

[1299] C. envir., art. L.161-I, 1° à 4°.
[1300] TGI Paris, (Gaz. Pal. 1er aout 1971)
[1301] De JOUVENEL, « *Arcadie, Essais sur le mieux vivre* », Paris, éd. SEDEIS 1968, p.19 ; cité par GIROD Patrick, *op. cit.*, p.19.

risque prévisible et n'est pas en soi une marée noire, un risque majeur. Seule la gravité du dommage suffira à lui procurer l'ampleur critique. Autrement dit, le risque est normal mais c'est sa gravité qui est anormale, et l'anormalité devient donc le résultat de la normalité[1302]. À titre illustratif, nous dirons que la pollution par rejet d'hydrocarbures devient marée noire, c'est-à-dire sinistre majeur, à cause de la quantité importante de mazout déversé. Par exemple, le *Torrey-Canyon* déversa sa cargaison évaluée à 121 000 tonnes de fioul lourd, l'Amoco-Cadiz déversa quant à lui une cargaison de 227 000 tonnes. Il s'agit là de quantités très importantes, constituant par ce fait unique, le dommage majeur qu'elles représentent.

Sur un autre aspect, le dommage écologique nécessite une certaine continuité, et on parle alors de **critère de périodicité**. Ce critère de périodicité sera donc également exigé pour la marée noire. En effet, un dommage, pour être qualifié d'écologique, nécessite que la dégradation dure un certain temps. Ce qui implique que le dommage devra donc être continu pendant une période relativement longue, et c'est cela qui participera à lui conférer la gravité qui le rend anormal. Sans pour autant être définitive, la dépréciation générée par la pollution de l'eau, doit résulter *des rejets répétés d'effluents dans un milieu dont les capacités d'auto-épuration sont devenues insuffisantes*[1303]. Le critère de la périodicité – ou bien la continuité – de la pollution s'observe à l'analyse du code de l'environnement qui, en son article R.161-3, dispose que l'état de conservation d'un habitat naturel s'apprécie en tenant compte de l'ensemble des influences qui, dans son aire de répartition naturelle, peuvent affecter à long terme sa répartition, sa structure, ses fonctions ainsi que la survie des espèces typiques qu'il abrite. Lorsqu'on lit cet article en prenant en compte l'article précédent qui fait mention du *potentiel écologique des eaux*, on comprend que l'un des éléments qui concourent à la gravité de la pollution, est bien la durée du dommage qui se divise en réalité en deux étapes. La première, c'est la durée pendant laquelle le biotope et la biodiversité seront affectés, et la deuxième étape, c'est la période nécessaire pour que l'auto-épuration de l'eau s'opère, à travers notamment la régénération de la faune et de la flore.

Même si la marée noire n'est pas un rejet *répété* d'effluents au sens du code de l'environnement, mais plutôt un rejet unique, provenant d'un pétrolier dont la cargaison (les hydrocarbures) s'échappe, elle correspond parfaitement à ce critère de la continuité de la pollution. En effet, une fois ce risque réalisé, plusieurs mois sont nécessaires pour le ramassage du mazout et parfois plusieurs années ne suffisent pas à la reconstitution de la biodiversité –

[1302] GIROD Patrick, « *la réparation du dommage écologique* », Librairie générale de droit et de jurisprudence, 1974, p.51.
[1303] Idem, p.56.

espèces typiques selon les termes du code de l'environnement –. Dans le cas du *Torrey-Canyon* par exemple, « *les côtes polluées par le pétrole mettent environ 5 à 8 ans à se nettoyer naturellement, tandis que les zones polluées par le mélange pétrole/dispersants de 9 à 10 ans. Une étude datant de 1978 (11 ans après l'accident) montre qu'une espèce de bernard-l'hermite n'est toujours pas réapparue dans la zone touchée par cet accident* »[1304].

Enfin, sans qu'on ne puisse réellement parler d'un troisième critère du dommage écologique, il convient cependant de noter que ce dommage se caractérise par sa **relativité**[1305]. Comme nous l'avons observé, la loi met l'emphase sur la gravité de la pollution sans pourtant donner des éléments clairs d'évaluation de cette gravité. Il en est de même du seuil qui n'est pas défini, mais dont la considération donne à la pollution par hydrocarbures, son caractère de marée noire. Donc face à l'imprécision de la norme, le statut de la marée noire sera contingent. Une telle contingence résulte de ce que le rejet d'hydrocarbures devient marée noire en fonction de la réaction des populations et/ou des autorités. Le traitement qui en sera fait variera alors en fonction du lieu de réalisation du dommage. La pollution par hydrocarbures s'est-elle produite dans la zone économique exclusive, dans la mer territoriale ou bien dans les eaux intérieures ? S'est-elle produite dans une aire marine protégée ? A-t-on une quantité mesurable de la biodiversité détruite, ou bien des espèces menacées ? Selon l'écho qui s'ensuivra, la pollution sera considérée comme étant une marée noire, ou pas ! En d'autres termes, le seuil de normalité, ainsi que le critère de continuité du dommage déterminant l'anormalité d'une pollution c'est-à-dire le dommage écologique du fait du rejet d'hydrocarbures, ne font pas l'objet d'une unité de mesure objective universellement acceptée[1306]. À titre illustratif, les pollutions liées aux rejets d'hydrocarbures des navires *Torrey-Canyon*, *Amoco-Cadiz*, *Erika*, *Prestige* entre autres, interpellent par l'exceptionnelle publicité dont elles ont fait l'objet. Il en est de même du cas de la pollution du *Deepwater horizon* dans le golfe du Mexique en 2010[1307]. Pourtant, cette publicité tranche net avec le silence concernant le Delta du Niger, où sévit une pollution à flot continu depuis pratiquement soixante ans. Le 1er mai 2010 par exemple, dans l'État d'*Akwa Ibom* du Nigéria, un oléoduc du groupe Exxon Mobil, se rompit et occasionna pendant quelques

---

[1304] http://wwz.cedre.fr/Ressources/Accidentologie/Accidents/Torrey-Canyon

[1305] GIROD Patrick, *op. cit.*, pp.65 et suivants.

[1306] Ce qui fait dire à Patrick GIROD que l'anormalité existe *« pour soi »* et non *« en soi »* (p.67). Si cette affirmation est tout à fait fondée lorsque le dommage écologique affecte individuellement celui qui en demande réparation, il nous semble que la marée noire qui par nature outrepasse le caractère individuel du dommage, et affecte une *res comunis*, est une anormalité en soi.

[1307] Le 20 avril 2010, la plate-forme d'exploitation pétrolière Deepwater Horizon, située dans le golfe du Mexique, exploitée par le géant mondial BP, explosait. Au-delà des victimes humaines, 11 morts et 17 blessés, cette explosion provoqua une terrible pollution, d'après certains, la pire marée noire de l'histoire des États-Unis avec environ quatre millions de barils de brut déversés en mer.

jours seulement, le déversement d'environ 1 million de litres de brut. De même, selon une étude du WWF de 2006, ce déversement à flot continu depuis plus d'un demi-siècle, représente environ 1,5 million de tonnes (environ 82 tonnes/jour). C'est encore cinquante fois la marée noire provoquée par l'Exxon-Valdez[1308].

De tout ce qui précède, il ressort que la pollution marine par déversement d'hydrocarbures en tant qu'unicité de fait, constitue à travers le concept de marée noire, un dommage écologique. Il s'agit donc d'un risque majeur que nous venons d'identifier sous le prisme de son critère qualitatif. Son critère quantitatif n'a nullement besoin de démonstration il nous semble, car une marée noire est un sinistre majeur en soi au regard du nombre élevé de personnes à qui cela peut causer préjudice. Nous nous en rendrons compte d'avantage plus loin dans nos développements, lorsque nous parlerons de l'évolution de la notion de risque majeur.

B/ Distinction entre dommage écologique et préjudice écologique

Entre le dommage (*damnum*) et le préjudice (*praejudicium*), il existe une relation très étroite et si forte, qu'il semble impossible d'envisager l'un sans l'autre, le second étant le résultat direct et naturel du premier. C'est sans doute la raison pour laquelle une grande partie de la doctrine, à laquelle adhèrent les plus illustres des auteurs, assimile ces deux notions. Il n'est donc pas rare en parcourant des ouvrages de droit, ou en lisant des articles de doctrine, et quelques fois des commentaires de décisions de justice, de constater un usage alterné de l'une ou l'autre de ces deux notions. Cela crée donc une synonymie de fait, une apparente similarité, et pourtant il s'agit en réalité d'une méprise profonde. Ce qui semble curieux, puisque le droit international privé[1309], le droit public[1310], voire le droit pénal[1311], posent clairement la différence entre ces deux notions. Heureusement, une partie intéressante de la doctrine semble militer pour une plus grande rigueur dans leur usage. En effet, en y regardant de plus près, il ne fait pas de doute que ces deux termes ne sont pas synonymes et ne signifient donc pas la même chose. Le dommage étant l'atteinte à l'intégrité d'une chose ou d'une personne, il s'agit donc d'un fait perceptible, autonome de la volonté ou bien de la perception que se fait la personne victime,

---

1308 Le courrier international, édition du 3 juin 2010.
https://www.courrierinternational.com/article/2010/06/03/les-marees-noires-oubliees-du-delta-du-niger
Voir aussi https://www.lexpress.fr/actualite/societe/environnement/ces-marees-noires-oubliees-au-nigeria_900425.html

1309 BENOÎT Francis-Paul, « *Essai sur les conditions de la responsabilité en droit public et privé (problèmes de causalité et d'imputabilité »)*, JCP G La semaine juridique J. LACAT 1957, I, 1351.

1310 POIROT-MAZERES Isabelle, « *La notion de préjudice en droit administratif* », RDP 1997, p.59.

1311 OLLARD Romain, « *La distinction du dommage et du préjudice en droit pénal* », RSC 2010, n°561, version électronique mise à jour du 14/11/2019.

tandis que le préjudice, est la conséquence découlant du dommage à l'égard de la victime[1312]. En d'autres mots, le dommage revêt un caractère objectif, et se suffisant à lui-même, il se constate indépendamment des considérations que l'on peut se faire. Il s'agit d'un fait établi, dont la reconnaissance de l'existence est non équivoque. Chacun peut donc l'identifier, le constater. Ainsi, en tant que fait, le dommage consiste en toute lésion à l'intégrité d'une chose, d'une personne, d'une activité, voire d'une situation donnée[1313]. Le préjudice revêt plutôt un caractère subjectif, car c'est la personne victime du dommage qui est à même de le subir, de l'établir, et d'en faire témoignage, lequel témoignage, est le plus souvent une réclamation exercée contre l'auteur du dommage. C'est également l'expression du ressenti de la victime, des conséquences qu'elle subit (ou a subies) du fait du dommage. Dit autrement, pour être identifié, mesuré et évalué, le préjudice doit pouvoir être certain et quantifiable en argent.

D'ailleurs, c'est par ce critère que le prêteur et les jurisconsultes romains avaient déjà, à l'occasion de la loi Aquilia, noté l'importance de bien cerner les deux concepts de dommage et de préjudice. Cette loi, première à essayer d'établir un cadre général de la responsabilité civile, prévoyait qu'un dommage – *damnum* – à une chose (matériel) ou à une personne (corporelle) était sanctionné[1314]. L'idée apparente était de réprimer la perte, la lésion ou la destruction de la chose d'autrui, ou encore l'atteinte à l'intégrité physique d'une personne. Cependant, prêteur et jurisconsultes estimèrent plutôt que, ce qui importait en réalité, c'était moins la lésion de la chose, que le préjudice subi par le propriétaire de ladite chose. Ainsi, pour révéler la véritable envergure de la responsabilité civile, ils greffèrent le préjudice – *praejudicium* –, sur le *damnum*[1315]. On peut en déduire que le dommage représente l'atteinte subie et est donc une notion de pur fait. L'acte ou bien le fait, est le critère exclusif d'appréciation d'un dommage[1316]. Celui-ci pouvant être corporel, matériel ou immatériel. Toutefois, afin de lever une potentielle équivoque, nous souhaitons préciser que l'expression *« le dommage est une notion de fait ou de pur fait »*, ne renvoie pas à l'acte matériel générateur du dommage. Un dommage peut certes être généré par un acte, un fait, mais pas nécessairement, car le dommage peut aussi être produit par une omission, le « fait » de ne pas faire. Donc dire que le dommage est une notion de fait ou de pur fait, c'est dire que le dommage est soumis à l'appréciation souveraine du juge qui doit le constater. En d'autres mots, le dommage est une

---

[1312] BENOÎT Francis Paul, « *Essai sur les conditions de responsabilité en droit public et privé, (problèmes de causalité et d'imputabilité »).* JCP G 1957, I, 1351, n°10 à 13.
[1313] BENOÎT Francis-Paul, Idem, n°11.
[1314] MAZEAUD Henri et Léon, et TUNC André « *Traité théorique et pratique de la responsabilité civile délictuelle et contractuelle* », tome 1er, 6e éd. 1965, n°23 pp.34-35.
[1315] Idem.
[1316] SAVATIER, cité par René RODIERE, JCP G, 1953, II, 7592.

res ipsa loquitur, et à cet égard s'identifie *per se*, c'est-à-dire qu'il s'identifie sans aucune formalité, indépendamment de son fait générateur, et est lui-même le fait générateur du préjudice. Cela implique alors que le préjudice désigne, quant à lui, les répercussions du dommage à l'égard de la personne victime[1317]. À l'occasion de la distinction qu'il fit de ces deux notions, le Doyen RODIÈRE affirma que « *le mot "dommage" n'a pas changé de sens, et c'est le vocable "préjudice" qui a perdu la nuance qui l'avait d'abord fait distinguer* »[1318].

La distinction de ces deux notions revêt divers intérêts parmi lesquels, une bonne compréhension des mécanismes et des conditions de la responsabilité[1319]. De même, cette distinction s'avère décisive sur le plan juridique, parce que seul le dommage ayant causé un préjudice est réparable[1320]. Ceci signifie que l'objectif est de protéger uniquement un intérêt légitime et préalablement garanti par le droit.

À observer de très près, il ressort que la distinction dommage-préjudice conduit probablement à faire une autre distinction qui nous semble tout aussi utile, celle existant selon nous entre réparation et indemnisation. En effet, nous pensons que les rédacteurs du Code civil ne se sont pas trompés quand ils lui firent disposer que « *tout fait quelconque de l'homme, qui cause à autrui un dommage, oblige celui par la faute duquel il est arrivé à le réparer* »[1321]. On a là, une preuve, à travers ce texte, que le dommage est lié au fait, d'où son caractère objectif. Mais au-delà, on observe aussi que les rédacteurs de ce code liaient dommage et réparation. Cela nous amène à affirmer, en nous positionnant sur le terrain de l'assurance responsabilité, que seul le dommage se répare tandis que le préjudice quant à lui, s'indemnise. En effet, nous pensons que le dommage se suffit à lui-même pour être réparé. Autrement dit, s'il n'a pas causé de préjudice on s'arrête là, mais au cas où il engendre un préjudice, celui-ci fera l'objet d'une indemnisation.

En matière environnementale, au regard de la bataille doctrinale ainsi que de son évolution, il est de notoriété désormais, que la notion de dommage écologique se caractérise par sa polysémie et par la difficulté à le caractériser, rendant ses contours flous et incertains[1322]. C'est d'ailleurs cette polysémie qui a alimenté la confusion terminologique et les débats

1317 BLOCH Cyril, « *La notion de préjudice* », in « *Droit de la responsabilité et des contrats, régimes d'indemnisation* ». Dalloz 11e éd. 2017, n°2122.12, p.505.
1318 RODIERE René, note arrêt cass. civ., 1re, 21 octobre 1952. JCP G, 1953, II, 7592
1319 GUÉGAN-LECUYER Anne, « *Dommage de masse et responsabilité civile* », L.G.D.J 2006, p.72.
1320 BERTOLASO Sabine, « *Droit à réparation. – Conditions de la responsabilité délictuelle. – Divers dommages réparables : dommages aux biens* », JC Civil, fasc.110 du 2 mai 2009 Version électronique, mise à jour du 28 novembre 2018.
1321 C. civ., art.1240 nouveau et ancien 1382.
1322 ORENGO Céline, « *La réparation du dommage écologique en matière maritime* », Thèse de doctorat, soutenue le 6 avril 2007, Université de Nice, p.29.

doctrinaux sur lesquels il ne nous semble cependant pas opportun de revenir. Une première conception, restrictive, considère le dommage écologique comme étant celui qui affecte l'environnement à savoir l'eau, l'air, le sol voire le niveau sonore. Cela fait référence au concept de dommage *écologique pur* car ici, l'environnement est lui-même la victime du dommage qui lui nuit dans une ou dans plusieurs de ses composantes. Selon la Convention de Lugano[1323], l'environnement s'entend des *ressources naturelles abiotiques et biotiques, telles que l'air, l'eau, le sol, la faune et la flore, et l'interaction entre les mêmes facteurs ; les biens qui composent l'héritage culturel ; et les aspects caractéristiques du paysage*[1324]. Ainsi, selon ce même texte, est un dommage écologique *toute perte ou dommage résultant de l'altération de l'environnement...*[1325]. Cette définition de ce qu'est un dommage environnemental, a visiblement inspiré celle de l'article L.161.1 I 2° à 4° du code de l'environnement, et reflète clairement l'idée selon laquelle c'est l'environnement, en tant que victime directe et *« unique »* qui souffre du dommage.

Ainsi, c'est en tant que bien possédant une valeur certaine, même si globalement non estimable, que l'environnement est détruit, détérioré et déprécié. Autrement dit, lorsque l'air et l'eau sont pollués, que les sols sont appauvris, que les forêts sont détruites et les paysages enlaidis, que les espèces animales et végétales sont décimées, ce sont bien l'atmosphère, les rivières, la terre et les arbres, la faune et la flore qui subissent de plein fouet le préjudice[1326]. En d'autres mots, le dommage écologique en tant que grief ne nuit qu'à l'environnement. Cela signifie qu'il y a un dommage matériel, c'est-à-dire la pollution, généré par la détérioration de l'environnement, sans qu'il y ait cependant atteinte juridique, car l'homme ne subit pas ce dommage ni sur sa personne, ni dans ses biens[1327]. Se fondant sur cette conception stricte du dommage écologique, une partie de la doctrine a développé l'idée selon laquelle, le dommage écologique ainsi défini n'appelle pas à réparation puisque pour qu'il y ait réparation, il faut un préjudice[1328]. D'après cette doctrine classique, le dommage écologique doit s'entendre dans son sens le plus strict, à savoir la dégradation des éléments naturels : l'eau, l'air, le niveau sonore[1329]. Cette posture, qui a nettement évolué au point de remettre en cause ses fondements,

---

[1323] Convention sur la responsabilité civile des dommages résultant d'activités dangereuses pour l'environnement, signée à Lugano le 21 juin 1993.
[1324] Convention de Lugano, art.2§10.
[1325] Convention de Lugano, art.2§7-c.
[1326] CABALLERO Francis, *« Essai sur la notion juridique de nuisance »*, Préface RIVERO J, LGDJ 1981, n°234 et suivants.
[1327] ORENGO Céline, « *La réparation du dommage écologique en matière maritime* », Thèse de doctorat, soutenue le 6 avril 2007, Université de Nice, p.30.
[1328] ARHAB Farida, « *Le dommage écologique* », Thèse de Droit, Université de Tours, soutenue le 17 novembre 1997, p.110.
[1329] CABALLERO Francis, op. cit., p.234 et s.

se justifierait, nous ne saurions l'ignorer, par les difficultés ou les obstacles auxquels se heurte la réparation du dommage écologique dit pur. L'exemple le plus illustratif de ces obstacles, réside dans la difficulté à évaluer empiriquement et de manière concrète, claire et précise, l'ampleur des dégâts. En effet, la rivière ne s'arrête pas dans le champ, mais le traverse, et s'enfuit vers d'autres fonds, ... le saumon et l'oiseau migrateur se nourrissent chez l'un et se reproduisent chez l'autre, ... marées noires et pluies acides ignorent les frontières... »[1330].

Au dommage écologique pur, s'est toujours opposée une autre définition, celle de dommage écologique dérivé. Le dommage écologique ainsi considéré est celui qui affecte les personnes ou leurs biens à la suite de la détérioration de l'environnement par la pollution écologique. Dans ce cas, l'environnement n'est pas vu comme subissant la pollution, mais plutôt comme vecteur[1331]. Référence est ici faite aux espaces, aux parties de l'environnement que l'homme a pu s'approprier, l'objectif étant de mettre à la charge de l'auteur de la pollution, l'indemnisation du préjudice causé à la victime, de telle manière que cette victime soit remise en l'état dans lequel elle se serait trouvée en l'absence du dommage écologique[1332]. Une telle définition du dommage écologique, consiste à dire que l'homme n'est pas victime du dommage matériel, mais devient créancier de la dette de réparation, parce qu'il subit un préjudice juridique du fait de la détérioration de l'environnement. Cette définition est en réalité ce qu'il est convenu d'appeler le préjudice écologique, au regard de la distinction étymologique entre *damnum* et *praejudicium*, laquelle distinction, est d'ailleurs renforcée par le Code civil[1333] qui dispose *qu' « est réparable [...] le préjudice écologique consistant en une atteinte non négligeable aux éléments ou aux fonctions des écosystèmes ou aux bénéfices collectifs tirés par l'homme de l'environnement »*. Toutefois, même si la définition de la loi n°2016-1087, codifiée par le Code civil a le mérite d'exister, il n'en demeure pas moins qu'elle reste encore floue. À bien l'observer, trois remarques majeures s'imposent. La première, est l'expression *non négligeable* qui nous rappelle la notion de gravité que nous avons précédemment analysée, et qui signifie que toute pollution ne constitue pas forcément un dommage écologique. La deuxième remarque est le sens à donner *aux éléments ou aux fonctions des écosystèmes*. Cela ne signifie rien d'autre que c'est l'environnement qui subit le dommage matériel constitutif de la pollution dont la gravité génère le dommage écologique. La troisième remarque enfin, concerne les *bénéfices collectifs tirés par l'homme de l'environnement*. Le préjudice écologique de ce fait, s'entend donc comme la perte de l'*usus* et du *fructus* dont il jouit de l'environnement,

---

[1330] REMOND-GOUILLOUD Martine, « *Du droit de détruire* », PUF Les voies du droit, 1989, p.26.
[1331] Le Lamy assurance 2019, Partie 2, Titre 2, sous-titre 1, Chapitre 5, section 1, §1, n°2112 *Dommage écologique*.
[1332] Le Lamy assurance 2019, *Idem*.
[1333] C. civ., art.1247 ; créé par l'article 4 de la loi n°2016-1087 du 8 août 2016.

laquelle perte, est la conséquence du dommage écologique. Il en résulte donc que le préjudice écologique naît du dommage écologique. En matière de pollution par hydrocarbures constitutive de marée noire, les deux réalités que nous venons d'analyser sont évidentes. En effet, le déversement de pétrole brut transporté en tant que cargaison, et en tant que substance nocive, constitue le dommage écologique car il affecte gravement l'environnement qu'il détériore. Et par ailleurs ce dommage écologique générera un préjudice écologique[1334].

Aux côtés des marées noires, il existe une autre catégorie de sinistre majeur susceptible de mettre en jeu la responsabilité civile spéciale de l'armateur, c'est le cas du naufrage d'un navire affecté au transport des passagers.

§2 : Le naufrage de navires de transport de personnes, sinistre majeur en soi

Le saut quantitatif dans le nombre de victimes d'un sinistre, lui donne de manière objective et certaine[1335] le statut de sinistre majeur, et s'il existe un dommage dont le caractère exceptionnel ne laisse planer aucun doute quant à la constatation de ce critère, c'est bien un accident de paquebot ou de tout autre navire destiné au transport de passagers. Non qu'il s'agisse là de la plus grave des catastrophes humaines, mais parce que la vie humaine, en tant que valeur suprême, est directement menacée au premier chef. Dans un tel cas, les critères quantitatif et qualitatif sont aisément identifiables. Malgré tout, il reste difficile d'estimer le seuil de victimes constitutif de la catastrophe (A). C'est pourquoi nous tenterons de voir s'il existe des outils permettant de construire un tel seuil (B). Auparavant, le lecteur est invité à considérer le naufrage non seulement comme étant un risque autonome, mais aussi comme étant la conséquence soit d'un échouement, d'un abordage, d'une explosion ou d'un incendie qui sont des risques autonomes pouvant aussi générer un sinistre majeur. Le naufrage est ici utilisé comme un terme relativement générique, car généralement il y a naufrage à la suite de la réalisation d'un des risques sus-indiqués.

[1334] Nous ne rentrons pas dans les détails ici car nous verrons plus loin dans la section 2 à suivre, la réparation du dommage écologique et le préjudice écologique en tant que risque majeur.

[1335] GUEGAN-LECUYER Anne, « *Dommage de masse et responsabilité civile* », L.G.D.J 2006, n°47, p.54.

A/ L'indétermination du nombre de victimes constitutif du seuil de la catastrophe

Le naufrage du Titanic, l'un des plus impressionnants de la navigation moderne, reste encore présent dans nos mémoires, et pourtant il date de plus d'un siècle maintenant. Cette catastrophe se produisit pendant la nuit du 14 au 15 avril 1912 et fit 1 635 morts parmi les 2 340 personnes qui étaient à bord. Ce naufrage est le prototype même de ce qu'est un sinistre majeur, un dommage de masse, car ici, le naufrage (l'unicité du dommage) qui en constitue le critère qualitatif, s'est soldé par un nombre important de victimes (le critère quantitatif). Par opposition, si la marée noire que nous avons précédemment évoquée paraît être un sinistre majeur par destination, la victime du dommage matériel, l'environnement et les hommes, n'en subissant que les préjudices ; le naufrage d'un paquebot quant à lui, et quelle qu'en soit la cause, est un dommage de masse par nature, car les victimes directes d'une telle catastrophe sont les personnes se trouvant à bord au moment de sa réalisation. À l'aube des années 2000, soit le 26 septembre 2002, le ferry sénégalais le *Joola* coula à environ 40 km des côtes gambiennes et emporta avec lui 1 863 personnes[1336]. Cet accident est fondamentalement tragique au regard de sa cause, reflet de la bêtise humaine dans tout son éclat, révélée par ce naufrage. En effet, même si le naufrage se produisit à la suite d'un orage, le *Joola,* qui avait une capacité d'accueil maximale de 552 personnes, en transportait quasiment quatre fois plus. De plus, il transportait des véhicules et des marchandises non arrimés et dépassant vraisemblablement sa capacité de charge estimée à 550 tonnes[1337]. Quoi de mieux pour faciliter un basculement irrémédiable à cause d'un transfert important de masse – poids – sur un côté du navire.

Au moment de sombrer, le Titanic transportait 2 340 personnes et le *Joola* environ 2 000. Or si le nombre de décès à ces occasions est très élevé, la capacité de charge du transatlantique ou celle du ferry est bien moindre en comparaison de celle des navires de passagers d'aujourd'hui[1338] marqués par la course au gigantisme. Cela signifie que plus les navires de croisière peuvent accueillir des passagers, plus important sera le nombre de victimes potentielles. Le 13 janvier 2012, le *Costa Concordia* s'échoua au large de l'île toscane du Giglio en Italie, avec à son bord 4 229 personnes dont 1 023 membres d'équipages et 3 206 passagers. Ce naufrage généra 32 décès et des milliers de blessés plus ou moins graves ainsi que des dégâts matériels importants parmi lesquels, outre la perte du navire, de nombreuses pertes de bagages

[1336] Jeune Afrique 25 septembre 2002.
[1337] Jeune Afrique 25 septembre 2002.
[1338] A titre de comparaison, le *Symphony of the seas* comme son *sister ship* le *Harmony of the seas* livrés par le chantier naval STX de St-Nazaire peuvent transporter plus de 8000 personnes.

des passagers et de leurs coffres-forts, cela, sans oublier que l'accident se produisit dans une aire protégée. Deux ans après le *Costa Concordia*, un ferry, le *Sewol,* s'échoua au large de l'île de Jindo en Corée du Sud et fit 304 morts, en majorité des lycéens. À l'instar du *Titanic*, les deux naufrages du *Costa Concordia* et du *Sewol* que nous avons pris à titre illustratif firent l'objet d'échos médiatiques[1339] extraordinaires, tinrent en haleine les médias du monde entier pendant plusieurs mois d'affilée et mobilisèrent toutes les catégories de citoyens, des personnalités politiques aux citoyens ordinaires en passant par des célébrités.

À l'observation, il ressort clairement que si nos quatre exemples se distinguent par le nombre de victimes décédées, il n'en demeure pas moins que dans chacune de ces espèces, à l'unanimité l'on parle de catastrophe. D'ailleurs, ces quatre accidents remplissent bien chacun les critères, qui font d'une catastrophe un dommage de masse. En effet, comme le souligne Pierre TERCIER, nous sommes en présence ici d'une cause unique qui lèse un très grand nombre de personnes, avec pour conséquence que celui qui est appelé à les réparer est face non à une ou bien quelques victimes, mais plutôt à une multitude de sujets aux intérêts divers, voire divergents[1340]. Cela correspond également aux critères employés par la doctrine française pour qualifier de majeur, un sinistre pouvant affecter un navire de transport de personnes. Selon l'une des plumes les plus autorisées, celle du Doyen RODIÈRE, la notion de sinistre majeur s'entend de manière restrictive. Pour lui, le critère de l'anormalité c'est-à-dire de la gravité de l'accident est primordial ; et sera donc un sinistre majeur, le risque qui non seulement frappe le navire, mais qui est aussi grave que l'un des cas énumérés par les textes[1341]. Pour plus de précision, prenons le cas du *Costa Concordia* qui semble très parlant. À la suite de ce naufrage, des dommages différents ont été invoqués, et l'armateur, l'entreprise Costa Croisières, fit face à diverses réclamations. Parmi ces réclamations, figuraient celles présentées pour le compte des personnes décédées, celles entamées par les blessés, celles concernant les bagages et coffres-forts perdus ou volés, ainsi que celles de la Mairie du GIGLIO. Dans le même ordre d'idées, nous pouvons noter que l'émotion générée par les naufrages du *Joola*, du *Costa Concordia* et du *Sewol*, est du même ordre que l'émotion relatée dans le témoignage que fit un journaliste reporter en 1912 à propos du *Titanic*. Ce dernier écrivit que : « *Hier soir, vers dix heures, le Carpathia, ramenant ceux qui avaient échappé au désastre, est entré à New York. Je me suis rendu sur la jetée pour assister au débarquement des survivants. Une foule compacte était déjà*

[1339] Le *Joola*, beaucoup moins. Et ceci reflète le critère de la relativité du sinistre majeur.
[1340] TERCIER Pierre, « *L'indemnisation des préjudices causés par des catastrophes en droit suisse* », in Rapports et communications, procès-verbal de la 124e assemblée annuelle à Brunnen (5-7 octobre 1990), Société suisse des juristes, éd. Helbing & Lichtenhahn Verlag AG Basel, 1991, p.285.
[1341] Parlant des textes, l'éminent auteur fait référence à la loi de l'article 38 de la loi n° 66-420 du 18 juin 1966.

là, abritée sous les hangars, anxieuse, émue, nerveuse, impatiente, et muette cependant. [...] scènes de douleurs et de désespoir chez ceux qui, après avoir dévisagé un à un les survivants, sans reconnaître celui qu'ils cherchaient, eurent la douloureuse et suprême confirmation du malheur qui les frappait »[1342]. Un tel ressenti, une telle douleur, ainsi exprimés en 1912 seraient de nos jours fortement amplifiés au regard des mécanismes, de la fréquence du traitement et de diffusion de l'information dont nous disposons aujourd'hui. Ainsi, si l'on rapproche cette diffusion de l'information des conditions de décès ou de blessures lors de tels drames, on comprend pourquoi ces naufrages ont une connotation particulièrement dramatique.

Si le naufrage d'un paquebot ou d'un ferry est susceptible de générer un sinistre majeur à travers la notion de dommage de masse, il apparaît cependant qu'il n'existe pas une unité numérique, quant au nombre (le seuil) de victimes nécessaires pour qu'un accident acquière une telle qualité. D'ailleurs, même s'il le fait de manière implicite, le code des transports érige en sinistre majeur le naufrage d'un navire de passagers. Toutefois il ne donne pas de précisions quant à l'anormalité, et reste muet sur le seuil qui déterminerait la gravité d'un tel accident pour le faire rentrer dans la catégorie des risques d'envergure. Il se borne juste à constater que le naufrage est un sinistre majeur, lorsqu'il déclare que : *le transporteur est responsable de la mort ou des blessures des voyageurs causés par naufrage, abordage, échouement, explosion, incendie ou tout sinistre majeur* [1343]. Sur ce point, nous pouvons noter que l'usage de l'expression sinistre majeur qui suggère implicitement une distinction avec le sinistre mineur, est une spécificité du droit maritime, car dans les autres modes de transports, seule est régie la responsabilité objective du transporteur, indépendamment de la gravité des dommages[1344]. Le choix du pluriel pour *voyageurs* était-il délibéré de la part du législateur ? En effet, nous remarquons que, dans ce chapitre traitant du transport maritime de personnes, et comme le fait la convention d'Athènes, c'est le singulier qui est utilisé pour parler du passager. Or les articles L.5421-2, 4 et 8 sont les seuls où le pluriel est utilisé. D'où notre interrogation de savoir si le législateur l'a fait à dessein pour identifier le sinistre majeur que les passagers sont susceptibles de subir c'est-à-dire en nombre, et à cause d'un même événement. Nous ne pouvons répondre avec conviction par OUI, ou NON, malheureusement. Mais de toute évidence, le naufrage devient un sinistre majeur probablement plus facilement aujourd'hui, au regard de l'éveil des populations et de leur interconnexion grâce aux nouvelles technologies de l'information et de

[1342] Le Figaro, du 5 janvier 2017, « *Titanic : le récit des survivants publié dans Le Figaro en 1912* ».
[1343] C. transp., art. L5421-4. Anciennement art.38 loi n°66-420 du 18 juin 1966 portant contrats d'affrètement et de transport maritimes.
[1344] DMF n°738, juillet-août 2012, « *Le sinistre majeur, la gestion de crise et le droit des transports* ». Rapport 4e rencontre de l'assurance transport « *Au cœur de toutes les instabilités, le transport et la globalisation. L'exemple brésilien* ». CESAM, Paris 22-23 mai 2012.

la communication. Cela facilite l'indignation collective et constitue un magnifique levier de pression à l'égard des politiques ainsi contraints de trouver des solutions, même dans l'urgence. De notre point de vue le curseur servant de seuil pour passer d'un sinistre simple à celui de sinistre majeur c'est-à-dire extraordinaire, n'existe pas réellement en droit français comme dans bon nombre d'autres systèmes juridiques[1345]. Comme nous tentons de le démontrer, le nombre de victimes semble subjectif au regard des naufrages que nous avons cités, et c'est sa réception par la population concernée, ou encore la mobilisation à la fois active et passive qui permettra de déterminer qu'un naufrage de navire de passagers est un dommage de masse, un sinistre majeur. Par mobilisation active, nous entendons l'ensemble des moyens et des personnes impliquées dans les opérations de sauvetage et d'assistance, et par mobilisation passive, nous nous référons à la compassion, au soutien psychologique et au réconfort (venant de partout et transmis à travers tous les supports de diffusion possibles). La doctrine semble aujourd'hui unanime sur un fait quant au transport maritime de personnes : le sinistre majeur se distingue du sinistre mineur. Il y a sinistre majeur lorsque le risque figure parmi l'énumération de l'article L.5421-4 du code des transports. Auquel cas pèse sur le transporteur une obligation de résultat et il sera donc présumé responsable. En revanche, si le risque ou l'accident est individuel, on est en présence d'un sinistre mineur, et le passager victime devra par conséquent démontrer la faute du transporteur[1346]. Sur ce point, la jurisprudence française retient également de manière constante, comme critère d'identification d'un sinistre majeur impliquant un navire transportant des personnes, l'unicité de l'accident qui entraîne un dommage collectif à l'égard d'une multitude de passagers[1347].

En attendant que le législateur veuille bien s'intéresser à cette notion de manière claire, quels peuvent être les critères qui permettent à un naufrage de navires de croisières, d'acquérir la qualité de sinistre majeur ?

B/ Suggestion d'un seuil faisant du naufrage de paquebot un sinistre majeur

Combien faut-il de décès ou de blessés graves pour que l'on rentre dans le cadre d'un sinistre majeur ? En ce qui concerne la marée noire, nous avons précédemment dit que la

[1345] Suisse et américain notamment.
[1346] DMF n°738, juillet-août 2012, p.667.
[1347] CA. Bastia ch. civ. A, 23 mars 2016 navire *Prupia,* DMF n°782 juillet 2016, obs. Amélie BOHIC-SOURBET. Voir également JCL Transport, fasc.1278, « Transport maritime de passagers et de leurs bagages », II, §20. Version électronique, parcourue le 12 avril 2019.

détermination d'un seuil n'était pas une urgence au risque de dénaturer le concept. Mme GUÉGAN-LECUYER, pionnière et théoricienne du concept de dommage de masse en droit français, émet la même réserve, car de son point de vue, considérant que cette notion est encore en phase de conceptualisation, déterminer un seuil ne paraît pas nécessaire et se révélerait même néfaste[1348]. Pour elle, à ce stade – de conceptualisation –, « *la notion a seulement pour finalité d'identifier un phénomène, d'appréhender une réalité et non de déclencher la mise en œuvre de mécanismes spécifiques* ». Et de conclure que c'est lorsqu'un régime juridique précis sera élaboré qu'il pourrait être utile de retenir un seuil[1349]. Toutefois, bien que partageant cet avis, nous pensons qu'un naufrage de navire de croisière, catastrophe humaine par nature, s'identifie prioritairement par le nombre de personnes victimes. Il en va de soi que, dans une telle situation, ce qui importe avant toute chose, c'est le sort des personnes à bord. Un seuil est donc nécessaire, lorsque l'on est en présence d'un risque menaçant directement la vie des personnes, ou bien leur intégrité physique et accessoirement aussi leur patrimoine à travers les bagages et autres biens matériels transportés à bord.

D'ailleurs, il nous semble que ce régime juridique existe déjà, du moins de manière implicite, en témoigne l'article 38 de la loi du 18 juin 1966, codifiée par l'article L.5421-4 du code des transports, car selon cet article, *Le transporteur est responsable de la mort ou des blessures de voyageurs causées par naufrage, abordage, échouement, explosions, incendie ou tout sinistre majeur, sauf preuve, à sa charge, que l'accident n'est imputable ni à sa faute ni à celle de ses préposés*. La reconnaissance du naufrage comme étant un sinistre majeur ne l'est ici peut-être que de manière embryonnaire et furtive, mais nous pensons que la jurisprudence, depuis un certain temps et de manière constante, contribue à lui donner une ossature solide. Dans une affaire, une passagère, victime d'un accident corporel, assigna le transporteur pour innavigabilité du navire, et invoqua le sinistre majeur de l'article 38 de la loi du 18 juin 1966. Rejetant sa demande, le juge précisa que « *le sinistre majeur dont la notion doit être définie à la lumière de l'énumération de l'article 38... s'entend d'un accident intéressant tout le navire et d'une importance telle qu'il entraîne pour tous ses passagers un péril grave de nature à porter atteinte à leur intégrité physique en raison des avaries occasionnées à sa structure ou de l'impossibilité durable de reprendre des conditions normales de navigation* »[1350]. Dans une autre affaire, un passager est grièvement blessé et un autre, un peu moins ; le premier, invoquant le sinistre majeur de l'article 38 de la loi de 1966, sollicite donc réparation sur ce fondement.

[1348] GUEGAN-LECUYER Anne, « *Dommage de masse et responsabilité civile* », L.G.D.J 2006, n°64, p.76.
[1349] Idem.
[1350] TI Marseille, 26 juin 1995.

Le juge, reprenant la position de la doctrine, rejeta cette qualification de sinistre majeur en expliquant qu'un tel sinistre existe lorsque toute l'expédition est en péril c'est-à-dire le navire, les occupants, les marchandises, et le plaignant ne saurait invoquer une telle qualification en arguant les blessures d'un autre passager[1351]. Au regard de la jurisprudence donc, le sinistre majeur quant à un navire de passagers, est celui généré par un risque bien identifié, et qui affecte, dans ses conséquences, toute l'expédition. Il est donc clair qu'on parlera de sinistre majeur lorsque, outre les pertes ou dommages aux bagages, l'intégrité structurelle du navire est ici affectée, des passagers et membres de l'équipage sont blessés ou décédés. Comme nous l'avons suffisamment noté et comme le confirme la jurisprudence, le critère de gravité reste primordial et s'observe aisément, à l'analyse de la jurisprudence, par les termes employés par les juges notamment *gravement, grièvement* ou encore *toute l'expédition est en péril.* En d'autres mots, si une multitude de personnes subissent des blessures légères, on ne parle pas de sinistre majeur. En cela, concernant le navire, seul un dommage le rendant inexploitable pour une période conséquente contribue à identifier le critère objectif de gravité. De même, si le navire subit un dommage grave tel un incendie ou un échouement par exemple, sans qu'il n'y ait plusieurs blessés graves ou de décès, on ne parlera pas non plus de sinistre majeur. À l'observation enfin, en matière de transport maritime de passagers, le sinistre majeur s'identifie nécessairement à travers une gravité tentaculaire qui affecte toute l'expédition, du navire aux bagages, en passant par les personnes à bord.

Face au mutisme de la loi, de la jurisprudence et de la doctrine, nous proposerons un critérium. Pour déterminer ce seuil, nous nous focaliserons sur un critère encore plus restrictif, canalisé sur les passagers et sur l'équipage. En d'autres mots, l'élément déterminant, il nous semble, concerne davantage les personnes à bord du navire que les dégâts que celui-ci subit. En effet, l'armateur pourra faire jouer son assurance corps et machines, or l'essence même d'un sinistre majeur est, outre la gravité de ses dégâts, l'ampleur de la responsabilité civile que le responsable sera tenu d'assumer. En réalité, l'un est indissociable de l'autre, car s'il y a un grand nombre de personnes victimes d'un dommage comme dans notre cas, c'est parce que le risque réalisé a été suffisamment grave au point de préalablement endommager le navire avant d'affecter les personnes à bord. Nous pouvons nous en convaincre en prenant l'exemple du sort des navires *Titanic, Joola, Sewol et Costa Concordia.* Autrement dit, nous pensons que pour parler de sinistre majeur, dommage de masse eu égard au transport maritime de personnes, il faudra, pour les raisons que nous venons de sus-évoquer, regarder au-delà de la gravité du

[1351] CA. Aix 17 juillet 1997, JCL Transport, fasc.1278, « Transport maritime de passagers et de leurs bagages », II, §20. Version électronique, parcourue le 12 avril 2019.

risque c'est-à-dire, le péril auquel l'expédition est exposée ainsi que les dommages affectant le navire lui-même. On devra donc tenir compte principalement du nombre de victimes, cumulativement au montant nécessaire pour la réparation du sinistre relevant de la responsabilité civile. Autrement dit, le bilan humain, le bilan matériel et le bilan pécuniaire sont pour nous le critérium de fixation d'un tel seuil.

Auparavant, une petite disjonction nous paraît importante, au regard de l'indétermination du seuil pour caractériser un sinistre majeur.

Tout d'abord, au sujet des risques technologiques majeurs qui concernent les accidents, au nombre desquels les accidents liés aux transports, notamment collectifs[1352], on parlera de risque technologique catastrophique lorsqu'on est en présence d'un sinistre d'ampleur, parce que le risque technologique est dit majeur ou d'ampleur, lorsqu'il *atteint gravement les populations et le milieu naturel qui entourent l'endroit où le dommage a inopinément pris naissance*[1353], à la différence du risque technologique isolé, simple. Ici, le seuil n'est pas identifié clairement et pour la doctrine, le dommage peut concerner plusieurs dizaines, plusieurs centaines, plusieurs milliers, voire plusieurs centaines de milliers de victimes[1354]. Selon le Code des assurances, l'état de catastrophe technologique est constaté en cas de survenance d'un accident rendant inhabitables plus de cinq cents logements[1355]. Le droit américain comporte une construction solide et aboutie de la notion de dommage de masse, à travers le célèbre concept des *mass torts*, dont l'une des variantes est la notion de *mass accident*, c'est-à-dire des dommages d'ampleur, caractérisés par un nombre important de blessures et/ou de décès, liés à un accident. Ainsi, pour rentrer dans la catégorie des *mass torts litigation*, on doit se trouver dans un cas où au moins 100 victimes introduisent une réclamation, chacune dépassant 50 000 $[1356]. Enfin la loi suisse portant indemnisation des préjudices de masse, identifie un seuil basé sur au moins 100 victimes, introduisant chacune une réclamation d'un montant minimum de 10 000 francs[1357].

On constate donc que les droits suisse et américain, qui ont, dans leur arsenal législatif construit et organisé le régime juridique des sinistres majeurs, établissent un seuil qui tient

---

1352 LAMBERT-FAIVRE Yvonne et PORCHY-SIMON Stéphanie, « *Droit du dommage corporel systèmes d'indemnisation* ». Dalloz 8e éd., 2015, n°894, p.796.
1353 DEPRIMOZ Jacques, *op. cit.*, p.103.
1354 LAMBERT-FAIVRE Yvonne et PORCHY-SIMON Stéphanie, *op.cit.*, p.796.
1355 C. assur., art.128-1.
1356 GUEGAN-LECUYER Anne, « *Dommage de masse et responsabilité civile* », L.G.D.J 2006, n°54, p.61.
1357 TERCIER Pierre, « *L'indemnisation des préjudices causés par des catastrophes en droit suisse* », in Rapports et communications, procès-verbal de la 124e assemblée annuelle à Brunnen (5-7 octobre 1990). Société suisse des juristes, éd. Helbing & Lichtenhahn Verlag AG Basel, 1991, p.285.

compte, à la fois du nombre de victimes et du montant nécessaire pour réparer le préjudice causé. Un tel procédé nous paraissant pertinent, nous opterons donc pour la même démarche dans notre proposition de seuil concernant le naufrage d'un navire de passagers, parce que cela nous semble logique et judicieux.

Dans un premier temps, nous pensons que, la vie humaine n'ayant pas de prix, le seuil de détermination de la catastrophe humaine que représente un naufrage de paquebot à travers le bilan humain, concerne principalement le nombre de morts. Nous n'excluons pas les lésions corporelles mais nous pensons que le nombre de blessés est généralement peu déterminant[1358], parce que peu nombreux en comparaison du nombre de décès au regard des naufrages référencés. D'autre part, dans la quasi-totalité des cas, il n'est fait mention avec rigueur et emphase que du nombre de décès, tandis que les blessés eux, sont simplement comptabilisés comme les « survivants ». Cela signifie peut-être que selon l'opinion, la profondeur de la tristesse générale face au nombre important de décès l'emporte face aux blessés survivants. Mais de toute évidence, au regard des cas d'accidents avérés, lorsque le nombre de blessés est considérable, il n'est que le corollaire, ou encore le reflet du nombre de décès. Ainsi, quel que soit le cas de figure, l'une des deux situations – la mort – est irrémédiable et fatale, tandis que l'autre – les lésions corporelles –, est potentiellement surmontable et éventuellement réparable. Pour appréhender le caractère accessoire du nombre de blessés quand on parle de dommages de masse causés par un naufrage de navire de croisière, il faut juste d'une part, observer les chiffres et le traitement officiel des accidents que nous avons pris à titre illustratif pour la présente analyse, et d'autre part, on relèvera la posture de la jurisprudence et de la doctrine qui sont unanimes pour dire que les blessures, mêmes importantes, de plusieurs personnes n'emportent pas qualification de sinistre majeur à l'accident[1359]. Dans la même optique, nous ne pouvons ignorer que certaines blessures graves, telles celles qui entraînent des comas prolongés et/ou des séquelles irrémédiables, telles des tétraplégies, sont très déplorables et affligeantes, mais également fort coûteuses à prendre en charge, en l'occurrence pour les *P&I Clubs*. Mais comme nous l'avons souligné, et au regard de notre expérience de terrain, ce type de blessures, soit est isolé et ne rentre pas dans le cadre d'un sinistre majeur parce que ne concerne qu'une ou quelques personnes, soit est le corollaire d'un nombre important de décès du fait du sinistre.

[1358] C'est le cas par exemple du navire *Estonia* dont le naufrage causa la mort de 852 personnes sur les 989 présentes à son bord.
[1359] JCL Transport, fasc. 1278 n°23.

Aux termes de l'article 4 bis de la Convention d'Athènes, consolidée par le protocole de 2002, un navire est considéré comme navire de croisière lorsqu'il est conçu et autorisé pour transporter au moins treize passagers. Ainsi, ne pouvons-nous pas considérer qu'un naufrage de navire de passagers constitue un sinistre majeur sur la base du bilan humain, lorsqu'il y a au moins cent victimes comprenant au moins treize morts parmi les passagers et les marins ? Les autres victimes pouvant être, entre autres, des blessés parmi les passagers et le personnel navigant, sans oublier les personnes parfois extérieures qui auraient subi un autre préjudice soit moral, soit patrimonial.

De même, et s'agissant du bilan financier c'est-à-dire celui concernant l'évaluation du montant de la réparation, nous nous baserons sur les dispositions de la Convention d'Athènes. En son article 3, il est précisé que la responsabilité de l'armateur en cas de mort ou de lésions corporelles est limitée à 250 000 DTS par passager et par événement. À cette limitation il faut ajouter celles relatives aux bagages ordinaires de cabines, de soute, des véhicules éventuellement transportés, voire des objets précieux de grande valeur que le transporteur a acceptés en connaissance de cause[1360]. D'après cette Convention[1361], les sommes exigibles à l'armateur ne peuvent dépasser dans tous les cas 400 000 DTS. Pour fixer notre seuil, nous prenons comme montant de référence, la limitation basse soit 250 000 DTS et partant de là, fixons à **4 500 000** $ le montant minimum de l'ensemble des réclamations.

JUSTIFICATION

1/ <u>Observation</u>

En droit américain il y a *"mass torts"* dès lors qu'un même accident occasionne au moins 100 demandes de réparation, chacune dépassant 50 000 $. Donc si nous multiplions, nous obtenons : 100 x 50 000 $ = **5 000 000 $**.

- À la date du 17 avril 2019[1362], 1 DTS = 1,23 € tandis que 1 € = 1,13 $.
- Donc 250 000 DTS x 13 personnes = 3 250 000 DTS, soit 3 997 500 €
- Et 3 997 500 € équivalent à **4 522 314,61 $**.

1360 Conv. Athènes, art.8.
1361 Art.7.
1362 Date à laquelle nous écrivons ces lignes.

2/ Explication du choix

- Tout d'abord, en prenant le seuil américain qui est un minimum de 100 demandes de réparation excédant chacune 50 000 $, et si l'on multiplie le nombre des demandes par le montant de réparation (100 X 50 000), le produit nous donne 5 000 000 $ pour montant minimum des réclamations. Les 4 522 314,61 $ que nous avons déterminés s'en rapprochent donc.
- Ensuite, au regard du tableau représentant la structure et l'organisation de la mutualisation et de la réassurance des risques au sein de l'*IGP&I Clubs* que nous avons précédemment analysé[1363], le plein de rétention de chaque *P&I Club* est de 10 millions $. La mutualisation interviendra lorsque les réclamations outrepasseront ce montant en fonction de la ramification que nous avons préalablement étudiée. Or, qui dit sinistre majeur, dit responsabilité civile spéciale, et qui dit responsabilité civile spéciale, dit coût de réparation prohibitif, donc constitution de la mutualisation de l'offre financière de garantie. 4 500 000 $ représentent près de la moitié de 10 millions $. Ainsi en cas de sinistre majeur, et au regard de tous ses critères constitutifs déjà présentés, il est d'évidence que l'addition des différentes réclamations ou demandes en réparation outrepassera donc très rapidement et de loin, le plein de rétention qu'assume individuellement chaque *P&I Club*.
- Enfin, ce choix permet également de consolider notre option de la primauté du nombre de décès face au nombre des blessés. En effet, selon le quotidien Libération[1364], en janvier 2017, les 3 586 passagers et membres de l'équipage survivants du Costa Concordia ont été indemnisés à hauteur de 84 millions €. Sans connaître exactement la part reçue par chacun, cela fait une moyenne de (84 M€/3 586) **23 425 €** par personne. On est bien loin en deçà de la limitation de 250 000 DTS par passager et par événement de la Convention d'Athènes. Et si nous multiplions cette moyenne de 23 425 € par 100 réclamations, nous obtenons la somme de 2 342 500 €, largement finançable par un seul *P&I Club*. Aussi, on peut constater que ce résultat de 23 425 €, représentant l'indemnisation moyenne des victimes du Costa Concordia, se rapproche nettement de

[1363] V° supra tableau IGP&I Clubs, p.356.
[1364] Parution électronique du 13 janvier 2017.

l'avance obligatoire prévue par le Règlement (CE) n°392/2009[1365] à savoir 21 000 € minimum en cas de décès, et dans un délai de quinze jours[1366].

En définitive donc, nous pensons que pour qu'un naufrage ait la qualité de sinistre majeur, il faudra, et de manière cumulative, au moins 100 demandes de réparation constituées d'au moins 13 morts, et le montant minimum de ces 100 réclamations doit être de 4 500 000 $. Toutefois nous pensons que deux précisions majeures s'imposent. Premièrement, ne pas tenir compte ici de la gravité du sinistre à l'égard du navire et des bagages ne signifie pas que nous l'avons ignorée. Comme nous l'avons précédemment évoqué, l'événement – l'abordage, l'incendie, l'échouement entre autres, qui a causé autant de morts, a nécessairement et préalablement endommagé le navire et les bagages. Deuxièmement, et nous le pensons, les demandes de réparation ne doivent pas se confondre ou être comptabilisées avec les dépenses engagées pour remettre les choses dans l'état d'avant le sinistre. Nous faisons ici allusion aux dépenses de démantèlement, de remorquage du navire entre autres. Ces dépenses alourdissent certes, les sommes à engager par les *P&I Clubs,* et consolident par là même le caractère majeur du sinistre, mais elles se distinguent de par leur nature, ainsi que de par leur objectif, des demandes de réparation intentées par les victimes. Les unes rentrent dans le rôle « Protection » des *P&I Clubs* et les autres, émergent de leur fonction « Indemnité ».

Remarque : comme cela transparaît, nous nous sommes inspiré du droit américain pour déterminer le seuil pécuniaire de 4 500 000 $ le minimum de l'ensemble des 100 réclamations, non parce que nous militons pour « l'américanisation » du droit, mais plutôt parce que la construction de la matière est déjà aboutie dans ce système.

La qualité d'un sinistre majeur étant identifiée et déterminée, qu'en est-il de son statut ? Autrement formulé, comment est géré le sinistre majeur ?

[1365] Règlement (CE) n°392/2009 du Parlement européen et du Conseil du 23 avril 2009, relatif à la responsabilité du transporteur de passagers par mer en cas d'accident.
[1366] Règlement (CE) n°392/2009, art.5.

Section 2 : La gestion des sinistres majeurs, objet d'une construction globale

Le caractère exceptionnel des sinistres majeurs de par l'ampleur de leurs dégâts, a contribué à l'ébranlement des mécanismes classiques de gestion des risques, impliquant alors un traitement différencié d'avec celui des sinistres classiques, de moindre ampleur. Puisqu'à pathologie spéciale, thérapie spéciale, un nouveau système de gestion de tels risques d'ampleur a pris corps progressivement. Cela émane d'une part de la dynamisation de l'accueil général désormais réservé aux sinistres majeurs (§1), et d'autre part, de la gestion spéciale des sinistres majeurs qui s'observe également à travers la dynamisation de l'action contentieuse (§2).

§1 : La dynamisation de l'accueil général des sinistres réputés majeurs

Les sinistres majeurs qui pourraient être générés soit par les avions, soit par les pétroliers, voire les méthaniers, sont à la mesure des prouesses que ces aéronefs ou navires réalisent pour le développement et le progrès de nos sociétés[1367]. Face à la réalisation des sinistres dits d'envergure, l'attitude des autorités et des populations a souvent été un constat d'impuissance. Cependant, si le sort des personnes en mer comme dans le ciel a été rapidement et largement pris en compte à travers les différentes conventions SOLAS, Varsovie ou de Montréal, ainsi que la Convention d'Athènes entre autres, la prise en compte de l'environnement fait l'objet d'une lente maturation. Aujourd'hui, les choses ont évolué et la résignation a laissé place à l'indignation. Ainsi, les sinistres majeurs font désormais l'objet d'un accueil et d'un traitement rigoureux, exigent et méticuleux, la conséquence étant le renforcement, ou une coercition accrue de la responsabilité civile de l'armateur. Tout cela, grâce au droit de l'environnement revigoré (A) ainsi qu'à l'objectivation de la faute (B).

A/ À travers le droit de l'environnement revigoré

Du naufrage du *Torrey-Canyon* en 1967, ou bien de celui de l'*Amoco Cadiz* en 1978, on a encore en mémoire les images de ces oiseaux tristes, au plumage englué et séquestré par du mazout, ainsi que le visage pâle et le regard interdit. Une émotion aussi forte, a également

---

[1367] GIROD Patrick, « *la réparation du dommage écologique* », Librairie générale de droit et de jurisprudence, 1974, p.20.

été générée par les images du *Costa Concordia* littéralement couché au large du Giglio, faisant que ce lieu pittoresque, ressembla pendant plusieurs mois, à une toile de Van GOGH reproduite par un peintre sans talent. Plus récemment encore, une colère mondiale a éclaté à la suite du scandale Volkswagen, quant à ses moteurs diesel trafiqués. À cette liste non exhaustive, on peut ajouter la mobilisation face au cachalot – espèce protégée –, mort et échoué le 27 février 2018 sur une plage espagnole après avoir ingéré 29 kg de plastique. Ce fut également le cas de l'échouement d'une baleine, le 16 mars 2019, au large de Mabini aux Philippines, après avoir ingéré 40 kg de plastiques divers. Toutes ces campagnes d'indignation sont la matérialisation de ce que désormais, chaque atteinte à l'environnement sera rigoureusement scrutée et fera l'objet d'une attention particulière. Une telle prise de conscience, quasiment mondiale, est la preuve que l'environnement est désormais admis collectivement comme étant une *res comunis,* mieux encore, une *causa nostrum*. Ceci n'est pourtant pas une nouveauté, parce que la nécessité de protéger l'environnement *causa nostrum*, ne date pas d'hier. La charte du Manden[1368] énonce à son article 40 que « *la brousse est notre bien le plus précieux, chacun se doit de la protéger et de la préserver pour le bonheur de tous* ». Toujours est-il que le mouvement mondial, qui consiste à dire NON à l'atteinte contre l'environnement, a débouché sur une prise de conscience de la part de l'ensemble des autorités, qui à travers le législateur, ont élaboré un droit de l'environnement qui se veut dirons-nous, autonome et strict. Ceci signifie que quelques fois, la *populi lira lex facit (la colère populaire fait le droit).*

L'environnement marin n'a pas échappé à cette construction « retardataire », car la réglementation de la protection des mers et océans est un phénomène relativement récent[1369]. En effet, pour mieux protéger l'environnement marin, il a fallu attendre la fin de la Deuxième Guerre mondiale qui a contribué à polluer gravement les mers à cause des nombreux navires bombardés, ou naufragés. C'est en 1954, que sera adoptée la première convention destinée à cette tâche, la Convention des Nations Unies dite *Oilpol 1954*. Cependant, la timidité de cette Convention a débouché sur son inefficacité. Par ailleurs, on peut également constater que l'indignation et la réaction des terriens face aux pollutions par hydrocarbures transportés par mer, sont tardives et n'émanent pas des populations habituellement victimes de la pollution. En effet, « *La réaction due à l'opinion publique, est venue successivement de deux États : la*

[1368] Aujourd'hui patrimoine mondial de l'UNESCO, cette charte considérée par certains comme étant la plus ancienne déclaration des droits humains, et pour d'autres comme la première constitution d'une nation, fut proclamée en Afrique en 1236 par SOUNDJATA Keïta, empereur et fondateur du grand Empire du Mali.
[1369] GOLD Edgar, "*Gard Handbook on P&I Insurance*", 5th ed., 2002, p.405.

France d'abord, puis les États-Unis »[1370] principalement à la faveur faut-il le rappeler, des catastrophes du *Torrey-Canyon*, de l'*Amoco-Cadiz* et de l'*Exxon-Valdez*.

Toujours est-il que la dynamisation du droit de l'environnement est marquée par la volonté généralisée de protéger l'environnement en général, la mer et les côtes en particulier. Ce vaste mouvement a été déclenché par deux principales conventions, renforcées et consolidées par plusieurs autres. Toutes ces Conventions ayant déjà fait l'objet d'une riche et abondante littérature, nous n'évoquerons que les deux principales d'entre elles, et ne proposerons pas de commentaires particuliers.

Tout d'abord, en ce qui concerne la protection de l'environnement par le truchement de la lutte contre les pollutions par hydrocarbures, le ton a été donné par la CLC[1371]. Cette Convention contribue au regard de son objet, à la lutte contre les marées noires en établissant un régime de réparation des dommages causés par une telle pollution. C'est donc une protection fondée sur la responsabilité civile du responsable, ainsi tenu d'indemniser les dommages de pollution par hydrocarbures générés par son navire[1372], les rédacteurs de la convention ayant opté pour la technique selon laquelle il faudra passer de l'indemnisation à la dissuasion[1373]. Et même si ce n'était pas son objectif de mettre fin au débat entre dommage écologique et préjudice écologique, on peut observer que la CLC protège l'environnement à travers le concept de préjudice écologique (au détriment peut-être du dommage écologique). En effet, son préambule énonce la nécessité de garantir une indemnisation équitable des personnes subissant des dommages du fait des pollutions résultant des fuites ou de rejets d'hydrocarbures provenant de navires. L'une des innovations de la CLC est la canalisation de la responsabilité sur le propriétaire du navire, même si en pratique le recours aux sociétés-écrans tend à en relativiser la portée[1374]. En effet, par cette pratique, comme en témoignent plusieurs procès notamment l'un des plus illustres, celui de l'*Amoco-Cadiz*, identifier le propriétaire du navire s'apparente souvent à une véritable mission « herculéenne ». De même, cette Convention fixe un plafond

[1370] DU PONTAVICE Emmanuel, « *État actuel et avenir du droit maritime* », in Annuaire de droit maritime et aérospatial, études en hommage au Professeur MIRCEA MATEESCO-MATTE, tome XII-1993, p.53.

[1371] *International Convention on Civil Liability for Oil Pollution Damage*, 1969. Convention internationale portant responsabilité civile pour les dommages dus à la pollution par hydrocarbures, signée à Bruxelles le 29 novembre 1969. Elle a été modifiée par deux amendements : le premier du 19 novembre 1976 et le deuxième amendement, celui du 27 novembre 1992.

[1372] WU Chao, « *La pollution du fait du transport maritime des hydrocarbures – Responsabilité et indemnisation des dommages* », éd. PEDONNE 1994, p.47.

[1373] REMOND-GOUILLOUD Martine, « *Pollution des mers et droit : un choc de civilisations* », DMF n°699, Janvier 2009, p.104.

[1374] BEURIER Jean-Pierre, « *La protection de l'environnement marin* », in Droits maritimes 3e éd., sous la direction de Jean-Pierre BEURIER, Dalloz 2015-2016, p.1664, §1 n°814.11.

relativement élevé au regard des conventions qui la précèdent, notamment celle de 1957[1375]. En effet, selon la CLC originelle[1376], le propriétaire du navire à partir duquel s'est produite la pollution pourra limiter sa réparation à hauteur de 2000 francs par tonneau de jauge du navire et par événement, et le montant total de sa responsabilité ne pouvant excéder 210 millions de francs[1377] (89,77 millions DTS selon le texte actuellement en vigueur). À cela, il faut ajouter l'obligation pour l'armateur du pétrolier de disposer d'une garantie financière suffisante. Cette troisième innovation de la CLC qui impose une assurance financière obligatoire, entraîne, – et c'est là son véritable intérêt –, un droit d'action directe contre l'assureur[1378] ou bien la caution. De l'esprit de cette Convention, il en découle que les États signataires ont opté, pour la protection de la mer et des côtes, pour une dissuasion qui se fonde sur des montants de responsabilité *a priori* importants. En d'autres termes, il faut viser le portefeuille, la *deep pocket*. Cependant, au regard du coût des sinistres du *Torrey-Canyon,* soit 3,15 millions de livres pour l'Angleterre et 41 millions de francs pour la France, et sachant que le *Torrey-Canyon* n'était pas parmi les plus grands pétroliers du monde, il était clair aux yeux des rédacteurs de la Convention CLC, que son plafond n'offrirait pas une indemnisation suffisante en cas de pollution d'envergure[1379], d'où la signature assez rapide en 1971 de la Convention portant création du FIPOL[1380], qui a eu une vie assez brève, car ce Fonds de 1971 a cessé d'être en vigueur le 24 mai 2002, et sa liquidation effective actée le 31 décembre 2014[1381] (à ce jour c'est la version de 1992 et/ou le Fonds complémentaire[1382] qui est en vigueur).

Les conventions CLC et FIPOL permettent donc de mettre en exergue trois éléments : la responsabilité sévère prônée et établie par la CLC, les droits et les obligations créés par le FIPOL[1383]. Tout d'abord, grâce à la jonction des Conventions de 1969 et de 1971, le droit des victimes de pollutions par hydrocarbures d'obtenir entière indemnisation est préservé – du moins eu égard à l'objectif –. Ensuite, les armateurs obtiennent également le droit d'être

---

[1375] Convention du 10 octobre 1957 sur la responsabilité des propriétaires de navires de mer. En son article 3, cette Convention prévoit pour les dommages matériels donc la pollution y compris, une limitation à 1000 francs par tonneau de jauge du navire.

[1376] Dans sa version actuelle telle que modifiée par l'amendement de 2000 les nouveaux plafonds indiqués à l'article V sont de : 4 510 000 DTS pour les navires dont la jauge ne dépasse pas 5000 tonneaux ; au-delà de cette jauge, 631 DTS par jauge ; et enfin pour les navires de plus de 140 000 tonneaux, ce montant ne pourra excéder 89 770 000 DTS.

[1377] CLC, art. V §1.

[1378] MÅNS Jacobsson, "*The International Conventions on Liability and Compensation for Oil Pollution Damage and the activities of the International Oil Pollution Compensation Fund*", in Liability for damage to the Marine Environment. Ed. by Colin DE LA RUE, LLP (Lloyd's of London Press Ltd), 1993, p.40.

[1379] WU Chao, « *La pollution du fait du transport maritime des hydrocarbures – Responsabilité et indemnisation des dommages* », éd. PEDONNE 1994, p.95.

[1380] Fonds international d'indemnisation pour les dommages dus à la pollution par les hydrocarbures.

[1381] https://www.iopcfunds.org/fr/a-propos-des-fipol/historique/le-premier-fipol-1971/

[1382] L'adhésion à celui-ci n'étant pas obligatoire.

[1383] WU Chao, « *La pollution du fait du transport maritime des hydrocarbures* », *op.cit.*, p.97.

exonérés de la garantie financière préalable, et enfin la solvabilité des propriétaires de pétroliers est consolidée. En somme, la CLC pose le principe de la responsabilité civile stricte en cas de pollution par hydrocarbures, grâce aux contraintes qu'elle fait peser sur le propriétaire du navire, même si cela pourrait se faire parfois au risque de générer un déséquilibre, une inégalité entre les armateurs des États membres et les armateurs des États non-signataires. Afin d'atteindre cet objectif, le FIPOL est financé par les chargeurs propriétaires de certains types hydrocarbures – les polluants. En pratique, les sommes constitutives des finances du Fonds sont acquittées par les entreprises importatrices de ces hydrocarbures, en cela, et c'est le principe, ces sommes ne sont donc pas payées par les États signataires[1384]. Quand il est amené à contribuer à l'indemnisation d'une pollution, le FIPOL intervient en complément ou en suppléant de CLC. Ce faisant, il garantit la disponibilité de l'indemnisation ainsi que l'allègement des contraintes pesant sur le propriétaire du navire selon les termes de son article 5.

Nous l'avons annoncé, il n'est pas pertinent de rentrer dans les détails au regard de la riche et abondante documentation existante au sujet du FIPOL. Cependant nous invitons le lecteur à noter que le FIPOL :

1. Dans un premier temps, complète la CLC dans le cas où les limites de réparation de celle-ci sont dépassées.
2. Dans un deuxième temps, a un rôle supplétif en cas d'exonération de responsabilité du propriétaire du navire.
3. Dans un troisième temps enfin, joue un rôle à la fois complémentaire et supplétif en cas d'incapacité financière de l'armateur et de sa caution (celui qui lui a promis une garantie financière)[1385].

Bien qu'il ait été amené à évoluer, le couple CLC-FIPOL de 1969-1971 a démontré sa réelle efficacité, comme l'a relevé Mme le Professeur REMOND-GOUILLOUD, dans un bilan-perspective qu'elle proposa dès 1993 pour cette institution[1386], laquelle institution que l'illustre auteure voyait déjà pérenne, parce que selon elle « *inscrite dans l'histoire* ».

L'article VII.1 de la CLC impose au propriétaire d'un pétrolier transportant une cargaison de plus de 2000 tonnes de fioul en vrac, de souscrire à une assurance ou à une garantie

[1384] https://www.iopcfunds.org/fr/a-propos-des-fipol/structure/

[1385] MÅNS Jacobsson "*The International Conventions on Liability and Compensation for Oil Pollution Damage and the activities of the International Oil Pollution Compensation Fund*", in Liability for damage to the Marine Environment. Ed. by Colin DE LA RUE, LLP (Lloyd's of London Press Ltd), 1993, p.42. Voir également WU Chao, *op. cit*, pp. 100 et suivants.

[1386] REMOND-GOUILLOUD Martine, « *Quel avenir pour les Conventions de Bruxelles sur l'indemnisation des marées noires ?* », DMF n°527, mai 1993, p.260.

financière, ou encore tout cautionnement pouvant remplir cet objectif. Pourtant, il est de notoriété dans le milieu du shipping qu'au moins 95% des pétroliers sont assurés pour leur responsabilité civile par les *P&I Clubs*, et il est donc curieux que le texte de la CLC qui fait peser des contraintes sur l'armateur ne fasse aucune allusion à ces mutuelles[1387]. Les rédacteurs de la Convention auraient donc dû, pour plus de clarté et de simplicité, il nous semble, organiser le rôle des *P&I Clubs* au lieu d'employer une formule plutôt vague, tout simplement parce que la garantie financière ou bien l'assurance exigée par la CLC est presque exclusivement proposée par ces *P&I Clubs* à travers leur BLUE CARD dont nous avons précédemment vu les conditions de la délivrance[1388]. Par cet acte, les *P&I Clubs*, dans leur activité, jouent leur rôle de Protection (« P » & I). Lorsque se réalise une pollution rentrant dans le champ d'application de la CLC, deux cas de figure existent. Si le sinistre n'est pas important et que les sommes nécessaires pour son règlement rentrent dans les limitations de la CLC, alors l'armateur – règle *Pay to be paid* oblige – indemnise et son *P&I Club* le rembourse ensuite[1389]. En revanche, s'il s'agit d'un sinistre d'envergure, il y a une intervention conjointe du FIPOL et du *P&I Club* de l'armateur responsable[1390]. Il nous faut déjà relever que le FIPOL porte en lui-même sur une mutualisation des risques et de responsabilité, laquelle mutualisation est constitutive de la génétique des *P&I Clubs*. En effet, le propriétaire du navire pollueur et/ou son assureur, et le Fonds International constituent solidairement les organes d'indemnisation[1391] des pollutions marines majeures. Cette coopération entre *P&I Clubs* et FIPOL résulte d'un mémorandum d'accord liant l'*IGP&I Clubs*[1392] et les Fonds (1992 et 2003). Ce contrat diplomatique – ou *Gentlemen Agreement* – qui comporte douze clauses a pour cause et objet, la collaboration entre *P&I clubs* mandants de l'*IGP&I Clubs* et les Fonds. Cette coopération vise à la réunion des ressources de chacune de ces institutions afin de mieux gérer les pollutions par hydrocarbures.

Concrètement et de manière sommaire, cette étroite collaboration se matérialise par l'engagement des *P&I Clubs* à informer le plus promptement possible les FIPOL (Fonds de 1992 ou le Fonds complémentaire de 2003) de chaque fuite ou rejet d'hydrocarbures susceptible de générer une demande d'indemnisation contre le Fonds. Cette coopération proactive vise à éviter, à éliminer, ou encore à minimiser le risque de pollution. Lorsqu'elle est dans sa phase réactive, la coopération vise le traitement de la pollution le plus efficacement possible. Cela

[1387] HAZELWOOD Steven J. & SEMARK David, "*P&I Clubs Law and Practice*" 4th ed., 2010, n°27.23 p.398.
[1388] Cf. supra, p.104, §2 : Une garantie facilitée par « l'engagement à payer » émis par les P&I Clubs.
[1389] Il n'est cependant pas rare en pratique, que les *P&I Clubs* indemnisent directement.
[1390] HAZELWOOD Steven J. & SEMARK David, *op.cit.*, p.401.
[1391] Formulaire de demande d'indemnisation du FIPOL, édition de 2014. Consultable et téléchargeable sur le site internet https://www.iopcfunds.org/fileadmin/IOPC_Upload/Downloads/French/claims_form_f.pdf
[1392] IGP&I Clubs : *International Group of P&I Clubs*.

passera donc par l'incitation à la prise des mesures de sauvegarde, lorsque cela est possible, présente de gages de succès, et que l'opération s'avère économique, c'est-à-dire qu'elle ne génère pas plus de frais que ceux auxquels le plafond d'indemnisation ou les Fonds sont exposés. De même, la coopération *IGP&I Clubs*-FIPOL, au regard des clauses de l'accord vise la célérité du traitement des indemnisations, la consultation mutuelle et le traitement commun des demandes d'indemnisation[1393]. À titre illustratif, cela consiste en pratique dans la désignation d'un expert commun, et la consultation d'un avocat commun généralement ressortissant du pays du lieu du sinistre pour être informés (les dirigeants du FIPOL et ceux du P&I Club) de la loi et des procédures locales. De même, les correspondants locaux du *P&I Club* assisteront à la fois celui-ci et le Fonds. Agissant ainsi, le *P&I Club* est dans son rôle indemnisation (P & « I »). Cette coopération est sans aucun doute la raison principale du succès engendré par le système CLC-FIPOL.

Le durcissement des conditions et des mécanismes de la responsabilité de l'armateur, à travers le relèvement des limites de réparation tel qu'apporté par la CLC, à lui seul ne suffit pas à témoigner de la dynamisation du droit de l'environnement. En effet, ce droit s'est vu revigorer à travers d'autres textes, car depuis 1969, pas moins de quinze Conventions ou protocoles et/ou amendements ont été adopté(e)s, portant soit sur la prévention de la pollution, soit sur la responsabilité et l'indemnisation[1394]. Ce mouvement, basé sur des sanctions plus élevées, cohabite avec la nouvelle tendance générale d'objectivation de la faute, contribuant ainsi à l'émergence d'un droit nouveau de la responsabilité.

B/ À travers l'objectivation de la faute

L'ampleur des dommages de la marée noire, faisant de celle-ci un sinistre majeur, a contribué à ébranler le régime juridique de la responsabilité civile qui a été pendant très longtemps *tenu en joue*, par le duel entre institution maritime et principes traditionnels de la responsabilité civile. Ces derniers, se heurtant très souvent à la tradition maritime axée sur la preuve, elle-même dans bien de cas très difficile à rapporter[1395], et carrément impossible à

1393 Pour consulter le mémorandum d'accord entre l'*IGP&I Clubs* et FIPOL, voir annexe n°**11.**

1394 http://www.imo.org/fr/About/Conventions/ListOfConventions/Pages/default.aspx. Si nous ne parlons que de la pollution par hydrocarbures, c'est parce que c'est elle qui a le plus préoccupé professionnels, populations et autorités d'une part de par leur fréquence. Et d'autre part en tant que sinistre majeur, appelant à la responsabilité civile spéciale de l'armateur.

1395 BEURIER Jean-Pierre, « *La protection de l'environnement marin* », in Droits maritimes, *op.cit.*, n°814.09, p.1664.

établir[1396] dans d'autres cas. La conséquence inacceptable de cette situation était le sort réservé aux victimes qui démunies de preuves matérielles de la faute de l'armateur, n'obtenaient pas la juste réparation de leur préjudice. En cause, les réponses des législations nationales très éparses et surtout très peu efficaces. Il a donc fallu trouver une solution, laquelle s'est dessinée par un pilier solide, socle de la dynamisation actuelle du régime de la responsabilité vis-à-vis de l'atteinte à l'environnement. Il s'agit de l'objectivation de la faute. Ce mouvement, apparu en droit positif dès la deuxième moitié du XIXe siècle dans différents domaines du droit[1397], n'est arrivé que tardivement en matière de pollution par hydrocarbures et c'est l'œuvre de la CLC, à la faveur de l'accident du *Torrey-Canyon.* Aux termes de l'article III de la CLC, la responsabilité du propriétaire du navire pollueur est objective, et les victimes n'ont pas à démontrer sa faute, mais doivent seulement rapporter la preuve que le dommage est la conséquence[1398] directe et exclusive de la marée noire. En clair, la faute, socle de la responsabilité civile, doit s'effacer au profit de la réparation qui en est l'objet. La responsabilité se libère donc de la faute pour garantir la juste et équitable réparation[1399] du dommage, ou bien du préjudice subi par la partie réclamante. En effet, pour se fonder sur ce pilier, les experts de l'OMI, sensibles à la nécessaire protection de la faune et de la flore du milieu marin, ainsi qu'à l'impérieuse nécessité de la sauvegarde de l'économie des populations, se sont fondés sur la théorie du risque-profit[1400], développée plus tôt par la doctrine. Selon les promoteurs et défenseurs de cette théorie, rattacher la responsabilité civile à l'idée de faute est anachronique et révèle ainsi, une confusion entre responsabilité civile et responsabilité pénale[1401]. Confusion malheureuse certes, mais pourtant entretenue par l'article 1382 du Code civil anciennement[1402], qui en posant le principe de la responsabilité du fait personnel, semblait ne pas l'admettre sans la faute de l'auteur de l'acte. Du moins au regard de sa formulation qui « ... *oblige celui par la faute duquel il est arrivé à le réparer* ». Ainsi, selon la théorie du risque-profit, la responsabilité civile se fonde sur le risque, car il est à la fois normal et moral que celui qui tire profit d'une activité assume en contrepartie la charge des dommages qui en résultent, parce que *Ubi*

[1396] STARCK Boris, ROLAND Henri, ROYER Laurent, « *Obligations, 1. Responsabilité délictuelle* », 5e éd., Litec 1996, n°38 p.27.

[1397] Pour voir certaines lois (accidents de travail, transfusions sanguines, concessions de mines, navigation aérienne, etc.) établissant la responsabilité sans faute en droit positif, consulter : STARCK Boris, ROLAND Henri, ROYER Laurent, « *Obligations, 1. Responsabilité délictuelle* », 5e éd., Litec 1996, n°34 p.21.

[1398] BEURIER Jean-Pierre, « *La protection de l'environnement marin* », in Droits maritimes. Idem, n°814.09, p.1664.

[1399] DE SADELEER Nicolas, « *Les principes du pollueur-payeur, de prévention et de précaution. Essai sur la genèse et la portée juridique de quelques principes du droit de l'environnement* », Bruylant Bruxelles, 1999, p.91.

[1400] WU Chao, « *La pollution du fait du transport maritime des hydrocarbures – Responsabilité et indemnisation des dommages* », p.4.

[1401] STARCK Boris, ROLAND Henri, ROYER Laurent, « *Obligations, 1. Responsabilité délictuelle* », 5e éd., Litec 1996, n°45, p.31.

[1402] Art.1240 depuis la réforme de 2016 par l'ordonnance n°2016-131, du 10 février 2016.

emolumentum ibi onus (où il y a le gain, il y a aussi la charge)[1403]. Les bénéfices et avantages financiers que tire l'opérateur de l'activité polluante, sont un privilège entraînant la mise à sa charge, des conséquences d'une telle activité[1404]. Étaient donc clairement visées, les compagnies pétrolières, qui jusque-là étaient propriétaires de leurs navires pétroliers. À la suite de leur désengagement à conserver le statut d'armateur, ce risque, elles le partageront avec les armateurs professionnels, traditionnels. Cela nous semble justifié et fort opportun car si ces opérateurs (armateurs et compagnies pétrolières) tirent profit du transport maritime des hydrocarbures, il est juste qu'ils contribuent à couvrir le risque d'une telle activité. Cependant la solution semble juste mais à la fois, – à première vue –, dénuée d'équité car les populations jouissent elles aussi de ces hydrocarbures, soit par le carburant pour se déplacer, soit par le butane pour la cuisine, soit par le fioul pour se chauffer pendant l'hiver, tous dérivés du pétrole. On serait donc amené à s'interroger sur l'équité d'une telle canalisation de responsabilité principalement sur les armateurs, et accessoirement sur les compagnies pétrolières/chargeurs (via les FIPOL) en épargnant les populations consommatrices du pétrole. En réalité, nous pensons que les populations contribuent déjà à l'effort, au travers des taxes et autres impôts inclus dans le prix final au moment de la consommation. C'est l'exemple de la TVA.

Pour que notre propos paraisse plus clair, nous dirons à ce sujet que la contribution financière pour la lutte contre les marées noires se fait par trois entités : tout d'abord de manière furtive et non avouée, par les consommateurs au travers des taxes, ensuite, par l'armateur du pétrolier pollueur à travers la responsabilité canalisée et enfin, par les entreprises importatrices de ces hydrocarbures par le biais de leurs cotisations constitutives des ressources des FIPOL.

Toutefois, cette objectivation de la faute du propriétaire du navire, caractérisée par un nombre très limité des cas exceptés qu'il peut invoquer, ne révélera pas la pleine envergure de son importance si on ne l'appréhende que sous le prisme de la responsabilité sans faute du propriétaire du navire à l'origine de la pollution. Nous pensons qu'elle a, entre autres apports, contribué à renforcer la protection juridique de l'environnement marin en permettant de mettre fin à l'imbrication du dommage écologique et du préjudice écologique. En effet, la doctrine est unanime pour dire que la première innovation de la CLC est la réparation équitable des dommages subis par les victimes, lorsque celles-ci prouvent que le dommage subi résulte de la pollution par hydrocarbures. Une telle posture rend compte de ce que la marée noire comme bien d'autres types de pollutions, a toujours été considérée comme affectant moralement et/ou

[1403] Idem.

[1404] DE SADELLER Nicolas, « *Les principes du pollueur-payeur, de prévention et de précaution. Essai sur la genèse et la portée juridique de quelques principes du droit de l'environnement* ». Bruylant Bruxelles, 1999, p.91.

patrimonialement l'homme, par le biais de l'environnement qui est le vecteur, le préjudice écologique obstruant donc le dommage écologique « pur ». En d'autres mots, eu égard à la distinction entre dommage écologique et préjudice écologique que nous avons précédemment établie, la responsabilité civile de l'armateur du pétrolier pollueur, n'est engagée qu'en référence aux préjudices moral et/ou patrimonial qu'auront subis ceux qui se présentent comme étant victimes de ladite pollution. Cette idée a été largement et longuement partagée, car pendant longtemps, le dommage écologique en général et la pollution par hydrocarbures en particulier ont été considérés comme étant « *le dommage causé aux personnes ou aux choses par le milieu dans lequel elles vivent* »[1405]. Ceci, parce que si les dommages subis par l'homme du fait d'une marée noire sont identifiables, déterminables et déterminés, voire même chiffrables, ils pourront donc donner lieu à réparation selon le principe même du dommage classique. Pourtant à côté de la réalité des dommages subis par l'homme, réside une tout autre réalité, celle de la pollution affectant le milieu naturel dans ses éléments inappropriés et non appropriables, le dommage à la nature sauvage et à ses processus : le dommage écologique dit pur[1406], lequel ne semblait pas être suffisamment autonome pour bénéficier de la technique classique de mise en œuvre de la responsabilité civile.

Justement de notre point de vue, la CLC jetait là, dans son article III, et peut-être sans le savoir, l'ancre qui fixera la base de la protection de l'environnement en tant qu'entité autonome : le dommage écologique pur.

L'évolution de la responsabilité objective, du moins dans son interprétation, a donc débouché sur le principe du pollueur-payeur, principe lui-même envisagé comme étant un outil de durcissement de la responsabilité de l'armateur du navire pétrolier, et à la fois employé comme instrument de protection de l'environnement en général et marin en particulier. Dit autrement, sans être véritablement un régime spécial de responsabilité civile, le principe du pollueur-payeur est un outil dont bénéficient les pouvoirs administratifs, et qui leur permet en excluant le juge judiciaire, de faire respecter la réglementation nationale et ou internationale en matière de protection de l'environnement[1407]. Ceci est donc *lato sensu,* une mesure fiscale

[1405] DRAGO Roland, préface in GIROD Patrick, « *La réparation du dommage écologique* », *op.cit.*
[1406] ORENGO Céline, « *La réparation du dommage écologique en matière maritime. Étude à la lumière de mécanismes d'indemnisation nationaux et internationaux* », Thèse de doctorat, soutenue le 6 avril 2007, Université de Nice, p.34.
[1407] GARE-DIDIER Clotilde, « *La responsabilité civile pour atteinte à l'environnement* », in Le droit et l'environnement, Association Henri CAPITANT, Journées nationales, tome XI. Dalloz, 2010, p.150.

permettant aux autorités d'imposer au pollueur la charge des taxes et dépenses diverses pour la lutte contre la pollution à travers sa prévention, ou sa réduction, ou encore son traitement[1408].

En effet, il nous semble que l'évolution de la sémantique, voire l'assimilation lexicale de responsabilité objective et canalisée, à pollueur-payeur, bien que peignant la même réalité, marque la prise de conscience de l'évolution de la considération de l'environnement, en tant que *causa nostrum* qu'il faut protéger vigoureusement. Cela a commencé par plusieurs textes[1409] parmi lesquels celui du Conseil de l'Europe à travers la Convention de Lugano[1410] dont l'objet et le but visent la réparation adéquate des dommages résultant des activités dangereuses pour l'environnement en plus des moyens de prévention et de remise en état[1411]. À l'observation, il apparaît que désormais, l'environnement n'est plus considéré comme un simple vecteur de préjudice écologique, et en cela fait donc l'objet d'une protection autonome parce qu'il est susceptible de subir et de « souffrir » d'un dommage écologique dit « pur ». Cette démarche sera entérinée par la Directive 2004 du Parlement et du Conseil Européen[1412]. À la suite des considérants (1 à 31) qui ont fondé ce texte et déjà très explicites quant à leur pertinence, cette directive *a pour objet d'établir un cadre de responsabilité environnementale fondé sur le principe du « pollueur-payeur », en vue de prévenir et de réparer les dommages environnementaux*[1413]. Cette directive, qui à notre connaissance est la première à clairement parler de pollueur-payeur, sera transposée en France par la loi n° 2008-757 du 1er août 2008 créant le titre VI au Livre 1er du Code de l'environnement. Ce Titre VI définit les conditions et les mesures dans lesquelles seront *prévenus ou réparés, en application du principe pollueur-payeur et à un coût raisonnable pour la société, les dommages causés à l'environnement par l'activité d'un exploitant*[1414]. Même si le texte prévoit accessoirement la réparation du préjudice

[1408] DE SADELEER Nicolas, *op. cit.*, p. 80 et suiv. Voir également VINEY Geneviève, « *Les principaux aspects de la responsabilité civile des entreprises pour atteinte à l'environnement en droit français* », La Semaine juridique, édition générale, n°3, 17 janvier 1996, doctr. 3900, n°24.

[1409] Entre autres, dans le cadre général de protection de l'environnement, Directive n°75/442/CEE du 15 juillet 1975 relative aux déchets, abrogée par l'article 20 de la Directive n°2006/12/CE du 5 avril 2006 ; la Loi du 15 juillet 1975 en son article 2 (désormais L.541-2 du Code de l'environnement) ; la Loi BARNIER du 2 février 1995 portant renforcement de la protection de l'environnement. Dans un cadre spécifique, on peut se référer aux dispositions de l'OPA.

[1410] Convention sur la responsabilité civile des dommages résultant d'activités dangereuses pour l'environnement, signée à Lugano le 21 juin 1993.

[1411] Art.1.

[1412] Directive 2004/35/CE du Parlement européen et du Conseil du 21 avril 2004 sur la responsabilité environnementale en ce qui concerne la prévention et la réparation des dommages environnementaux. Paru au Journal Officiel de l'Union européenne le 30 avril 2004. Les hydrocarbures sont concernés par ce texte, car son annexe A, entre autres, renvoie à Directive 96/86/CE de la Commission du 13 décembre 1996 portant adaptation au progrès technique de la directive 94/55/CE du Conseil relative au rapprochement des législations des États membres concernant le transport des marchandises dangereuses par route (Texte présentant de l'intérêt pour l'EEE) paru au Journal officiel n° L 335 du 24/12/1996 p. 0043-0044.

[1413] Art.1er directive 2004/35/CE.

[1414] C. envir., art.L.160-1.

écologique dont souffrirait l'homme, son objectif principal est bien la réparation des détériorations directes ou indirectes et mesurables de l'environnement[1415]. Il s'agit donc en réalité de la réparation du dommage écologique « pur ». L'environnement est donc érigé en une victime *stricto sensu* de la pollution, car celle-ci altère la capacité du milieu contaminé à auto-éliminer les déchets, dégrade gravement le paysage, et détruit considérablement, ou bien pour un délai conséquent, la biodiversité.

Ce nouveau système de responsabilité civile spéciale, marquée par l'objectivation, fait évoluer ou bien enrichit le prisme de la sanction. En effet, la reconnaissance ou bien l'acceptation commune de la nécessité de protéger l'environnement a conduit à l'élaboration de réglementations diverses. Pour que de telles réglementations trouvent à s'appliquer et gagner en pertinence, a émergé le principe du pollueur-payeur. Cela conduit donc à la situation selon laquelle, la mise en œuvre de la responsabilité n'a plus pour but de punir l'auteur du dommage, mais plutôt de réparer un dommage[1416]. L'objet du principe du pollueur-payeur est donc, de ce point de vue, de mettre à la charge du pollueur – le propriétaire du navire pétrolier dans notre cas –, tous les frais nécessaires à la remise des ressources naturelles et leurs services écologiques dans un état qui se rapproche le plus possible de leur état initial, et à éliminer tout risque d'atteinte grave pour l'homme[1417]. En d'autres termes, il s'agit pour le pollueur de contribuer financièrement à la remise de la mer ou du littoral dans son état physique, organique et biologique, tel qu'il serait demeuré si la pollution n'avait pas eu lieu. Cependant en réalité, il s'agit là plus qu'autre chose, d'un objectif théorique parce que la nature est dotée d'une capacité d'auto-régénération sur laquelle l'homme ne peut pas vraiment agir. Ainsi, le temps reste et demeure l'élément principal qui permettra le retour à cet état *ante*-pollution[1418]. En clair, qu'elle soit majeure ou mineure, aucune pollution n'est irréversible même si la capacité d'auto-épuration de l'environnement peut souvent nécessiter une longue période. Cela signifie que la responsabilité financière du propriétaire du navire pollueur ne contribue qu'à faciliter cette régénération dans des conditions optimales et dans un délai acceptable. Par conditions optimales, nous entendons au mieux, la reconstitution de toute la faune et de toute la flore, et au pire, la reconstitution de la majeure partie, et par délai acceptable, nous entendons que les mesures prises permettent le retour à la normale le plus rapidement possible. Il s'agit, en d'autres mots, de permettre à l'environnement, à la suite d'une pollution marine, de retrouver

[1415] C. envir., art.L.161-1.
[1416] BENABENT Alain, « *Droit civil - Les obligations* », Montchrestien, Paris, 10e éd., 2005, p.201.
[1417] C. envir., art.L.162-9.
[1418] ORENGO Céline, « *La réparation du dommage écologique en matière maritime. Étude à la lumière de mécanismes d'indemnisation nationaux et internationaux* », Thèse de doctorat, soutenue le 6 avril 2007, Université de Nice, p.102.

ses propriétés d'auto-épuration. *A priori*, cette responsabilité financière du propriétaire du navire pollueur est théoriquement illimitée et s'établit à concurrence de la somme nécessaire pour réparer le dommage écologique. L'idée étant qu'à terme, le pollueur supporte sinon la totalité, du moins la plupart des coûts que la pollution occasionnée est susceptible de générer[1419].

Cette fonction de réparation, ou d'indemnisation des dommages de pollution, assignée à l'armateur par le principe du pollueur-payeur, se concrétise à la fois envers les populations ou personnes victimes du préjudice écologique, et envers l'environnement (seulement de manière accessoire) en tant que victime du dommage écologique. À l'égard de l'environnement, ce principe met à la charge du propriétaire du navire en cause, les coûts des mesures de sauvegarde effectuées ou à effectuer pour limiter la pollution, pour la restauration de l'environnement, ainsi que les conséquences de ces mesures[1420]. Peu importe qui prend ces mesures de sauvegarde, l'État ou bien ses collectivités décentralisées, ou encore des personnes morales ou physiques de droit privé. La Convention CLC de 1969 parle de *toute personne*[1421]. Mais insistons bien qu'il ne s'agit pas ici d'une reconnaissance du dommage écologique « pur » par le système international d'indemnisation[1422]. En réalité, seuls sont indemnisés les coûts des mesures de remise en état de l'environnement, et non l'indemnisation de l'environnement *stricto sensu*. La pertinence ou bien le caractère raisonnable des mesures de sauvegarde ainsi identifiées, ne sont pas tributaires du résultat final de la mesure. Autrement dit, la prise en charge de ces dépenses par le pollueur n'est pas conditionnée par le succès de la mesure, mais il suffit juste premièrement, que les mesures soient concrètement prises (ou clairement prévues à être prises), cela permettra d'éviter des spéculations ou bien des réclamations fantaisistes et imaginaires. Deuxièmement, il faut que ces mesures prises l'aient été objectivement et rationnellement. Le caractère objectif et raisonnable des mesures ainsi prises est minutieusement scruté et fait l'objet d'une description très précise dans le formulaire de demande d'indemnisation du FIPOL[1423]. Toujours est-il que selon les critères du Fonds, sont raisonnables les coûts et dépenses visant la remise en état de l'environnement contaminé, qui est *techniquement, économiquement et écologiquement réalisable*.

[1419] SMETS Henri, « *Genèse du droit de l'environnement, fondements et enjeux internationaux* », vol.1, dirigé par CORNU Marie. Collection du patrimoine culturel et naturel, éd. L'Harmattan, 2001, p.209.
[1420] CLC, art.1.6.
[1421] CLC, art.1.7.
[1422] ORENGO Céline, « *La réparation du dommage écologique en matière maritime. Étude à la lumière de mécanismes d'indemnisation nationaux et internationaux* », Thèse de doctorat, soutenue le 6 avril 2007, Université de Nice, p.342.
[1423] Voir édition 2014 (dernière en date) de ce formulaire sur :
https://www.iopcfunds.org/fileadmin/IOPC_Upload/Downloads/French/claims_form_f.pdf

À l'égard des personnes qui invoquent un préjudice écologique, le principe du pollueur-payeur indemnise des dommages matériels ainsi que d'autres types de préjudices parmi lesquels, les pertes économiques. Ces dernières sont à la fois la perte d'activité le *damnum emergens*, ainsi que le gain manqué, le *lucrum cessans*. Autrement dit, seront indemnisées, d'une part la perte d'activité du fait de l'impossibilité d'exercer à cause de la pollution, d'autre part la perte de clientèle[1424]. D'après le formulaire d'indemnisation du Fonds, qui en donne des exemples clairs, dans le secteur de la pêche ou de la mariculture par exemple, seront indemnisés, entre autres, ceux qui ne pourront exercer leur activité parce que leurs outils de travail (filets ou installations de mariculture) ont été contaminés. De même dans le secteur du tourisme et de ses activités connexes, des indemnités pourront être versées au titre de la perte de bénéfices pour les entreprises tirant une grande partie de leurs revenus de ce secteur. En clair, seront donc garanties les mesures de sauvegarde soutenues par des justificatifs probants et raisonnablement prises pour des dommages quantifiables, et quantifiés. Pour le dire simplement, selon les expressions même de l'institution, « *pour qu'elle soit admise par les FIPOL, une demande doit correspondre à une dépense effective ou à un dommage effectivement subi et il faut qu'il y ait un lien de causalité entre la dépense engagée ou le préjudice subi et la contamination. Toute dépense engagée doit l'avoir été à des fins raisonnables* »[1425]. Sont donc exclues de manière implicite les mesures farfelues, prises avec pleine conscience qu'elles ne seront pas efficaces, de même que des dépenses excessives lorsque ceux qui les ont consenties avaient la possibilité d'opter pour des mesures moins onéreuses. Dans la même optique, les mesures qui ne sont pas écologiquement viables c'est-à-dire qui sont irrespectueuses de l'environnement ou susceptibles d'aggraver, ou bien de consolider la pollution, ne peuvent pas être prises en charge par le Fonds. À titre d'illustration, nous dirons que le Fonds ne garantit que les réclamations portant sur une pollution produite dans un État partie à la Convention CLC, et les demandeurs sont tenus de fournir des justificatifs ou toutes autres pièces permettant de prouver leurs pertes, ainsi que toutes les mesures raisonnablement prises pour éviter la pollution ou bien pour en minimiser les effets[1426].

On peut observer, à ce stade, que ce principe du pollueur-payeur alourdit potentiellement la responsabilité financière de l'armateur du pétrolier, car celui-ci prend à sa charge selon les règles de la Convention de 1969, les frais et dépenses, relevant à la fois des opérations de nettoyage et des mesures de sauvegarde de l'environnement pollué ainsi que du

[1424] Idem.
[1425] FIPOL, Rapport annuel de 2004, n°11.2 « *Recevabilité des demandes d'indemnisation* », p.42.
[1426] Idem, page 1.

préjudice écologique subi par les personnes, publiques ou privées. En effet, dans le système classique de la responsabilité civile subjectif et fondé sur la faute, l'armateur n'aurait indemnisé que les personnes ayant subi un préjudice écologique. Or dans le système spécial de la responsabilité civile pour cause de sinistre majeur de marée noire, tel qu'exprimé par le principe du pollueur-payeur, l'armateur est également tenu de nettoyer et de reconstituer l'habitat naturel ainsi que ses espèces. Et cela témoigne implicitement du rôle curatif du principe du pollueur-payeur à travers la lutte contre la pollution imminente ou déjà produite, ainsi qu'à travers des mesures de sauvegarde pour en limiter l'impact, et/ou les mesures de remise en état pour en réparer les conséquences. Cela signifie en d'autres termes qu'à la fonction préventive du principe du pollueur-payeur, s'additionnent une fonction dissuasive et une fonction curative. Étant donné qu'une telle charge financière est lourde et ne laissera pas indifférents les armateurs, qui sont des opérateurs économiques ayant vocation à réaliser des bénéfices et non à perdre de l'argent, ceux-ci seront donc amenés à faire attention, et à agir *segumdum artem*, en bons pères de famille. Tout cela permet donc de mettre en lumière la double responsabilité émergeant de cette construction normative : l'armateur de pétrolier est alors doublement tenu de prévenir la faute et de prévenir le risque.

Dans les faits, l'activité des *P&I Clubs* est cruciale à la suite d'une pollution par hydrocarbures, parce que comme nous l'avons précédemment évoqué, ces Clubs ont établi une coopération fructueuse et efficiente avec les États et les administrateurs du Fonds dans la mise en œuvre de la CLC à travers les FIPOL. Ainsi, l'efficacité de leur action se matérialise premièrement par leur bonne foi qui s'observe grâce à la coopération et la collaboration avec les autorités, comme nous l'avons susmentionné. Deuxièmement la lisibilité, la précision et également l'étendue des frais et dépenses que ces Clubs s'engagent à indemniser (lorsque la réparation émane des tiers, personnes publiques ou privées) ou à effectuer – les dépenses – (lorsqu'ils le font eux-mêmes), sont gages d'une protection optimale de l'environnement en matière de lutte contre la pollution. Troisièmement, c'est aussi une certitude pour les personnes victimes de la pollution d'obtenir une indemnisation juste et équitable de leur préjudice écologique, selon les termes mêmes des textes des Conventions et lois. Cependant, on s'aperçoit que la Convention est rigide, car ses dispositions sont élaborées selon la référence à un règlement contentieux. Heureusement, bien que le fonctionnement du Fonds soit inspiré de la procédure de la CLC 1969, la gestion du sinistre est beaucoup plus souple, parce que le règlement amiable est privilégié entre le *P&I Club* du navire pollueur et les Fonds[1427]. Étant

[1427] GOLD Edgar, "*GARD Handbook on P&I insurance", 5th ed., 2002,* p.430.

donné que la participation des *P&I Clubs* dans ce système international d'indemnisation des pollutions par hydrocarbures est active, dynamique et totalement volontaire[1428] cela contribue à garantir un meilleur traitement financier du risque de marée noire. Une telle garantie s'observe par la nature même de l'intervention des *P&I Clubs*. En effet, lorsque nous avons analysé la règle *"Pay to be paid"*, nous avons souligné qu'elle pourrait admettre certaines exceptions ; ainsi, les Clubs offriront leurs prestations de garantie directement, sans que l'armateur n'ait au préalable payé une quelconque réparation. En matière de responsabilité civile pour pollution par hydrocarbures, nous sommes dans un cas concret, car ici, les *P&I Clubs* souhaitant privilégier une réparation rapide et efficace[1429] des dommages, mais surtout peu coûteuse, acceptent de faire fléchir cette règle. Il faut en réalité observer que cette stratégie vise à protéger l'armateur contre une éventuelle banqueroute, ou une crise de trésorerie. En effet, les sommes à la charge de l'armateur en cas de pollution par hydrocarbures sont potentiellement très élevées, et il n'est pas certain qu'il en dispose pour s'acquitter de sa dette de réparation dans les délais nécessaires, généralement très brefs pour certaines dépenses, et à long terme pour d'autres. C'est là une illustration du caractère exceptionnel du sinistre majeur en général, et de la pollution par hydrocarbures en particulier. Il faut peut-être dire que le *régime de la responsabilité est construit sur le postulat – raisonnable – que le responsable des dommages est normalement en mesure de les réparer*[1430], postulat qui n'est plus vrai en cas de catastrophe. Ainsi dans un premier temps, soit le responsable de la catastrophe – l'armateur-propriétaire du pétrolier – consent un crédit bancaire pour solder ce passif, mais avec en retour l'obligation de grever à la somme prêtée des intérêts qui servent de commission pour la banque prêteuse. Dans un second temps, il est de notoriété qu'en cas de pollution, plus vite la situation est traitée mieux c'est, parce que d'une part la couverture médiatique est cruelle pour l'image de marque de l'armateur concerné, et d'autre part, plus les mesures de sauvegarde tardent à être prises, plus nuisible encore est la pollution. Ainsi, l'inflexion de la règle "*Pay to be paid*" par les *P&I Clubs* protège l'armateur et l'aide à gérer une telle urgence.

Pour que notre analyse rende fidèle témoignage du rôle et de l'activité des *P&I Clubs* en matière de lutte contre les marées noires, nous invitons à observer qu'en réalité, ces mutuelles constituent l'épine dorsale de l'indemnisation des catastrophes marines, cela parce

---

[1428] HAZELWOOD Steven J. & SEMARK David, "*P&I Clubs, Law and Practice*", 4th ed., 2010, n°27.30, p.401.
[1429] ORENGO Céline, « *La réparation du dommage écologique en matière maritime. Étude à la lumière de mécanismes d'indemnisation nationaux et internationaux* », Thèse de doctorat, soutenue le 6 avril 2007, Université de Nice, p.130.
[1430] VERHOEVEN Joe, « *Une réparation communautaire ou internationale des catastrophes ?* », in *La réparation des dommages catastrophiques, les risques technologiques majeurs en droit international et en droit communautaire*. Travaux des XIIIes Journées d'études juridiques Jean DABIN, 1990, p.460.

que leur intervention, en plus d'être décisive de par sa qualité, est omniprésente. En effet, l'intervention des *P&I Clubs* commence au début du processus d'indemnisation et s'arrête à la fin dudit processus. Il s'agit en réalité d'une intervention tridimensionnelle.

- Tout d'abord, les *P&I Clubs* en tant qu'assureurs responsabilité civile des armateurs indemnisent le sinistre majeur de marée noire en lieu et place de l'armateur. Cela, jusqu'à hauteur des plafonds de réparation prévus par la CLC.
- Ensuite, l'intervention de deuxième niveau est consécutive à la coopération existant entre CLC et *P&I Clubs* en cas de marée noire. Cette coopération est atypique, car à la fois administrative et financière. Administrative par les pourparlers relatifs à la recherche de solutions amiables, à l'initiative et à la gestion commune de la procédure à travers la collaboration des deux entités, et financière mais seulement subsidiairement, par la participation aux honoraires d'expertises, et ceux des avocats entre autres.
- Enfin, les *P&I Clubs* interviennent une nouvelle fois et en dernier ressort, à l'extrémité de la chaîne. Les fonds mobilisables par les FIPOL étant eux-mêmes limités, il peut arriver qu'une marée noire génère des réclamations qui dépassent largement, – et l'historique des catastrophes le démontre –, les sommes dues par l'armateur pollueur et celles à la charge des FIPOL. En de telles circonstances, rentre dans la procédure, la mutualisation des risques à travers la réassurance du *POOL*, l'*IGP&I Clubs*, réassurance à laquelle participe à nouveau pour une proportion bien déterminée[1431] le *P&I Club* du navire pollueur, lequel a déjà indemnisé en amont en tant qu'assureur responsabilité civile de l'armateur et en tant qu'organe de gestion solidaire du FIPOL.

Comme nous le constatons, la participation des *P&I Clubs* se fait sous plusieurs formes et leur engagement pouvant se faire à plusieurs degrés en fonction de la gravité des sinistres et des montants nécessaires pour la réparation ou l'indemnisation. Pour illustrer cette implication, prenons l'image d'une baguette de pain et découpons-la en parts.

[1431] Voir nos précédents développements sur l'IGP&I Clubs, pages 335 et ss.

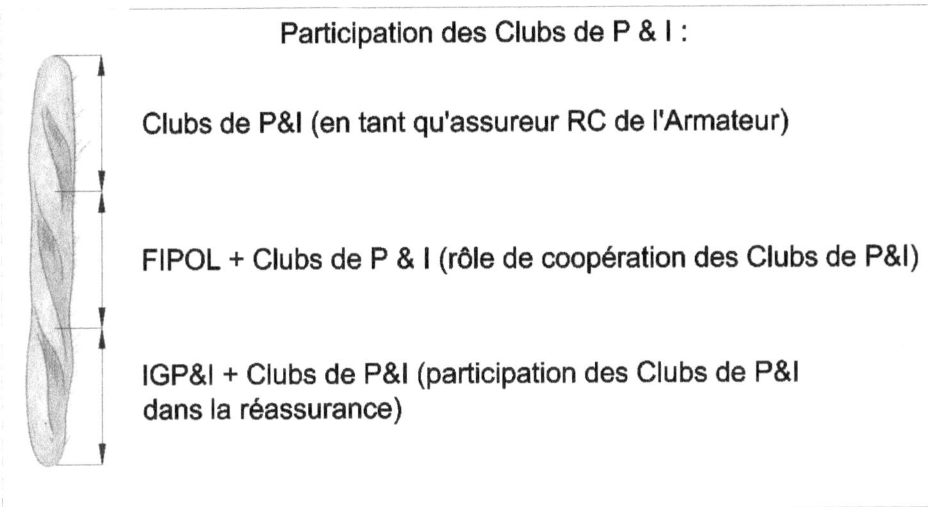

Il apparaît clairement, au regard de tout ce qui précède, que les autorités nationales sous l'impulsion internationale de la CLC, ont souhaité alourdir la responsabilité financière des armateurs de pétroliers. Cependant, une tempérance semble être posée par la prudence du Code de l'environnement qui en son article L.160-1 vise la réparation, en vertu du principe pollueur-payeur *à « un coût raisonnable pour la société »*, des dommages causés à l'environnement par l'activité d'un exploitant. Ce « coût raisonnable » correspond, de notre point de vue, au niveau international, à la limitation de responsabilité chère à la tradition maritime, et présente dans la CLC et ses amendements. En effet, la limitation de réparation est envisageable comme étant la contrepartie de l'objectivation de la responsabilité du propriétaire du navire pollueur. On s'en convainc facilement en observant à la suite du Professeur BEURIER qu'à l'inverse de la responsabilité objective ayant pour corollaire la limitation, la responsabilité pour faute suppose une « *indemnisation compensatrice du montant total du préjudice* »[1432]. Il en résulte que le projet est ambitieux mais sa mise en application timorée, parce que lorsqu'on a établi que l'environnement doit être rigoureusement protégé et qu'on veut légiférer en la matière, il faut donc aller au bout du processus. C'est d'ailleurs ce constat du décalage entre la volonté de protection de l'environnement et les montants de la réparation limités par des plafonds qui conduit à relativiser le rôle du système CLC/FIPOL. En effet, même si le système CLC/FIPOL s'est montré pertinent, les catastrophes de l'*Erika* et du *Prestige* ont clairement et profondément

[1432] BEURIER Jean-Pierre, « *La protection de l'environnement marin* », *op. cit.*, n° 814.09, p.1664.

remis en question les plafonds d'indemnisation. Ceux-ci, bien qu'ayant été relevés à plusieurs reprises pour apporter meilleure indemnisation aux victimes, se sont montrés dérisoires eu égard à l'ampleur de ces marées noires. Pour être certain que la protection de l'environnement vis-à-vis des pollutions, marines par exemple, atteigne son objectif, la revigoration de son régime juridique a franchi un nouveau cap à savoir la pénalisation des atteintes à l'environnement, voie courageusement choisie par les juges dans l'affaire de l'*Erika* (par la reconnaissance du dommage écologique)[1433]. Avant ce cap, un autre a été franchi, celui de la socialisation ou bien de la collectivisation à travers la dynamisation des procédures contentieuses.

§2 : La dynamisation de l'action contentieuse

Il ne nous semble pas redondant de répéter ici que la particularité intrinsèque des sinistres majeurs, est qu'ils sont source d'une responsabilité civile spéciale, au regard de la gravité de leurs dégâts. Dans sa mise en œuvre, celle-ci n'est pas toujours aisée parce que quelques fois, elle se heurte au fort ancrage des mécanismes de la responsabilité civile classique, traditionnelle. Le principal obstacle, la principale problématique a été celle relative à l'initiative de l'action devant les juges (A). Cet obstacle, [désormais] résolu ou pas, doit composer avec la possibilité des actions collectives, les *class actions* (B) lorsque le débat quant au régime de la responsabilité civile spéciale se pose.

A/ La problématique de l'initiative de l'action contentieuse

Pendant ses années de gloire, lorsqu'à Venise, les canaux et leurs gondoles lui servirent pour ses pérégrinations, CASANOVA y courtisa même nonnes et nonnettes, mais jamais on ne le vit courtiser ni la mer, ni le littoral. C'est dire que l'environnement n'a pas de personnalité juridique, parce qu'il n'est pas un sujet de droit, et donc ne peut être considéré comme apte à défendre ses intérêts et à en demander réparation. En effet, pour que le régime de la responsabilité civile trouve à s'appliquer, il faut un dommage qui génère un préjudice réparable, lequel préjudice réparable, doit être certain, directe et licite[1434]. Par ailleurs, il faut surtout que le préjudice, comme le fait dommageable, soit personnel. Cela implique qu'en principe, seule

---

[1433] Nous y reviendrons. Cf. infra p.464.

[1434] GIUDICELLI André, « *La responsabilité en droit privé* », in Droits de la responsabilité et des contrats. Régimes d'indemnisation 10e Dalloz 2014, dirigé par LE TOURNEAU Philippe, Dalloz 2014, p.618-§1452.

la personne à qui le dommage cause un préjudice, est fondée à en demander la réparation[1435]. Autrement dit, la faculté d'invoquer et d'exiger la réparation d'un dommage et/ou l'indemnisation d'un préjudice, n'est admise qu'à la personne physique ou morale à laquelle le fait dommageable a porté préjudice, parce que « *pour passer sous les fourches caudines de la responsabilité civile, le préjudice doit être personnel, c'est-à-dire personnel à celui qui l'invoque* »[1436]. La question ne se posera donc pas en cas de sinistre majeur relatif au naufrage d'un navire de croisière parce que les victimes humaines, ou leurs ayants droit selon les cas, pourront saisir les tribunaux pour introduire leurs réclamations. Cependant en matière de dommage écologique, la situation est peu aisée parce que nous voyons mal l'environnement se lever, constituer avocats, et saisir les tribunaux pour faire condamner un pollueur qui par la contamination lui aura fait perdre de sa superbe.

Le principe de la personnalité du préjudice qui fonde l'action est scrupuleusement respecté par le système international d'indemnisation, parce que sans le dire explicitement, le Fonds ne reconnaît pas de personnalité juridique à l'environnement. Par ricochet, puisque l'environnement n'a pas de personnalité juridique, il ne peut donc pas souffrir d'un dommage écologique réparable par les Fonds. Il faut dire que les Fonds ne garantissent pas le dommage écologique, mais seulement le dommage par pollution qui entraîne un préjudice économique réel et quantifiable[1437]. C'est d'ailleurs ce qu'il résulta de la résolution n°3 de l'Assemblée générale du FIPOL de 1980. En d'autres termes, en l'absence du caractère personnel du dommage, la mise en œuvre de la responsabilité du pollueur sera en principe impossible. Il en est ainsi, parce que le droit de la responsabilité civile n'appréhende les phénomènes nuisibles qu'à travers leurs répercussions sur les hommes[1438]. Cela, les Fonds l'ont bien compris, ça ne fait aucun doute. On peut s'en convaincre au regard des cinq catégories de sinistres admissibles à indemnisation par les Fonds, à savoir : les dommages aux biens, les coûts des opérations de nettoyage en mer et à terre, les préjudices économiques subis par les professionnels de la pêche ou de la mariculture, les préjudices économiques dans le secteur du tourisme, et les coûts de la remise en état de l'environnement[1439]. Une telle conception est sans doute le résultat auquel conduit la formulation alambiquée et curieuse de la Convention CLC[1440], selon laquelle,

---

[1435] VINEY Geneviève & JOURDAIN Patrice, « *Les conditions de la responsabilité* », Traité de droit civil sous la direction de GHESTIN Jacques, L.G.D.J, 3e éd. 2006, p.117.
[1436] GARE-DIDIER Clotilde, *op. cit.*, p.155.
[1437] Fonds internationaux d'indemnisation pour les dommages dus à la pollution par les hydrocarbures. Rapport annuel de 2018, Bilan opérationnel, p.14.
[1438] VINEY Geneviève, « *Les obligations. La responsabilité. Conditions* », in Traité de droit civil, vol.4, sous la direction de GHESTIN Jacques, L.G.D.J 1982, p.358.
[1439] Rapport annuel 2018 du FIPOL, p.14.
[1440] CLC 1992, art.1§6.

dommage par pollution signifie : *a) le préjudice ou le dommage causé à l'extérieur du navire par une contamination survenue à la suite d'une fuite ou d'un rejet d'hydrocarbures du navire, où que cette fuite ou ce rejet se produise, étant entendu que les indemnités versées au titre de l'altération de l'environnement autres que le manque à gagner dû à cette altération seront limitées au coût des mesures raisonnables de remise en état qui ont été effectivement prises ou qui le seront; b) le coût des mesures de sauvegarde et les autres préjudices ou dommages causés par ces mesures*. Il est donc clair que l'environnement n'est pas appréhendé comme pouvant en soi souffrir des effets d'une pollution. Donc d'après ce texte, seul le préjudice économique est celui qui a vocation à être indemnisé. Et outre ce préjudice économique, seules les sommes effectivement engagées au titre des mesures de sauvegarde seront prises en charge par les Fonds. Au regard de la jurisprudence de l'*Erika*[1441], on notera que la Cour de cassation n'a pas partagé une telle conception.

À l'observation donc, les FIPOL ne contribueront qu'aux sommes et dépenses rendues nécessaires par le préjudice directement subi par les personnes, de préférence les opérateurs économiques (pécheurs, mariculteurs, hôteliers ou restaurateurs etc.) d'une part, parce que selon les termes mêmes des FIPOL, *pour ouvrir droit à indemnisation, le dommage par pollution doit entraîner un préjudice économique réel et quantifiable*[1442]. D'autre part, ce système contribuera aux dépenses de remise en état de l'environnement « *effectivement* » engagées, ou bien qui le seront. L'adverbe effectivement est de notre point de vue plein de sens, car le constat ou bien la réalisation de la contamination ne suffit pas à exiger la contribution des Fonds. Cela peut participer à renforcer l'argument selon lequel, les Fonds ne garantissent pas le dommage écologique, mais seulement le préjudice écologique « économique ». Nous noterons sur ce point que, si une fenêtre de discussion est ouverte ici, les dépenses auxquelles allusion est faite, du moins dans l'esprit du texte de 1971, concernaient la dépollution à la charge des armateurs des navires pollueurs, et non des dépenses engagées par les autorités publiques, parce que le fonds a, faut-il le rappeler, une conception purement économique de la pollution et exclut à l'instar d'une partie de la doctrine classique, l'idée d'une propriété sur l'environnement. Dit autrement, selon les FIPOL, il n'existe pas un titulaire de droit sur l'environnement. De manière concrète, deux situations sont ici mises en évidence de notre point de vue : tout d'abord l'idée selon laquelle l'environnement n'appartient à personne, ce qui convoque la mise en œuvre de la notion de l'intérêt à agir, parce que comme il est de principe

[1441] NDENDE Martin, « *L'accident de l'Erika, Procédures d'indemnisation des victimes et enjeux judiciaires autour d'une catastrophe pétrolière* », Revue de droit des transports n°1, février 2007, étude 2.
[1442] FIPOL, rapport annuel 2018, *op. cit.*, page 14.

dans notre système juridique classique, *nul en France, ne plaide par procureur*. Ensuite l'idée de l'inexistence (du point de vue du Fonds) du dommage écologique, d'où la notion de qualité à agir puisque nous l'avons vu, l'environnement n'ayant pas la personnalité juridique ne peut le faire lui-même. Intérêt à agir et qualité à agir sont pourtant deux piliers de la responsabilité civile que de manière consciente ou inconsciente mais certainement habile, les Fonds interprètent subtilement. La célèbre affaire du "*Patmos*" semble, à ce propos, très illustrative.

Le 21 mars 1985, le navire-citerne grec *"Patmos"* aborda le navire-citerne espagnol le "*Castillo de Monte Aragón*" au large de la côte de Calabre, dans le détroit de Messine (Italie)[1443]. Cet abordage généra un grave incendie du *"Patmos"*, causant trois décès, la dérive du bâtiment, et enfin le déversement de près de 700 tonnes d'hydrocarbures de cargaison. Cette affaire très complexe de par la pluralité des dégâts et la diversité des réclamations, s'avère très riche en enseignements en plusieurs aspects, mais nous nous limiterons à celui qui nous intéresse ici[1444]. Concernant les dommages par pollution sur lesquels le gouvernement italien fondait sa réclamation, le FIPOL par la voix de son administrateur et conforté dans cette position par le *United Kingdom P&I Club*, assureur du *"Patmos"*, opposa une fin de non-recevoir à cette demande d'indemnisation. Le Fonds et le *P&I Club* arguèrent que les opérations et mesures invoquées par le gouvernement italien n'avaient pas pour but essentiel la lutte contre la pollution, mais constituaient en l'espèce une opération d'assistance et de sauvetage. Ceci mettait en concurrence deux conventions : celle de Bruxelles du 29 novembre 1969 sur la responsabilité civile pour les dommages dus à la pollution par hydrocarbures, et celle de Bruxelles du 23 septembre 1910 relative à l'assistance et au sauvetage maritimes[1445]. D'une part, à l'instar de l'assureur *P&I* et le Fonds, le tribunal de Messine estima que les opérations de sauvetage et d'assistance ne satisfaisaient pas aux exigences de la CLC, parce que celles-ci n'étaient pas prises dans l'optique de limiter ou de prévenir les dommages dus à la pollution, mais plutôt réalisées pour une rétribution au prorata des valeurs sauvées. D'autre part, à l'encontre du gouvernement italien *stricto sensu*, le tribunal corroborant la position du Fonds et du *P&I Club*, décida que le gouvernement italien n'établissait pas l'effectivité des « *dommages causés aux rivages ou à la faune marine* ». Il faut noter que les autorités italiennes, fondaient leur argumentaire sur le droit de souveraineté de l'Italie sur les eaux territoriales de l'État italien, ce à quoi le tribunal répondit, d'une part, que ce droit de souveraineté n'est pas un

---

[1443] JDI 1990 n°3, Jurisprudence Italie, pp. 647 à 648.

[1444] Pour les faits et la procédure, voir, rapport annuel du FIPOL de 1986, pp. 18 et suivants.

[1445] BEURIER Jean-Pierre et NDENDE Martin, « *Fonds international d'indemnisation pour les dommages dus à la pollution par hydrocarbures (FIPOL)* ». JCL Environnement et Développement durable, fasc.4860 §75 (version électronique, dernière mise à jour du 18 mars 2014, consultée le 14 juin 2019). Également JDI 1990 n°3, *op. cit.*, ou Rapport annuel de 1986 du FIPOL, p.20.

droit de propriété, et d'autre part, que le droit de souveraineté n'est pas un droit susceptible d'être enfreint par des actes commis par des particuliers. Ceci implique donc que l'État italien n'est pas propriétaire de ses eaux territoriales au sens domanial et patrimonial[1446], mais y exerce uniquement son *jus imperium* quant à l'affirmation de cette souveraineté, ainsi que des droits souverains quant à l'exploitation du *fructus* que procurent de tels espaces[1447].

En d'autres termes, au sens du FIPOL, du *P&I Club*, de la CLC et du tribunal d'instance de Messine, l'État italien n'avait subi aucune perte économique, et le tribunal de le rappeler en disant que les autorités étatiques n'avaient ni subi de perte de revenus, ni engagé de dépenses pour lutter contre la pollution[1448]. Ce jugement qui méconnaissait le droit de propriété de l'État sur ses eaux territoriales en ce sens qu'il s'agit d'une *res communis omnium*[1449] et non d'un droit de propriété *stricto sensu*, mettait en exergue les piliers du principe de la responsabilité civile que sont : la qualité à agir ainsi que l'intérêt à agir. En procédure d'appel, le gouvernement italien estima que ses réclamations n'étaient en rien contraires aux conventions de 1969 et 1971, car sa demande se fondait sur les dommages causés à l'environnement marin d'une part, et d'autre part, ses prétentions se fondaient également sur ces mêmes textes régissant les pertes économiques subies par le secteur touristique et les pêcheurs. Ce à quoi il lui fut répondu que s'agissant des pertes économiques subies par le secteur touristique et les pêcheurs, le Comité exécutif du Fonds était d'avis que de telles demandes étaient fondées, si et seulement si les réclamations émanaient des particuliers victimes de ces dommages, lesquels devaient en outre apporter les justificatifs des pertes économiques ainsi invoquées[1450]. Nous devons enfin noter que l'État italien fondait également sa prétention sur l'article II de la CLC, qui traitant de sa compétence *rationae loci*, prévoit d'appliquer exclusivement aux dommages de pollution survenus sur le territoire, y compris sur la mer territoriale et dans la ZEE d'un État contractant. La subtilité sémantique réside en ce sens que la Convention ne se voit nullement protéger les dommages au territoire *per se,* mais seulement ceux survenus sur le territoire, alors considéré ici comme étant le vecteur du préjudice subi par les réclamants. Par conséquent, ce n'est donc pas l'environnement qui est protégé, mais plutôt les choses qui s'y trouvent[1451].

Si la situation a certainement évolué en ce sens, il faut constater, pour à la fois saluer l'évolution mais surtout pour décrier et s'offusquer de la lenteur avec laquelle la question de la

---

[1446] Voir CNUDM art.2 sur la mer territoriale.
[1447] Voir également CNUDM art.55 à 64 sur la ZEE.
[1448] Rapport annuel FIPOL 1986 *op. cit.*, p.21.
[1449] JDI 1990 n°3 *op. cit.*, p.648.
[1450] FIPOL, Rapport annuel de l'année civile 1988, p.37.
[1451] JDI 1990 n°3 *op. cit.*, p.648.

protection de l'environnement marin a été traitée, car même la jurisprudence habituellement avant-gardiste, n'a pas toujours admis les actions de l'État comme le révèle l'affaire du *Patmos*, ni celle des associations. Il faut dire, qu'une telle évolution s'apparente même à une révolution, ce qui n'aurait pas dû être le cas puisque depuis 1901, une loi française[1452] reconnaît à l'association le droit d'ester en justice pour défendre tout intérêt licite. Quoi de plus licite donc, que de lutter pour la protection de l'environnement ? En effet, les juges judiciaires[1453] eux-mêmes, depuis très longtemps, se sont montrés fort vigilants et très réticents à accueillir positivement les actions engagées par exemple par des personnes morales telles que les associations, même défendant des intérêts altruistes, et nous noterons que même s'ils ont à chaque fois motivé une telle position, cela reste incompréhensible et regrettable[1454], bien que, et il faut le souligner, la jurisprudence en matière de protection de l'environnement ait malgré tout évolué plus rapidement que le législateur afin de permettre la levée de l'obstacle que constitue la personnalité du préjudice[1455].

Pourtant la Convention des Nations Unies sur le Droit de la Mer dite Convention de Montego Bay comportait déjà des éléments de réponse, notamment en son article 235. L'alinéa 2 de cet article dispose que « *Les États veillent à ce que leur droit interne offre des voies de recours permettant d'obtenir une indemnisation rapide et adéquate ou autre réparation des dommages résultant de la pollution du milieu marin par des personnes physiques ou morales relevant de leur juridiction* ».

À la lecture d'une telle disposition, on comprend mal comment la question de la qualité à agir et celle de l'intérêt à agir, préalables pour l'action en justice, aient pu figer pendant autant de temps, la problématique de la réparation du dommage écologique, celui-ci complètement délaissé au profit du préjudice écologique « économique »[1456]. Pourtant, à la lecture de la Convention des Nations Unies sur le Droit de la Mer, les États ont l'obligation de protéger et de préserver le milieu marin[1457], et en outre, ils sont tenus de prendre séparément ou bien conjointement, selon les cas, toutes les mesures compatibles avec la Convention, et nécessaires pour prévenir, réduire et maîtriser la pollution du milieu marin, quelle qu'en soit la source[1458].

1452 Loi du 1er juillet 1901 relative au contrat d'association ; articles 1, 3, 5 et 6.
1453 A l'inverse du juge administratif qui admet sans beaucoup de peine, la recevabilité de l'action en justice des associations.
1454 VINEY Geneviève & JOURDAIN Patrice, « *Traité de droit civil : Les conditions de la responsabilité* », 3e éd., 2006, L.G.D.J, p.150, n°303-5.
1455 Le lecteur l'aura sans doute compris, il ne nous semble pas pertinent de revenir sur l'historicité de l'évolution, car cela a déjà été abondamment traité par la doctrine.
1456 HOPQUIN Benoît, « *Préjudice écologique* », Revue Juridique de l'Environnement vol.40, n°4, 2015, pp.600-602.
1457 CNUDM, art.192.
1458 CNUDM, art.194 al.1.

Nous pouvons ici noter que la Convention de Montego Bay met à la charge de l'État côtier, l'obligation de veiller à la protection de l'environnement en général, à travers la lutte contre les pollutions en particulier, notamment celle par rejet ou déversement d'hydrocarbures[1459]. Donc, même si l'expression dommage écologique n'est pas clairement employée, il n'échappera pas que c'est l'environnement en toutes ses composantes (appropriables et non appropriables) qui fait l'objet de la protection ainsi organisée par la CMB. Une telle responsabilité de l'État quant à la protection de l'environnement marin est la contrepartie de la propriété qui est sienne, sur les ressources présentes dans cet environnement. C'est l'essentiel de l'article 193 de la CNUDM qui dispose que *les États ont le droit souverain d'exploiter leurs ressources naturelles selon leur politique en matière d'environnement et conformément à leur obligation de protéger et de préserver le milieu marin.* Droit souverain se distinguant de souveraineté, il apparaît donc clairement que l'État côtier dispose d'un droit patrimonial sur toutes les ressources présentes sur les espaces maritimes sous sa souveraineté, ainsi que celles présentes sur sa ZEE. À ce propos, l'expression « ... *exploiter leurs ressources naturelles...* » utilisée par la Convention est très révélatrice de notre point de vue, parce qu'elle dévoile l'idée d'une réelle possession de l'État quant aux ressources présentes sur son espace de souveraineté. Même si l'État n'exploite pas lui-même ces ressources, il reste néanmoins le titulaire d'un droit de propriété spécial, lequel est constitué par les droits souverains qu'il délègue à des opérateurs de droit privé, à travers diverses autorisations, réglementations. C'est l'exemple des aires marines protégées, des zones de pêche et des quotas de pêche entre autres. En contrepartie, ces pêcheurs payent des redevances calculées généralement sur les quantités pêchées, et en fonction des espèces pêchées. Ceci implique qu'en cas de pollution par hydrocarbures, l'État en tant que propriétaire de ces ressources biologiques et halieutiques entre autres, subit un préjudice personnel et en cela, est donc fondé à ester en justice sur ce fondement. En d'autres termes, un dommage écologique génère une détérioration des ressources et entraîne un préjudice patrimonial aux États détenteurs de droits sur ces ressources[1460]. Le caractère personnel du préjudice subi par l'État est ici identifiable, par le fait qu'il est désormais privé de devises qu'il aurait obtenues des redevances tirées de la délégation de l'exploitation des ressources présentes sur son espace de souveraineté. En outre, concernant les composantes non appropriables de l'environnement, il n'en demeure pas moins que l'État dispose également de l'intérêt à agir ainsi que de la qualité à agir. Cela, il le tient des dispositions de la CNUDM que nous avons précédemment citées, et qui mettent à sa charge la préservation et la protection de l'environnement à travers notamment,

[1459] CNUDM, art.194 al.3 b).
[1460] PIQUEMAL Alain, « *L'indemnisation des dommages écologiques par le système international d'indemnisation du FIPOL* », Annuaire Espaces et Ressources Maritimes, Paris Pedone, 2001, p.134.

la lutte contre les pollutions en général, et par hydrocarbures en particulier. Pour ce faire, la Convention permet à l'État côtier de prendre toutes les mesures nécessaires et compatibles à ses engagements internationaux. Sur ce point, la posture du Fonds international d'indemnisation ne nous semble donc pas justifiée[1461].

De même, on note aussi une évolution législative, car les personnes morales à l'instar entre autres des démembrements de l'État, des autorités locales, des associations de défense de l'environnement, peuvent ester en justice pour réclamer d'un pollueur la réparation du dommage causé à l'environnement. Selon l'article L.141-1[1462] du Code de l'environnement, « *lorsqu'elles exercent leurs activités depuis au moins trois ans, les associations régulièrement déclarées et exerçant leurs activités statutaires dans le domaine de la protection de la nature et de la protection de la faune sauvage, de l'amélioration du cadre de vie, de la protection de l'eau, de l'air, des sols, des sites et paysages, de l'urbanisme, ou ayant pour objet la lutte contre les pollutions et les nuisances et, d'une manière générale, œuvrant principalement pour la protection de l'environnement, peuvent faire l'objet d'un agrément de l'autorité administrative* ». Concrètement, lorsqu'elles exercent depuis au moins cinq ans avant la date de la pollution majeure par hydrocarbures, les associations agréées mentionnées à l'article précité, notamment L.141-2, peuvent exercer les droits reconnus à la partie civile en ce qui concerne les faits générant un préjudice direct ou indirect aux intérêts collectifs qu'elles ont pour objet de défendre et constituant une infraction aux dispositions législatives relatives à la protection de la nature et de l'environnement, à l'amélioration du cadre de vie, à la protection de l'eau, de l'air, des sols, des sites et paysages, à l'urbanisme, à la pêche maritime ou ayant pour objet la lutte contre les pollutions et les nuisances, la sûreté nucléaire et la radioprotection, les pratiques commerciales et les publicités trompeuses ou de nature à induire en erreur quand ces pratiques et publicités comportent des indications environnementales ainsi qu'aux textes pris pour leur application[1463]. Comme le souligne le texte, les associations peuvent donc exercer ce droit à condition, que leur but et leur objet à travers leurs statuts concernent la protection de l'environnement en tant que *causa nostrum*. On assiste donc à une répercussion du dommage subi par la mer sur la cause même de l'existence de l'association. Cette répercussion crée alors un intérêt personnel à agir, puisque l'objet social constitue la raison de l'existence de l'association. En d'autres mots, l'association existe aussi pour poursuivre en justice celui qui

[1461] Position que nous partageons avec Mme ORENGO Céline, *op. cit.*, page164.
[1462] Ce texte codifie la Loi n°2012-1460 du 27 décembre 2012, relative à la mise en œuvre du principe de participation du public défini à l'article 7 de la charte de l'environnement-article 15.
[1463] Loi n°2016-1087 du 8 août 2016 pour la reconquête de la biodiversité, de la nature et des paysages (article 101), codifié par C. envir., art. L.142-2 alinéa 1.

polluerait la mer. N'y avoir pas pensé plus tôt est inexplicable dans un État de droit, car les associations étaient ainsi privées d'un droit fondamental quant à leur raison d'être[1464].

La question de la qualité à agir ainsi que celle de l'intérêt à agir, semblent donc n'être plus d'actualité aujourd'hui, parce que, à la lecture de ces différents textes, il ressort que l'environnement est résolument considéré désormais comme étant une *res communis omnium*, et constitue donc en cela un intérêt collectif, dont la charge de la protection incombe à tous, notamment à travers les associations et les collectivités territoriales. En témoigne l'intitulé du chapitre 2, titre 4 du Code de l'environnement : « *Action en justice des associations et des collectivités territoriales* » ; créé par l'article 144 de la loi de 2016, portant reconquête de la biodiversité, de la nature et des paysages[1465].

Au regard du rapport annuel du FIPOL de 2018, on peut noter une évolution quant à l'initiative de la demande. Nous pouvons y lire qu'« *un particulier, une association, une société, un organisme privé ou public, y compris un État ou des autorités locales peuvent se constituer demandeurs* »[1466]. Si cette évolution dans l'identification des potentiels réclamants semble marquer un tournant, il n'en est strictement rien. En effet on ne saurait parler d'un début de reconnaissance du dommage écologique par le Fonds, car à la même page dudit document, la conception purement économique du dommage demeure martelée et cela, en des termes très clairs car : « *pour ouvrir droit à une indemnisation, le dommage par pollution doit entraîner un préjudice économique réel et quantifiable* ». Préjudice économique, réel et quantifiable ! Tout semble clair, que dire d'autre ? Excepté qu'il existe désormais un duel, ou une bipolarisation. D'une part, le FIPOL, pour qui le dommage écologique n'existe pas et qui ne veut prendre en charge que le préjudice écologique économique, et d'autre part, les populations et l'État qui semblent désormais d'accord quant à l'acceptation de principe du droit d'action en réparation du dommage écologique. Toutefois, à notre connaissance, aucun texte législatif n'envisage pour l'instant, de manière claire et explicite, la réparation du dommage écologique que la Cour de cassation a pourtant consacré à la faveur de l'affaire de l'*Erika*[1467]. De notre point de vue, c'est sans doute la raison pour laquelle il n'y a pas évolution de la part du Fonds – du moins pour l'instant – et que l'on n'assiste pas à la réparation du dommage écologique, mais à une sorte d'indemnisation constituée par le remboursement des sommes engagées pour

[1464] VINEY Geneviève & JOURDAIN Patrice, « *Traité de droit civil, Les conditions de la responsabilité* », 3e éd., 2006, L.G.D.J, p.151- n°303-5.
[1465] Loi n°2016-1087, du 8 août 2016, pour la reconquête de la biodiversité, de la nature et des paysages.
[1466] FIPOL, Rapport annuel 2018, p.14.
[1467] Voir infra page 464 et s. Cette reconnaissance constitue l'aboutissement de la dynamisation du droit de l'environnement en tant qu'exception au droit classique de la responsabilité civile.

les mesures de sauvegarde. Il est fait référence ici aux coûts des opérations de nettoyage en mer ou à terre, et les coûts de la remise en état de l'environnement.

Malgré tout, la dynamisation qui participe à la construction d'un droit de l'environnement digne et dérogatoire de la responsabilité civile classique, et qui prend réellement en compte le dommage écologique, bénéficie d'un nouvel instrument : celui de la collectivisation de l'action contentieuse.

B/ L'introduction de l'action collective dans la procédure contentieuse

Plus largement connue sous l'anglicisme *Class action*, l'action de groupe[1468] est le fait par lequel *"one or more members of a class may sue or be sued as representatives parties on behalf of all members... "[1469]*. Il s'agit donc d'« *une action introduite par un représentant pour le compte de toute une classe[1470] de personnes ayant des droits identiques ou similaires qui aboutit au prononcé d'un jugement ayant autorité de la chose jugée à l'égard de tous les membres de la classe* »[1471]. En d'autres mots, l'action de groupe est la faculté dont dispose une multitude de personnes, individuellement victimes d'un même fait unique, de confier l'initiative de la saisine du juge et le suivi du contentieux à une ou plusieurs personnes, agissant au procès pour le compte et pour l'intérêt du groupe. Deux observations s'imposent : d'abord l'identification notionnelle de l'action collective s'assimile à la notion de dommage de masse ou bien de sinistre majeur que nous avons précédemment analysée, parce que le critère quantitatif de la notion de sinistre majeur s'identifie au nombre de victimes de l'action, tandis que le critère qualitatif lui, correspond au fait dommageable unique, générateur du sinistre qui affecte une multitude de personnes. Nous arrêtant sur cette observation, nous affirmerons donc d'emblée, que la *class action* semble être la réponse contentieuse appropriée face à un sinistre majeur[1472]. La deuxième observation est qu'en cas d'option de l'action collective, la décision s'imposera à tous ceux qui étaient représentés durant l'instance.

De tradition anglo-saxonne et développée depuis le Moyen Âge anglais[1473], la *class action* s'est vue révélée dans le droit moderne par l'adoption en 1938 aux États-Unis, de la loi

---

[1468] Au Québec l'expression consacrée depuis 1978 est l'action collective (précédemment recours collectif).
[1469] Federal Rules of civil procedure (Loi fédérale américaine portant organisation de la procédure civile), version en vigueur depuis le 1er décembre 2018 ; art.23.
[1470] L'expression classe de personnes utilisée par l'auteur s'entend comme le groupe de personnes.
[1471] BORÉ Louis, « *La défense des intérêts collectifs par les associations devant les juridictions administratives et judiciaires* », L.G.D.J 1997, p.359.
[1472] Cf. infra, intérêt de l'action de groupe.
[1473] BORÉ Louis, *op. cit.*, page 359.

fédérale relative à la procédure civile, dite *Federal Rules of Civil Procedure*. Selon chaque système juridique, l'action collective se distingue premièrement par sa diversité, et c'est le cas des États-Unis qui distinguent[1474] d'une part, l'action de groupe dite en cessation, c'est-à-dire sollicitant du juge une injonction visant à faire cesser le trouble, et d'autre part, une action collective dite en réparation, c'est-à-dire recherchant l'octroi par le juge, des dommages-intérêts contre l'auteur du dommage. Deuxièmement, la recevabilité de l'action collective peut varier d'un système à un autre, mais constitue en la recherche par le juge, du bien-fondé de l'initiative, des contours exacts du groupe, de la véracité du mandat dont se prévaut le plaideur agissant pour le groupe. Troisièmement, la procédure de l'instance ainsi que le mode de financement de la *class action* peuvent aussi différer selon chaque système juridique. Toutefois, dans le fond, indépendamment des pays, l'action est admise d'une part, lorsque la condition de l'unicité de cause et de nature du dommage est remplie, c'est-à-dire lorsque les différentes victimes souffrent toutes d'un dommage généré par la même source, le même fait bien que le degré du préjudice puisse varier[1475], puisque tous ne peuvent subir des préjudices identiques, certains étant plus exposés que d'autres, et d'autre part, la condition de l'opportunité de l'action collective doit elle aussi être observée. C'est-à-dire que le tribunal saisi vérifie d'abord que le nombre des victimes rend cette action nécessaire parce que pour l'espèce, l'action collective doit être la plus efficace ou encore la plus adaptée au contentieux. C'est la disposition de l'article 23 (a)(1) qui autorise la *class action* si les plaignants sont si nombreux que la jonction des instances soit impossible. De même que le juge américain s'assure que les membres du groupe ne soient pas non plus trop nombreux[1476], car la procédure serait également paralysée en une telle circonstance.

Toute œuvre humaine étant par nature imparfaite, la *class action* a été quelques fois très critiquée parce qu'on lui faisait grief de souvent générer des abus, notamment des dérives quant aux honoraires démesurés des avocats, d'où des formules peu flatteuses utilisées par ses détracteurs[1477]. Cependant dans l'ensemble, la *class action* s'est avérée très utile, notamment pour les personnes qui n'auraient pas esté en justice pour faire valoir leurs droits. C'est le cas, par exemple, de 67 000 propriétaires de véhicules *General Motors*, qui, grâce à l'action d'un plaideur obtinrent une indemnisation financière et un accord relatif à la prise en charge des réparations, via la prolongation de trois ans de la durée de la garantie constructeur[1478]. Un autre

[1474] Federal Rules of Civil Procedure, art.23 (b).
[1475] GUEGAN-LECUYER Anne, « *Dommages de masse et responsabilité civile* », L.G.D.J 2006, n°361 p.418.
[1476] *Boshes vs General Motors Corporation, Northern district court of Illinois*, 1983. Le juge saisi déclara irrecevable une class action regroupant près de 60 millions de personnes.
[1477] "Legalized blackmail" pour « chantage légalisé », ou encore « monstre à la Frankenstein ».
[1478] GUEGAN-LECUYER Anne, « *Dommages de masse et responsabilité civile* », L.G.D.J 2006, n°360 p.418.

atout de l'action collective concerne les personnes qui n'auraient rien obtenu si après le dommage de masse, des actions étaient introduites individuellement, parce que le risque dans un tel cas est que l'admission des dommages-intérêts pour un ou quelques plaideurs, entraîne la banqueroute du défendeur (et son assureur), donc son incapacité à réparer les autres dommages individuels[1479]. Ceci constitue d'ailleurs une des raisons de l'admissibilité de la *class action*[1480].

À l'observation donc, l'action collective a un triple intérêt : premièrement une meilleure réparation des dommages de masse, à travers la défense globale des intérêts individuels, de par l'accès de toutes les victimes à la justice, et grâce au contrôle par le juge de l'action du représentant. Deuxièmement, la recevabilité de l'action collective porte aussi sur la qualité du représentant et sa capacité à défendre objectivement et efficacement les intérêts individuels transformés en intérêt collectif d'une part, et d'autre part, la *class action* contribue à un partage des frais de la procédure, entre les réclamants faisant partie du groupe. Troisièmement, cette procédure permet un gain de temps pour tous (juges, demandeurs et défendeur) à travers la facilitation et la rapidité de la procédure[1481], car les tribunaux rendent une seule décision, valant pour une multitude de réclamations. Cela tranche nettement avec la lourdeur qu'aurait généré l'examen individuel par les juges, de la multitude de réclamations individuelles.

Ce mécanisme d'action collective, adopté par plusieurs pays tant de *Common Law*[1482] que de droit civil[1483] entre les années 1950 et fin 1980, n'est arrivé que très tardivement en France, même si une partie de la doctrine[1484] l'appelait déjà de ses vœux depuis fort longtemps[1485]. En effet, c'est en 2014, à travers la loi[1486] dite HAMON qu'une telle action est entrée dans le corpus juridique français. Selon l'article L.623 du Code de la consommation, seule une association de défense de consommateurs agréée[1487] et représentative au niveau

[1479] *Green vs Occidental Petroleum Corporation*, Ninth Circuit Court of Appeal 1976. Partant sur le constat que certaines réclamations de dommages-intérêts ruineraient le défendeur et priveraient d'autres victimes de l'indemnisation de leurs préjudices, le juge admit la class action.

[1480] Pour plus d'informations sur l'utilité de la class action, notamment le recours collectif québécois, voir LAFOND P-C, « *Le recours collectif québécois et le juge québécois : de l'inquiétude à la sérénité* », in Les class actions devant le juge français : rêve ou cauchemar, Colloque du 18 novembre 2004, LPA n°115 du 10 juin 2005, p.11.

[1481] GUEGAN-LECUYER Anne, « *Dommages de masse et responsabilité civile* », L.G.D.J 2006, p.421.

[1482] Australie, Ontario, Angleterre (Group litigation) entre autres.

[1483] Québec (le recours collectif), Brésil, Portugal (l'action populaire), Israël. Pour aller plus loin, voir PONTES LEITE Anne, « *Les class actions pour la réparation des préjudices de masse* ». Mémoire de Master 2 recherche droit privé général, Université de Nantes faculté de droit et de science politique, juin 2007.

[1484] Voir par exemple le projet CALAIS-AULOY, ou bien le projet CABALLERO ; in BORÉ Louis, *La défense des intérêts collectifs par les associations devant les juridictions administratives et judiciaires*, pp.402 et suiv.

[1485] Les premiers plaidoyers pour l'action de groupe en France remontent dans les années 1970.

[1486] Loi n°2014-344, du 17 mars 2014 relative à la consommation, codifiée par le chapitre 3 du titre II du livre VI du Code de la consommation.

[1487] Voir article L.811 C. conso.

national peut agir devant une juridiction civile afin d'obtenir l'indemnisation des préjudices individuels, subis par des consommateurs placés dans une situation similaire ou identique, et ayant pour cause commune, un manquement d'un ou plusieurs professionnels à leurs obligations légales. De même, l'action de groupe ne porte que sur l'indemnisation des préjudices patrimoniaux résultant des dommages matériels subis par les consommateurs[1488]. Comme le veulent son intitulé et son texte, cette loi s'applique exclusivement aux consommateurs. Chose curieuse, car on peut trivialement se poser la question de savoir : rien que ça après tout ce temps ? En effet, le sujet a été débattu depuis très longtemps maintenant, et on se serait donc attendu à ce que la loi organisant l'action de groupe à la française, s'inspirant des modèles existants, sans pour autant les transposer à l'identique, concernât divers domaines de la responsabilité civile[1489]. À l'observation, on note que l'action de groupe telle qu'organisée par la loi de 2014, en plus d'être sectorielle, est trop restrictive, parce qu'elle a visiblement vocation à ne s'appliquer qu'au contentieux de la consommation opposant consommateurs et professionnels à l'occasion de la vente de biens ou de la fourniture de services ainsi que dans le cadre de la location d'un bien immobilier[1490]. Voyons cela dans le cas de la matière qui nous intéresse.

Pour revenir au droit maritime, et tout d'abord en ce qui concerne le transport maritime de passagers, nous pouvons au regard de cette loi, affirmer que les passagers ne sont pas concernés. Pourtant selon l'article liminaire du code de la consommation qui reprend la Directive[1491] européenne, est consommateur toute personne physique qui agit à des fins qui n'entrent pas dans le cadre de son activité commerciale, industrielle, artisanale, libérale ou agricole. Le texte est bien clair et seules les personnes physiques peuvent être qualifiées de consommateurs, de telle sorte qu'on ne saurait alléguer cette qualité aux non-professionnels, « assez mal définis » comme étant toute personne morale qui n'agit pas à des fins professionnelles[1492]. Dans sa définition de la notion de passager[1493], la Convention d'Athènes n'a pas jugé nécessaire de rajouter l'expression *physique* après celle de personne. Mais jusqu'à preuve du contraire, le passager est une personne physique. En cas de sinistre majeur donc,

---

[1488] C. conso., art.L.623-2.
[1489] C'est le cas par exemple en Europe pour le Danemark, le Portugal, la Lituanie, les Pays-Bas, le Royaume-Uni entre autres, qui prévoient des procédures civiles en réparation dans tous les domaines.
[1490] C. conso., art.L.623-1 1°.
[1491] Article 2 de la Directive n°2011/83/UE du 25 octobre 2011, Parlement et du Conseil de l'UE relative au droit des consommateurs, modifiant la directive 1999/44/CE du Parlement européen et du Conseil, et abrogeant la directive 85/577/CEE du Conseil et la directive 97/7/CE du Parlement Européen et du Conseil.
[1492] DEPINCÉ Malo et MAINGUY Daniel, « *Action de groupe française, dispositions générales et procédures spéciales* », Jurisclasseur commercial, fasc.979. Version électronique, dernière mise à jour du 3 septembre 2018.
[1493] Art.1.4 (a) et (b) Convention d'Athènes relative au transport par mer des passagers et de leurs bagages.

généré par un navire de transport de passagers, tel que nous l'avons précédemment analysé, les différentes victimes peuvent recourir à la *class action* américaine ou à l'action collective québécoise[1494] pour introduire et défendre leurs réclamations. Même s'il nous revient de préciser que dans un tel contexte, toutes les victimes ne seront pas forcément uniquement des passagers, cela n'exclut pas le recours à l'action de groupe, car la condition de l'unicité de la source du dommage et celle de la multitude des préjudices individuels sont réunies.

L'action de groupe française est si restrictive qu'elle ne prévoit pas ce cas de figure, et nous nous demandons donc pourquoi, car dans sa frilosité, le législateur conditionné par son envie de spécificité, a produit une loi à la fois trop sectorielle, maladroite et inopportune. En effet, si l'on peut comprendre la volonté de ne s'appliquer qu'à une catégorie juridique spéciale, ici les consommateurs, nous concevons mal et n'expliquons pas son caractère discriminatoire au sein de la même catégorie (les consommateurs) qu'elle semble pourtant vouloir protéger. Si nous nous essayons à un syllogisme, nous verrons que le passager est une personne physique et en cela, est donc un consommateur. Le transporteur maritime de passagers, au regard de la Convention d'Athènes ou bien du Code du commerce, est un professionnel, car l'activité de transport en tant qu'acte de commerce, constitue sa profession habituelle. Le caractère discriminatoire de la loi HAMON à l'égard des passagers maritimes en particulier, s'identifie à la lecture de l'article L.623-2 du Code de la consommation. Selon cet article, « *l'action de groupe ne peut porter que sur la réparation des préjudices patrimoniaux résultant des dommages matériels subis par les consommateurs* ». Pourtant les passagers peuvent, et c'est très souvent le cas, subir des blessures corporelles ou même la mort. Dans le même ordre d'idées, l'article L.623-1 dispose que l'action de groupe peut être initiée par des consommateurs contre des professionnels, ayant manqué à « *leurs obligations légales, relevant ou non du présent code, ou contractuelles* », et à l'occasion « *... de fourniture de services...* ». Pourtant, en tant qu'activité professionnelle du transporteur maritime, le contrat de passage est un contrat de fourniture de services et parmi ses obligations légales, figure en bonne place l'obligation de sécurité de résultat. Nous espérons donc que cette loi évoluera, pour se moderniser et se mettre au diapason du droit français, cité en bien d'aspects, parmi des plus modernes. D'autres l'ont fait, pourquoi pas la France ?

Preuve que l'intérêt pour l'action de groupe était réel et vif, cette possibilité a été élargie très rapidement par des lois spéciales à d'autres secteurs avec en filigrane, peut-être pour

[1494] Ou encore celle prévue par exemple par le Danemark, le Portugal, la Lituanie, les Pays-Bas, le Royaume-Uni.

l'avenir, une action de groupe générale[1495]. C'est le cas de l'action de groupe de la santé[1496], ou de l'action de groupe issue de la loi dite de modernisation de la justice du XXIe siècle[1497]. Cette dernière qui prévoit des actions de groupes « spéciales », en prévoit une quant à la défense de l'environnement. Elle le fait par son article 89, qui crée l'article L.142-3-1 du Code de l'environnement. Selon ce texte, « [*lorsque plusieurs personnes placées dans une situation similaire subissent des préjudices résultant d'un dommage dans les domaines mentionnés à l'article L.142-2 du présent code, causé par une même personne, ayant pour cause commune un manquement de même nature à ses obligations légales ou contractuelles, une action de groupe peut être exercée devant une juridiction civile ou administrative*] et [*cette action peut tendre à la cessation du manquement, à la réparation des préjudices corporels et matériels résultant du dommage causé à l'environnement ou à ces deux fins*]… ». Selon le 4° paragraphe de cet article, seules peuvent exercer cette action de groupe, soit d'une part les associations agréées dans des conditions définies en Conseil d'État, et dont l'objet statutaire comporte la défense des victimes de dommages corporels ou la défense des intérêts économiques de leurs membres, soit d'autre part, les associations de protection de l'environnement agréées en application de l'article L.141.1.

À l'analyse de ce texte, et en demeurant dans le cadre de la responsabilité de l'armateur pour cause de marée noire, trois remarques s'imposent. Tout d'abord, le principe de l'action de groupe est désormais admis lorsque le dommage par pollution généré par un navire, outre son anormalité, réunit les conditions de communauté de cause et de pluralité de victimes. Pour ce faire, le texte semble opter pour la conception de préjudice écologique, avec l'environnement comme vecteur des dommages subis par les personnes. Ensuite, l'action collective relative au droit de l'environnement qu'organise cet article, semble se rapprocher de la *class action* américaine, car l'on peut distinguer trois types d'actions de groupe. Premièrement, celle dite en cessation qui sollicite du juge le prononcé d'une injonction visant « *à la cessation du manquement* », Deuxièmement, celle qui sollicite du juge, la condamnation de l'armateur du navire pollueur aux dommages-intérêts à travers « *la réparation des préjudices corporels et matériels résultant du dommage causé à l'environnement…* », l'action de groupe pouvant également porter « *à ces deux fins* ». Troisièmement, d'après cet article, une personne physique ne peut recevoir mandat ou qualité pour se porter représentant des plaideurs à l'instance. Seules les associations auront cette qualité. Ce sera le cas soit des associations agréées en Conseil

[1495] MAINGUY Daniel, « *L'élargissement des actions de groupes* », RLDC n°136 avril 2016, p.26.
[1496] Introduite par la loi n°2016-41 du 26 janvier 2016 sur la modernisation de notre système de santé.
[1497] Loi n°2016-1547 du 18 novembre 2016 pour la modernisation de la justice du 21e siècle.

d'État et ayant été créées avec pour objet la défense des victimes de dommages corporels, ou bien la défense des intérêts économiques des membres du groupe. Sont aussi admissibles à initier des actions de groupe, les associations de protection de l'environnement agréées en application de l'article L.141-1[1498] du Code de l'environnement. Ce point nous semble particulièrement intéressant parce qu'il paraît reconnaître, bien qu'implicitement, l'existence du dommage écologique, parce que les associations auxquelles allusion est faite par cette disposition sont celles ayant pour raison sociale et pour objet la défense de l'environnement *per se*. Le texte fait référence aux associations qui, exerçant leurs activités depuis au moins trois ans, ont pour activités statutaires la protection de la nature et la gestion de la faune sauvage, l'amélioration du cadre de vie, la protection de l'eau, de l'air, des sols, des sites paysagers, de l'urbanisme, ou ayant pour objet la lutte contre les pollutions ou les nuisances[1499] etc.

Donc, même si aucun texte réglementaire ou législatif ne parle pour l'instant du dommage écologique, nous constatons de tout ce qui précède, que la dynamisation du droit de l'environnement désormais bien entamée, franchit un nouveau cap grâce à l'admission de la *class action* dans la procédure contentieuse. Pouvait-il en être autrement ? Nous pensons que non, et que cela va de soi, parce que, l'environnement nous l'avons dit, n'est pas une *res nullius* comme le pense l'opinion, mais une *res communis omnium* mieux, une *causa nostrum* dont la protection et la sauvegarde intéressent désormais toute la communauté, l'État étant le garant de cet intérêt général. D'ailleurs, il nous semble qu'il existe en cette matière deux types d'actions collectives. L'une que nous qualifierons d'objective, ou action de groupe *stricto sensu*, est celle expressément régie comme telle par l'article L.142-3-1 de Code de l'environnement précité. L'autre que nous qualifierons d'action de groupe *lato sensu*, dérive de l'interprétation extensive que nous faisons de l'article L.142-4 du Code de l'environnement. Selon cet article, « *Les collectivités territoriales et leurs groupements peuvent exercer des droits reconnus à la partie civile en ce qui concerne les faits portant un préjudice direct ou indirect au territoire sur lequel ils exercent leurs compétences et constituant une infraction aux dispositions législatives à la protection de la nature et de l'environnement ainsi qu'aux textes pris pour leur application* ». Ainsi, puisque les collectivités territoriales sont compétentes à la fois *rationae materiae* et *rationae loci* pour gérer et défendre les intérêts d'une population donnée, lorsqu'elles lancent des actions en justice pour la réparation des dommages à l'environnement, elles le font certes en tant que personnes morales mais aussi et surtout, pour le compte des populations qu'elles administrent et représentent de manière tacite. En outre, même si une fois de plus l'expression

---

[1498] C. envir., art. L.142-3-1 IV.2°.
[1499] C. envir., art. L.L141-1.

n'est pas clairement utilisée par le législateur dans cet article, nous pouvons y déceler une reconnaissance du dommage écologique que nous distinguons – le lecteur s'en sera aperçu – du préjudice écologique. Cet article donne vocation aux collectivités territoriales pour se constituer partie civile en cas de *préjudice direct ou indirect au territoire*... et cela tranche nettement avec l'article 2 a) de la CLC qui s'applique aux dommages de pollution survenus sur le territoire, y compris la mer territoriale d'un État contractant, et dans sa ZEE. La CLC parle de « *dommage survenu* ***sur*** *le territoire* », tandis que l'article L.142-4 parle de « *dommage* ***au*** *territoire* »[1500]. Pour le premier texte, la mer est le vecteur du préjudice écologique à l'égard des personnes et pour le second texte, la mer peut souffrir d'un dommage écologique.

La très grande majorité des *class actions* engagées se solde par des transactions[1501]. Cela s'explique, d'une part, grâce à la tradition judiciaire des pays de *Common Law* en général et des États Unis en particulier, très favorables à la transaction ; ça s'explique aussi d'autre part, par l'importance des sommes nécessaires pour la réparation des sinistres majeurs ainsi que pour l'indemnisation des préjudices qui en découlent[1502]. Toutefois, transiger dans ce type de litige, s'avère particulièrement intéressant de manière générale. La commission européenne a elle-même fait le constat de la forte tendance du recours aux MARC aboutissant à des négociations transactionnelles directes. Se fondant sur ce constat, elle a dans un rapport de 2018, encouragé les États membres à faciliter le règlement non contentieux en cas de sinistre majeur, parce que selon elle, « *introduire de tels dispositifs dans les mécanismes de recours collectif est une manière efficace de faire face aux préjudices de masse et pourrait avoir des effets positifs sur la durée des procédures ainsi que sur les coûts supportés par les parties à un litige ainsi que par l'appareil judiciaire* »[1503]. Un tel vœu de l'extension du règlement amiable est aussi émis à l'égard du droit français, parce que, bien qu'elle entraîne la flexibilité du règlement du litige, la médiation de groupe qui demeure une faculté, se heurte en France à plusieurs obstacles[1504].

En attendant, les juges restent vigilants. Cette veille, après le naufrage du *Costa Concordia*, a permis de sanctionner une offre de transaction de la société COSTA CROCIERE,

[1500] « Sur » et « au », sont soulignés par nous.
[1501] BORÉ Louis, « *La défense des intérêts collectifs par les associations devant les juridictions administratives et judiciaires* », L.G.D.J. 1997, p.374-§370.
[1502] Idem, p.375.
[1503] Rapport de la Commission au Parlement, au Conseil et au Comité économique et social européen ; concernant la mise en œuvre de la recommandation de la Commission du 11 juin 2013, relative à des principes communs applicables aux mécanismes de recours collectif en cessation et en réparation dans les Etats membres en cas de violation des droits conférés par le droit de l'Union (2013/396/UE). COM(2018) 40 final, du 25 janvier 2018, p.16
[1504] BIARD Alexandre, « *Sale temps pour l'action de groupe... La nécessaire recherche d'outils alternatifs pour résoudre les litiges de masse* », RLDC, n°157 du 1er mars 2018, p.21.

jugée déloyale et préjudiciable[1505]. En l'espèce, la compagnie maritime armateur du *Costa Concordia*, encouragée par son *P&I Club*, émit par courrier individuel aux victimes françaises, une offre de transaction d'un montant de 11 000 euros, avec indication qu'en cas d'acceptation, chacune de ces victimes avait quinze jours pour retourner la quittance jointe à la lettre. Une telle manière de faire, alors que ces victimes étaient représentées à l'instance par une association, a été sanctionnée par les juges, qui considéraient que : *le bref délai accordé aux bénéficiaires de l'offre pour se prononcer relativement à celle-ci, alors qu'ils viennent d'être confrontés à des événements dramatiques qui en sont la cause, les expose au risque, qui constitue un dommage imminent, de l'accepter, ou au contraire de la refuser, sans avoir été à même de prendre une décision mûrement réfléchie*[1506]. C'est dire que la transaction est une négociation, donc un échange de consentements mené de manière loyale, et surtout de bonne foi. Parlant de bonne foi ainsi que de loyauté, nous pouvons noter qu'en cas de transaction de groupe, il n'est pas rare que le plus fort, placé en position dominante en abuse. À ce propos, nous pouvons remarquer que les 11 000 euros initialement proposés sont deux fois moins élevés que la moyenne d'indemnisation obtenue de 23 425 €, obtenus par personne, après notre calcul[1507] réalisé dans la première section du présent chapitre. Pour nous en convaincre, nous pouvons considérer l'interview accordée à BFMtv[1508] par Me Bertrand COURTOIS, avocat du collectif des victimes françaises, qui précise que : « *le montant accordé à chacun est confidentiel, mais il est significativement supérieur aux 11 000 euros initialement accordés* ». Celles des personnes qui n'avaient pas adhéré à l'association de défense des intérêts des victimes, et qui avaient demandé des réclamations individuelles, acceptèrent pour la plupart d'entre elles, la somme de 11 000 euros, à leurs dépens dirons-nous. Cela nous permet d'avoir là, une illustration parfaite de l'avantage du recours collectif bien mené.

L'on pourrait se poser à ce niveau, les questions relatives à la position et à l'attitude des *P&I Clubs* en présence d'une *class action* initiée contre leurs armateurs sociétaires. Nous pouvons dire que ces mutuelles n'ont pas une grande marge de manœuvre parce que l'initiative de l'action appartient aux plaignants. Ainsi, en cas de *class action* (recours collectif) initiée par les victimes d'un préjudice écologique ou d'un naufrage de paquebot, les *P&I Clubs* ne pourront que constater cet état de fait et agiront sur cette base. Mais à regarder de près, cela représente plutôt un avantage à bien des égards. D'abord parce qu'à la faveur d'un recours

1505 CA. Versailles 14e ch., 9 mai 2012, Sté COSTA CROCIERE SPA c/ FENVAC et a. Obs. Claude LIENHARD, DMF n°738 juillet-août 2012, p.601.
1506 CA. Versailles 14e ch., 9 mai 2012, op.cit. p.601.
1507 Cf. supra dans la section 1) §2 de ce même chapitre, B/ Suggestion d'un seuil faisant du naufrage un sinistre majeur, p.390.
1508 https://www.bfmtv.com/societe/costa-concordia-sont-indemnisations-victimes-817727.html.

collectif, les *P&I Clubs* ouvrent un seul dossier comme si le litige était porté par un seul réclamant. Ensuite, le contentieux ou les négociations devant aboutir à une transaction sont menées plus simplement, parce que l'Association a en face un ou quelques interlocuteurs. La différence est donc franche eu égard aux difficultés qu'il y a de négocier avec une centaine, voire des milliers d'interlocuteurs. Enfin, cela a l'avantage que le litige soit soldé plus rapidement et à moindre coût.

Toutefois, à la différence des dommages ordinaires, la gestion des sinistres majeurs par les *P&I Clubs* ne bénéficiera pas de la discrétion qui est dans leurs gênes. Même lorsqu'ils trouvent des accords amiables et transigent avec les différentes parties plaignantes, les *P&I Clubs* en de telles circonstances, sont obligés de s'accommoder de la publicité propre à ce type de sinistres, générée par le grand renfort médiatique. À titre d'illustration, nous pouvons noter qu'à la différence des règlements non juridictionnels de litiges ordinaires, toujours à huis clos, les montants des transactions relatives aux sinistres majeurs sont très souvent connus par le public. En matière de pollution de l'air par les automobiles, par exemple, le récent scandale Volkswagen peut être considéré comme une illustration parfaite, et en cela, l'impact médiatique des actions collectives en constitue un atout pertinent[1509]. Et en matière d'assurance maritime, bien qu'il s'agisse d'une situation que ces mutuelles envient peu, il n'en demeure pas moins que leur flexibilité et leur adaptabilité participent à ce que la gestion de telles situations se solde généralement assez rapidement.

[1509] LE BORGNE Hervé, « *Action de groupe à la française, nouvelle et fausses notes* », Revue Droit et Patrimoine n°243, 1er janvier 2015, Dossier, p.52. Aussi BIARD Alexandre, « *Sale temps pour l'action de groupe... La nécessaire recherche d'outils alternatifs pour résoudre les litiges de masse* », RLDC, n°157 du 1er mars 2018.

Chapitre 2 : L'assurance de la responsabilité civile spéciale des armateurs : l'implication pertinente des P&I Clubs face aux sinistres majeurs

À situation spécifique, réponse spécifique ! Cette maxime assez bien connue, trouve son sens lorsqu'il s'agit de réparer les sinistres majeurs relatifs à la navigation maritime. La raison se trouve dans le fait qu'à l'occasion de sinistres d'envergure, la diversité et le nombre des intérêts en jeu sont tels que la mobilisation des parties prenantes revêt naturellement un caractère exceptionnel. Ainsi, l'assurance de la responsabilité civile des armateurs, notamment la garantie P&I telle que proposée et exécutée par les Clubs de Protection et d'Indemnité, prend tout son sens ou déploie toute son envergure lorsqu'en plus de proposer des garanties dites standards, ces mutuelles participent concrètement, à travers une implication effective et caractérisée, à la prévention et/ou selon le cas, à la gestion des risques. Cela nous amène pour bien cerner ce chapitre, à analyser, d'une part, cette implication en matière de prévention des catastrophes (section 1), et d'autre part, nous verrons l'efficacité des prestations offertes ici par ces Associations d'armateurs (section 2).

Section 1 : L'intéressante implication des P&I Clubs quant à la prévention des sinistres majeurs

Bien que disposant d'un potentiel financier très important, il serait très difficile pour les *P&I Clubs*, de se focaliser uniquement sur la réparation des dommages de masse ou sur l'indemnisation de leurs conséquences, parce que cela les ruinerait probablement, détruisant ainsi tout un système. C'est ce qui a conduit ces mutuelles, à élaborer des outils participant à la prévention des catastrophes ou bien à la limitation de leurs conséquences lorsqu'elles se produisent. À ce propos nous verrons tout à tour, l'implication des *P&I Clubs* à travers des initiatives privées suppléant la réglementation internationale (§1) et leur contribution au respect par les armateurs, des exigences particulières unilatérales de certains États (§2).

§1 : À travers des initiatives privées complétives de la réglementation internationale

Les initiatives imaginées et mises sur pied par les mutuelles d'armateurs sont diverses et variées, et répondent chacune à des besoins bien précis. L'objectif étant, à n'en point douter, la prévention ou la minimisation des risques auxquels s'exposent les armateurs dans leurs activités. Ceci, à travers la participation à l'application de certaines mesures de sécurité maritime. Pour y voir plus clair, nous étudierons tout d'abord les mesures visant la sauvegarde du fondement de la garantie, c'est-à-dire le navire, à travers l'évincement des navires sous normes (A). Ensuite nous verrons l'exemple d'une mesure concrète, à savoir la Clause SCOPIC (B).

A- La chasse aux navires sous-normes

Désormais, il est clairement établi que le Droit maritime en général et celui relatif à la navigation en particulier, ont évolué au gré des catastrophes tristement célèbres, au vu de leurs conséquences directes pour la navigation et pour l'environnement, et aussi parfois pour l'économie du lieu de leur réalisation. Mais en même temps, ces accidents se sont avérés être à chaque fois une extraordinaire opportunité de faire évoluer le droit de la sécurité maritime. Le pilier de cet objectif de garantie de la sécurité maritime est la lutte contre la présence dans notre patrimoine commun qu'est la mer, de navires sous-normes. Ceci s'explique simplement par le constat fait au lendemain des catastrophes écologiques[1510] par exemple, que les navires y ayant contribué étaient ce que l'on qualifie de navires sous-normes. Dans son sens purement littéraire, par navires sous-normes ou inférieur aux normes, nous entendons un navire dont l'équipement est insuffisant ou en mauvais état, au regard des exigences fixées aux États par la réglementation maritime internationale[1511]. En d'autres termes, est également considéré sous-normes, un navire n'ayant à son bord ni les équipements et documents exigés par la législation internationale, ni le personnel qualifié[1512]. Ainsi, parlant de normes de navires, elles sont constitutives à notre avis du bon état de navigabilité. Ceci implique qu'un navire aux normes est celui, d'une part, dont la documentation administrative et technique répond aux exigences de la réglementation,

---

[1510] Qui constitue la naissance de la prise en compte de la protection de l'environnement dans la conception de la sécurité maritime.

[1511] Lamy Transport Tome 2, Lexique des termes juridiques et techniques. Version électronique, parcourue le 14 février 2018.

[1512] DMF 601, février 2000, p.99.

et d'autre part, la qualité de l'entretien dont il bénéficie de la part de son propriétaire, garantit son intégrité physique et sauvegarde son aptitude à affronter les mers. À ces deux normes, il convient de rajouter une troisième catégorie, celle relative au personnel navigant.

En principe, c'est l'État du pavillon qui est chargé de prime abord, au regard de la législation internationale, de s'assurer de l'observation par les armateurs de ces mesures[1513]. Autrement dit, il revient à l'État d'immatriculation du navire de l'inspecter à intervalles appropriés, par le biais de ses agents inspecteurs qualifiés pour cette mission, afin de s'assurer que celui-ci fait l'objet d'un entretien de qualité, garantissant l'intégrité de la structure. Il revient également à cet État de s'assurer que les navires arborant son étendard, possèdent les documents nécessaires à la navigation, notamment le registre maritime sur lequel figurent les noms et caractéristiques[1514], ainsi que le journal de bord desdits navires. Cette inspection aura également pour but de s'assurer, entre autres, que le navire est confié à un Capitaine et des officiers possédant la qualification adéquate, par exemple celle relative à la manœuvre, aux communications, et à la conduite des machines. Cet équipage dans son ensemble, devra posséder des qualifications en fonction du poste de travail confié à chacun, et être en effectif suffisant[1515]. Pour ce faire, la Convention de Montego Bay donne à l'État du pavillon, tous les leviers à activer en vue du bon accomplissement de cette obligation en lui accordant, outre les procédés à observer pour ses inspections, le pouvoir de police et de juridiction en cas de manquement par l'armateur d'un navire à qui il a accordé son pavillon[1516]. À l'issue des inspections, si elles sont concluantes, l'État du pavillon, s'il estime que le navire respecte les conditions de sécurité, délivre des certificats attestant de la conformité aux normes, tant internationales que nationales que les autres États portuaires devront respecter et reconnaître comme équivalents à ceux qu'ils ont eux-mêmes délivrés[1517]. Malheureusement, dans l'ensemble, le contrôle par l'État du pavillon s'est révélé être un échec littéral à cause d'une part, de la disparité d'un État à l'autre sur les mesures de contrôle puisque les États rigoureux subissaient, au détriment de leur propre économie, un phénomène de dépavillonnement au profit d'autres États moins stricts. D'autre part, s'est posée la question des moyens mis en œuvre pour cette mission, car certains États n'ont pas le personnel formé et qualifié pour ce type d'opération. Enfin, peut être questionnée la bonne foi de chacun, car il s'est révélé que certains États, soit ne ratifient pas les conventions internationales, soit les signent sans les ratifier, soit

1513 Art.94 Convention de Montego Bay.
1514 Art.94§2.a) de la CMB.
1515 Pour le détail, nous invitons le lecteur à s'intéresser à l'art.94 précité dans son entièreté.
1516 Art.217 CMB.
1517 Art.217§3 CMB

les ratifient mais ne les appliquent pas[1518]. Toutes ces disparités face à une activité transfrontière par essence, étaient difficilement conciliables avec l'objectif recherché de sécurité de la navigation et de protection de l'environnement marin. Ceci étant le corollaire d'une concurrence biaisée, du fait du sacrifice de la sécurité à l'autel de la rentabilité[1519] pour laquelle certains armateurs peu scrupuleux avaient fait option. À cette cause, il faut ajouter la montée en puissance d'États de faible tradition maritime, qui voulant tout de même exister sur la scène internationale, décidèrent d'accorder à travers des mesures fiscales attrayantes, leur nationalité à des navires avec lesquels il n'existe pourtant aucun lien pertinent. Ces pays sont dits États de libre immatriculation ou parfois qualifiés de pavillons de complaisance. D'emblée, nous rappelons qu'il ne saurait y avoir d'amalgame entre pavillon de libre immatriculation et navire sous-normes[1520]. Il en est de même du navire âgé qui ne peut être considéré comme étant sous-normes d'un point de vue technique même si statistiquement, les navires âgés ne répondent pas toujours aux mesures de sécurité de la navigation maritime[1521].

Face à l'échec étincelant de la règle du contrôle par l'État du pavillon, dont l'une des conséquences directes à titre d'exemple fut les catastrophes du *Torrey-Canyon* et de l'Amoco-Cadiz, la communauté internationale décida de se mouvoir davantage et de proposer une forme de coopération internationale ayant le même objectif : assurer la sécurité maritime en luttant contre les navires sous-normes. Ainsi, l'OMI[1522] prit le taureau par les cornes et entreprit une gigantesque activité normative visant l'éradication des navires techniquement sous-normes. Dans son « Énoncé de mission » on peut lire : « *En tant qu'institution spécialisée des Nations Unies, l'OMI a pour mission de faire en sorte, par le biais de la coopération, que le secteur des transports maritimes soit sûr, sans danger, respectueux de l'environnement, efficace et durable. Pour accomplir cette mission, l'OMI adopte les normes les plus élevées possibles en matière de sécurité et sûreté maritimes, d'efficacité de la navigation et de prévention et de maîtrise de la pollution par les navires et examine les aspects juridiques connexes et la mise en œuvre efficace de ses instruments aux fins de leur application universelle et uniforme* »[1523]. Cette

---

1518 LE REST Ann-Gaël, « *La lutte contre les navires sous-normes* », Mémoire de DEA soutenu à l'Université de Nantes, 2001, p.11.

1519 LE REST Ann-Gaël, « *La lutte contre les navires sous-normes* », *op. cit.*, p.10.

1520 BTL, n°2870, 27 novembre 2000.

1521 BOISSON Philippe, « *Politiques et droit de la sécurité maritime* », Bureau Veritas, Paris 1998, p.508.

1522 Créée le 22 mai 1982 en remplacement de l'OMCI. Les objectifs de l'OMI sont clairement exprimés dans la page de présentation de son site internet. http://www.imo.org/fr/About/Pages/Default.aspx

1523 http://www.imo.org/fr/About/HistoryOfIMO/Pages/Default.aspx. Pour aller plus loin, NDENDE Martin, « *L'activité normative des Nations Unies dans le domaine des transports maritimes internationaux* », Revue Africaine des Affaires Maritimes et des Transports, n°1 juillet 2009, p.8 ; également LEFEBVRE-CHALAIN Hélène, « *La stratégie normative de l'Organisation Maritime Internationale (OMI)* », thèse de Doctorat en droit, soutenue le 7 octobre 2010, Université de Nantes.

ambitieuse mission se traduit par la devise même de l'OMI qui est : *Sécurité, sûreté et efficacité de la navigation sur des océans propres.* En parcourant la page web de cette institution onusienne, le visiteur est marqué par l'extraordinaire densité de sa production normative, et c'est par exemple le cas avec les Conventions MARPOL, SOLAS, ISM, COLREG, STCW. Malgré tout ceci, force est de constater la portée relative et limitée de l'action de l'OMI. Ceci tient principalement de deux aspects. D'abord la faiblesse inhérente à l'organisation même de cette institution qui fonctionne sur une base consensuelle, ce qui a pour défauts principaux la lenteur de son processus normatif et le ménagement des sensibilités des États faisant ressurgir les vieux démons de la souveraineté. L'autre faiblesse est relative au bon vouloir des États quant à l'application des mesures adoptées, étant donné que l'OMI ne dispose pas de pouvoir de coercition[1524]. D'où la résurgence des griefs reprochés à la règle du contrôle par l'État du pavillon que les hautes autorités ont, pourtant, voulu diluer à travers cette coopération internationale. À ce propos, le constat qui s'impose donc est que l'appât du gain, du fait d'armateurs peu scrupuleux, et le laxisme couplé à l'incompétence technique de certains États, constituent le cocktail idéal de l'inefficacité des mesures recherchant la sécurité maritime.

Pour tenter de sauver les acquis du rôle normatif de l'OMI et de contribuer plus efficacement à l'éviction des navires sous-normes, la coopération internationale s'est également intéressée à la question sociale, c'est-à-dire au facteur humain à travers l'OIT. En effet, il est clairement établi que la grande majorité des accidents et catastrophes maritimes découlent de l'erreur humaine, celle-ci étant elle-même la conséquence de plusieurs facteurs malheureusement banalisés pendant trop longtemps, avec les conséquences que nous savons. Entre autres, beaucoup de navires sont pilotés par un équipage bon marché et insuffisamment formé quand il ne l'est pas du tout, et travaillant dans des conditions d'hygiène et de sécurité des plus précaires, sans compter un traitement salarial fantomatique alors qu'ils font très souvent l'objet d'abandon dans des ports qui malheureusement n'en veulent pas[1525]. À cela s'ajoute l'individualisation de la relation armateur-marin lorsque le droit social en la matière dans l'État de pavillon relève de l'illusoire[1526]. Enfin, la situation des marins se dégrade également du fait que le développement technologique conduit à une réduction considérable

[1524] STEFANIUK Dominika, « *La prévention des marées noires et leur indemnisation : Aspects de droit international et européen* ». In Journal de droit international (clunet) n°4, octobre 2003, §87.

[1525] DUPUY Georges, *Les Damnés de la mer*. Article de presse publié le 5 avril 2001. Consultable sur le site internet du quotidien L'Express https://www.lexpress.fr/informations/les-damnes-de-la-mer_641897.html. Concernant le navire *Olga J.* qui avait été abandonné, marins y compris, depuis avril 1998 dans un port bulgare. Nous suggérons fortement au lecteur de lire cet article très riche en informations sur les conditions de vie et de travail des marins embauchés par un armateur indélicat sur un navire sous-norme.

[1526] CHARBONNEAU Alexandre, « Les foyers d'accueil des marins à l'origine d'une action normative en faveur des marins abandonnés ? », DMF n°639, juillet 2003, p.639.

des escales en rallongeant paradoxalement le temps de la navigation[1527] et ce, avec un effectif généralement réduit. Pourtant, on constate que « *l'opinion publique s'indigne des oiseaux mazoutés mais les marins englués la laissent froide* »[1528] alors que travaillant dans un tel état de fatigue physique et nerveuse, de stress permanent et de sentiment d'humiliation, les marins qui ne sont que des humains prennent malheureusement de mauvaises décisions générant des pollutions et des catastrophes environnementales en y laissant souvent aussi leur vie. L'activité de l'OIT est elle aussi normative et connaîtra un revirement majeur grâce à la Convention sur la marine marchande relative aux normes minima à observer sur les navires marchands[1529] qui impose aux États membres, en son article 2[1530], d'une part d'édicter des normes minima de protection sociale des gens de mer et, d'autre part, définit clairement les obligations des États du pavillon en matière de contrôle, d'inspection des navires et de garantie de la Sécurité sociale des marins. Cette convention s'avère pertinente grâce au caractère tripartite des mesures qui seront prises, notamment entre l'État signataire, les armateurs et la représentation syndicale des gens de mer[1531]. Dans sa quête d'efficacité, et pour prévenir la défaillance de l'État du pavillon, cette convention va donner compétence et en définir les contours à l'État du port. Mais force sera de constater que tout cela s'avérera néanmoins insuffisant à l'éradication des navires sous-normes, d'où l'exaspération des États soucieux de la sécurité maritime qui va entraîner la recrudescence du contrôle par l'État du port, lui aussi plus ou moins efficace. Le salut viendra certainement de la désormais grande implication des acteurs maritimes eux-mêmes[1532].

Les acteurs maritimes ont décidé de prendre en main cet épineux problème de navires aux normes insuffisantes. C'est le cas tout d'abord d'associations d'amis des gens de mers, associations portuaires d'accueil des marins, qui assistent les marins abandonnés en leur apportant des vivres, de l'assistance juridique par exemple. Cette action jadis éparse et brouillonne, fait désormais l'objet d'une meilleure organisation et prise en considération par les autorités nationales et internationales[1533]. Ensuite, les sociétés de classification ont parfois été

[1527] Idem.
[1528] JOUAULT Joël, syndicaliste interviewé dans Les damnés de la mer précédemment cité.
[1529] Dite Convention 147, signée le 29 octobre 1976 et entrée en vigueur le 28 novembre 1981.
[1530] Voir le texte de la Convention sur http://www.ilo.org/dyn/normlex/fr/f?p=NORMLEXPUB:12100:0::NO::P12100_ILO_CODE:C147
[1531] Convention 147, art.2(d)(ii).
[1532] Nous avons délibérément choisi de ne pas mentionner les mémorandums d'entente qui certes marquent une avancée certaine, mais restent encore peu efficaces car soit les États signataires ne contrôlent que prioritairement leurs navires, pour des questions de rentrées financières n'immobilisent pas les navires ou n'accueillent pas ceux en détresse, n'ont pas toujours les personnels suffisamment formés etc. Entre autres, l'objectif de 25% de contrôle annuel du Mou de Paris par exemple n'est pas atteint. Nous n'avons pas non plus pour les mêmes raisons subjectives, évoqué le cas de l'UE malgré sa posture avant-gardiste qui semble être l'une des références en la matière.
[1533] CHARBONNEAU Alexandre, « Les foyers d'accueil des marins à l'origine d'une action normative en faveur des marins abandonnés ? », DMF n°639, juillet 2003, p.638. Pour aller plus loin, V° CHAUMETTE Patrick,

décriées pour la négligence et/ou la complaisance de certaines d'entre elles, dans la réalisation des missions qui leur étaient transférées par les États. Cela a contribué au fait que désormais, celles d'entre elles qui sont jalouses de leur réputation ont fait le ménage, en se débarrassant des brebis galeuses, à travers un regroupement au sein de l'IACS[1534]. De même les assureurs, notamment sur corps et machines, intéressés par la sauvegarde des navires et la réduction par anticipation du risque, procèdent à une sélection exigeante de leurs futurs clients qui tient compte, par exemple, du personnel navigant, de l'âge du navire, de la réputation de l'armateur parce que leur propre survie en dépend vu les fortes sommes exigibles en cas de réalisation des risques[1535].

Face à cette opération navigation sûre et sécure sur des océans et mers propres, les *P&I Clubs* se démarquent par leur contribution décisive. Avant toute chose, il nous semble opportun de rappeler que la garantie financière telle qu'exigée des pétroliers par la convention CLC est fournie par les *P&I Clubs*. En contrepartie, ils imposent à leurs armateurs des contraintes qui traduisent l'efficacité de la chasse engagée contre les navires sous-normes. Le caractère décisif de la contribution des *P&I Clubs* au respect et à l'application des normes OMI et OIT relève de ce qu'ils (*les P&I Clubs*) intègrent ces normes dans leurs polices d'assurance sous forme de clauses[1536], et qui dit clause contractuelle, dit loi des parties[1537]. Ce qui impose l'obligation des cocontractants – les armateurs en l'espèce – à son respect au risque de trahir le contrat.

Premièrement, concernant l'aspect technique et la structure du navire, les armateurs sont tenus avant et dès l'inscription auprès d'un *P&I Club*, ainsi que pendant toute la durée de celle-ci, de coter leur navire auprès d'une société de classification que le Club aura lui-même approuvée au préalable[1538]. L'armateur est également tenu d'informer la société de classification de tout incident qui aurait amené celle-ci à lui notifier des recommandations notamment des réparations, révisions ou mise à niveau. A ce propos, lorsque pour une quelconque raison des recommandations sont édictées par la société de classification,

« *L'accès délicat des marins abandonnés à la Cour Européenne des droits de l'Homme : L'Olga J* », DMF n°697, novembre 2008, p.883 ; REZENTHEL Robert, « *La situation juridique des marins sur les navires saisis* », DMF n°584, juillet 1998, p.659.

1534 International Association of Classification Societies (IACS). Association regroupant à ce jour (19 février 2018) 12 sociétés de classification qui se sont donné un objectif qualité visant à réaliser leur mission dans la stricte rigueur et vigueur de la réglementation internationale aux côtés des États de pavillon sérieux et des armateurs soigneux. Pour plus de détail, voir http://www.iacs.org.uk/about/members/. Cette Association est aussi amplement présentée par Philippe BOISSON dans son ouvrage sur le Droit de la sécurité maritime.

1535 PIERATTI Gertrude, « *Risque de pollution et sécurité : un défi pour les assureurs maritimes* », Gazette du Palais du 13 juillet 2000 ; n°195 p.12.

1536 Nous pouvons à ce propos noter tout le sens ou le poids à accorder aux mots « Règles » ou "Rules" qui connotent de notre point de vue l'*imperium* que les Clubs ont voulu donner à leurs polices.

1537 Art.1103 C. civ. depuis l'ordonnance n°2016-131 du 10 février 2016 - art.2.

1538 Règle 33(1) de la police 2018 du Shipowner P&I Club ; Règle 26 i(a) police 2018 du Steamship P&I Club.

l'armateur se doit de les appliquer ou de réaliser les travaux prescrits dans les plus brefs délais, c'est-à-dire ceux que la société de classification aura déterminés. La non-observation de cette clause fait courir à l'armateur le risque de ne pas être couvert par le Club en cas de réalisation d'un risque. Cela pourra potentiellement aussi, entraîner la suspension provisoire de sa garantie. De même, si à un moment donné de l'inscription du navire il y a changement de société de classification, l'armateur est tenu d'informer son Club aussitôt que l'opération de changement est effectuée. Ceci permet au *P&I Club* concerné d'apprécier la qualité et la réputation du nouveau prestataire, et éventuellement de donner ou non son accord. Enfin, l'armateur, en inscrivant un navire auprès d'un *P&I Club*, reconnaît à ce dernier le droit de solliciter et d'obtenir directement auprès de la société de classification l'accès à tous les documents relatifs au navire[1539]. Cela permet au Club, de s'assurer que toutes les recommandations et réparations édictées par cette société de classification sont respectées par l'armateur. Dans la pratique, les *P&I Clubs* membres du Groupe International, coopèrent uniquement avec les sociétés de classification membres de l'*IACS*[1540].

Malgré de telles obligations imposées aux armateurs, les *P&I Clubs* se réservent un droit de contrôle de l'état des navires. Cela se traduit par le fait que les dirigeants des *P&I Clubs* peuvent à leur discrétion, et à tout moment, nommer un expert ou toute personne de leur choix dont la mission sera d'inspecter le navire (assuré ou à assurer) d'une part[1541]. D'autre part, cet expert pourra procéder à un audit de gestion[1542], afin de constater la qualité du management opéré par l'armateur sociétaire, celui-ci étant tenu d'apporter son concours et toutes les commodités et facilités à l'inspecteur mandaté par le *P&I Club*, pour la réalisation sereine et efficace de son inspection et/ou son audit. Tout cela participe à responsabiliser l'armateur, l'obligeant ainsi à respecter les différentes obligations mises à sa charge par les conventions réglementant la navigation maritime. Cette contrainte est amplifiée parce que, non seulement l'armateur est tenu de se conformer aux recommandations qui pourraient lui être formulées à la suite d'une telle inspection et/ou de l'audit, mais également, il ne peut s'y soustraire en essayant de changer de *P&I Club*. En effet, grâce à la collaboration existant entre les *P&I Clubs* membres de l'*IGP&I Clubs*, chacun d'eux aura accès à ces informations, à l'occasion de l'examen d'une sollicitation de souscription faite par un armateur qui change de *P&I Club*[1543]. Des contraintes

[1539] Règle 28 28(5) de Britannia P&I.
[1540] *International Association of Classification Societies* ou bien en français AISC : Association Internationale des Sociétés de Classifications.
[1541] Shipowners P&I Club, rule 34 (i); Gard P&I Club rule 9(1); Britannia P&I Club, rule 28(8).
[1542] Shipowners P&I Club, rule 34 (ii).
[1543] Shipowners P&I Club, rule 34 (C)&(D); Gard P&I Club, rule 9(5)(a); Britannia P&I Club, rule 28(9).

similaires existent lorsque le navire a été immobilisé ou bien désarmé[1544] pendant six mois et plus. L'armateur, dans une telle situation, doit informer son *P&I Club* au moins sept jours avant la remise en service du navire, et à l'inverse du précédent cas, l'inspecteur demeure mandaté par le *P&I Club*, mais sa rémunération est à la charge de l'armateur. La sanction, en cas de manquement par l'armateur à l'observation de ces obligations, ou en cas de non-application des recommandations issues de l'inspection du navire et/ou de l'audit, sera la suspension de la garantie par le *P&I Club*.

Deuxièmement, en ce qui concerne les obligations légales et réglementaires, tant de la loi de l'État du pavillon que des conventions internationales, Les *P&I Clubs* imposent à leurs armateurs de respecter les normes nationales et internationales s'agissant tant de la construction (exemple les doubles coques pour les pétroliers), de l'équipement du navire et des conditions de son entretien. Ces armateurs devront tout au long de la durée d'inscription du navire, posséder des certificats valides et à jour tels qu'imposés par les codes ISM et ISPS[1545].

Troisièmement en ce qui concerne le traitement des marins, les *P&I Clubs*, à travers leur implication, assurent le respect par les armateurs dont ils garantissent la responsabilité civile, des normes de l'OIT. Pour ce faire, ces Associations, à travers leurs circulaires, expliquent aux armateurs le sens des conventions ou directives y relatives, en leur fournissant également des conseils et des moyens à observer pour y parvenir. C'est par exemple le cas en matière de santé et de bien-être des marins à travers un vaste programme initié par les *P&I Clubs,* connu sous l'appellation ***Health Watch*** que nous traduisons par veille sanitaire. Grâce à ce programme de veille sanitaire, les armateurs reçoivent de leurs Associations des informations utiles en matière de diététique à bord, d'activités physiques idéales pendant la navigation, d'habitudes ou de pratiques à éviter, voire également de vaccins à effectuer selon les zones géographiques de la navigation, et cela, sans oublier le respect de la durée des congés[1546]. Ce programme trouve tout son sens à travers le complément d'un autre programme, le ***Crew Watch***. Grâce à ce programme, les armateurs s'assurent, avant signature du contrat de travail et également avant l'embarquement, de la bonne santé du personnel navigant. Ceci est rendu possible grâce à l'intense implication des *P&I Clubs* en la matière au travers de critères parfois plus rigoureux que ceux de la législation internationale ou nationale. À titre d'exemple, sachant que les Philippines fournissent à eux seuls environ 25% du personnel navigant mondial[1547], et

---

[1544] Gard P&I Club, rule 9(2); Shipowners P&I Club, rule 35.

[1545] Règle 26(i) (g et h) de Steamship P&I Club.

[1546] On remarque qu'il s'agit ici de l'aspect Protection (P de P&I) de ces Associations, complétant l'offre de couverture des marins (Indemnisation, I de *P&I*) V° supra, « La garantie des risques quant à l'équipage », p.132.

[1547] Statistiques du POEA (*Philippines Overseas Employment Administration*).

compte tenu de la prédisposition de ses marins à certaines pathologies, le Steamship *P&I Club* a mis sur pied dans ce pays depuis 2009 et en collaboration avec certaines cliniques locales, son propre PEME[1548]. Ce protocole médical visant à s'assurer, selon les recommandations de l'OIT de la bonne santé de l'équipage qui embarquera, et éventuellement de la prise en charge en cas d'anomalie de santé détectée, est plus strict et plus étendu que celui recommandé par les autorités nationales et internationales. Cela se manifeste au regard de la réputation des cliniques choisies pour ce partenariat, de la quantité et de la qualité des examens réalisés, et surtout du prix de revient de cette prise en charge. Nous pouvons nous en convaincre en observant dans le tableau ci-dessous la différence de prix existant entre un examen standard tel que proposé par les autorités, et celui imposé par le *P&I Club*[1549].

AGE	**Coût de référence d'un examen standard**	**Coût du protocole PEME du Steamship P&I Club**
- 30 ans	46$US	75$US
30-45 ans	46$US	85$US
>45 ans	46$US	120$US

Pour s'assurer du respect de ce protocole, le Steamship *P&I Club* ainsi que les autres Mutuelles dans leurs programmes respectifs, réalisent à intervalles de temps dont le calendrier n'est ni régulier ni connu à l'avance, des audits de contrôle grâce à des experts médicaux indépendants et souvent étrangers[1550]. De même, puisque l'on n'est jamais trop prudent, les Associations tant en ce qui concerne la classification, les documents de bord, que les certificats internationaux et le management des effectifs, organisent souvent de manière inopinée leurs propres inspections ou des audits de gestion[1551] par le biais d'inspecteurs indépendants qu'elles auront elles-mêmes désignés. Il s'agit généralement d'anciens capitaines de bonne expérience[1552].

[1548] *Pre-Employment Medical Examination.*
[1549] Source : Steamship P&I Club Risk Alert, n°29, novembre 2011, p.1.
[1550] Depuis 2011, ce protocole a également été instauré en Russie et en Ukraine, deux autres grands pourvoyeurs de marins.
[1551] Règle 34, police 2018 du Shipowners *P&I Club*.
[1552] En tant que praticiens, ces anciens capitaines connaissent très bien la pratique, les éléments à inspecter en priorité, les techniques efficaces ainsi que le tact avec lequel discuter avec les marins des navires qu'ils inspectent.

Il ressort de tout ce qui précède que lorsqu'une défaillance est notée, le Club oblige l'armateur à réaliser toute remise à niveau nécessaire sans laquelle, il ne pourra ni inscrire le navire, ni bénéficier d'un renouvellement si l'on est à la fin de l'année d'assurance, et par ce fait perdra temporairement ou définitivement, selon les cas, la garantie du *P&I Club*. Il ne pourra pas non plus bénéficier de la couverture d'un autre membre du POOL du fait de la coopération existant au sein de l'*IGP&I Clubs*, ces informations faisant partie de celles échangées entre Clubs[1553]. En respect de leur engagement qualité, aucun d'entre eux ne voudra s'encombrer d'un armateur indélicat, inopportun.

Exemple de bateau sous-normes. Bateau d'une flamboyante vétusté. Pas d'armateur connu, car le navire n'a visiblement pas de nom, surcharge de passagers et de marchandises, absence manifeste de mesures de sécurité, de matériel de sauvetage (excepté l'unique bouée de sauvetage que la centaine de personnes à bord pourra gentiment et chaleureusement se partager). Surtout défaillance manifeste et caractérisée de l'État du pavillon en l'espèce la République Démocratique du Congo.

[1553] Cf. nos développements précédents sur l'IGA (International Group Agreement).

B- La SCOPIC Clause, outil innovant de prévention des pollutions et marées noires

Il peut arriver, malgré toutes les mesures de sécurité maritime précédemment analysées, que des accidents se produisent et mobilisent alors les acteurs du transport maritime qui doivent donc tout mettre en œuvre, pour limiter les risques éventuels de pollution. Un des outils utilisés est l'assistance maritime telle que régie par la Convention de 1989 sur l'assistance[1554] et qui contrairement à la convention de 1910[1555] qu'elle remplace[1556], introduit l'aspect écologique de l'opération d'assistance puisque son préambule énonce l'urgence de *garantir les incitations adéquates pour ceux qui entreprennent des opérations d'assistance à l'égard des navires et d'autres biens en danger* étant donné la contribution considérable, *que les opérations d'assistance efficaces et entreprises en temps utile peuvent apporter à la sécurité des navires et des autres biens en danger et à la protection de l'environnement.* En effet, si de telles incitations ou mesures d'assistance étaient prises à temps, on aurait pu éviter ou minimiser les conséquences des catastrophes de *l'Amoco-Cadiz* et du Prestige. L'article 12 (1) de cette convention pose le principe de la rémunération de l'opération d'assistance seulement lorsque celle-ci a eu un résultat utile, c'est-à-dire que sans résultat correspondant à l'objectif de l'assistance, l'opération d'assistance n'ouvre pas de droit à compensation[1557] pour l'assistant. Nous notons ici un paradoxe entre les incitations à l'assistance telles que prônées au préambule de notre convention et le résultat utile comme critère de rémunération de l'assistant. Peut-être les rédacteurs de cette Convention de 1989 avaient-ils comme intention la sauvegarde de la bonne foi contractuelle grâce à laquelle l'assistant mettrait tout en œuvre pour réussir son opération. Peu importe, cet article 12 consacre le principe "*No cure no pay*". Ainsi à son article 13, sont définis les éléments de calcul et d'évaluation de la rémunération de celui qui porte assistance, lorsque bien évidemment le résultat s'est avéré utile.

Si l'obligation de résultat ainsi posée concerne l'assistance et le sauvetage du navire et/ou des biens qu'il contient et dont la rémunération est du ressort des assureurs dommage,[1558] l'article 14, quant à lui, instaure une compensation spéciale en faveur de l'assistant, et prévoit

---

[1554] Conclue à Londres le 28 avril 1989, codifiée désormais par le Code des transports art. L5132 et suivants. L'article 1.a) de la Convention définit **l'opération d'assistance** comme étant *tout acte ou activité entrepris pour assister tout navire ou tout autre bien en danger dans les eaux navigables ou dans n'importe quelles autres eaux.*

[1555] Convention pour l'unification de certaines règles en matière d'assistance et de sauvetage maritimes, signée à Bruxelles le 23 septembre 1910.

[1556] Nous invitons le lecteur à consulter le DMF n°635, mars 2003 « *La convention de 1989 sur l'assistance* ». Ici, Pierre BONASSIES fait une lecture ample de la nouvelle Convention en mettant en lumière les modifications et nouveautés par rapport à la précédente.

[1557] Art.12(2) Convention du 28 avril 1989 (ci-après la Convention de 1989).

[1558] Assureurs corps et machines pour ce qui est du navire, et assureurs sur facultés quant aux bien à bord.

une obligation de moyens quant à la protection de l'environnement en disposant que « *si l'assistant a effectué des opérations d'assistance à l'égard d'un navire qui par lui-même ou par sa cargaison menaçait de causer des dommages à l'environnement et n'a pu obtenir en vertu de l'article 13 une rémunération équivalant au moins à l'indemnité spéciale calculée conformément au présent article, il a droit de la part du propriétaire du navire à une indemnité spéciale équivalant à ses dépenses...* ». Ainsi, lorsque l'assistant a prévenu ou limité par son action les dommages à l'environnement, il reçoit du propriétaire du navire – en général le *P&I Club* de celui-là – une compensation spéciale pouvant aller jusqu'à hauteur de 30% de ses dépenses, et lorsque selon le cas d'espèce, les circonstances l'exigent, le juge peut fixer cette indemnité à 100% maximum des dépenses totales engagées par l'assistant[1559]. En d'autres termes, cet article 14, nous semble-t-il, pose deux règles. La première à travers son paragraphe 1 est que si l'opération de prévention ou de minimisation du risque écologique échoue, l'assistant reçoit de la part du propriétaire du navire/ou de son *P&I Club*, le remboursement des sommes qu'il aura raisonnablement engagées pour réaliser ladite opération. La deuxième règle telle qu'énoncée dans le paragraphe 2 précise que si par contre l'opération réussit, en plus du remboursement par l'armateur de ses dépenses, l'assistant reçoit une gratification, c'est-à-dire une juste et équitable rémunération dont la valeur correspondra soit à 30% des dépenses ou alors, pourra atteindre si le juge l'estime nécessaire, l'équivalent des 100% desdites dépenses.

Imaginons, si une opération d'assistance s'achevant avec succès a coûté 100 000 € à l'opérateur d'assistance, celui-ci recevra de la part de l'armateur :

100 000 + (30%) = 100 000 + 30 000 = 130 000 €. Ou bien lorsque le juge l'estime nécessaire : 100 000+(100%) = 100 000 + 100 000 = **200 000 €**. Par contre, en cas d'échec de l'opération, l'assistant ne percevra (art.14§1) que le remboursement de ses dépenses soit : **100 000 €**.

Cependant, l'affaire *Nagasaki Spirit*[1560] viendra jeter un trouble sur cette question de rémunération de l'opérateur d'assistance à travers l'interprétation que les juges anglais firent de la compensation spéciale de l'article 14 de la Convention de 1989. Tout d'abord, à l'inverse de l'armateur qui estimait que la compensation doit tenir compte seulement de la période pendant laquelle il y a un danger pour l'environnement, le juge d'appel va clairement se prononcer en faveur – et nous sommes de cet avis – de la prise en compte de toute la durée de l'opération d'assistance pour déterminer la compensation à laquelle pourra prétendre

[1559] Art.14(2) Convention de 1989.

[1560] Chambre des Lords, arrêt du 6 février 1997, venant confirmer la décision de la Court Of Appeal, du 30 mars 1995, The Nagasaki Spirit, Lloyd's Reports 1995.2.44.

l'opérateur d'assistance[1561]. Dans cette affaire, concrètement, à la suite d'un abordage le 19 septembre 1992 à 23h20 dans le détroit de Malacca, un gigantesque incendie s'est produit et menaçant les deux navires en détresse (le *Nagasaki Spirit* abordeur, et le porte-conteneurs *Ocean Blessing* l'abordé). Par contrat[1562] conclu le lendemain, commencèrent le 21 septembre 1992 de longues opérations d'assistance qui s'achevèrent le 12 décembre 1992 soit soixante-cinq jours après. Cette opération d'assistance se terminera par un résultat utile, car les objectifs de l'opération d'assistance ont été couronnés de succès. Le litige naîtra de l'incapacité de l'armateur et de l'opérateur d'assistance à se mettre d'accord sur le montant de la compensation spéciale de l'article 14 de la Convention de 1989. La Chambre des lords fera une interprétation de notre point de vue trop étroite de ce texte, dénaturant son esprit tout en trahissant son objectif. En clair, elle décida que les textes querellés prévoyaient juste un remboursement des dépenses engagées par l'opérateur d'assistance sans aucune prétention à un quelconque profit. Or une telle prise de position méconnaissait l'objectif même de la convention de 1989 dont le préambule pose les jalons en parlant de la nécessité à veiller à l'existence d'incitations adéquates pour les personnes qui entreprennent des opérations d'assistance compte tenu du rôle déterminant qu'une telle opération peut jouer en faveur de la protection de l'environnement[1563].

Même si le but de l'article 14 de la Convention de 1989 n'était pas de créer un régime autonome de rémunération de l'assistant, on peut à l'observation de cet article affirmer qu'il a bien droit à une rémunération qui lui accorde un profit équitable, c'est-à-dire qui tient compte des circonstances (tant de la difficulté ou de la dangerosité de l'opération selon les cas, que de la nature et de la valeur des choses sauvées entre autres). Cela se fera au prorata du service rendu à l'environnement, à travers, soit l'éviction totale de la pollution, soit la réduction de ses éventuels effets. Au juge de déterminer ce montant dit « équitable » en tenant compte des critères pourtant clairement définis par l'article 14 en complément de l'insuffisance éventuelle de sommes obtenues en application de l'article 13. Sans cela, l'entrepreneur d'assistance préférera plutôt engager ses navires et ses ressources humaines dans des activités commerciales plus lucratives, au lieu de se lancer dans une mission d'assistance incertaine, parfois dangereuse et de manière disons-le bénévole.

[1561] BONASSIES Pierre, « *L'arrêt Nagasaki Spirit : une première application de l'indemnité spéciale de la Convention de 1989 sur l'assistance* », DMF n°553, octobre 1995, p.691.
[1562] Contrat d'assistance conclu sur la base d'un Lloyd's Open Form de 1990. Le LOF (Lloyd's Open Form) est le contrat type en matière d'assistance maritime, contenant les dispositions de la Convention de 1989.
[1563] Voir « *La fin de l'affaire du Nagasaki Spirit : une espérance déçue* » ; commentaire de la décision de cet arrêt de la chambre des Lords par BONASSIES Pierre, DMF n°571, mai 1997, p.451.

Pour lever toute équivoque qui naîtrait des difficultés pratiques pour fixer les montants de l'indemnité spéciale[1564] prévue par l'article 14 de la Convention de 1989, ainsi que pour apporter du contenu concret à l'objectif de cette Convention quant à la protection de l'environnement, les *P&I Clubs* à travers l'*IGP&I Clubs* ont saisi l'opportunité qui se présentait, de coopérer avec l'ISU[1565] pas du tout satisfaite des conclusions de la Chambre des lords afin d'élaborer dès 1997, une solution aujourd'hui connue sous l'appellation Clause SCOPIC[1566] (ci-après SCOPIC) dont nous faisons une brève présentation générale dans les lignes suivantes.

Cette clause ne remet pas en cause la Convention de 1989 mais vient se substituer[1567] à son article 14 et l'assistance qui souhaite y recourir n'a qu'à l'indiquer en cochant la case prévue à cet effet sur le modèle LOF du contrat d'assistance. Elle a pour but d'améliorer et de simplifier les conditions de calcul de l'indemnité spéciale, d'une part, à travers une grille tarifaire prévue en annexe de la SCOPIC définissant de manière forfaitaire les tarifs journaliers de chaque prestation, elle innove de par sa capacité à mobiliser les fonds au profit de l'assistant dans les deux jours qui suivent la conclusion du contrat d'assistance[1568], et d'autre part, la SCOPIC ne limite pas ses conditions d'application au dommage environnemental mais les étend à d'autres circonstances[1569]. En d'autres termes, lorsque l'article 14 de la Convention de 1989 est susceptible de s'appliquer, c'est la clause SCOPIC, s'il en existe une dans le cas d'espèce, qui fait foi. Ainsi, cette clause ne concerne pas uniquement les opérations menées pour prévenir ou limiter une pollution marine, mais tend à garantir toutes les prestations de l'assistant réalisées mêmes en l'absence de danger contre l'environnement[1570], charge aux assureurs sur corps de manifester rapidement leur position à chaque situation pour que la meilleure solution soit prise. Par exemple, si un navire est susceptible d'être déclaré en perte totale, les assureurs corps et machines n'ont plus intérêt à l'assistance même si les risques de dommage pour l'environnement demeurent. Or si l'assistant est au courant de cette situation, il optera en contournement des conséquences de la règle du résultat utile "*no cure no pay*", pour la Clause SCOPIC afin d'être certain de rentrer dans une partie des frais qu'il aura engagés pour le compte

---

1564 PIETTE Gaël, « *Assistance maritime, effets et rémunération* ». JCL transports, fasc.1237 §35. Version électronique parcourue le 25 février 2018.
1565 International Salvage Union, qui est l'association mondiale des entreprises d'assistance maritime.
1566 Ou SCOPIC (*Special Compensation P&I Clause*).
1567 Article 1 SCOPIC 2014.
1568 REBORA Jean-François, *Portée et effet de la SCOPIC dans un contrat d'assistance LOF « No cure no pay » sous le régime de la Convention de la convention internationale de 1989*, DMF n°764, décembre 2014, p.982.
1569 TURGNE Franck, « Exclusion de garantie relative à l'indemnité spéciale prévue par la Convention internationale de 1989 sur l'assistance et à toute autre disposition de portée semblable », Revue Générale du Droit des Assurances, 1er septembre 2016, n°8-9, p.446.
1570 TURGNE Franck, Idem.

du navire. L'assureur corps devra donc rapidement informer l'armateur quant au sort qui sera réservé au navire[1571] afin que l'armateur et son *P&I Club* décident de conclure ou non une SCOPIC. Ceci implique que ladite clause ne couvre que les opérations de l'assistant réalisées à compter de la date de sa conclusion. Donc, cela signifie implicitement qu'en réalité la SCOPIC ne s'applique pas à toutes les opérations réalisées par l'opérateur d'assistance.

Chacune des parties, c'est-à-dire assistant et assisté, dispose de l'initiative de résiliation du contrat d'assistance[1572], et de la SCOPIC[1573]. Selon l'article 12[1574] de la SCOPIC 2014, l'armateur ou son Club de Protection & d'Indemnité peut désigner un représentant spécial ou commissaire répartiteur, connu dans la pratique comme étant un SCR[1575]. Il s'agit en d'autres mots, d'un observateur expert indépendant dont le rôle, entre autres, est de rendre quotidiennement compte du déroulé de l'assistance. De ce fait il établit tous les jours des rapports pouvant contenir ses remarques et recommandations sur la nature des interventions, la qualité des moyens mis en œuvre ainsi que leur nécessité et pour ce faire il jouit d'un droit d'information très étendu. À la fin de sa mission, il rédige un rapport final qui sera transmis à la fois à l'armateur, à l'assistant et à l'assureur corps puisque sa mission vise concrètement la sauvegarde des intérêts de toutes ces parties[1576], lequel rapport pourra s'avérer pertinent dans la détermination de l'indemnité de l'entrepreneur d'assistance ainsi que pour le calcul du montant de cette indemnité[1577]. Enfin, à l'instar du SCR, l'assureur corps du navire bénéficie aussi de la possibilité de mandater pour une mission similaire, un observateur[1578] connu dans la pratique en tant que SR (*Special Representative*)[1579]. Dans sa mise en œuvre, la SCOPIC garantit principalement trois pôles de dépenses engagées par le sauveteur : les dépenses liées au personnel qui effectuera les tâches requises pour l'assistance, aux équipements portables, aux remorqueurs et autres navires[1580].

Avant de nous appesantir sur le rôle des *P&I Clubs* en matière de protection de l'environnement à travers la SCOPIC Clause, intéressons-nous un moment à l'arrêt Navire

1571 REBORA Jean-François, « *La special compensation protection & indemnity club clause (*SCOPIC) », DMF n°635, mars 2003, p.260.
1572 Article 7 Convention 1989.
1573 Article 9 SCOPIC.
1574 Voir annexe n°**12**, exemplaire de la SCOPIC 2014.
1575 Special Casualty Representatives.
1576 Cass. com, arrêt n°572 du 14 juin 2016 (14-28.966). Consultable sur le site internet de la Cour de cassation : https://www.courdecassation.fr/jurisprudence_2/chambre_commerciale_574/572_14_34498.html
1577 REBORA Jean-François, « *La special compensation protection & indemnity club clause (*SCOPIC) », DMF n°635, mars 2003, p.260.
1578 Article 13 SCOPIC 2014.
1579 Notons tout de même que dans la pratique, seule la présence du SCR est satisfaisante pour tous.
1580 Pour plus de détail, cf. REBORA Jean-François, « *La special compensation protection & indemnity club clause* (SCOPIC) », DMF n°635, mars 2003 p.260.

Athena[1581]. Les faits ayant donné lieu à cet arrêt se sont déroulés en Afrique centrale non loin du golfe de Guinée. En effet le 26 juin 2007, le navire Athéna, affecté à l'assistance des plates-formes de forage de pétrole, subit une avarie à environ 15 miles des côtes du Congo, puis sera remorqué vers le port de Pointe Noire. Constatant l'état du navire, les autorités refuseront de l'accueillir dans le port de Pointe Noire et il chavirera quelque temps après dans la rade de Pointe Noire se posant à 12 mètres de profondeur. Pour tenter de sauver le navire et d'éviter un dommage écologique, l'armateur Bourbon Offshore Surf, conclura le 27 juillet 2007 un contrat d'assistance avec la société Smit Salvage BV. Ledit contrat fut conclu sur la base d'un LOF incluant une clause SCOPIC. Pour que les opérations débutent promptement, The Shipowners P&I Clubs[1582] a, par une lettre de garantie[1583] émise le 3 juillet 2007, promis à la société Smit Salvage BV le paiement en acompte d'une indemnité de trois millions de dollars américains pour les opérations d'assistance futures. Le 6 août 2007 se terminèrent la récupération des soutes du navire Athéna et leur transbordement sur un autre navire pendant que se poursuivaient les opérations d'assistance. Toutefois, constatant l'impossibilité de redressement du Navire *Athéna*, et surtout la démultiplication des coûts soit environ 6 millions $US, l'armateur (sur proposition de son *P&I Club*) notifia à l'assistant le 4 septembre 2007 la résiliation du contrat d'assistance, d'où l'arrêt des opérations par Smit Salvage le 5 septembre 2007. Ainsi, les assureurs corps et machines, après avoir refusé le délaissement du navire à eux notifié par l'armateur, ont réglé à celui-ci la somme de 30 385 000 $US constitutive de la valeur agréée du navire. Le *P&I Club*, The Shipowners P&I Club, qui en plus de l'acompte versé, avait réglé seul les rémunérations et prestations de l'assistance, s'est donc retourné contre les assureurs corps pour que ceux-ci participent aux frais, notamment ceux relatifs à l'assistance portée au navire *Athéna*. Face à la réponse négative de ceux-là, The Shipowners P&I Club saisira les juges qui le débouteront, tour à tour, en instance[1584], en appel[1585] et en Cassation[1586]. Cet arrêt, dirons-nous de principe, est riche en enseignements car, à la question de savoir si les assureurs corps devaient participer aux frais de l'assistance en l'espèce, la Cour de cassation, sans équivoque, répondit non parce que le contrat d'assistance était conclu sous l'égide du contrat type LOF c'est-à-dire contenant une clause stipulant la règle *"no cure no pay"*.

[1581] Cass. Com, 14 juin 2016 ; Navire « *Athéna* » n°14/28966 affaire The Shipowners P&I Association c/ Allianz Global Corporate & Speciality SE et associés.
[1582] Assureur RC de Bourbon Offshore Surf.
[1583] Voir supra, notes relatives à l'engagement à payer des P&I Clubs. Page 104.
[1584] Trib. Com. Paris, 8 mars 2012, affaire navire « *Athéna* »
[1585] CA. Paris Pôle 5, 5e ch. 11 septembre 2014. Navire « *Athéna* » n°12/05684.
[1586] Cass. com. 14 juin 2016, n°14-28.966 navire « *Athéna* »

À ce propos, au risque de certaines répétitions du précédent paragraphe, que nous prions le lecteur de bien vouloir nous pardonner, nous constatons que la haute juridiction donne une analyse claire de ce qu'est la SCOPIC. La lecture de cet arrêt renseigne sur le fait que la SCOPIC, ne vient que se substituer à l'article 14 de la Convention de 1989 et cohabite lorsque le contrat d'assistance est conclu sur le modèle LOF avec les dispositions de l'article 12 de la Convention notamment la règle du résultat utile. La décision de la Cour de cassation s'appuie sur une démonstration purement juridique en analysant la chaîne des contrats constitutive de cette affaire. Le contrat d'assurance corps et machines se basait sur la police-corps[1587] dont la version d'alors était de 2002, et excluait de ses risques garantis, l'indemnité payable à l'assistance sous l'empire de l'article 14 de la Convention de 1989[1588]. Au moment où nous écrivons ces lignes, la version de la police-corps française en vigueur date du 1er janvier 2012 et stipule qu'est exclue de la garantie *« l'indemnité spéciale » payable à l'assistant sous l'empire de l'article 14 de la Convention internationale de 1989 sur l'assistance, dans les conditions indiquées par le paragraphe 4 de cet article en vertu de la clause SCOPIC ou de toute autre disposition de portée semblable*[1589]. Une telle exclusion, claire et formelle, a suffi aux juges pour décider, en l'espèce, que la connaissance par les assureurs corps de l'existence de la clause SCOPIC n'impliquait ni l'acceptation par eux de son contenu, ni leur engagement à contribuer à l'opération d'assistance ne répondant pas aux critères des articles 12 et 13 de la Convention de 1989. Ce raisonnement pyramidal pour lequel opta la cour est certes logique, mais pas complètement satisfaisant car il se fonde sur la règle générale "*no cure no pay*" c'est-à-dire la Convention internationale de 1989 dont elle interprète le sens de l'article 14 pour pouvoir déterminer la portée de la SCOPIC[1590]. De même, dans sa démonstration, en prenant pour dénominateur commun la Convention de 1989 sur la base de laquelle elle se fonde pour expliquer la démarche des parties, la Cour de cassation fait absolument abstraction de la volonté des parties, sans clairement chercher l'opportunité qu'il y avait pour les parties de conclure une clause SCOPIC. D'abord, lorsqu'elle fait allusion à la police-corps, c'est par une sorte de sacralisation non avouée de la *règle "no cure no pay"*, à travers la seule considération de la clause excluant du champ des garanties l'indemnité spéciale de l'article 14. Ensuite lorsqu'elle se réfère à la SCOPIC, c'est uniquement sous l'angle selon lequel cette clause se substitue à l'article 14 de la Convention. En clair, la Haute juridiction a procédé comme si les parties

[1587] Dont l'intitulé complet est : Police française d'assurance maritime sur corps de navires tous risques.
[1588] BONASSIES Pierre & SCAPEL Christian, « *Traité de droit maritime* », 2e édition, LGDJ 2010, n°1304, p.896-§1304, et n°1332, p.915.
[1589] Article 1.2 B/ 2° al.2.
[1590] DELEBECQUE Philippe et ARIE LEVY Jean, « *Les mystères de la « SCOPIC Clause » ou comment ne pas déroger à une convention internationale pourtant supplétive* », Recueil Dalloz 2017, p.282.

n'avaient pas voulu ou n'avaient pas souhaité déroger à la Convention de 1989 mais plutôt comme si elles avaient souhaité soumettre leur contrat à la Convention, à travers une clause *Paramount* tacite[1591]. Nous ne saurons dénier le bon sens juridique qu'a adopté la Cour de cassation qui dans cette affaire, en s'appuyant sur un raisonnement didactique, a clairement déterminé que la SCOPIC permettait d'allouer à l'assistant une indemnité, même en l'absence de résultat utile et sans distinction entre les dépenses visant la sauvegarde du navire et celles ayant pour finalité la protection de l'environnement[1592]. Toutefois, nous pensons que cette affaire a été une occasion manquée. À notre avis la Cour de cassation aurait pu saisir cette opportunité pour également rappeler et clarifier l'objectif de la Convention de 1989, celui de la SCOPIC, et surtout de remettre au cœur du débat la question implicite qui était, selon nous, celle du partage des dépenses engagées pour la protection de l'environnement.

À cette question, nous répondons en affirmant que les *P&I Clubs*, à travers la SCOPIC, contribuent effectivement et de manière pertinente, à la sauvegarde du milieu marin. En effet, la SCOPIC comme il découle des précédentes notes, ne conditionne plus l'indemnité de l'assistant à la règle du résultat utile. Ceci a pour avantage principal d'inciter les entrepreneurs d'assistance à répondre non seulement favorablement, mais aussi et surtout promptement à toute sollicitation d'un armateur dont un navire est en détresse. Tel n'est-il d'ailleurs pas le vœu et l'objectif de la Convention de 1989 ? En réalité, un tel opérateur qui n'a pas la garantie au moins de rentrer dans ses frais, restera réticent à intervenir, eu égard aux risques encourus par son navire (abordage, destruction, par exemple), des frais en personnel qu'il devra supporter, sans compter le manque à gagner s'il avait plutôt affecté son navire et ses équipements à une opération commerciale.

De même, puisque la crédibilité et la solvabilité des *P&I Clubs* ne font plus débat aujourd'hui, dès réception de la lettre d'engagement à payer émise par ces Associations, l'opérateur d'assistance est d'autant plus galvanisé à intervenir qu'il a la certitude de récupérer ses fonds et de recevoir une indemnité. Lorsque, en considération des critères d'évaluation de sa rémunération tels que posés par l'article 13 de la Convention, l'entrepreneur d'assistance a agi *segundum artem* et réussi sa mission, le juge peut réévaluer cette indemnité (art.14.2 Convention de 1989) qu'il recevra de l'armateur via le *P&I Club* de celui-ci jusqu'à 100% de ses dépenses objectives.

[1591] DELEBECQUE Philippe et ARIE LEVY Jean, « *Les mystères de la « SCOPIC Clause » ou comment ne pas déroger à une convention internationale pourtant supplétive* », Recueil Dalloz 2017 p.282.

[1592] DELEBECQUE Philippe, observations arrêt navire « *Athéna* », DMF Hors-série n°21, juin 2017 p.56.

Également, le fait que la SCOPIC ne distingue pas les opérations de sauvetage du navire de celles destinées à la protection de l'environnement, contribue de manière, certes indirecte, mais décisive, à atteindre l'objectif qui est la prévention et/ou la minimisation des effets de la pollution marine. À titre d'illustration, lorsqu'un navire a sombré au fond de la mer ou est en situation de détresse, que ses soutes et autres produits dangereux et/ou polluants viennent à être récupérés et transbordés comme ce fut le cas du navire Athéna, l'assistance peut s'arrêter à ce stade au motif clair qu'il n'y a plus de risque pour l'environnement. Pourtant un tel navire non assisté dans les délais raisonnables et nécessaires peut devenir épave[1593] et constituer un véritable danger[1594] en ce sens qu'il est un réel obstacle à la navigation, et pourra donc en cas de choc avec un navire pétrolier par exemple, causer des conséquences dramatiques. D'où l'intéressante opportunité résidant dans une assistance prompte des navires à travers son allègement, jusqu'à son redressement et enfin son enlèvement pour éviter qu'il ne devienne épave au sens de la Convention de Nairobi sur l'enlèvement des épaves, signée le 18 mai 2007. En effet, affirmer que les initiatives prises par les acteurs privés du milieu maritime sont les mieux respectées et les plus efficaces, serait révéler un secret de polichinelle parce qu'elles sont conçues pour répondre à des besoins précis et implémentées grâce à des moyens tant humains que financiers à la hauteur de la tâche. Or la Convention de Nairobi donne l'initiative des enlèvements des épaves aux États contractants. D'où notre préférence pour la mesure anticipative de la pratique à travers la SCOPIC.

De tout ce qui précède, nous pouvons observer que la SCOPIC en tant que convention des praticiens, mérite pour sa pérennité dans un premier temps, d'être épargnée de la rigidité d'un éventuel encadrement juridique avec lequel la cohabitation s'avérerait malaisée. Cela s'observe par la forte insatisfaction qui se dégage à chaque fois que les juges ont été appelés à se prononcer sur le sujet, qu'il s'agisse de l'affaire Nagasaki ou de celle du navire Athéna. Pourtant, et c'est là que réside le paradoxe ou la curiosité, ces décisions résultent chaque fois d'un raisonnement juridique méthodique et didactique. Dans un second temps, pour sa pérennité nous plaidons pour une plus large diffusion de la SCOPIC afin qu'elle ne demeure pas uniquement l'affaire des contractants c'est-à-dire de l'armateur (via son *P&I Club*) et de l'assistant. Nous souhaitons donc que la protection de l'environnement, désormais sacralisée, revienne au centre des débats[1595] et puisque l'environnement est notre héritage commun, en le protégeant nous nous protégeons nous-mêmes. Ainsi, il nous semble logique que tous ceux qui

---

[1593] Au sens de l'article 1.4 de la Convention de Nairobi sur l'enlèvement des épaves, signée à Nairobi le 18 mai 2007 et entré en vigueur le 16 août 2016.
[1594] Au sens de l'article 1.5 de la Convention de Nairobi.
[1595] Pourquoi pas un amendement de l'article 12 actuel de la Convention de 1989 sur l'assistance ?

ont intérêt à la sauvegarde du navire participent au bon déroulé de l'assistance et à son issue heureuse. Ici, nous faisons allusion aux assureurs corps dont la position claire et non équivoque est désormais confortée par la Cour de cassation à travers l'affaire du navire Athéna. Cependant nous ne pouvons pas nous empêcher de considérer cette préférence pour la règle du résultat utile, pourtant légale, comme étant empreinte d'une dose de mauvaise foi ; et cela nous amène à penser comme une certaine doctrine que leur participation en matière de lutte contre les navires sous-normes s'est faite malgré eux[1596].

De toute évidence donc, la SCOPIC, sur le terrain strictement juridique, n'est pas la solution absolue face à la difficulté inhérente à l'article 14 de la Convention de 1989 mais en pratique elle s'impose comme étant « *une solution non seulement viable pour les sauveteurs mais nécessaire pour la lutte contre les dommages à l'environnement* »[1597].

§2 : La contribution des *P&I Clubs* au respect des exigences particulières des autorités nationales ou communautaires relatives aux sinistres majeurs

S'il est un domaine qui semble réellement préoccuper les autorités publiques de nos jours, c'est bien l'environnement. Car en matière de sinistres majeurs pour cause de naufrage, la question relative à la vie humaine bénéficie d'un cadre juridique visiblement abouti, au point de ne plus poser débat de notre point de vue. Mais malgré le dispositif CLC/FIPOL, certaines autorités continuent dans l'unilatéralisme, c'est le cas de États-Unis avec l'OPA 90 (A), tandis que d'autres, bien que signataires, conservent tout de même quelques spécificités nationales, notamment la République Populaire de Chine (B). Cela nous amène, au regard de toute la mobilisation mondiale quant à la prise en compte des dégradations climatiques et écologiques, à nous poser la question de l'avenir de l'activité des *P&I Clubs* face aux atteintes à l'environnement (C).

A/ Le cas de la législation américaine depuis l'OPA

L'*Oil Pollution Act* est une loi on ne peut plus spéciale. D'abord quant à son opportunité, et au temps nécessaire pour sa préparation et pour son adoption, parce qu'il n'aura fallu qu'une

1596 PIERATTI Gertrude, « *Risque de pollution et sécurité : un défi pour les assureurs maritimes* », Gaz. Pal. du 13 juillet 2000, n°195 p.12.
1597 REBORA Jean-François, « *La special compensation protection & indemnity club clause (SCOPIC)* ", DMF n°635, mars 2003 p.260.

année entre le sinistre de l'*Exxon-Valdez* le 24 mars 1989 et l'adoption par le Congrès américain de l'OPA le 18 août 1990. Ensuite, c'est une loi spéciale, aussi et surtout quant à la révolution de ses prévisions et la sévérité de ses dispositions. La seule vraie condition d'exonération de responsabilité étant la force majeure entendue par *Act of God* et encore faudra-t-il que ne soient pas relevées de défaillances dans la gestion de la crise. Pollution de trop[1598] pour les autorités américaines, le naufrage de *l'Exxon-Valdez* a été le point de rupture entre les États-Unis et la communauté internationale, du moins, en matière de prévention et de lutte contre les pollutions marines consécutives au transport maritime d'hydrocarbures[1599]. L'OPA est une loi complexe en ce sens qu'elle crée un régime de prévention des pollutions, un plan de gestion et de nettoyage en cas de marée noire, des mesures d'indemnisation et tout un régime de responsabilités civile et pénale applicable contre tout pollueur. Par exemple, l'armateur du navire pollueur sera tenu de réparer tous dommages, quelles qu'en soient la nature ou le type. Il indemnisera entre autres, la perte de jouissance, les dégâts matériels et les préjudices financiers qui en découlent, la perte par l'État d'un revenu fiscal. Mais il ne nous semble pas pertinent de revenir sur tout cela[1600], et nous essaierons de nous focaliser sur son impact quant aux *P&I Clubs*.

Cependant, nous noterons tout de même que s'il y a un pays où la protection de l'environnement marin est une réalité, c'est bien les États-Unis, parce que ce pays dispose d'un arsenal juridique et législatif diversifié en matière de protection de l'environnement. Nous pouvons citer entre autres réglementations : le FWPCA de 1948, le TAPA de 1973, le DPA de 1975[1601]. À l'observation, l'OPA qui incorpore d'ailleurs la CERCLA (qui régit toutes les pollutions par déversement de substances nocives autres que celles causées par hydrocarbures), est donc venue consolider dirons-nous, une démarche dont elle constitue l'aboutissement. C'est aussi une loi qui en son temps était déjà avant-gardiste quant à la reconnaissance et la réparation du dommage écologique, et les armateurs, notamment ceux transportant les hydrocarbures vers les États-Unis, sont foncièrement tenus de se familiariser avec toutes les réglementations étasuniennes relatives à la protection de l'environnement[1602], aussi complexes les unes que les

---

[1598] Les USA, avant celle-ci, avaient déjà connu plusieurs pollutions.
[1599] GOLD Edgar, "*Gard Handbook on P&I Insurance*", 5th ed., 2002, p.437.
[1600] Voir REMOND-GOUILLOUD Martine, « *Marées noires : les États-Unis à l'assaut (l'Oil Pollution Act 1990)* », DMF n°506 juin 1991, pp.339 et s. Également KENDER Christopher, *"The Oil Pollution Act of 1990"*. In Liability for Damage to the Marine Environment, edited by DE LA RUE Colin. CMI, LLP (Lloyd's of London Press ltd, 1993, p.136.
[1601] FWPCA: Federal Water Pollution Control Act; TAPA: Trans-Alaska Pipeline Act, DPA: Deepwater Ports Act; CERCLA: Comprehensive Environmental Response, Compensation & Liability Act.
[1602] GOLD Edgar, "*Gard Handbook on P&I Insurance*", 5th ed., 2002, p.437.

autres. Au risque en cas de manquement, de subir des sanctions financières voire pénales très lourdes.

L'une des nouveautés de l'OPA, et de loin l'une de ses mesures les plus controversées, est le certificat de garantie financière (*COFR*)[1603]. L'article 1016 de l'OPA impose aux armateurs de pétroliers de plus de 300 GT navigant dans les eaux américaines depuis la ZEE, de prouver qu'ils possèdent une garantie financière. Celle-ci doit être capable de couvrir la responsabilité financière maximale à laquelle le navire est susceptible d'être soumis. Dans la pratique, le COFR (*Certificate Of Financial Responsibility*), est le dispositif qui permet aux autorités américaines de s'assurer que la responsabilité financière maximale, – qui n'est pas prévisible –, sera assumée par le pollueur ou son assureur responsabilité. En effet, l'État fédéral américain ne peut fixer de plafond de responsabilité parce que la constitution fédérale le lui interdit[1604]. Il revient à chaque État fédéré de fixer les responsabilités financières applicables sur son territoire de compétence. Les sommes sont donc parfois prohibitives, et les mesures opérationnelles souvent très contraignantes. La Cour suprême américaine a dû invalider une loi adoptée par l'État de Washington[1605]. Elle considéra ladite loi trop intrusive dans les opérations du navire, de même qu'elle juge *contra legem,* certaines dispositions fédérales. En l'espèce, après les différentes marées noires du *Torrey-Canyon* en Europe ou de l'*Exxon-Valdez*, le gouvernement fédéral prit à chaque fois des mesures préventives plus rigoureuses, et simultanément, le gouvernement fédéré de Washington fit de même par des mesures encore plus sévères. Il se trouve qu'après la pollution de *l'Exxon-Valdez*, et pour donner application à l'OPA, l'État fédéral mit sur pied le Bureau de la Sécurité Maritime, dont le mandat était d'édicter des normes et plans garantissant *"the Best Achievable Protection"* (*BAP*) – « la meilleure protection possible » –. Ce bureau édicta par exemple des normes de conception (double coque), d'équipement, et d'exploitation des navires-citernes. À la suite d'une mesure similaire et plus rigoureuse de l'État fédéré de Washington, l'association *Intertanko*[1606] saisit les juges pour protester contre celle-là. *Intertanko* estimait d'une part que les dispositions *BAP* de Washington étaient de trop, dans un domaine où l'uniformité nationale des règles est la norme. D'autre part, cette association de pétroliers indépendants estimait que la réglementation

[1603] KENDER Christopher, "*The Oil Pollution Act of 1990*". In Liability for Damage to the Marine Environment, edited by DE LA RUE Colin. CMI, LLP (Lloyd's of London Press Ltd) 1993, p.142.
[1604] HAZELWOOD Steven J. & SEMARK David, "*P&I Clubs Law and Practice*", 4th ed. *op. cit.*, p.187 n°10.261.
[1605] *United States v Locke, Governor of Washington, 6th march 2000, 529 U.S. 89, 120 S.Ct.1135, 146 L.Ed. 2d 69 (2000).*
[1606] INTERTANKO : Association Internationale des Armateurs Indépendants. Cette association qui exploite plus de 3931 pétroliers, 198 armateurs membres (source : https://www.intertanko.com/), représente plus 80% de la flotte mondiale des indépendants, et environ 60% du pétrole importé aux États-Unis. Source : https://openjurist.org/529/us/89

de l'État de Washington était contraire (car plus sévère) au domaine réservé de l'État fédéral. Après avoir été déboutée en instance par le tribunal de district, Intertanko interjeta appel, et en appel, le gouvernement fédéral se joignit à elle au motif que la décision du tribunal de district ne tenait pas suffisamment compte des intérêts du gouvernement fédéral dans le domaine de la diplomatie et des affaires étrangères. Il faut dire que treize pays, au regard de la loi de l'État de Washington, envoyèrent une note diplomatique au gouvernement fédéral pour notifier leur préoccupation. La Cour d'appel confirma la décision d'instance, mais la Cour suprême censura cette solution[1607].

Émettre un certificat de responsabilité financière, signifie que le *P&I Club* qui en propose, est solidairement tenu avec l'armateur, notamment en cas de défaillance de celui-ci. Il en sera ainsi à travers le mécanisme de l'action directe. Cette solidarité de responsabilité entraîne potentiellement une double responsabilité pour l'assureur de l'armateur. Elle concerne, d'une part, le traitement de la pollution *stricto sensu*, c'est-à-dire les coûts des mesures de sauvegarde et de nettoyage, ainsi que tous les coûts nécessaires à la remise en état ; elle concerne d'autre part *lato sensu*, tous les coûts, débours et dépenses relatifs aux avaries communes[1608], autrement dit les conséquences connexes et collatérales de la pollution.

Puisqu'ils n'ont pas voulu assumer une telle responsabilité, les *P&I Clubs* dans leur ensemble, à l'instar des assureurs traditionnels, ont dès l'entrée en vigueur de l'OPA, manifesté leur désapprobation en excluant de leurs prestations la garantie financière OPA et CERCLA. Cela implique que les *P&I Clubs* se limitent à la délivrance des *Blue Cards*, attestant que l'armateur dispose des garanties *P&I* standards et ne délivrent donc pas la garantie financière permettant d'obtenir le COFR (*Certificate Of Financial Responsibility*)[1609]. Ladite *Blue Card,* comme nous l'avons précédemment vu dans le cadre de la CLC, n'est pas émise pour des réclamations outrepassant le plafond fixé par le système international CLC/FIPOL. Autrement dit, pour un armateur dont le pétrolier va naviguer dans les eaux américaines, les *P&I Clubs* n'ont voulu s'engager financièrement qu'à hauteur de ce que prévoit le système international. Pour le surplus, il revient donc à l'armateur de trouver une solution sur le marché traditionnel. Les États-Unis étant le premier consommateur de pétrole, ce pays ne craignant pas le délaissement de ses ports au profit de ceux de ses pays voisins, il est donc très difficile pour les armateurs de pétroliers influents, de se passer de ce vaste marché. Et juste à titre de rappel, nous

---

[1607] Pour plus de détails sur la procédure, voir : https://openjurist.org/529/us/89 ou encore https://supreme.justia.com/cases/federal/us/529/89/

[1608] GOLD Edgar, "*Gard Handbook on P&I Insurance*", 5th ed., 2002, p.446.

[1609] Idem.

faisons remarquer que *Intertanko* travaille en étroite collaboration avec les *P&I Clubs*[1610]. On peut donc voir derrière l'action contentieuse de cette association, un conseil discret mais très avisé des *P&I Clubs*.

Pour obtenir ce certificat de garantie financière, les armateurs de pétroliers sont donc tenus de souscrire cette assurance financière auprès d'assureurs spécialisés. Premièrement, ce marché est représenté par trois principaux assureurs, – dits en anglais *The major* (majeurs) – qui sont : le *WQIS*, le *SIGco*[1611], et *Shoreline*. Deuxièmement, dans quelques rares cas, les mastodontes du transport pétrolier s'auto-garantissent puisque cette possibilité est prévue dans la loi américaine. La Procédure générale est la suivante : L'armateur du pétrolier de plus de 300 GT, souscrit une assurance dite de garantie financière auprès de l'un des assureurs sus-indiqués. Pour ce faire, dans la forme, l'armateur souscripteur remplit tout d'abord un formulaire de souscription, qui est en réalité un formulaire d'adhésion. Ce formulaire débouchera sur la conclusion du contrat d'assurance financière entre l'armateur et son assureur financier. Ensuite, il remplira un second formulaire identifié sous CG-5585 destiné au *NPFC* (*National Pollution Funds Center*), et quant à la condition de fond, il doit payer la prime, et surtout, prouver qu'il dispose déjà d'une garantie *P&I*. Ceci n'est qu'une simple formalité car les *P&I Clubs* sont toujours disposés à envoyer des courriers[1612] attestant de l'inscription du navire dont l'armateur Membre sollicite assurance financière OPA-CERCLA. Lorsque le contrat d'assurance financière est conclu, l'assureur financier émet une attestation à l'attention du *National Pollution Funds Center*, lequel délivre à son tour le COFR qui servira de quitus à l'armateur. Il obtient ainsi son droit de naviguer dans les eaux américaines. Donc, contrairement à l'idée généralement partagée, le certificat de garantie financière *COFR*, n'est fourni ni par les *P&I Clubs* ni par les assureurs financiers de l'armateur. C'est l'administration américaine qui émet le certificat à travers le *NPFC*, après avoir eu la preuve que l'armateur possède la garantie financière. Et c'est ce certificat qui lui donnera accès aux eaux américaines.

À défaut de fournir eux-mêmes cette garantie financière, les *P&I Clubs* agissent auprès de leurs armateurs Membres sur trois aspects. Tout d'abord en tant que facilitateur, car comme nous venons de le dire, ils facilitent la souscription de la garantie financière en émettant à brefs délais une lettre attestant que l'armateur dispose d'une garantie *P&I* auprès d'eux. Ensuite ils

---

[1610] https://www.intertanko.com

[1611] SIGco : *Shipowners Insurance Guarantee Company*. En réalité, SIGco est une excroissance des P&I Clubs car c'est une compagnie d'assurance privée et spécialisée principalement dans la fourniture de la garantie financière OPA-CERLA entre autres services. Mais c'est surtout une compagnie créée par les armateurs eux-mêmes, bien qu'ayant une autonomie juridique et commerciale. L'avantage de ce système est la compétitivité des primes d'assurance.

[1612] HAZELWOOD Steven J. & SEMARK David, "*P&I Clubs Law and Practice*" 4th ed. *op. cit.*, p.191 n°10.261.

jouent un rôle de conseil, et/ou de veille juridique en informant leurs armateurs membres des évolutions ou situations susceptibles de les affecter. Par exemple, en début d'année 2019, plusieurs administrations américaines fonctionnaient en sous-régime et sous-effectifs à cause des blocages budgétaires du fait d'un désaccord entre l'administration centrale et le Congrès. Parmi ces administrations, le *National Pollution Funds Center*, notamment son département *Vessel Certification*, en charge du COFR. Pour éviter que leurs armateurs ne se retrouvent en infraction parce que ne possédant pas ce sésame, les *P&I Clubs*, à travers leurs représentants locaux, leur conseillèrent vivement d'effectuer des démarches en ligne. C'est le cas de *Britannia P&I Club* à travers une circulaire interne du 18 janvier 2019[1613]. Mais au-delà de ça, les armateurs de pétroliers souhaitant naviguer dans les eaux américaines, sont fortement conviés par leurs *P&I Clubs* de se rapprocher des services compétents, afin que la solution la mieux adaptée à leurs opérations leur soit proposée[1614]. Enfin, les *P&I Clubs* recommandent vivement à leurs armateurs de pétroliers, lorsque ceux-ci affrètent leurs navires, d'inclure dans la charte-partie, une clause dite *Oil Pollution Charter Party Clause*. Celle-ci a vocation à transférer la charge de l'obligation de garantie financière à l'affréteur si le navire doit entrer dans les eaux américaines, et ainsi en cas de sinistre, l'armateur fréteur sera donc protégé[1615].

Les limitations actuelles (en date du 11 juillet 2019) du COFR pour l'OPA-CERCLA, objets d'une mise à jour régulière, sont les suivantes[1616] :

Type de navire	**Limite de responsabilité**
1/ Pétroliers monocoques, de plus de 3 000 tonneaux, y compris les monocoques équipés de doubles côtés ou d'un double fond	Le maximum des montants suivants : 3 500 $ par tonne brute ou 25 845 600 $
2/ Pour les pétroliers de plus de 3 000 tonneaux autres que ceux visés au (1/)	Le plus élevé des montants suivants : 2 200 $ par tonne brute ou 18 796 800 $.
3/ Pour les pétroliers monocoques, de moins de 3 000 tonneaux de jauge brute, y compris les monocoques équipés de doubles côtés ou d'un double fond	Le plus élevé des montants suivants : 3 500 $ par tonne brute ou 7 408 800 $

[1613] https://britanniapandi.com/update-cofrs-and-the-us-government-partial-shutdown/
[1614] GOLD Edgar, *"Gard Handbook on P&I Insurance"*, 5th ed., 2002, *op. cit.*, p.456.
[1615] Une clause similaire existe dans le cadre du système international CLC/FIPOL.
[1616] Source : https://www.wqis.com/insurance-products/cofr-guaranty/

4/ Pour les pétroliers d'une jauge brute inférieure ou égale à 3 000 tonneaux autre que ceux du (3/)	Le plus élevé des montants suivants : 2 200 $ par tonne brute ou 4 699 200 $
5/ Pour tout autre navire-citerne	Le plus élevé des montants suivants : 1 100 $ par tonne brute ou 939 800 $.

Remarque : Les limites de responsabilités ici ne s'entendent que comme étant la contribution au fonds de garantie administré par le *National Pollution Funds Center*. En d'autres mots, il s'agit des limites de la contribution financière de l'armateur au fonds, dont le COFR est la preuve. Il ne s'agit pas d'une limite de responsabilité au sens strict du terme, puisque comme nous l'avons précédemment évoqué, l'État fédéral, pour des raisons constitutionnelles, ne peut fixer des plafonds de réparation. D'ailleurs à côté du *National Pollution Funds Center* qui est le fonds fédéral, des États fédérés ont la possibilité de disposer de leur propre fonds[1617], mettant ainsi à la charge de l'armateur l'obligation d'adhérer à deux fonds de « limitation »[1618]. Dans le cadre de l'OPA donc, la responsabilité civile peut être illimitée. Pour être plus clair, nous souhaitons ici inviter le lecteur à distinguer deux responsabilités : la responsabilité civile de l'armateur du fait de la pollution telle que prévue par l'OPA, et la responsabilité financière en tant que contribution au fonds national de pollution. La première est potentiellement illimitée, et la deuxième fait l'objet de limitations dont le seuil est régulièrement amendé. Mais la subtile nuance, réside en ce sens que l'assureur qui apporte la garantie financière, reste solidairement responsable dans la globalité de la responsabilité telle que prévue par l'OPA. En clair, l'écart entre la garantie P&I dont dispose l'armateur et les besoins réels et spéciaux, nécessaires pour la lutte contre la pollution et ses conséquences, doit être comblé par l'armateur. S'il ne peut le faire, alors son assureur responsabilité financière y est tenu. On comprend alors pourquoi les *P&I Clubs* n'offrent pas la garantie financière OPA-CERCLA. De ce fait, peut émerger une distinction entre l'assurance responsabilité civile garantie par les *P&I Clubs*, et l'assurance financière proposée par des assureurs spécialisés.

[1617] Exemple de la Californie avec le CA OSPR (California Office of Spill Prevention and Response).
[1618] HAZELWOOD Steven J. & SEMARK David, "*P&I Clubs Law and Practice*", 4th ed., 2010, n°10.265 p.189.

B/ Le cas de la République populaire de Chine

Le 9 septembre 2009, la République Populaire de Chine (ci-après la Chine) adopta une loi relative à la prévention et au contrôle de la pollution marine par les navires. Cette loi qui rentra en vigueur le 1er mars 2010[1619], remplaça une loi précédente, celle du 29 décembre 1983. Cette loi a vocation à s'appliquer à tout type de pollution marine survenue dans les eaux sous souveraineté chinoise, ainsi que dans sa ZEE. Sont concernés d'une part, les armateurs propriétaires ou exploitants des navires transportant en vrac des cargaisons polluantes et/ou nocives, et d'autre part, seront concernés les navires de plus de 10 000 Tonneaux de jauge[1620]. De manière générale, cette loi régit les conditions de livraison en Chine ou de transport à partir de la Chine du pétrole brut et des produits nocifs et potentiellement dangereux, de même que les conditions dans lesquelles les opérations de déballastage sont menées. Elle met aussi en place un plan d'urgence de gestion des pollutions que l'équipage se doit de maîtriser, assorti d'un régime de sanctions pour les cas de manquements[1621]. Inspirée des Conventions CLC 1992 et Bunker 2001, auxquelles la Chine est un État-partie, cette loi opte pour la canalisation de responsabilité en cas de pollution du fait d'un navire, et rend obligatoire la possession par l'armateur d'une assurance responsabilité civile ou bien de toute sécurité financière équivalente. Elle prévoit aussi un régime de limitation de responsabilité lui-même emprunté à CLC 1992.

Cependant, quatre spécificités rendent cette loi particulière. Tout d'abord, la Chine n'étant pas membre du FIPOL, cette loi crée un fonds national d'indemnisation affecté à la pollution marine par hydrocarbures. Ainsi, l'armateur du navire responsable de la pollution se verra appliquer les limitations de responsabilité ainsi que les plafonds d'indemnisation prévus par la CLC, et les opérateurs importateurs de pétrole contribueront à la constitution des finances du fonds national. La deuxième particularité concerne l'assurance financière, car seules seront acceptées les assurances responsabilité civile ou les garanties financières émises par des entités approuvées par le MSA[1622], administration chinoise de sécurité maritime. Ainsi, aussi réputée soit-elle, une compagnie d'assurances qui ne figure pas sur la liste émise par cette administration de sécurité maritime, verra son offre de garantie rejetée. L'armateur concerné ne pourra donc pas naviguer dans les eaux chinoises, si son assurance responsabilité ou bien sa

[1619] GARD P&I Club, "*Circular n°07/2009: Regulations of the People's Republic of China on the Prevention and Control of Marine Pollution from Ships*". November 2009.
[1620] West of England P&I Club, *Notice to members n°24, 2012/2013 - Regulations of the People's Republic of China on the Prevention and Control of Marine Pollution from Ships*". December 2012.
[1621] GARD P&I Club, Gard news, issue 197 February/April 2010, p.40.
[1622] MSA: *Maritime Safety Administration*.

garantie financière n'est pas émise par une mutuelle ou entité répertoriée sur la liste de l'administration chinoise de la sécurité maritime[1623]. La troisième particularité de cette loi, corollaire de la deuxième, est la non-acceptation des *LOU* (*Letter Of Undertaking*) émises par les *P&I Clubs*. En effet, en cas de pollution dans les eaux sous souveraineté chinoise, les lettres de garantie émises par les *P&I Clubs* ne sont pas acceptées par l'administration de la sécurité maritime comme étant des garanties financières. Seules les garanties émises par les établissements financiers ou assureurs basés en Chine sont acceptables par cette agence. Les *P&I Clubs* sont donc obligés de requérir leurs services, contre commission. Toutefois, il existe la possibilité pour les réclamants personnes de droit privé d'accepter la garantie offerte par les *P&I Clubs* à travers leurs *LOU*[1624]. Enfin la quatrième spécificité de cette loi, et peut-être la plus intéressante, est la mise sur pied d'un *SRP "Ship Pollution Response"* équivalent du *VRP* (*Vessel's Response Plan*) américain. Mais dans le cas chinois, cela se traduit par l'obligation de signer des contrats de nettoyage, de dépollution dits *pollution clean-up contracts*. Cette mesure, entrée en vigueur le 1er janvier 2012, impose aux armateurs de pétroliers, entrant ou sortant des ports chinois, de conclure des contrats de dépollution avec des entreprises chinoises spécialisées et agréées. Celles-ci, présentes dans les différents ports du pays, sont désignées à travers une liste d'entreprises habilitées pour cette tâche par l'administration de la sécurité maritime, et bien qu'il s'agisse d'un contrat entre l'armateur et l'entreprise spécialisée dans le nettoyage de dépollution, les mentions du contrat, les clauses relatives aux droits et obligations, leur sont imposées par l'administration de la sécurité maritime. Nous nous en convaincrons à la lecture de l'article 3 de l'introduction du spécimen du document servant d'agrément pour le contrat de dépollution. Selon cet article, *"The article 1 and the article 2 on rights and obligations of this Agreement are mandatory and both parties shall not change the contents of these articles. For matters not covered in this Agreement, the parties may reach a separate supplementary agreement. In no case should such supplementary agreement violate relevant provisions of laws, regulations and rules as well as stipulations in this Agreement concerning both parties' fundamental rights and obligations..."*.

En pratique donc, la garantie offerte par les *P&I Clubs* dans le contexte chinois en matière de pollution marine par hydrocarbures, doit s'accommoder d'une situation inédite. Il s'agit d'une particularité qui tient non de la loi, mais plutôt du mode de fonctionnement global de l'administration chinoise en charge de la sécurité maritime. En effet les *P&I Clubs* n'ont pas beaucoup de marge de manœuvre, car cette administration collabore principalement avec

1623 GARD P&I Club, Gard news, issue 197 February/April 2010, p.41.

1624 Gard news n°204, *New Pollution Regulations in China-FAQs II*, November 2011/January 2012.

l'*IGP&I Clubs*. Le POOL à son tour notifie les *P&I Clubs* sur ce qu'il y a lieu de faire pour respecter les dispositions de la loi. L'action des *P&I Clubs* est donc substituée par le rôle que joue le POOL. Ce rôle qui s'apparente à une activité syndicale en défense des intérêts des membres, est aussi une sorte de lobby pour limiter les entraves qu'une telle loi atypique pourrait causer aux *P&I Clubs* d'une part, et le tort que cela peut générer pour les armateurs d'autre part. Donc il s'agit là à l'observation, d'une sorte de mutualisation à sens descendant. En effet, la logique veut que les *P&I Clubs* agissent en premier avant la mobilisation du POOL par la suite. Mais dans le cadre chinois, c'est l'*IGP&I Clubs* qui est la tête de proue. Cette étroite collaboration entre l'*IGP&I Clubs* et les autorités chinoises, qui s'est accentuée durant ces dernières années, aboutira peut-être – c'est le vœu des dirigeants du POOL – à la conclusion d'un mémorandum d'entente entre le POOL et le fonds chinois d'indemnisation de pollutions marines[1625] cela, dans l'optique de mieux gérer les cas éventuels de pollution par hydrocarbures survenant dans les eaux chinoises.

C/ L'avenir de l'activité des *P&I Clubs* face aux atteintes à l'environnement : le cas des pollutions par les hydrocarbures des navires

Nous avons précédemment parlé du droit de la protection de l'environnement marin comme étant l'objet d'une construction plutôt récente, mais déjà bien entamée. Cette édification nous semble désormais consolidée, par l'arrêt de la Cour de cassation relative à l'affaire *Erika*, même si une zone d'ombre semble persister. En effet, la Cour d'appel de Paris[1626] concernant cette affaire déclara que le préjudice écologique est « *toute atteinte non négligeable à l'environnement naturel..., sans répercussion sur un intérêt humain particulier mais qui affecte un intérêt collectif légitime* ». À l'observation de cette définition, il apparaît d'une part que le préjudice écologique ainsi conçu est un préjudice autonome et objectif, et que d'autre part, l'environnement est considéré comme un bien commun qui nécessite en soi d'être protégé[1627], en tant que sujet de droit[1628]. Cette définition, la Cour de cassation[1629] la reprendra de manière succincte, en considérant le préjudice écologique comme étant « *l'atteinte directe ou indirecte portée à l'environnement et découlant de l'infraction* ». Dite ainsi, la définition de la Cour de

[1625] IGP&I Clubs, annual review 2017/2018, p.19.
[1626] CA Paris 11e ch., 30 mars 2010 n°08/02278.
[1627] TSIAKLAGKANOU Dimitra, « *Le préjudice écologique après l'arrêt Erika* », DMF n°788, février 2017, p.162.
[1628] BEURIER Jean-Pierre, « *La protection de l'environnement marin* », in Droits maritimes, Dalloz 3e éd. 2014, n°814-26 pp.1670-1671.
[1629] Cass. crim., 25 septembre 2012, n°10-82.938.

cassation est imprécise, peu claire, peu satisfaisante et nécessitera d'être précisée[1630]. Toutefois, sa principale nouveauté est l'érection de l'environnement en un bien objectif qui mérite un régime particulier ainsi qu'une protection spéciale et autonome. Toujours est-il qu'à l'analyse des définitions proposées à la fois par la Cour d'Appel de Paris et par la Cour de cassation, les éléments constitutifs du préjudice écologique répondent au critérium du dommage écologique que nous avons précédemment étudié. Donc, si les juges, la doctrine et le Code civil (art.1246) entre autres textes, emploient l'expression *préjudice écologique pur*, il s'agit simplement de la notion de dommage écologique. Il nous semble donc que l'heure est peut-être venue de consacrer une fois pour toutes l'expression dommage écologique, après la consécration de son caractère réparable.

Petite précision : le lecteur aura sans doute remarqué l'accueil particulièrement favorable que nous réservons à la décision de la Cour de cassation en ce sens qu'elle reconnaît le dommage écologique. Outre les éléments que nous avons déjà avancés pour justifier une telle posture, nous souhaitons faire remarquer qu'à notre avis, il était temps. En effet, une marée noire emporte nécessairement deux conséquences : le dommage écologique et les préjudices écologiques. Ainsi, indemniser uniquement les préjudices ne fait, de notre point de vue, que traiter partiellement le mal.

De notre point de vue, la question qui semble se poser pour l'avenir concernera non pas la réparation du dommage écologique, mais son assiette assurantielle. En d'autres termes, quelle sera l'étendue assurable du dommage écologique, notamment par les *P&I Clubs*. Il est vrai que selon le Code civil, *la réparation du préjudice écologique s'effectue par priorité en nature*[1631]. Cependant, les choses ne seront pas aussi simples qu'il y paraît, car n'oublions pas que l'arrêt *Erika* fut rendu par la chambre criminelle de la Cour de cassation. Cela renvoie donc probablement – en attendant que la tendance se confirme –, à un mouvement de pénalisation, de criminalisation des atteintes à l'environnement. Du moins si des affaires similaires de pollutions par hydrocarbures continuent d'être soumises devant le juge pénal, sachant que ce principe de criminalisation existe déjà dans le Code de l'environnement en ses articles L218-11 à L218-24. Il s'agit là, selon l'angle où l'on se place, d'une avancée ou d'une enfreinte de l'article 230 de la CMB qui prévoit uniquement des peines pécuniaires en cas de pollution du milieu marin. Dans cette affaire de l'*Erika*, plusieurs protagonistes notamment l'armateur, ont été condamnés à des peines d'amendes[1632] plutôt lourdes. Cela imposera de clairement

1630 BARY Marion, « *L'arrêt ERIKA : un arrêt novateur à plus d'un titre* », Revue Lamy Droit civil, n°102, mars 2013, p.19.
1631 C. civ., art.1249, codifiant la Loi n°2016-1087 du 8 août 2016 en son article 4.
1632 DELEBECQUE Philippe, « *L'arrêt Erika : un grand arrêt de droit pénal, de droit maritime ou de droit civil ?* », Recueil Dalloz 2012, p.2711.

distinguer les sanctions pénales des sanctions civiles. L'opportunité de notre propos sur ce point se retrouve dans le Code pénal[1633] qui dispose que *nul n'est responsable pénalement que de son propre fait*. Cette disposition générale, nous permet d'affirmer au regard du principe de la personnalité des peines, que ces sanctions sont inassurables. Le caractère inassurable des sanctions pénales voire des amendes prononcées par certaines administrations ou autorités publiques semble être confirmé par le Code civil qui dispose en son article 6, qu'on ne déroge pas aux lois qui intéressent l'ordre public et les bonnes mœurs par des conventions particulières. À plusieurs reprises depuis plusieurs années maintenant, les juges rappellent ce caractère inassurable des sanctions pénales. C'est ce que fit par exemple la Cour d'appel de Paris[1634], en confirmant un jugement du tribunal de grande instance de Paris, dans une affaire opposant un assuré à son assureur, après une sanction prononcée par l'autorité des Marchés Financiers contre l'assuré.

Nous en déduisons que les *P&I Clubs* ne garantiraient pas de telles sanctions. D'ailleurs si l'on reconsidère l'objet de leur garantie, c'est bien la responsabilité civile des armateurs à l'égard des tiers qui est garantie, non sa responsabilité pénale car celle-ci est une sanction *intuitu personae*. Le problème, il nous semble, est le silence des clauses de la police d'assurance quant à cette exclusion de garantie. En d'autres termes, dans les polices d'assurance des *P&I Clubs*, il n'est pas clairement dit que ne seront pas garanties les sanctions pénales ou para-pénales. Peut-être gagneraient-ils, pour l'avenir, à introduire une telle clause d'exclusion de garantie afin d'éviter d'éventuelles équivoques ou réclamations évitables.

Consacrant le dommage écologique, l'arrêt *Erika* vient alourdir la responsabilité imputable au propriétaire de navire générateur de la pollution marine par hydrocarbures. Désormais, en plus de la responsabilité civile *stricto sensu* – le préjudice écologique –, l'armateur assumera également une responsabilité environnementale – le dommage écologique –. Pour le dire clairement, il sera désormais amené à indemniser d'une part, les personnes ayant subi des préjudices quelconques du fait de la pollution, et d'autre part, il versera une indemnité en guise de réparation du dommage environnemental selon les termes de l'article 1246 nouveau du Code civil[1635]. À l'observation, nous remarquons que l'aggravation de la responsabilité pour

[1633] C. pén., art.121-1.

[1634] CA. Paris, Pôle 2 5e ch., 14 février 2012, répertoire général n°09/06711.

[1635] Concernant cet article, nous pensons que les rédacteurs du Code civil ont manqué l'occasion de consacrer l'expression « dommage écologique ». Consécration que le Sénat l'invita implicitement à faire à travers l'article 1386-20 de sa proposition de loi du 16 mai 2013. Le texte du Sénat énonçait que *« toute personne qui cause un dommage à l'environnement est tenue de le réparer »* tandis que l'article 1246 du Code civil dispose que *« toute personne responsable d'un préjudice écologique est tenue de le réparer »*. Et comme nous l'avons déjà expliqué, réparation et préjudice ne sont pas sémantiquement conciliables.

pollutions marines par hydrocarbures est à double titre. Premièrement sur un plan purement civil, comme nous venons de le voir, en plus de la responsabilité traditionnelle pour les préjudices écologiques, l'armateur assumera une responsabilité pour dommage écologique. Deuxièmement, cette double responsabilité civile, pourra être grevée de sanctions pénales au regard des articles L218-10 à L218-24 du Code de l'environnement. Les futures polices d'assurance, proposées par les *P&I Clubs*, devraient donc incorporer cette évolution relative à l'étendue de la responsabilité des armateurs en cas de pollution par hydrocarbures. Il en sera de même pour le FIPOL.

En effet, si l'on demeure sur l'aspect civil, les armateurs et les assureurs *P&I* ainsi que le FIPOL, chacun en ce qui le concerne, ne répondront plus seulement du préjudice écologique, mais également du dommage écologique. Or les textes organisant l'intervention du FIPOL par exemple, ainsi que les polices d'assurance des *P&I Clubs*, qui tiennent leur fondement de la CLC, sont conçus pour répondre de la responsabilité civile pour les préjudices écologiques. À l'avenir donc, il pourrait s'avérer nécessaire d'amender ou la CLC, ou les FIPOL pour y incorporer la nouvelle donne : la réparation du dommage écologique. Si cela n'est pas fait, la quotité prévue pour gérer les pollutions par hydrocarbures sera insuffisante. À titre d'illustration, les plafonds prévus pour ce type de sinistre se sont déjà révélés insuffisants à l'occasion du naufrage de l'Erika, ce qui a contribué au protocole de Londres du 16 mai 2003 créant un FIPOL 3. Donc, si les plafonds d'indemnisation sont déjà considérés comme insuffisants pour les seuls préjudices écologiques, qu'en sera-t-il s'ils doivent en même temps servir à assumer la réparation des dommages écologiques ?

Section 2 : L'efficacité des prestations des P&I Clubs quant à la gestion des sinistres majeurs

Le rôle des Clubs de Protection et d'Indemnité s'avère très utile en matière de gestion de la responsabilité civile des armateurs, et pour ce qui est des sinistres majeurs, notamment pour cause de pollution par hydrocarbures, leurs prestations s'avèrent d'une particulière efficacité. Cette efficacité, résulte sans doute de la mise sur pied par ces mutuelles, aux côtés des mécanismes institutionnels, d'instruments privés et originaux pour la gestion des pollutions (§1). Bien que l'efficacité de l'action des *P&I Clubs* soit certaine, il reste toutefois des éléments qui contribuent à limiter la pleine efficacité dans la gestion des marées noires (§2).

§1 : Une efficacité consolidée par la mise sur pied par les P&I Clubs d'instruments originaux dans la gestion des pollutions par hydrocarbures

La réponse à l'ampleur des effets des sinistres majeurs imputables aux armateurs se fait au-delà du système international, à travers des moyens spécifiques. Parmi ces moyens contribuant à cette réponse, deux se révèlent particulièrement pertinents. Il s'agit, d'une part, de certains accords privés aux incidences juridiques contraignantes (A), et d'autre part, il s'agit de la technique des réserves, fabuleux outil de levée de fonds (B) nécessaires pour la gestion des pollutions.

A/ Les accords privés volontaires aux incidences juridiques et économiques contraignantes

L'observation de la pratique nous enseigne que les *P&I Clubs* ont dans bien des cas été avant-gardistes, innovateurs, voire, une source d'inspiration pour les autorités. En effet, le système international d'indemnisation des pollutions marines, tel que régi et organisé par le CLC/FIPOL, est empreint de la pratique des *P&I Clubs*. Ceux-ci ont largement incité et contribué à la conclusion par les armateurs et les sociétés pétrolières d'accords privés volontaires, destinés à assurer l'indemnisation des pollutions par hydrocarbures. Il faut dire que la déflagration de la catastrophe du *Torrey-Canyon* survenue en 1967 était encore vive. Ainsi, les sept grands armements de pétroliers d'alors signèrent le 1er janvier 1969 (soit onze mois avant la Convention CLC), le *Tankers Owners Voluntary Agreement for Liability of Oil Pollution*, connue sous le sigle TOVALOP. Par cet accord, ces armateurs de pétroliers s'engagèrent à indemniser les pollutions par hydrocarbures transportés par l'un de leurs navires, soit en attente de la mise sur pied du système international, soit lorsque la CLC ne s'appliquerait pas une fois entrée en vigueur[1636]. Emboîtant le pas aux armateurs de navires-citernes pétroliers, les sociétés pétrolières membres de l'OCIMF[1637] s'engagèrent dans la même optique par le biais du *Contract Regarding an Interim Supplement to Tankers Liability for Oil Pollution*, connu sous le sigle CRISTAL. Constitué comme fonds de garantie, l'accord CRISTAL intervient en supplément de TOVALOP. Il s'agit donc pour ces sociétés pétrolières de prendre le relais des armateurs pour garantir une indemnisation acceptable des victimes des pollutions par

[1636] ODIER Françoise et VIGNER Christian, « *Fonds d'indemnisation des dommages de pollution maritime, plans TOVALOP et CRISTAL* », Juris-Classeur Environnement, fascicule 672, mai 1994, p.18. Voir aussi ORENGO Céline, *op. cit.*, pages 23 et 24.
[1637] OCIMF : *Oil Companies International Marine Forum* (Forum Maritime International des Compagnies Pétrolières).

hydrocarbures. Prévus pour avoir une mission intérimaire et éphémère, ces deux accords cessèrent de produire effet le 20 février 1997, non sans avoir inspiré le système international tel qu'exprimé dans l'esprit et la formulation des protocoles de 1992.

Malgré les différentes améliorations, tout ce dispositif s'est avéré insuffisant en cas de marées noires, comme celles causées par les naufrages de l'*Erika* et du *Prestige*. Nous l'avons vu, cela a conduit au protocole de 2003 à la convention de 1992 portant création d'un Fonds complémentaire international d'indemnisation pour les dommages dus à la pollution par hydrocarbures, lequel Fonds complémentaire a pour effet d'augmenter le plafond de limitation d'indemnisation, c'est-à-dire d'alourdir la charge financière des compagnies pétrolières, en tant qu'entités financières du FIPOL, grâce à leurs contributions qui en constituent le budget de fonctionnement et d'opérations.

Face à l'augmentation de la responsabilité financière des compagnies pétrolières, les *P&I Clubs* via le *POOL* (ou l'*IGP&I Clubs*), ont décidé de participer à cet effort financier. C'est ainsi qu'ils ont mis sur pied en 2006, quasiment sur un modèle identique aux accords TOVALOP et CRISTAL, les accords *Tanker Oil Pollution Indemnification Agreement* (TOPIA) et *Small Tanker Indemnification Oil Pollution Agreement* (STOPIA)[1638]. L'accord STOPIA concerne les petits navires-citernes ayant une capacité maximale de 29 548 unités de jauge, tandis que l'accord TOPIA concerne, quant à lui, les pétroliers d'une capacité égale ou supérieure à 29 549 unités de jauge. Par ces accords, les armateurs des pétroliers responsables de la pollution prennent en charge une partie des sommes relevant du FIPOL, lorsque le montant de l'indemnisation due par le Fonds relève du domaine du Fonds complémentaire. En d'autres termes, lorsque les dégâts d'une pollution par hydrocarbures sont tels que le protocole de 2003 s'applique, l'armateur du navire impliqué dans ladite marée noire participera à l'indemnisation due par le FIPOL au titre de ce troisième niveau d'indemnisation.

Pour le dire encore différemment, notons que : le protocole de 1992 en son article 4.4 a) fixe à la charge du FIPOL, des indemnités plafonnées à 203 millions de DTS. Le protocole de 2003[1639] lui, fixe à la charge du FIPOL à travers le Fonds complémentaire, des indemnités plafonnées à 750 millions de DTS. Ainsi, lorsque se produit une marée noire dont le montant des indemnités dépasse les limites de la Convention de 1992, le Fonds complémentaire prend le relais et grâce aux accords TOPIA et STOPIA, l'armateur du navire impliqué contribuera à

[1638] BONASSIES Pierre & SCAPEL Christian, « *Traité de droit maritime* » 2e éd., L.G.D.J 2010, p.336, n°474 bis.

[1639] Art. 4.a) du Protocole de 2003 à la Convention de 1992, portant création d'un Fonds international d'indemnisation pour les dommages dus à la pollution par hydrocarbures.

la part rentrant dans le domaine exclusif du Fonds complémentaire. Disons-le autrement à nouveau :

Soit une pollution occasionnée par un navire "**N**", générant des indemnités estimées à 500 millions de DTS.

- Le FIPOL est astreint par la Convention de 1992 à 203 millions de DTS. Or ce plafond est inférieur aux besoins d'indemnisation dans notre cas d'espèce.
- Le protocole de 2003 est donc applicable (si ratifié).
- Le FIPOL assumera tout seul les 203 millions de DTS au titre de la Convention de 1992 ; et les 547 millions de DTS restants, seront partagés entre l'armateur du navire pollueur et le FIPOL. L'armateur du pétrolier remboursera au FIPOL, une partie de cette somme.

À l'observation donc, ces accords s'avèrent être un véritable outil de financement et de disponibilité de ressources financières, garantissant une bonne indemnisation des victimes potentielles de pollutions par hydrocarbures. Pourtant autant, ces accords ne sont pas institués par des Conventions ou traités internationaux, ni même par des lois nationales, mais nous n'hésitons pas à les inclure dans la liste des outils constitutifs de la *Lex Mercatoria*. À ce titre, TOPIA & STOPIA sont donc des accords privés mais juridiquement contraignants[1640]. En effet, bien qu'étant volontaires, ces *gentlemen agreements* originaux demeurent un réel engagement qui de par ce fait, se doit d'être respecté, notamment parce qu'il existe un Mémorandum d'accord entre l'IGP&I Clubs et le FIPOL. Nous l'avons dit précédemment au sujet de l'indemnisation des préjudices écologiques, il existe une collaboration forte et étroite entre les *P&I Clubs* et le FIPOL, laquelle collaboration pouvant même se manifester à travers l'ouverture d'un bureau commun dans le pays victime de la pollution, pour une gestion efficiente de celle-ci. Cet accord entre IGP&I *Clubs* et FIPOL, malgré son absence de coercition, reste un contrat à travers lequel les signataires s'engagent réciproquement. En outre, il comporte entre autres clauses, deux clauses : les clauses 9 et 10 relatives aux accords TOPIA et STOPIA, qu'il incorpore. Ceci signifie que TOPIA & STOPIA font partie du mémorandum d'entente entre les *P&I Clubs* (mandants de l' *IGP&I Clubs*) et le FIPOL. Or TOPIA & STOPIA sont conclus entre les *P&I Clubs* et leurs armateurs Membres. Tout ceci implique que les *P&I Clubs*, sont donc tenus par leur promesse, de faire profiter au Fonds complémentaire des accords TOPIA & STOPIA « conclus » entre eux et leurs armateurs. C'est toute cette imbrication qui fait la particularité de ces accords.

[1640] NDENDE Martin, « *La politique d'indemnisation des victimes de marées noires devant le FIPOL* », Revue de droit des transports n°2, février 2008, dossier 3.

Premièrement, l'accord est volontaire de la part des *P&I Clubs* à l'égard du FIPOL, parce que ce sont ces mutuelles via l'*IGP&I Clubs* qui promettent de participer à la constitution du Fonds complémentaire à travers une sorte de stipulation pour autrui. En effet, au regard du succès du régime international d'indemnisation des pollutions par hydrocarbures, et désireux de le sauvegarder, les *P&I Clubs* à travers le *POOL*, estimaient judicieux que les contributions au Fonds complémentaire de 2003 fussent équitablement supportées par les armateurs de pétroliers et les sociétés pétrolières[1641]. Par ailleurs cela permet d'observer que le modèle TOPIA & STOPIA ressemble à celui TOVALOP-CRISTAL, mais en sens inverse. Dans le cadre TOVALOP-CRISTAL, ce sont les sociétés pétrolières qui s'engagèrent à compléter l'indemnisation payable aux victimes, à travers des sommes additionnelles à celles préalablement payées par les armateurs. Dans le modèle TOPIA & STOPIA, ce sont plutôt les armateurs qui s'engagent à soulager les sociétés pétrolières, en leur remboursant une partie des sommes qu'elles auront payées.

Deuxièmement, les accords TOPIA & STOPIA sont orignaux en ce sens que les *P&I Clubs*, par mandat donné au *POOL* pour négocier et conclure l'accord, s'engagent auprès du FIPOL. Toutefois c'est l'armateur, dont le navire est impliqué dans la pollution, qui est censé payer la quotité définie par les accords TOPIA & STOPIA. Cette participation se fait concrètement par le remboursement au FIPOL d'une partie des sommes engagées en vertu des indemnités payées aux victimes de la pollution. Pour ce faire, une seule condition : le navire doit être considéré comme étant un *"Relevant Ship"*. Pour être un *Relevant Ship*, il suffit juste que le navire pétrolier soit assuré (en Responsabilité civile de l'armateur) par un *P&I Club* membre de l'*IGP&I Clubs*, et qu'il soit réassuré par l'*IGP&I Clubs*[1642]. Donc le seul fait d'être Membre d'un *P&I Club*, fait de l'armateur de pétrolier, un adhérent aux accords TOPIA & STOPIA. Ainsi, son navire adhère automatiquement au dispositif[1643]. L'emphase doit être mise sur le vocable adhésion car en réalité, il n'y a pas d'échange de consentement. L'armateur de pétrolier, Membre d'un *P&I Club* qui fait partie du Groupe International, y est réputé signataire des accords. Toutefois, à la lecture desdits accords, il n'est précisé nulle part que cette adhésion automatique est également obligatoire. Ceci laisse donc penser que l'armateur conserve le droit de le dénoncer et de ne pas y adhérer. Bien qu'il nous semble qu'il ne s'agit là, que d'une faculté théorique.

[1641] https://www.igpandi.org/article/stopia-and-topia-2017-amendments.

[1642] Clauses III(B) des accords TOPIA et STOPIA tels qu'amendés en 2017.

[1643] TOPIA 2006 (tel qu'amendé en 2017), clause III.C).

Troisièmement enfin, une autre particularité des accords TOPIA & STOPIA relève de leur caractère un tantinet confus. En effet, tout peut laisser penser que ces accords sont des compléments privés au mécanisme institutionnel qu'est le Fonds complémentaire mais ce n'est pas le cas. Ces mécanismes ne complètent pas le Fonds complémentaire puisqu'il n'y a pas addition des indemnités payées. En d'autres mots, il n'y a pas de cumul entre, d'un côté la contribution du FIPOL (Fonds complémentaire), et de l'autre, la contribution des armateurs à travers le mécanisme TOPIA & STOPIA qui viendrait s'ajouter à la première. TOPIA & STOPIA prennent seulement en charge une partie des sommes qui échoient au FIPOL, au titre du Fonds complémentaire du protocole de 2003. C'est donc la même indemnité qui est payée, à la différence que concrètement, cela sera fait par deux entités : le FIPOL et l'IGP&I *Clubs*. Ces accords ont donc pour unique objectif, d'alléger financièrement les sociétés pétrolières membres de l'OCIMF, à travers le remboursement par l'armateur du navire pollueur d'une partie des sommes exigibles par le FIPOL.

À la suite de réunions entre l'*IGP&I Clubs* et l'OCIMF (représentant les sociétés pétrolières), ces accords ont été amendés en 2016 parce que leurs initiateurs prévoyaient la première révision au bout de dix ans (2006-2016), les prochaines se faisant tous les cinq ans[1644]. La version actuelle de ces accords, est entrée en vigueur le 20 février 2017 à 12h00, date et heure du début de l'année d'assurance selon la tradition des *P&I Clubs*. On parle alors de STOPIA 2006 (*as amended 2017*) ou de TOPIA 2006 (*as amended 2017*) que nous traduisons par « … tel qu'amendé en 2017 ». Aux termes de ses clauses, l'accord TOPIA met à la charge de l'armateur du pétrolier pollueur la contribution – par remboursement – à hauteur de 50% des indemnités à verser par le FIPOL au titre du Fonds complémentaire. Concernant les petits pétroliers, ceux appartenant à l'accord STOPIA, leurs armateurs paieront au FIPOL la différence entre les indemnités nécessaires et le plafond d'indemnisation du navire prévu par la Convention CLC de 1992. Toutefois, cette différence est plafonnée à 20 millions de DTS[1645]. Cela signifie concrètement que par cet accord, les armateurs des pétroliers d'une capacité maximale de 29 548 unités de jauge, augmentent volontairement le plafond de leur limitation de responsabilité[1646]. En effet, en remboursant 20 millions de DTS au FIPOL, ils payent donc 20 millions de DTS en plus de ce qu'ils sont tenus par la CLC. On observe qu'à la différence de l'accord STOPIA, à travers lequel les armateurs augmentent leur limite de réparation à un

1644 Gard P&I Club, circular n°20/2016, February 2017. Également, NDENDE Martin, « *La politique d'indemnisation des victimes de marées noires devant le FIPOL* », Revue de droit des transports n°2, février 2008, dossier 3, *op. cit.*
1645 STOPIA 2006 (tel qu'amendé en 2017), clause IV.C) 1).
1646 SKULD P&I Club, https://www.skuld.com/topics/environment/oil-pollution/stopia--topia/stopia-2006-and-topia-2006/

montant déterminé et précis (20 millions de DTS), l'accord TOPIA ne précise pas de seuil. L'armateur s'engageant à rembourser 50% de la part incombant au Fonds complémentaire. Pour que cela paraisse plus clair, reconsidérons notre exemple du navire "**N**". Si le navire "**N**" était un petit navire, alors son armateur sera adhérent au STOPIA et remboursera au FIPOL 20 millions de DTS sur les 547 millions de DTS du fonds complémentaire. S'il était un gros navire, son armateur adhérant à TOPIA, remboursera 50% de 547 millions de DTS, soit 273,5 millions de DTS.

Dans la pratique de manière concrète, les accords TOPIA & STOPIA sont applicables *rationae loci,* en cas de marées noires survenues dans les eaux des États ayant ratifié la Convention de 1992 portant création d'un Fonds d'indemnisation des pollutions par hydrocarbures. La mise en œuvre de l'un ou l'autre de ces accords peut se faire de deux manières. D'une part, l'armateur du navire pollueur remboursera au FIPOL une partie des indemnisations versées au titre de TOPIA ou STOPIA selon la capacité de son navire, avant d'être à son tour remboursé par son *P&I Club*. Le caractère indemnitaire de la garantie P&I se manifeste une fois encore ici. D'autre part, le FIPOL dispose de la possibilité de réclamer directement cette somme au *P&I Club* du navire pollueur[1647]. Au final donc, c'est le *P&I Club* qui paye. Quant à lui, le *P&I Club* du navire pollueur, peut opposer à l'action directe du FIPOL un seul moyen de défense, en l'occurrence le fait que la pollution résulte d'un acte intentionnel de l'armateur. Cela étant, si le lecteur s'en souvient, nous avons préalablement dit en illustrant par l'exemple d'une baguette de pain, que l'intervention des *P&I Clubs* était tridimensionnelle en matière de marées noires. Nous remarquons donc ici qu'au lieu de 3 parts, notre baguette peut donc être divisée en quatre parts. La quatrième part sera donc dans notre illustration, le rôle de ces mutuelles d'armateurs via les accords TOPIA & STOPIA.

Récapitulons alors en image.

[1647] https://www.iopcfunds.org/fileadmin/IOPC_Upload/Downloads/French/MoU_with_IG_f.pdf

Participation des Clubs de P & I :

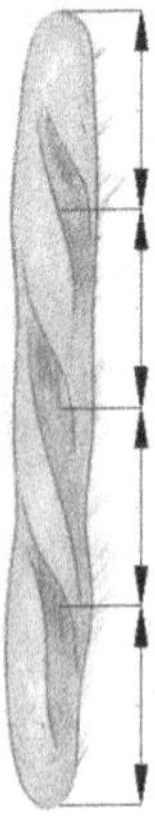

Clubs de P&I (en tant qu'assureur RC de l'Armateur)

FIPOL + Clubs de P & I (rôle de coopération des Clubs de P&I)

IGP&I + Clubs de P&I (participation des Clubs de P&I dans la réassurance)

Fonds complémentaire + Clubs de P&I (participation des Clubs de P&I aux accords TOPIA / STOPIA)

L'avantage que présentent les accords TOPIA & STOPIA est qu'ils révèlent la ferme volonté des *P&I Clubs* de participer activement à la protection de l'environnement. Cela à travers entre autres, la lutte contre les pollutions marines, et/ou leur meilleure gestion lorsqu'elles se produisent. Cette volonté et cet engagement se manifestent, grâce à leur engagement manifeste à être au cœur de cet objectif. Cela s'observe tant sur le plan philosophique qu'opérationnel, au regard de leur implication et de leur coopération avec le FIPOL. Cela s'observe aussi par leur volonté d'impliquer les armateurs dans ce processus. D'autre part, les accords TOPIA & STOPIA reflètent la bonne foi des *P&I Clubs* en matière de gestion des sinistres majeurs, ceci, à travers un important engagement financier. Car bien que ces accords invitent les armateurs de pétroliers à être solidaires des sociétés pétrolières pour un partage équitable de la responsabilité financière créée par le Fonds complémentaire, ce sont les *P&I Clubs* qui paient en bout de chaîne. D'ailleurs, à côté des accords TOPIA & STOPIA, ces mutuelles ont mis sur pied une autre technique permettant de garantir la disponibilité des ressources financières mobilisables en cas de sinistres d'ampleur, à savoir la technique des réserves.

B/ La technique des réserves, outil exceptionnel de levée complémentaire de fonds pour répondre aux sinistres majeurs

Très souvent, lorsqu'on parle des *P&I Clubs* comme étant des mutuelles à but non lucratif, cela ne semble pas évident à appréhender comme tel, et s'il est une chose qui puisse rendre témoignage du caractère non lucratif de l'activité de ces mutuelles, c'est la technique des Réserves. Même si, nous l'admettons, cela n'est pas leur vocation première. En effet, les "*Reserves*" (les réserves) sont un dispositif qui permet de générer de l'épargne, laquelle épargne est constituée à travers soit les contributions des armateurs Membres, soit les excédents budgétaires ou bien les bénéfices obtenus à la clôture d'une année d'assurance. Concrètement, les fonds constitutifs des réserves peuvent être levés selon trois méthodes[1648]. Tout d'abord, il peut s'avérer qu'à la clôture d'une année de police, la sinistralité soit positive, c'est-à-dire que le *P&I Club* enregistre un nombre peu élevé de sinistres, ou que le nombre élevé de sinistres n'a généré que peu de frais. Ainsi, pendant une certaine période lorsque de tels bénéfices étaient générés, les *P&I Clubs* les redistribuaient aux armateurs Membres en fixant pour l'année à venir, des cotisations ou primes (selon les cas) moins élevées que celles de l'année précédente. Mais depuis plusieurs décennies maintenant, de tels bénéfices sont plutôt placés sur un compte bancaire, connu comme étant le *"reserves account"*. Ensuite, le directoire de chaque *P&I Club* peut, au moment de la fixation du taux des cotisations ou des primes fixes, décider qu'une partie de ces cotisations ou primes sera prélevée pour alimenter le compte des réserves. Enfin, lorsque des cotisations additionnelles ont été levées pour la gestion d'un sinistre précis, et qu'à l'arrivée les sommes ainsi levées se sont avérées supérieures à celles nécessaires pour ledit sinistre, le directoire peut aussi décider de transférer ce solde créditeur sur le compte des réserves (*reserves account*).

Le but n'est pas de les redistribuer à quiconque comme c'est le cas des dividendes dans les sociétés commerciales, mais l'objectif principal des réserves est la gestion des sinistres[1649]. Plus précisément, les fonds épargnés en réserves sont généralement affectés pour la gestion optimale de deux types de sinistres en particulier. Il s'agit d'une part des sinistres déjà survenus, mais pas encore gérés, c'est-à-dire pas encore quantifiés ni payés parce qu'on ne connaît pas encore l'étendue des responsabilités. Il s'agit également des sinistres soit déjà réalisés mais pas encore répertoriés, soit dont le fait générateur est réalisé mais dont le dommage *stricto sensu* n'est pas encore révélé. Dans de tels cas incertains, les réserves sont placées sur un compte opérationnel qualifié de *contingent account*. Ainsi, ces réserves permettent de gérer certaines urgences en attendant que le département de gestion des sinistres prenne toutes les dispositions nécessaires au cas d'espèce. D'autre part, il est des cas où des sinistres sont réalisés et les préjudices qui en découlent sont pris en charge. Cependant, au regard des faits et des circonstances, mais surtout de par leur expérience, les administrateurs des *P&I Clubs* ont la

[1648] *The Shipowners P&I Club, rules 2019, rule* 57.4 (A, B, C); NEPIA, *rules 2019, rule* 44 (3).
[1649] GOLD Edgar, "*Gard Handbook on P&I Insurance*", 5th ed., 2002, p.142.

crainte que d'autres dommages, pas encore connus à ce moment se manifesteront plus tard. Généralement les sinistres constitutifs de pollution ou d'atteinte à l'environnement sont ceux qui correspondent le mieux à ces deux catégories, notamment parce que les sommes nécessaires à leur gestion dépassent souvent, et de loin, les prévisions des *P&I Clubs* lorsque les montants des cotisations ou de primes fixes ont été fixés en début d'années de police.

À ce titre donc, les réserves, sur un plan purement économique, sont une source de revenus complémentaires pour les *P&I Clubs*, et sur un plan technique, elles permettent d'équilibrer le ratio entre sinistres spéciaux et besoins de liquidités des Clubs. Le lecteur peut à ce niveau se poser la question de savoir quelle est la pertinence des réserves alors qu'existe un accord de réassurance avec le *POOL*. À cette inquiétude, nous répondrons que certains sinistres, bien qu'étant spéciaux eu égard à l'importance des dommages générés, ne remplissent pas forcément les critères de la réassurance par l'*IGP&I Clubs*. Mais cela, seule la pratique peut en témoigner par des exemples concrets.

Si le lecteur s'en souvient, lorsque nous analysions la philosophie des *P&I Clubs* en matière de détermination des montants des cotisations, nous avons dit que les cotisations additionnelles pourraient s'avérer comme étant source d'incertitude, de dépenses inopinées et potentiellement illimitées à la charge des armateurs. En pratique, pour éviter cette situation inconfortable et peu enviable, les *P&I Clubs* utilisent leur pouvoir discrétionnaire pour mobiliser les réserves au lieu de faire appel aux cotisations/primes supplémentaires. Mais au-delà de soulager financièrement les armateurs en leur évitant la constitution de cotisations ou primes additionnelles, les réserves peuvent servir à répondre à différents besoins. Elles peuvent donc être utilisées par les *P&I Clubs*, à leur seule discrétion, à : **a)** stabiliser le montant et le seuil des cotisations additionnelles ; **b)** juguler, pallier le déficit encouru ou constaté à la clôture d'une année de police (ou bien le déficit que l'on sait inévitable même si l'année de police n'est déjà achevée) ; **c)** protéger le *P&I Club* de toute perte de change, réelle ou potentielle, ou encore des pertes relatives à ses investissements ; **d)** évincer le besoin de recourir à la levée de cotisations ou primes supplémentaires ; **e)** protéger le Club contre l'épuisement de certaines réassurances, ou contre la non-admission d'un sinistre en réassurance[1650].

Pour gagner en pertinence, les sommes constitutives des réserves ne sont pas uniquement déposées sur un compte bancaire. Elles sont également investies dans des activités génératrices de revenus. Ces revenus qui appartiennent à l'Association, une fois de plus ne sont

[1650] *The Shipowners P&I Club, rule* 57.2 A, B ; *United Kingdom P&I Club, rules 2019, rule* 24.B.ii ; *Britannia P&I Club, rules* 2019, *rule* 39(1) ; GOLD Edgar, "*Gard Handbook on P&I Insurance*", op. cit., p.142.

pas à but lucratif, mais servent à alimenter et gonfler l'enveloppe des réserves. Ceci permettra au Club de parer à toute éventualité, dans les conditions que nous venons d'identifier. De manière concrète, les comptes bancaires, ou bien les *reserves accounts* qui permettent de générer ces réserves, sont ouverts et domiciliés dans des États ayant une fiscalité attractive notamment les Bermudes, et pour que cela génère des gains, l'argent est investi à travers la fiducie[1651], connue en droit anglais sous l'expression "*Trust*". Le *trustee* étant la banque, mais plus généralement le courtier qui investira ces fonds pour le compte du *P&I Club*. Il pourra ainsi investir, entre autres, dans l'acquisition de titres en bourse, d'actions obligataires, de débentures, de devises, voire des biens mobiliers ou immobiliers. À condition bien sûr que ces investissements soient approuvés par les dirigeants du Club[1652] de P&I, et qu'ils demeurent licites et légaux. De même, les sommes ainsi investies peuvent à travers l'anatocisme, grossir le portefeuille du *reserves account*, parce que grâce à cette technique d'optimisation, les intérêts sont capitalisés[1653]. Ces intérêts ainsi intégrés au capital, forment un tout. En d'autres termes, intérêts et capital forment un seul fonds et l'ensemble produit à nouveau des intérêts.

Outre les réserves *stricto sensu*, et en guise de complément quant à leur pertinence, il faut noter que l'un des objectifs financiers majeurs des *P&I Clubs* est d'avoir une trésorerie solide. Ceci leur permettra d'obtenir la première note des agences de notation, c'est-à-dire le très recherché triple A, connu sous AAA. Tout cela leur permet d'obtenir, en cas de besoin, des crédits à des taux d'intérêt des plus faibles. À titre illustratif, si le lecteur s'en souvient, nous avons expliqué que certaines administrations, notamment le Royaume du Maroc, l'Espagne ou la République populaire de Chine, n'acceptent pas comme sûreté les lettres de garantie émises par les *P&I Clubs*. Ils sont donc tenus de recourir à l'aval bancaire pour l'émission, contre commission, de garantie. Alors si les Clubs requièrent ces services bancaires ou bien sollicitent des crédits bancaires, ce sera à des taux d'intérêt faibles. En conséquence donc, la capacité financière des *P&I Clubs* est conçue pour demeurer saine et importante, ce qui leur donne la trésorerie nécessaire pour gérer les différents sinistres qu'ils seront amenés à indemniser. Et là, réside l'un des socles qui fondent l'efficacité de leur activité.

[1651] Nous souhaitons rappeler au lecteur ici qu'il doit concevoir la fiducie dans sa conception originelle telle que tirée de la Common Law. Parce que la conception du droit français de cette forme de gestion est distincte et éloignée de son origine anglo-saxonne.

[1652] *Britannia P&I Club, rules 2019, rule 40 (1) (2); North of England P&I Club, rules* 2019, *rule* 45(1).

[1653] *North of England P&I Club, rules* 2019, *rule* 45(2); *Britannia P&I Club, rules 2019, rule* 40 (3).

§2 : L'efficacité des prestations des *P&I Clubs*, entre satisfactions et insuffisances

Le rôle et l'activité des *P&I Clubs* sont d'une pertinence exceptionnelle dans leur globalité, notamment eu égard à la qualité des prestations offertes. Toutefois, certains sinistres à l'instar des dommages de masse, peuvent saper toute la construction de cette institution, raison pour laquelle, demeurant dans la catégorie des sinistres majeurs, il nous semble utile de voir, d'une part, l'efficacité démontrée à bien des égards (A), puis d'autre part, nous ferons le constat que cette efficacité peut nécessiter, quelques fois, une éventuelle amélioration (B).

A/ Une efficacité démontrée : exemple du « *Costa Concordia* »

À chaque fois que le naufrage du *Costa Concordia* est évoqué, ce qui vient prioritairement et naturellement en premier chef dans notre imagerie, ce sont les victimes. Certainement parce que cet immense paquebot (deux fois la taille du Titanic), transportait au moment de l'échouement 4 229 personnes (3 216 passagers et 1 013 membres d'équipage)[1654]. Aussi peut-être, parce que la vie humaine est unanimement considérée comme étant précieuse. Mais outre les victimes humaines, ce naufrage constituait une source potentielle de pollution imminente, car ce mastodonte des mers contenait environ deux mille cinq cents tonnes de fuel, sans compter d'autres produits chimiques en plus du fait que le naufrage s'était produit dans une aire marine protégée. Il fallut donc très rapidement, gérer cet accident qui constituait un défi majeur tant techniquement que financièrement.

Sur le plan technique, cela fut une véritable prouesse, car il n'a fallu que deux années : entre l'accident le 13 janvier 2012, le redressement de l'épave les 16 et 17 septembre 2013 jusqu'à son transport à destination du port de Gênes le 27 juillet 2014[1655] pour son démantèlement. Deux années peuvent sembler très longues, si l'on s'en tient aux témoignages d'alors des populations riveraines et de la municipalité. Il faut souligner cependant que cela reste un délai très court pour réaliser un tel challenge. Surtout que l'opération s'est soldée par un succès retentissant : l'épave n'a pas cassé durant son transport, et il n'a pas été constaté de désastre écologique. La pollution avérée à l'occasion dudit naufrage a été minime au regard du risque potentiel. Si une telle prouesse a pu être réalisée par une équipe d'ingénieurs, ouvriers et plongeurs venus de 26 pays, c'est parce que d'énormes moyens financiers ont été mobilisés.

[1654] Source, quotidien Libération, 13 janvier 2017 version électronique.

[1655] Voir reportages télé : *Euronews* du 23 juillet 2014, https://www.youtube.com/watch?v=Fp8I38v5BFI ; aussi 7 jours BFM, diffusé par BFM TV le 22 septembre 2013 https://www.youtube.com/watch?v=SBTuRln4hY4.

Avant de parler des chiffres, notons que ce naufrage, véritable sinistre majeur, a constitué pour le POOL, un immense défi financier, parce que cela a nécessité la mise en œuvre de deux programmes majeurs des *P&I Clubs*, à savoir le ROW (*Removal of Wreck*) et la clause SCOPIC. Le premier destiné à l'enlèvement de l'épave et le second à prévenir toute pollution en facilitant l'assistance. Ces opérations de redressement et d'enlèvement de l'épave pour démantèlement, les plus chères jamais connues par les *P&I Clubs* ont coûté 1,5 milliard de dollars[1656]. Cette somme a été réglée par les *P&I Clubs*, à travers la technique de réassurance organisée et implémentée par l'*IGP&I Clubs*. À cela s'ajoutent les indemnités versées aux victimes personnes physiques estimées à environ 84 millions d'euros, de même que celles versées à la municipalité de Giglio, sommes auxquelles il faut ajouter environ 500 millions de dollars versés par les assureurs corps.

À travers l'illustration du naufrage du Costa Concordia, dommage de masse, nous constatons l'efficacité de l'organisation et des prestations des *P&I Clubs* ainsi que le POOL, efficacité que l'on doit à la capacité de ces mutuelles à mobiliser des sommes colossales, non seulement très rapidement, mais aussi sans réticence. D'ailleurs lorsque de tels accidents se produisent les *P&I Clubs* saisissent cela comme une opportunité pour vanter la solidité de leurs structures et modes de fonctionnement. Dans le Rapport annuel 2012 du *North of England P&I Club*[1657], on peut lire que *"The P&I industry has faced a diverse range of challenges over the preceding twelve months. Some have been of a conventional nature such as the high profile casualties of the "RENA"*[1658] *and the "COSTA CONCORDIA", which have only served to demonstrate the robust nature of the mutual model and its ability to respond promptly and effectively to major casualties. Such casualties underline the importance of P&I cover to ship-owners and operators who are unfortunate enough to be involved in such accidents"*. Une posture similaire se constate dans une note produite le 22 avril 2013 par Claes ISACSON, *Chief Executive Officer* de *GARD P&I Club*. Dans cette note, M. Isacson faisait le constat que le *MV Rena* et le *Costa Concordia*, sinistres majeurs ayant généré, entre autres, les coûts relatifs à l'enlèvement d'épaves les plus élevés jamais réalisés n'ont affecté ni la solidité ni la stabilité financière de *GARD P&I*. Il appuyait son propos sur le constat que l'année d'assurance 2012, malgré les accidents du *MV Rena* et du *Costa Concordia*, se soldait par un résultat financier positif.

[1656] https://www.shipownersclub.com/the-international-group/

[1657] NEPIA Management report 2012, p.16 Industry issues.

[1658] Le 5 octobre 2011 pendant que l'équipage fêtait l'anniversaire du capitaine, le porte-conteneurs « *MV Rena* » s'est échoué près de Tauranga, causant selon les propos du ministre de l'environnement, la « *pire catastrophe environnementale* » qu'a connue la Nouvelle-Zélande.

B/ Une efficacité susceptible d'être améliorée quant à la prévention et la réparation du dommage écologique

Si dans l'ensemble, les prestations des *P&I Clubs*, souvent consolidées et complétées par l'intervention de l'*IGP&I Clubs,* sont très pertinentes, il est néanmoins des cas où la question de la réparation et/ou de l'indemnisation peut être gérée autrement. Parler ainsi peut sembler être utopique, car le droit maritime s'est avéré être un droit qui se construit au gré des catastrophes. Toujours est-il que dans certains cas, notamment de catastrophes écologiques, des griefs et reproches peuvent être formulés à l'encontre des États, et aussi à l'encontre des *P&I Clubs* eux-mêmes.

Tout d'abord, nous pouvons reprocher plusieurs éléments aux États. Premièrement, si on prend l'exemple des catastrophes écologiques causées par les déversements d'hydrocarbures, les accidents de l'*Erika* et du *Prestige* ont démontré les limites du système international, et ce, malgré le protocole de 2003 qui avait instauré un Fonds complémentaire, encore que cette adhésion demeure facultative. Précédemment lorsque nous analysions les accords *TOPIA & STOPIA*, nous avons vu que les *P&I Clubs* et l'*IGP&I Clubs* se sont engagés à les amender tous les cinq ans après un premier toilettage qui intervint en 2016, soit dix ans après leur mise sur pied. Mais au regard des lenteurs administratives, conjuguées parfois à des relents d'unilatéralisme juridique, le constat d'une triste évidence est qu'il est « *bien difficile de soumettre le FIPOL à un tel rythme de toilettage... et il faut certainement le regretter* »[1659]. Outre l'incapacité des États à être proactifs, nous pourrions également leur reprocher le maintien de plafonds de réparation relativement faibles. En effet, si nous considérons toujours l'exemple des accords *TOPIA & STOPIA*, nous pouvons dire qu'une prévision différente est possible, parce que, nous pensons que les *P&I Clubs* disent à travers ces accords, bien qu'implicitement, qu'ils ont la possibilité de garantir les marées noires pour des sommes bien plus élevées que celles auxquelles ils sont astreints par les FIPOL. Cela démontre également une fois de plus, la bonne foi de ces mutuelles et leur disposition à participer activement et profondément à une meilleure gestion des catastrophes. Aux autorités donc de saisir cette occasion pour prévoir déjà, pourquoi pas, un FIPOL 4. Nous en voulons également pour preuve, le tableau explicatif et récapitulatif représentant la structure financière de l'*IGP&I Clubs*, qui témoigne des seuils de leur engagement financier potentiel[1660]. À l'observation de ce tableau,

---

[1659] NDENDE Martin, « *La politique d'indemnisation des victimes de marées noires devant le FIPOL* », Revue de droit des transports, n°2 février 2008, dossier 3.

[1660] Cf. supra p.356.

on remarque que l'accord de réassurance au sein du *POOL* prévoit 1,1 milliard de dollars affectés aux seules pollutions par hydrocarbures, et pour les garanties de P&I *stricto sensu*, qui englobent les autres types de pollution ainsi que les autres types de sinistres, la réserve financière s'élève à 3,1 milliards de dollars.

Un autre constat concerne le traitement juridique des déchets électroniques, situation beaucoup plus alarmante encore que celle des hydrocarbures mais paradoxalement très discrète aussi, malgré l'existence d'une Convention réglementant de telles marchandises : la Convention de Bâle du 22 mars 1989 sur le contrôle des mouvements transfrontières de déchets dangereux et de leur élimination. Du fait de la résonance du vocable « déchets », le lecteur peut s'interroger sur ce que viennent faire ici les déchets électroniques. Il s'agit bien pourtant de marchandises au regard des conventions internationales. Pour les Règles de La Haye-Visby, les marchandises sont les biens, objets et articles de nature quelconque, à l'exception des animaux vivants, transportés par mer en vertu d'un contrat de transport[1661]. Aux termes des Règles de Rotterdam, sont marchandises, *les biens d'une quelconque nature qu'un transporteur s'engage à déplacer en vertu d'un contrat de transport et s'entend également de l'emballage ou de tout équipement et conteneur qui ne sont pas fournis par le transporteur ou pour son compte*[1662].

Il faut noter que d'énormes quantités d'appareils électroniques en fin de vie se retrouvent après transport maritime en Afrique, en Asie et même en Amérique du Sud. Alors, comment comprendre que l'Europe qui se veut pionnière en matière environnementale, semble complètement inactive voire laxiste face à cette question ? Également, il est inquiétant que la Belgique reste jusqu'ici seule à interdire formellement l'exportation à partir de son territoire de ces déchets électroniques, bien que sur le terrain, le trafic persiste. À titre d'exemple, d'énormes quantités de compresseurs frigorifiques quittent régulièrement des ports européens, celui de Rotterdam notamment, en direction du Nigeria, du Ghana ou de l'Inde, entre autres[1663]. Pourtant, ces déchets sont remplis de R22, un fluide frigorigène de type HCFC, c'est-à-dire de la famille des hydrochlorofluorocarbures, véritables poisons pour la couche d'ozone. Ces substances sont d'ailleurs interdites de production dans l'espace européen par le règlement CE 1005/2009[1664]. Ces déchets s'accompagnent d'autres déchets électroniques tels qu'ordinateurs et micro-ordinateurs, des téléviseurs, micro-ondes, photocopieurs, téléphones portables,

[1661] Règles de La Haye-Visby art.1-c.
[1662] Règles de Rotterdam, article 1er al.24.
[1663] Voir reportage France 5 TV, « *Déchets électroniques : le grand détournement* », diffusé le 20 février 2019. Revoir en *replay* sur : https://www.youtube.com/watch?v=uZI99xZDVkg
[1664] Règlement (CE) n°1005/2009 du Parlement européen et du Conseil du 16 septembre 2009, relatif à des substances qui appauvrissent la couche d'ozone. Ce texte constitue une refonte du Règlement (CE) n°2037/2000 du Parlement européen et du Conseil du 29 juin 2000 relatif à des substances qui appauvrissent la couche d'ozone.

plaques électriques, climatiseurs, parmi tant d'autres. Pourtant, chose curieuse, tous ces objets sont censés n'avoir jamais quitté le territoire de l'Union Européenne. Faut-il le rappeler, tous ces déchets sont riches en métaux lourds tels que plomb, zinc, mercure, cadmium, l'arsenic et souvent accompagnés de plastiques non recyclables par exemple. Les conséquences sont à la fois nombreuses et dramatiques pour la santé (développement de la maladie du saturnisme, de certaines maladies des reins, de certains cancers, de l'ostéoporose etc.), pour l'environnement (pollution de l'air, destruction et disparition de rivières, intoxications de poissons et de la faune aquatique, intoxication de sols potentiellement agricoles), pour la société ainsi que pour l'économie. À titre d'illustration, à cause de tels déchets électroniques, la ville d'Agbogbloshie au Ghana est considérée aujourd'hui par des experts et plusieurs ONG mondiales comme étant la zone la plus toxique au monde[1665].

Si le mal est aussi profond, c'est d'une part à cause du mutisme des États producteurs de tels appareils car rien n'est vraiment mis en œuvre pour stopper l'exportation de tels déchets. Pourtant, le consommateur contribue dès l'achat desdits appareils à leur recyclage, à travers une taxe appelée éco-participation ou éco-contribution. D'autre part, si cette tumeur persiste, c'est également à cause de l'absence de consensus entre les États parties à la Convention de Bâle quant à la qualification juridique de ce qu'est un déchet[1666], parce que pour certains, un appareil qui pourra être réutilisé n'est pas un déchet, tandis que pour d'autres, ça l'est. Au-delà de ceci, il n'existe pas non plus de sanction contre le transporteur de ces déchets, du moins lorsque l'objet du transport ou sa destination est illicite, illégal. Cela constitue une excellente aubaine pour les trafiquants et exportateurs de ces déchets électroniques, car pour les exporter, ils font une nuance lexicale très habile, en utilisant plutôt le vocable **appareils d'occasion** à la place de déchets.

À l'encontre des *P&I Clubs*, nous reprochons l'absence de véritables sanctions contre les armateurs indélicats. En effet, à la lecture des différentes polices d'assurance P&I, on peut faire le constat qu'il n'est nullement fait mention de ce type de marchandises. Au mieux, parmi les exclusions de garanties contenues dans les polices des *P&I Clubs*, l'une d'elles exclut de la garantie P&I les réclamations résultant d'un transport de contrebande, la violation d'un blocus ou embargo, un transport qui participe à du commerce illicite, ou encore si le navire réalise de

---

[1665] Voir par exemple le reportage France24 TV, diffusé le 14 juin 2019. https://www.france24.com/fr/20190614-reporters-dechets-electroniques-ghana-agbogbloshie-decharge-poubelle-europe-environnement

[1666] Juliette VOINOV-KOHLER, Conseillère juridique au secrétariat de la Convention de Bâle. Propos tiré de l'interview accordée dans le reportage diffusé par France 5 TV, *op. cit.*

la pêche illicite[1667]. À l'analyse de cette clause d'exclusion de garantie, nous pouvons noter que la posture des *P&I Clubs* est le résultat du mutisme législatif et également de l'absence d'accord entre les États. Cela nous conduit donc à nuancer notre reproche formulé contre les *P&I Clubs*, car si la notion des déchets électroniques vient à être formellement et unanimement qualifiée, puis leur transport plus sévèrement réglementé, peut-être que les *P&I Clubs* sanctionneront. Toutefois, de notre point de vue, rien n'empêche ces mutuelles d'interdire à leurs armateurs Membres de transporter de telles marchandises sous peine de radiation pure et simple du Club au lieu de prévoir une simple exclusion de garantie. Cela contribuerait, il nous semble, à une meilleure protection de l'environnement sous cet aspect, non seulement parce que l'armateur dont le navire est radié de la garantie P&I ne pourrait trouver dans le marché traditionnel des garanties équivalentes, tant en qualité de prestation, quantité de risques garantis, qu'en coût de la garantie. Un tel navire ne recevrait plus aucune prestation dans les ports, s'il n'y était pas purement et simplement interdit d'accès pour défaut de garantie financière. Ainsi, même si le transport maritime de telles marchandises n'est pas interdit par la loi, au regard de leur potentiel intrinsèque de nuisance cependant, les *P&I Clubs* ont la possibilité – et devraient en user – de radier les navires utilisés pour transporter de ces marchandises-là.

Cela nous amène à plaider pour une collaboration plus étroite encore, entre les États et les *P&I Clubs*. En matière de trafic de déchets électroniques ou bien de pêche illicite par exemple, nous proposons une collaboration qui déboucherait sur une sanction duale, ce qui pourrait se matérialiser par l'engagement des États à un meilleur contrôle des marchandises transportées. Aux sanctions que ces États infligeraient, les *P&I Clubs* au-delà de l'exclusion de garantie, s'engageraient eux aussi à simplement exclure le navire assuré d'une part, et d'autre part, comme deuxième niveau de sanction, ils pourraient procéder à l'exclusion de l'armateur en cas de récidive avec un autre navire dont il est propriétaire. Cela, parce qu'il nous semble que l'exclusion de garantie seule n'est pas suffisante comme sanction. Si nous plaidons pour un tel régime de sanction très sévère, c'est parce qu'au-delà des exemples des déchets électroniques ou de pêche illicite, d'autres activités elles aussi discrètes, mais ô combien dramatiques peuvent être concernées. C'est l'exemple de la mafia mondiale sur le trafic du sable (toujours transporté par mer), dont certains États sont malheureusement complices[1668]. Il

[1667] *North of England P&I Club*, règle 26; *The Shipowners P&I Club*, règle 31; Gard P&I Club, règle 74; *Britannia P&I Club*, règle 22.

[1668] Singapour a par exemple gagné 120 km² sur la mer pour étendre son territoire. C'est aussi le cas du sable frauduleusement extrait en Inde et qui se retrouve en France, en Chine, aux États-Unis. Et ceci n'est qu'une forme infirme de ce trafic.

faut dire qu'après l'eau, le sable est la deuxième ressource la plus utilisée dans le monde[1669], malgré le désastre écologique que cela entraîne principalement, et le drame économique et social qui y est associé. En effet, plusieurs objets de la cristallerie sont fabriqués à partir du sable, plusieurs villes dans le monde, même dans des pays insoupçonnés, sont bâties avec du sable extrait à des milliers de kilomètres de leur implantation, provoquant l'ébranlement des écosystèmes complètement et littéralement détruits, la disparition des plages, des pêcheurs traditionnels qui ne peuvent plus exercer, des villes qui perdent de leur attrait touristique, des populations dont les habitudes et coutumes sont sévèrement impactées, et un début de pauvreté des populations concernées.

C'est aussi le cas de la piraterie et de ses nombreux méfaits, entre autres, la problématique de la pêche illicite se pose à nouveau. En effet, certains actes de piraterie sont provoqués par la pêche illicite que pratiquent certains navires usines appartenant à de grands armateurs, eux-mêmes venant de grands pays. Ironie de la situation, certains de ces États ayant des forces navales dans les zones à risque, notamment la corne de l'Afrique, semblent n'être conscients que du phénomène de piraterie et pas de la pêche illicite qui pourrait l'alimenter[1670]. Les propos de Monsieur Abdirizak Mohamed DIRIR, ex-directeur des opérations anti-piraterie du Puntland en Somalie, semblent très évocateurs concernant cette problématique. Il déclara que : *"The problem with Puntland is that if you talk about illegal fishing, you are seen as a criminal. But I will not stop talking about illegal fishing because if this is not stopped, piracy will restart again"*[1671]. Propos tenus après l'attaque du pétrolier *Aris 13* le 14 mars 2017, première du genre depuis 2012.

[1669] https://www.francetvinfo.fr/economie/transports/trafic/trafic-de-sable-quand-les-mafias-font-la-loi-en-inde_3499307.html

[1670] Voir par exemple BBC News, article en ligne *Is Africa a new wave of piracy ?* par Toni OLADIPO du 15 mai 2017. https://www.bbc.com/news/world-africa-39849352

[1671] https://www.reuters.com/article/us-somalia-piracy-idUSKBN16S0LG

CONCLUSION PARTIE 2

Pour conclure la présente partie 2, nous pourrons dire que les mécanismes de l'assurance responsabilité civile des armateurs par les *P&I Clubs* reposent sur des prestations protéiformes. Ces prestations, qui s'adaptent à chaque cas d'espèce, prévisible ou non, se matérialisent soit en matière contentieuse, soit à travers l'organisation structurelle face à des risques financiers importants, soit à travers la mobilisation face aux risques d'une extraordinaire ampleur, même s'il est des cas où d'éventuels reproches peuvent être formulés quant aux réponses apportées à certains défis.

En matière contentieuse, nous noterons que les *P&I Clubs* jouent un rôle crucial quant à la gestion *a priori* ou *a posteriori* des litiges. Pour ce qui est de la gestion *a priori* des litiges, les *P&I Clubs* encouragent ou recommandent l'insertion, dans les chartes-parties et dans les connaissements, des clauses prévoyant la résolution anticipée des situations litigeuses. C'est par exemple le rôle que jouent la déclaration de valeur ou bien la clause *Paramount* convenues par les parties et insérées dans un connaissement. De même, l'influence que les *P&I Clubs* peuvent exercer à travers leur activité et leur quasi-omniprésence aux côtés de leurs sociétaires permettent de prévenir des situations de litige, notamment à travers la veille juridique qu'ils réalisent pour le compte des armateurs ou leur droit de regard sur certains types de contrats ou de chartes-parties. En ce qui concerne la gestion *a posteriori* c'est-à-dire lorsque des sinistres surviennent, avec leurs lots de litiges, les *P&I Clubs* mettent tout en œuvre pour trouver des solutions rapides, à travers un privilège affirmé pour des mécanismes non juridictionnels de règlement de litiges. Le principal avantage en est la réduction considérable du contentieux en matière de transport maritime commercial. En effet, même si le contentieux (juridictionnel et non juridictionnel) maritime demeure abondant, cela ne représente pas grand-chose en comparaison du nombre de navires qui sillonnent les mers tous les jours. Aussi, il ne sera pas de trop de noter également que ce rôle juridique des *P&I Clubs* a un impact sur l'économie, et contribue au maintien de la chaîne des valeurs.

Par ailleurs, lorsque certaines conditions sont réunies, les *P&I Clubs* se mettent ensemble pour conjuguer leurs efforts au sein d'une organisation politico-financière, l'IGP&I Clubs. Cela permet aux *P&I Clubs*, d'une part, de pouvoir coopérer entre eux mais aussi de bénéficier de la représentativité auprès des institutions internationales (OMI, OIT etc.), régionales (Union Européenne) ainsi qu'auprès des autorités nationales, et d'autre part, le regroupement au sein de l'IGP&I Clubs permet à ces Associations de mobiliser les fonds nécessaires que chacun des *P&I Clubs*, pris isolément ne saurait assumer tout seul sans remettre en cause sa survie. À ce titre, l'IGP&I Clubs peut être considéré comme étant le lieu où la mutualisation des risques gagne en importance car c'est le lieu privilégié de l'expression même de la solidarité entre les armateurs n'étant pas sociétaires des mêmes Associations mais ayant en commun les risques de la mer, les contraintes de la navigation. Cela se fait à travers une sorte de coassurance implicite mais surtout à travers la réassurance, instrument inédit de prise en charge des sinistres particulièrement onéreux. De même, sachant que la réassurance peut s'avérer fragile face à des dommages de masse, les *P&I Clubs* diversifient les mécanismes et les sources de constitution d'une trésorerie supplémentaire. Là, rentrent en jeu la technique des réserves ainsi que la réassurance d'une portion des risques auprès de réassureurs spécialisés du marché traditionnel.

Lorsque malgré tout cela, se produisent quand même des risques exceptionnels, à l'instar des marées noires ou des naufrages de paquebots, nécessitant une mobilisation financière exceptionnelle, une réponse à la fois urgente (parce que ces sinistres alimentent un important ramdam médiatique) et décisive (parce que les Associations de défense de l'environnement ou celles de défense des victimes), les *P&I Clubs* doivent se montrer à la hauteur du challenge en apportant des réponses assurantielles adéquates. Ces réponses devant parfois être susceptibles de tenir compte des particularismes nationaux (les États-Unis à travers l'OPA et le COFRs par exemple), régionaux (les paquets Erika de l'Union Européenne).

En définitive, on pourrait penser que tout ce qui précède peut participer à mettre en lumière le rôle économique des *P&I Clubs* quant aux échanges commerciaux internationaux. Ainsi, de manière très brève, nous observerons que sur le plan purement économique, bien que discrète, l'activité des *P&I Clubs* est un pilier fondamental des échanges commerciaux internationaux. En effet, le nombre des risques standards que ces mutuelles garantissent est radicalement supérieur à ceux garantis par le marché traditionnel de l'assurance. De même, au regard de la gravité potentielle des risques ainsi couverts, le montant des cotisations exigées par les *P&I Clubs* est largement inférieur aux primes d'assurances pratiquées par le marché traditionnel de l'assurance maritime. Ce potentiel bénéfice tiré des économies ainsi réalisées, a un double effet. D'une part, elle donne sérénité aux armateurs dans leur activité professionnelle et leur offre une marge pour pouvoir négocier des prêts bancaires nécessaires aux investissements dans l'acquisition de nouveaux navires. D'autre part, cela contribue indirectement à abaisser les coûts des transports maritimes, car il est certain que si les armateurs étaient obligés de souscrire leur assurance sur le marché traditionnel, ils répercuteraient le montant des primes sur le fret. Les consommateurs également ne sont pas en reste parce que les chargeurs pratiquent des prix de vente en fonction des coûts de fret à leur charge. Donc, l'économie en général, et le commerce international en particulier, profitent de l'activité des *P&I Clubs*.

CONCLUSION GÉNÉRALE

Arrivé au terme de notre analyse, il nous faut maintenant conclure. Pour ce faire, il nous convient de mettre en exergue quatre idées majeures.

Sur un premier plan, pour ce qui est de l'assurance responsabilité civile des armateurs et la mutualisation des risques par les *P&I Clubs*, on peut retenir que l'armateur qui souhaite bénéficier de la couverture proposée par ces mutuelles devra d'abord franchir l'étape de l'admission au sein du *Club*. Et pour être admis à faire partie des sociétaires de l'Association il devra remplir plusieurs conditions de fond et de forme, de même qu'il devra promettre de respecter une certaine éthique ou rigueur, tant en ce qui concerne l'exploitation commerciale du navire qu'en ce qui concerne sa participation dans la bonne marche de la mutualité. Concrètement, l'armateur, personne morale ou physique, qui veut bénéficier de la couverture des *P&I Clubs* doit posséder sur le navire objet de la garantie, l'intérêt assurable. Il devra alors le démontrer en fournissant au service du *P&I Club* en charge des souscriptions, plusieurs documents. Au-delà de ces documents, un ensemble d'informations seront nécessaires pour le calcul de la cotisation. Ces informations peuvent être soit administratives (pavillon, port d'attache, situation quant au respect de la réglementation en général), soit techniques (identification du navire, son âge, le chantier naval qui l'a construit, sa capacité, sa destination, sa cote obtenue auprès d'une société de classification etc.), soit commerciales (le mode de gestion du navire, son affectation c'est-à-dire ses zones habituelles de navigation ou d'exploitation etc.). Par ailleurs, afin de créer le lien de confiance nécessaire pendant les négociations et durant toute la durée du contrat, l'armateur est tenu d'agir de bonne foi. La bonne foi tient en effet une place tout à fait singulière dans la relation entre l'armateur et son futur *P&I Club*. Le juge anglais l'a rappelé, en allant bien plus loin que ce que n'aurait fait le juge français et en cela, la bonne foi est le critérium même du contrat d'assurance. Ainsi, en cas de manquement même involontaire à l'exigence de bonne foi, la sanction peut être, selon le cas, la résiliation ou bien résolution sans demi-mesure.

Ainsi, dès que son admission dans l'Association est validée, cela est matérialisé à travers l'émission par le *P&I Club* de la *Certificate of entry* – le certificat d'inscription –. Ce document constituant la preuve de l'admission de l'armateur à faire partie des sociétaires d'un *P&I Club,* est délivré généralement dans un délai assez bref, aussitôt que l'armateur a fourni les informations nécessaires à l'évaluation des risques et au calcul du taux de la cotisation. Ce certificat d'inscription qui ne saurait être confondu au contrat d'assurance ou une police d'assurance, en produit cependant les mêmes effets. Toujours est-il, que l'admission de l'armateur au sein d'un *P&I Club,* matérialisée par la délivrance du certificat d'inscription, ne marque pas pour autant le début du contrat. En effet, pour que le contrat commence à produire ses effets, il faut que l'armateur paye sa cotisation. Celle-ci, à l'instar des primes d'assurances du marché traditionnel est calculée en principe pour une durée annale mais peut avoir diverses formes, être répartie ou être exigible selon le calendrier et des mécanismes propres à la pratique des *P&I Clubs.* C'est ainsi que l'on a la *advance call* (cotisation initiale), payable en début d'exercice, la *Deferred call* (cotisation différée) payée ultérieurement et la *Supplementary call* (cotisation supplémentaire) exigible lorsque la sinistralité de l'année d'assurance concernée a généré des dépenses bien plus élevées que le montant des estimations prévisionnelles, que la pratique connaît selon l'appellation ETC *Estimated Total Call* (Cotisation Totale Estimée – prévisionnelle –). Quelques fois aussi, lorsque pour une quelconque raison, la garantie dont bénéficie un armateur est résiliée avant terme, la technique du rappel de cotisation (ou de prime) est mise en œuvre et l'armateur peut être amené à payer une *Release call* (cotisation libératoire).

L'admission de l'armateur au sein d'un *P&I Club* et le paiement de la cotisation ne suffisent pas à lui permettre de bénéficier des garanties proposées. Encore faut-il, qu'il respecte certaines contraintes que nous qualifions de générales parce qu'allant de soi, ainsi que d'autres contraintes, que nous considérons comme étant inédites parce que propres aux *P&I Clubs.* Cela implique que pour bénéficier des prestations d'assurance du *P&I Club* dont il est sociétaire, l'armateur devra assumer un ensemble d'obligations générales relevant du droit du transport maritime. C'est ainsi qu'il sera par exemple tenu d'exécuter le transport maritime de passagers ou de personnes, selon les règles et dispositions émanant des Conventions régissant le transport concerné. À cela, s'ajoutent des obligations conventionnelles. Quant aux contraintes inédites, propres aux *P&I Clubs,* l'armateur se verra imposer une règle spécifique aux mécanismes de garantie P&I, la règle "*Pay to be paid*". Cette règle, préalable conditionnant la prestation d'assurance du *P&I Club* impose à l'armateur Membre, principe indemnitaire oblige, de régler d'abord lui-même les réclamations avant d'être remboursé par sa mutuelle. À cela, s'ajoute la règle des *Deductibles* (les franchises) qui est une autre particularité des mécanismes de garanties des *P&I Clubs* avec lesquels l'armateur doit composer. En effet, sauf quelques rares exceptions, la garantie des *P&I Clubs* s'accompagne systématiquement d'une franchise à la charge de l'armateur. Un autre particularisme de l'assurance responsabilité civile des armateurs par les *P&I Clubs* est aménagé par la *Omnibus rule* (règle Omnibus). Cette règle, témoignant de la flexibilité de l'organisation des *P&I Clubs*, a la particularité de procurer aux risques assurables, un caractère potentiellement « illimité ». En clair, grâce à cette règle, un risque qui n'est pas aujourd'hui assuré peut l'être demain, complétant ainsi les risques déjà garantis. Ici, le pouvoir discrétionnaire des dirigeants de *P&I Clubs* comme dans bien d'autres domaines marque son empreinte. Cela dit, lorsque l'admission de l'armateur au sein d'un *P&I Club* est validée à travers la délivrance du certificat d'inscription, et qu'il a rempli ses différentes obligations, il pourra bénéficier de garanties organisées à travers une multitude de risques couverts.

Sur un deuxième plan, Les risques couverts par les *P&I Clubs* sont nombreux, diversifiés et variés. C'est ainsi que l'on a d'abord pu identifier des risques ordinaires, ainsi qualifiés parce qu'ils font partie d'une catégorie de risques courants et dont la gestion par les mutuelles s'avère relativement simple. Y figurent, les risques relatifs aux personnes et les risques liés à la cargaison ainsi que certains autres risques certes ordinaires, mais un peu plus complexes que les premiers. C'est le cas, entre autres, des pollutions par déversements des eaux de ballast et de la pollution atmosphérique. La lutte contre la pollution atmosphérique faisant depuis quelques années l'objet d'une réglementation spéciale[1672], aux dispositions plutôt contraignantes à savoir, entre autres, la nécessité pour les navires de plus de 400 tonnes d'obtenir un certificat international de prévention des pollutions, l'obligation de disposer des incinérateurs de particules fines, l'obligation depuis le 1er janvier 2020 de s'avitailler en soute dont la teneur en soufre est inférieure à 0,5% m/m[1673] (contre 1,50 m/m). Toujours dans cette catégorie de risques ordinaires complexes, l'armateur peut bénéficier de la garantie de dommages affectant la propriété notamment en cas d'abordage ainsi que pour les dommages aux installations portuaires.

De manière générique, nous pouvons retenir que les mécanismes des garanties proposées par les *P&I Clubs* s'illustrent par le fait que sont couvertes, concernant les personnes, les atteintes accidentelles (blessures, maladies professionnelles, décès etc.). Lorsque cela concerne l'équipage, la prestation des Clubs est quasi automatique tandis que pour d'autres catégories de personnes (passagers, personnes autres que les passagers et marins) l'intervention du *P&I Club* se fera sur la base de la faute de l'armateur. Les dommages à la cargaison (avaries, retard, perte, déchargement à un port inapproprié, etc.) font également l'objet d'un traitement basé sur la faute de l'armateur, laquelle faute est prouvée ou présumée selon les cas. Il en est de même en ce qui concerne les risques ordinaires complexes. Ceux-ci se démarquant des premiers, par la diversité des acteurs pouvant intervenir dans la gestion du litige. C'est par exemple le cas de l'abordage qui est géré pour partie par l'assureur sur corps et machines au ¾,

[1672] MARPOL, Annexe VI.
[1673] Microgramme par mètre cube.

et pour autre partie par le *P&I Club* au ¼ restant (excepté quelques rares cas où ce risque est garanti par les *P&I Clubs* aux 4/4 contre surprime). À ce niveau, on a pu voir que les abordages se géraient par une sorte de coassurance furtive et informelle. L'autre exemple, est celui des dommages aux installations portuaires qui peuvent être connus dans certains cas par le juge administratif et dans d'autres, par le juge judiciaire. Ici encore, selon le degré de garantie dont dispose l'armateur, assureurs corps et machines se partageront les prestations de garantie avec les *P&I Clubs*.

Aux côtés des risques ordinaires, les *P&I Clubs* proposent l'assurance de risques additionnels afin de compléter ou enrichir leur offre de garanties. Nous avons identifié certaines garanties comme étant l'assurance des risques de sûreté (piraterie, risque de guerre etc.), et d'autres, comme étant la « garantie des frais ». Piraterie (en tant que caractérisée par des actes d'agressions, parfois menés par les « ennemis de l'humanité ») et risque de guerre (étant une situation de belligérance, de conflits armés aux mobiles, formes et manifestations divers) sont si particuliers que les États, les organisations régionales (à l'instar de l'Union Européenne, de l'Union Africaine entre autres), l'OMI, et divers d'autres acteurs publics ou privés mutualisent les moyens et stratégies à mettre en œuvre pour les prévenir. Il faut dire que ces deux risques ont pour particularité, entre autres, l'absence de consensus quant à leurs éléments constitutifs. Aussi, il s'agit de risques faisant l'objet d'une garantie particulière et les solutions assurantielles proposées sont également aussi diverses que variées.

En ce qui concerne la piraterie, les *P&I Clubs* adaptent leur couverture en fonction des garanties proposées par les clauses de l'assurance corps et machines du navire concerné. De même, un autre remède est celui de l'embarcation des gardes armés à bord de navires susceptibles de traverser les zones dangereuses. Cette solution qui n'est pas l'apanage de tous les États côtiers est bien appréciée par les *P&I Clubs*, de telle sorte que l'IGP&I Clubs est parvenu à convaincre le BIMCO de dédier à cette problématique toute une charte organisant les conditions de recrutement et d'embarcation des gardes armés à bord de navires : le BIMCO GUARDCON. Piraterie et risque de guerre sont des risques si spéciaux et si graves que leur prévention n'est pas du seul ressort des armateurs et/ou leurs *P&I Clubs*. Ainsi, les États participent également à la lutte contre la piraterie à travers les marines nationales (exemple des opérations Eunavfor, Atalanta, les opérations de sûreté dans le Golfe de Guinée issues du Code de conduite relatif à la prévention et à la répression des actes de piraterie, des vols à main armée à l'encontre des navires et des activités maritimes illicites en Afrique de l'Ouest et du Centre).

En ce qui concerne le risque de guerre, nous pouvons également retenir qu'il s'agit d'un risque dont la qualification n'est pas univoque. Cela entraîne une disparité de réponses assurantielles. D'une part, la garantie risques de guerre proposée par des *P&I Clubs* est conçue en fonction des clauses de la police d'assurance corps et machines du navire, d'autre part, cette garantie fait souvent l'objet d'une police spéciale avec surprime. Mais tous les *P&I Clubs* ne proposant pas cette assurance, les armateurs peuvent en bénéficier auprès d'assureurs spécialisés du marché traditionnel.

En complément de toutes les garanties sus-indiquées, les *P&I Clubs* offrent d'autres prestations vraiment inédites et illustratives du large éventail des mécanismes de garanties qu'ils proposent en matière d'assurance de la responsabilité civile de l'armateur. Il s'agit de ce nous avons qualifié de « garantie frais ». Ce terme regroupe d'une part les dépenses, frais et débours liés à la procédure de réparation d'un préjudice imputable à l'armateur, et d'autre part, des pertes que ce dernier subira dans certaines circonstances et dont l'analyse de l'opportunité de prise en charge sera de la discrétion des dirigeants de la mutuelle. Ainsi, parlant des frais concourants à la procédure, les *P&I Clubs* proposent la garantie ***FD&D*** (*Freight Demurrage & Defense*), sorte de garantie protection juridique très sophistiquée. S'agissant de la garantie de certaines pertes subies par l'armateur, en matière d'affrètement notamment, les *P&I Clubs* proposent la ***Loss of Hire cover*** (couverture perte de revenu) qui garantit à l'armateur certaines sommes dues mais non perçues.

Par ailleurs, en outre des risques couverts *stricto sensu*, l'armateur sociétaire d'un *P&I Club* bénéficie également d'une pléthore de prestations, jouant un rôle très important et à l'efficacité appréciable en matière de prévention des risques. Il pourra s'agir de plans de veille ou surveillance sanitaire (***health watch***), de programmes de prévention des sinistres (***Loss prevention program***), de la veille juridique quant aux conventions internationales, aux Règlements ou Directives d'organisations régionales, de lois nationales ayant un impact sur l'industrie maritime. Tous ces différents programmes sont élaborés et vulgarisés de manière régulière à travers des alertes, circulaires et séminaires de formation entre autres.

Sur un troisième plan, nous retiendrons que les conditions réelles de la navigation maritime sont telles que certains dommages, sinistres ou préjudices pouvant naître à l'occasion d'un transport maritime, nécessitent une organisation exceptionnelle pour leur prise en charge. Pour y parvenir, les *P&I Clubs* ont mis sur pied un système ingénieux d'organisation. Cela réside, en la conception et à la mise œuvre d'une mutualisation inédite tant dans la structure que dans le fonctionnement. Il s'agit là en réalité, de la vocation même l'IGP&I Clubs, cadre innovant au service d'une mutualisation exceptionnelle des risques assurés par les *P&I Clubs*. De manière concrète, en tant qu'association d'Associations, l'IGP&I Clubs est une organisation constituée des treize *P&I Clubs* les plus représentatifs du marché mondial, avec un portefeuille assurantiel représentant 90% du tonnage mondial. Tout d'abord, l'IGP&I Clubs est le cadre d'expression de la coassurance en matière de responsabilité civile des armateurs. En effet, en se regroupant au sein du Pool, les *P&I Clubs* créent un cadre pour la mise en commun des ressources financières mobilisables lorsque l'un d'eux serait amené à assurer des risques très coûteux et susceptibles de mettre en péril sa trésorerie. Il s'agit donc d'un moyen de dépeçage du montant total nécessaire pour la prise en charge d'une réclamation, afin que chacun des *P&I Clubs* membres de l'*IGP&I Clubs* contribue en prenant une part à sa charge. Ensuite, l'IGP&I Club est le cadre d'expression d'une réassurance ingénieuse. Ce programme de réassurance organisé en plusieurs strates permet une ramification verticale des responsabilités financières. La première strate est constituée par le *Pool* (les treize *P&I Clubs* membres de l'IGP&I Clubs) et garantit jusqu'à 100 millions$. Au-delà, c'est le marché traditionnel qui entre en jeu pour réassurer la deuxième strate, avec comme réassureur Hydra (Hydra Insurance Company Limited), compagnie bermudienne spécialisée dans la réassurance de risques d'envergure. Cette strate appelée par la pratique ***GXL reinsurance program*** (ou "GXL"), se subdivise elle-même en trois sous-strates ayant pour montants garantis entre 100 et 750 millions $, entre 750 millions et 1,5 milliards $, et enfin entre 1,5 et 2,1 milliards $. La dernière strate appelée "***Collective Overspill***", est réassurée par le Pool c'est-à-dire l'IGP&I Clubs (en d'autres mots par les treize *P&I Clubs*), prenant en charge jusqu'à hauteur de 1 milliard $, les sommes supérieures aux 2,1 milliards $ garantis par Hydra. Donc, le montant total de la réassurance disponible par ce mécanisme est de 3,1 milliards $, ce qui est absolument inédit car c'est le programme de réassurance le plus élevé au monde. Les affréteurs, contribuant de manière non négligeable au transport maritime, ne sont pas en reste et bénéficient eux aussi d'un programme similaire certes avec des plafonds moins élevés. À tout cela, il faut rajouter le système des "Reserves" (Réserves), sorte d'épargne fondamentalement ingénieuse, grâce à des mécanismes tout aussi innovants, permettant aux *P&I Clubs* de se constituer une trésorerie additionnelle. À ce niveau, nous pouvons affirmer que c'est fort heureusement qu'une telle mutualisation de risques, aux mécanismes variés, existe car cela s'avère très utile lorsque certains risques spéciaux se réalisent.

Sur un quatrième plan enfin, on pourra retenir que l'activité et les mécanismes de garantie de la responsabilité civile des armateurs par les *P&I Clubs* révèlent toute leur envergure et leur pertinence lorsqu'ils sont mis à l'épreuve par la réalisation de risques exceptionnels.

Lesdits risques exceptionnels sont constitués par la réalisation des dommages de masse. Certains dommages de masse pouvant être de nature écologique parce que résultant des marées noires, et d'autres, constitués par le naufrage des navires de transport de passagers sont des sinistres majeurs de nature humaine. Tout d'abord, on peut noter que nous devons l'expression dommage de masse à GUEGAN-LECUYER Anne, première à notre connaissance à théoriser en droit français l'unité notionnelle de dommage de masse. Caractérisé par un critère qualitatif et un autre quantitatif, le dommage de masse s'entend par « *les atteintes aux personnes, aux biens ou au milieu naturel qui touchent un grand nombre de victimes à l'occasion d'un fait dommageable unique, ce dernier pouvant consister en un ensemble de faits dommageables ayant une origine commune* »[1674]. En d'autres termes, le dommage de masse s'identifie grâce à trois critères, deux étant objectifs et l'un subjectif. Il s'agit premièrement du critère de l'unicité (de temps, d'action et de lieu) et de la continuité. Unicité parce que le dommage est généré par un accident unique dont l'heure et le lieu de la réalisation sont identifiables, et continu parce qu'il faut un délai important pour revenir à l'état ante-dommage. Il s'agira ensuite du critère de la gravité anormale, inacceptable et intolérable. Il s'agit enfin, parlant du critère subjectif, du critère de la relativité qui est identifiable par un seuil. Ce seuil qui varie en fonction du degré d'acceptation du dommage par une communauté humaine et en fonction de l'écho ou de la publicité qui l'accompagnent, est décisif car il permet d'identifier le point de bascule du tolérable à l'intolérable. La pollution par le déversement de quantités anormales d'hydrocarbures sera constitutive de marée noire lorsque tous ces critères sont observés. Il en est de même à l'occasion du naufrage d'un navire de transport de passagers. Si pour les marées noires il n'est pas utile d'identifier le seuil de gravité, il n'en existe pas de concret quant aux sinistres majeurs du fait d'un naufrage de paquebot. C'est pourquoi nous avons proposé un seuil constitué d'un bilan humain et d'un bilan financier. Concernant le bilan humain, nous optons pour un sinistre faisant au moins cent victimes comprenant au moins treize morts parmi les passagers et les marins, et concernant le bilan financier nous proposons que le montant minimum des réclamations totales soit de 4 500 000 $ (quatre millions cinq cent mille dollars US).

Les dommages de masse sont exceptionnels à cause des montants très élevés qu'il est nécessaire de mobiliser pour les réparer et pour indemniser les victimes. Situation à laquelle les *P&I Clubs* répondent de façon, il nous semble, tout à fait satisfaisante grâce à leur politique de réponse par protection (P de PI) et par indemnisation (I de PI). Cela s'observe, au-delà des

[1674] GUEGAN-LECUYER Anne, « Dommages de masse et responsabilité civile », publiée aux éditions LGDJ-Monchrestien, 2006, p.93.

réponses financières, par leur participation à la prévention de tels dommages notamment en matière de lutte contre les marées noires. À titre d'illustration, nous pouvons citer, entre autres, les accords **TOPIA STOPIA**, la **SCOPIC Clause**, la coopération active et motivée des *P&I Clubs* avec le FIPOL. Tout cet arsenal de mécanismes de garantie mis en œuvre par les *P&I Clubs* sont de notre point de vue exceptionnels. Mais en tant qu'œuvre humaine, il est des cas, notamment en matière de prévention et de réparation du dommage écologique, où l'efficacité de telles prestations est susceptible d'être améliorée.

En définitive, et en guise de perspectives, on peut s'interroger sur la question de l'avenir de l'activité des *P&I Clubs*. En effet, comme nous l'avons noté, l'arrêt *Erika* posant le principe de la reconnaissance du dommage écologique, il est clair que les ressources nécessaires pour la gestion des marées noires seront désormais plus conséquentes qu'elles ne le sont aujourd'hui. Désormais, en plus de l'indemnisation du préjudice écologique, devra être réparé le dommage écologique. Cela contribuera à rendre insuffisants les plafonds prévus par le protocole de Londres du 16 mai 2003 (Protocole portant création d'un fonds complémentaire à la Convention de 1992 portant création du Fonds). Il est donc temps de penser sérieusement à un **FIPOL 4**. De même, un accent particulier doit être mis sur l'avenir des mécanismes de garanties proposées par les *P&I Clubs* quant aux nouveaux risques. Sera concernée d'une part, la garantie de la responsabilité civile des armateurs quant au cyber-risque, et d'autre part, la garantie des *P&I Clubs* quant à l'exploitation future (et déjà amorcée) des navires sans équipages. L'avènement de ces navires sans équipages, les navires autonomes notamment, remet en cause un nombre important d'institutions, de notions et de pratiques de la navigation ainsi que du droit maritime. On peut citer, entre autres, la possibilité de la reconsidération de la notion de navire, l'évolution des règles de barre et de veille pendant la navigation, l'impact en matière de normes de classification des navires et la modification du régime général de la responsabilité. En matière de garantie P&I, si nous avons proposé comme solution possible **la tierce garantie additionnelle**, bien de choses restent à être déterminées.

Tout cela nous amène, au moment de jeter l'ancre au terme de cette thèse, à nous poser une autre question, celle du statut juridique des navires sans équipages en général et autonomes en particulier. Sont-ils des robots ? Jouissent-ils d'une personnalité juridique ? Parce qu'il existe plusieurs types de robots, la notion devient ambiguë et difficile à cerner. Toutefois, il peut être proposé une définition commune et forcément large, selon laquelle un robot est « *un dispositif mécanique permettant de réaliser des tâches, en autonomie de décision sur tout ou partie des actions élémentaires qui la composent* »[1675]. À l'analyse de cette définition, et au regard du considérant **E** de la Résolution du Parlement européen du 16 février 2017[1676], nous pouvons affirmer que le navire autonome est un robot. Or parmi les recommandations de cette résolution, figure celle « *de la création à terme, d'une personnalité juridique spécifique aux robots, pour qu'au moins les robots autonomes les plus sophistiqués puissent être considérés comme des personnes électroniques…* »[1677]. Cette recommandation s'appliquera-t-elle aux navires autonomes ? Affaire à suivre !

[1675] MENDOZA-CAMINADE Alexandra, « *Le droit confronté à l'intelligence artificielle des robots : vers l'émergence de nouveaux concepts juridiques ?* », Recueil Dalloz 2016, p.445.
[1676] Résolution du Parlement européen 2015/2103 du 16 février 2017, contenant des recommandations à la Commission concernant des règles de droit civil sur la robotique.
[1677] Recommandation n°59 (f) de la Résolution 2015/2103 du Parlement européen du 16 février 2017 relative au droit civil sur la robotique.

POSTFACE

La publication de l'ouvrage de M. Alain KONLAC est tout à la fois l'achèvement d'une belle aventure et le départ d'une carrière prometteuse.

C'est d'abord l'achèvement d'une belle aventure internationale, puisque l'auteur a su brillamment s'imposer sur un sujet de grande importance dans le monde maritime, mais rarement abordé en Droit maritime français, et à l'issue de cycles universitaires entrepris au Cameroun, poursuivis en France et en Espagne. Rappelons au passage que l'essentiel de la documentation ayant permis la rédaction de cet ouvrage remarquable fut en Anglais (le travail et les règles de ces « *Clubs* » armatoriaux se pratiquant quasi-exclusivement dans cette langue); et que la soutenance de cette importance recherche doctorale se fit à l'Université de Nantes, devant un Jury international, et simultanément dans deux langues différentes, le Français et l'Espagnol, que l'intéressé maîtrise admirablement.
C'est aussi l'aboutissement d'une belle aventure scientifique, s'agissant d'un ouvrage honoré des plus hautes mentions universitaires en France et en Espagne, couronné du Prix de l'Académie de Marine, préfacé magistralement par le Professeur Philippe DELEBECQUE (Président de l'Association Française du Droit maritime, AFDM), et produit à l'issue de travaux de recherche doctorale de haut niveau dirigés par le Professeur Martin NDENDE (Université de Nantes, Directeur du Centre de Droit Maritime et Océanique, CDMO) et son homologue espagnol José Manuel OSANTE (Universidad del País Vasco).
C'est également la consécration d'une superbe aventure éditoriale nationale qui a associé, pour sa publication dans la Collection «*Affaires maritimes et Transports*» des Editions l'Harmattan à Paris, à la fois l'Académie de Marine, la Fondation Jean SAUVÉE et le Cabinet d'avocats QUIMBERT, ce triple soutien d'institutions maritimes françaises de premier plan constituant, pour une recherche universitaire, tout un signe...

C'est aussi, pour son auteur, le départ d'une carrière professionnelle prometteuse, car au moment de la publication de son ouvrage, Alain KONLAC termine sa formation d'Elève-avocat et se destine donc au barreau, et à la pratique du Droit maritime et du Droit des transports, ce qui justifie déjà, de manière très symptomatique, son recrutement comme stagiaire dans quelques-uns des plus grands cabinets juridiques nantais. Et comme le rappelle si bien la tradition maritime nantaise qui tient lieu de devise de cette vieille ville portuaire, le Dieu de la mer et des océans favorise ceux qui osent : « *Favet Neptunus eunti !* ».

L'intéressé sort donc, à titre personnel, véritablement comblé de cette belle publication qui vient brillamment clôturer son parcours universitaire.

Mais tous les étudiants et chercheurs en Droit maritime, les praticiens du droit dans cette spécialité, les assureurs, les P.&I Clubs, et toute la grande famille des opérateurs économiques et des organismes spécialisés du monde maritime et des transports seront tout autant comblés par la lecture de cet ouvrage de grande richesse.

Car à l'image du laboureur de la célèbre fable de La Fontaine, l'auteur aura su, en effet, « *fouiller, bêcher, et laisser nulle place où la main ne passe et repasse* », pour leur fournir un travail de haute facture scientifique, aussi bien sur les questions juridiques les plus fondamentales de l'assurance de responsabilité civile des armateurs et de mutualisation des risques maritimes, que sur les questions les plus techniques de la sphère des mécanismes indemnitaires, ou même sur celles les plus pointues et préoccupantes des risques majeurs ou des risques du nouveau monde et qualifiés de risques émergents...

Sur les questions les plus fondamentales de l'assurance responsabilité civile des armateurs ?

Ce bel ouvrage n'en aura laissé aucune de côté. La porte d'entrée fut donc celle du Droit de la responsabilité civile des armateurs, et plus spécialement de la couverture « assurancielle » des risques de responsabilité civile générés par l'activité de ces derniers.

Le champ d'investigation couvrait ainsi, aussi bien les différentes formes de responsabilité civile contractuelle, que délictuelle ou quasi-délictuelle des armateurs. Le balayage fut exhaustif et concerne non seulement les risques dits « *ordinaires* » de base tels que les risques relatifs aux dommages subis en mer par les personnes (passagers, équipages, ou autres personnes se trouvant à bord), que les risques de toutes sortes affectant les cargaisons (pertes, dommages, retard, ou contribution aux avaries communes). Mais ce travail couvre également les risques ordinaires dits « *complexes* », tels que les risques d'abordage et d'événements de mer, de pollution marine (mais également atmosphérique), ou encore les nombreux risques de dommages susceptibles d'être causés aux installations et infrastructures des ports par les armateurs (le cas par exemple des explosions de navires ou de leurs cargaisons dans les ports, comme l'actualité l'a rappelé ces dernières années de manière fort préoccupante).

Et cette étude couvre aussi les risques dits *« additionnels »* grâce à des garanties P.& I complémentaires, et notamment les risques de «sûreté maritime» découlant des actes illicites, criminels ou violents en mer (piraterie, attaques à mains armées, risques de guerre, ou d'actes terroristes...); tout comme ceux découlant de la prise en charge des honoraires et nombreux frais accessoires inhérents aux litiges générés par les actes dommageables des armateurs (garantie FD&D : *protection Freight Demurrage & Defence*, en Français *« Fret Surestaries et Défense »*) ; et enfin, et de manière pertinente, l'étude a abordé également, au titre des risques additionnels, la délicate question des pertes financières importantes subies par les armateurs (couvertes à titre exceptionnel) ou plus largement les pertes causées aux tiers par ces derniers (y compris les pertes financières causées aux équipages), les conséquences de la pandémie de la COVID 19 ayant par exemple conféré un intérêt accru à cette problématique particulière.

Comme le rappelait avec justesse le Professeur Gaël PIETTE de l'Université de Bordeaux, dans son Rapport d'expertise de cette recherche doctorale, l'auteur en étudiant l'activité et les mécanismes de couverture des P&I Clubs, se propose de montrer, comment l'assurance responsabilité civile des armateurs est pratiquée par ces Clubs. Ce travail reflète, soulignait-il, *« une bonne connaissance de ces questions très techniques que sont l'assurance maritime et l'activité des P & I Clubs, et la thèse apporte... des éléments pratiques de compréhension de toutes ces problématiques »*.

Sur les questions techniques de la sphère des mécanismes assuranciels de couverture des risques par les « Clubs » ?

L'ouvrage ne laisse en effet véritablement rien dans l'ombre et comblera tous les praticiens et experts des milieux professionnels.

L'une des questions majeures et préalables, fréquemment soulevées sur les P.& I. Clubs, et que définitivement cet ouvrage éclaire du meilleur jour, concerne la nature juridique de ces organismes créés par les armateurs eux-mêmes : s'agit-il des groupements de nature commerciale fournissant des prestations assurancielles spéciales à leurs membres ? L'auteur a su exposer leur nature juridique, et par la suite leurs mécanismes indemnitaires, de la manière la plus claire et convaincante, mettant ainsi en évidence toute l'originalité de la technique de la mutualisation des risques : les P. & I. Clubs sont en effet des mutuelles à but non lucratif et avec de simples cotisations (différentes des « actions », des « obligations », ou des « placements » lucratifs) et n'ayant aucune vocation à l'enrichissement. En clair, ce sont des personnes morales non commerçantes dont les membres s'assurent à l'intérieur du groupement, si bien que pour en faire partie, et prétendre par la suite au bénéfice de leur couverture assurancielle, les amateurs affiliés doivent obligatoirement s'acquitter de leur cotisation, justifier à ce titre d'un *« certificat d'inscription »*, mais également faire preuve de valeurs professionnelles élevées et de «bonne foi» dans leurs réclamations. Comme le démontre excellemment l'auteur, la mutualisation des risques est encore portée à son expression la plus renforcée, notamment pour les sinistres générant des réclamations très élevées, dans la mesure où il est prévu une technique de réassurance à travers une mise en commun des ressources des *P&I Clubs* regroupés dans une entité faîtière, en la forme d'un consortium connu sous l'appellation anglaise d'*« International Group of Protecting and Indemnity Clubs »* et dont le sigle est l'*IGP&I Clubs.*

Cet ouvrage nous expose, avec rigueur, comment les différents P.&I. clubs fonctionnent également avec leurs sociétaires respectifs sur la base d'une règle indemnitaire traditionnelle dite *« pay to be paid »*, et selon laquelle, l'armateur membre d'un *P&I Club* est tenu, en cas de sinistre ou litige l'impliquant, d'indemniser préalablement la victime dudit sinistre avant de se retourner vers le Club pour ensuite être indemnisé à son tour. Mais il apparaît que cette règle peut néanmoins souffrir de quelques rares exceptions discrétionnairement fixées par les « Rules » des différents « Clubs », et bien sûr l'ouvrage n'omet pas de les mettre clairement en exergue.

Plus classiquement, chacun de ces P.I. Clubs, comme tout assureur, peut également fixer des règles de « franchise » d'assurance qui, on le sait, constituent de véritables limites au principe indemnitaire.

L'auteur démontre cependant que les « Clubs » offrent aussi, à l'inverse, la possibilité à leurs armateurs sociétaires d'obtenir des garanties extensibles, la présence des *« Omnibus rules »* et des *« Loss prevention programs »* étant, à ses yeux, de *« fabuleux outils d'extension des risques couverts par les P&I Clubs »*. C'est donc ainsi que les armateurs pourront, en fonction de leurs besoins spécifiques, choisir librement et sereinement leurs garanties d'assurance responsabilité civile en risques «ordinaires» de base, en risques « complexes », ou en « risques additionnels » (donc avec des garanties complémentaires), ou encore en « garanties spéciales » (les cas précités des risques de piraterie, d'actes de guerre, ou d'actes terroristes, ou encore le cas des «préjudices financiers»), et avec ou sans « extensions » dans chaque cas.

Plus encore, pour chaque type de garantie choisie par un armateur, l'ouvrage déroule toute la quintessence des clauses contractuelles en vigueur dans le domaine considéré, et propose leur interprétation claire et rigoureuse, fondée sur une analyse perspicace et pointue de la jurisprudence en vigueur en France et surtout en droits étrangers, dans les systèmes de la *Common law* en particulier. Ceci offre aux lecteurs français et francophones, pour la première fois, une source d'informations de première importance en ces domaines, habilement complétée d'ailleurs par une présentation détaillée des règles

contentieuses applicables aussi bien devant les juridictions étatiques qu'en arbitrage, voire au sein des modes *« non juridictionnels »*, cette dernière voie de règlement des litiges étant, selon la formule de l'auteur, véritablement *« plébiscitée »* par les P.&I. Clubs.
En clair, cet ouvrage constitue donc un véritable recueil d'ingénierie juridique pour quiconque s'intéresse à l'activité, au rôle, aux mécanismes indemnitaires et techniques, ainsi qu'aux réalités contentieuses des P. & I. Clubs dans la vie maritime, même si l'on pourrait déplorer avec le Dr Jean-François REBORA, Directeur de France P. & I. club (au demeurant lui aussi amplement conquis par cet ouvrage), l'absence de toute référence aux correspondants des P. & I. clubs, et alors même qu'ils sont en effet, selon sa formule, essentiels et même une *« cheville ouvrière très importante »* du dispositif.

Sur les problématiques les plus pointues et préoccupantes de la couverture des risques majeurs ou des risques émergents de notre nouveau monde ?
Ici encore l'auteur ne nous laisse pas sans ressources ou lumières appropriées, malgré la complexité ou la nouveauté des sujets en présence.
La problématique posée par la couverture des risques majeurs est notamment d'une grande complexité, mais loin d'être nouvelle, puisque le monde maritime, qui est un monde à hauts risques, a toujours connu de graves tragédies (l'auteur remonte à la tragédie de l'Arche de Noé, jusqu'aux grandes catastrophes pétrolières du monde maritime qualifiées de «dommages écologiques» (*Torrey Canyon*, *Exxon-Valdez*, *Amoco-Cadiz*, *Erika*, *Prestige*, *Deepwater Horizon*...), en passant inévitablement par le drame du *Titanic* et des autres grands naufrages de navires à passagers comme l'*Herald of Freee Entreprise*, le *Scandinavian Star*, le *Joola*, ou encore l'*Estonia* et le *Sewol*, ... Le sujet est donc certainement vieux et récurrent comme la navigation en mer, au point où l'une de nos plus brillantes collègues, Mme le Professeur Martine REMOND-GOUILLOUD (de regrettée mémoire), avait pu qualifier le Droit maritime de véritable *« Droit des catastrophes »*, et même si, pour relativiser ce trait, il convient d'admettre que le monde maritime n'a pas l'exclusivité de telles tragédies.
Face à la multiplicité des concepts (catastrophe, drame, tragédie, sinistre majeur, ou risque majeur), la première vertu de l'ouvrage d'Alain KONLAC fut d'abord de nous orienter ici vers une définition plus synthétique, empruntée à la doctrine civiliste française, et que l'auteur considère comme la plus satisfaisante à ses yeux. Il s'agit en effet de la notion de *« dommage de masse »* brillamment théorisée dans sa propre Thèse par Mme GUEGAN-LECUYER à travers notamment deux critères, l'un quantitatif et l'autre qualitatif.
Les dommages de masse viseraient donc *« les atteintes aux personnes, aux biens ou au milieu naturel qui touchent un grand nombre de victimes à l'occasion d'un fait dommageable unique, ce dernier pouvant consister en un ensemble de faits dommageables ayant une origine com-*

mune ». Ainsi cette définition fédératrice pourrait s'appliquer aussi bien aux catastrophes maritimes *stricto sensu* qu'aux autres tragédies d'ampleur telles que certains crashs d'avions commerciaux, la catastrophe de Tchernobyl (1986), de Fukushima (11 mars 2011), l'explosion de l'usine AZF à Toulouse (21 septembre 2001), ou le séisme du 12 janvier 2010 en Haïti (entre autres), tous très opportunément revisités dans l'ouvrage.
Mais bien au-delà du débat théorique et en admettant la pertinence d'une telle définition, la question la plus essentielle, en Droit maritime, restera ici celle de savoir comment les P.&I. Clubs sont susceptibles de couvrir ces *« dommages de masse »* par leurs garanties et mécanismes indemnitaires spécifiques.
C'est précisément à ce stade que l'ouvrage d'Alain KONLAC nous a offert d'autres trésors juridiques, et que les lecteurs avertis sauront apprécier au plus haut point. Car l'on découvre en effet ici que les P.&I Clubs s'investissent fortement dans ce domaine d'abord par la prévention : c'est le cas par des initiatives privées souvent prises en matière de *« chasse aux navires sous-normes »*, ou à travers leurs *« SCOPIC clauses »*, applicables dans le cadre des règles de l'assistance maritime en cas de menaces de pollution. L'on ne peut donc, à cet égard, qu'approuver M. KONLAC lorsque, prenant en référence l'Affaire *« Athéna »*, il soutient que la SCOPIC n'est pas seulement un instrument financier, mais un outil très utile de prévention et de lutte contre les dommages environnementaux.

Impliqués dans la prévention, l'ouvrage démontre que les P.&I. Clubs le sont également, et surtout, dans la « gestion des risques majeurs ». L'on se rappelle par exemple, grâce à cet ouvrage, combien la contribution des *P&I Clubs* a pu être remarquable en ce qui concerne le respect des exigences particulières de certaines autorités nationales ou communautaires relatives aux sinistres majeurs; c'est le cas, en effet, aux États-Unis sous l'égide de l'*Oil Pollution Act* de 1989, où l'on impose souvent des garanties financières extrêmement élevées en cas de sinistres (*a fortiori* majeurs), et que seuls les P.&I Clubs et leur *« International Group »* sont capables de produire. De manière plus large, l'ouvrage a su offrir un état détaillé des «prestations» qualifiées d'efficaces offertes par ces mutuelles d'armateurs pour faire face aux dommages résultant, d'une part, de catastrophes écologiques (hier les Accords *« TOVALOP »* et *« CRISTAL »*, ou plus récemment *« TOPIA »* & *« STOPIA »*, et aujourd'hui les « SCOPIC Clauses », ou encore la collaboration et les synergies entre les « Clubs » et le FIPOL en matière de gestion des sinistres environnementaux); mais d'autre part, l'ouvrage expose aussi pertinemment les solutions résultant, de catastrophes impliquant des drames humains, comme on a pu aisément le relever dans l'accident spectaculaire du *Costa Concordia* survenu en Janvier 2012 (avec par exemple la mise en œuvre combinée de deux programmes majeurs des *P&I Clubs*, à savoir le *ROW Removal of Wreck* visant le redressement et l'enlèvement de l'épave, et la *SCOPIC clause* visant les risques

environnementaux, l'ensemble ayant occasionné des coûts exorbitants et historiques de l'ordre de 1,5 Milliard de dollars U.S !!!).
Si déjà de tels montants nous donnent aujourd'hui des vertiges, qu'en sera-t-il dans notre nouveau monde et demain, en présence de certains risques nouveaux ou émergents ?
Saluons l'ouvrage d'Alain KONLAC d'avoir su *de lege lata* et *de lege ferenda*, projeter les lumières les plus enrichissantes sur au moins deux d'entre ces problématiques qui intéressent d'ores et déjà fortement les P.&I. Clubs : il s'agit, d'une part, de la couverture des risques de responsabilité civile liés à l'avènement du monde cybernétique (*« cyber-risques »* en général et *« cybercriminalité »* en particulier, sachant que de nombreux ports et compagnies maritimes à travers le monde ont déjà été frappés et en font désormais les frais) ; et d'autre part, de la couverture des risques susceptibles de découler de l'arrivée des *« navires sans équipages »* dans un monde maritime où la navigation sera également, et encore plus fortement, gouvernée par des technologies nouvelles complètement automatisées et téléguidées par des algorithmes. Comme l'indique à juste raison l'auteur, il est par conséquent bien clair que, s'agissant de ces derniers navires, la responsabilité du fabricant du système informatique pourra être engagée sur le fondement de la responsabilité civile pour dommages causés par un produit défectueux (articles 1245 et suiv. du Code civil), par exemple en cas de dommages causés par le navire autonome devenu « fou » à cause d'un bug de son système informatique. D'où donc l'importance pour les assureurs corps et les P.&I. Clubs d'envisager en effet, au plus vite, des *« tierces garanties additionnelles »* en ce domaine, permettant de couvrir ce *« no man's land »* assuranciel.
Si l'auteur rassure, sur l'autre thématique, en expliquant que les polices actuelles sont susceptibles de couvrir certaines conséquences des cyber-risques sur le terrain de la responsabilité civile, il n'en demeure pas moins qu'une telle couverture est non seulement partielle (le cas d'un abordage causé à la suite d'une cyber-attaque, sauf couverture « spéciale »), mais encore à vrai dire très incertaine et voire impossible dans ce nombreux cas, à l'image des cyber-attaques menées en circonstance de guerre, ou constitutives d'une attaque terroriste. D'où donc la nécessité d'impliquer dans ce combat, non seulement tous les P.&I. Clubs, mais également plus fortement l'OMI et le BIMCO qui ont d'ailleurs déjà pris des mesures encourageantes en ce domaine et très opportunément exposés dans l'ouvrage.

C'est encore dire, et en définitive, combien cet ouvrage de très grande valeur à la fois scientifique et pratique méritera d'être amplement diffusé et lu par tous ceux qui s'intéressent à la couverture des risques de responsabilité civile si nombreux et variés qui jonchent l'activité des armateurs. Sous la plume vivante, démonstrative, et richement productive et documentée d'Alain KONLAC, une magnifique opportunité s'offre donc de comprendre le rôle et les mécanismes juridiques particulièrement raffinés, efficaces, et souvent novateurs, qu'apportent en ce domaine les P.&I. Clubs qui constituent sans doute l'une des formules les plus élaborées, dans le monde, en matière de mutualisation des risques.

Une fois de plus, le monde maritime étonne ici par la richesse, la fertilité, et la très grande originalité de ses institutions et de ses mécanismes juridiques. N'a-t-on pas dit que la mer était véritablement *« mère du Droit »* ? Il suffira d'éplucher ce remarquable ouvrage pour s'en convaincre définitivement...

Par

Maître Michel QUIMBERT

Avocat au Barreau de Nantes

(Cabinet QUIMBERT et Associés)

et

Martin NDENDE

Professeur à l'Université de Nantes

Directeur du Centre de Droit Maritime et Océanique, CDMO

Avocat-conseil et Expert juridique auprès des Nations-Unies

ANNEXES

ANNEXES

Annexe n°1 : Exemplaire du certificat de jaugeage de navires

Annexe n°2 : Exemplaire de Blue Card

Annexe n°3 : The Swedish War Risks

Annexe n°4 : Britannia P&I Club FD&D

Annexe n°5 : Gard P&I Club Loss of hire Cover

Annexe n°6 : Shipowners P&I Clubs Webinar Cyber Security

Annexe n°7 : The Inter Club New York Produce Exchange Agreement 1996 (as amended September 2011)

Annexe n°8 : Caractéristiques du navire *Belpamela*

Annexe n°9 : Extraits Journal de la Marine marchande, à propos du navire *Belpamela*

Annexe n°10 : Quelques photos du *Belpamela*

Annexe n°11 : Mémorandum d'entente entre IGP&I Clubs et FIPOL

Annexe n°12 : Exemplaire SCOPIC 2014

Annexe n°13 : Aval bancaire BMCE

Annexe 1

Annexe II

Certificat International de Jaugeage des Navires (1968)

(Cachet officiel)

Délivré en vertu des dispositions de la Convention internationale de 1969 sur le jaugeage des navires, au nom du Gouvernement de...

(nom officiel complet du pays)

pour lequel la Convention est entrée en vigueur le...19...

par..

(titre officiel complet de la personne ou de l'organisme reconnu compétent en vertu des dispositions de la Convention internationale de 1969 sur le jaugeage des navires

Nom du navire	Numéro ou lettres signalétiques	Port d'attache	Date*

* Date à laquelle la quille du naivre a été posée ou à laquelle le naivre s'est trouvé dans un état d'avancement équivalent (article 2-6) ou date à laquelle le naivre a subi des transformation ou modifications importantes [article 3, 2) b)], selon qu'il convient.

DIMENSIONS PRINCIPALES

Longueur (article 2-8)	Largeur (règle 2-3)	Creux sur quille au milieu du navire jusqu'au pont supérieur (règle 2-2).

JAUGES DU NAVIRE...

JAUGE BRUTE...

JAUGE NETTE...

Il est certifié que les jauges du navire ont été calculées conformement aux dispositions de la Convention internationale de 1969 sur le jaugeage des navires.

Délivré à...le....................................19...

(lieu de délivrance du certificat) (date de délivrance)

(signature de l'agent qui délivre le certificat)
et/ou
(cachet de l'autorité qui délivre le certificat)

Annexe 2

Britannia
The Britannia Steam Ship Insurance Association Limited

BLUE CARD No:

NOT TRANSFERABLE

Managers
Tindall Riley (Britannia) Limited
Regis House
45 King William Street
London EC4R 9AN

To

Direccion General de la Marina Mercante
Subdireccion General de Seguridad Maritima y Contaminacion
C/ Ruiz de Alarcon 1
28071 Madrid
SPAIN

Tel +44 (0)20 7407 3588
Fax +44 (0)20 7403 3942

CERTIFICATE FURNISHED AS EVIDENCE OF INSURANCE PURSUANT TO ARTICLE 4bis OF THE ATHENS CONVENTION RELATING TO THE CARRIAGE OF PASSENGERS AND THEIR LUGGAGE BY SEA, 2002

Name of Ship:

Risk Ref:

Distinctive Number or Letters:

IMO Number:

Port of Registry:

Name and full address of the principal place of business of the carrier who actually performs the carriage:

THIS IS TO CERTIFY that there is in force in respect of the above-named ship while in the above ownership a policy of insurance satisfying the requirements of Article 4bis of the Athens Convention relating to the Carriage of Passengers and their Luggage by Sea, 2002, subject to all exceptions and limitations allowed for non-war insurers under the Convention and the implementation guidelines adopted by the Legal Committee of the International Maritime Organisation in October 2006, including in particular the following clauses:

Institute Radioactive Contamination, Chemical, Biological, Bio-chemical and Electromagnetic Weapons Exclusion Clause (Institute of London Underwriters Clause No 370)
Institute Cyber Attack Exclusion Clause (Institute of London Underwriters Clause No 380)

The defences and limitations of a provider of compulsory financial security under the Convention as modified by these guidelines, in particular the limit of 250,000 units of account per passenger on each distinct occasion;

The insurance shall only cover liabilities subject to the Convention as modified by the Reservation and Guidelines for implementation of the Convention adopted by the Legal Committee of the International Maritime Organisation on 19 October 2006.

The proviso that any amounts settled under the Convention shall serve to reduce the outstanding liability of the carrier and/or its insurer under Article 4bis of the Convention even if they are not paid by or claimed from the respective war or non-war insurers.

Period of insurance: from Noon GMT 20 February 2014 to Noon GMT 20 February 2015

Provided always that the insurer may cancel this Certificate by giving three months written notice to the above Authority whereupon the liability of the insurer hereunder shall cease as from the date of expiry of the said period of notice but only as regards incidents arising thereafter.

Date : 05 February, 2014

This certificate has been issued for and on behalf of the insurer

THE BRITANNIA STEAM SHIP INSURANCE ASSOCIATION LIMITED.
Regis House, 45 King William Street,
London. EC4R 9AN.

Page 1 of 2

Annexe 3

The Swedish Club

Göteborg: December 30th 2005

H&M
368/2005

War Risk Insurance 2006

The terms for War Risk Insurance for 2006 are outlined in this circular. The Association will continue the process of streamlining the cover to ensure a comprehensive insurance aimed at reducing costs for Members.

Features for 2006:

- **Sum Insured** - to correspond to the Hull and Machinery insurance value and/or any ancillary interests covered.
- **Conditions** - most major acceptable conditions for War Risks cover.
- **Blocking & Trapping** - Total Loss compensation paid after six months with Additional Expenses unless a total loss compensation has been made and/or never exceeding 180 days.
- **Liability Cover (P&I)** - independent limit for P&I risks up to insured values on Hull War and Hull Interest, if any, however never to exceed USD 140,000,000.
- **Loss of Hire** - maximum USD 50,000 per day in excess of seven days any one accident limited to 180 days (7/180/180) if agreed in advance and subject to additional AP for breaches.
- **Trading Warranties** - see currently List of Areas of Perceived Enhanced Risk on page 3.
- **All vessels** - subject to Notice of Cancellation, Automatic Termination of Cover, War, Nuclear etc. and Cyber Attack Exclusion Clause 2004-01-01 (W.1.3).
- **Swedish Flagged Vessels** - subject to Swedish Club Outbreak of War Clause (W.7.2).

Premium The agreed premium to be paid on January 1st 2006 or as agreed.

Cover

P&I Liabilities

War etc., P&I etc., Liabilities (Excluding Crew).

War Loss of Hire

Within Trading Limits:
Loss of Hire is included without additional cost on the basis of maximum USD 50,000 per day in excess of seven days each accident always limited to 180 days any accident and per year. Subject to trading warranties as per War Hull Cover. Higher daily amounts can be arranged.
Listed Areas:
Loss of Hire cover in Listed ("excluded") areas can be arranged subject to advance notice given and premium to be agreed. Such cover is also subject to Additional Premiums and limits as applicable for excluded areas at time of breach.

Blocking & Trapping inclusion

Total Loss compensation after six months. Additional Expenses up to USD 25,000 during blocking & trapping in excess of seven days, however not recoverable after a total loss compensation been paid or not exceeding 180 days.

Limits

Unless otherwise agreed the Association's liability is limited to the insured values for total loss of or damage to the vessel including additional expenses during blocking & trapping and loss of hire. Separate and independent limit of liability for P&I risks including crew liabilities up to insured values on Hull War and War Interest, if any, however never to exceed a limit of USD 140,000,000.

Notice of Cancellation, Automatic Termination of Cover, War, Nuclear etc. and Cyber Attack Exclusion Clause (W.1.3), included in all covers.

Swedish Flagged Vessels
Swedish flagged vessels will be subject to The Swedish Club Outbreak of War Clause - Hulls etc., (W.7.2), as enclosed. Non Swedish flagged vessels will be subject to the Notice of Cancellation, Automatic Termination of Cover, War, Nuclear etc. and Cyber Attack Exclusion Clause, (W.1.3), as enclosed, which is also deemed to be included in all covers relating to war risks.

Trading - List of Areas of Percieved Enhanced Risk "Listed Areas"
The insurance is valid world-wide, however with a General Cancellation Clause of seven days as regards trading warranties, with the following areas currently excluded. Trading to Listed Areas should be reported to the Association. If trading to a listed area is permitted, an additional premium may be required. The additional premium is decided in each case. (ref JW2005/001A wherein clause 2.c is not deemed deleted unless specifically agreed)

Definitions:

- Named Countries shall include their coastal waters up to 12 nautical miles offshore, unless specifically varied above
- Named Ports shall include all facilities/terminals within areas controlled by the relevant port authority/ies (or as may be more precisely defined by Insurers) including offshore terminals/facilities, and all waters within 12 nautical miles of such but not exceeding 12nm offshore unless specifically stated.

Africa:

The port of Algiers (Algeria)
Djibouti excluding transit
Ivory Coast
Nigeria
Somalia including waters out to 100nm or to the boundary with other countries' territorial waters, whichever is the lesser

Asia:

Pakistan
Thailand, but only the area of the southern Gulf coast between the ports of Songkhla and Narathiwat inclusive

Indonesia/Malaysia:

The island of Ambon (Seram)
The port of Balikpapan (SE Borneo) including waters out to 25nm
Borneo, but only the north east coast between the ports of Kudat and Tarakan inclusive
The port of Jakarta
The port of Poso (Sulawesi)
The Malacca Strait, as defined overleaf

Middle East:

Bahrain excluding transit
Iraq, including all Iraqi offshore oil terminals
Israel
Lebanon
Qatar excluding transit
Saudi Arabia excluding transit

Philippines, but only:

Mindanao, between the ports of Polloc Harbour and Mati inclusive Sulu Archipelago including Jolo, as defined overleaf

Malacca Strait

The area enclosed between:

a) on the North Western end, a straight line between Laem Phra Chao (7°45'.5N, 98°18'.5E) and Ujung Baka (5°39'.5N, 95°26'.0E) and,
b) on the South Eastern end, a straight line between Tanjung Piai (1°15'.9N, 103°31.0E) and the light at (0°48'.0N, 103°8'.2E) (and continuing therefrom South South Westwards to the Sumatra mainland coast).

Sulu Archipelago

The area enclosed between:

a) on the Western side, a straight line between Tanjung Bidadari (5°49'.6N, 118°21'.0E) to position 3°32'.0N, 118°57'.0E
b) on the South Eastern side, a straight line from there to position 5°50'.0N, 122°31'.0E, and thence northwards to position 7°06'.6N, 122°31'.0E
c) on the Northern side, a straight line from there to Batorampon Point Light (7°06'.6N, 121°53'.8E)
d) and on the North Western side, a straight line from there back to Tanjung Bidadari.

Yours sincerely, The Swedish Club Claes Lindh

Encl.

Type	Name	Filesize
	The Swedish Club Outbreak of War Clause (W.7.2) Notice of Cancellation, Automatic Termination of Cover, War, Nuclear etc. and Cyber Attack Exclusion Clause (W.1.3) Navigational Limitations for Hull War, Strikes, Terrorism and Related Perils Endorsements (	84 Kb

Annexe 4

FREIGHT, DEMURRAGE & DEFENCE

FD&D

BRITANNIA P&I
TRUSTED SINCE 1855

FREIGHT, DEMURRAGE AND DEFENCE (FD&D) PROVIDES MEMBERS WITH INSURANCE FOR LEGAL FEES AND ASSOCIATED COSTS RELATING TO CLAIMS, DISPUTES AND OTHER MATTERS OF A SHIPPING NATURE WHICH ARE NOT ALREADY COVERED BY CLASS 3 (P&I) OR ANY OTHER FORM OF INSURANCE. FD&D IS A SEPARATE CLASS OF COVER (CLASS 6) AND HAS ITS OWN RULES CONTAINED IN A SEPARATE RULE BOOK.

Although the cover is referred to as FD&D, it is not restricted to claims for freight and demurrage, nor to defending claims brought against the Member (see Scope of cover below). FD&D includes cover for the costs incurred by Members in pursuing as well as defending claims. As FD&D disputes frequently relate to a ship's earnings and cash flow, FD&D insurance is regarded by many Members as providing important support against risks arising in their day to day business operations.

SCOPE OF COVER

The types of claim and dispute covered under FD&D include:

- unpaid freight, hire and demurrage
- cancellation of charterparties
- detention, delay and loss of use of ship
- loss or damage to ship
- recovery of general average contributions
- breaches of charterparty, bill of lading, COA or other contracts of carriage
- claims in respect of the supply of fuel, materials or equipment to a ship
- negligent repairs, or conversion, of a ship
- amounts due from or to marine insurers
- claims in respect of salvage, towage or pilotage services
- newbuilding, sale and purchase and mortgage disputes
- disputes with port authorities, ship's agents, customs authorities and terminal owners
- representation at official investigations, coroners' inquests and other enquiries

DEDUCTABLES & LIMITS

The Association covers the first USD7,500 of all expenses incurred in any FD&D matter, after which the Member contributes one third of all additional expenses. The maximum recovery from the Association for any one claim is limited to USD10m, with a further sub-limit of USD2m for claims arising under a contract for the building, negligent repair, alteration, purchase, sale or mortgage of an entered ship. Most disputes are resolved within the USD7,500 threshold and, therefore, require no contribution from the Member.

CLAIMS HANDLING

Britannia has a team of experienced claims handlers dealing with FD&D issues, all of whom have legal qualifications. A crucial part of the service provided to FD&D Members is that the Club will give preliminary advice and assistance aimed at resolving the dispute before it escalates to the point that external lawyers need to be involved. If external legal assistance is required, appropriate lawyers will be instructed and their advice and cost carefully monitored by the Club. The Club's FD&D claims handlers are also available to help Members at any stage of contractual negotiations and to deal with general enquiries of an FD&D nature.

CASE STUDIES

The benefits of having FD&D cover to meet legal expenses have been shown many times over the years, e.g. during the financial crisis of 2008/09 and in dealing with the consequences of the bankruptcy of the OW Bunker group in 2014/15. Some typical examples of how FD&D cover can be useful to both owner and charterer Members can be found in these Case Studies.

THE CASE STUDIES IN THIS BROCHURE ARE PURELY ILLUSTRATIVE. FOR FULL DETAILS OF THE COVERS DESCRIBED PLEASE CONSULT THE MANAGERS.

CASE STUDY (1)

- A shift of liquid cargo occurs at sea causing damage to the ship's shell plating and causing the ship to list dangerously. The ship has to deviate to a port of refuge.
- A dispute arises between the owner Member and charterers as to the safety of the cargo and who is liable for the costs incurred in connection with deviating to the port of refuge.

  The cargo has to be offloaded and while those costs are covered by the owner Member's P&I cover, there is a delay in the cargo reaching its destination and the owner Member also seeks to recover those uninsured losses eg loss of hire from the charterer.
- The claims are ultimately resolved in London arbitration proceedings with the assistance of lawyers and experts appointed by the Managers on behalf of the owner Member, the costs of which are covered by FD&D.

CASE STUDY (2)

- An owner Member orders bunkers from an intermediary trader who in turn contracts with a bunker provider to supply bunkers to the ship.
- After the bunkers have been supplied but before any payments have been made the trader is declared bankrupt.
- The bunker supplier arrests the ship at New York, claiming it is entitled to a lien for the price of the bunkers. The trader's liquidator also claims it is entitled to be paid for the bunkers that the owner ordered. The owner is, therefore, faced with two competing claims
- FD&D covers the costs of making an interpleader application to the New York court to determine which of the bunker supplier and the trader's liquidator should be paid.

CASE STUDY (3)

- A Member orders a series of ships to be built. Disputes arise with the shipyard over the quality of work being carried out which threaten delays to delivery of the ships.
- The ships have been entered by the Member in the Association for FD&D risks from the dates when the relevant contracts were signed. The Association is therefore able to instruct lawyers in London to advise the Member on its position under the shipbuilding contracts which are subject to English law and jurisdiction.
- The Member is comforted by the advice that if they are forced to end the contracts for good reason, and the yard fails to refund the advance instalments of the contract price pursuant to the refund guarantee provided by the yard's bank, the bank will refund those instalments on the yard's behalf.
- Armed with this advice, the Manager are able to instruct local lawyers to commence discussions with the yard. These discussions eventually prove fruitful and the ships are delivered to the required standard and with only a minor negotiated delay.
- The Managers are also able to resolve a dispute which arises between the Member and the intended charterer of the new built ships over the small delay that arose in delivery.

CASE STUDY (4)

- A time charterer Member orders the entered ship to a port where the depth of water on the approach to the port turns out to be shallower than is required for a ship of that draught. The ship temporarily goes aground and sustains bottom damage.
- The owner alleges that the port was unsafe, claiming the costs of repairing the damage to the ship's hull from the charterer Member.
- The repair costs are not recoverable under the Member's time charterer's liability for damage to hull insurance because they fall within the deductible.
- Lawyers engaged under the Association's FD&D cover successfully argue in an arbitration hearing that the port was not unsafe at the material time because the owner should have made his own enquiries to satisfy himself that the depth of the water was sufficient to allow his ship safely to enter the port at the relevant time.

CASE STUDY (5)

- A charterer Member redelivers the entered ship to the owner at the end of a one year time charter. The charterer Member makes various deductions from the final hire statement due to the fact that the ship's speed during the charter period was less than the speed warranted by the owner in the charterparty.
- The owner challenges these deductions, alleging that the ship's speed was only reduced due to the effect of marine growth resulting from the charterer Member's instructions to send the ship to a tropical port where she was required to wait at anchorage for a considerable period of time. The owner also makes a claim for the costs of cleaning the ship's hull in order to remove the marine growth.
- The Association's FD&D cover supports the charterer Member and a settlement is reached between the charterer Member and the owner in a mediation hearing which the parties had agreed to as the dispute was threatening their future business relationship. Some of the charterer Member's deductions are accepted by the owner and the charterer Member in turn agrees to make a contribution to the cost of cleaning the marine growth.

SOME BRIEF EXAMPLES

- An entered ship disposes of garbage to a truck alongside when fire is seen coming from the truck. Stevedores stop work and charterers put the ship off hire for time lost. The appointed surveyor determines that the source of ignition has come from the garbage truck and the off hire claim is refuted on the basis of a lack of any fault of the part of the ship.
- An owner Member obtains expert advice from a master mariner under its FD&D cover to support the master of an entered ship who required a pilot to transit the Magellan Strait. Charterers are persuaded by this to withdraw their opposition to the pilot and pay his costs.
- A crew member of an entered ship suffers a serious assault while ashore and the consequent police and judicial investigations delay the ship. The owner Member is given legal assistance to defend the charterer's off hire claim.

ADDITIONAL INSURANCES

Additional insurances outside the scope of FD&D cover can be obtained on the Member's behalf from commercial market underwriters. An example is maritime lien insurance which can be purchased by a Member buying second hand ships. This insurance is to indemnify the Member for financial losses incurred by the Member arising directly from a maritime lien claim being made against the ship as a result of disputes and debts which originated prior to the Member taking delivery of the ship and which were beyond the Member's control.

An example is claims made by bunker suppliers against the previous owner for unpaid amounts. This insurance can therefore be particularly valuable if ships are being purchased as a result of the insolvency of the previous owner. A requirement of this insurance is that the Member carries out writ searches in a number of maritime jurisdictions where claims are commonly made. The Association can assist the Member in identifying lawyers who may carry out such writ searches on the Member's behalf and at the Member's expense

TINDALL RILEY (BRITANNIA) LIMITED Regis House, 45 King William Street, London EC4R 9AN
T: +44 (0) 20 7407 3588 | F: +44 (0) 20 7403 3942 | **britanniapandi.com**

Annexe 5

gard
Loss of Hire Cover
Risk solutions covering loss of income following physical damage to a vessel

Providing the widest range of risk solutions

02

In a world of increasing complexity, Gard's objective is to help our Members and clients manage the totality of their exposures – both to existing and developing risks.

As a multi-line insurer – with the strongest rating in the marine market – Gard is uniquely positioned to understand how risks fit together, and identify the best choice of products, ensuring seamless coverage and service.

Innovation has always been a cornerstone of Gard's business model and, over the years, we have refined and extended our standard products and introduced a range of additional products, responding to special needs and requirements from different parts of the marine industry.

The loss of hire cover responds to a shipowner's loss of income following physical damage to a vessel. It includes protection against stranding, physical obstruction of the vessel and the removal of damaged cargo, offering comprehensive support for shipowners.

Further information can be found on our webpage (www.gard.no) under "Covering risks", or from your usual contact.

Scope of cover

03

The loss of hire cover protects the shipowner from a daily loss of income arising from physical damage to the vessel in a wide range of situations.

Loss of income caused by events such as

- Damage to the vessel recoverable from the underlying hull & machinery cover.
- Stranding of the vessel.
- Physical obstruction preventing the vessel from leaving port (excluding ice).
- Salvage or removal of damaged cargo.
- Events giving rise to an allowance in General Average.

Important exclusions

- Actual and constructive total loss.
- Non-physical blocking of a vessel (e.g. by order from authorities).

The cover can be extended to respond to loss of hire as a result of war or war like circumstances, and for non-physical blockage due to intervention by a state power. Detention due to piracy is not covered under this policy, however, Gard has a specific product for these risks.

Limit and deductible

- Limits of cover are offered based on the number of indemnity days multiplied by the daily earnings total at the inception of the policy. This is typically 90, 120, or 180 days.
- Standard minimum deductible of 14 days.

Who can be covered?

- All parties with an insurable interest in the vessel's income, who would be financially prejudiced by the vessel being out of operation.

Case studies

Practical examples where the cover will respond.

Loss of income due to damage to hull

As a chartered dry bulk carrier approached its discharging port in South America, it ran aground and the hull was damaged. A few days later, the vessel was released with the assistance of a tug, but the damage was too severe to continue the voyage. As the vessel was unable to operate, the charterer put it off-hire. The vessel was later towed to a yard where it spent 12 days undergoing repairs. It was off-hire for a total of 30 days, including time lost obtaining tenders, conducting surveys and resuming the voyage.

The Gard solution

Clause 15 of the NYPE charterparty states that lost time due to hull damage which prevents the full working of the vessel would allow the charterer to place it off-hire. In response, subject to the Nordic Marine Insurance Plan, the assured is entitled to compensation for loss of hire. In this case, the vessel was off-hire for 30 days and with a standard deductible of 14 days, the insured was entitled to a compensation for 16 days, based on his assessed daily earnings.

Hire of portable equipment

A fire in the compressor room of a cement carrier severely damaged cargo compressors and electrical equipment. The compressors were taken to a workshop and due to a long wait for spare parts, repairs were estimated to take two to three months. The owners decided to hire portable compressors to continue trading and forwarded loss of hire underwriters a claim for expenses related to their hire and installation.

The Gard solution

This claim resulted in a minor allowance for the cost of repairs. The loss of hire insurer additionally covered a proportion of the hire expenses, but was not liable for more money than was saved by the decision to hire portable equipment rather placing the vessel off-hire.

Delay due to damaged cargo equipment

A bulk carrier was chartered on a time charter party with a daily hire of USD 30,000. The shipowner took out loss of hire insurance for the corresponding amount. While loading at a port in Denmark, the electro-hydraulic motor grabs on one of the onboard cranes broke down. Subsequently, the loading and discharging capacity of the vessel was reduced, impacting daily hire.

The Gard solution

Delay due to damaged cargo equipment is not uncommon. Any breakdown of cranes, cargo pumps or similar equipment prevents the vessel from keeping to its schedule and may result in a reduction in charter hire. When the loss of time exceeds the deductible period, it may be recovered from loss of hire insurers.

The Gard group

05

Lingard Limited
Trott & Duncan Building
17A Brunswick Street
Hamilton HM 10
Bermuda
PO Box HM 3038
Hamilton HM NX
Bermuda

Tel: +1 441 292 6766
Email: companymail@lingard.bm

Gard AS
Kittelsbuktveien 31
NO-4836 Arendal
PO Box 789 Stoa
NO-4809 Arendal
Norway

Tel: +47 37 01 91 00
Email: companymail@gard.no

Gard AS
Skipsbyggerhallen
Solheimsgaten 11
NO-5058 Bergen
Norway

Tel: +47 37 01 91 00
Email: companymail@gard.no

Gard AS
Støperigata 2
Aker Brygge
NO-0250 Oslo
PO Box 1271 Vika
NO-0111 Oslo
Norway

Tel: +47 37 01 91 00
Email: companymail@gard.no

Oy Gard (Baltic) Ab
Bulevardi 46
FIN-00120 Helsinki
Finland

Tel: +358 30 600 3400
Email: gardbaltic@gard.no

Gard (Greece) Ltd
2, A. Papanastassiou Avenue
185 34 Kastella
Piraeus
Greece

Tel: +30 210 413 8752
Email: gard.greece@gard.no

Gard (HK) Limited
Room 3505, 35/F
The Centrium
60 Wyndham Street
Central
Hong Kong

Tel: +852 2901 8688
Email: gardhk@gard.no

Gard (Japan) K.K.
Kawade Building, 5F
1-5-8 Nishi-Shinbashi
Minato-ku
Tokyo 105-0003
Japan

Tel: +81 3 3503 9291
Email: gardjapan@gard.no

Gard (Japan) K.K.
Vogue 406,
3-9-36 Higashimura, Imabari-city,
Ehime 799-1506
Japan

Tel: +81 898 35 3901
Email: gardjapan@gard.no

Gard (Sweden) AB
Västra Hamngatan 5
SE-41117 Gothenburg
Sweden

Tel: +46 31 743 71 30
Email: gardsweden@gard.no

Gard (UK) Limited
85 Gracechurch Street
London EC3V 0AA
United Kingdom

Tel: +44 20 7444 7200
Email: garduk@gard.no

Gard (North America) Inc
40 Fulton Street
New York
NY 10038
USA

Tel: +1 212 425 5100
Email: gardna@gard.no

Annexe 6

SHIPOWNERS

White Chapel Building, 2nd Floor
10 Whitechapel High Street
London
E1 8QS

T +44 207 488 0911
F +44 207 480 5806
W www.shipownersclub.com

THE SHIPOWNERS' P&I CLUB HOSTS MARITIME CYBER SECURITY WEBINAR – RECORDING AVAILABLE

The Shipowners' Club, the leading mutual P&I insurer in the smaller and specialist vessel sector, has chaired its first-ever webinar, on the topic of Maritime Cyber Security.

02 August 2017 – The webinar, held in partnership with Ian Hirst of MAST Security and Steven Jones of Mc Watt and Jones, aimed to outline sources for potential cyber security vulnerabilities and provide guidance to mitigate against the risks.

Louise Hall, Director of Loss Prevention at the Shipowners' Club comments:

"The true extent of shipping's cyber vulnerabilities remains uncertain and a ship owner's readiness for cyber threats is of huge importance to keeping ships safe, secure and operable. It is with this in mind that the Club has opted to host a webinar to assist Members in the mitigation of these risks."

A recording of the webinar is available to view, using the following link and the password Vm53sqaT

https://shipownersprotection.webex.com/shipownersprotection/onstage/playback.php?RCID=57a061b42a80d115bca13306bd764c34

ENDS

Notes for editors

The Shipowners' Club is a mutual marine liability insurer, providing Protection and Indemnity insurance for small and specialist vessels since 1855. The Club is a member of the International Group of P&I Clubs and works with more than 600 brokers globally to insure over 33,000 vessels across a range of operating sections and geographical areas.

Transcript of Q&A

Q. Do you think that the seaworthiness of a ship will soon be questioned if crew are not suitably trained in Cyber awareness?

A. MSC.428 (98) Maritime Cyber Risk Management in Safety Management Systems, affirms that an approved SMS should take into account cyber risk management in line with the objectives of the ISM Code. If a management system is in place all crew must be trained on and understand its content. This therefore would contribute to the overall seaworthiness of the vessel.

Q. Will you address the `be cyber aware at sea` initiative?

A. Not in this presentation, however this is an initiative that the Club fully supports. Details of this can be found on the Club's website, www.shipownersclub.com

The Shipowners' Protection Limited | Registered in England No 02067444 | For and on behalf of
The Shipowners' Mutual Protection and Indemnity Association (Luxembourg)
16, Rue Notre - Dame | L - 2240 Luxembourg | Incorporated in Luxembourg | RC Luxembourg B14228

Q. Why do many insurance companies exclude cyber attacks from their policy?

A. Cyber risks are difficult to quantify. This, together with historical reasons dating back to Y2K, is the primary reason. As for the Club, we are one of the thirteen IG Clubs providing P&I cover. The fundamental features of cover are identical between Clubs. The IG position on cyber is that there is no exclusion other than for paperless trading. Therefore a variety of P&I claims with a cyber element fall within cover. However there are exclusions for war and terror risks. We are happy to answer specific questions individually.

Q. Cl 380 is essential to Hull policies right? Not applied to P&I insurance!

A. CL 380 would ordinarily be included in hull policies. See previous question for the answer on the P&I position.

Q. Are there training courses available for seafarers?

A. Yes, these at present tend to be predominantly bespoke to the individual operators' requirements and can consist of one to one or group based training. For further info we can assist, please contact us.

Q. Ian did mention a sort of simple/basic/beginners questionnaire. Where can I get that?

A. You can Google cyber essentials and you can download the self assessment questionnaire.

Q. Is cyber security more a concern for autonomous vessels?

A. It's a risk like anything else, but it is an emerging technology so it will have its own unique vulnerabilities. This technology would need to be managed with the appropriate skill set. There would also need to be risk assessments conducted before bringing the vessel into action.

Q. In case of absence of CL 380 from the insurance policy, does it mean that all cyber attacks are covered?

A. We can only comment in relation to P&I. Even in the absence of CL 380, there are cyber restrictions on the cover in the Group war risk extension for terrorist acts. For example if a terrorist group took control of a vessel with intent to cause harm.

Q. Can there be any counter Clause to 380 if the vessel is ECDIS Primary? In such condition you don't keep paper charts and if the duplicated ECDIS system is attached vessel can go in danger! I don't think that we will go back to paper charts because of treat.

A. Agreed. Cyber risks are still emerging and the approach of the insurance market will change. In fact, we are actively amending our policy clauses to offer appropriate cyber cover and we will publish these shortly

Q. If a crew member on board had his computer and because of the cyber insecurity he lost his data and computer burned! Also his passwords and codes hacked! Can the crew member claim his losses? Such as bank accounts and computer? I know this is a scenario!

A. There is not a specific exclusion of cover for this scenario. However, we would question whether there was in fact a liability element here (essential for a P&I claim).

The Shipowners' Protection Limited | Registered in England No 02067444 | For and on behalf of
The Shipowners' Mutual Protection and Indemnity Association (Luxembourg)
16, Rue Notre - Dame | L - 2240 Luxembourg | Incorporated in Luxembourg | RC Luxembourg B14228

Q. Some (H&M) markets offer Cl. 380 buy back. Is that the cure?

A. In a limited way. The buyback we are aware of however has serious limitations. At present the so called BioChem extension is limited to $30m and is for crew liability and sue and labour risks only. We are addressing this shortfall in cover.

Q. The Cyber exclusion clause appears in most policies. In turn, a Cyber Insurance policy will conta Propety Damage/Bodily Injury exclusion clauses. So what level of cyber insurance protection can a port operator realistically able to procure these days?

A. As a P&I club this outside our area. However, our understanding is that there is no standard cyber insurance policy available currently. We would advise that you speak to your broker who will no doubt point you in the right direction.

Media Contacts

Samantha Stevenson
Marketing Manager
The Shipowners' Club
T +44 207 423 7103
E samantha.stevenson@shipownersclub.com
W www.shipownersclub.com

The Shipowners' Protection Limited | Registered in England No 02067444 | For and on behalf of
The Shipowners' Mutual Protection and Indemnity Association (Luxembourg)
16, Rue Notre - Dame | L - 2240 Luxembourg | Incorporated in Luxembourg | RC Luxembourg B14228

Annexe 7

Britannia

August 2011

TO ALL MEMBERS

The Britannia Steam Ship Insurance Association Limited

Managers
Tindall Riley (Britannia) Limited
Regis House
45 King William Street
London EC4R 9AN

Tel +44 (0)20 7407 3588
Fax +44 (0)20 7403 3942
www.britanniapandi.com

Dear Sirs

INTER-CLUB NEW YORK PRODUCE EXCHANGE AGREEMENT 1996 (as amended September 2011)

The Inter-Club New York Produce Exchange Agreement (the ICA), which was first formulated and entered into by Clubs in 1970, provides a relatively simple mechanism whereby liability for cargo claims arising under New York Produce Exchange Form (NYPE) or Asbatime charterparties and / or contracts of carriage authorised under such charterparties, can be swiftly and fairly apportioned between Owners and Charterers. The purpose behind the development of the ICA was to avoid costly and protracted litigation.

The ICA, since its inception, has been amended on two occasions. The first in 1984 was to meet one particular shortcoming relating to the time limit for making claims. The second in 1996, whilst not deviating from the fundamental nature of the ICA, was more substantial and was introduced in particular to meet the needs of the container trade. It took the form of re-arranging the text in a more logical way and:

(a) broadened the definition of what constituted a Cargo Claim under the ICA;

(b) included claims arising under through or combined transport bills of lading in certain defined circumstances;

(c) amended the time bar provision to cater for the possibility that the Hamburg Rules might apply to a Cargo Claim.

Following the 1996 amendment, the ICA was renamed the Inter-Club New York Produce Exchange Agreement 1996 (the 1996 Agreement).

Both the ICA and the 1996 Agreement have worked well, been widely adopted by the maritime industry and have achieved their purpose.

However, Members of the International Group of P&I Clubs (the Group), have recently expressed concern about the time and costs associated with dealing with issues of and demands for security as between Owners and Charterers under the 1996 Agreement and it is felt that a greater degree of co-operation between Clubs (in the spirit of the 1996 Agreement), could substantially reduce such costs.

The Britannia Steam Ship Insurance Association Limited Registered Office: Regis House, 45 King William Street, London EC4R 9AN
Registered number 10340 England Authorised and regulated by the Financial Services Authority

Clause (4) (c) of the 1996 Agreement provides:

"(4) Apportionment under this Agreement shall only be applied to Cargo Claims where

(c) the claim has been properly settled or compromised and paid."

The Group has taken the view - which Counsel has confirmed - that this provision makes payment of a Cargo Claim (as defined under clause (3) of the 1996 Agreement) a condition precedent to a right to indemnity. Accordingly, in the absence of payment, no accrued cause of action crystallises and there is therefore no right, prior to payment, for the party sued in respect of a Cargo Claim to require that the other party to the charterparty provide security (which could be sought, for example, by arresting or threatening to arrest a vessel or other property).

The Group believes that this situation is unsatisfactory and has led to unnecessary and costly disputes between Clubs.

The Group has therefore taken a decision to incorporate a new provision into the 1996 Agreement which creates an entitlement to security on the basis of reciprocity once one of the parties to a charterparty has put up security in respect of a Cargo Claim, provided that the time limits set out in clause 6 of the 1996 Agreement have been complied with (the Security Provision).

The amended 1996 Agreement, which has been named "Inter-Club New York Produce Exchange Agreement 1996 (as amended September 2011)" (the 2011 Agreement) is attached in track change and non-track change versions. The track changes record the amendments that have been made to the 1996 Agreement. The Security Provision has been incorporated into the 2011 Agreement as clause 9. As will be seen it has also been necessary to make a number of additional consequential (but not substantive) amendments to the 1996 Agreement.

The 2011 Agreement will take effect from 1st September 2011.

Contractually the 2011 Agreement:

(a) will not, subject to (c) below, apply to charterparties entered into prior to 1/9/11 or to claims arising under such charterparties whether such claims arise before or after 1/9/11.

(b) will apply to charterparties entered into on or after 1/9/11 and to claims arising under such charterparties if the 2011 Agreement is incorporated into such charterparties either by way of:

(i) a specific reference to the "ICA 1996 (as amended September 2011)"; or

(ii) if the charterparty contains a reference to the ICA 1996 'or any amendments thereto' or similar wording

(c) can be incorporated into charterparties entered into before 1/9/11 and to claims arising under such charterparties if the parties to such charterparties agree that it should e.g. by way of an addendum to the charterparty.

Not-withstanding the contractual application of the 2011 Agreement, as set out in the preceeding paragraph, Clubs will nevertheless, in accordance with the second paragraph of the preamble to the 2011 Agreement, recommend to their Members that they apply the 2011 Agreement to all NYPE / Asbatime charterparties and claims arising under such charterparties whenever entered into and whether or not they incorporate the 1996 Agreement or the 2011 Agreement.

The Association recommends that Members incorporate the 2011 Agreement into NYPE and Asbatime charterparties entered into on or after 1/9/11.

All Clubs in the International group of P&I Clubs have issued similar circulars.

Yours faithfully
Tindall Riley (Britannia) Ltd
Managers

This Circular should be placed in the Binder under Section 3. Cargo Documentation.

Inter-Club New York Produce Exchange Agreement 1996 (as amended September 2011)

This Agreement, the Inter-Club New York Produce Exchange Agreement 1996 (as amended September 2011) (the Agreement), made on 1st September 2011 between the P&I Clubs being Members of The International Group of P&I Associations listed below (hereafter referred to as "the Clubs") amends the Inter-Club New York Produce Exchange Agreement 1996 in respect of all charterparties specified in clause (1) hereof and shall continue in force until varied or terminated. Any variation to be effective must be approved in writing by all the Clubs but it is open to any Club to withdraw from the Agreement on giving to all the other Clubs not less than three months' written notice thereof, such withdrawal to take effect at the expiration of that period. After the expiry of such notice the Agreement shall nevertheless continue as between all the Clubs, other than the Club giving such notice who shall remain bound by and be entitled to the benefit of this Agreement in respect of all Cargo Claims arising out of charterparties commenced prior to the expiration of such notice.

The Clubs will recommend to their Members without qualification that their Members adopt this Agreement for the purpose of apportioning liability for claims in respect of cargo which arise under, out of or in connection with all charterparties on the New York Produce Exchange Form 1946 or 1993 or Asbatime Form 1981 (or any subsequent amendment of such Forms), whether or not this Agreement has been incorporated into such charterparties.

Scope of application

1) This Agreement applies to any charterparty which is entered into after the date hereof on the New York Produce Exchange Form 1946 or 1993 or Asbatime Form 1981 (or any subsequent amendment of such Forms).

2) The terms of this Agreement shall apply notwithstanding anything to the contrary in any other provision of the charterparty; in particular the provisions of clause (6) (time bar) shall apply notwithstanding any provision of the charterparty or rule of law to the contrary.

3) For the purposes of this Agreement, Cargo Claim(s) mean claims for loss, damage, shortage (including slackage, ullage or pilferage), overcarriage of or delay to cargo including customs dues or fines in respect of such loss, damage, shortage, overcarriage or delay and include:

(a) any legal costs claimed by the original person making any such claim;

(b) any interest claimed by the original person making any such claim;

(c) all legal, Club correspondents' and experts' costs reasonably incurred in the defence of or in the settlement of the claim made by the original person, but shall not include any costs of whatsoever nature incurred in making a claim under this Agreement or in seeking an indemnity under the charterparty.

4) Apportionment under this Agreement shall only be applied to Cargo Claims where:

(a) the claim was made under a contract of carriage, whatever its form,

(i) which was authorised under the charterparty;

or

(ii) which would have been authorised under the charterparty but for the inclusion in that contract of carriage of Through Transport or Combined Transport provisions, provided that

(iii) in the case of contracts of carriage containing Through Transport or Combined Transport provisions (whether falling within (i) or (ii) above) the loss, damage, shortage, overcarriage or delay occurred after commencement of the loading of the cargo on to the chartered vessel and prior to completion of its discharge from that vessel (the burden of proof being on the Charterer to establish that the loss, damage, shortage, overcarriage or delay did or did not so occur); and

(iv) the contract of carriage (or that part of the transit that comprised carriage on the chartered vessel) incorporated terms no less favourable to the carrier than the Hague or Hague Visby Rules, or, when compulsorily applicable by operation of law to the contract of carriage, the Hamburg Rules or any national law giving effect thereto; and

(b) the cargo responsibility clauses in the charterparty have not been materially amended. A material amendment is one which makes the liability, as between Owners and Charterers, for Cargo Claims clear. In particular, it is agreed solely for the purposes of this Agreement:

(i) that the addition of the words "and responsibility" in clause 8 of the New York Produce Exchange Form 1946 or 1993 or clause 8 of the Asbatime Form 1981, or any similar amendment of the charterparty making the Master responsible for cargo handling, is not a material amendment; and

(ii) that if the words "cargo claims" are added to the second sentence of clause 26 of the New York Produce Exchange Form 1946 or 1993 or clause 25 of the Asbatime Form 1981, apportionment under this Agreement shall not be applied under any circumstances even if the charterparty is made subject to the terms of this Agreement; and

(c) the claim has been properly settled or compromised and paid.

5) This Agreement applies regardless of legal forum or place of arbitration specified in the charterparty and regardless of any incorporation of the Hague, Hague Visby Rules or Hamburg Rules therein.

Time Bar

6) Recovery under this Agreement by an Owner or Charterer shall be deemed to be waived and absolutely barred unless written notification of the Cargo Claim has been given to the other party to the charterparty within 24 months of the date of delivery of the cargo or the date the cargo should have been delivered, save that, where the Hamburg Rules or any national legislation giving effect thereto are compulsorily applicable by operation of law to the contract of carriage or to that part of the transit that comprised carriage on the chartered vessel, the period shall be 36 months. Such notification shall if possible include details of the contract of carriage, the nature of the claim and the amount claimed.

The apportionment

7) The amount of any Cargo Claim to be apportioned under this Agreement shall be the amount in fact borne by the party to the charterparty seeking apportionment, regardless of whether that claim may be or has been apportioned by application of this Agreement to another charterparty.

8) Cargo Claims shall be apportioned as follows:

(a) Claims in fact arising out of unseaworthiness and/or error or fault in navigation or management of the vessel:
100% Owners save where the Owner proves that the unseaworthiness was caused by the loading, stowage, lashing, discharge or other handling of the cargo, in which case the claim shall be apportioned under sub-clause (b).

(b) Claims in fact arising out of the loading, stowage, lashing, discharge, storage or other handling of cargo:
100% Charterers unless the words "and responsibility" are added in clause 8 or there is a similar amendment making the Master responsible for cargo handling in which case:

50% Charterers
50% Owners

save where the Charterer proves that the failure properly to load, stow, lash, discharge or handle the cargo was caused by the unseaworthiness of the vessel in which case:

100% Owners

(c) Subject to (a) and (b) above, claims for shortage or overcarriage:

50% Charterers
50% Owners

unless there is clear and irrefutable evidence that the claim arose out of pilferage or act or neglect by one or the other (including their servants or sub-contractors) in which case that party shall then bear 100% of the claim.

(d) All other cargo claims whatsoever (including claims for delay to cargo):

50% Charterers
50% Owners

unless there is clear and irrefutable evidence that the claim arose out of the act or neglect of the one or the other (including their servants or sub-contractors) in which case that party shall then bear 100% of the claim.

Security

9) If a party to the charterparty provides security to a person making a Cargo Claim, that party shall be entitled upon demand to acceptable security for an equivalent amount in respect of that Cargo Claim from the other party to the charterparty, regardless of whether a right to apportionment between the parties to the charterparty has arisen under this Agreement provided that:

(a) written notification of the Cargo Claim has been given by the party demanding security to the other party to the charterparty within the relevant period specified in clause (6); and

(b)the party demanding such security reciprocates by providing acceptable security for an equivalent amount to the other party to the charterparty in respect of the Cargo Claim if requested to do so.

Governing Law

10) This Agreement shall be subject to English Law and the exclusive Jurisdiction of the English Courts, unless it is incorporated into the charterparty (or the settlement of claims in respect of cargo under the charterparty is made subject to this Agreement), in which case it shall be subject to the law and jurisdiction provisions governing the charterparty.

American Steamship Owners Mutual Protection & Indemnity Association, Inc.
Assuranceforeningen Gard
Gard P&I (Bermuda) Ltd
Assuranceforeningen Skuld
The Britannia Steam Ship Insurance Association Ltd.
The Japan Ship Owners' Mutual Protection and Indemnity Association
The London Steam-Ship Owners' Mutual Insurance Association Ltd.
The North of England Protecting and Indemnity Association Ltd.
The Shipowners' Mutual Protection and indemnity Association (Luxembourg)
Skuld Mutual Protection and Indemnity Association (Bermuda) Ltd.
The Standard Steamship Owners' Protection and Indemnity Association (Asia) Ltd
The Standard Steamship Owners' Protection & Indemnity Association (Bermuda) Ltd.
The Standard Steamship Owners' Protection and Indemnity Association (Europe) Ltd
The Standard Steamship Owners' Protection and Indemnity Association (London) Ltd
The Steamship Mutual Underwriting Association Ltd
The Steamship Mutual Underwriting Association (Bermuda) Ltd.
Sveriges Angfartygs Assurans Forening (The Swedish Club)
The United Kingdom Mutua! Steam Ship Assurance Association (Bermuda) Ltd.
United Kingdom Mutual Steam Ship Assurance Association (Europe) Ltd
The West of England Ship Owners Mutual Insurance Association (Luxembourg)

Inter-Club New York Produce Exchange Agreement 1996 (as amended September 2011)

This Agreement, the Inter-Club New York Produce Exchange Agreement 1996 (as amended September 2011) (the Agreement), made on 1st September 2011 ~~is made on the 1st of September 1996~~ between the P&I Clubs being Members of The International Group of P&I Associations listed below (hereafter referred to as "the Clubs") ~~This agreement~~ amends ~~replaces~~ the Inter-Club New York Produce Exchange Agreement 1996 ~~Inter Club Agreement 1984~~ in respect of all charterparties specified in clause (1) hereof and shall continue in force until varied or terminated. Any variation to be effective must be approved in writing by all the Clubs but it is open to any Club to withdraw from the Agreement on giving to all the other Clubs not less than three months' written notice thereof, such withdrawal to take effect at the expiration of that period. After the expiry of such notice the Agreement shall nevertheless continue as between all the Clubs, other than the Club giving such notice who shall remain bound by and be entitled to the benefit of this Agreement in respect of all Cargo Claims arising out of charterparties commenced prior to the expiration of such notice.

The Clubs will recommend to their Members without qualification that their Members adopt this Agreement for the purpose of apportioning liability for claims in respect of cargo which arise under, out of or in connection with all charterparties on the New York Produce Exchange Form 1946 or 1993 or Asbatime Form 1981 (or any subsequent amendment of such Forms), whether or not this Agreement has been incorporated into such charterparties.

Scope of application

(1) This Agreement applies to any charterparty which is entered into after the date hereof on the New York Produce Exchange Form 1946 or 1993 or Asbatime Form 1981 (or any subsequent amendment of such Forms).

(2) The terms of this Agreement shall apply notwithstanding anything to the contrary in any other provision of the charterparty; in particular the provisions of clause (6) (time bar) shall apply notwithstanding any provision of the charterparty or rule of law to the contrary.

(3) For the purposes of this Agreement, Cargo Claim(s) mean claims for loss, damage, shortage (including slackage, ullage or pilferage), overcarriage of or delay to cargo including customs dues or fines in respect of such loss, damage, shortage, overcarriage or delay and include:

(a) any legal costs claimed by the original person making any such claim;

(b) any interest claimed by the original person making any such claim;

(c) all legal, Club correspondents' and experts' costs reasonably incurred in the defence of or in the settlement of the claim made by the original person, but shall not include any costs of whatsoever nature incurred in making a claim under this Agreement or in seeking an indemnity under the charterparty.

(4) Apportionment under this Agreement shall only be applied to Cargo Claims where:

(a) the claim was made under a contract of carriage, whatever its form,

(i) which was authorised under the charterparty;

or

(ii) which would have been authorised under the charterparty but for the inclusion in that contract of carriage of Through Transport or Combined Transport provisions, provided that

(iii) in the case of contracts of carriage containing Through Transport or Combined Transport provisions (whether falling within (i) or (ii) above) the loss, damage, shortage, overcarriage or delay occurred after commencement of the loading of the cargo on to the chartered vessel and prior to completion of its discharge from that vessel (the burden of proof being on the Charterer to establish that the loss, damage, shortage, overcarriage or delay did or did not so occur); and

(iv) the contract of carriage (or that part of the transit that comprised carriage on the chartered vessel) incorporated terms no less favourable to the carrier than the Hague or Hague Visby Rules, or, when compulsorily applicable by operation of law to the contract of carriage, the Hamburg Rules or any national law giving effect thereto; and

(b) the cargo responsibility clauses in the charterparty have not been materially amended. A material amendment is one which makes the liability, as between Owners and Charterers, for Cargo Claims clear. In particular, it is agreed solely for the purposes of this Agreement:

(i) that the addition of the words "and responsibility" in clause 8 of the New York Produce Exchange Form 1946 or 1993 or clause 8 of the Asbatime Form 1981, or any similar amendment of the charterparty making the Master responsible for cargo handling, is not a material amendment; and

(ii) that if the words "cargo claims" are added to the second sentence of clause 26 of the New York Produce Exchange Form 1946 or 1993 or clause 25 of the Asbatime Form 1981, apportionment under this Agreement shall not be applied under any circumstances even if the charterparty is made subject to the terms of this Agreement; and

(c) the claim has been properly settled or compromised and paid.

(5) This Agreement applies regardless of legal forum or place of arbitration specified in the charterparty and regardless of any incorporation of the Hague, Hague Visby Rules or Hamburg Rules therein.

Time Bar

(6) Recovery under this Agreement by an Owner or Charterer shall be deemed to be waived and absolutely barred unless written notification of the Cargo Claim has been given to the other party to the charterparty within 24 months of the date of delivery of the cargo or the date the cargo should have been delivered, save that, where the Hamburg Rules or any national legislation giving effect thereto are compulsorily applicable by operation of law to the contract of carriage or to that part of the transit that comprised carriage on the chartered vessel, the period shall be 36 months. Such notification shall if possible include details of the contract of carriage, the nature of the claim and the amount claimed.

The apportionment

(7) The amount of any Cargo Claim to be apportioned under this Agreement shall be the amount in fact borne by the party to the charterparty seeking apportionment, regardless of whether that claim may be or has been apportioned by application of this Agreement to another charterparty.

(8) Cargo Claims shall be apportioned as follows:

(a) Claims in fact arising out of unseaworthiness and/or error or fault in navigation or management of the vessel:

100% Owners

save where the Owner proves that the unseaworthiness was caused by the loading, stowage, lashing, discharge or other handling of the cargo, in which case the claim shall be apportioned under sub-clause (b).

(b) Claims in fact arising out of the loading, stowage, lashing, discharge, storage or other handling of cargo:

100% Charterers

unless the words "and responsibility" are added in clause 8 or there is a similar amendment making the Master responsible for cargo handling in which case:

50% Charterers
50% Owners

save where the Charterer proves that the failure properly to load, stow, lash, discharge or handle the cargo was caused by the unseaworthiness of the vessel in which case:

100% Owners

(c) Subject to (a) and (b) above, claims for shortage or overcarriage:

50% Charterers
50% Owners

unless there is clear and irrefutable evidence that the claim arose out of pilferage or act or neglect by one or the other (including their servants or sub-contractors) in which case that party shall then bear 100% of the claim.

(d) All other cargo claims whatsoever (including claims for delay to cargo):

50% Charterers
50% Owners

unless there is clear and irrefutable evidence that the claim arose out of the act or neglect of the one or the other (including their servants or sub-contractors) in which case that party shall then bear 100% of the claim.

Security

(9) If a party to the charterparty provides security to a person making a Cargo Claim, that party shall be entitled upon demand to acceptable security for an equivalent amount in respect of that Cargo Claim from the other party to the charterparty, regardless of whether a right to apportionment between the parties to the charterparty has arisen under this Agreement provided that:

(a) written notification of the Cargo Claim has been given by the party demanding security to the other party to the charterparty within the relevant period specified in clause (6); and

(b) the party demanding such security reciprocates by providing acceptable security for an equivalent amount to the other party to the charterparty in respect of the Cargo Claim if requested to do so.

Governing Law

(10) 9) This Agreement shall be subject to English Law and the exclusive Jurisdiction of the English Courts, unless it is incorporated into the charterparty (or the settlement of claims in respect of cargo under the charterparty is made subject to this Agreement), in which case it shall be subject to the law and jurisdiction provisions governing the charterparty.

American Steamship Owners Mutual Protection & Indemnity Association, Inc.
Assuranceforeningen Gard
Gard P&I (Bermuda) Ltd
Assuranceforeningen Skuld
The Britannia Steam Ship Insurance Association Ltd.
The Japan Ship Owners' Mutual Protection and Indemnity Association
~~Liverpool and London Steamship Protection and Indemnity Association Ltd.~~
The London Steam-Ship Owners' Mutual Insurance Association Ltd.
~~Newcastle Protection and Indemnity Association.~~
The North of England Protecting and Indemnity Association Ltd.
The Shipowners' Mutual Protection and indemnity Association (Luxembourg)
Skuld Mutual Protection and Indemnity Association (Bermuda) Ltd.
~~The Standard Steamship Owners' Protection & Indemnity Association Ltd.~~
The Standard Steamship Owners' Protection and Indemnity Association (Asia) Ltd
The Standard Steamship Owners' Protection & Indemnity Association (Bermuda) Ltd.
The Standard Steamship Owners' Protection and Indemnity Association (Europe) Ltd
The Standard Steamship Owners' Protection and Indemnity Association (London) Ltd
The Steamship Mutual Underwriting Association Ltd
The Steamship Mutual Underwriting Association (Bermuda) Ltd.
Sveriges Angfartygs Assurans Forening (The Swedish Club)
The United Kingdom Mutual Steam Ship Assurance Association (Bermuda) Ltd.
United Kingdom Mutual Steam Ship Assurance Association (Europe) Ltd
The West of England Ship Owners Mutual Insurance Association (Luxembourg)

Annexe 8

TYNE BUILT SHIPS

http://www.tynebuiltships.co.uk/B-Ships/belpamela1928.html

Name:	BELPAMELA
Type:	Cargo Ship
Launched:	10/11/1927
Completed:	02/1928
Builder:	Armstrong, Whitworth & Co Ltd
Yard:	High Walker
Yard Number:	1028
Dimensions:	3215grt, 1869nrt, 329.6 x 49.2 x 21.2ft
Engines:	Oil engine, 2SCSA, 4cyl (23.5 x 41.75ins), 358nhp
Engines by:	Armstrong, Whitworth & Co Ltd
Propulsion:	1 x Screw, 11.0knots
Construction:	Steel
Reg Number:	n/a
History:	
02/1928	Belships Co Ltd Skibs A/s (Christen Smith, manager), Oslo
11/04/1947	Sank
Comments:	11/04/1947: Foundered at 37.44N - 53.03W, 700miles SE Nova Scotia

M.V. BELPAMELA

Annexe 9

tronçons de voie totalisant 978 m, permettant de charger 38 ensembles 141 R + 30 R. Malheureusement, la puissance de leurs mâts de charge n'excédant pas 80 t, obligea à recourir à des grues portuaires ou à des pontons-grues flottants ;

— des navires du type « Bel », de caractéristiques éprouvées, conçus avant guerre par l'armement norvégien Belships Company, et dont l'amirauté britannique s'était inspirée pour en construire un certain nombre disposant notamment de mâts de charge à commande électrique de 120 t, leur conférant une autonomie de manœuvre appréciable. Trois d'entre eux, les Norvégiens Belpamela, Belpareil de 4 500 et 10 250 t et l'Empire Wallace de 10 300 t, battant pavillon britannique, très ballastés, d'une parfaite stabilité, et dont les cales étaient munies de rails et de dispositifs de saisie empêchant par gros temps le désarrimage des cargaisons, participèrent aux navettes, emmenant respectivement 17, 40 et 23 ensembles de locomotives et tenders ;

— des Liberty Ships ou Victory, dont la vitesse de propulsion n'est que de 10 nœuds et ne disposant que d'un grèement au point de vue mâts de charge, limité à 40 t. Nombre d'entre eux, choisis parmi la flottille des « Charbonniers » purent être utilisés pour le transport en pontée de cinq locomotives et tenders reposant sur un épontillage spécial fait de madriers et de rails soudés ;

— des cargos à cales de grande ouverture et à pontée dégagée, appartenant à l'armement danois Reimann. Deux d'entre eux de 7 000 t de port en lourd, les Vedby et Tureby, transportèrent une douzaine de 141 R et tenders, leur chargement étant complété par des marchandises diverses de moindre volume arrimées sur le pont et l'entrepont.

Au port de New York où s'effectua l'embarquement de la grande majorité des machines sortant des usines américaines, le chargement des locomotives se fit par l'intermédiaire d'une grue flottante et d'une grue sur rails pour les tenders. Pour les machines canadiennes, le départ eut lieu des appontements du port de Montréal-Est sur le Saint-Laurent, pendant la période de navigabilité du fleuve.

L'état des ports français et le volume des trafics de toute nature à traiter au lendemain de la guerre, ont sérieusement influencé les modalités de déchargement des 141 R. Plusieurs d'entre eux avaient leurs bassins et moyens de levage hors d'usage. Certains, comme Saint-Nazaire et Dunkerque, ne pouvaient prêter leurs installations, leur accès étant interdit par la présence des champs de mines. C'est, du reste, la raison du détournement sur Anvers de deux navires, au tout début, obligeant les vingt-cinq machines, après déchargement, à transiter par les voies SNCB pour rejoindre la France. D'autres, comme Bordeaux, avaient des voies de raccordement d'un trop faible rayon. En définitive, trois seulement disposant de quais bordant des bassins ayant un tirant d'eau suffisant et des grues permettant de soulever en toute sécurité une masse de 108 t (105 pour la locomotive + 3 t pour la poutre spéciale de levage) furent sélectionnés et abondamment utilisés. Il s'agit de Marseille, Cherbourg et Saint-Nazaire. A Marseille,

Locomotives 141 R, provenant de chez Lima, sur le pont d'un cargo à Weehawken, en 1945. (Lima - collection P.E. Percy - SCC 141 R 420).

on employa la grue flottante Goliath de 150 t, propriété de la Chambre de Commerce, à Saint-Nazaire, les grues fixes d'armement des Chantiers de Penhoët et des Chantiers de la Loire, ayant une force de 150 et 180 t, et à Cherbourg, on eut recours à un ponton-grue de l'armée américaine venant s'intercaler entre le quai et le navire. Malgré l'absence momentanée de moyens de levage puissants, le port du Havre fut lui aussi mis à contribution, mais seulement pour accueillir des bateaux porteurs de mâts de charge, en l'occurrence, les navires type Bel

Dans tous les cas, les locomotives ont été soulevées d'une seule pièce (4) à l'aide d'une poutre spéciale d'équilibrage, dont une extrémité était boulonnée sur le dôme de prise de vapeur correspondant au centre de gravité, et l'autre, fixée par quelques boulons sur une ferrure disposée sur la plaque avant de la porte de boîte à fumée. Quant aux tenders, leur transport s'effectuait après élinguage au travers des bogies et ceinturage.

La première machine déchargée à Marseille, au bassin du Président Wilson, a pris contact avec les rails français, le 17 novembre 1945. Son arrivée donna lieu à une réception officielle à laquelle participèrent entre autres, M. Goursat, directeur général de la SNCF par intérim, le colonel Stoddard représentant le service des chemins de fer de l'armée américaine

(4) La chaudière était solidaire du châssis

31

en Europe et une pléiade de hautes personnalités appartenant aux ministères des Transports et de la Marine marchande, à la Capitainerie du port et à la préfecture. Somptueusement pavoisée, la Mikado 141 R 466 livrée par Baldwin, baptisée comme toute la série « Libération », fut le point de mire de cette cérémonie mémorable, symbolisant la coopération technique franco-américaine. Au 1er mars 1946, 260 locomotives et tenders étaient débarqués ; fin 1946, il y en avait 950 et le 5 septembre 1947, soit moins de deux ans après, 1 323 ensembles étaient arrivés à destination. Malheureusement, 17 machines et 17 tenders, les 141 R et 30 R 1220 à 1235 et 1241 avaient fini le 13 avril 1947 au fond de l'Atlantique Nord, dans le naufrage du s/s norvégien Belpamela, pris dans une violente tempête au large de Terre-Neuve. La rotation de ces transports maritimes spectaculaires durait en moyenne deux mois entre chaque escale en France. Cherbourg s'est placé en tête des ports réceptionnaires avec 793 machines et tenders. Marseille s'inscrivant avec 276, Saint-Nazaire 139 et Le Havre 90. Quatre cent onze groupes avaient été amenés par les Liberty Ships, le reste au moyen de navires spécialisés.

Ci-dessus, réception de la première 141 R à Marseille, le 17 novembre 1945 ; on peut voir M. Goursat alors directeur général de la SNCF donnant des explications au colonel américain Stoddart (AFP).

Ci-dessous : vue générale de la même cérémonie (Manfroid).

AFFECTATION ET MISE EN SERVICE DE LA PREMIERE TRANCHE 1 À 700

L'acheminement des engins vers les dépôts désignés par avance par les Régions, s'effectua par marches spéciales, le plus souvent par trains de machines avec wagons-raccords intercalés. Les locomotives étaient débiellées, possédaient un chapiteau sur leur cheminée pour éviter que l'humidité pénètre dans les tubes à fumée, et avaient leur cabine, dont la prolonge de toit n'était pas fixée, caparaçonnée à l'aide d'un rideau de planches préservant la façade arrière. Un certain nombre d'engins fut dirigé pour montage vers de grands ateliers régionaux, notamment ceux d'Epernay et Bischheim, pour l'Est, Sotteville-Quatre-Mares, pour l'Ouest. Tout au long des itinéraires classiques où elles circulèrent, leur passage aiguisa les curiosités des riverains, même les moins initiés. On n'était plus habitué à voir défiler du matériel flambant neuf et leur aspect imposant et trapu souleva bien des commentaires. Pendant les stationnements dans les dépôts ou au cours des escales dans les triages et grandes gares, les cheminots s'affairaient autour, allant même jusqu'à faire des comparaisons hasardeuses avec les autres types en

Annexe 10

Annexe 11

MÉMORANDUM D'ACCORD ENTRE L'INTERNATIONAL GROUP OF P&I CLUBS, D'UNE PART,

LE FONDS INTERNATIONAL D'INDEMNISATION DE 1992 POUR LES DOMMAGES DUS A LA POLLUTION PAR LES HYDROCARBURES ET LE FONDS COMPLÉMENTAIRE INTERNATIONAL D'INDEMNISATION DE 2003 POUR LES DOMMAGES DUS A LA POLLUTION PAR LES HYDROCARBURES, D'AUTRE PART.

Les membres de l'International Group of P&I Clubs (les "Clubs"), dont la liste des noms et adresses est jointe au présent document, d'une part, le Fonds international d'indemnisation de 1992 pour les dommages dus à la pollution par les hydrocarbures (le "Fonds de 1992") et le Fonds complémentaire international d'indemnisation de 2003 pour les dommages dus à la pollution par les hydrocarbures (le "Fonds complémentaire"), ci-après dénommés ensemble "les Fonds", d'autre part, sont convenus de ce qui suit :

1 Notification des sinistres au Fonds de 1992

Les Clubs informent le Fonds de 1992 de chaque fuite ou rejet d'hydrocarbures qui risque vraisemblablement d'entraîner une demande d'indemnisation contre le Fonds. Les Clubs intéressés et le Fonds de 1992 échangent par la suite des vues concernant l'événement et coopèrent dans le dessein d'éviter, d'éliminer ou de réduire au minimum les dommages par pollution.

2 Mesures de sauvegarde

Les Clubs (conjointement ou séparément, selon le cas) encouragent et invitent chacun de leurs membres à prendre ou à faire en sorte que soient prises sans tarder des mesures de sauvegarde (telles que définies au paragraphe 7 de l'article premier de la Convention de 1992 sur la responsabilité civile) lorsqu'il se produit une fuite ou un rejet d'hydrocarbures provenant de l'un de leurs navires qui menace de causer des dommages par pollution au territoire, y compris la mer territoriale, la zone économique exclusive ou une région visée à l'article 3, paragraphe a) ii) de la Convention de 1992 portant création du Fonds, d'un État contractant à cette dernière Convention, sauf si le propriétaire de navire intéressé n'est pas responsable. Toutefois, les Clubs n'ont pas l'obligation d'encourager ou d'inviter à prendre, de faire en sorte que soient prises de telles mesures de sauvegarde ou de coopérer dans ce sens, lorsque leur coût risque de dépasser la limite de la responsabilité juridique de ce membre ou la couverture maximale pouvant être obtenue auprès d'un Club P&I pour la responsabilité en matière de pollution par les hydrocarbures.

3 Consultations

Les Fonds reconnaissent le rôle primordial des Clubs dans l'examen des demandes d'indemnisation au titre des dommages dus à la pollution par les hydrocarbures formés à l'encontre de leurs membres. Toutefois, les Clubs consultent le Fonds de 1992 au sujet de l'examen des demandes nées des sinistres qui sont, ou risquent vraisemblablement d'être assorties de demandes d'indemnisation adressées à ce Fonds.

4 Traitement des demandes d'indemnisation

A. Le Club intéressé et le Fonds de 1992 se consultent aux fins de décider des procédures les plus appropriées pour le traitement des demandes d'indemnisation, y compris de la nécessité d'ouvrir un Bureau commun des demandes d'indemnisation dans la région touchée par le sinistre.

B. Chaque fois que cela est possible et pratique, le Club intéressé et les Fonds collaborent pour engager les inspecteurs et autres experts nécessaires pour déterminer la responsabilité du propriétaire du navire à l'égard des requérants tiers et évaluer la recevabilité des demandes d'indemnisation conformément aux Conventions de 1992 et au Protocole portant création du Fonds complémentaire, ainsi que le montant recevable desdites demandes, sauf en cas de conflit d'intérêts réels ou potentiels entre le propriétaire du navire/Club et les Fonds. Lorsqu'il est fait appel à des inspecteurs et experts communs,

1 ou lorsque des bureaux communs des demandes d'indemnisation sont ouverts, les dépenses engagées sont réparties au prorata entre le propriétaire du navire en cause et les Fonds en fonction du niveau du plafond de responsabilité de chacun d'eux pour l'événement, y compris les indemnités remboursées au Fonds de 1992 et au Fonds complémentaire aux termes des accords STOPIA 2006 et TOPIA 2006 mentionnés aux clauses 9 et 10.

C. Le Club intéressé et le Fonds de 1992 s'adressent des copies des factures ou autres documents pertinents relatifs aux honoraires et frais engagés en relation avec le recours à des inspecteurs et experts communs, à moins que ces documents n'aient déjà été envoyés à l'autre partie, et les approuvent conjointement avant qu'ils ne soient réglés.

5 Interprétation de l'expression "dommage par pollution"

Les Clubs et les Fonds procèdent à intervalles réguliers à un échange de vues et coopèrent pour tenter d'atténuer et d'éliminer les difficultés qui pourraient se présenter. En particulier, les Clubs et les Fonds procèdent à un échange de vues et se consultent lorsqu'un événement se produit afin de donner la même interprétation à l'expression "dommage par pollution", qui est définie de la même manière dans la Convention de 1992 sur la responsabilité civile, la Convention de 1992 portant création du Fonds et le Protocole portant création du Fonds complémentaire. Les Clubs s'efforcent également de faire en sorte, s'agissant des sinistres relevant de la Convention de 1992 sur la responsabilité civile pour lesquels le Fonds de 1992 n'est pas tenu de payer une indemnisation, de donner la même interprétation à l'expression "dommage par pollution" que si ce Fonds avait été concerné.

6 Paiement rapide des montants de l'indemnisation

Les Clubs et les Fonds coopèrent également en permanence afin de veiller, dans le cadre juridique instauré par la Convention de 1992 sur la responsabilité civile, la Convention de 1992 portant création du Fonds et le Protocole portant création du Fonds complémentaire, à régler les montants de l'indemnisation aussi rapidement que possible.

7 Droits de subrogation

Lorsque, au moment de l'indemnisation, les Fonds acquièrent des droits de subrogation, les Clubs intéressés s'emploient de leur mieux à veiller à ce que l'un quelconque de leurs membres qui a bénéficié d'une telle indemnisation aide pleinement le Fonds à faire valoir de tels droits, sous réserve de l'indemnité habituelle concernant les frais et autres indemnités que les Fonds prennent habituellement à leur charge.

8 Actions récursoires à l'encontre de tiers

A. Toutes décisions quant à la nécessité pour le Club intéressé ou les Fonds d'intenter une action récursoire à l'encontre d'un tiers, ainsi qu'à la conduite d'une quelconque de ces actions, y compris tout règlement à l'amiable, sont laissées à l'entière appréciation de chaque partie.

B. Les parties peuvent se consulter en ce qui concerne toute action récursoire dans laquelle l'une ou l'autre est demanderesse ou susceptible de l'être. Rien, dans le présent Mémorandum, n'empêche les parties de s'entendre sur des transactions relatives à de telles actions jugées appropriées en ce cas particulier, y compris sur les conditions de répartition des coûts que représente le financement de telles actions, ou sur l'affectation des montants recouvrés.

9 STOPIA 2006

A. S'agissant de la mise en œuvre de l'Accord 2006 de remboursement en cas de pollution par des hydrocarbures déversés par des navires-citernes de petites dimensions (STOPIA 2006)[1678], les Clubs prennent les engagements suivants pour la période d'application de cet accord.

B. Les Clubs garantissent une couverture, à des conditions semblables à celles régissant d'autres types de risques de pollution par les hydrocarbures, contre le risque encouru par leurs membres de devoir rembourser le Fonds de 1992 en vertu de l'accord STOPIA 2006, toujours sous réserve que cette couverture soit fournie conformément au règlement du Club concerné au moment de l'évènement.

C. S'agissant des navires visés par l'Accord, la couverture assurée par le Club prévoit l'adhésion automatique au mécanisme STOPIA 2006 du fait de l'adhésion au Club au titre d'une assurance contre les risques de pollution par les hydrocarbures. Toutefois, rien dans la présente clause 9 n'exige que les termes de la couverture garantie par le Club :

a) imposent cette adhésion automatique d'un navire dont le propriétaire s'est expressément déclaré opposé à devenir un propriétaire participant ou s'est précédemment retiré de l'accord STOPIA 2006 ; ou

b) entravent le droit du propriétaire participant à se retirer de l'accord STOPIA 2006 à une date ultérieure ; ou

c) empêchent un navire qui n'est pas adhérent au mécanisme STOPIA 2006 de bénéficier d'une couverture contre les risques de pollution.

[1678] Les termes "Club", "remboursement", "assurance", "assuré", "Fonds de 1992", "navire visé par l'Accord", "navire adhérent", "dommage par pollution", "sinistre"", "hydrocarbures", "propriétaire", "propriétaire participant", "Convention sur la responsabilité civile", "navire" et "Protocole" sont définis à la clause I de l'accord STOPIA

D. a) Chaque Club, par l'intermédiaire du secrétariat de l'International Group, communique tous les six mois au Fonds de 1992 les noms de tous les navires adhérents à chaque Club qui sont des navires adhérents.

b) Chaque Club communique dès que possible au Fonds de 1992 les noms de tous les navires adhérents qui ne figuraient pas dans la dernière communication annuelle faite au Fonds de 1992 en application de la Clause D a) ci-dessus.

c) Chaque Club concerné communique dès que possible au Fonds de 1992 le nom de

1) tout navire visé par l'Accord dont l'adhésion au Club est acceptée au titre d'une assurance contre les risques de pollution par les hydrocarbures sans qu'il soit déjà adhérent ou adhère au mécanisme STOPIA 2006 ; ou

2) tout navire qui a adhéré au mécanisme (que ce soit en tant que navire visé par l'Accord ou en application de la clause III D) de l'accord STOPIA 2006, et qui n'est plus adhérent à cet accord tout en restant assuré par le Club contre ces risques.

E. Lorsque les dommages par pollution sont causés par un événement mettant en cause un navire adhérent, les Clubs conviennent que le Fonds de 1992 peut, en vertu de l'accord STOPIA 2006, introduire directement une demande contre le Club qui assure le navire. Les Clubs se réservent le droit de faire valoir comme moyen de défense que les dommages par pollution étaient dus à une faute intentionnelle de la part du propriétaire participant lui-même, mais ils ne peuvent faire valoir aucun des autres moyens de défense qu'ils auraient pu être en droit d'invoquer dans des poursuites engagées contre eux par le propriétaire participant. En tout état de cause, les Clubs se réservent aussi le droit d'exiger que le propriétaire participant soit joint à la procédure engagée contre le Club concerné. Ce nonobstant, ces poursuites contre les Clubs relèvent des mêmes dispositions de l'accord STOPIA 2006 que celles s'appliquant à une demande introduite contre le propriétaire participant.

F. Lorsque les dommages par pollution sont causés par un événement mettant en cause un navire visé par l'Accord qui n'est pas un navire adhérent au moment de l'événement, les Clubs conviennent que le Fonds de 1992 jouit des mêmes droits à l'encontre du Club assurant le navire à ce moment-là que ceux énoncés dans la clause 9 E ci-dessus, et ce nonobstant, la responsabilité du propriétaire n'est pas engagée en vertu de l'accord STOPIA 2006, à moins que le Fonds de 1992 n'ait été informé auparavant, que ce soit en application de la clause 9 D c) ci-dessus ou d'une autre manière, de la non-adhésion (ou de la cessation d'adhésion) du navire au mécanisme STOPIA 2006.

G. Pour éviter tout doute, il est convenu que la présente clause 9 ne s'applique pas à un navire qui au moment de l'événement n'est pas un navire visé par l'Accord au sens de l'accord STOPIA 2006 et elle ne confère au Fonds de 1992 aucun droit d'action contre un quelconque assureur autre que le Club assurant le navire visé par l'Accord au moment de l'événement.

H. Les Clubs conviennent que les droits d'action directe que confère la présente clause 9 s'appliquent que le navire visé par l'Accord soit ou non tenu en vertu de l'article VII de la Convention sur la responsabilité civile d'être muni d'un certificat d'assurance.

I. Nonobstant la clause XI B) de l'accord STOPIA 2006, les Clubs s'engagent à consulter le Fonds de 1992 bien avant de prendre une quelconque décision s'ils envisagent de dénoncer ou de modifier cet accord, de manière à permettre au Fonds de 1992 de soumettre son point de vue.

10 TOPIA 2006

A. S'agissant de la mise en oeuvre de l'Accord 2006 de remboursement en cas de pollution par des hydrocarbures déversés par des navires-citernes (TOPIA 2006)[1679], les Clubs prennent les engagements suivants pour la période d'application de l'accord TOPIA 2006.

B. Les Clubs garantissent une couverture, à des conditions semblables à celles régissant d'autres types de risques de pollution par les hydrocarbures, contre le risque encouru par leurs membres de devoir rembourser le Fonds complémentaire en vertu de l'accord TOPIA 2006, toujours sous réserve que cette couverture soit fournie conformément au règlement du Club concerné au moment de l'événement.

C. S'agissant des navires visés par l'Accord, la couverture assurée par le Club prévoit l'adhésion automatique au mécanisme TOPIA 2006 du fait de l'adhésion au Club au titre d'une assurance contre les risques de pollution par les hydrocarbures. Toutefois, rien dans la présente clause 10 n'exige que les termes de la couverture garantie par le Club :

a) imposent cette adhésion automatique d'un navire dont le propriétaire s'est expressément déclaré opposé à devenir un propriétaire participant ou s'est précédemment retiré de l'accord TOPIA 2006 ; ou

b) entravent le droit du propriétaire participant à se retirer de l'accord TOPIA 2006 à une date ultérieure ; ou

c) empêchent un navire qui n'est pas adhérent au mécanisme TOPIA 2006 de bénéficier d'une couverture contre les risques de pollution.

D. Chaque Club, par l'intermédiaire du secrétariat de l'International Group, communique dès que possible au Fonds complémentaire le nom de :

a) tout navire visé par l'Accord dont l'adhésion au Club est acceptée au titre d'une assurance contre les risques de pollution par les hydrocarbures sans qu'il soit déjà adhérent ou adhère au mécanisme TOPIA 2006 ; ou

b) tout navire qui a adhéré au mécanisme (que ce soit en tant que navire visé par l'Accord ou en application de la clause III D) de l'accord TOPIA 2006) et qui n'est plus adhérent à cet accord tout en restant assuré par le Club contre ces risques.

E. Lorsque les dommages par pollution sont causés par un événement mettant en cause un navire adhérent, le Fonds complémentaire peut, en vertu de l'accord TOPIA 2006, introduire directement une demande contre le Club qui assure le navire. Les Clubs se réservent le droit de faire valoir comme moyen de défense que les dommages par pollution étaient dus à une faute intentionnelle de la part du propriétaire participant lui-même, mais ils ne peuvent faire valoir aucun des autres moyens de défense qu'ils

[1679] Les termes "Club", "remboursement", "assurance", "assuré", "navire visé par l'Accord", "navire adhérent", "dommages par pollution", "sinistre"", "hydrocarbures", "propriétaire", "propriétaire participant", "Convention sur la responsabilité civile", "navire" et "Fonds complémentaire" sont définis à la clause I de l'accord TOPIA.

auraient pu être en droit d'invoquer dans des poursuites engagées contre eux par le propriétaire participant. En tout état de cause, les Clubs se réservent le droit d'exiger que le propriétaire participant soit joint à la procédure engagée contre le Club concerné. Ce nonobstant, ces poursuites contre les Clubs relèvent des mêmes dispositions de l'accord TOPIA 2006 que celles s'appliquant à une demande introduite contre le propriétaire participant.

F. Lorsque les dommages par pollution sont causés par un événement mettant en cause un navire visé par l'Accord qui n'est pas un navire adhérent au moment de l'événement, les Clubs conviennent que le Fonds complémentaire jouit des mêmes droits à l'encontre du Club assurant le navire à ce moment-là que ceux énoncés à la clause 10 E ci-dessus, et ce nonobstant, la responsabilité du propriétaire n'est pas engagée en vertu de l'accord TOPIA 2006, à moins que le Fonds complémentaire n'ait été informé auparavant, que ce soit en application de la clause 10 D ci-dessus ou d'une autre manière, de la non-adhésion (ou de la cessation d'adhésion) du navire au mécanisme TOPIA 2006.

G. Pour éviter tout doute, il est convenu que la présente clause 10 ne s'applique pas à un navire qui au moment de l'événement n'est pas un navire visé par l'Accord au sens de l'accord TOPIA 2006 et elle ne confère au Fonds complémentaire aucun droit d'action contre un quelconque assureur autre que le Club assurant le navire visé par l'Accord au moment de l'événement.

H. Les droits d'action directe que confère le présent engagement s'appliquent que le navire visé par l'Accord soit ou non tenu en vertu de l'article VII de la Convention sur la responsabilité civile d'être muni d'un certificat d'assurance.

I. Nonobstant la clause XI B) de l'accord TOPIA 2006, les Clubs s'engagent à consulter le Fonds complémentaire bien avant de prendre une quelconque décision s'il envisage de dénoncer ou de modifier l'accord TOPIA 2006, de manière à permettre au Fonds complémentaire de soumettre son point de vue.

11 Droit et juridiction applicables

Toute réclamation ou tout différend portant sur la présente clause est régi par le droit anglais et relève de la juridiction exclusive de la Haute Cour de Justice anglaise.

12 Entrée en vigueur et dénonciation

A. Le présent Mémorandum entrera en vigueur dès qu'il aura été signé au nom de l'International Group of P&I Clubs et des Fonds.

B. L'International Group et les Fonds peuvent mettre fin au présent Mémorandum en donnant à l'autre partie un préavis de six mois par écrit.

Le 19 avril 2006

Pour l'International Group of P&I Clubs (Pour le Fonds international d'indemnisation de 1992 pour les dommages dus à la pollution par les hydrocarbures et le Fonds complémentaire international d'indemnisation de 2003 pour les dommages dus à la pollution par les hydrocarbures)

Le Président

Alistair Groom

Signature :

Pour l'IGP&I Clubs

L'Administrateur

Måns Jacobsson

LISTE DES CLUBS P&I

1. AMERICAN STEAMSHIP OWNERS MUTUAL PROTECTION AND INDEMNITY ASSOCIATION, INC., 60 Broad Street, 37th Floor, New York, NY 10004, États-Unis d'Amérique
2. ASSURANCEFORENINGEN GARD (GJENSIDIG), P.O. Box 1563 Myrene, 4801 Arendal, Norvège
3. ASSURANCEFORENINGEN SKULD (GJENSIDIG), P.O. Box 1376 Vika, N-0114 Oslo, Norvège
4. THE BRITANNIA STEAM SHIP INSURANCE ASSOCIATION LIMITED, New City Court, 20 St. Thomas Street, Londres, SE1 9RR, Angleterre
5. GARD PI (BERMUDA) LIMITED, PO Box HM 665, Hamilton HMCX, Bermudes
6. THE JAPAN SHIP OWNERS' MUTUAL PROTECTION AND INDEMNITY ASSOCIATION, 2-15-14 Nihonbashi – Ningyocho, Chuo-ku, Tokyo 103, Japon
7. THE LONDON STEAM-SHIP OWNERS' MUTUAL LIMITED INSURANCE ASSOCIATION, 50 Leman Street, Londres, E1 8HQ, Angleterre
8. THE NORTH OF ENGLAND PROTECTING AND INDEMNITY ASSOCIATION LIMITED, Quayside, Newcastle-upon-Tyne, NE1 3DU, Angleterre
9. THE SHIPOWNERS' MUTUAL PROTECTION AND INDEMNITY ASSOCIATION (LUXEMBOURG), 99 Grand-Rue, L-1661 Luxembourg
10. SKULD MUTUAL PROTECTION AND INDEMNITY ASSOCIATION (BERMUDA) LIMITED, Clarenden House, Church Street, Hamilton, Bermudes
11. THE STANDARD STEAMSHIP OWNERS' PROTECTION AND INDEMNITY ASSOCIATION (BERMUDA) LIMITED, Dallas Building, 7 Victoria Street, P.O. box HM 1743, Hamilton, Bermudes
12. THE STANDARD STEAMSHIP OWNERS' PROTECTION AND INDEMNITY ASSOCIATION (EUROPE) LIMITED, International House, 1 st. Katharine's Way, Londres E1 9UN, Angleterre
13. THE STANDARD STEAMSHIP OWNERS' PROTECTION AND INDEMNITY ASSOCIATION (LONDON) LIMITED, International House, 1 st. Katharine's Way, Londres E1 9UN, Angleterre

14. THE STEAMSHIP MUTUAL UNDERWRITING ASSOCIATION (BERMUDA) LIMITED, Clarenden House, Church Street West, Hamilton, Bermudes
15. THE STEAMSHIP MUTUAL UNDERWRITING ASSOCIATION LIMITED, Aquatical House, 39 Bell Lane, Londres, E1 7LU, Angleterre
16. SVERIGES ANGFARTYGS ASSURANSFORENING, Gullbergs Strandgata 6, S-0122 Goteborg, Suède
17. THE UNITED KINGDOM MUTUAL STEAM SHIPASSURANCE ASSOCIATION

(BERMUDA) LIMITED, Windsor Place, 18 Queen Street, P.O. Box HM665, Hamilton HMCX, Bermudes ; et

Liste des Clubs P&I, page 1 18) THE WEST OF ENGLAND SHIP OWNERS MUTUAL INSURANCE ASSOCIATION (LUXEMBOURG), 33 Boulevard Prince Henri, Luxembourg.

Annexe 12

SCOPIC 2014

SCOPIC CLAUSE

1. **General**
This SCOPIC clause is supplementary to any Lloyd's Form Salvage Agreement "No Cure - No Pay" ("Main Agreement") which incorporates the provisions of Article 14 of the International Convention on Salvage 1989 ("Article 14"). The definitions in the Main Agreement are incorporated into this SCOPIC clause. If the SCOPIC clause is inconsistent with any provisions of the Main Agreement or inconsistent with the law applicable hereto, the SCOPIC clause, once invoked under sub-clause 2 hereof, shall override such other provisions to the extent necessary to give business efficacy to the agreement. Subject to the provisions of sub-clause 4 hereof, the method of assessing Special Compensation under Convention Article 14(1) to 14(4) inclusive shall be substituted by the method of assessment set out hereinafter. If this SCOPIC clause has been incorporated into the Main Agreement the Contractor may make no claim pursuant to Article 14 except in the circumstances described in sub-clause 4 hereof. For the purposes of liens and time limits the services hereunder will be treated in the same manner as salvage.

2. **Invoking the SCOPIC Clause**
The Contractor shall have the option to invoke by written notice to the owners of the vessel the SCOPIC clause set out hereafter at any time of his choosing regardless of the circumstances and, in particular, regardless of whether or not there is a "threat of damage to the environment". The assessment of SCOPIC remuneration shall commence from the time the written notice is given to the owners of the vessel and services rendered before the said written notice shall not be remunerated under this SCOPIC clause at all but in accordance with Convention Article 13 as incorporated into the Main Agreement ("Article 13").

3. **Security for SCOPIC Remuneration**
   - (i) The owners of the vessel shall provide to the Contractor within 2 working days (excluding Saturdays and Sundays and holidays usually observed at Lloyd's) after receiving written notice from the contractor invoking the SCOPIC clause, a bank guarantee or P&I Club letter (hereinafter called "the Initial Security") in a form reasonably satisfactory to the Contractor providing security for his claim for SCOPIC remuneration in the sum of US$3 million, inclusive of interest and costs.
   - (ii) If, at any time after the provision of the Initial Security the owners of the vessel reasonably assess the SCOPIC remuneration plus interest and costs due hereunder to be less than the security in place, the owners of the vessel shall be entitled to require the Contractor to reduce the security to a reasonable sum and the Contractor shall be obliged to do so once a reasonable sum has been agreed.
   - (iii) If at any time after the provision of the Initial Security the Contractor reasonably assesses the SCOPIC remuneration plus interest and costs due hereunder to be greater than the security in place, the Contractor shall be entitled to require the owners of the vessel to increase the security to a reasonable sum and the owners of the vessel shall be obliged to do so once a reasonable sum has been agreed.
   - (iv) In the absence of agreement, any dispute concerning the proposed Guarantor, the form of the security or the amount of any reduction or increase in the security in place shall be resolved by the Arbitrator.

4. **Withdrawal**
If the owners of the vessel do not provide the Initial Security within the said 2 working days, the Contractor, at his option, and on giving notice to the owners of the vessel, shall be entitled to withdraw from all the provisions of the SCOPIC clause and revert to his rights under the Main Agreement including Article 14 which shall apply as if the SCOPIC clause had not existed. PROVIDED THAT this right of withdrawal may only be exercised if, at the time of giving the said notice of withdrawal the owners of the vessel have still not provided the Initial Security or any alternative security which the owners of the vessel and the Contractor may agree will be sufficient.

5. **Tariff Rates**
   - (i) SCOPIC remuneration shall mean the total of the tariff rates of personnel; tugs and other craft; portable salvage equipment; out of pocket expenses; and bonus due.
   - (ii) SCOPIC remuneration in respect of all personnel; tugs and other craft; and portable salvage equipment shall be assessed on a time and materials basis in accordance with the Tariff set out in Appendix "A". This tariff will apply until reviewed and amended by the SCOPIC Committee in accordance with Appendix B(1)(b). The tariff rates which will be used to calculate SCOPIC remuneration are those in force at the time the salvage services take place.
   - (iii) "Out of pocket" expenses shall mean all those monies reasonably paid by or for and on behalf of the Contractor to any third party and in particular includes the hire of men, tugs, other craft and equipment used and other expenses reasonably necessary for the operation. They will be agreed at cost, PROVIDED THAT:
     - (a) If the expenses relate to the hire of men, tugs, other craft and equipment from another ISU member or their affiliate(s), the amount due will be calculated on the tariff rates set out in Appendix "A" regardless of the actual cost.
     - (b) If men, tugs, other craft and equipment are hired from any party who is not an ISU member and the hire rate is greater than the tariff rates referred to in Appendix "A" the actual cost will be allowed in full, subject to the Special Casualty Representative ("SCR") being satisfied that in the particular circumstances of the case, it was reasonable for the Contractor to hire such items at that cost. If an SCR is not appointed or if there is a dispute, then the Arbitrator shall decide whether the expense was reasonable in all in the circumstances.
     - (c) Any out of pocket expense incurred during the course of the service in a currency other than US dollars shall for the purpose of the SCOPIC clause be converted to US dollars at the rate prevailing at the termination of the services.
   - (iv) In addition to the rates set out above and any out of pocket expenses, the Contractor shall be entitled to a standard bonus of 25% of those rates except that if the out of pocket expenses described in sub-paragraph 5(iii)(b) exceed the applicable tariff rates in Appendix "A" the Contractor shall be entitled to a bonus such that he shall receive in total
     - (a) The actual cost of such men, tugs, other craft and equipment plus 10% of the cost, or
     - (b) The tariff rate for such men, tugs, other craft and equipment plus 25% of the tariff rate whichever is the greater.

6. **Article 13 Award**
   - (i) The salvage services under the Main Agreement shall continue to be assessed in accordance with Article 13, even if the Contractor has invoked the SCOPIC clause. SCOPIC remuneration as assessed under sub-clause 5 above will be payable only by the owners of the vessel and only to the extent that it exceeds the total Article 13 Award (or, if none, any potential Article 13 Award) payable by all salved interests (including cargo, bunkers, lubricating oil and stores) before currency adjustment and before interest and costs even if the Article 13 Award or any part of it is not recovered.
   - (ii) In the event of the Article 13 Award or settlement being in a currency other than United States dollars it shall, for the purposes of the SCOPIC clause, be exchanged at the rate of exchange prevailing at the termination of the services under the Main Agreement.

1.8.1999
1.9.2000
1.1.2005
1.7.2007
1.1.2011
1.1.2014

(iii) The salvage Award under Article 13 shall not be diminished by reason of the exception to the principle of "No Cure - No Pay" in the form of SCOPIC remuneration.

7. **Discount**
If the SCOPIC clause is invoked under sub-clause 2 hereof and the Article 13 Award or settlement (before currency adjustment and before interest and costs) under the Main Agreement is greater than the assessed SCOPIC remuneration then, notwithstanding the actual date on which the SCOPIC remuneration provisions were invoked, the said Article 13 Award or settlement shall be discounted by 25% of the difference between the said Article 13 Award or settlement and the amount of SCOPIC remuneration that would have been assessed had the SCOPIC remuneration provisions been invoked on the first day of the services.

8. **Payment of SCOPIC Remuneration**
(i) The date for payment of any SCOPIC remuneration which may be due hereunder will vary according to the circumstances.
(a) If there is no potential salvage award within the meaning of Article 13 as incorporated into the Main Agreement then, subject to Appendix B(5)(c)(iv), the undisputed amount of SCOPIC remuneration due hereunder will be paid by the owners of the vessel within 1 month of the presentation of the claim. Interest on sums due will accrue from the date of termination of the services until the date of payment at the US prime rate plus 1%.
(b) If there is a claim for an Article 13 salvage award as well as a claim for SCOPIC remuneration, subject to Appendix B(5)(c)(iv), 75% of the amount by which the assessed SCOPIC remuneration exceeds the total Article 13 security demanded from ship and cargo will be paid by the owners of the vessel within 1 month and any undisputed balance paid when the Article 13 salvage award has been assessed and falls due. Interest will accrue from the date of termination of the services until the date of payment at the US prime rate plus 1%.
(ii) The Contractor hereby agrees to give an indemnity in a form acceptable to the owners of the vessel in respect of any overpayment in the event that the SCOPIC remuneration due ultimately proves to be less than the sum paid on account.

9. **Termination**
(i) The Contractor shall be entitled to terminate the services under the SCOPIC clause and the Main Agreement by written notice to owners of the vessel with a copy to the SCR (if any) and any Special Representative appointed if the total cost of his services to date and the services that will be needed to fulfil his obligations hereunder to the property (calculated by means of the tariff rate but before the bonus conferred by sub-clause 5(iii) hereof) will exceed the sum of:
(a) The value of the property capable of being salved; and
(b) All sums to which he will be entitled as SCOPIC remuneration
(ii) The owners of the vessel may at any time terminate the obligation to pay SCOPIC remuneration after the SCOPIC clause has been invoked under sub-clause 2 hereof provided that the Contractor shall be entitled to at least 5 clear days' notice of such termination. In the event of such termination the assessment of SCOPIC remuneration shall take into account all monies due under the tariff rates set out in Appendix A hereof including time for demobilisation to the extent that such time did reasonably exceed the 5 days' notice of termination.
(iii) The termination provisions contained in sub-clause 9(i) and 9(ii) above shall only apply if the Contractor is not restrained from demobilising his equipment by Government, Local or PortAuthorities or any other officially recognised body having jurisdiction over the area where the services are being rendered.

10. **Duties of Contractor**
The duties and liabilities of the Contractor shall remain the same as under the Main Agreement, namely to use his best endeavours to salve the vessel and property thereon and in so doing to prevent or minimise damage to the environment.

11. **Article 18 – 1989 Salvage Convention**
The Contractor may be deprived of the whole or part of the payment due under the SCOPIC clause to the extent that the salvage operations thereunder have become necessary or more difficult or more prolonged or the salved fund has been reduced or extinguished because of fault or neglect on its part or if the Contractor has been guilty of fraud or other dishonest conduct.

12. **Special Casualty Representative ("SCR")**
Once this SCOPIC clause has been invoked in accordance with sub-clause 2 hereof the owners of the vessel may at their sole option appoint an SCR to attend the salvage operation in accordance with the terms and conditions set out in Appendix B. Any SCR so appointed shall not be called upon by any of the parties hereto to give evidence relating to non-salvage issues.

13. **Special Representatives**
At any time after the SCOPIC clause has been invoked the Hull and Machinery underwriter (or, if more than one, the lead underwriter) and one owner or underwriter of all or part of any cargo on board the vessel may each appoint one special representative (hereinafter called respectively the "Special Hull Representative" and the "Special Cargo Representative" and collectively called the "Special Representatives") at the sole expense of the appointor to attend the casualty to observe and report upon the salvage operation on the terms and conditions set out in Appendix C hereof. Such Special Representatives shall be technical men and not practising lawyers.

14. **Pollution Prevention**
The assessment of SCOPIC remuneration shall include the prevention of pollution as well as the removal of pollution in the immediate vicinity of the vessel insofar as this is necessary for the proper execution of the salvage but not otherwise.

15. **General Average**
SCOPIC remuneration shall not be a General Average expense to the extent that it exceeds the Article 13 Award; any liability to pay such SCOPIC remuneration shall be that of the Shipowner alone and no claim whether direct, indirect, by way of indemnity or recourse or otherwise relating to SCOPIC remuneration in excess of the Article 13 Award shall be made in General Average or under the vessel's Hull and Machinery Policy by the owners of the vessel.

16. Any dispute arising out of this SCOPIC clause or the operations thereunder shall be referred to Arbitration as provided for under the Main Agreement.

Annexe 13

BMCE BANK

Département Etranger

21 NOV 2011

GARANTIE DE PAIEMENT

780001408123
A
TANGER MED PORT AUTHORITY (TMPA) et/ou leurs assureurs dument subroges
Siege Social:
23, Rue Carnot
3ème étage 90000 Tanger

C/F **'CIUDAD DE MALAGA'** à Tanger Med, le 27/10/2011
Présomption de dommages au Duc d'Albe (Défense, échelle et pieux) du port roulier et passager à Tanger Med.

Nous soussignés, BANQUE MAROCAINE DU COMMERCE EXTERIEUR, agissant d'ordre et pour compte de ING BANK N.V., LONDON BRANCH, agissant elle-même pour le compte de ''**THE BRITANNIA STEAM SHIP INSURANCE ASSOCIATION LIMITED**'' remettant à **TANGER MED PORT AUTHORITY (TMPA) et/ou leurs assureurs dument subroges, Siege Social : 23, Rue Carnot 3ème étage 90000 Tanger** la présente caution pour la somme de **MAD 1.000.000 (UN MILLION DE DIRHAMS MAROCAINS)**.
En contrepartie de votre engagement à ne pas saisir ou détenir le navire ci-dessus mentionné ou tout autre navire ou tout bien du même propriétaire ou géré par celui-ci en relation avec l'incident ci-dessus visé et que vous ne lanciez pas d'action ou un arbitrage autre que par devant la juridiction compétente contre l'armateur du navire ci-dessus mentionné ses préposés ou agents en relation avec l'incident dont il s'agit, nous nous engageons par la présente à vous payer les sommes qui seraient considérées comme dues à vous-mêmes par une décision judiciaire définitives émanant de la juridiction marocaine compétente contre l'armateur du navire ci-dessus mentionné, aprés épuisement de toutes voies de recours, ou qui pourraient être acceptées dans un accord amiable signé entre les parties comme étant dues à vous-mêmes à la condition que le total des sommes dues ne vienne pas excéder **MAD 1.000.000 (UN MILLION DE DIRHAMS MAROCAINS)** intérêts et frais compris.
Cette garantie sera régie et interprétée sous l'égide du Droit Marocain.

BANQUE MAROCAINE DU COMMERCE EXTERIEUR

S. HAZZAMI R. KANCHE

BIBLIOGRAPHIE

OUVRAGES

Ouvrages Généraux

- BARTHEZ Anne-Sophie et HOUTCIEFF Dimitri, « *Les sûretés personnelles* », LGDJ, Lextenso éditions 2010
- BENABENT Alain, « *La chance et le droit* », LGDJ, Paris 1973
- BENABENT Alain, « *Droit civil - Les obligations* », Montchrestien, Paris, 10e éd., 2005
- BLOCH Cyril, « *La notion de préjudice* », in « *Droit de la responsabilité et des contrats, régimes d'indemnisation* ». Dalloz 11e éd. 2017
- BORÉ Louis, « *La défense des intérêts collectifs par les associations devant les juridictions administratives et judiciaires* », L.G.D.J 1997
- BOUMAN F. J. A., « *Indigenous savings and credit societies in the world, a message/ un enseignement : Les sociétés indigènes d'épargne et de crédit* », in « *Savings and Development"* vol.1 n°4, 1977
- BOURASSIN Manuella, BREMOND Vincent Juriste, JOBARD-BACHELLIER Marie-Noëlle, « *Droit des sûretés* », 4e éd. 2014
- CABALLERO Francis, « *Essai sur la notion juridique de nuisance* », Préface RIVERO J, LGDJ 1981
- CABRILLAC Michel, MOULY Christian, CABRILLAC Séverine, PETEL Philip « *Droit des sûretés* », Lexisnexis, 10e éd., 2015
- CADIET Loïc et CLAY Thomas, « *Les modes alternatifs de règlements des conflits* », 2e éd. Dalloz, 2017
- CHALAS Christelle, « *L'exercice discrétionnaire de la compétence juridictionnelle en droit international privé* », tome 1, Presses Universitaires d'Aix-Marseille, 2000
- CHEVILLARD, *Manuel des arbitres ou Traité des principales connaissances nécessaires pour juger les affaires soumises aux décisions arbitrales, soit en matières civiles ou commerciales*, Librairie Arthus Bertrand, Paris 1829
- COUDIER-CUISINIER Anne-Sylvie, « *Le solidarisme contractuel* », éd. Litec, vol.27, 2006
- DARMAISIN Stéphane, « *Le contrat moral* », LGDJ, vol.1, 2000
- DEMOSTHENE, « *Plaidoyer contre Lacritos* », in Plaidoyers civils, tome 1 (Discours XXVII-XXXVIII), Paris 1954 (Texte établi et traduit par Louis GERNET)
- De JOUVENEL, « *Arcadie, Essais sur le mieux vivre* », Paris, éd. SEDEIS 1968
- FOUCHARD Philippe, GAILLARD Emmanuel, GOLDMAN Berthold « *Traité d'arbitrage commercial international* », éd. Litec, 1996
- GEORGES Pierre, « *l'environnement* », Que sais-je, P.U.F 1971
- GIROD Patrick, « *la réparation du dommage écologique* », Librairie générale de droit et de jurisprudence, 1974
- GIUDICELLI André, « *La responsabilité en droit privé* », in Droits de la responsabilité et des contrats. Régimes d'indemnisation 10e Dalloz 2014, dirigé par LE TOURNEAU Philippe, Dalloz 2014
- GROUTEL Hubert, LEDUC Fabrice, PIERRE Philippe et ASSELAIN Maud, « *Traité du contrat d'assurance terrestre* », LexisNexis 2008
- HENRY Alain, TCHIENTE Guy-Honoré & GUILLERME-DIEUMEGARD Philippe, « *Tontines et banques au Cameroun : les principes de la société des amis* », 1991, éd. Paris Karthala, vol.1

- HOPQUIN Benoît, « *Préjudice écologique* », Revue Juridique de l'Environnement vol.40, n°4, 2015, pp.600-602
- JABBOUR Rita, « *La bonne foi dans l'exécution du contrat* », LGDJ, 2016
- Le Lamy Droit des sûretés 2019, éd. Wolters Kluwer
- Le Lamy transport tome 2, 2018, éd., Wolters Kluwer
- LUREAU Pierre, « *L'assurance des risques maritimes de guerre et les polices françaises* », Librairie générale de droit et de jurisprudence 1941
- MATEJ David & GOLLASH Stephan, "*Global maritime transport and ballast water management: issues and solution*", Springer ed., 2015
- MAZEAUD Henri et Léon, et TUNC André « *Traité théorique et pratique de la responsabilité civile délictuelle et contractuelle* », tome 1er 6e éd. 1965
- OPPETIT Bruno, « *théorie de l'arbitrage* », PUF, 1998
- PONS Bernard, « *Contrat de transaction solutions transactionnelles* », Dalloz 2014/2015
- RACINE Jean-Baptiste, « *Droit de l'arbitrage* », PUF 2016
- REMOND-GOUILLOUD Martine, « *Du droit de détruire* », PUF Les voies du droit, 1989
- RIGAUD Barbara, « *La responsabilité civile et pénale de l'employeur du fait de ses salariés* », Dalloz Tourisme et droit, 2000
- RIPERT Georges, « *La règle morale dans les obligations civiles* », 4e éd., LGDJ, 1949
- SIMLER Philippe, « *Cautionnement garanties autonomes garanties indemnitaires* », 5e éd., 2015, LexisNexis
- SMETS Henri, « *Genèse du droit de l'environnement, fondements et enjeux internationaux* », vol.1, dirigé par CORNU Marie. Collection du patrimoine culturel et naturel, éd. L'Harmatan, 2001
- STARCK Boris, ROLAND Henri, ROYER Laurent, « *Obligations, 1. Responsabilité délictuelle* », 5e éd., Litec 1996
- VINEY Geneviève, « *Les obligations. La responsabilité. Conditions* », in Traité de droit civil, vol.4, sous la direction de GHESTIN Jacques, L.G.D.J 1982

Assurances, Responsabilité et Indemnisation

- AMOURI Badreddine, « *L'action directe contre les clubs de protection et d'indemnité* », Presses Universitaires d'Aix-Marseille, 2019.
- BEIGNIER Bernard, « *Droit des assurances* », Monchrestien-Lextenso éditions, 2011
- BEIGNIER Bernard & BEN HADJ YAHIA Sonia « *Droit des assurances* », 3e éd., LGDJ 2018
- BONNAND Jérôme, « *Droit des assurances* », 5e éd., LexisNexis 2016
- CHAGNY Muriel & PERDRIX Louis, « *Droit des assurances* », 3e éd., LGDJ, 2014
- CLARKE Malcom & SOYER Baris, "*The Insurance Act, A NEW Regime for Commercial and Marine Insurance Law*", 1st ed., 2017.
- DE SADELEER Nicolas, « *Les principes du pollueur-payeur, de prévention et de précaution. Essai sur la genèse et la portée juridique de quelques principes du droit de l'environnement* », Bruylant Bruxelles, 1999
- GARRIGUES Joaquín, "*Contrato de seguro terrestre*", Madrid, 1973
- LAFOND P-C, « *Le recours collectif québécois et le juge québécois : de l'inquiétude à la sérénité* », in Les class actions devant le juge français : rêve ou cauchemar, Colloque du 18 novembre 2004, LPA n°115 du 10 juin 2005, p.11

- LAMBERT-FAIVRE Yvonne & LEVENEUR Laurent, « *Droit des assurances* », 13e éd., Dalloz, 2011
- LAMBERT-FAIVRE Yvonne et PORCHY-SIMON Stéphanie, « *Droit du dommage corporel systèmes d'indemnisation* ». Dalloz 8e éd., 2015
- LYDE Barlow & GILBERT LLP, "*Reinsurance, Practice and the Law*". London, 2009
- Le Lamy assurances, 2019, éd. Wolters Kluwer
- OSANTE José Manuel « *El seguro de responsabilidad civil empresarial* », ed. Marcel Pons, 2018.
- PIQUEMAL Alain, « *L'indemnisation des dommages écologiques par le système international d'indemnisation du FIPOL* », Annuaire Espaces et Ressources Maritimes, Paris Pedone, 2001
- RHIDIAN Thomas, "*The modern Law of Marine Insurance*", 1996
- TERCIER Pierre, « *L'indemnisation des préjudices causés par des catastrophes en droit suisse* », in Rapports et communications, procès-verbal de la 124e assemblée annuelle à Brunnen (5-7 octobre 1990), Société suisse des juristes, éd. Helbing & Lichtenhahn Verlag AG Basel, 1991
- VEIGA COPO Abel B., "*Tratado del contracto de seguro*", tomo 1, 3a ed., 2014
- VINEY Geneviève & JOURDAIN Patrice, « *Traité de droit civil* : *Les conditions de la responsabilité* », 3e éd., 2006, L.G.D.J

Ouvrages de Droit Maritime

- AMBROSE Clare & MAXWELL Karen, "L*ondon maritime arbitration*", 2nd ed., LLP 2002
- BEURIER Jean-Pierre (dir.), « *Droits maritimes* », collection Dalloz Action, 2015-2016 (Edition 2020-2021 à paraître en juin 2020).
- BOISSON Philippe, « *Politiques et droit de la sécurité maritime* », Bureau Veritas, Paris 1998
- BONASSIES Pierre & SCAPEL Christian, « *Droit maritime* », 2e éd., 2010, LGDJ-Monchrestien
- BONASSIES Pierre et SCAPEL Christian, « *Droit maritime* », 3e éd., LGDJ-Lextenso éditions, 2016
- BOURBONNAIS-JAQUARD Ingrid, « *L'abordage maritime* », PUAM (Presses Universitaires d'Aix-Marseille), 2013
- Core Advokatfirma & CEFOR, "*Maritime Autonomous Surface Ship, zooming in on civil liability and insurance*", December 2018
- DANJON Daniel, « *Traité de Droit maritime* », tome 5e, éd. Librairie générale de droit et de jurisprudence, 1915-1916
- DELEBECQUE Philippe, « Droit maritime », 14e éd., Dalloz, 2020
- EMERIGON Balthazard-Marie, « *Traité des assurances et contrats à la grosse* », tome 1, 1783
- Le BAYON Alain, « *Dictionnaire de droit maritime* », Collection Didact Droit, Presse Universitaire de Rennes, 2004
- NAVAS GARATEA Maximiliano "La navegabilidad del buque en el Derecho marítimo internacional", ed. Julio 2003
- OSANTE José Manuel, *"La responsabilidad civil del naviero por abordaje"*, ed. Servicio Central de Publicaciones del Gobierno Vasco, 1 febrero 2001
- PARDESSUS Jean-Marie, « *Collections des Lois maritimes antérieures au XVIIIe siècle, dédiées Roi* », tome 1er, 1828

- REATZ Charles Ferdinand, « *Ordonnances du duc d'Albe sur les assurances maritimes de 1569, 1570, 1571 avec un précis de l'histoire du droit maritime d'assurance maritime dans les Pays-Bas* », in Compte rendu des séances de la commission royale d'histoire. Deuxième série, tome 5, 1878
- REMOND-GOUILLOD Martine, « *Droit Maritime* », Pedone, 2e éd., A. Pedone, 1993
- RODIERE René, « *Traité général de Droit Maritime : affrètements et transports* » Tome II : Transports maritimes et affrètements, Dalloz, 1968
- RODIERE René, « *Droit maritime* : *Assurances maritimes* », Dalloz 1983
- RODIERE René & DU PONTAVICE Emmanuel, « *Droit maritime* » Précis Dalloz, 11e éd.
- TETLEY William, "*International maritime and admiralty law*", ed. Yvon Blais Inc., 2002
- VIALARD Antoine, « *Droit maritime* », Presses Universitaires de France, 1997
- WILHELMSEN Trine-Les & BULL Hans Jacob "*Handbook on hull insurance*", Gyldendal juridisk Edition, 2nd ed. 2017
- WU Chao, « *La pollution du fait du transport maritime des hydrocarbures – Responsabilité et indemnisation des dommages* », éd. PEDONNE 1994

Ouvrages Spéciaux

- BENNETT Paul, "*Mutual Risk: P&I insurance Clubs & Marine Safety & Environment Performance*", Marine Policy 25, 2001
- CLAVERO TERNERO Manuel, "*Clubs de P&I*", IEEM Madrid, 1992
- GOLD Edgar, "*Gard Handbook on P&I Insurance*", 5th ed., 2002
- HAZELWOOD Steven J., "*P&I Clubs Laws and Practice*" 3rd ed., 2000
- HAZELWOOD Steven J. & SEMARK David, "*P&I Clubs Law and Practice*", 4th ed., 2010
- HILLS Prados Concepción, "*Los Clubs de Protección e Indemnización en el campo del seguro marítimo*". JM BOSCH ed., 1992
- MARCHIAFAVA Giovanni, "*La natura giuridica dei Protecting & Indemnity Clubs inglesi*", Jovene editore, Napoli 2013
- NEPIA, "*Celebrating one hundred and fifty years of the North of England Protecting & Indemnity Association*"

DICTIONNAIRES ET LEXIQUES

- DICTIONNAIRE Anglais-Français et Français-Anglais des termes et locutions maritimes – marine marchande – édition abrégée établie d'après le Dictionnaire de Paasch « *De la quille à la pomme du mât* » et mise à jour. Éditions maritimes et d'outre-mer 17, rue Jacob – Paris 6e 1964
- Le LAROUSSE
- Le PETIT LAROUSSE 2001
- OXFORD
- Lexique des termes juridiques, Dalloz 16e éd., 2007 sous la direction de GUINCHARD Serge et MONTAGNIER Gabriel

CONTRIBUTIONS DANS DES OUVRAGES COLLECTIFS

- BAATS Yvonne, "*The impact of the EC Conventions and Directives on governing Law and Jurisdiction in marine insurance and reinsurance contracts*", in The modern Law of marine insurance, edited by RHIDIAN Thomas, in memory of Professor J. J. CADWALLADER. LLP 1996, p.346
- BART Jean, « *La Lex Mercatoria au Moyen Âge : mythe ou réalité ?* », in *Souveraineté étatique et marchés internationaux à la fin du 20e siècle, à propos de 30 ans de recherche du CREDIMI*, Mélanges en l'honneur de Philippe KAHN, année 2000, vol.20
- BELOT Frédéric « *Les demandes d'Anti-Suit Injunctions dirigées contre les procédures arbitrales* », in *le juge et l'arbitrage : actes du colloque* sous la direction de BOSTANJI Sami, HORCHANI Ferhat et MANCIAUX Sébastien, éd. A. Pedone, 2014
- BENABENT Alain, « *La bonne foi* », in *Travaux de l'Association Henri CAPITANT*, Journées louisianaises, tome XLIII, 1992
- BEURIER Jean-Pierre, « *La protection de l'environnement marin* », in *Droits maritimes* 3e éd., sous la direction de Jean-Pierre BEURIER, Dalloz 2015-2016, p.1664, §1 n°814.11
- CADIET Loïc, « *les enjeux du contrat et du procès : esquisse* », in *Philosophie du droit et droit économique*, Mélanges G. FARJAT, éd. FRISON-ROCHE, 1999 p.30
- CLAY Thomas, « *Le nouveau droit de l'arbitrage français* », ouvrage issu du coloque sur le « Décret du 13 janvier 2011 portant réforme de l'arbitrage », organisé le 28 février 2011 par le Laboratoire DANTE de l'Université Versailles-Saint-Quentin en Yvelines, vol.1 (266 p.)
- DEPRIMOZ Jacques, « *L'assurance face aux risques technologiques majeurs* », in « *La réparation des dommages catastrophiques, les risques technologiques majeurs en droit international et en droit communautaire* ». Travaux des XIIIes Journées d'études juridiques Jean DABIN, 1990, p.103.
- DU PONTAVICE Emmanuel, « *État actuel et avenir du droit maritime* », in *Annuaire de droit maritime et aérospatial*, études en hommage au Professeur MIRCEA MATEESCO-MATTE, tome XII-1993, p.53.
- GARCIA LUENGO Ramón, GARCIA MARRERO y otros, "*Código de comercio y otras normas mercantiles*", 21a ed., 2014
- GARE-DIDIER Clothilde, « *La responsabilité civile pour atteinte à l'environnement* », in Le droit et l'environnement, Association Henri CAPITANT, Journées nationales, tome XI. Dalloz, 2010, p.150
- JAMBU-MERLIN Roger, « *L'arbitrage maritime* », in « Études offertes à René RODIERE », Dalloz 1981
- KENDER Christopher, "*The Oil Pollution Act of 1990*". In *Liability for Damage to the Marine Environment*, edited by DE LA RUE Colin. CMI, LLP (Lloyd's of London Press Ltd), 1993, p.136.
- LEMENNICIER Bertrand, « *L'économie de la justice : du monopole d'État à la concurrence privée ?* », in *La contractualisation de la production normative : [actes du colloque tenu les 11, 12 et 13 octobre 2007 à la faculté des sciences juridiques, politiques et sociales de Lille / organisé par le centre René DEMOGUE]*, s. dir. CHASSAGNARD-PINET Sandrine & HIEZ David, Dalloz 2008.
- LOQUIN Éric, in « *Le juge et l'arbitrage* », actes de colloque organisé à Tunis les 25 et 26 avril 2013, à l'occasion du vingtième anniversaire du Code tunisien de l'arbitrage. Sous la direction de BOSTANJI Sami, HORGHANI Ferhat et MANCIAUX Sébastien ; éd. Pedone-Paris 2014

- MÅNS Jacobsson, "*The International Conventions on Liability and Compensation for Oil Pollution Damage and the activities of the International Oil Pollution Compensation Fund*", in Liability for damage to the Marine Environment. Ed. by Colin DE LA RUE, LLP (Lloyd's of London Press Ltd), 1993, p.40
- MONTAS Arnaud, « *Droit commun des affrètements* », in *Droits maritimes*, 3e éd., ss. la dir. de Jean-Pierre BEURIER, n°341.11, p.449
- NDENDE Martin, *« L'armement maritime »,* in Droits maritimes (Titre 33, chap. 331, 332, et 333), ss. la dir. J.-P. BEURIER, Dalloz, collection Dalloz Action, 2015-2016 (Edition 2020-2021 à paraître en Juin 2020).
- NDENDE Martin, « *L'abordage* » in « Droits maritimes » 3e éd. 2014, Dalloz, sous la direction de BEURIER Jean-Pierre, p.642 (édition 2020-2021 à paraître en Juin 2020)
- SCAPEL Christian, « *L'action directe contre les P&I Clubs* », in *Mélanges offerts à Pierre BONASSIES*, p.333
- TAURAN Thierry, « *Les franchises incluses dans le contrat d'assurance* ». In *Revue de la Recherche Juridique, Droit prospectif*, Presses Universitaires d'Aix-Marseille, 2015-2XL-157
- VAN OMMESLAGHE, « *La bonne foi* », in *Travaux de l'association Henri CAPITANT*, journées louisianaises, tome XLIII, 1992
- VERHOEVEN Joe, « *Une réparation communautaire ou internationale des catastrophes ?* », in *La réparation des dommages catastrophiques, les risques technologiques majeurs en droit international et en droit communautaire*. Travaux des XIIIes Journées d'études juridiques Jean DABIN, 1990, p.460
- VIALARD Antoine, « *La piraterie dans les assurances maritimes françaises* » in *Marine Insurance at the turn of the Millennium*, vol.1, Antwerp 1999

THÈSES DE DOCTORAT

- ARHAB Farida, « *Le dommage écologique* », Thèse de Droit, Université de Tours, soutenue le 17 novembre 1997
- BENABENT Alain, « *La chance et le droit »,* Thèse de doctorat en droit, soutenue le 25 février 1971, Paris (ou 1973 pour la version publiée)
- GHALLOUSSI Farah, « *L'assurance des nouveaux risques maritimes* », Thèse de droit, soutenue le 2 juillet 2019, Paris Sorbonne.
- GEORGES Pierre-François, « *La notion de dette de valeur en droit civil, essai d'une théorie* », avec la préface de RAYNAUD Pierre, Thèse de droit Paris 2, Librairie générale de droit et de jurisprudence 1975
- GUEGAN-LECUYER Anne, « *Dommages de masse et responsabilité civile »,* thèse de doctorat, soutenue en 2004 Université Paris 1, publiée aux éditions LGDJ-Montchrestien, 2006.
- GUILBAUD Julie, « *Étude des procédés membranaires pour le traitement des eaux de ballast : microfiltration ou ultrafiltration pour la rétention de microalgues invasives et/ou toxiques »,* Thèse Doctorat en Science pour l'ingénieur, spécialité Génie des Procédés Université de Nantes, soutenue le 26 octobre 2012
- LALLEMENT Charlotte, « *La navigabilité du navire* », Thèse de Droit, Université de Nantes, soutenue le 18 octobre 2004
- LEFEBVRE-CHALAIN Hélène, « *La stratégie normative de l'Organisation Maritime Internationale (OMI)* », thèse de Doctorat en droit, soutenue le 7 octobre 2010, Université de Nantes

- KAMWA Pierre, « *Monétarisation et tontine dans le processus de financement du développement économique : l'exemple du Cameroun* », Thèse de Doctorat en sciences économiques, soutenue en1985, Université d'Orléans
- NGUIMFACK Merlin, « *Réflexion critique sur les modes de règlement de litiges dans le transport maritime de marchandises* », Thèse de droit, Université de Nantes, 2012
- ORENGO Céline, « *La réparation du dommage écologique en matière maritime* », Thèse de doctorat, soutenue le 6 avril 2007, Université de Nice
- PAPADATOU Marina, « *La convention d'arbitrage dans le contrat maritime de marchandises : étude comparée des droits français, hellénique et anglais* », Thèse de doctorat soutenue le 26 mai 2014, Université Paris 2
- POREE Marcel, « *Le risque de guerre et l'assurance maritime* ». Thèse de doctorat, 7 novembre 1905 à Paris
- SOW Mamadou, « *Impact des surestaries sur les chartes parties au voyage : de l'effet des clauses de temps sur l'équilibre contractuel dans les affrètements* », Thèse Droit Nantes, 2013.

MÉMOIRES DE MASTER 2/DESS

- EDORH-KOMAHE Patrice, « *La détermination de la cause des sinistres dans l'assurance maritime des risques de guerre* », p.27. Mémoire de Master 2, soutenu à l'Université de Nantes, année 2015/2016.
- LE REST Ann-Gaël, « *La lutte contre les navires sous-normes* », Mémoire de DEA soutenu à l'Université de Nantes, 2001
- MARTINELLE-ETEME Marie-Josiane, « *La pollution de l'atmosphère par les navires* », mémoire de master 2, CDMO Nantes 2005
- NDENDE Martin, « *Pratique des avaries communes et protection des intérêts liés dans l'expédition maritime* », Mémoire DESS Droit des Activités maritimes, Université de Brest, 1985.
- PONTES LEITE Anne, « *Les class actions pour la réparation des préjudices de masse* ». Mémoire de Master 2 recherche droit privé général, Université de Nantes faculté de droit et de science politique, juin 2007
- SECK Mouhamadou Saliou, « *Les sociétés de manning* », mémoire de master 2 recherche, Droit et Sécurité des Activités Maritimes et Océaniques, faculté de Droit de Nantes, 2010.

REVUES

Articles de Doctrine

- ACHARD Raymond, « *Paiement du fret* », chronique du droit maritime italien, DMF n°594, juin 1999, p.547
- ARRADON François, « *L'arbitrage maritime : le point de vue du praticien* », DMF n°681, mai 2007, p.389
- BAATS Yvonne, "*The impact of the EC Conventions and Directives on governing Law and Jurisdiction in marine insurance and reinsurance contracts*", in <u>The modern Law of marine insurance</u>, edited by RHIDIAN Thomas, in memory of Professor J. J. CADWALLADER. LLP 1996, p.346
- BARTHEZ Anne-Sophie, « *l'avenir des sûretés personnelles alternatives* », Revue de droit bancaire et financier, n°1, Janvier 2016, Dossier 4

- BARY Marion, « *L'arrêt ERIKA : un arrêt novateur à plus d'un titre* », Revue Lamy Droit civil, n°102, mars 2013, p.19
- BENOÎT Francis-Paul, « *Essai sur les conditions de la responsabilité en droit public et privé (problèmes de causalité et d'imputabilité* »*)*, JCP G La semaine juridique J. LACAT 1957, I, 1351
- BERTOLASO Sabine, « *Droit à réparation. – Conditions de la responsabilité délictuelle. – Divers dommages réparables : dommages aux biens* », JC Civil, fasc.110
- BEURIER Jean-Pierre et NDENDE Martin, « *Fonds international d'indemnisation pour les dommages dus à la pollution par hydrocarbures (FIPOL)* ». JCL Environnement et Développement durable, fasc.4860 §75
- BEURIER Jean-Pierre, « *La protection de l'environnement marin* », in Droits maritimes, Dalloz 3e éd. 2014, n°814-26 pp.1670-1671.
- BIARD Alexandre, « *Sale temps pour l'action de groupe... La nécessaire recherche d'outils alternatifs pour résoudre les litiges de masse* », RLDC, n°157 du 1er mars 2018, p.21
- BOISSON Philippe, « *La sûreté des navires et la prévention des actes de terrorisme dans le monde maritime* », DMF 2003 n°640, septembre 2003 p.723
- BONASSIES Pierre, « *La convention de 1989 sur l'assistance* », DMF n°635, mars 2003
- BUCHMAN Louis & LOQUIN Éric, « *Préférez l'arbitrage* », Gaz. Pal. 16 septembre 2008, n°260, p.9
- CACHARD Olivier, « Assurance maritime et fluviale », in Répertoire de droit international, Dalloz, février 2004, n°33
- CACHARD Olivier, « *Portée d'une demande d'Anti-suit injunction devant le juge français* », DMF n°675, 1er novembre 2006, p.856
- CARRIER Renaud, « *Anti-Suit Injunctions : réquisitoire pour l'abandon de leur prononcé en matière d'arbitrage* », Recueil Dalloz 2005
- CHARBONNEAU Alexandre, « Les foyers d'accueil des marins à l'origine d'une action normative en faveur des marins abandonnés ? », DMF n°639, juillet 2003, p.639
- CHAUMETTE Patrick, « *L'accès délicat des marins abandonnés à la Cour Européenne des droits de l'Homme : L'Olga J* », DMF n°697, novembre 2008, p.883
- CHEVAL Sylvaine, « *La clause Paramount : aspect de droit international privé* », Gazette du Palais du 5 Juin 2006, n°217, p.17
- CLIFT Rhys & CORDONNIER Sophie, « *La piraterie somalienne : le prix d'une vie* », DMF n°736, mai 2012, p.410
- CRESCENZO-D'AURIAC Marie-Béatrix, « *Responsabilité du transporteur maritime de passagers et des organisateurs de croisières* », JCL fasc.465-30
- DMF n°738, juillet-août 2012, « *Le sinistre majeur, la gestion de crise et le droit des transports* ». Rapport 4e rencontre de l'assurance transport « *Au cœur de toutes les instabilités, le transport et la globalisation. L'exemple brésilien* ». CESAM, Paris 22-23 mai 2012
- DELEBECQUE Philippe, « *Vues sur mer : l'exigence de bonne foi contractuelle : « in medio stat virtus* » ? » Gazette de la chambre, CAMP n°15, au sujet de l'arrêt Cass. com. 10 juillet 2007, n°06-14.768
- DELEBECQUE Philippe, « *L'arrêt Erika : un grand arrêt de droit pénal, de droit maritime ou de droit civil ?* », Recueil Dalloz 2012, p.2711
- DELEBECQUE Philippe et ARIE LEVY Jean, « *Les mystères de la « SCOPIC Clause » ou comment ne pas déroger à une convention internationale pourtant supplétive* », Recueil Dalloz 2017, p.282

- DEMEESTER Marie-Luce & NEYRET Laurent, « *Environnement* », RDC Dalloz, octobre 2013 n°54
- DEPINCÉ Malo et MAINGUY Daniel, « *Action de groupe française, dispositions générales et procédures spéciales* », Jurisclasseur commercial, fasc.979
- FEDI Laurent, « *Le transport maritime international face à la pollution atmosphérique : enjeux stratégiques du 21e siècle* », DMF n°737, juin 2012, p.494.
- FEDI Laurent, « *La surveillance, la déclaration et la vérification des émissions de CO2 du transport maritime* ». DMF n°787, 1er janvier 2017, pp.7 à 19
- FEUERBACH-STEINLE M.F., « *Le droit des catastrophes et la règle de trois unités de temps, de lieu et d'action* ». LPA, 1995, n°90, p.9.
- FOKOU Éric, « *La notion d'économie du contrat en droit français et québécois* », Revue générale de droit, n°46, 2016
- FOUCHIER Françoise, « *L'action directe contre les P&I Clubs* », DMF n°600, janvier 2000, p.3
- GRANGE Nathalie, « *Cyber-sécurité/logistique : la PME, victime idéale* », Bulletin des Transports et de la Logistique, n°3731 du 1er avril 2019, p.184
- HAGOPIAN Mikaël & SZMARAGD Jean-Marc, Réassurance, Fasc.120, JurisClasseur Civil Annexes V° Assurances
- HALLEGRAEFF Gustaaf "*Transport of toxic dinoflagellates via ships' ballast water: bioeconomic risk assessment and efficacity of possible ballast water management strategies*", in Marine Ecology Progress Series, vol.168: 297-309, 1998, July 9
- LE BIHAN GUENOLE Martine, « *La gestion des eaux de ballast : l'adaptation du droit interne aux dispositions de la convention dite BWM* », DMF n°778 mars 2016, p.197
- LE CANNU Paul, « *Les Lettres d'intention conquises par le code civil* », RTD Com. 2006, p.421 (26 septembre 2016)
- LE TOURNEAU Philippe, « *Bonne foi* », Répertoire de droit civil (chapitre 2 : la bonne foi dans la formation du contrat), Dalloz janvier 2017
- MAINGUY Daniel, « *L'élargissement des actions de groupes* », RLDC n°136 avril 2016
- MAIROT Adrien, « *Affectio societatis* », JCL Sociétés, fasc.20-10, 21 septembre 2016
- MARCHIAFAVA Giovanni, « *La nature juridique des Protecting & Indemnity Clubs anglais* », DMF 2014, n°758 de mai 2014, p.399
- MARGUET Bernard, « *La piraterie maritime* », DMF N°590, février 1999, p.99
- MAHIEU Régis, « *La clause Paramount dans les contrats maritimes* », in Revue de droits des transports et de la mobilité, 4 octobre 2013
- MENDOZA-CAMINADE Alexandra, « *Le droit confronté à l'intelligence artificielle des robots : vers l'émergence de nouveaux concepts juridiques ?* », Recueil Dalloz 2016, p.445
- MIRIBEL Stéphane, « *Évolution de la notion de navire en droit français* », DMF n°775, 8 décembre 2015, p.1000
- MONTAS Arnaud, « *saisie conservatoire du navire* », JCL Transport, Fasc.1128
- MOURRE Alexis & VAGENHEIM Alexandre, « *Arbitrage commercial international* », JCL procédure civile, fasc.1075
- NDENDE Martin, « *La mutations des entreprises du secteur des transports maritimes* », DMF Septembre 1992 n°519, pp. 465-481 et octobre 1992, pp.547-563
- NDENDE Martin, « *Évolution des structures armatoriales et difficultés d'identification du transporteur maritime* », DMF n°668 mars 2006, pp.195-206

- NDENDE Martin, « *L'accident de l'Erika, Procédures d'indemnisation des victimes et enjeux judiciaires autour d'une catastrophe pétrolière* », Revue de droit des transports n°1, février 2007, étude 2
- NDENDE Martin, « *La politique d'indemnisation des victimes de marées noires devant le FIPOL* », Revue de droit des transports n°2, février 2008, dossier 3
- NDENDE Martin, « *L'activité normative des Nations Unies dans le domaine des transports maritimes internationaux* », Revue Africaine des Affaires Maritimes et des Transports, n°1 juillet 2009, p.8
- NICOLAS Pierre-Yves, « *Des valeurs assurées sur corps de navires de plaisance en droit français* », DMF, n°763, Novembre 2014, p.906.
- NOGUERO Eliseo Sierra, "*Régimen jurídico de la prevención y enjuiciamiento de la piratería marítima*" Revista de Derecho del transporte, n°4 2010, p.45
- ODIER Françoise et VIGNER Christian, « *Fonds d'indemnisation des dommages de pollution maritime, plans TOVALOP et CRISTAL* », Juris-Classeur Environnement, fascicule 672, mai 1994 p.18
- OLLARD Romain, « *La distinction du dommage et du préjudice en droit pénal* », RSC 2010, n°561
- OSANTE José Manuel, "*Cohesión territorial y transporte aéreo en España*" in Cuardernos de Derecho Transnacional, oct.2020, vol.12 n°2 pp.527-545.
- PEIGNON Charlotte et LOOTGIETER Sébastien, « *L'entrée en vigueur de la convention internationale pour le contrôle et la gestion des eaux de ballast et sédiments des navires du 13 février 2004* », JCL, Énergie-Environnement-Infrastructure n°12 décembre 2016, comm. 85
- PEULVE Catherine, « *Médiation et conciliation : deux jumeaux… Vrais ou faux* », G. Pal. 28 juin 2011 n°179, p.17
- PIERATTI Gertrude, « *Risque de pollution et sécurité : un défi pour les assureurs maritimes* », Gazette du Palais du 13 juillet 2000, n°195, p.12
- PIETTE Gaël, « Affrètement maritime », Répertoire de droit commercial, Dalloz, octobre 2014
- PIETTE Gaël, « *Les navires sans équipage* », DMF n°797, décembre 2017, p.983
- PIETTE Gaël, « *Assistance maritime, effets et rémunération* ». JCL transports, fasc.1237 §35. Version électronique parcourue le 25 février 2018
- POIROT-MAZERES Isabelle, « *La notion de préjudice en droit administratif* », RDP 1997, p.59
- PROUTIERE-MAULION Gwenaëlle & LEBOEUF Cédric « *Internationalisation et privatisation de la lutte contre la piraterie maritime : approche comparative de la Corne de l'Afrique et du Golfe de Guinée* », DMF n°771, juillet 2015
- RAJOT Bénédicte, « L'impact de la piraterie maritime sur les polices d'assurance », Revue Responsabilité civile et assurances, n°2 février 2011, alerte 4
- REBORA Jean-François, « *Portée et effet de la SCOPIC dans un contrat d'assistance LOF « No cure no pay » sous le régime de la Convention de la convention internationale de 1989* », DMF n°764, décembre 2014, p.982.
- REMOND-GOUILLOUD Martine, « *Marées noires : les États-Unis à l'assaut (l'Oil Pollution Act 1990)* », DMF n°506 juin 1991, pp.339 et s.
- REMOND-GOUILLOUD Martine, « *Quel avenir pour les Conventions de Bruxelles sur l'indemnisation des marées noires ?* », DMF n°527, mai 1993, p.260
- REMOND-GUOILLOUD Martine, « Le navire : une aventure juridique contemporaine », DMF n°591, mars 1999
- REZENTHEL Robert, « *La situation juridique des marins sur les navires saisis* », DMF n°584, juillet 1998, p.659

- REZENTHEL Robert, « *Responsabilité civile du propriétaire d'un navire pour dommages à un ouvrage portuaire* », DMF n°677 janvier 2007 p.15
- SIMON Patrick, « *Du nouveau sur l'action directe contre les P&I Clubs* », DMF n°551, juillet 1995, p.530
- STEFANIUK Dominika, « *La prévention des marées noires et leur indemnisation : Aspects de droit international et européen* ». In Journal de droit international (clunet) n°4, octobre 2003, §87
- THOMAS-CIORA Geneviève, « Le transport de passagers par voie maritime », DMF n°676, décembre 2006, p.980
- TURGNE Franck, « Exclusion de garantie relative à l'indemnité spéciale prévue par la Convention internationale de 1989 sur l'assistance et à toute autre disposition de portée semblable », Revue Générale du Droit des Assurances, 1er septembre 2016, n°8-9. P.446
- TURGNE Franck, « *Synthèse – Assurances diverses* », JCL Responsabilité civile et assurances, 2 octobre 2017
- TSIAKLAGKANOU Dimitra, « *Le préjudice écologique après l'arrêt Erika* », DMF n°788, février 2017, p.162
- VAN CAUWENBERGHE Patrick & REZENTHEL Robert, « *Le port, le navire et ses assureurs de responsabilité* », DMF n°722, février 2011, p.187
- WECKEL Philippe, « Journées méditerranéennes sur la piraterie maritime », synthèse des travaux, DMF 2010, janvier 2010, pp.69-74

Notes et Observations jurisprudence

- ARACHARD Raymond, DMF n°490, janvier 1990, p39. Obs. CA. Aix-En-Provence 2e ch. civ., 19 octobre 1988, navire "*Akak-Vicotry*"
- ARRADON François, DMF n°669, avril 2006, p.298, obs. CA. Rouen, 2e Ch. civ., SA société d'égrenage industriel de coton du Bénin /c SA société l'aiglon 8 septembre 2005
- BOHIC-SOURBET Amélie, DMF n°782, juillet 2016, obs. CA. Bastia ch. civ. A, 23 mars 2016 navire « *Prupia* »
- BONASSIES Pierre, DMF 1963, p.245, obs. affaire Muncaster Castle, Chambre des Lords, 7 décembre 1961
- BONASSIES Pierre, DMF 1989, n°485, p.419, obs. Cass. com., 14 février 1989, affaire navire « *Sunny-Arabella* »
- BONASSIES Pierre, « *Le Droit positif français* », DMF n°558 mars 1996, p.243 (en particulier jurisprudence n°75, p.252)
- BONASSIES Pierre, DMF 1993, n°531, p.563, obs. cass. com, 17 novembre 1992, navire « *Rolline* »
- BONASSIES Pierre, DMF n°571, mai 1997, p.451 « *La fin de l'affaire du Nagasaki Spirit : une espérance déçue* »
- BONASSIES Pierre, « *L'arrêt Nagasaki Spirit : une première application de l'indemnité spéciale de la Convention de 1989 sur l'assistance* », DMF n°553, octobre 1995, p.691
- BONASSIES Pierre, DMF n°719, novembre 2010, p.917, obs. Cass. com., 5 octobre 2010 n°09-13092 navire "*Blue Shadow*"
- BONASSIES Pierre, DMF n°761, septembre 2014, p.755, obs. Cass., civ. 1ere, 18 juin 2014, vedette « *Le cristal* », n°13.11898
- BORDEREAUX Laurent, « Accostage périlleux d'un « duc d'Albe » : la responsabilité du fait des ouvrages publics portuaires n'est pas automatique », DMF 816, septembre

2019, obs. Tribunal administratif de Rouen, 3e ch., 28 mars 2019, n°1404388, Navire *Norman Arrow* SAS Louis Dreyfus Lines et autres /c Grand port maritime du Havre

- CACHARD Olivier, DMF n°671, juin 2006, p.479, obs. Cass. civ. 1re, 14 mars 2006 ; Conselho Nacional De Carregadores c/ M. Jacques CHARASSE et a.
- CACHARD Olivier, DMF n°675, novembre 2006, p.856, obs. T. com. Marseille, 13 janvier 2006 navire *Antigoni*, Sté Fortis corporate insurance NV et as. Vs Sté Sea Beam Maritime Co Ltd et as.
- CALLE Pierre, La semaine juridique n°37, 7 septembre 2009, p.49, obs. CJCE grande chambre,10 février 2009 aff. C185/07, navire Front *Comor, Allianz c/ West Tankers*
- CARRIER Renaud, Recueil Dalloz 2005, p.2712, obs. arrêt *Turner*
- CARRIER Renaud, DMF n°701, mars 2009, p.211, obs. CJCE grande chambre,10 février 2009 aff. C185/07, navire Front *Comor, Allianz c/ West Tankers*
- CHAUMETTE Patrick, « *Vers la branche accident du travail – maladie professionnelle de l'ENIM* », DMF n°800 1er mars 2018, p.218. Obs. CA. Aix-En-Provence (14e ch.), n°16/04108, du 22 novembre 2017
- DELEBECQUE Philippe, DMF 1996, n°561, p.627, obs. Cass. com 10 janvier 1996, navire *"Monte Cervantes"*
- DELEBECQUE Philippe, DMF n°576, novembre 1997, p.1007, obs. Cass. com., 3 juin 1997 *Sté KARUKERA c/ Sté PETRELLUZZI*
- DELEBECQUE Philippe, DMF n°586, octobre 1998, p.927. Obs. Cass. com., 22 avril 1998, Mme PINET-WEILLER ès-qual. c/ société d'exploitation, d'importation et d'exportation (SOEXIMEX)
- DELEBECQUE Philippe, DMF n°624, mars 2002, obs. Cass. com, 12 juin 2001 n°99-11.716
- DELEBECQUE Philippe, « *La bonne foi contractuelle : Quid novi quid sole ?* », Lamy Droit Civil, n°46 du 1er février 2008, obs. arrêt Cass. com. 10 juillet 2007, n°06-14.768
- DELEBECQUE Philippe, DMF n°685, octobre 2007, p.811, obs. Cass. com 22 mai 2007, n°06.14070, navire « *Fort-Fleur d'Épée* »
- DELEBECQUE Philippe, RDT n°4, avril 2009, p.1, obs. CJCE grande chambre,10 février 2009 aff. C185/07, navire Front *Comor, Allianz c/ West Tankers*
- DELEBECQUE Philippe, DMF 2011, p.261, obs. Cass. com, n°09-14.892, 16 septembre 2010, aff. Navire « *Khaipur* »
- DELEBECQUE Philippe, DMF n°746, avril 2013, p.333. Obs. CA. St-Denis-De-La-Réunion ch. com., 9 août 2002 navire « *Komodo* »
- DELEBECQUE Philippe, DMF n°766, février 2015, p.124, obs. CA Poitiers 1re ch., 7 novembre 2014 n°14/00944 navire *Anna.* GPMLR c/ Sté Intercostal Shipowners P&I ; n°14/00944
- DELEBECQUE Philippe, DMF n°776, janvier 2016, p.35, obs. Cass. civ. 1re, 25 Septembre 2015 ; axa assurances Cameroun /c CMA-CGM
- DELEBECQUE Philippe, observations arrêt navire « *Athéna* », DMF Hors-série n°21, juin 2017 p.56
- GAILLARD Emmanuel, Journal du droit international (clunet), n°4, octobre 20013, var.100034, obs. Curitiba Court of first instance ; aff. Companhia Paranaense de Energia (COPEL) vs UEG Arancaria ltda, décision du 3 juin 2003
- HUMANN Claire, DMF n°723, mars 2011, p.224, obs. C.A Aix-en-Provence 2e ch. 30 juin 2010 n°09_03.602
- HUMANN Claire, DMF n°776, janvier 2016, p.49, obs. CA. Rouen, 23 avril 2015 Sté. *HANJIN Shipping c/ SAS DAVIGEL et ass.*
- IDOT Laurence, Revue Europe n°4 avril 2009, comm.176, obs. CJCE grande chambre,10 février 2009 aff. C185/07, navire Front *Comor, Allianz c/ West Tankers*

- LEGROS Cécile, « *L'exequatur d'une injonction anti-suit n'est pas contraire à l'ordre public international* » La semaine juridique – édition générale – n°49 du 30 novembre 2009, p.18 obs. Cass. civ. 1re, 14 octobre 2009 n°08-16.369 et 08-16.549 ; Aff. Sté In Zone Brands International vs In Zone Brands Europe
- LE BIHAN-GUENOLE Martine, DMF n°610, mai 2006, p.408, obs. CA. Rennes 3e ch., 23 juin 2005 affaire Yurchenko GENNADIY c/ France Nature Environnement et associés
- LE BORGNE Hervé, « *Action de groupe à la française, nouvelle et fausses notes* », Revue Droit et Patrimoine n°243, 1er janvier 2015, Dossier, p.52
- LIENHARD Claude, DMF n°738, juillet-août 2012, obs. CA. Versailles 14e ch., 9 mai 2012, Sté COSTA CROCIERE SPA c/ FENVAC et a.
- LUREAU Pierre, DMF 1975, p.263, obs. arrêts de la Cour de cassation du 20 Novembre 1974, affaire du chalutier *Adrien-Pla*
- MAINGUY, JCP 2009, II, 10023, obs. Cass. com. 25 novembre 2008, arrêt 07-21.888
- MAZEAUD Denis, obs. arrêt Manoukian in Revue des contrats du 1er avril 2004, n°2 p.257
- MIRIBEL Stéphane, DMF n°741, novembre 2012, obs. Cass. com., 3 juillet 2012 n°11-22.429
- MIRIBEL Stéphane, DMF n°779, avril 2016, obs. Cass. crim., 2 février 2016 n°15-80.927
- MONTAS Arnaud, DMF n°782, juillet 2016, p.585, obs. CA. Aix-en-Provence 10e ch., 31 mars 2016 n°15-03516 ; navires « *Gipsy 9* » et « *Abeille Flandres* »
- NDENDE Martin, « *Fantomas rattrapé par les juges : Identification et action en responsabilité contre les transporteurs maritimes masqués et artificieux* **»**, DMF n°668 Mars 2006, pp.210, note arrêt Cour d'appel d'Aix-En-Provence (2e Ch. civ.), 25 avril 2005 affaire navire *Christian Maersk*
- NDENDE Martin, RDT 2013, n°46 p.28, obs. CA. Montpellier 1re ch., sect. D, 15 janvier 2013 n°11/00865
- NDENDE Martin, RDT n°3, juillet 2004, comm.43, obs. Cass. civ. 1re, 18 juin 2014, n°13-11.898
- NDENDE Martin, RDT n°1, janvier 2010, comm.14, obs. CA. Papeete, ch. com., 2 avril 2009
- NDENDE Martin, RDT n°2, février 2011, comm.24, obs. Cass. com, n°09-14.892, 16 septembre 2010, aff. Navire « *Khaipur* »
- NDENDE MARTIN, RDT, obs. Cass. Com 1er octobre 2013, n°12-21.846
- PIERRONET François-Xavier, DMF n°668 mars 2006, p.234, obs. T. commerce de Marseille, 9 novembre 2004 navire « *ENTMV Tipasa* »
- PIETTE Gaël, obs. Cour d'Appel Paris Pôle 5, Ch.5, Arrêt du 3 Juillet 2014, n°12.17053 Navire « *The One* ». DMF n°762, octobre 2014, p.800
- REZENTHEL Robert, DMF n°616, juin 2001, obs. T.A. Poitiers 1re ch., 8 mars 2001, n°99273, *Navire « Saint Roch »*
- SCHWEITZER Stéphanie, DMF n°738, juillet 2012, obs. CA. Nancy, 2e ch. civ. 20 janvier 2011 affaire navire *"Sea Diamond"*, n° 08.3327
- TASSEL Yves, DMF 1995, n°551, p.540, obs. TC Rouen, 20 mai 1988, navires « *Hakki-Morgul* » et « *Morgul* » ; CA Rouen 2e ch. civ, 13 juillet 1994, Navire « *Heidi* »
- TASSEL Yves, DMF n°567, janvier 1997, p.26, obs. CA. Rouen 2e ch., civ, 25 avril 1996 Sté. *ULSTEIN Shipping /c Sté. SHIPP*
- TASSEL Yves, DMF n°569, février 1997, p.137, obs. CA. Versailles 13e ch., 18 mai 1995, *MAJALA Shipping Co ltd /c SNC CORELF*

- TILCHE Marie, « *Anti-Suit Injunction, veto de la CJCE* », BTL n°3260, du 23 février 2009, P.120
- VIALARD Antoine, DMF n°663, octobre 2005, p.839, obs. CA. Bordeaux 2e ch., 31 mai 2005 *Navire Heidberg*

BASES DE DONNEES et CATALOGUES ELECTRONIQUES

- Bulletin des Transports et de la Logistique
- Dalloz
- Doctrinal
- Jurisclasseur (Lexisnexis.fr)
- Journal de droit international (1990, n°3)
- Lexisnexis
- Lextenso
- Répertoire de droit civil, Dalloz
- Revue de droit des transports
- Sudoc (www.sudoc.abes.fr)

CIRCULAIRES, NOTES D'INFORMATIONS

- Britannia P&I Club, *NEWS*, issue 46 December 2014
- Britannia P&I Club, *NEWS*, issue 47 December 2015
- Britannia P&I Club, *Risks Watch Claims & Legal*. Vol.6, n°2 December 2014
- *Gard news* n°204 *New Pollution Regulations in China-FAQs II*, November 2011/January 2012
- *Gard News, n°195, August/October 2009, "Piracy & Insurance" published September 1st 2009*
- GARD P&I Club, "*Circular n°07/2009: Regulations of the People's Republic of China on the Prevention and Control of Marine Pollution from Ships*". November 2009.
- Gard News, n°197 février/avril 2010, "*Criminal liabilities in the US – The Coast Guard & the Justice Department widen the net*"
- IGP&I Clubs *Loss Prevention program*
- IGP&I Clubs *Annual review* 2017/2018
- IGP&I, *IG Circular: The 2020 Global Sulphur cap*, du 24 juin 2019
- FIPOL, Rapport annuel de 2004, n°11.2 « *Recevabilité des demandes d'indemnisation*
- FIPOL, Rapport annuel 2018
- *NEPIA Management report 2012*, p.16 Industry issues
- Rapport annuel (2018) du Bureau Maritime International
- Steamship P&I Club Risk Alert ; n°29, novembre 2011
- West of England P&I Club, *Notice to members n°24, 2012/2013 - Regulations of the People's Republic of China on the Prevention and Control of Marine Pollution from Ships". December 2012*

- http://actualites-nautiques.com/marin-le-metier-le-plus-dangereux-au-monde/.
- http://archive.nordicplan.org/The-Plan/Preface/
- https://www.britanniapandi.com/assets/Uploads/documents/Health-Watch-Vol-4-Iss-1.pdf
- https://www.britanniapandi.com/assets/Uploads/documents/New-IGCINS-Guidelines-for-the-Carriage-of-Calcium-Hypochlorite-in-Containers-05-2016.pdf#search="calcium%20hypochlorite".
- https://britanniapandi.com/services/fdd/
- https://britanniapandi.com/publication/war-risks-pi-cover-biological-bio-chemical-weapons-2/
- http://www2.developpement-durable.gouv.fr/IMG/spipdgmt/pdf/yd-1136-couverture_stat1_2007.pdf_-_Adobe_Acrobat_Professional_cle7771ff.pdf
- http://www.gard.no/web/publications/content?p_document_id=62974.
- http://www.gard.no/web/updates/content/1342958/criminal-liabilities-in-the-us-the-coast-guard-and-justice-department-widen-the-net
- https://www.icc-ccs.org/index.php/904-somali-pirate-clampdown-caused-drop-in-global-piracy-imb-reveals
- https://www.igpandi.org/article/piracy-faqs-revised-august-2013
- https://www.igpandi.org/covid-19
- http://www.imo.org/fr/MediaCentre/HotTopics/BWM/Pages/default.aspx.
- http://www.imo.org/fr/about/conventions/listofconventions/pages/international-convention-for-the-prevention-of-pollution-from-ships-(marpol).aspx
- http://www.imo.org/en/OurWork/Security/WestAfrica/Documents/Code%20de%20conduite.pdf
- http://www.imo.org/en/KnowledgeCentre/CurrentAwarenessBulletin/Documents/CAB%20244%20March%202017.pdf
- http://www.nepia.com/news/circulars/bio-chem-risks/
- https://www.nepia.com/industry-news/covid-19-and-crew-changes/.
- https://www.nepia.com/industry-news/west-africa-ebola-virus-update/
- https://www.nepia.com/industry-news/west-africa-ebola-virus-update/
- http://www.nepia.com/insights/ballast-water-management/impact-on-shipowner
- http://www.nepia.com/news/circulars/international-convention-for-the-control-and-management-of-ships-ballast-water-and-sediments-and-us-ballast-water-management-regulations
- https://www.nepia.com/our-news/press-release/north-pi-club-advises-shipowners-to-take-safety-and-commercial-measures/
- https://www.skuld.com/topics/voyage--port-risks/sanctions/insight/insight-north-korea sanctions/north-korea-sanctions/.
- http://oceansbeyondpiracy.org/update-crew-released-first-merchant-vessel-hijacked-somali-coast-2012.
- https://www.shipownersclub.com/ig-circular-the-2020-global-sulphur-cap/
- https://www.shipownersclub.com/media/2014/09/circular-GUARDCON-West-Africa.pdf
- https://static.mycoracle.com/igpi_website/media/adminfiles/BMP5_small.pdf
- https://www.swedishclub.com/media_upload/files/Additional%20insurance%202017/TSC%20Loss%20Of%20Hire.pdf.
- https://www.swedishclub.com/media_upload/files/Additional%20insurance%202017/TSC%20Loss%20Of%20Hire.pdf.

- http://www.swedishclub.com/media_upload/files/Publications/P%26I%20Claims%20Analysis%20web.pdf.
- https://www.swedishclub.com/news-circulars/member-alert/ic1553-air-pollution-control-regulation-in-hong-kong-and-mainland-china?query=AIR+POLLUTION
- https://www.westpandi.com/Publications/Notice-to-Members/notice-to-members-no.-22-20162017/

CONVENTIONS, RÉSOLUTIONS, RÈGLEMENTS, DIRECTIVES et CHARTES/CODES DE CONDUITE

Conventions

- Convention internationale pour l'unification de certaines règles en matière d'abordage, conclue à Bruxelles, le 23 septembre 1910
- Convention de Bruxelles du 25 août 1924 pour l'unification de certaines règles en matière de connaissement modifiée par le protocole du 23 février 1968 et par le protocole du 21 décembre 1979
- Convention internationale pour l'unification de certaines en matière de saisie conservatoire des navires de mer, conclue à Bruxelles, le 10 mai 1952
- Convention internationale sur la limitation de responsabilité des propriétaires de navires de mer, conclue à Bruxelles le 10 octobre 1957, entrée en vigueur le 31 mai 1968
- Convention sur la Haute mer, conclue à Genève le 29 avril 1958, entrée en vigueur le 30 septembre 1962
- Convention pour la reconnaissance et l'exécution des sentences arbitrales étrangères, signée à New York le 10 juin 1958, entrée en vigueur le 7 juin 1959
- Convention relative à l'unification de certaines règles en matière d'abordage en navigation intérieure, conclue à Genève, le 15 mars 1960
- Convention internationale de 1966 sur les lignes de charge, conclue à Londres le 5 avril 1966
- Convention internationale de 1969 sur le jaugeage des navires, Londres, 23 juin 1969
- Convention internationale de 1969 sur la responsabilité civile pour les dommages dus à la pollution par les hydrocarbures (CLC), Bruxelles, 29 novembre 1969
- Convention internationale pour la prévention de la pollution par les navires (MARPOL), adoptée par l'OMI le 2 novembre 1973, (modifiée par un protocole de 1978, un protocole de 1997 portant création annexe VI), entrée en vigueur le 2 octobre 1983
- Convention sur la marine marchande relative aux normes minima à observer sur les navires marchands (dite convention 147), signée le 29 octobre 1976, entrée en vigueur le 28 novembre 1981
- Convention de 1976 sur la limitation de responsabilité en matière de créances maritimes, conclue à Londres le 19 novembre 1976
- Convention sur la responsabilité civile résultant d'activités dangeureuses pour l'environnement, signée à Lugano le 21 juin 1993
- Convention des Nations Unies sur le droit de la mer, conclue à Montego Bay, le 10 décembre 1982, entrée en vigueur le 16 novembre 1994
- Convention d'Athènes de 1974 relative au transport par mer des passagers et de leurs bagages, modifiée par le protocole de 2002
- Convention de 1976 sur la limitation de responsabilité en matière de créances maritimes, conclue à Londres le 19 novembre 1976

- Convention des Nations Unies sur le transport des marchandises par mer, 1978 (Règles de Hambourg)
- Convention internationale de 1989 sur l'assistance, faite à Londres le 28 avril 1989, entrée en vigueur le 14 juillet 1996
- Convention internationale de 1999 sur la saisie conservatoire des navires, Genève, 12 mars 1999
- Convention portant sur la responsabilité civile des dommages dus à la pollution par les hydrocarbures de soute adoptée le 23 Mars 2001 et entrée en vigueur le 21 Novembre 2008.
- Code international pour la sûreté des navires et des installations portuaires (ISPS), 12 décembre 2002
- Convention internationale pour le contrôle et la gestion des eaux de ballast et sédiments des navires (Convention BWM – Ballast Water Management), adoptée le 13 février 2004, entrée en vigueur le 8 septembre 2017
- Convention du travail maritime (Maritime Labour Convention – MLC) signée le 23 février 2006
- Convention de Nairobi sur l'enlèvement des épaves, signée à Nairobi le 18 mai 2007 et entré en vigueur le 16 août 2016.
- Convention des Nations Unies sur le contrat de transport international de marchandises effectué entièrement ou partiellement par mer, Vienne 2009 (Règles de Rotterdam)
- Règles d'York et d'Anvers de 2004
- Acte uniforme relatif au droit de l'arbitrage (OHADA) adopté le 23 novembre 2017 (en substitution du texte initial du 11 mars 1999)
- Loi type de la CNUDCI sur l'arbitrage commercial international (1985) avec les amendements adoptés en 2006

Résolutions

- Résolution A.898(21) de l'Organisation Maritime Internationale, adoptée le 25 novembre 1999 (Guidelines on shipowners' responsibilities in respect of maritime claims)
- Résolution 1816 (2008) adoptée par le Conseil de sécurité des Nations Unies à sa 5902 séance, le 2 juin 2008 (portant sur la lutte contre la piraterie en Somalie)
- Résolution A.1025(26) de l'Organisation Maritime Internationale, adoptée lors de la 26e session, le 2 décembre 2009, portant code des bonnes pratiques pour la conduite des enquêtes sur les délits de piraterie et de vol à main armée à l'encontre des navires
- Résolution du Parlement européen 2015/2103 du 16 février 2017, contenant des recommandations à la Commission concernant des règles de droit civil sur la robotique

Règlements

- Règlement international pour prévenir les abordages en mer (RIPAM ou COLREG 72) adopté par l'OMI en 1972, entrée en vigueur le 15 juillet 1977
- Règlement (CE) n°44/2001 du Conseil du 22 décembre 2000 concernant la compétence judiciaire, la reconnaissance et l'exécution des décisions en matière civile et commerciale
- Règlement (CE) n°392/2009, du Parlement Européen et du Conseil, du 23 avril 2009, relatif à la responsabilité des transporteurs de passagers par mer en cas d'accident

- Règlement UE du Conseil n°2016/841 du 27 Mai 2016, modifiant le règlement CE n°329/2007 concernant les mesures restrictives à l'encontre de la République populaire démocratique de Corée
- Règlement (UE) 2015/757 du Parlement européen et du Conseil, du 29 avril 2015, concernant la surveillance, la déclaration et la vérification des émissions de dioxyde de carbone du secteur du transport maritime et modifiant la directive 2009/16/CE

Directives

- Directive n°75/442/CEE du 15 juillet 1975 relative aux déchets (texte abrogé)
- Directive 2004/35/CE du Parlement européen et du Conseil du 21 avril 2004 sur la responsabilité environnementale en ce qui concerne la prévention et la réparation des dommages environnementaux. Paru au Journal Officiel de l'Union européenne le 30 avril 2004
- Directive 2005/68/CE du Parlement Européen et du Conseil, du 16 novembre 2005, relative à la réassurance et modifiant les directives 73/239/CEE et 92/49/CEE du Conseil ainsi que les directives 98/78/CE et 2002/83/CE
- Directive n°2006/12/CE du 5 avril 2006 relative aux déchets (texte abrogé)
- Directive 2009/20/CE du Parlement européen et du Conseil du 23 avril 2009 relative à l'assurance des propriétaires de navires pour les créances maritimes
- Directive n°2011/83/UE du 25 octobre 2011, Parlement et du Conseil de l'UE relative au droit des consommateurs, modifiant la directive 1999/44/CE du Parlement européen et du Conseil, et abrogeant la directive 85/577/CEE du Conseil et la directive 97/7/CE du Parlement Européen et du Conseil
- Directive (UE) n°2018/851 du 30 mai 2018 modifiant la directive 2008/98/CE relarive aux déchets

Chartes

- Charte du Manden, 1236
- Charte Africaine sur la Sûreté et la Sécurité Maritimes et le Développement en Afrique (Charte de Lomé), adoptée par la session extraordinaire de la conférence de l'Union Africaine tenue à Lomé, le 15 octobre 2016.

Codes de conduite

- Code de conduite de Djibouti pour le Golfe d'Aden et l'Océan indien, adopté le 29 janvier 2009
- Code de conduite relatif à la prévention et à la répression des actes de piraterie, des vols à main armée à l'encontre des navires et les activités maritimes illicites en Afrique de l'Ouest et du Centre, adopté à Yaoundé le 25 juin 2013

CODES, LOIS, ORDONNANCES, DÉCRETS ET ARRÊTÉS

Codes

- Code des assurances
- Code civil
- Code de commerce
- Code des douanes
- Code de l'environnement
- Code pénal
- Code de procédure civile
- Code des transports

Lois françaises

- Loi du 1er juillet 1901 relative au contrat d'association
- Loi n°66-420 du 18 juin 1966, sur les contrats d'affrètement et de transport maritimes
- Loi n°67-545 du 7 juillet 1967, relative aux événements de mer (codifiée par Code des transports)
- Loi n°92-665 du 16 juillet 1992, portant adaptation au marché unique européen de la législation applicable en matière d'assurance
- Loi n°95-101 du 2 février 1995 relative au renforcement de la protection de l'environnement
- Loi n°2008-757 du 1er août 2008, relative à la responsabilité environnementale et à diverses dispositions d'adaptation du droit communautaire dans le domaine de l'environnement
- Loi n°2011-13 du 5 janvier 2011, relative à la lutte contre la piraterie et à l'exercice des pouvoirs de l'État en mer
- Loi n°2012-1460 du 27 décembre 2012 relative à la mise en œuvre du principe de participation du public défini à l'article 7 de la charte de l'environnement
- Loi n°2014-344 du 17 mars 2014 relative à la consommation
- Loi n°2016-41 du 26 janvier 2016 de modernisation de notre système de santé
- Loi n°2016-1087 du 8 août 2016 pour la reconquête de la biodiversité, de la nature et des paysages
- Loi n°2016-1547 du 18 Novembre 2016 dite loi de modernisation de la justice du XXIe siècle

Lois étrangères

- *Arbitration Act 1996*
- *British Merchant Shipping Act 1854*
- *U.S. COGSA (Carriage of Goods by Sea Act) 1936*
- *Companies Act 2006*
- *Consumer Insurance Act 2012*
- *Danish Seamen's Act 2010*
- *Insurance Act 2015*
- *Ley 14/2014 del 24 de julio 2014, boletín oficial n°180, del 25 de julio 2014 □ RCL 2014, 1045□*
- *Marine Insurance Act 1906*
- *Norwegian Arbitration Act 2004*
- *Norwegian Seamen's Act of 30 May 1975 n°18*
- *Oil Pollution Act 1990*

- *Third Parties Rights Against insurers Act 2010*
- *The Nordic Marine Insurance Plan of 2013, Version 2016 (based on the Norwegian Marine Insurance Plan of 1996, version 2010)*
- *The Merchant Shipping Regulations (Maritime Labour Convention) 2014*

Ordonnances

- Ordonnance de la marine, du mois d'août 1681
- Ordonnance du 10 février 2016, portant réforme des contrats, du régime de la preuve et des obligations

Décrets

- Décret n°66-1078 du 31 décembre 1966 sur les contrats d'affrètement et de transports maritimes
- Décret n°2009-468, du 23 avril 2009, relatif à la prévention et à la réparation de certains dommages à l'environnement
- Décret n°2015-282 du 11 mars 2015 relatif à la simplification de la procédure civile, à la communication électronique et à la résolution amiable des différends
- Décret n°2015-1382 du 30 octobre 2015 relatif à la médiation des litiges de la consommation
- Décret n°2016-1893 du 28 décembre 2016, relatif aux dispositions du livre 1er, du livre IV, à l'exception de son titre IV, ainsi que des chapitres 1er et IV des titres 1er à IX du livre VII de la cinquième partie réglementaire du code des transports, et portant diverses mesures d'adaptation relatives à l'outre-mer
- Décret n°2016-1907 du 28 décembre 2016 relatif au divorce prévu à l'article 229-1 du code civil et à diverses dispositions en matière successorale, JORF n°0302 du 29 Décembre 2016 texte n°62

Arrêtés

- Arrêté du 13 mars 2012 portant modification de l'arrêté du 30 novembre 1987 relatif à la sécurité des navires

JURISPRUDENCE

Jurisprudence européenne

- Décision de la Commission du 16 décembre n°IV/30.373-P&I Clubs. Journal Officiel du 31 décembre 1985 numéro L376, page 0002.
- Décision n°1999/329/CE de la Commission, du 12 avril 1999 n° C (1999) 221 au JOCE n° L125, 19 mai 1999
- CJCE plénière, 27 avril 2004, aff. C-159/02 Gregory Paul Turner. Voir obs. MUIR-WATT Horatia, « *De la compatibilité des injonctions anti-suit avec la Convention de Bruxelles du 27 septembre 1968* », Revue critique de droit international privé, n°3 du 15 septembre 2004, p.654
- CJCE grande chambre,10 février 2009 aff. C185/07, navire Front *Comor, Allianz c/ West Tankers*

Jurisprudence anglaise et américaine

- De veaux /c Salvador navire The « *La valeur* », Adolphus & Ellis 420, 1836.
- *Proudfoot c/ Montefiore, (1867) L.R.2 Q.B. 511*
- *Salomon Vs A. Salomon* Ltd. 1879 AC 22
- *London General Insurance Company /c General Marine Underwriters' Association (1921)*
- *Queen's Bench Division (chambre commerciale) 22 Jan. 1958, n°51958, 1QB 380, per DIPOLOCK J., Lloyd's report n°58*
- *Queen's Bench Division, 30 juillet 1958, navire* "Eastern City", LLR 1959.2.17
- *Arthur L. Liman and others vs American Steamship Owners Mutual P&I Clubs, A.M.C 1969.*
- *Boshes vs General Motors Corporation, Northern district court of Illinois, 1983*
- *Esso Singapore Pte. Ltd vs « Arcadia Spirit », navire "Arcadia Spirit" (1988) MLJ 262*
- *Inversiones Manria SA /c Sphere Drake Insurance Co (the Dora) (1989), 1 Lloyd's Report n°69 p.95.*
- *Volkswagenwerk A.G and Wolfsburger transport gesellschaft m.b.H Vs International Mutual Strike Assurance Co. (Bermuda) Ltd. [1977]2. Lloyd's rep. P.503*
- *C.V.G. Siderúrgica del Orinoco S.A.* vs *London Steamship Owners' Mutual Insurance Association Ltd. (The Vainqueur José), Queen's Bench Division (Commercial Court) 20 November 1978. (1979) Lloyd's Rep. Vol.1*
- *The good friend*, 1984, 2 Lloyd's report n°586
- *The Zuhal K & Selin; 1987. 1re Partie, Lloyd's Report, p.151*
- *Court of Appeal (civil division), 17 may 1994, Aggeliki Charis Compania SA vs Pagnan Spa (The Angelic Grace)*
- *Court of Appeal (civil division), 17 may 1994, Aggeliki Charis Compania SA vs Pagnan Spa; (The Angelic Grace), (1995) Lloyd's rep. p.87*
- *Chambre des Lords, arrêt du 6 février 1997, venant confirmer la décision de la Court Of Appeal, du 30 mars 1995, The Nagasaki Spirit, Lloyd's Reports 1995.2.44*
- *The "Oakwell"; 1 Lloyd's Report, 1999, n°249*
- *United States v Locke, Governor of Washington, 6th march 2000, 529 U.S. 89, 120 S.Ct.1135, 146 L.Ed. 2d 69 (2000)*
- Supreme Court of Pakistan, aff. SGS vs Pakistan 3 juillet 2002.
- *Court of Appeal (civil division), 6 March 2014, Neutral Citation Number: (2014) EWCA civ 217, case n°A3/2013/1927*
- *High Court of Justice (London), COSCO Bulk Carrier Co. Ltd vs Team-Up Owning Co. Ltd* (2010)
- *Viscous Global Investments Ltd. /c Palladium Navigation Corporation (The Quest) 2014, EWHC 2654*
- *The Supreme Court, 22 May 2018, Navigators Insurance Company Ltd & others Vs Atlasnavios Navegacao LDA. Easter Term* [2018] *UKSC 26*
- *High Court of justice,* 21 juin 1901 (*Revue internationale du droit maritime*, t. XVII, p171)

Jurisprudence française

- CE, 3e et 5e sous sections réunies, n°22215 du 11 juin 1982
- Cass. civ. 14 juin 1926, DP 1927, I, p.57
- Cass. civ. 1re, 2 fevrier 1948, RGAT 1948, p.135
- Cass. civ. 1re, 2 mars 1954 *FILLOUX c/ La FORTUNE*

- Cass. civ. 1re, 10 mars 1954 *société indochinoise de Tabacs Bastos /c L'Abeille*. RGAT Tome 25 1954, p.296.
- Cass. civ. 1re ch., 1er octobre 1980 (RGAT 1981, p.201)
- Cass. civ. 1re, 27 février 1990, n°88-14.364 Bull. civ. I n°52
- Cass. civ. 1re 20/12/1993, affaire Dalico
- Cass. civ. 1re, 1er février 2000 n°97-15.724.
- Cass. civ. 1re, 4 novembre 2003, n°01-14.942, Bull. civ. I n°220
- Cass. civ. 1re, arrêt n°374 du 2 avril 2014, pourvoi n°11-14.692
- Cass. civ. 1re, arrêt n°511 du 14 mai 2014, pourvoi n°13-15.827
- Cass. civ. 2e, 30 Juin 2005, 04-11.168
- Cass. com. 23 mai 1989 n°87-19.180
- Cass. com. 4 février 1992, n°90-15.668.
- Cass. com. 5 juillet 1994, n°92-17.385
- Cass. com. 7 décembre 1999 n°97-19.301
- Cass. com. 28 mai 2002 n°00-14.677 Roscoe Shipping co /c Steam Ship Mutual et autres
- Cass. com. 26 novembre 2003, n°00-10243, Bull. Civ. IV
- Cass. com. 30 juin 2004, n°03-10.751
- Cass. civ. 1re, arrêt n°504 du 28 novembre 2004, pourvoi n°02-13.719
- Cass. com. civ. 2e, arrêt n°78 du 13 janvier 2005, pourvoi n°03-16492
- Cass. com. 30 mars 2005, Sté *Allianz marine aviation vs M. Aguirre et ass.*
- Cass. com. 19 juin 2012, N°11-18.490
- Cass. com. arrêt n°572 du 14 juin 2016 14-28.966, affaire The Shipowners P&I Association c/ Allianz Global Corporate & Speciality SE et associés, navire « *Athena* » (Consultable sur le site internet de la Cour de cassation)
- Cass. com. 22 mars 2017 n°15-21.979, affaire Agence NETTER /c CMA CGM (BTL, n°3639 p.231)
- Cass. crim. 25 septembre 2012, n°10-82.938
- CA. Rennes, 15 mai 1981, navires *Gelesiae* et *Randiant-Claudia* (DMF 1982 p.275)
- CA. Lyon, 31 octobre 1980, BTL 1981 p.12 ; CA. Paris 5e ch., sect. A, arrêt du 15 janvier 1997 Sté UNISHIPPING c/ CITT, (BTL 1997, n°2697, p.200)
- CA. Rouen, 18 octobre 1984, Sermacoa /c Norwich Union et associés, navire « *Pierre-Vieljeux* »
- CA. Rouen 2e ch. Civ., 17 décembre 1987, navire *Sea-Saint*, DMF 1988, p.477
- CA. Aix-En-Provence, 27 juin 1991, n°89/7657, Krustanord /c CMA CGM
- CA. Aix-en-Provence, 24 novembre 1994 (BTL 1995, p.411)
- CA Paris, 5e ch., 6 décembre 1996, affaire Delmas Vieljeux Vs Groupe Concorde et associés
- CA. Aix 17 juillet 1997, (JCL Transport, fasc.1278, « Transport maritime de passagers et de leurs bagages », II, §20)
- CA. Versailles, 2e ch., 2 avril 1998, n°5016/96
- CA. Montpellier, 2e ch., 26 juin 2001, n°00/02446 navire. TENEA /c SOLVAY et associés
- CA. Paris, 5e ch., section B, 19 juin 2003, n°2001/11864
- CA. Paris, 5e ch., 12 novembre 2003, affaire Axa et ass. c/ Cosco.
- CA. Versailles, chambres commerciales réunies, n° 03/02198 du 8 mars 2005, navire « *Rakke* »
- CA. Aix-en-Provence, 28 novembre 2005, navire *« Kumasi »*.
- CA. Chambéry, ch. comm., arrêt du 16 mai 2006 (répertoire général n°05/00441)

- CA. Paris 5e ch., section B, 18 janvier 2007, société CALTRAM /c société Atlantique export
- CA. Paris 5e ch., section B 29 janvier 2009, n°07/04852
- CA Paris 11e ch., 30 mars 2010, n°08/02278
- CA. Lyon, 14 septembre 2010, n°07/07583 affaire SCEA Château au petit sonnailler c/ Banque populaire Loire et lyonnais.
- CA. Rouen du 21 septembre 2011, Sté Mitsui Osk Lines contre Belmarine (BTL du 7 Novembre 2011, p.639)
- CA. Paris, Pôle 2, 5e ch., 14 février 2012, répertoire général n°09/06711
- CA. Paris, Pôle 5, 4e ch., arrêt du 28 mars 2012 n°09/22569 SA Alma service /c SAS Deugro France, BTL n°3426, 17 septembre 2012 (BTL n°3426, 17 septembre 2012)
- CA. Rennes, 3e ch. com., 25 septembre 2012, navire "*Pioneer Atlantic*"
- CA. Aix-en-Provence 2e ch., 18 juillet 2013 ; n°11/07902, CMA-CGM c/ SAS Turner et associés (BTL 2013, n°3472 du 16 septembre 2013)
- CA Versailles 3e ch., 22 mai 2014 n°12/04208
- CA. Aix-en-Provence 2e ch., 5 juin 2014 Armeec Insurance JSC c/ entreprise portuaire d'Alger
- CA. Paris Pôle 5, 5e ch., 11 septembre 2014. Navire « *Athéna* » n°12/05684
- CA. Lyon, 1re ch., section B, 9 mai 2017, n°16/00694, affaire SCI Sine vs SELARL Bowling Star
- CA. Aix-en-Provence 2e ch., 23 novembre 2017 n°17/01932
- T. Com. Dunkerque, 25 janvier 1960
- T. com. Paris, 25/11/1998 affaire navire « *Rakke* »
- T. com. Marseille, 13 novembre 2006, n°2005F02757, navire *Antigoni*, Sté Fortis Corporate Insurance NV et ass. /c Sté Sea Beam Maritime Co LTD et ass.
- Sentence arbitrale 31 juillet 1919 (Revue Internationale de Droit maritime, tome XXXI, p.433)
- Sentence arbitrale Cie Naviera de Cargas Pesadas (NAVIPESA) et Capitaine du NAVIPESA-DOS contre Sté BABCOCK-ATLANTIQUE décision du 18 mai 1973 à Paris (DMF n°301, janvier 1974, p.29 et s.)
- CAMP, sentence n°961 du 1er février 1997 (DMF N°576, 1er novembre 1997, p.1016)
- Sentence 977 du 20 février 1998 (second degré), (DMF n°586 octobre 1998, p.929)
- Chambre Arbitrale Maritime de Paris, Sentence arbitrale 1222 du 16 janvier 2015 (DMF n°779 du 14 avril 2016, p.382)
- Sentence CAMP, n°1228 du 15 avril 2016 (DMF n°789 mars 2017, pp.248-249)
- CAMP, sentence 1105 du 14 janvier 2005 (DMF n°660 juin 2005, pp.562 et suiv.)

POLICES D'ASSURANCE (et RULES BOOKS) et ACCORDS PRIVÉS

Polices d'assurance (et rules books)

- *ITC – Hulls (Institute Time Clauses- Hulls* (police anglaise d'assurance sur corps de navires)
- Police française d'assurance maritime sur corps de navires de pêche, imprimé du 1er janvier 2002
- Police française d'assurance maritime sur corps de tous navires tous, à l'exception des navires de pêche, de plaisance et des navires en construction, imprimé du 1er janvier 2012

- Police française d'assurance maritime sur facultés (marchandises), « Garantie F.A.P. Sauf… », imprimé du 1er juillet 2009
- Police française d'assurance maritime sur facultés (marchandises), Garantie « TOUS RISQUES », imprimé du 1er juillet 2009
- American Club Rules
- Britannia P&I rules; FD&D insurance
- Gard Rules; FD&D Cover
- London P&I Rules
- North P&I rules; FD&D cover
- Shipowners' Club P&I Rules; FD&D
- Skuld P&I Rules
- Standard Club P&I Rules
- Steamship Mutual Rules
- The Swedish Club rules; FD&D Insurance
- United Kingdom Mutual Rules; FD&D Insurance
- West of England P&I Rules; FD&D cover

Accords Privés

- International Group Pool & Reinsurance Arrangements
- Inter Club Agreement
- NYPE (New York Produce Exchange) 1996
- SCOPIC Clause 2014
- TOPIA/STOPIA 2006, (amendé en 2017)

PRESSE

Articles de presse

- DUPUY Georges, *Les Damnés de la mer*, (*L'Express*) publié le 5 avril 2001
- Toni OLADIPO, *Is Africa a new wave of piracy ?*, BBC News, 15 mai 2017 (en ligne)
- ABDIQANI Hassan, *Somali regional anti-piracy chief says sacked over illegal fishing comments*, Reuters publié le 21 mars 2017 (article en ligne)

Éditions

- *Jeune Afrique*, édition du 25 septembre 2002
- *Le Courrier international*, édition du 3 juin 2010
- *Le Figaro*, édition du 5 janvier 2017, « *Titanic : le récit des survivants publié dans Le Figaro en 1912* ».
- *Le Marin*, édition du 14 mars 2017
- *L'Express*, édition du 5 avril 2001
- *Libération*, édition du 13 janvier 2017
- Magasine *SRN Ship Repair* Newsletter, n°1714, June 1st 2018 *Autonomous shipping*

Reportages tv

- *Euronews* du 23 juillet 2014 (https://www.youtube.com/watch?v=Fp8I38v5BFI)
- 7 jours BFM, diffusé par BFM TV le 22 septembre 2013 (https://www.youtube.com/watch?v=SBTuRln4hY4)
- France 5 TV, « *Déchets électroniques : le grand détournement* », diffusé le 20 février 2019 (https://www.france24.com/fr/20190614-reporters-dechets-electroniques-ghana-agbogbloshie-decharge-poubelle-europe-environnement)
- France TV info, (https://www.francetvinfo.fr/economie/transports/trafic/trafic-de-sable-quand-les-mafias-font-la-loi-en-inde_3499307.html)

Liens

- https://www.bbc.com/news/world-africa-39849352
- https://www.ffa-assurance.fr/presse/communique-de-presse/deuxieme-edition-du-barometre-des-risques-emergents-pour-assurance
- https://www.argusdelassurance.com/social/en-france-la-piraterie-s-assimile-a-un-acte-de-guerre.26697
- https://www.bbc.com/news/world-africa-39849352
- https://www.courrierinternational.com/article/2010/06/03/les-marees-noires-oubliees-du-delta-du-niger
- https://www.lexpress.fr/informations/les-damnes-de-la-mer_641897.html
- https://www.lexpress.fr/actualite/societe/environnement/ces-marees-noires-oubliees-au-nigeria_900425.html
- https://www.nouvelobs.com/rue89/rue89-monde/20150424.RUE8808/quand-la-france-ouvrait-les-bras-a-120-000-refugies-sauves-en-mer.html
- https://www.ouest-france.fr/corse/collision-au-large-de-la-corse-les-deux-navires-separes-6013278.
- https://www.reuters.com/article/us-somalia-piracy-idUSKBN16S0LG.
- https://splash247.com/putting-somali-piracy-perspective/
- https://www.maritimeherald.com/2017/four-seamen-of-cargo-ferry-super-shuttle-roro-9-kidnapped-by-aby-sayaf-militants/
- https://www.eosrisk.com/about

SITES INTERNET

Pages web officielles

- http://www.arbitrage-maritime.org
- https://www.bimco.org
- https://www.igpandi.org
- http://www.iacs.org.uk
- https://ilo.org
- http://www.imo.org/
- https://www.intertanko.com
- https://www.iopcfunds.org
- https://www.wqis.com

Pour les P&I Clubs

- http://www.american-club.com/
- http://www.britanniapandi.com/
- http://www.gard.no/
- https://www.piclub.or.jp/
- http://www.londonpandi.com/
- http://www.nepia.com/
- http://www.shipownersclub.com/
- http://www.skuld.com/
- http://www.standard-club.com/
- http://www.steamshipmutual.com/
- http://www.swedishclub.com/
- http://www.ukpandi.com/
- http://www.westpandi.com/

Pages web spécifiques

- http://actualites-nautiques.com/lais-pour-les-nuls/
- https://www.arbitrage-maritime.org/CAMP-V3/1999/01/08/sentence-996-2/.
- https://www.bimco.org/contracts-and-clauses/bimco-clauses/paramount_clause_general
- http://www.enim.eu/sante/je-suis-en-arret-de-travail
- http://archive.iwlearn.net/globallast.imo.org/ballast-water-as-a-vector/index.html
- https://www.associatheque.fr/fr/guides/fonctionner/categories_membre.htm
- https://atlas-transmanche.certic.unicaen.fr/fr/page-512.html
- http://www.bailii.org/ew/cases/EWCA/Civ/2014/217.html
- https://camis.arcmanche.eu/
- http://www.csmoim.qc.ca/public_upload/files/travailleurs/etudes-documentation/lexique-et-liens-utiles.pdf
- https://eur-lex.europa.eu/legal-content/FR/TXT/?uri=celex%3A32007R0864
- www.exclusivelyforcharterers.com
- http://www.gard.no/ikbViewer/web/publications/document/610830/gard-statutes
- http://www.gard.no/web/updates/content/20739645/flaw-in-the-law-no-more-limitation-fund-can-be-constituted-by-club-letter-of-undertaking
- http://www.gard.no/web/topics/article/21025160/cyber-security
- http://www.iacs.org.uk/
- https://www.igpandi.org/article/imo-legal-committee-ig-attendance
- https://www.igpandi.org/article/eu-guidelines-places-refuge
- https://www.igpandi.org/article/international-group-signs-funding-interim-payments-agreement-1992-iopc-fund
- https://www.igpandi.org/article/new-double-retention-procedure-implemented
- https://www.igpandi.org/article/stopia-and-topia-2017-amendments
- https://www.igpandi.org/group-agreements
- http://www.ilo.org/dyn/normlex/fr/f?p=NORMLEXPUB:12100:0::NO::P12100_ILO_CODE:C147.
- https://www.iopcfunds.org/fr/a-propos-des-fipol/historique/le-premier-fipol-1971/
- https://www.iopcfunds.org/fileadmin/IOPC_Upload/Downloads/French/claims_form_f.pdf
- https://www.iopcfunds.org/fileadmin/IOPC_Upload/Downloads/French/MoU_with_IG_f.pdf
- https://static.mycoracle.com/igpi_website/media/adminfiles/Reinsurance2017.pdf.

- http://www.gard.no/web/publications/document/chapter?p_subdoc_id=20747884&p_docum
- http://www.imo.org/fr/About/Pages/default.aspx
- http://www.imo.org/fr/About/HistoryOfIMO/Pages/Default.aspx
- https://openjurist.org/529/us/89
- https://www.shipownersclub.com/about-us/
- https://www.shipownersclub.com/media/2018/07/MAV-Liability-Insurance-Brochure_061118-1.pdf
- https://www.shipownersclub.com/member-focus-autonomous-vessels/
- http://www.legislation.gov.uk/ukpga/Edw7
- https://www.londonpandi.com/documents/war-risk-cover-e-online/
- http://www.standard-club.com/covers/tailored-covers/war-risks.aspx
- https://www.themecogroup.co.uk/charterers-liability-insurance/claim/cancellation-voyage-charter-pdf/
- https://www.tis-gdv.de/tis_e/ware/fasern/baumwoll/baumwoll.htm/
- http://www.sea-kit.com/
- https://supreme.justia.com/cases/federal/us/529/89/
- https://www.shipownersclub.com/the-international-group/
- https://www.skuld.com/topics/environment/oil-pollution/stopia--topia/stopia-2006-and-topia-2006/
- https://www.ukwarrisks.com/cover/cover-comparison/
- https://www.wqis.com/insurance-products/cofr-guaranty/

INDEX ALPHABETIQUE

TABLE DES MATIÈRES

ANNEXES

Esta publicación es parte del proyecto de I+D+i «El transporte ante el desarrollo tecnológico y la globalización: nuevos desafíos jurídicos del sector marítimo y portuario» (Ref. PID2019-107204GB-C32), financiado por el Ministerio español de Ciencia e Innovación y por la Agencia Estatal española de Investigación MCIN/AEI/10.13039/501100011033.»

Structures éditoriales du groupe L'Harmattan

L'Harmattan Italie
Via degli Artisti, 15
10124 Torino
harmattan.italia@gmail.com

L'Harmattan Hongrie
Kossuth l. u. 14-16.
1053 Budapest
harmattan@harmattan.hu

L'Harmattan Sénégal
10 VDN en face Mermoz
BP 45034 Dakar-Fann
senharmattan@gmail.com

L'Harmattan Cameroun
TSINGA/FECAFOOT
BP 11486 Yaoundé
inkoukam@gmail.com

L'Harmattan Burkina Faso
Achille Somé – tengnule@hotmail.fr

L'Harmattan Guinée
Almamya, rue KA 028 OKB Agency
BP 3470 Conakry
harmattanguinee@yahoo.fr

L'Harmattan RDC
185, avenue Nyangwe
Commune de Lingwala – Kinshasa
matangilamusadila@yahoo.fr

L'Harmattan Congo
219, avenue Nelson Mandela
BP 2874 Brazzaville
harmattan.congo@yahoo.fr

L'Harmattan Mali
ACI 2000 - Immeuble Mgr Jean Marie Cisse
Bureau 10
BP 145 Bamako-Mali
mali@harmattan.fr

L'Harmattan Togo
Djidjole – Lomé
Maison Amela
face EPP BATOME
ddamela@aol.com

L'Harmattan Côte d'Ivoire
Résidence Karl – Cité des Arts
Abidjan-Cocody
03 BP 1588 Abidjan
espace_harmattan.ci@hotmail.fr

Nos librairies en France

Librairie internationale
16, rue des Écoles
75005 Paris
librairie.internationale@harmattan.fr
01 40 46 79 11
www.librairieharmattan.com

Librairie des savoirs
21, rue des Écoles
75005 Paris
librairie.sh@harmattan.fr
01 46 34 13 71
www.librairieharmattansh.com

Librairie Le Lucernaire
53, rue Notre-Dame-des-Champs
75006 Paris
librairie@lucernaire.fr
01 42 22 67 13

www.ingramcontent.com/pod-product-compliance
Lightning Source LLC
LaVergne TN
LVHW011222061026
849535LV00001BA/130
* 9 7 8 2 1 4 0 3 0 0 5 1 6 *